U0541344

国家社科基金
后期资助项目
GUOJIA SHEKE JIJIN HOUQI ZIZHU XIANGMU

中国古代政治诗史　下册

The History of Political Poems in Ancient China

文航生　著

中国社会科学出版社

目 录 CONTENTS

下 册

第六章 明代颂政诗 ……………………………………………… 437
  概 论 ………………………………………………………… 437
  第一节 明代前期颂政诗——四海会同 国运欣荣 ………… 441
    一 刘基 陶安 高启 管讷 ………………………………… 446
    二 朝廷乐歌 朱棣 朱高炽 朱瞻基 ……………………… 452
    三 金幼孜 解缙 杨荣 赵同鲁 …………………………… 460
  第二节 明代中期颂政诗——诸帝功业 良官善政 ………… 467
    一 朱诚泳 朱厚照 朱厚熜 ………………………………… 468
    二 杨一清 李梦阳 孙绪 …………………………………… 471
    三 林炫 陆深 何景明 郑善夫 黄佐 尹耕 ……………… 474
    四 民歌民谣（宣德、正统、成化、正德年间）…………… 478
  第三节 明代后期颂政诗——颂声微弱 传统尚存 ………… 479
    一 许国 叶春及 申时行 余继登 ………………………… 480
    二 于慎行 萧良有 徐熥 区大相 ………………………… 482

第七章 明代怨政诗 ……………………………………………… 486
  概 论 ………………………………………………………… 486
  第一节 明代前期怨政诗——政权交替 黎元哀苦 ………… 494
    一 刘基 ……………………………………………………… 498
    二 魏观 刘崧 高启 ………………………………………… 504
    三 龚诩 刘溥 于谦 李贤 童轩 …………………………… 513

第二节　明代中期怨政诗——政事紊乱　诤臣忧愤 519
一　李东阳　杨一清　祝允明　吴一鹏　石珤 530
二　李梦阳 535
三　何景明　郑善夫　皇甫冲 540
四　杨爵 547
五　顾梦圭　谢榛　王问　钱薇　归有光　杨继盛　宗臣 566
六　王世贞 577

第三节　明代后期怨政诗——政局晦暗　士夫痛怨 586
一　钦叔阳　袁宏道　邓渼　区大相 592
二　徐从治　宋珏　范景文 599
三　邢昉 603
四　吴应箕 609
五　杨士聪　宋儒醇　黄淳耀　李渔　傅维鳞　方其义 616

第八章　清代颂政诗 627
概　论 627
第一节　清代前期颂政诗——九州一统　减税济荒 633
一　施闰章　叶方蔼　王士禛　唐孙华 638
二　韩菼　查慎行　田从典　李必恒 646
三　玄烨 652

第二节　清代中期颂政诗——皇泽躅赈　平叛"剿贼" 654
一　胤禛　弘历 662
二　鄂尔泰　沈德潜　祝德麟　洪亮吉 670
三　唐仲冕　萧霖　程含章　黄安涛　吴慈鹤　朱实发 677

第三节　清代后期颂政诗——社稷荣功　"戡乱"靖边 685
一　朱缓　陶誉相　张应昌　魏源　蒋宝龄　张际亮 685
二　朱琦 697
三　载淳　载湉 701
四　赵奎昌　马寿龄　薛时雨　黄遵宪　杨锐 704

第九章　清代怨政诗 709
概　论 709
第一节　清代前期怨政诗——征索流离　新朝民瘼 716
一　阎尔梅　吴伟业　钱澄之　陶澂　吴嘉纪　尤侗 737

二　施闰章	752
三　查诗继　沙张白　叶燮　杨端本　彭孙遹	760
四　陈恭尹　王士禛　方中发　唐孙华　田雯　邵长蘅	767
五　查慎行　赵执信　刘青藜　郑世元　沈树本　朱樟	777

第二节　清代中期怨政诗——诛求无厌　盛世疮痍　788

一　沈德潜　郑燮　李化楠　袁枚	803
二　孙士毅　张云璈　赵翼　谢启昆	817
三　洪亮吉　吴锡麟　彭淑　石韫玉　孙原湘　张问陶	825
四　陆玉书　乐钧　彭兆荪　吴慈鹤　潘际云　陈沆	833

第三节　清代后期怨政诗——内外战祸　全局危殆　840

一　王省山　魏源　吴世涵　王槐	857
二　陆嵩	869
三　张际亮　王柏心　朱琦　姚燮	881
四　郑珍　赵函　叶兰　陈春晓	889
五　贝青乔	901
六　金和	911
七　孙鼎臣　吴仰贤　王闿运　黄遵宪　沈汝瑾　唐烜	918

主要引用书目　931
后　记　938

第六章　明代颂政诗

概　论

朱元璋在元末中原逐鹿中获胜，建立了新王朝，实现了中国古代王朝政治周而复始的新一轮更替。面对蒙元旧王朝留下的残破社会体系，朱明皇室规划和实施了一整套新的治国方略。从土地制度到文化政策，社会体系的方方面面都进行了深刻的变革，政治气象焕然一新，经济活力重新爆发，实现了王朝循环周期新一轮的上升，达到了庞大统一王朝的国家治理新高度。朱元璋在明初的卓越治理，为明王朝的强盛奠基立业，历史地位极为显著。"太祖以聪明神武之资，抱济世安民之志，乘时应运，豪杰景从，戡乱摧强，十五载而成帝业。崛起布衣，奄奠海宇，西汉以后所未有也。惩元政废弛，治尚严峻。而能礼致耆儒，考礼定乐，昭揭经义，尊崇正学，加恩胜国，澄清吏治，修人纪，崇凤都，正后宫名义，内治肃清，禁宦竖不得干政，五府六部官职相维，置卫屯田，兵食俱足。武定祸乱，文致太平，太祖实身兼之。至于雅尚志节，听蔡子英北归。晚岁忧民益切，尝以一岁开支河暨塘堰数万以利农桑、备旱潦。用此子孙承业二百余年，士重名义，闾阎充实。至今苗裔蒙泽，尚如东楼、白马，世承先祀，有以哉。"① 史家的这个评价，勾画了朱元璋历史建树的基本轮廓，也揭示了明王朝政治鼎新的基本事实。"朱元璋为恢复生产、发展生产而实施了各项政策，其最大的目的还是解决百姓的吃饭穿衣。他在这方面的关切，同历史上各代皇帝相比，是较为突出的。"② "朱元璋在不择手段建立威权统治的同时，采取了一系列减轻人民负担、有利于社会生产的措施，使人民得以安居乐业，这是有利于社会发展的。"③ 朱元

---

① （清）张廷玉等：《明史》卷三《太祖本纪三》，中华书局2000年版，第38页。
② 白寿彝等：《中国通史·明时期》下册，上海人民出版社2013年版，第913页。
③ 同上书，第918页。

璋洞悉刚刚覆灭的蒙元王朝的种种弊政,力图缔造一个行政优良的国家,也采取了一系列的政治措施推进实施自己的治国方略,在各个政务领域都带来了崭新的气象。如荒政赈济:"据统计,在朱元璋统治的三十一年时间里,他下诏减免赋税和赈济灾民达七十多次。他规定,凡各地发生灾害,当地官员必须及时奏报朝廷,如地方官员隐瞒不报,当地的耆民可以直接向上申诉,一经查实,该地方官就要被逮捕严惩。"① 对吏治的整肃,更是朱元璋治国的一大着力点,甚至不惜矫枉过正,乃至留下了不少骇人听闻的以严刑峻法强力纠弊的历史记录。"朱元璋实行的严酷政策,确实带来了吏治的改观。"② 这些切实有力的行政举措,使明初的政治生态发生了质的变化。朱元璋的治理,大大改善了新王朝的社会状况和民生状况,新政权得以顺利巩固。

明代前期的国家政治,基本保持了行政效率和行政效益的良性状态。明太祖完成统一大业所带来的历史转折,鼓舞了新王朝一大批文武英才为国效力;明成祖朱棣以宏图大志经略天下,明王朝国力蓬勃成长,国运升腾向上,社会民气充沛;明宣宗意气风发,治国有为,果断平弥边患,刷新朝纲,带动国家政治展现生机。"以皇帝为轴心的中央政府,能空前地、最大限度地集中了统治权力,能比较有效地排除了可能侵扰、阻挠行使绝对皇权的因素,比较有效地把全国各地区、各部门、各级官吏均置于中央政府的控制之下。使有明一代,始终没有发生过相权威胁皇权,外戚干政,宦官挟持皇帝,地方武装割据对抗中央等现象。新制定的各项规章制度,又适应了当时的历史条件,具有存在的合理性和一定的活力,因此它们能在不同程度上稳定着社会秩序,推动着社会向前发展,维持和巩固了多民族国家的统一,使明朝,特别是明前期,明帝国仍居于世界先进各国之列。"③ "明前期,强大的、高度中央集权制的明帝国,具有积极的国家职能,在防止蒙古侵略、加强边境的开发和管理,维护多民族国家领土的完整,制止文臣武将夺权、地方武装割据称雄,促成国内社会经济繁荣,积极开展外交活动等方面,都起过很大的作用。这时社会秩序相对稳定,中外交往频繁,农业、手工业、商业都有很大发展,文化发达,在哲学、科学、文化艺术领域里,群星璀璨,给后人留下了不少宝贵的精神财富。"④ "明前期的生产力和社会经济已经达到并在许多方面超过了前代最高水平。经过七十多年的休养生息、扩大生产,劳动力数量,耕地面积,水利设施,粮食单位面积产量,手工业规模和技术,商

---

① 张显清等:《明代政治史》,广西师范大学出版社 2003 年版,第 18 页。
② 同上书,第 178 页。
③ 白钢等:《中国政治制度通史·明代》,社会科学文献出版社 2011 年版,第 14 页。
④ 同上书,第 375 页。

业、城市、交通等，都得到迅速恢复和发展，呈现出一派复兴之势。"①"朱氏能够有国二百七十多年，与明代初年打下的基础是分不开的。"② 明代前期的成功治国，表现在明代政治、经济及社会的整体发展，这种欣荣的社会政治状况，揭示了中国历代王朝在新政权建立之后的上升时期特别具有政治活力的共同规律。

　　明代中期至后期，国家政治演变的曲线图，既有历代王朝兴衰周期律的共性呈现，也有明代中后期不同皇帝统御国家的独特经历。明朝中叶，从明宪宗到明世宗期间，朝廷政治曲折起伏，经历了政随人迁的剧烈波动。有明宪宗、明孝宗的勤勉治国，政绩昭著；有明武宗的荒嬉国事，劣迹斑斑；有明世宗的勤惰蜕变，国运浮沉。明代后期，国家政治在最后几朝明帝手中已难挣脱趋势向下的运行轨道。虽然其间也有明神宗君臣变革朝政的努力，甚至有末代皇帝明思宗的宵衣旰食、惕厉奋发，但国家气数已尽，落于彻底败亡。

　　明代地方治理方面的吏治状况，跟明代前期、中期、后期的朝廷政治的演变有着相同的趋势。前期吏治得到整肃，中期吏治基本稳定，后期吏治趋于恶劣。"明太祖惩元季吏治纵弛，民生凋敝，重绳贪吏，置之严典。府州县吏来朝，陛辞，谕曰：'天下新定，百姓财力俱困，如鸟初飞，木初植，勿拔其羽，勿撼其根。然惟廉者能约己而爱人，贪者必朘人以肥己，尔等戒之。'洪武五年，下诏有司考课，首学校、农桑诸实政。日照知县马亮善督运，无课农兴士效，立命黜之。一时守令畏法，洁己爱民，以当上指，吏治焕然丕变矣。下逮仁、宣，抚循休息，民人安乐，吏治澄清者百余年。英、武之际，内外多故，而民心无土崩瓦解之虞者，亦由吏鲜贪残，故祸乱易弭也。嘉、隆以后，资格既重甲科，县令多以廉卓被征，梯取台省，而龚、黄之治，或未之觏焉。神宗末年，征发频仍，矿税四出，海内骚然烦费，郡县不克修举厥职。而庙堂考课，一切以虚文从事，不复加意循良之选。吏治既以日偷，民生由之益蹙。仁、宣之盛，邈乎不可复追，而太祖之法蔑如矣。重内轻外，实政不修，谓非在上者不加之意使然乎。"③ 史家的感言未必完全准确，但对明代前期、中期、后期的吏治状况描述，较为概括地反映了明代地方治理成败得失的基本轮廓。

　　总体来看，在长达近三百年的统治时期，明王朝有很多值得称道的勋业和治绩。"如果一个高效统治体系的标准在于维护国家主权、领土统一和内部

---

① 王毓铨主编：《中国经济通史·明》，经济日报出版社2007年版，第1页。
② 张显清等：《明代政治史》，广西师范大学出版社2003年版，第70页。
③ （清）张廷玉等：《明史》卷二百八十一《循吏列传》，中华书局2000年版，第4803页。

稳定的能力，那么明王朝肯定是历史上最为高效的统治之一。明王朝和汉、唐帝国不同，其统治并未被大规模农民起义所打断。它也没有像大宋王朝那样坐失半壁江山。相反，明帝国保持了长达二百七十八年的和平统一。还没有其他同时代的国家可以达到这一纪录。"① 在明代的很长时期，社会的生产和生活达到了极高的水准，从明代社会米价的指数即可见一斑。"明初白米一石应为 500 文—600 文，明中后期应为 800 文，与唐朝、宋朝的实际粮价差不多。明代的量器又比宋代要大百分之二十，比唐代大三分之二，比汉代大四倍。以如此大的量器，整个明代尤其是明初其每石粮价仅为 250 文—400 文，因此，其价格之便宜堪称历史上前所未有。"② 明代颂政诗基本同步地、相应地反映了朝廷和官府足以垂载史册的治国之绩。

明代颂政诗记述明代各个时期的朝政运行和地方治理情况，阶段性的特点十分显著。明代前期的颂政诗，展示了国家处于上升阶段的政治面貌，大量的君臣作品透露出对国家政治的信心和期待。这个时期颂政诗基本集中于称颂国家实现统一大业，君主圣德感召天下，朝廷仁政施惠百姓，国运昌隆蒸腾日上。如杨维桢的《上大明皇帝》，刘基的《圣人出》，陶安的《阅兵奏凯》，吴伯宗的《咏大驾幸京》，高启的《登金陵雨花台望大江》，等等。以明成祖、明仁宗、明宣宗名义留下的多首颂政诗，及多首朝廷乐歌，都表现了这样的题旨和基调。如明成祖朱棣的《勃泥长宁镇国山诗》，明仁宗朱高炽的《冬至赐赞善徐好古》，明宣宗朱瞻基的《祖德诗九章》，朝廷乐歌《宴飨乐章》《守承平之曲》《太庙时享》《朝贺乐章》等，虽不无夸大，但歌咏的政治气象有较充分的事实基础，透着厚实而非虚浮的感染气息。

明代中期的颂政诗，歌咏朝廷政治和地方治理的作品较为均衡，歌咏朝廷政治的以皇帝、王公及士大夫官员的作品为主，歌咏地方治理的以民歌为主。皇帝、王公及士大夫官员的颂政诗多歌赞明武宗的靖边安邦、平叛定国，如明武宗朱厚照的《上马留题》，何景明的《诸将入朝歌》，郑善夫的《正德十四年四首》，黄佐的《铙歌鼓吹曲》。也有称颂明世宗的文治之功的，如明世宗朱厚熜的《钦天颂》，陆深的《戊戌冬至南郊礼成庆成宴乐章》，尹耕的《南巡》。民歌类颂政诗歌咏地方官员勤政履职、克己奉公、廉政爱民、严正执法。如《况太守歌》《兴化谣》《饶州歌》等。

明代后期的颂政诗，数量既少，气象也较衰弱，只有称颂明神宗阅兵、用兵的几首作品勉强撑起了皇家气象。如许国的《大阅应制》，申时行的《大阅诗应制》，余继登的《恭题大阅图应制》，于慎行的《平倭奏捷歌》，

---

① ［英］塞缪尔·E. 芬纳：《统治史》卷二，王震译，华东师范大学出版社 2014 年版，第 209 页。
② 黄冕堂：《中国历代物价问题考述》，齐鲁书社 2008 年版，第 59 页。

萧良有的《大阅应制》，区大相的《定朝鲜》，等等。其中，有些作品对明王朝处理朝鲜事务的国家行动深表赞同，显示文人士大夫在援朝抗倭问题上的鲜明国家意识。但跟明代前期颂政诗的内在自信相比，已完全不可同日而语。

  明代颂政诗仍然秉持历代颂政诗的主流价值观，不论是明皇室诸帝夸示武功安邦定国、文治济世安民，还是自赞继统承绪、勤政治国；不论是士大夫文人颂赞皇帝圣德崇高，还是歌咏皇帝功业宏大，立足点都没有脱离《诗经》以来颂政诗建立的对君主治国歌功颂德的传统范畴，包括奉天、崇德、勤政、济世、安民等核心价值。这些称颂，在功业评价上有较充分的历史依据。"明代的皇帝当中不乏大有作为的伟大帝王。他们对国家的治理是得体的，既强调政治，又抓住了恢复和发展社会经济这个重点，办事效率也是比较高的，而且还能身体力行。总之，功绩是主要方面。太祖、成祖开基创业，建设边疆等，于中国历史的发展确有大功。即使在进入明中叶以后至万历皇帝废弃改革以前，他们也不全是逆历史潮流而动，毫无成绩可言。弘治中兴、嘉靖初政、万历初年的政治经济改革，都蕴涵着为国为民的积极因素。"① 明代颂政诗对明代帝王治国功德的称颂，基本符合明代的社会政治状况；明代颂政诗对地方官员政绩政德的颂扬，基本围绕勤政、奉公、廉政、爱民等良善的为官之道展开记述。从中可以看出，中国历代颂政诗的政治文化内核具有很高的稳定性，一脉相承，代代相传，是中国古代政治文化价值体系不可忽视的一个重要方面。

第一节 明代前期颂政诗——四海会同 国运欣荣

  明代前期是指明太祖洪武至明英宗天顺时期。明代前期的几朝皇帝，大都文韬武略，经营天下，奋发有为。明太祖、明成祖、明仁宗、明宣宗等，在位时间有长有短，但都在明王朝国运的上升阶段发挥了重要的引领作用，国家政治总体来说活力充沛。如史家所论："洪（洪武）、永（永乐）、熙（洪熙）、宣（宣德）之际，百姓充实，府藏衍溢。盖是时，劝农务垦辟，土无荒芜，人敦本业，又开屯田、中盐以给边军，军饷不仰藉于县官，故上下交足，军民胥裕。"② 史载："永乐年间，宇内富庶，赋入盈羡，米粟自输京师数百万石外，府县仓廪蓄积甚丰，至红腐不可食。岁歉，有司往往先发粟

---

① 张显清等：《明代政治史》，广西师范大学出版社2003年版，第71页。
② （清）张廷玉等：《明史》卷七十七《食货志一》，中华书局2000年版，第1253页。

振贷,然后以闻。"① 面对已经发生和正在延续的历史巨变,人们对国家前途普遍抱有信心和期待。从皇帝到大臣,到士大夫官员,置身新王朝各项制度和政策全面更新的政治环境,热切表达对国家治理的感受。明代前期的颂政诗同步展示了那个时代的君臣及士大夫官员对国家政治事务的信心和希望。这些颂政诗都充溢着明代前期天下安宁、国力上升的自信。虽然有的诗篇也有歌功颂德之作惯有的浮泛之词,但整体来看明代前期颂政诗所包含的对国家治理目标的期待是真实的,其自信的心理也有坚实的社会基础和事实依据。

明代前期颂政诗的作者,主要是朝廷大臣和士大夫官员。如谢应芳、杨维桢、吴伯宗、胡奎、孙蕡、徐贲、高棅、杨士奇、夏原吉、梁潜、邱浚、吴宽、倪岳、黄珣等。这个时期的颂政诗,基本集中于歌咏皇帝功德、国家命运。主要有以下三类作品。

1. 赞颂实现海内统一,奠定太平基业,开启兴盛国运。

杨维桢(1296—1370)的《舟次秦淮河》展示新朝实现了大一统的安宁秩序。"九天日月开洪武,万国山河属大明。""莺花三月春如锦,兆姓歌谣贺太平。"作者对元末多年战乱景况了然于胸,因此对洪武初年的新朝升腾气象充满了欣喜和向往。《上大明皇帝》歌颂大明王朝太平治世、国运长久:"日照金陵龙虎踞,月明珠树凤凰栖。气吞江海三山小,势压乾坤五岳低。百世升平人乐业,万年帝寿与天齐。"诗篇称颂的新朝的宏大气势和蒸腾气象,是新旧王朝完成更替后展现的政治秩序新图景。

吴伯宗(1334—1384)的《北京偶成》描写洪武年间北平城的安宁景象和宏大气势,称颂新朝太平治世,赞誉今皇比肩古圣:"今皇化育敷中外,四海朝元诵太平。""若问唐尧今主是,黎民于变乐时雍。"《寄奉左布政》夸耀新朝进入治世:"圣明思得千人彦,黎庶欣无半点愁。""华夷正值升平运,锡福均沾九五畴。"当然,诗中所谓太平盛世黎民众庶没有一点哀愁,就显得恭维过度,失之浮夸了。《寄奉按察司廉访使》描写洪武之世百姓安乐:"唐虞盛世逢今日,从此苍生乐太平。"《咏大驾幸京》描写京都皇家威仪,称颂江山一统的功业:"今逢盛世文明会,四海车书混一同。"吴伯宗是明朝开科取士的状元,对此深有感念。"(洪武四年)始策试天下贡士,赐吴伯宗等进士及第、出身有差。"② 吴伯宗的颂政诗既有洪武新朝士大夫切实感受的太平欣喜,也有作为词臣难免夸大其词的恭维赞语。吴伯宗的这些颂政诗有强烈的时代政治气氛,也有浓厚的宫廷文臣诗作的雍容浮泛气息。

胡奎(1309?—1381)的《圣寿无疆词》:"至德乾坤大,重华日月光。

---

① (清)张廷玉等:《明史》卷七十七《食货志一》,中华书局2000年版,第1264页。
② (清)张廷玉等:《明史》卷二《太祖本纪二》,中华书局2000年版,第17页。

罗图今有兆，宝历永无疆。""小臣歌盛世，何幸际明良。"称颂新朝重振天下秩序，皇上圣德泽及四海。《太平乐》："玉帛来王会，山河拱帝京。日行王道正，星列泰阶平。人醉笙歌地，山围锦绣城。宫花留舞燕，御柳著啼莺。蛮獠全归化，羌胡已罢兵。愿言封禅稿，虎拜颂河清。"歌颂太平治世，天下一统，四夷归化。尤其突出了偃武息戈、天下归顺的治世降临人间。

孙蕡（1334？—1389）的《车驾游天界寺应制》是一首应命而作的颂政诗，歌赞新朝带来的太平治世。诗篇首先歌赞了天下一统的安宁政治秩序："车书浑文轨，海岳献嘉祥。皇风载清穆，王度日隆昌。开岁时丰庆，九域会冠裳。"接着描述了皇帝驾临天界寺的威仪，歌赞皇上建树准则尧舜、比肩古圣的功德。"赓歌详舜训，文思絫尧章。""愿言敷圣泽，仁风被八荒。"这样的歌赞既是对新朝的政治期待，也是应命之作的颂赞套语，是符合政治环境气氛的一种规范表达。

高棅（1350—1423）的《瑞应甘露诗》是永乐年间作者在明成祖朝廷担任文臣时的应命之作，诗序里交代了诗人写作此诗的动机："皇上嗣统以来，海内乂安，万方宾服，至德至功，格于四表。""臣忝职词垣，获际文明之运，睹兹盛事，谨拜手稽首，赋诗以献。"可知诗人对皇上即位后稳定政治秩序的行动是拥护的，也以词臣的本分奉献了庆贺祥瑞的典礼辞章。在《瑞应甘露诗》中，诗人除了描述庆贺甘露祥瑞的礼仪场面，也强调了是当朝皇帝给国家带来了安定政治局面。"圣皇至德超八荒，太和纲缊天界祥。五风十雨乐耕桑，灵飞瑞走来梯航。"并称颂皇帝重视祥瑞庆典，称颂这样的典礼使国运更加昌盛："示彼臣民协万邦，百辟称贺声洋洋。卿云兴歌舜德彰，灵芝涵泳汉祚昌。"高棅一再提及"至德""舜德"，可见他对皇帝感召天下的政治资源有清醒的认识，并将"至德""舜德"作为皇帝崇奉的千秋懿范加以伸张，显示出士大夫文人对德型政治文化在现实政治中的存在有准确把握。

梁潜（1366？—1418）的《黄河清》记叙永乐二年（1404）黄河变清的祥瑞事，借此颂扬永乐皇帝即位给国家政治带来的新气象。史载："（永乐二年）十月，蒲城、河津黄河清。十二月，同州、韩城黄河清。"① 诗序宣示了河清之事的非凡意义："河清为太平之兆，非偶然者。惟我太祖高皇帝定天下，纪元洪武，之二年龙门碛下河水清。由是三十余年，天下晏然清明，盖其应也。今皇上入承大统，河之清亦永乐纪元之明年。呜呼，此岂人力所能为哉，是皆皇帝陛下功化之大，克承克配，充满天地，奠及神人，故上帝监观，发此祯祥，肇基太平。"诗篇描述了永乐二年黄河变清带给世人的惊喜：

---

① （清）张廷玉等：《明史》卷六《成祖本纪二》，中华书局2000年版，第55页。

"惟皇圣明，百神效灵。汤汤蒲津，河流载清。""纤滓弗滞，渊乎若澄。千峰倒浸，湛乎若凝。""祥飙庆云，荡潏无涯。观者如堵，闻于京师。"诗人将这个千年难逢的吉兆归因于先帝太祖和本朝皇帝的圣德所致："在昔皇祖，戡定万邦。惟兹河流，骏发其祥。我皇继统，旧章是则。河之清矣，如轨合辙。河之既清，万民以宁。万方毕来，物以阜成。顾兹河流，念我皇德。"尤其突出了"我皇继统"以来的欣荣国运，强调这次的河清正是本朝皇帝圣德高远的象征，也预示着百姓安宁富足的太平治世会伴随河清之兆而到来。诗篇宣染河清与治世的关系，显然附会牵强，但"河清"在当时确实是符合社会认知的政治意象。诗中强调了皇德优劣对治国成功与否至关重要，强调了"万民以宁""物以阜成"的治国目标，诗篇的政治价值是正面的。

2. 称颂皇帝及朝廷的系列仁德政策，包括蠲免租税，宽赦囚徒，修德抚远，文治教化，亲耕垂范。

谢应芳（1296—1392）的《皇恩蠲租诗》用古今对比的手法，展开了对新朝仁政的称颂。诗篇列举汉代曾施行租税减半的政策，赢得司马迁史书实录："汉纪蠲租半，迁书汗竹奇。"相较之下，新朝施行的政策更为宽厚，如诗序所言："洪武庚申，天下秋粮钦蒙全免。今年壬戌，秋粮夏税又皆免征征徭。圣恩宽大，亘古无比。故耕稼之民，歌谣满野。"诗人对如此惠民的政策深为赞佩，不吝褒语，歌赞了朝廷"圣主"的恩德。"大哉今圣主，全以惠群黎。量与乾坤合，恩同雨露垂。""庶富民生遂，敦宽俗习移。微氓皆鼓腹，穷士亦扬眉。"诗篇表达民间对朝廷宽仁政策的欣悦，也是对王朝治国新气象的期许。

杨士奇（1365—1444）的《文华门侍朝观录囚多所宽宥喜而有作》歌赞永乐年间宽赦囚徒的政举。诗人对朝廷采取这样的政举深为拥护，认为这样的政举体现了宽厚的德政："大臣论谳持王制，睿旨全生体帝仁。"并相信这样的政举对江山社稷的稳固大有裨益："朝廷宽大恩波厚，庆衍皇图亿万春。"诗人所处的时代是明王朝国势强盛、国运昌隆的时期，诗篇所称颂的朝政宽厚与那个时期政治秩序稳定的史实基本相符，在一定程度上展示了永乐之治的社会政治面貌。

夏原吉（1366—1430）的《圣德瑞应诗》作于永乐十七年（1419），描写海外诸国派遣使者，向明朝进献麒麟、狮子、天马、文豹、紫象、驼鸡、福禄、灵羊、长角马哈兽、五色鹦鹉等珍禽异兽。诗人应命赋诗，歌咏诸国来朝的盛事。诗篇叙及诸国朝贡进献珍禽异兽，并不局限在罗列这些珍异动物本身，而是将进贡的意义提到了国家政治的高度加以申明，凸显明朝皇室及永乐皇帝功德的感召力。诗篇明确地将明朝皇帝的圣德伟业与四方来贺的诸国进贡直接联系起来：" 圣主膺乾运，垂衣驭八区。道隆尧舜比，功茂禹汤俱。荡荡三边肃，熙熙兆姓娱。普天歌至治，率土发灵储。爰有诸蕃国，能忘万里途。随槎超瀚漫，献瑞效勤渠。渺渺来中夏，惓惓觐帝居。"申言明帝及明王朝对诸国的辽远影响力来自比肩尧禹汤的圣德勋业，也间接颂扬了明帝及明皇室修德抚远的政治成就。

邱浚（1421—1495）的《应制》组诗歌赞明朝的礼教科举事业超越了古圣时代。"治道唐虞上，文章秦汉前。""帝王为治道，要在致中和。""二帝三王道，详于四代书。""圣祖崇文化，开科主五经。"诗人称颂"圣祖"以来的明帝重视文治，以古代圣王唐尧、虞舜、夏禹、商汤、周文王的治国之道为楷模，推出科举文教的新举措，开科取士，儒经为要。实际上，选贤授能的科举所体现的公平精神，与尊卑贵贱的等级制度并行不悖，内中都包含了善政良序的儒家思想。诗篇将明朝制定和推行文教科举视为"治道"的重要部分，表现出诗人的政治敏锐性。

倪岳（1444—1501）的《弘治纪元戊申二月十三日侍从亲耕籍田用程学士韵二首》歌颂皇帝重农固本，为民作则。诗篇作于弘治元年（1488），歌赞新即位的皇帝亲耕垂范。"圣主重民亲稼穑，此生何幸际昌期。""貔貅万灶绕城坳，礼重亲耕指近郊。"虽然皇帝到京郊参加耕作仪式只是一种姿态，但从以农立国的治国之道判断，皇帝的这种行动具有极高的政治含义。诗篇对皇帝亲耕之举的赞颂，是对以粮食生产为治国要务的古代治国"八政"思想的发扬。

黄珣（1447—1514）的《应制劝农》描述皇帝到京城东郊参加耕种的仪式。"东郊土脉动，好鸟鸣芳春。桑园拂其羽，催耕一何频。乘时播嘉种，原隰交畇畇。"在这春明景和的时节，皇帝来此播种，未必有实际的劳作，但皇帝参加亲耕仪式在农耕社会里显然是一种重要的政治姿态，展示皇帝对农耕的重视："念兹民所天，珠玉安足珍。一日苟不作，饥寒将立臻。"皇帝亲耕，对天下官员显然有示范作用："九重尚结念，况尔谋其身。"皇帝尚且这么重农悯农，各级官吏更当尽忠职守，劝农力耕。诗篇称颂皇帝重农的姿态和悯农的态度，展示勤政治国的圣君形象。

3. 称颂良官循吏施政仁慈，执法公正，表达对新王朝地方治理的信心。

谢应芳的《道旁语》借"盲翁"之口，歌赞当地百姓所拥戴的良官善吏。"一言贤郡守，爱民若慈父。一言江阴丞，心若秦镜古。"郡守慈爱民众，县丞执法严谨，诗人极为赞佩他们的政德和政举；对他们尽忠职守的担当，抱有很大的信心。"不忧岁年晚，不畏冰雪苦。春从天上来，百草沐膏雨。"诗人相信这样的郡守、县丞能为当地百姓带来切实的福祉。

徐贲（1335—1393）的《农父谣送顾明府由吴邑升常熟》记述"顾明府"离任吴邑，当地百姓依依不舍，显示良吏政声卓著，口碑在民。"年年力作不违时，人有余粮牛有草。官长下车今五年，老身不到州县前。乡无吏胥门户静，家家尽称官长贤。"顾明府在任时治理有方，当地百姓安居乐业，丰衣足食。这个政绩和政声的由来不是偶然的，遍播于百姓之口，诗人因此深为赞叹。

吴宽（1435—1504）的《送孔宪副赴广西》描写儒士出身的孔宪副为官多年，不改朴素官风；文武兼长，被朝廷委以重任，赶赴广西平定边地"群蛮"之乱。彼时彼地的凶乱十分严重："岭南群蛮昔猖獗，干戈满眼尸纵横。连民窜伏遍荒野，高州残破余空城。"孔宪副看到城乡民众被牵累的情况，没有一味强力镇压，而是以谦虚诚恳的姿态去打开困局："是时君来作民牧，仰天誓欲安黎氓。身骑羸马从屠卒，瘴岭恶溪循数程。"孔宪副的仁厚之举感动了"群蛮"，纷纷表示愿意归顺受惩："群蛮望见遥相惊，我来惟伏信与诚。片言开谕才脱口，马前罗拜咸输情。腰悬木牌悉听命，手断药矢谁违盟。"对"群蛮"的弱小家属，孔宪副一概宽免处罚："弱男寡妇免系累，山谷日昏犹哭声。"并阻止杀戮已降顺的"群蛮"："军中主帅骄心萌，谓此已降皆可刑。独将一身保万口，讫今军旅休南征。"诗人对孔宪副的宽仁政举深为赞佩，也展示了平复边地之乱的施政新思路。

除了上述明代前期诗人的这三类颂政诗，明代前期颂政诗创作更有代表性的诗人有刘基、陶安、高启、管讷、金幼孜、解缙、杨荣、赵同鲁，及明代前期的几位皇帝，朱棣、朱高炽、朱瞻基。此将其颂政诗的创作情况分述如下。

一 刘基 陶安 高启 管讷

刘基（1311—1375），字伯温，青田（今浙江青田）人。元至正间进士，历高安县丞等。元末兵争中，受聘为朱元璋策划军机大计。明洪武间历御史中丞兼太史令等。封诚意伯。

刘基作为明朝主要的开国功臣之一，追求实现国家重新统一、社会安宁稳定的政治局面，既是他作为谋臣的使命目标，也是个人政治立场的基点。刘基的颂政诗《平西蜀颂》《上陵》《圣人出》《战城南》等，歌赞统一天下的征战，称颂实现帝业的"圣人"，宣示了作者的政治价值追求。

刘基《平西蜀颂》称颂新朝开启了大乱之后的大治。诗序称："臣闻天命真主，混一六合，必先有以为之驱除，然后收拾以归其笼。自古及今，同一揆矣。是故冬寒之极必有阳春，激湍之下必有深潭，大乱之后必有大治，然也。元德既衰，九土麋沸，鸱张狼顾之豪弥满山泽，万姓喁喁无所吁告。天乃命我皇帝，肃将武威代伐不道，故一伐而定荆湖，再伐而举全吴，三伐而海甸廓清，四伐而东粤南闽悉归版图。于是肆伐中原，拾宋掇秦，掣赵拔燕，兵锋未至，声闻先及。神詟鬼栗，匍匐俯伏。玄菟、青海、昆仑、大漠、交趾、镂耳之国，罔不献琛奉表，稽首阙下，无敢后者。独明升窃据巴蜀，虽遣使奉贡而不去伪号，大臣皆请讨之。皇帝怜其父没子幼，数遣使招之不至，乃命将帅师伐之。洪武四年，大军破瞿唐，杀其将某，郡邑镇戍望风送款，升乃率其官属，奉玺印诣军门请降。盖自建国至是凡五年，而天下一统何其易耶。固知天命有在，而群雄并起，为之驱除也。"这段诗序虽是为本篇歌咏朝廷征伐西蜀而感发，但也可视为作者对以朱元璋为首的政治集团重新实现国家统一安宁的宏大目标的高度赞佩。刘基在诗序里强调，"天乃命我皇帝"而展开的南征北战，终于实现了"大乱之后必有大治"的伟业盛举。

惟彼蜀国，开自蚕丛，山川隔阂，与华不通。金牛启道，厥窍斯凿。岷峨岹峣，始连井络。秦以之霸，汉以之王。诸葛用之，震惊北方。剑阁倚天，瞿唐折地。仰不可攀，俯不可视。蠢兹羌戎，凭其险阻。罔知天命，大邦是拒。洸洸虎臣，受命于征。出师桓桓，如雷如霆。如雷如霆，天子之威。庙算先定，鬼神莫违。灵旗挥挥，指山山摧。羌人失魂，恧若死灰。爰将其臣，奉其版籍。泥首军门，面缚衔璧。六军奏凯，声动玄黄。鬵童白叟，蹈舞康庄。四海会同，丰年穰穰。庆云甘露，自天降祥。臣拜稽首，受天之佑。受天之佑，天子万寿。

史载："（洪武四年七月）傅友德下成都，四川平。"① 诗篇描写的即是洪武四年（1371）明军平定四川的战事。开篇描述"羌戎"据险割据，由来已久；新朝建立以来，亦抗拒朝廷统一："蠢兹羌戎，凭其险阻。罔知天命，大邦是拒。"但大明王朝统一江山的政治意志是明确和坚定的，王师受命征伐西蜀，堂堂正正，天经地义："洸洸虎臣，受命于征。出师桓桓，如雷如霆。如雷如霆，天子之威。庙算先定，鬼神莫违。"王师凯旋，蜀地归明廷统辖，"爰将其臣，奉其版籍"。蜀地百姓告别战乱，天下走向统一安宁："鬵童白叟，蹈舞康庄。四海会同，丰年穰穰。"诗篇盛赞平定西蜀的战事，与全诗颂赞明廷制服群雄完成统一大业的题旨是一致的，凸显了明廷承受天命、结束战乱的国家行动的道义高度。《上陵》《圣人出》《战城南》诸篇也分别从不同角度称颂了朱元璋成就帝业、开辟新朝、完成一统等丰功伟业，如《上

---

① （清）张廷玉等：《明史》卷二《太祖本纪二》，中华书局2000年版，第18页。

陵》:"怆恨中怀,念昔先皇。惟昔先皇,创业孔艰。"《圣人出》:"圣人出,临万方,赤若白日登扶桑。""圣人出,阳道开。亿万年,歌康哉。"《战城南》:"小臣献凯未央殿,陛下垂拱安无为。"刘基的这些颂政诗展示了作者鲜明的政治态度,诗人作为谋臣的使命目标和作为士大夫的价值理念都得以实现,其内心对新王朝的政治推崇是真诚的。

陶安(1315?—1368),字主敬,当涂(今安徽当涂)人。元至正间举江浙乡试,授明道书院山长。明洪武间历翰林院学士、知制诰、江西行省参知政事。

陶安是明初朝廷颇为朱元璋赏识的文臣。"安事帝十余岁,视诸儒最旧。及官侍从,宠愈渥。御制门帖子赐之曰:'国朝谋略无双士,翰苑文章第一家。'时人荣之。"① 陶安的颂政诗对朱元璋缔造的新朝予以了热烈的赞颂,如《阅兵奏凯》《大明铙歌鼓吹曲》《重登凤凰台献歌奉进时岁丙午剪除群凶殆尽喜而有作》《驾幸狮子山应制》《奉贺平章邓遇等诸将平定中原回》《闻上江消息》等篇,称颂当朝皇帝平定天下、一统江山的盛大帝业,既有诗人作为词臣奉命赋诗颂圣的本分,也是诗人身历改朝换代,幸运感恩的表达,具有鲜明的时代特征。《阅兵奏凯》诗序介绍了明朝建立之前"癸卯岁"(1363)朱元璋校阅大军及其后的几次用兵奏捷,回顾了朱元璋率军与元军及"贼寇"交战,征战四方,艰难创业的辉煌历程。"上天厌乱,眷命皇上,为生民主,所以开太平于万万世。肇自起濠,渡江据姑,孰都建业,命将出师,取浙左右江东西。所谓金鼓一动,万方毕臣。天眷有德,昭然可见矣。何蕲黄陈,寇贼谋其主,已有无上之心,乃肆侮僭窃,据有江汉之地,怙强稔恶,敢尔抗衡,荼毒生灵,终无纪极,天用剿绝其命。于是皇赫斯怒,亲仗黄钺,帅六师讨平之。"诗序强调了皇帝应承天命为万世开太平的征战事业的伟大价值,诗篇也把重心放在歌赞皇帝以武定国、平定天下的事业上。

鸟翔虎翼亘连衡,江上风云万甲兵。惊骇蚩尤旗顿卷,豺狼何处敢横行。巍巍左纛领干旄,百万神兵涌怒涛。战舰际天笳鼓震,定堪江海戮鲸鳌。

负固荆蛮久不庭,皇天眷德统天兵。戎衣一着诛魁丑,万姓讴歌四海清。圣主亲征百辟从,躬提黄钺振皇风。却嗟螳臂那当辙,万甲桓桓画虎熊。艨艟山拥塞荆湖,百万貔貅结阵图。火筏扼喉冲浪壑,须臾窟穴尽魋魖。

交锋酣战六时过,湖面僵尸蔽白波。一箭流星酋首殪,军民百万动

---

① (清)张廷玉等:《明史》卷一百三十六《陶安传》,中华书局2000年版,第2608页。

欢歌。天皇赫怒静荆蛮，号令威严重若山。诸将奋先随克捷，六军踊跃凯歌还。征讨凶残奏凯旋，圣皇功德并尧天。从今汛扫华夷净，海晏河清万万年。

《阅兵奏凯》组诗歌赞明军征伐江汉的历史功绩："负固荆蛮久不庭，皇天眷德统天兵。戎衣一着诛魁丑，万姓讴歌四海清。圣主亲征百辟从，躬提黄钺振皇风。""天皇赫怒静荆蛮，号令威严重若山。诸将奋先随克捷，六军踊跃凯歌还。征讨凶残奏凯旋，圣皇功德并尧天。"皇帝亲征，以威严和圣德鼓舞王师为四海为一的目标奋战，战事捷报频传，功德与古圣比肩。诗篇围绕皇帝统帅大军征战四方的战事，突出了圣德感召、王师无敌、一统天下、百姓安宁的道义价值。

《大明铙歌鼓吹曲》《重登凤凰台献歌奉进时岁丙午剪除群凶殆尽喜而有作》《驾幸狮子山应制》《奉贺平章邓遇等诸将平定中原回》《闻上江消息》等篇弘扬了同一个题旨，即推崇"圣皇"立国的宏大事业，盛赞平定天下的卓越征战，歌赞百姓安居乐业的崭新秩序。如《大明铙歌鼓吹曲》："皇天眷有德，圣君起临濠。定鼎向建业，夷夏胥来朝。""圣虑忧及民，雷霆赫斯怒。爰整师旅江之东，戎衣一著亲元戎。""望风披靡如拉朽，一扫海宇腥膻清。王道荡荡邦家宁，从此天下万年歌太平。"《重登凤凰台献歌奉进时岁丙午剪除群凶殆尽喜而有作》："凤凰台上圣人作，净扫六合无纤埃。""但见紫金之山高崔巍，长江万里奔驶朝宗来。朝宗来，皇图恢，握乾镇坤妙斡璇。"《驾幸狮子山应制》："圣皇应天运，出以安民生。拨乱反之正，仁敷臻泰宁。十年天下一铲平，纪年定鼎开神京。""四海为一家，于穆皇风清。"《奉贺平章邓遇等诸将平定中原回》："大明受命眷自天，如日上升照八埏。""雷霆轰天震箛鼓，号令严明整行伍。统师百万辞玉京，天堑须臾捷飞渡。蔡淮小丑不足平，齐鲁妖孽难逃生。""朔漠已靖辽海宁，奏凯还朝尘弗惊。""止有蜀黔何蕞尔，一箭飞临犹可弛。生民安乐颂太平，万万年呼圣天子。"《闻上江消息》："全国兵家尚，安民治体初。英雄平海宇，仁厚是权舆。"这些诗篇描写的战事虽有不同，但都突出了"圣皇"统一天下、生民得到安宁的系列征战的道义性，表现出诗人为朱元璋建立新朝这个宏伟事业进行历史定位的强烈政治意识。

陶安的《咏当涂张县尹善政》称赞地方长官的治理之道和治理之绩。

有美君子，尝观国光。贤书载登，赤绂斯煌。再命升爵，来于荆湘。尹兹百里，编氓乐康。理涵于心，道积于身。克施有政，民德亦新。耕桑被野，雨旸屡匀。众庶而丰，侯俭而贫。民有鸡豚，我盘蔬茹。民有纨帛，我衣布素。闵厥士女，疮痍是抚。疮痍是瘳，我体完固。公绰不欲，滕薛非长。子产惠爱，刑书靡良。侯兼其德，政有纪纲。三年化行，嘉猷孔彰。英英白云，远瞻是恻。遄归于南，承颜有怿。愿为时雨，均此下国。维兹邑人，永思无斁。

诗篇歌咏的张姓县尹，是一个已有政声的官员，被派到当涂县任职。张县尹以自己的政德施治，得到了民众的良性回应，使民风趋向嘉善："理涵于心，道积于身。克施有政，民德亦新。"张县尹更为感召民众的是他克勤克俭，勤政履职，使当地百姓丰衣足食："众庶而丰，侯俭而贫。民有鸡豚，我盘蔬茹。民有纨帛，我衣布素。闵厥士女，疮痍是抚。"张县尹循章依规，使当地秩序井然："侯兼其德，政有纪纲。"张县尹在当涂三年施治，造福当地，如春风化雨泽惠民众："愿为时雨，均此下国。"诗篇为张县尹的善政德业大唱赞歌，是作者对新朝实现良好的地方治理的政治期待。

高启（1336—1374），字季迪，长洲（今江苏苏州）人。洪武间应召修《元史》。授翰林院国史编修官，擢户部侍郎。因魏观事连坐，获罪被腰斩。

高启的颂政诗表达了自己对结束战乱、平定海内的新王朝的热忱祈愿。如《登金陵雨花台望大江》：

大江来从万山中，山势尽与江流东。钟山如龙独西上，欲破巨浪来长风。江山相雄不相让，形胜争夸天下壮。秦王空此瘗黄金，佳气葱葱至今王。我怀郁塞何由开，酒酣走上城南台。坐觉苍茫万古意，远自荒烟落日之中来。石头城下涛声怒，武骑千群谁敢渡。黄旗入洛竟何祥，铁锁横江未为固。前三国，后六朝，草生宫阙何萧萧。英雄来时务割据，几度战血流寒潮。我生幸逢圣人起南国，祸乱初平事休息。从今四海永为家，不用长江限南北。

诗篇追溯龙盘虎踞的金陵城发生的群雄相争的峥嵘往事："前三国，后六朝，草生宫阙何萧萧。英雄来时务割据，几度战血流寒潮。"诗人慨叹的不仅是金陵一地的"几度战血流寒潮"，诗人放眼的是天下战乱的重复上演，尤其是元末以来血腥征战的惨烈厮杀，由此对最终由百姓承受灾难的连绵战祸表示了极大的忧虑。在感慨了"江山相雄不相让，形胜争夸天下壮"的兵家相争之地千年战乱之后，诗人倾情唱出了对新王朝诞生的热烈赞歌："我生幸逢圣人起南国，祸乱初平事休息。从今四海永为家，不用长江限南北。"这是诗人见闻改朝换代战争惨况发出的心声，希望结束战乱后建立的新王朝天下统一完整，百姓得到休养生息。这种希望大一统安定局面长久延续的祈愿，是作者歌颂"圣人"伟业的出发点，蕴含着民心所向的深厚政治内涵。不可视为谀颂之辞。

除了《登金陵雨花台望大江》，高启还有一些作品也表达了对新朝政治秩序的礼赞。如《答余新郑》："吾皇亲手拥高彗，洒扫六合氛尘清。海中夷筐已入贡，陇外户版初来呈。大开明堂议礼乐，学士济济登蓬瀛。"赞天下一统，招贤纳才。《圣寿节早朝》："飞龙起江左，战马放山阳。""小臣歌拜手，尧日正舒长。"赞战乱平定，太平来临。《大驾亲祀方丘选射斋宫奉次御制韵》："献符多士歌昌运，扈跸诸蕃睹盛仪。"赞国运兴旺，礼乐昌盛。《晚登南冈望都邑宫阙》："明朝欲献升平颂，还逐仙班入琐闱。""六代衣冠总尘土，幸逢昌运莫兴哀。"赞天下归一，国运昌隆。《送贡士会试京师》："南宫坐试二三策，能使海内无遗贤。"赞科举顺利，授贤任能。这些颂政诗都礼赞了新朝建立后天下进入统一、安宁的时代，对这样的政治局面诗人感到由衷的欣喜。虽然诗人后来遭遇了个人政治命运的不幸结局，但这与他当初称颂新朝政治秩序的真诚用心并不矛盾。

管讷（？—？），字时敏，以字行世。松江（今上海松江）人。洪武间征拜楚王府纪善，迁左长史。

管讷的《稼村赠乡人孙原璘》展现了一幅明初地方治理井然有序、百姓安居乐业的图景。

> 我家三里汀前住，茅堂政近桃花渚。学经不明欲归耕，佃得官田廿余亩。有书尽卖买农具，甘作东屯种田父。侯疆既足把犁锄，饷妇尤能载筐筥。田中蟊稗日自除，墙下蚕桑春可取。秋风禾黍既登场，冬日鸡豚复盈圃。全家衣食幸余饶，老稚那知有辛苦。东邻击鼓送农官，西舍烹羊祀田祖。且喜征科一事无，况是丰年好官府。县吏催租不下乡，半夜无人打门户。官粮输足私债无，一村帖然如按堵。自信于焉老此身，岂谓年来系簪组。汩汩黄尘没马头，白水青山竟虚负。羡君学稼如老农，久抱长材隐家墅。奉亲菽水喜平安，教子书诗识今古。我今不蚕亦不耕，素餐厚禄知何补。几时上疏乞东归，白头相寻愿为侣。与尔击壤歌尧年，五日一风十日雨。

诗篇描述了诗人回乡后和村里其他农家一样，在安定的社会环境里辛劳耕耘，获得丰收。"全家衣食幸余饶，老稚那知有辛苦。东邻击鼓送农官，西舍烹羊祀田祖。"劳而有获，安居乐业，这样的场景是农家多少年梦寐以求的事，在诗人眼前成为现实，这种欣喜是真实的。更让诗人感到知足的是，当地官府轻徭薄赋，德政惠民，循吏依规履职，宽厚相待，诗人和乡亲们安分守己，丰衣足食。"且喜征科一事无，况是丰年好官府。县吏催租不下乡，半夜无人打门户。官粮输足私债无，一村帖然如按堵。自信于焉老此身，岂谓年来系簪组。""与尔击壤歌尧年，五日一风十日雨。"诗人唯愿这样的日子绵延久长，像期待年年风调雨顺一样期待良官善治年年延续。管讷颂政诗对地方治理、乡村生活的描述，是诗人的亲历目睹，应该有相当高的真实度。虽然在那个时代不是普天下乡村都是这样的图景，但在战乱之后国家秩序得以重新建立，百姓获得休养生息，明初社会总体呈现安宁向上的局面，还是可信的。

二　朝廷乐歌　朱棣　朱高炽　朱瞻基

朝廷乐歌。

明代朝廷乐歌中包含了大量的颂政诗，是朝廷词臣为郊祀、宴飨等场合的典礼乐歌所写的歌辞。这类礼乐之作的创作动机当然是提升朝廷的政治威望。"有明一代，不论何种时间、场合、仪式，所有礼乐导向的焦点，均是尊崇皇权，使人感到皇帝受命于天，从而安于等级尊卑之别，这就是明统治者大力提倡礼乐的目的之所在。"① 这些颂政之作以典重雍容的辞藻描述新朝的宏业，皇帝的圣德，天下的统一，国运的隆盛，百姓的安宁，呈现出治理良善、蒸蒸日上的大明王朝政治秩序全景画面。这些颂政诗对皇帝和朝廷的称颂免不了夸大炫耀的恭维之辞，但在相当程度上也较真实地反映了明王朝上升时期在政治秩序方面值得称道的成就和理念。

明太祖朱元璋时期的朝廷乐歌主要称颂太祖开国垂统的圣德宏业。洪武三年（1370）的《宴飨乐章》分章歌赞了太祖征战四方、统一海内的盛绩，如《起临濠之曲》："千载中华生圣主，王气成龙虎。提剑起淮西，将勇师雄，百战收强虏。驱驰鞍马经寒暑，将士同甘苦。次第静风尘，除暴安民，功业如汤武。"《开太平之曲》："谈笑掣长鲸，三军勇气增。一戎衣，宇宙清宁。从此华夷归一统，开帝业，庆升平。"《安建业之曲》："虎踞龙盘佳丽地，真主开基，千载风云会。十万雄兵屯铁骑，台臣守将皆奔溃。一洗烦苛施德惠，里巷讴歌，田野腾和气。王业弘开千万世，黎民咸仰雍熙治。"《削群雄之曲》："持黄钺，削平荆楚清吴越。清吴越，暮秦朝晋，几多豪杰。幽燕齐鲁风尘洁，伊凉蜀陇人心悦。人心悦，车书一统，万方同辙。"《抚四夷之曲》："海

---

① 白钢：《中国政治制度通史·总论》，社会科学文献出版社2011年版，第129页。

波不动风尘静,中国有真人。文身交趾,毡裘金齿,重译来宾。奇珍异产,梯山航海,奉表称臣。"《大一统之曲》:"大明天子驾飞龙,开疆宇,定王封。江汉远朝宗,庆四海,车书会同。东夷西旅,北戎南越,都入地图中。遐迩畅皇风,亿万载,时和岁丰。"这些宴飨乐章从多个角度、多个层面描述了"圣主""真主""真人""大明天子"完成的建国伟业,"功业如汤武""从此华夷归一统""车书一统,万方同辙""庆四海,车书会同"。其间的赫赫武功,诗篇一一道来:"提剑起淮西,将勇师雄,百战收强虏。""十万雄兵屯铁骑,台臣守将皆奔溃。""持黄钺,削平荆楚清吴越。""东夷西旅,北戎南越,都入地图中。"凸显其奉天承运、替天行道的征战宗旨,统一天下、安定天下、安宁百姓的终极目标。这样的描述显示了道义的高度,不是简单的夸耀战绩,作者的政治意识非常明确。

洪武十五年(1382)的《宴飨乐章》包括《炎精开运之曲》《皇风之曲》《眷皇明之曲》《天道传之曲》《振皇纲之曲》《金陵之曲》《长杨之曲》《芳醴之曲》《驾六龙之曲》《太清歌》等多支乐歌,分别从不同角度歌赞朱元璋开辟新朝、奠定国基、统一海内的伟业,国运隆盛、百姓安宁的治绩,楷模古圣、为世垂范的圣德。如《炎精开运之曲》:"炎精开运,笃生圣皇。大明御极,远绍虞唐。河清海晏,物阜民康。威加夷僚,德被戎羌。"歌颂新朝敬奉天命,统一海内,四方敬服。《眷皇明之曲》:"赫赫上帝,眷我皇明。大命既集,本固支荣。"歌颂天佑皇明,国基稳固。《天道传之曲》:"圣子神孙继祖武,垂拱无为迈前古。"歌颂承统继业,国运长久。《振皇纲之曲》:"百揆修庶绩,公辅理阴阳。峨冠正襟佩,都俞在高堂。坐令八纮内,熙熙民乐康。"歌颂朝政修明,百姓乐业。《芳醴之曲》:"惟皇登九五,玉食保尊荣。日昃不遑餐,布德延群生。"歌颂君德高尚,为世垂范。《太清歌》:"万国来朝进贡,仰贺圣明主,一统华夷。普天下八方四海,南北东西。托圣德,胜尧王,保护家国太平,天下都归一,将兵器销为农器。旌旗不动酒旗招,仰荷天地。"歌颂四方景仰,百姓安宁,盛世太平。这些宴飨乐歌从建国、治国各个环节称颂了新朝的丰功盛德,都注重强调这些功德所包含的国家统一、百姓安宁、朝政清明等标志天下大治的重要元素,具有鲜明强烈的政治内涵指向。

明太祖洪武年间还有其他一些题旨鲜明的朝廷乐歌,颂赞皇室的功德,如《守承平之曲》《太庙时享》《朝贺乐章》等。《守承平之曲》:"偃武修文,报功崇德,率土皆臣妾。山河盘固,万方黎庶欢悦。长想创业艰难,君臣曾共扫四方豪杰。露宿宵征鞍马上,历尽风霜冰雪。""朝野如今,清宁无事,任用须贤哲。躬勤节俭,万年同守王业。"抚今追昔歌颂了治国施政和承统继业的成就，也居安思危表达了勤谨施治、巩固国运的祈愿。《太庙时享》："庆源发祥，世德惟崇。致我眇躬，开基建功。""承先人之德，化家为国。毋曰予小子，基命成绩。欲报其德，昊天罔极。"歌颂明皇室创业、继业的统绪传承。洪武二十六年（1393）的《朝贺乐章》歌颂海内一统，忠良为臣，国运兴隆。"乾坤日月明，八方四海庆太平。""忠良为股肱，昊天之德承主恩，森罗拱北辰。御炉烟绕奉天门，江山社稷兴。安天下，军与民，龙虎会风云。"这些不同乐章都传达出建国、治国过程中必须安民、崇德等政治理念，表现了创作朝廷乐歌颂政诗的词臣们的政治自觉。

明成祖时期的朝廷乐歌主要称颂成祖维护一统、治国昌盛的功业。创作于永乐十八年（1420）的《宴飨乐舞》是一组歌咏成祖盛世欣荣的朝廷乐歌，包括《上万寿之曲》《平定天下舞曲》《仰天恩之曲》《感地德之曲》《车书会同舞曲》《民乐生之曲》《感皇恩之曲》《天命有德舞曲》《庆丰年之曲》《集祯应之曲》《永皇图之曲》《乐太平之曲》等。如《上万寿之曲》："龙飞定万方，受天命，振纪纲。彝伦攸叙四海康，普天率土尽来王。"歌颂奉天承运治国，四方敬服来归。《平定天下舞曲》："威伏千邦，四夷来宾纳表章。""圣主过尧舜禹汤，立五常三纲。八蛮进贡朝今上，顿首诚惶。朝中宰相，燮理阴阳。五谷收成，万民欢畅。"歌颂海内安宁，准则尧舜，百姓乐业。《仰天恩之曲》："皇天眷圣明，五辰顺，四海宁，风调雨顺百谷登，臣民鼓舞乐太平。"歌颂天下一统，治世康乐。《车书会同舞曲》："八方四面锦华夷，天下苍生仰圣德。风调雨顺升平世，遍乾坤，皆赞礼，托君恩民乐雍熙。万万年皇基坚固，万万载江山定体，万万岁洪福天齐。"歌颂海内安宁，江山永固。《感皇恩之曲》："当今四海宁，颂声作，礼乐兴。君臣庆会跻太平，衣冠济济宴彤庭。文臣武将，共荷恩荣，忠心尽微诚，仰答皇明。"歌颂礼乐兴国，君臣协和。《天命有德舞曲》："梯航万国来丹陛，太平年，永固洪基。正东西南北来朝会，洽寰宇，布春晖，四夷咸宾声教美。自古明王在慎德，不须威武服戎狄。祥瑞集，凤来仪。佳期万万岁，圣明君，主华夷。"歌颂国基稳固，仁德抚远，四方敬服。《永皇图之曲》："皇图巩固，贤臣赞襄。太平日月光，地久天长。"歌颂贤臣尽忠，国运长久。《乐太平之曲》："皇恩被八纮，三光明，四海清。人康物阜岁屡登，含哺鼓腹皆欢声。民歌帝力，唐尧至仁。乾坤永清，共乐太平。"歌颂海内清明，太平治世。这组乐歌对成祖永乐时期的治绩作了热烈的礼赞，既是词臣分内之事，也较为真实地反映了那个时期明王朝稳固的政治秩序和升腾的国家活力。

《宴乐章》是永乐年间的宴飨乐歌组诗，歌咏明成祖统御下的王朝治世。《宴乐章》包括《御六龙之曲》《泰阶平之曲》《君德成之曲》《圣道行之曲》

《乐清宁之曲》等。如《御六龙之曲》:"人心久仰生圣君,天使人生圣。圣人受天机,体天居中正,御六龙,驿明登九重。""君坐神京,海岳共从新。民仰君恩,圣治有人伦。"歌颂盛德秉政,仁君民仰。《泰阶平之曲》:"选用英贤兴王政,分善恶赏罚均平。三公九卿,左右股肱,庶事康宁。"歌颂选贤任能,奖惩公平。《君德成之曲》:"皇基以兴,圣帝修身,奉天体道,圣德愈明。敬天地,勤劳万民。立法度,上下咸宁。风俗礼乐厚彝伦,爱兴学校进儒经,贤臣良将保朝廷,四野人民颂欢声。用的是贤英,贤英定太平,寰海皆归正。"歌颂敬天修德,依循法度,改良民风,重用贤能。这些乐歌对明成祖永乐盛世的歌颂,涵盖了秉德施治、选贤任能、修明法度等良政善治的重要方面,具有较充分的现实政治依据,基本是那个时代政治秩序的写照。

朱棣(1360—1424),即明成祖。祖籍濠州钟离(今安徽凤阳),生于应天(今江苏南京)。太祖朱元璋第四子。靖难之役夺位登基,改元永乐。在位二十二年。

明成祖朱棣在位期间亲征北地,平定南方,迁都北京,派郑和下西洋,命编《永乐大典》,武功文治,国势强盛,创造了永乐盛世的辉煌历史。史载:"文皇少长习兵,据幽燕形胜之地,乘建文孱弱,长驱内向,奄有四海。即位以后,躬行节俭,水旱朝告夕振,无有壅蔽。知人善任,表里洞达,雄武之略,同符高祖。六师屡出,漠北尘清。至其季年,威德遐被,四方宾服,明命而入贡者殆三十国。幅陨之广,远迈汉、唐。成功骏烈,卓乎盛矣。"[①]呈现了太平治世的非凡气象。

朱棣的颂政之作《浡泥长宁镇国山诗》,是一篇描写明朝与浡泥国交往的作品,表现了修德抚远的国策大政,显示了明朝皇室良好的政治声望。浡泥国即今天的文莱国。史载,永乐年间浡泥国王到北京朝贡,与明朝交好。"(永乐)六年八月入都朝见,帝奖劳之。""十月,王卒于馆。帝哀悼,辍朝三日,遣官致祭,赗以缯帛。""赐敕慰其子遐旺,命袭封国王。""王辞归,赐玉带一、金百两、银三千两及钱钞、锦绮、纱罗、衾褥、帐幔、器物,余皆有赐。以中官张谦、行人周航护行。""初,故王言:'臣蒙恩赐爵,臣境土悉属职方,乞封国之后山为一方镇。'新王复以为言,乃封为长宁镇国之山。御制碑文,令谦等勒碑其上。"[②]这首《浡泥长宁镇国山诗》即为系于碑文之后的成祖御制诗篇。

炎海之墟,浡泥所处。煦仁渐义,有顺无迕。偻偻贤王,惟化之慕。

---

① (清)张廷玉等:《明史》卷七《成祖本纪三》,中华书局2000年版,第70页。
② (清)张廷玉等:《明史》卷三百二十五《外国传六》,中华书局2000年版,第5636页。

导以象胥,遹来奔赴。同其妇子,兄弟陪臣。稽颡阙下,有言以陈。谓君犹天,遣其休乐。一视同仁,匪偏厚薄。顾兹鲜德,弗种所云。浪舶风樯,实劳恳勤。稽古远臣,顺来怒赵。以躬或难,矧曰家室。王心亶诚,金石其坚。西南蕃长,谁与王贤。矗矗高山,以镇王国。镵文于石,懋昭王德。王德克昭,王国攸宁。于斯万年,仰我大明。

诗篇嘉赞浡泥国王的施政取向和对明王朝的态度:"煦仁渐义,有顺无迕。"实际也是显示,明朝与外国交往秉持仁义准则,赢得外国的善意回应。诗篇宣示明朝对外交往不分大小强弱,公正对待:"一视同仁,匪偏厚薄。"浡泥国新老国王与明皇室的友好交往即为此例。诗篇表彰浡泥国王:"王德克昭,王国攸宁。于斯万年,仰我大明。"称扬浡泥国王德行昭彰,祝愿其王国安宁长久,希望其王国服仰大明王朝。成祖的这首御制诗,一方面表彰了浡泥国王的德行,另一方面也是对明王朝对外声望的宣扬。诗篇宣示朝廷的对外交往特点是,修德抚远,邻邦敬服。诗篇的题旨透露了大明王朝强盛时期对外政策的仁德宽厚,也是中国古代德型政治文化理念的自然反映。

朱高炽(1378—1425),即明仁宗。成祖朱棣长子。永乐二十二年登基,改元洪熙。在位一年。

明仁宗朱高炽在位时间很短,但其间休养生息,恭俭仁民,朝政清朗。史家评论明仁宗称:"在位一载。用人行政,善不胜书。使天假之年,涵濡休养,德化之盛,岂不与文、景比隆哉。"① 朱高炽的《冬至赐赞善徐好古》就约略显示了他的施政风范。"清朝盛文治,辅德资儒耆。念彼筋力倦,趋朝谅非宜。赋诗有佳致,纳诲多良规。起予得深趣,欢怀浩无涯。新阳届初复,况此承平时。酬劳有尊酒,庶以劳期颐。"诗篇是给文臣徐好古的赐作,嘉赞徐好古:"赋诗有佳致,纳诲多良规。"除称赏徐好古尽职尽忠外,也宣示了本朝皇室重视文德教化的施政倾向:"清朝盛文治,辅德资儒耆。"诗中昭告的文治安邦的国策取向,确实表现了明仁宗治国之道清朗明澈,表现了明仁宗的朝策重文治、重儒德的特点。

朱瞻基(1398—1435),即明宣宗。洪熙元年登基,改元宣德。在位十年。

明宣宗朱瞻基在位期间朝政清明,经济兴盛,与其父仁宗时期的治理之绩并称"仁宣之治"。史家评价其治绩和功业:"即位以后,吏称其职,政得其平,纲纪修明,仓庾充羡,闾阎乐业。岁不能灾。盖明兴至是历年六十,民气渐舒,蒸然有治平之象矣。若乃强藩猝起,旋即削平,扫荡边尘,狡寇

---

① (清)张廷玉等:《明史》卷八《仁宗本纪》,中华书局2000年版,第76页。

震慑，帝之英姿睿略，庶几克绳祖武者欤。"① 朱瞻基留下了不少的颂政诗，宣示本朝治国依循的传统，行政的准则，施治的功德。如《祖德诗九章》《思贤诗》《书愧诗示户部尚书夏原吉》《赐许廓巡抚河南诗》《捕蝗诗示尚书郭敦》《悯农诗示吏部尚书郭琎》《减租诗》《悯旱诗》等。

《祖德诗九章》组诗多方位展示了明王朝列祖列宗创业开基的艰辛，奉天承运的使命，以武定国的威势，统一海内的功业，与民休息的德政，选贤任能的明智。诗篇题旨归结为本朝定当继统承绪，以修明的治道实现国运长久昌盛。

  上天信崇高，临下明以赫。元季政昏乱，帝用厌夷狄。眷求令德宗，视乃善庆积。沛然启其祥，疆宇俾开辟。
  恭惟我仁祖，躬备大圣德。天性禀纯粹，温恭而允塞。笃志在仁义，兼亦贵稼穑。宝玉之所藏，山川被光泽。
  维时属遘屯，畎亩之自适。进退与道俱，玉德怀贞白。皇天鉴昭晰，宝命所由锡。笃生太祖圣，配天立人极。
  海内如鼎沸，土壤分割折。苍生靡怙恃，俯伏毙毒螫。仗剑起濠梁，奉天拯焚溺。再驾定东南，一举下西北。
  旷哉六合内，腥秽悉荡涤。三光复宣朗，五典重修饬。远齐尧舜功，近过汤武绩。遂令普天下，休养乐生息。
  太宗削奸回，维统莫宗佑。圣文既炳焕，神武尤赫奕。贤才尽登用，秉德各修职。庶邦承覆载，贡献来九译。
  昭考抚盈成，至仁弘隐恻。民安视如伤，恭己临万国。继志与述事，夙夜怀兢惕。皇风益清穆，皇道弥正直。
  正本所自隆，仁祖实启迪。祥源深且广，天派肆洋溢。圣神绍传序，茂衍万世历。造商本玄王，兴周美后稷。
  兹予嗣鸿业，时几谨申饬。四圣赫在天，悠久贻法式。保佑赖深眷，负荷愧余力。稽首陈咏歌，庶用示无斁。

诗篇着重称颂太祖秉承天命拯救天下，终登大位。"恭惟我仁祖，躬备大圣德。""笃生太祖圣，配天立人极。""仗剑起濠梁，奉天拯焚溺。"接着依序歌赞了太祖、惠帝、成祖、仁宗的功德。"旷哉六合内，腥秽悉荡涤。""远齐尧舜功，近过汤武绩。遂令普天下，休养乐生息。"称颂太祖、惠帝开国之

---

① （清）张廷玉等：《明史》卷九《宣宗本纪》，中华书局2000年版，第86页。

初的休养生息政策。"太宗削奸回,维统奠宗佑。圣文既炳焕,神武尤赫奕。贤才尽登用,秉德各修职。庶邦承覆载,贡献来九译。"称颂成祖稳定大统、文治武功、四方来贺的盛绩。"昭考抚盈成,至仁弘隐恻。民安视如伤,恭己临万国。"称颂仁宗惠爱民众、施政宽厚的盛德。"正本所自隆,仁祖实启迪。""四圣赫在天,悠久贻法式。"昭告本朝继统承绪的政治意愿,表达本朝将继承"四圣"列祖列宗的"法式",延续大明王朝的昌隆国运。

《祖德诗九章》着重宣示继承、弘扬前朝列祖列宗的法度准则,而《思贤诗》《书愧诗示户部尚书夏原吉》《赐许廓巡抚河南诗》《捕蝗诗示尚书郭敦》《减租诗》等篇章,则着重展示本朝施治的理念和行政的作为。如:

> 天命赫赫,付畀万方。肆予承之,夙夜弗遑。亮天之功,其责在予。亦惟求贤,以求厥图。尧舜大圣,咨于臣邻。汤武致治,敷求哲人。稷契皋夔,周召伊傅。同德同心,以匡以辅。惟时匡辅,百工允厘。治效之隆,臻于皞熙。悠悠我心,念之弗置。惟欲得贤,以弼予治。告言惓惓,束帛戋戋。命彼皇华,历于丘园。庶几多才,拔茅连茹。奋其功庸,翼我王度。维天昭昭,维岳降灵。笃生贤哲,聿驰骏声。启予沃予,以迪先德。扬其耿光,有永无致。(《思贤诗》)

> 关中岁屡歉,民食无所资。郡县既上言,能不恻恤之。周礼十二政,散货首所宜。给帛遣使者,发廪饬有司。临轩戒将命,遄往毋迟迟。命下苟或后,施济安所期。吾闻有道世,民免寒与饥。循己不遑宁,因情书愧辞。(《书愧诗示户部尚书夏原吉》)

> 河南百州县,七郡所分治。前岁农事缺,旱涝始复继。衣食既无资,民生曷由遂。顾予位民上,日夕怀忧愧。尔有敦厚资,其性勤抚字。徙者必辑绥,饥者必赈济。咨询必周历,毋惮躬劳瘁。虚文徒琐碎,所至皆实惠。勉旃馨乃诚,庶用副予意。(《赐许廓巡抚河南诗》)

> 蝗螽虽微物,为患良不细。其生实蕃滋,殄灭端匪易。方秋禾黍成,芃芃各生遂。所欣岁将登,奄忽蝗已至。害苗及根节,而况叶与穗。伤哉陇亩植,民命之所系。一旦尽于斯,何以卒年岁。上帝仁下民,讵非人所致。修省弗敢怠,民患可坐视。去螟古有诗,捕蝗亦有使。除患与养患,昔人论已备。拯民于水火,勖哉勿玩愒。(《捕蝗诗示尚书郭敦》)

> 官租颇繁重,在昔盖有因。而此服田者,本皆贫下民。耕作既劳勤,输纳亦苦辛。遂令衣食微,曷以赡其身。殷念恻予怀,故迹安得循。下诏减十三,行之四方均。先王亲万姓,有若父子亲。兹惟重邦本,岂曰

矜吾仁。(《减租诗》)

《思贤诗》作于宣德九年（1434）。作者在诗序里交代了选贤任能的治国思路和作诗动机："予嗣守祖宗大位，夙夜兢惕，思惟致治之道，必有贤臣相与赞辅。虽屡诏求贤，然恭默之思未已，乃作诗以著予志。"诗篇恳切表达了秉承天命以治国的勤谨态度："天命赫赫，付畀万方。肆予承之，夙夜弗遑。"然后叙及古圣任贤的道统："稷契皋夔，周召伊傅。同德同心，以匡以辅。"表示要准则尧舜，虚心求得贤臣辅政："悠悠我心，念之弗置。惟欲得贤，以弼予治。""奋其功庸，翼我王度。"诗篇所展示的用贤任能的治国态度和思路，既是诗序所言"作诗以著予志"的自我激励，也是对任贤用能的治国之道的颂赞，显示了治国意识的清醒。明宣宗任贤用能的政治路线并非虚夸，史家曾感慨宣宗时期的用人风气："国家盛时，士大夫多以廉节自重，岂刻意励行，好为矫饰名誉哉。亦其澹嗜欲，耻营竞，介特之性然也。仁、宣之际，惩吏道贪墨，登进公廉刚正之士。"① 这种任用君子、摒弃小人的政治路线与《思贤诗》的政治理念是互为表里的。《书愧诗示户部尚书夏原吉》对关中地方百姓遭灾深为牵挂，表达了悯民的自责。诗篇举出可以效法的古代赈灾措施："周礼十二政，散货首所宜。"表示要尽快派遣使者，诏令有司救济灾民："给帛遣使者，发廪饬有司。""命下苟或后，施济安所期。"作者提出了治世的重要标准，那就是百姓能得温饱："吾闻有道世，民免寒与饥。"作者也因此而自责："循己不遑宁，因情书愧辞。"就事情本身而言，宣宗不必为并未出现的可能恶果自责，但这样表述，也就标示了一种德政标准。诗篇对这种德政标准的张扬，也就是作者对自己所宣示和实践的治国之道的颂扬。《赐许廓巡抚河南诗》描写河南地方出现了灾情，灾民缺衣少食，诗人自责："顾予位民上，日夕怀忧愧。"并责求巡抚河南的官员解决民生灾苦："尔有敦厚资，其性勤抚字。徙者必辑绥，饥者必赈济。"昭告官员要切实惠民，不得敷衍。"虚文徒琐碎，所至皆实惠。勉旃罄乃诚，庶用副予意。"诗篇这些诏令式的责求，也宣示了一种恤民惠民的施治风范，颂赞了勤勉国事、关怀民瘼的政德。《捕蝗诗示尚书郭敦》描述了蝗灾危害的严重性。"伤哉陇亩植，民命之所系。一旦尽于斯，何以卒年岁。"诗人责求官员要恪尽职守、救民急难："修省弗敢怠，民患可坐视。""拯民于水火，勖哉勿玩愒。"这样的责求折射的是仁政恤民、勤政拯民的理念，也是对仁德政治的颂扬。《减租诗》描述了农家的耕作辛劳和税赋负担。"官租颇繁重，在昔盖有因。而此服田者，本皆贫下民。耕作既劳勤，输纳亦苦辛。遂令衣食微，曷以赡其身。"诗篇郑重宣

---

① （清）张廷玉等：《明史》卷一百五十八《顾佐传》，中华书局2000年版，第2878页。

示天下："下诏减十三，行之四方均。"一方面展示朝廷亲民的传统："先王亲万姓，有若父子亲。"一方面从国家政治高度强调了轻徭薄赋、减租减税要达到的目的："兹惟重邦本，岂曰矜吾仁。"明确表示悯农不是为了沽名钓誉，而是要贯彻民为邦本的施政理念。诗篇作这样的宣示，推崇和传扬了以民为本的治国思想。作者强调这种民为邦本的治国理念，并非做作的政治姿态，其实也是历代许多当政者视为理所当然的治国之道。对民本思想的这种推崇，不一定意味着君德高尚，更主要是民为邦本与君临天下有着内在的一致性。"中华帝制的政治原理是以民本思想为基础框架而精心构筑的庞大的思想体系。在通常情况下，统治者不仅不排斥民本思想，还将其纳入官方学说。无论在理论上，还是在实践上，'民本'与'君本'始终共处一体，紧密粘连在一起，根本无法剥离开来。'君为政本'与'民为国本'是同一个思想体系的两种存在形式或表达方式。"① 这种主观为君、客观利民的治国思想在古代政治诗中一再得到了展示。

三　金幼孜　解缙　杨荣　赵同鲁

金幼孜（1367—1431），名善，以字行世，新淦（今江西新干）人。建文间进士，授户科给事中。永乐间历官至太子少保、礼部尚书。

金幼孜的颂政诗大多作于永乐及宣德年间，对明成祖、明宣宗的武功文治多有称颂。如：

万乘统元戎，鸣銮出九重。暖尘生辇路，晴雪照行宫。旗影西山外，笳声落照中。书生怀脱略，须敌万夫雄。（《春日随驾北征次清河》）

鳌山高耸架层空，万烛烧春瑞气融。星动银河浮菡萏，天垂琼岛绽芙蓉。行行彩队穿华月，曲曲鸾笙度好风。自是太平多乐事，君王要与万方同。

天上红云湿翠旗，楼前灯影动罘罳。御筵花暖歌声近，紫禁风清玉漏迟。中使传宣还赐果，词臣献赋更陈诗。华夷尽道承恩泽，千载昌期际此时。（《元夕午门赐观灯》）

圣主承天统万方，梯山航海尽来王。不应残丑犹乌合，屡犯边疆恣夺攘。

天威赫怒整彤弧，万骑如云从乘舆。白日风雷严号令，指挥掌握仗神谟。

斧钺煌煌出九天，旌旗千里照山川。桓桓武士排山岳，争道从龙近

---

① 张分田：《民本思想与中国古代统治思想》，南开大学出版社2009年版，第1页。

日边。

昨夜旄头暗不明，忽传强敌向南行。三千铁骑争追逐，尽卷穹庐入塞城。

金鼓喧阗尽日闻，欢声雷动及军门。六师斩馘知无算，驼马驱来动百群。

圣皇除暴在安民，神武由来合至仁。纳款绥降宽大罚，尽令生育在阳春。

铁骑长驱蹴塞云，扫清沙漠荡尘氛。从今边御无烽燧，圣武神功荷至尊。

凯奏欢呼入帝乡，天戈一指靖遐荒。臣民快睹平边诏，万岁声中祝圣皇。

周宣北伐中兴时，纪述于今尚有诗。此日时巡因阅武，尽歼群寇镇边陲。

绝塞萧条迹已空，霆轰电扫大荒中。磨崖须勒燕然石，万世神功继太宗。

万乘巡边奏凯旋，千官齐贺九重天。河清海晏升平日，一统华夷万万年。

寰宇清平乐世康，雨旸时顺岁丰穰。皇图久远同天地，宗社尊安圣寿昌。（《凯旋诗》）

金幼孜在永乐八年（1410）曾随成祖北征。"幼孜与广、荣扈行，驾驻清水源，有泉涌出。幼孜献铭，荣献诗，皆劳以上尊。帝重幼孜文学，所过山川要害，辄记之。幼孜据鞍起草立就。使自瓦剌来，帝召幼孜等傍舆行，言敌中事，亲倚甚。"① 《春日随驾北征次清河》描述的"万乘统元戎，鸣銮出九重"出征场景，不是一般文臣的浮泛恭维，而是来自诗人对成祖安边定国的亲身感受。《元夕午门赐观灯》描述永乐年间的太平景象，表达了诗人对当朝治世的由衷喜悦。"自是太平多乐事，君王要与万方同。""华夷尽道承恩泽，千载昌期际此时。"这样的颂词是永乐年间国泰民安的升腾气象在诗人心中的真实投影。宣宗即位后，致力于靖边御侮。史载："（宣德）三年，帝巡边，征兀良哈。"② 诗人曾随宣宗亲征蒙古兀良哈部，目睹了宣宗卫国安邦的作为，如诗序所言："宣德三年（1428）秋九月，农事之隙，亲驭六师，巡历边陲。盖欲训饬将士，严安边，御侮之备也。而边隅未靖，适率众南侵，皇

---

① （清）张廷玉等：《明史》卷一百四十七《金幼孜传》，中华书局2000年版，第2742页。
② （清）张廷玉等：《明史》卷一百四十六《张信传》，中华书局2000年版，第2729页。

上遂一举而灭之，曾未逾月，尘氛荡涤，边境清宁。丰功骏烈，巍巍煌煌，照耀天地。所以造生民无穷之福，开国家万年之业者至矣，虽虞舜周宣之烈何以过哉。"诗人在《凯旋诗》组诗里集中歌赞了宣宗靖边安国的功德。"天威赫怒整彤弧，万骑如云从乘舆。白日风雷严号令，指挥掌握仗神谟。"赞宣宗毅然决断，统军出征，指挥若定。"圣皇除暴在安民，神武由来合至仁。纳款绥降宽大罚，尽令生育在阳春。"赞宣宗威德并举，征伐和宽赦相得益彰。"此日时巡因阅武，尽歼群寇镇边陲。""磨崖须勒燕然石，万世神功继太宗。""河清海晏升平日，一统华夷万万年。"赞宣宗亲征安边，创造了"河清海晏""一统华夷"的"万世神功"。金幼孜的这些颂政诗歌咏明成祖、明宣宗的武功文治，是作者跟随出征，所见、所闻、所感的记录，展示了那个时代国力上升、国运昌隆的政治局面，其心理依据是真实的。

解缙（1369—1415），字大绅，吉水（今江西吉水）人。洪武间进士，历翰林待诏等。永乐间历翰林学士，右春坊大学士。后受谗毁，下狱死。

解缙的颂政诗主要歌咏永乐年间太平治世景象，如《河清颂》《元日作》《随驾往观江东桥》等。解缙的《河清颂》歌咏黄河清、显吉兆，与梁潜的《黄河清》题旨相近，连表述的方式都相似，都是连带歌咏洪武、永乐两朝河清之事，又着重歌咏永乐当朝的政治气象。《河清颂》诗序称："太祖圣神文武，钦明启运，俊德成功，统天大孝。高皇帝实录，自渡江七年，辛丑冬十一月，三门碛下黄河清，实启圣之征，帝业由是遂成。""皇帝陛下重华协德，瑞应同符，纪元永乐。之二年，冬十二月戊辰朔十七日甲申，三门碛下黄河清。""自陛下即位以来，四方万国之外，感恩慕德，不召不约，咸至于庭。瑞应大来，震动天地，不可掩抑，太平之业由是而极盛。"诗序已将重点放在记叙当朝河清之事上，在诗篇描述中也保持了这样的基调。诗篇首先歌咏了洪武年间的河清之事："昔在太祖，广运神武。银河昭回，洗涤九土。洪河孔神，佳气协顺。应兹昌运，岁在辛丑。云雷构屯，河清献瑞。""即位纪元，龙门河清。"接着诗篇展开对永乐年间河清之事的歌赞："我皇继统，永乐纪元。龙门河清，亦越明年。惟此龙门，神禹所辟。功在生民，宇宙无极。惟兹瑞应，先后同符。太祖在天，昭昭不诬。禹功帝德，世万世亿。帝德禹功，与河俱东。"诗篇浓墨重彩描述了永乐二年（1404）黄河变清的神奇图景后，点明河清之事是国运的吉兆象征和帝德的崇高象征。"于昭大明，圣圣相承。殊音重译，日造在庭。尧舜惟钦，我皇圣敬。寤寐丹书，典谟金镜。祥不谓祥，圣不自圣。惟谦受益，惟仁无竞。洪河载清，尚或如带。圣寿齐天，万世永赖。"诗篇突出强调了河清和帝德的关系，意在称颂当朝皇帝圣德超迈，比肩古圣。黄河在很长河段大面积变清之事在历史上虽有记载，但在水文地理上并不可能发生，这类记载更多是因朝廷政治需要而被录入史书。描写河清的诗篇，在题旨上明确承载颂圣的使命，也是顺理成章的事，符合这种颂政诗的政治逻辑。解缙的《随驾往观江东桥》歌咏永乐年间的太平景象，将治世欣荣归功于当朝皇帝的善理国政，带来了诸国来朝、君臣协和、百姓安康的大好局面。"夷狄称番来贡献，君臣际世共明良。""万福攸同寰宇静，一人有庆兆民康。"诗人作为朝廷词臣，颂圣是应为之事。《河清颂》歌颂成祖圣德，《随驾往观江东桥》歌颂成祖丰功，既实现了题中之义，也尽到了恭维本分，也是诗人永乐初期对朝政抱有钦佩和期待的真实心境的反映。

杨荣（1371—1440），字勉仁，建安（今福建建瓯）人。建文间进士，除翰林编修。永乐间入直内阁，累官工部尚书、谨身殿大学士。

杨荣历仕惠帝、成祖、仁宗、宣宗、英宗五朝，是几代明帝倚重的文臣和谋士。杨荣的颂政诗主要描写明成祖、明宣宗时期的文治武功及其圣德伟绩，表现了朝廷重臣眼中的明朝对内、对外政治运行情况。如《来远人讨不庭二章》描写永乐年间修德抚远、恩威并施的对外交往活动。

圣皇施仁浩无垠，普天率土皆王臣。岛夷卉服咸尊亲，如彼葵藿迎朝暾。满剌加，处海滨，道里辽绝世罕闻。使者过之忽咨询，老稚稽首怖且欣。挈妻孥，从臣邻，远涉巨海趋天津。不惮险远谒枫宸，方物上陈兼异珍。琛贝绚烂杂宝薰，服食器用罗缤纷。吾皇慎德期日新，岂在玩好劳晨昕。万邦黎庶归陶甄，嘉此岛夷忠且勤。万里效顺输瑶琨，圣皇怀柔道弥敦。大官宴之酌以醇，锡以内帑绮与纁。远人屏营望天门，喜瞻中国明圣君。仰聆天语何谆谆，感兹苍穹雨露均。小臣何幸沾洪恩。称圣寿，亿万春。

天威所加海宇清，皇华四牡拥旗旌。楼船稳驾天风轻，洪涛巨浪寂不兴。蛟龙遁迹海若惊，锡兰山夷敢自矜。蕞尔小岛聚飞蝇，依山环海为垣城。使节经，沮弗行，狼贪虎视骄且盈。恣逞悖逆势纵横，悉驱其众将奋兵。王师桓桓勇足胜，以一敌百气莫婴。直捣巢穴破其营，掳其全国归神京。妻孥族属靡有赢，汛扫凶孽如控荃。扬大舲，笳鼓鸣，锦帆高挂开沧溟。冯夷拱卫河伯迎，献俘阙下众目瞠。微躯万死惟战兢，孰知天意覆八纮，不以小丑干天刑。神武不杀全其生，以首叩地声伧佇。感圣德，歌皇明。

诗序交代："伏惟圣朝，恩威广被，遐迩归心。满剌加国王效顺，率其眷属，全国来朝；锡兰山国王梗化，遂致生擒，献俘阙下，此皆古所未有。"诗序提及的明朝与满剌加（在今马来西亚马六甲州一带）及锡兰（今斯里兰卡）的交往均于史有载。前一首诗记叙明朝与满剌加的交往。"圣皇施仁浩无垠，普天率土皆王臣。岛夷卉服咸尊亲，如彼葵藿迎朝暾。""远涉巨海趋天津。不惮险远谒枫宸，方物上陈兼异珍。""远人屏营望天门，喜瞻中国明圣君。仰聆天语何谆谆，感兹苍穹雨露均。"描写满剌加国王至北京朝拜明帝，表现出明帝圣德远播、远人敬服的和谐邦国之交。史载："永乐元年（1403）十月遣中官尹庆使其地，赐以织金文绮、销金帐幔诸物。""庆至，宣示威德及招徕之意。其酋拜里迷苏剌大喜，遣使随庆入朝贡方物，三年九月至京师。帝嘉之，封为满剌加国王。"① "五年九月遣使入贡。明年，郑和使其国，旋入贡。九年，其王率妻子陪臣五百四十余人来朝。"② 诗篇的描述与史载完全相符。后一首诗记叙明朝与锡兰的交往。"天威所加海宇清，皇华四牡拥旗旌。楼船稳驾天风轻，洪涛巨浪寂不兴。蛟龙遁迹海若惊，锡兰岛夷敢自矜。""恣逞悖逆势纵横，悉驱其众将奋兵。"诗篇叙及明朝派郑和率船队往访锡兰，被起了贪心的国王袭击。郑和领军反击："王师桓桓勇足胜，以一敌百气莫婴。直捣巢穴破其营，掳其全国归神京。"生俘锡兰国王并送往北京，明朝皇帝宽赦了锡兰国王，两国重归于好。"神武不杀全其生，以首叩地声伧伶。感圣德，歌皇明。"史载其事是："六年九月，再往锡兰山。国王亚烈苦奈儿诱和至国中，索金币，发兵劫和舟。和觇贼大众既出，国内虚，率所统二千余人，出不意攻破其城，生擒亚烈苦奈儿及其妻子官属。劫和舟者闻之，还自救，官军复大破之。九年六月献俘于朝。帝赦不诛，释归国。"③ 诗篇叙及此事，突出了明朝的王师威武，平定凶逆；更凸显了明帝的宽厚仁慈，圣德感召。《来远人讨不庭二章》称颂了永乐皇帝统御下明朝的宏盛国势，既有武功的凛然，更有文德的感召，显示出明王朝国力上升时期远播诸国的威望和声誉，也表现了作者评判明王朝与诸国交往所持的德型政治文化标准。

杨荣的《神功圣德诗》描写宣德三年（1428）明宣宗亲征蒙古兀良哈部的战事，歌赞了明帝靖边安邦的功业。史载："兀良哈寇会州，帝帅精卒三千人往击之。"④ 诗序盛赞此战事："皇上以神武之资，英明果断，威德所及，无远弗服。今兹独以三千之众，横行塞外，剪灭强敌数万，神功圣德，足以光昭祖宗，震服天下。"

---

① （清）张廷玉等：《明史》卷三百二十五《外国传六》，中华书局2000年版，第5638页。
② 同上书，第5639页。
③ （清）张廷玉等：《明史》卷三百四《郑和传》，中华书局2000年版，5200页。
④ （清）张廷玉等：《明史》卷九《宣宗本纪》，中华书局2000年版，第82页。

天子时巡遂出京，桓桓貔虎拥边城。风云动色随行帐，日月回光绕御营。万里戈矛横杀气，六军鼙鼓震天声。悬知朔漠烽烟靖，愿颂神功答圣明。

圣主戎衣振武功，六军意气总骁雄。帐前戈甲飞腾处，塞上风云指顾中。赫赫天威临御陛，棱棱杀气亘晴虹。枯摧朽拉应无敌，四海讴歌乐岁丰。

圣心虑远饬边陲，正值农功休暇时。塞外风烟朝乍警，帐前羽檄夜交驰。神谋诞布由先定，睿算应知不少遗。铁骑骁腾真勇敢，兹行破敌更无疑。

边城巡幸驻天兵，铁骑如云势莫婴。一鼓即成除暴绩，六军俱奏凯歌声。远颁凤诏初回驭，遥奉銮舆喜入京。圣主实同天地德，万年一统乐升平。

禁城初听晓钟声，天仗森严簇绣楹。风引御炉香雾远，云开仙掌日华明。班联冠佩瞻龙衮，乐奏箫韶叶凤鸣。圣主正当垂拱日，万方鼓舞乐升平。

诗篇描写了宣宗亲征的主要环节。"天子时巡遂出京，桓桓貔虎拥边城。""圣主戎衣振武功，六军意气总骁雄。"赞皇帝亲征讨虏，王师士气高昂。"神谋诞布由先定，睿算应知不少遗。"赞皇帝指挥若定，王师英勇出战。"一鼓即成除暴绩，六军俱奏凯歌声。"赞王师威武进击，得胜奏捷。"圣主实同天地德，万年一统乐升平。""圣主正当垂拱日，万方鼓舞乐升平。"赞宣宗率军出征，安边保国，造就太平安宁的世道。诗人对宣宗亲征靖边充满了感佩，将其歌赞为"圣主实同天地德"的伟业盛举。诗篇题旨突出强调了宣宗亲征以维护一统、安邦定国的政治意义。

杨荣还有一些颂政诗主要歌咏年节及时令的祥瑞事宜，包含了对太平治世的热烈礼赞和对当朝皇帝的恭维致敬。如《元夕赐观灯诗》："圣皇抚昌运，肇基营北京。""圣情重悦怿，朝野腾歌声。""愿言颂帝德，万岁乐升平。"描写永乐年间北京城成为京都后朝野共庆的欢欣场景，歌赞国运上升的祥瑞气象。《元夕赐观灯诗》："海宇升平日，元宵令节时。""万方同乐事，千载际昌期。""太平多乐事，此夕万方同。"歌咏元夕时节呈现的国泰民安的举世欢庆气氛。《元夕赐观灯》："圣皇御极海宇清，民安物阜天下平。""是时佳节届元夕，思与臣民共欢怿。"歌咏宣宗统御下的海内清平安宁、百姓安居乐业的气象。《赐游万岁山诗》："四海同熙皞，宸游乐太平。""永言歌帝德，千载播鸿名。"歌咏随皇帝出游感受到的太平治世欢欣。《赐游西苑诗》："圣皇仁明尽诚孝,四海生民安德教。"歌咏皇帝圣德感召天下,百姓得到礼乐教化。《璚岛春云》:"从龙处处施甘泽,四海讴歌乐治平。"称颂风调雨顺,天下安宁。《喜雨》《喜雪歌》《瑞雪歌》则分别借歌咏甘霖、瑞雪,称颂皇帝忧怀民瘼、重农恤民,祈愿天佑德政、国泰民安。如《喜雨》:"圣皇嗣统登九五,和气周流遍寰宇。""九重孜孜重民食,宵旰弗暇心为忧。由来一诚能感格,上天览观昭圣德。"《喜雪歌》:"圣皇御天敷化理,民安物阜天心喜。九重垂拱万方宁,唐虞熙皞真堪拟。""我皇登三仍迈五,圣德归功在匡辅。"《瑞雪歌》:"圣皇御统天眷隆,四方万国皆来同。祖宗敷佑灵贶锡,雨旸顺序民物丰。""圣心夙夜念民瘼,自有精神格昊天。"以上这些歌咏年节、时令、节候的诗篇,除了描绘场景、物象的特征,渲染喜庆、祥瑞的气氛,还突出表达了对皇帝圣德、天下安宁的称颂,对风调雨顺、年成丰足的祈愿,具有鲜明的农耕社会政治文化的特征。

赵同鲁(1423—1502),字与哲,长洲(今江苏苏州)人。宋宗室之后,终身布衣。

赵同鲁的《平赋诗》称颂明英宗朝廷减轻税负的政策及朝廷大臣秉公征赋的政举。诗序里交代了明朝开国以来江南地区税赋不公的起伏变化情况:"国初以田赐功臣之家及豪强兼并者,私重其租。厥后犯法没入则视其租以征税,甚至陂湖沙涨咸在焉。且轻者多入富家,而重者则归细弱。是以富益富,贫益贫。吴民世受其患,实由于此。""乃去年秋,御史中丞陈公奉敕巡抚,下车之始,首布均则之令,俾当出耗者赋额轻则倍之,稍轻则半之,而最重者则免焉,参合分剂,多寡适均,贫者获苏,富者知其至公,亦无不悦服。田野阡陌间欢声相属不绝,以为斯令也,诚得闻之于朝,著为定制,则我公之德将与皇明之运同垂于无穷矣。"

于赫皇明,掩有万方。贡赋包篚,罔不来王。矧兹畿甸,扬州之野。厥土涂泥,厥田下下。因地制赋,初匪不均。末流敝刓,轻重攸分。或轻而腴,或重而瘠。富食其利,贫罹其厄。宣皇悯焉,明诏是颁。十宥其三,民用乂安。逮乎迩年,岁祲疠作。老弱累累,填沟委壑。事既上闻,屡下优诏。亟命大臣,抚绥慰劳。赈之虽至,民则更苏。继命我公,我公曰吁。盍澄其源,盍正其本。不厘尔赋,曷救尔窘。轻重参停,各尽其情。如鉴之公,如衡之平。若解倒悬,若拯焚溺。讴歌鼓舞,道路充斥。譬彼雪壑,释然春融。谁其致之,实惟我公。何以报之,愿公受祉。毋久贤劳,归相天子。天子元首,我公股肱。一德交孚,福我苍生。野人作颂,敢告太史。祝我皇朝,亿千万祀。

诗篇记述了明朝税赋政策执行过程的起伏不均，由当初的较为均平发展到后来的严重不公。"因地制赋，初匪不均。末流敝刋，轻重攸分。或轻而腴，或重而瘠。富食其利，贫罹其厄。"经过宣宗皇帝的整治，情况好转："宣皇悯焉，明诏是颁。十宥其三，民用乂安。"诗人欣喜当朝英宗皇帝能够洞察近年在地方出现的税赋严重不公，并颁布诏令，派遣大臣，纠正积弊。"事既上闻，屡下优诏。亟命大臣，抚绥慰劳。赈之虽至，民则更苏。"诗人更欣喜奉命纠弊的"御史中丞陈公"秉公行事，详查实情，据实定策，保证了税赋新政的公平合理："继命我公，我公曰吁。盍澄其源，盍正其本。不厘尔赋，曷救尔窘。轻重参停，各尽其情。如鉴之公，如衡之平。"当地百姓对"陈公"的公正施政感激有加："若解倒悬，若拯焚溺。讴歌鼓舞，道路充斥。"诗篇也直接表达了对英宗皇帝及朝廷使臣的敬佩："天子元首，我公股肱。一德交孚，福我苍生。"礼赞了仁政惠民的治国之道。

第二节　明代中期颂政诗——诸帝功业　良官善政

明代中期是指明宪宗成化至明世宗嘉靖时期。宪宗、孝宗、武宗、世宗四朝明帝各自的政治作为差异很大，国家政治命运也随之曲折起伏。宪宗、孝宗勤于国事，政举适当，政绩显著；武宗间有作为，但荒嬉朝政，致使国运转于黯淡；世宗在位时间很长，早期治国曾经大有作为，后来委弃国政，纵容权臣。明代中期皇室政治的变迁，阶段性十分明显。

明代中期的颂政诗对这个时期皇室诸帝的武功文治有一定的正面展示，基本符合历史事实。如秦王朱诚泳的《弘治龙飞歌》歌赞孝宗的圣德伟业，明武宗朱厚照的《上马留题》自赞亲征靖边，明世宗朱厚熜的《钦天颂》自赞天佑德政，郑善夫的《正德十四年四首》歌颂正德皇帝讨逆平叛，陆深的《戊戌冬至南郊礼成庆成宴乐章》称颂嘉靖皇帝励精图治，尹耕的《南巡》称颂嘉靖皇帝宏业圣德。

至于对地方官员施政的赞颂，有士大夫文人的作品，如杨一清的《送安成张都宪督运还镇》，孙绪的《息讼谣》《慑暴谣》《甘霖谣》；民歌颂政诗更多，如《况太守歌》《兴化谣》《饶州歌》《南丰歌》《汉阳民歌》《曲靖歌》《淮上歌》《兴化谣》等。文人颂政诗和民歌颂政诗都表达了对地方官员政绩政德的赞佩，传递出对良官善政的期待。总的来说，明代中期的颂政诗对朝政成就和地方政绩的颂赞在作品规模气势上不及明代前期，比较符合现实的社会政治状况。

一　朱诚泳　朱厚照　朱厚熜

朱诚泳（1458—1498），明宗室惠王子。成化间袭封秦王。

朱诚泳的颂政诗以明朝宗室成员的立场歌咏明朝历代皇帝的圣德伟业，更称颂了当朝弘治皇帝（孝宗）的治国功德。如《弘治龙飞歌》：

> 于皇太祖高皇帝，受命于天驭神器。巍巍六合永为家，鸿业相承千万世。文祖神谋治两京，武戡文化天下平。猗欤仁祖及宣祖，洋洋雅颂同休声。英皇智勇冠前古，百万貔貅振威武。重登大宝日重明，至治真成步三五。绵绵历数归宪宗，与天同运还同功。虞舜执中传圣嗣，汉文至孝尊慈宫。六龙返辔归何急，攀折龙髯追莫及。红尘隔断白云乡，群臣空抱遗弓泣。太平天子属今皇，尧眉舜目非寻常。元老征来居鼎鼐，群奸屏去投遐荒。放珍禽，驱猛兽，祖训昭回光复旧。琅玕火齐却承筐，商琏夏瑚轻莫售。天命维新政维始，不宗佛子宗夫子。前朝陵寝总沾恩，万国山川俱入祀。风不鸣条海不波，四时玉烛调元和。邈绵天统纪荷治，宗臣首倡龙飞歌。

诗篇首先缅怀了明廷列皇列祖的辉煌功业。"于皇太祖高皇帝，受命于天驭神器。巍巍六合永为家，鸿业相承千万世。"赞太祖奉天承运，统一天下。"文祖神谋治两京，武戡文化天下平。"赞成祖文治武功，安邦定国。"猗欤仁祖及宣祖，洋洋雅颂同休声。"赞仁宗、宣宗文治灿然，国泰民安。"英皇智勇冠前古，百万貔貅振威武。"赞英宗智勇卫国，振奋王师。"绵绵历数归宪宗，与天同运还同功。"赞宪宗提振国运，建树大功。接着，诗篇热烈称颂了当朝弘治皇帝的政举和政绩："太平天子属今皇，尧眉舜目非寻常。元老征来居鼎鼐，群奸屏去投遐荒。""天命维新政维始，不宗佛子宗夫子。"盛赞弘治皇帝革故鼎新，改革朝政，清除朝廷谗佞之徒，改变崇媚佛道的陈规陋习，使朝廷风气焕然一新。诗篇缅怀列祖列宗的圣德伟业，并在不直接指责前朝皇帝弊政的前提下称颂了今皇革新朝政的辉煌功业，显示出诗人作为宗室成员具备褒贬前朝今世诸帝的政治智慧和稳妥尺度。史家曾评价弘治皇帝的治绩："明有天下，传世十六。太祖、成祖而外，可称者仁宗、宣宗、孝宗而已。仁、宣之际，国势初张，纲纪修立，淳朴未漓。至成化以来，号为太平无事，而晏安则易耽怠玩，富盛则渐启骄奢。孝宗独能恭俭有制，勤政爱民，兢兢于保泰持盈之道，用使朝序清宁，民物康阜。《易》曰：'无平不陂，无往不复，艰贞无咎。'知此道者，其惟孝宗乎。"① 与朱诚泳《弘治龙飞歌》所颂赞明孝宗治理下的清明政治气象是吻合的。

朱厚照（1491—1521），即明武宗。孝宗长子，弘治间立为皇太子。即位改元正德，在位十六年。

明武宗朱厚照与明朝其他皇帝相比，功过十分鲜明。朱厚照平素不理国政，但也能及时平定叛乱，征战靖边。既宠信宦官刘瑾，后来又诛灭刘瑾。既宽待谏言大臣，又酒色无度，荒嬉国政。史家对其评价也是褒贬兼有："明自正统以来，国势浸弱。毅皇（武宗）手除逆瑾，躬御边寇，奋然欲以武功自雄。然耽乐嬉游，昵近群小，至自署官号，冠履之分荡然矣。犹幸用人之柄躬自操持，而秉钧诸臣补苴匡救，是以朝纲紊乱，而不底于危亡。假使承孝宗之遗泽，制节谨度，有中主之操，则国泰而名完，岂至重后人之訾议哉。"② 朱厚照留下的颂政诗《上马留题》歌赞的即是自己亲征靖边的战事：

正德英名已播传，南征北剿敢当先。平生威武安天下，永镇江山万万年。

诗篇很自豪地歌赞了武宗在正德十二年（1517）的战功。这个发生在应州（今山西应县）的战事，是蒙古小王子部进犯而引发的。史载："（十月）甲辰，小王子犯阳和，掠应州。丁未，亲督诸军御之，战五日。辛亥，寇引去，驻跸大同。"③ 面对边事危机，武宗力排众议，决然亲征，即史家所称"躬御边寇"，鼓舞明军取得了逐退来犯之敌的胜利。诗篇对武功安边胜利的称颂，也在明武宗的荒唐政治生涯中填补了一点亮色，表现出武宗复杂形象的一个侧面。

朱厚熜（1507—1566），即明世宗。武宗堂弟，兴献王次子。即位改元嘉靖。在位四十五年。

明世宗嘉靖皇帝朱厚熜在位时间很长，在明朝诸帝中仅次于万历皇帝。朱厚熜在位早期整肃朝纲，力除弊政。内则轻徭薄赋，仁民宽治；外则打击倭寇，靖边安境。后期却沉溺服丹，荒理国事，乃至纵容奸佞严嵩等祸乱国政。史家评价称："世宗御极之初，力除一切弊政，天下翕然称治。顾迭议大礼，舆论沸腾，幸臣假托，寻兴大狱。夫天性至情，君亲大义，追尊立庙，礼亦宜之。然升祔太庙，而跻于武宗之上，不已过乎。若其时纷纭多故，将

---

① （清）张廷玉等：《明史》卷十五《孝宗本纪》，中华书局2000年版，第134页。
② （清）张廷玉等：《明史》卷十六《武宗本纪》，中华书局2000年版，第143页。
③ 同上书，第141页。

疲于边,贼讧于内,而崇尚道教,享祀弗经,营建繁兴,府藏告匮,百余年富庶治平之业,因以渐替。虽剪剔权奸,威柄在御,要亦中材之主也矣。"① 可知是一个功过显明的皇帝。朱厚熜的颂政诗表达了准则尧舜的崇德之心、良治善政的勤勉之志、光大祖业的治世之愿,都是在位前期的作品。如:

> 戊子新正吉,春享祖庙亲。祀事欣已成,肃驾回宫宸。登辇偶一顾,舆南一辅臣。貌奇真才杰,形端气志伸。外焉秉贞一,内则抱忠纯。诚正辅吾躬,清白饬乃身。予喜荷天眷,赍贤作邦仁。庶几皋夔辈,望以康斯民。(《飨》)

> 予质也昧,上荷简在。答贶无由,心铭忻戴。庚寅仲冬,典礼肃雍。惟日长至,戒誓肃恭。大报皇天,庸秉微虔。献以馨齐,荐以苍瑄。礼严禋燎,乐备黄钟。顿首诚惶,仰瞻帝容。帝锡洪仁,俯鉴微忱。露垂上瑞,福敷下民。神功惟祖,超今迈古。遗我小孙,受天之祜。玄德惟考,潜升穹昊。延予小子,荷天之保。宝露降祥,湛湛瀼瀼。缀若珠玉,津润甘香。注之瑶斝,稽首而迓。荐于祖考,滋我禾稼。承以金觥,色溢精琼。呈于慈闱,增算延生。浩浩苍穹,锡我年丰。朕拜稽首,祇谒愚衷。荡荡昊慈,玄枢不息。斡运四时,惟帝之力。曰雨曰旸,亶赖穹苍。嘉贶眇昧,家国平康。感恩曷已,敢尔恣侈。夙夜勉修,以拜帝祉。(《钦天颂》)

> 帝王所图治,务学当为先。下作民之主,上乃承之天。致治贵有本,本端化自平。人君所学者,其序有后前。正心诚其意,志定必不迁。吾志既能定,理道岂复颠。身修本心正,家国治同然。国治乃昭明,万邦斯协焉。于变帝尧典,思齐文王篇。万国修身始,朕念方拳拳。(《御经筵讲大学堂衍义有感赋此》)

《飨》作于嘉靖七年(1528),是赐给朝臣的诗篇,为太庙祭祀典礼而作。诗篇描写祭祀完毕回程中,目睹一朝臣神貌端正,引发了任贤用能的感慨:"诚正辅吾躬,清白饬乃身。予喜荷天眷,赍贤作邦仁。庶几皋夔辈,望以康斯民。"期望得到贤臣辅政,以实现兴邦安民的施治目标。《钦天颂》作于嘉靖九年(1530),是朱厚熜参加祭天典礼后的诗作,表达了天佑德政的祈愿。"神功惟祖,超今迈古。遗我小孙,受天之祜。玄德惟考,潜升穹昊。延予小子,荷天之保。"作者谦恭表示,受先祖先帝遗泽而登帝位,受天帝护佑享有国祚,而这些福佑都有赖于在位者的德行。作者除了对天降甘霖、滋润

---

① (清)张廷玉等:《明史》卷十八《世宗本纪二》,中华书局2000年版,第166页。

禾稼怀有感激，更明白宣示了勤勉理政的誓愿："嘉贶眇昧，家国平康。感恩曷已，敢尔恣侈。夙夜勉修，以拜帝祉。"这种治国姿态显示出嘉靖前期励精图治的真诚志愿。《御经筵讲大学堂衍义有感赋此》认为帝王要提高治国之德才，务必潜心钻研儒家修身齐家治国的学问："帝王所图治，务学当为先。""身修本心正，家国治同然。国治乃昭明，万邦斯协焉。"作者表示自己一定要诚恳研习修齐治平："万国修身始，朕念方拳拳。"朱厚熜这种诚恳勤学的态度和他早年以古圣及先帝为楷模勤政治国的奋进姿态是一致的。诗篇提供了考察嘉靖皇帝政治成败原因的一个极有价值的观察点。

二　杨一清　李梦阳　孙绪

杨一清（1454—1530），字应宁，丹徒（今江苏镇江）人。成化间进士，历陕西按察副使。弘治至嘉靖间历兵部尚书等。

杨一清的《送安成张都宪督运还镇》歌赞贤能官员革除漕政积弊，不辱朝廷使命，实现了漕政运行的合法合理，公正有序。

文皇北狩开洪基，古之燕蓟今邦畿。官河舳舻挽飞粟，岁四百万供京师。直从三湖到瀛海，四十余闸中逶迤。虽云恭襄擅劳绩，庙算天假非人为。漕规百年渐成弊，民财已尽兵兼疲。豪门贷券不知数，公廪未入私逋追。奸人复此恣渔猎，罔念膏血成途泥。君王闻之重凄恻，曰此疮痍当底绥。诏求经济起颓废，公名首应朝堂推。都台旧多许重著，先声忽满清淮湄。褰帷问俗布新政，风霜雨露无偏私。人言更化先将领，疏屏庸琐将无遗。明扬才俊给任使，数月威令如飙驰。高山虎豹莫敢狎，精采一变非前时。疲氓敝卒总生气，昔者戚戚今嬉嬉。朝廷纲纪藉台宪，颇恨吾人翻坏之。姑息之风满天下，汉家三尺空然持。刚者矫枉不达变，志固可取终何裨。不然淫刑肆屠刈，忍寡人妇孤人儿。公柔不茹刚不吐，宽严两酌还平施。渊鱼苛察岂公事，权度在我谁能欺。漕司政务亦填委，老匠坐授群工治。如身使臂臂使指，大纲一举万目随。安得皆公抚诸镇，顿使赤子回春熙。嗟予关中旧分宪，茬公节下叨公知。迁疏未敢辱同调，颇觉气类元相宜。公今入觐天颜喜，缙绅动色瞻风仪。太常闲曹无报称，却望贤劳增忸怩。秋风冠盖送归镇，把酒欲赋难为辞。似闻台省虚公位，尚为淮人歌去思。

诗篇从漕政在明朝官粮调运中的作用叙起："官河舳舻挽飞粟，岁四百万供京师。"然后铺垫交代了多年来漕政运行的陈规旧制酿成的积弊痼疾："漕规百年渐成弊，民财已尽兵兼疲。豪门贷券不知数，公廪未入私逋追。奸人复此恣渔猎，罔念膏血成途泥。"贪吏营私舞弊、鱼肉民众的情况已经十分严重，当朝皇帝决意改变现状，革弊兴利："君王闻之重凄恻，曰此疮痍当底绥。诏求经济起颓废，公名首应朝堂推。""张都宪"清名高才，深得皇帝信任，被委以重托，赴任漕运要职，到职后即了解实情，秉公施政："褰帷问俗布新政，风霜雨露无偏私。""张都宪"雷厉风行，新政得到了推展："明扬才俊给任使，数月威令如飙驰。"诗篇接着对比描写了旧规与新政的极大差别。"姑息之风满天下，汉家三尺空然持。刚者矫枉不达变，志固可取终何裨。不然淫刑肆屠刘，忍寡人妇孤人儿。"这是不合法度的旧规、不通情理的执法造成的乱象。"公柔不茹刚不吐，宽严两酌还平施。渊鱼苛察岂公事，权度在我谁能欺。""如身使臂臂使指，大纲一举万目随。安得皆公抚诸镇，顿使赤子回春熙。"这是合法合度的新政、合情合理的执法带来的秩序。诗篇具体展示了"张都宪"到任后整顿吏治，执法宽严适度，使政风焕然一新，民众得到公平。诗人由此歌赞了当朝皇帝革弊的政治决心和贤能官员履职的政治才干。

李梦阳（1472—1530），字献吉，庆阳（今甘肃庆阳）人。弘治间进士。历户部主事等。正德间任户部郎中。因劾刘瑾被谪，后复职。任江西提学副使。

李梦阳的颂政诗，有歌咏边地良将的，如《雁门太守行》；有颂扬新即位的正德皇帝的，如《弘治十八年岁除日作是时武宗初即位》。

> 雁门太守汝何人，治邦三月称明神。我有牛羊，贼不来掠。我有禾黍，贼不敢割。昔我无衣，今有袴著。我思礼拜太守，太守不见怜。但闻太守身姓边，紫髯广额耸两颧。太守出门，四牡骙骙。后拥皂盖，前导两麾。行者尽辟易，居者不敢窥。旁问太守胡所之，云访城南皇甫规。（《雁门太守行》）

> 呜呼大圣人，肇迹或渔樵。苍龙戢其角，志固无丹霄。德祖始侧微，浚叶开皇朝。礼盖视后稷，面南统群昭。大哉九庙义，亲尽敢不祧。再迁及皇熙，世室网以寥。祐辰复来集，凤皇鸣箫韶。惟皇率百辟，孔祀自今朝。白日照宝旗，御气如绛绡。将将磬筦鸣，飒飒灵旗飘。恍惚帝醉饱，诸王亦飘飖。下有开国勋，偃蹇罗金貂。愚臣叨对越，精魄为之摇。鼓钟送群公，玉户风萧萧。唐侯昔践位，十八号神尧。皇实秉敦默，龙性无逍遥。道合天人际，志与神明超。降祉倘冥漠，四海无征徭。（《弘治十八年岁除日作是时武宗初即位》）

《雁门太守行》歌咏良将靖边，保民平安。诗篇以当地百姓的口吻夸赞"姓边"的"雁门太守"保境安民的事迹："我有牛羊，贼不来掠。我有禾黍，贼不敢割。昔我无衣，今有袴著。"当地百姓的处境，今昔对比十分强烈。篇末提及"雁门太守"去拜访皇甫规，用假托的手法将"雁门太守"比作汉代名将皇甫规，称赞"雁门太守"像皇甫规一样刚正清廉，御敌威武，保得了一方平安。《弘治十八年岁除日作是时武宗初即位》歌赞新帝将承统继业，准则尧舜，宽仁恤民。诗篇描写今皇登位的隆重盛大仪式，称颂新皇的圣德与宏业："皇实秉敦默，龙性无逍遥。道合天人际，志与神明超。降祉倘冥漠，四海无征谣。"正德皇帝刚即位，政德和政绩尚未有实际的表现，诗篇就已经予以歌赞。这种歌赞除了应景的例行恭维，也包含着诗人对新皇的政治期待。但这种期待后来在很大程度上落空了，正德皇帝明武宗的所作所为并未应验诗人颂政的目标展望，可见这类应景之作必然的局限。

孙绪（1474—1547），字诚甫，故城（今河北故城）人。弘治间进士。历户部主事等。正德间历太仆寺正卿等。主管马政，被诬下狱。嘉靖间复职。

孙绪的颂政诗都是歌赞地方良吏尽职、勤政善治的作品。有称扬整治狡徒奸邪，维护地方平安的，如《息讼谣》《慑暴谣》；有称赞组织抗灾尽职安民，如《捕蝗谣》；有称颂为民减轻税负的，如《甘霖谣》。

小民恣干糇，健讼水赴壑。堤防犹恐溃，况乃轻排凿。年来讼牒纷如毛，朝呼夜捉声嘈嘈。省台部使等闲事，直叫阛阓干西曹。自从去岁冬十月，突隳灭迹喧声歇。仲尼贵明德，君子戒谋始。狡诬不敢尽无情，敢再强颜探风旨。空庭啼鸟和琴声，永日一帘清若水。（《息讼谣》）

豪强视法等儿戏，长揖长官捽胥吏。妖狐假得虎威归，犊麛鸡豚避无计。西风一夜明严霜，蒿莱杀尽妖狐藏。老稚相看笑哑哑，手指门阗谈庭堂。何为近来不见恶少至，裸身号叫堂中央。郭解死齐民歌鲁，朱门外，张雀罗。（《慑暴谣》）

蝗莫飞，蝗莫飞，闾阎赤子方啼饥。蝗莫育，蝗莫育，田野青苗未成熟。汝飞漫天复育子，将使吾民骈首死。吾受命，吾专城，誓与吾民同死生。汝不尽灭吾不去，吾曹与汝元无情。手疮痍，面黧黑，郊原弥望黄云色。（《捕蝗谣》）

今年夏月久不雨，枯朽朝朝望天宇。使君俯首坐堂上，无言心念三农苦。古来仁覆称旻天，旻天忍不吾民怜。却恐民心百冤控无地，和风乖戾高阳愆。君不见，东海湄，冤孝妇，三月亢旱成焦土。又不见，政不节，祷桑林，自责词组天为霖。急寻案牍理故事，眼底纷纷拂人意。

强将赋役代他邦,忍朘膏脂媚大位。短章一骑飞红尘,任他郡臬怒詈台端嗔。一章犹自可,再章惊人心,三章四章语转峻。和风旭日成阴森,得请公移犹未下,行潦水溢漳流深。(《甘霖谣》)

《息讼谣》描写官吏敢于担当,扭转了地方"健讼"的无赖风气。此地原来的风气是,狡徒逮住民间小隙即挑起讼案:"小民愆干糇,健讼水赴壑。""年来讼牒纷如毛,朝呼夜捉声嘈嘈。"官府怠于处理,更助长了这类恶意诉讼、凌弱敛财的风气。诗篇交代了这个风气改变的契机:"自从去岁冬十月,突磨灭迹喧声歇。"显然是指新到任的官员严明法度,惩治恶意生讼的狡黠之徒,改变了当地旧习。"仲尼贵明德,君子戒谋始。狡诬不敢尽无情,敢再强颜探风旨。"当政官员的清醒认识和果决行动使狡徒收敛了恶习,弱势民众才得到了公平对待。《慴暴谣》描写惩治地方豪强恶霸的卓越政绩。当地多年来被一些豪强恶徒搅得乌烟瘴气:"豪强视法等儿戏,长揖长官捽胥吏。妖狐假得虎威归,犊麑鸡豚避无计。"过去连官府都畏惧这些豪强几分,现在则秋风扫落叶般清除了这些"妖狐":"西风一夜明严霜,蒿莱杀尽妖狐藏。"诗篇以汉代违法犯科的郭解之死来比拟当地恶徒的消失,以百姓额手相庆来表达对敢于惩恶的官员的拥戴。《捕蝗谣》描写遭受严重蝗灾后,地方行政官员亲赴乡村,组织抗灾。诗序称:"今年五六月,侯亲捕蝗于境内。炎风酷日,劳苦万状。余往候之,见其唇焦口燥,面黑如漆不胜叹服,仁哉侯之心也。民有捕不尽力者,重罪不贷,故蝗飞蔽天,禾无少损。"治灾的效果是明显的。诗篇交代了这位官员毅然决然的治灾态度:"吾受命,吾专城,誓与吾民同死生。汝不尽灭吾不去,吾曹与汝元无情。"以决战的态度组织抗灾,这位官员的忠职尽责得到了诗人的由衷称颂。《甘霖谣》则褒扬了良吏以当地百姓利益为重,不以个人得失为虑,抵制了上司对当地的过度征敛。"今年夏月久不雨,枯朽朝朝望天宇。使君俯首坐堂上,无言心念三农苦。"诗篇比较了当地前后官员对待上司征派赋役的态度。过去官员的做法是:"强将赋役代他邦,忍朘膏脂媚大位。"只为自己升迁,不顾百姓痛苦。现任官员的做法是:"短章一骑飞红尘,任他郡臬怒詈台端嗔。一章犹自可,再章惊人心,三章四章语转峻。"为当地百姓争利,不惮得罪上司。诗篇以古代传说冤狱多则招旱、民心顺则雨顺,对应表彰当地现任官员的恤民之政:"和风旭日成阴森,得请公移犹未下,行潦水溢漳流深。"表示当地终于降下甘霖,这是对良政德策的回报。行仁政和降甘霖之间虽然没有必然联系,但诗人称颂仁德之政的用心是显明的。

三 林炫 陆深 何景明 郑善夫 黄佐 尹耕

林炫(?—?),字贞孚,闽县(今福建闽侯)人。正德间进士,授礼部主事。嘉靖间历通政司参议等。

林炫的《次韵赠朱青冈太守郊行》歌咏地方官员的廉政作风。"闻得农人语，莺花未足怜。夕阳牛背笛，春雨郭东田。政简官如水，时丰俗自便。村村鸣社鼓，欢喜说今年。"诗篇描写丰收时节农家的喜悦和村社的祥和，披露了这一派丰收喜庆气氛与当地官员勤政之为、廉政之风息息相关："政简官如水，时丰俗自便。"显然，这个"政简"高效、"如水"清廉的知府是深受当地百姓拥戴的良吏，诗篇用点睛之笔凸显了他的政德和政绩。

陆深（1477—1544），字子渊，松江（今上海松江）人。弘治间进士。正德间历南京主事。嘉靖间以太常卿兼侍读学士。

陆深的《戊戌冬至南郊礼成庆成宴乐章》作于嘉靖十七年（1538），是一组郊庙祭祀宴飨乐歌，热烈称颂了明世宗励精图治的治绩和治道。如其中的《新水令》："圣德精禋格昊穹，大一统。四夷来贡，玉帛捧。文轨同，世际昌隆，共听舆人颂。"歌颂天下一统，远人敬服，车书同一。《滚绣球》："尧眉扬彩舜重瞳，万国咸熙四海雍，齐歌颂圣德神功。"《看花会》："普天下，都赖吾皇至圣。看玉关频款，天山已定，四夷效顺归王命。天保歌，群黎百姓。"歌颂嘉靖皇帝安定天下，万国赞佩朝贺，百姓安居乐业。陆深这组颂政诗虽然是诗人作为词臣的应命之作，但对嘉靖治世的称颂基本符合明世宗前期阶段治国有绩的事实，可以视为正颂之词。

何景明（1483—1521），字仲默，信阳（今河南信阳）人。弘治间进士，授中书舍人。正德间任吏部员外郎。出为陕西提学副使。

何景明的《诸将入朝歌》歌颂征剿"叛贼"，以武安邦。

北扫燕齐南楚吴，风吹杀气散舆图。蓬莱山下朝诸将，天子戎衣亲受俘。

大将龙旗朝帝京，至尊亲遣贵臣迎。侍中独领嫖姚部，战马皆归龙虎营。

河济江淮血不流，中原万马一时收。黄金未散成功士，白纛先枭败将头。

玉佩金貂列上勋，椎牛杀马犒三军。万里旌旗天上度，满城金鼓日边闻。

杲杲扶桑朝日升，东瞻碣石海波澄。正德七年诛叛贼，大明八叶睹中兴。

这组诗作于明武宗正德七年（1512），称颂明军征剿"叛贼"的战事。

朝廷迎接明军将士凯旋的场景十分盛大:"蓬莱山下朝诸将,天子戎衣亲受俘。""大将龙旗朝帝京,至尊亲遣贵臣迎。"这场战事的获胜对于朝廷来说意义重大:"正德七年诛叛贼,大明八叶睹中兴。"诗人对正德皇帝调遣明军征剿反叛势力的军事行动持强烈支持的态度,表现了诗人作为士大夫官员的正统政治立场。从维护政治秩序的角度看,诗人希望国家恢复社会稳定,希望国家实现中兴之治的意愿是一种积极正常的价值取向。

郑善夫(1485—1523),字继之,闽县(今福建闽侯)人。弘治间进士。正德间历礼部主事等。嘉靖间历南京吏部郎中。

郑善夫的《正德十四年四首》歌颂讨逆平叛,安定天下。

  君王按剑东南征,锦障黄旗出凤城。矫矫六飞熊虎士,中原万里倚戈行。
  云中铁骑猎渔阳,鼙鼓填填夜未央。白马将军传号令,金盘宝箧进壶浆。
  黄牌使者出行营,选舞征歌倾卫城。报道儒生饬士马,南州叛贼一时平。
  桑黄渺渺蹙飞尘,清路人传天子真。宰相无须保车驾,至尊雄武动如神。

这组颂政诗作于正德十四年(1519),歌颂正德皇帝平定宁王朱宸濠谋反的战事。史载:"(正德十四年)六月丙子,宁王宸濠反,巡抚江西右副都御史孙燧、南昌兵备副使许逵死之。戊寅,陷南康。己卯,陷九江。秋七月甲辰,帝自将讨宸濠,安边伯硃泰为威武副将军。帅师为先锋。丙午,宸濠犯安庆,都指挥杨锐、知府张文锦御却之。辛亥,提督南赣汀漳军务副都御史王守仁帅兵复南昌。丁巳,守仁败宸濠于樵舍,擒之。"① 正德皇帝以平乱之名南巡江南,在诗中被描绘成亲征的不凡事迹:"君王按剑东南征,锦障黄旗出凤城。"在王守仁等文武官员的得力打击下,宁王很快兵败被擒:"报道儒生饬士马,南州叛贼一时平。"组诗对明武宗在这场战事中的作用大加称颂:"宰相无须保车驾,至尊雄武动如神。"似乎是对武宗的亲征表达崇敬之意。但这几首诗特别描写了皇帝出行场面:"桑黄渺渺蹙飞尘,清路人传天子真。""白马将军传号令,金盘宝箧进壶浆。""黄牌使者出行营,选舞征歌倾卫城。"实则披露了武宗一行对民间的极大滋扰,包括不合时宜的寻欢作乐。这样的描述比史书的记载披露了更多的真实细节,不是一般的颂扬帝王诗歌的

---

① (清)张廷玉等:《明史》卷十六《武宗本纪》,中华书局2000年版,第142页。

浮泛恭维，有较高的认识价值。

黄佐（1490—1566），字才伯，香山（今广东中山）人。正德间进士，选庶吉士。嘉靖间授编修。历广西提学佥事、吏部右侍郎等。

黄佐的《铙歌鼓吹曲》歌咏正德十四年（1519）明武宗亲征平定宁王朱宸濠叛乱，称颂了正德皇帝的圣德丰功。

> 将进酒，君莫辞，何以侑之虎拨思。荐嘉殽，陈雅诗，群桀既剪江无螭，时迈其德隆天基。
>
> 君马黄，臣马玄，狭斜相逢不敢前。黄马驰，玄马逐，后喷沙，前喷玉。副以江许翼两张，翩翩倏如流电光。周有穆满今圣皇，君臣布德周万方。
>
> 圣人出，龙翩翩。美人出，以管弦。千旌万骑雄哉纷，四家从以部领军。舞剑浮白，觞我镇国。陈秘戏，乐复乐。
>
> 上邪，下狭山童不可猎。射鼍向江江水竭，愿皇垂拱开明堂。铺仁获政和阴阳，千秋万岁长乐康。
>
> 临高台，望泗与淮。言采其芑于水涯，谁其殖之感我怀。奋戎东南遂以北，无以逸欲临万国，生民何依依我德。皇祖在天，敬哉有赫。

这组朝廷乐歌称颂正德皇帝平定之功，尤其强调了其事功中包含的"圣君"之德。"群桀既剪江无螭，时迈其德隆天基。"赞武宗为国平叛剪除了祸根，其圣德得到了天帝福佑，巩固了国基。"周有穆满今圣皇，君臣布德周万方。"赞武宗建功立德如周穆王，其德泽满布天下。"铺仁获政和阴阳，千秋万岁长乐康。"赞武宗施行仁政，带来国运长久。"奋戎东南遂以北，无以逸欲临万国，生民何依依我德。皇祖在天，敬哉有赫。"赞武宗亲征南北，平叛灭寇，勤勉国政不敢懈怠，百姓仰赖其圣德。组诗对武宗平定宁王叛乱的歌咏于史有据，对武宗以武安邦、维护统一功绩的价值评判也属正常，但将此过程中武宗的全部作为都颂扬为圣德高行，则超出了事实。实际上，武宗在亲征之中肆行享乐的情况在诗中也有记录："圣人出，龙翩翩。美人出，以管弦。""陈秘戏，乐复乐。"武宗的纵欲荒唐被遮护在颂德歌功之中，不那么惹眼罢了。颂政组诗对武宗的荒德能有所披露，已属不易。

尹耕（1515—？），字子莘，代州（今山西代县）人。嘉靖间进士。历兵部员外郎、河间府知府等。

尹耕的《南巡》歌咏嘉靖十八年（1539）明世宗南巡事。嘉靖皇帝的这次南巡，是前往钟祥（今湖北钟祥）谒父母之陵。嘉靖南巡，兴师动众，耗费巨大。诗篇除了描绘巡行的盛大隆重，也不失时机地称颂了嘉靖皇帝的功德。"天上黄河白昼来，春风龙舰锦帆开。龟鱼跃浪承颜色，箫鼓缘堤落杏梅。照影昔呈希世瑞，横流今见济川才。十年垂拱宽民力，却笑宣房起暮哀。"这首诗描述南巡队伍从京师出发，渡过黄河向南而去，给沿途带来了祥瑞，带来了恩泽。诗篇凸显了嘉靖登基以来朝政清朗、国泰民安的非凡治绩。"十年垂拱宽民力，却笑宣房起暮哀。"诗人称颂嘉靖皇帝德政宽厚，垂拱而治，基本符合嘉靖前期治国的实绩。"宣房"即西汉的宣房宫，为治理黄河成功而建，此处提及"宣房"，意指嘉靖皇帝巡行途中关切河患、关心民瘼。诗篇旨在称颂皇业盛大、皇德泽世，对嘉靖皇帝南巡的奢华耗费不加微词，予以了遮护。

四 民歌民谣（宣德、正统、成化、正德年间）

明朝宣德、正统、成化、正德年间，民间出现了一些颂政类的歌谣，这些颂政歌谣称扬的对象主要是一些地方的良官善政。这些零零散散的歌谣虽然简短，但透露的民间心声颇为清晰：感激给百姓带来实际利益的清官良吏，拥护给百姓造就安居乐业环境的善政良策。

明宣宗宣德年间，况钟任苏州知府，治绩显著，任期届满将离开，当地民众数万人到府衙跪拜，叩请况钟留下。民间有《况太守歌》称颂况钟："况太守，民父母。早归来，乐田叟。"民谣的情感是真诚质朴的，呼之为"父母"，足见其在任期间对百姓的慈爱和护佑。况钟还未离开，百姓已在盼其能再归来，这种不舍之情显示了"田叟"对况钟的感念。史载况钟政绩和民望："兴利除害，不遗余力。锄豪强，植良善，民奉之若神。"[①] 此诗可为印证。明英宗正统年间，四川人蒲政任扬州兴化主簿，待民宽厚，为官清廉，有《兴化谣》歌赞："蒲政打蒲鞭，青布缘了边。九年三考满，不要一文钱。"民谣唱出了蒲政为官届满仍两袖清风的廉政形象。陶安任饶州知州，勤政履职，民间有《饶州歌》称赞陶安："千里榛芜，侯来之初。万姓耕辟，侯去之日。湖水悠悠，侯泽之流。湖水有塞，我思侯德。"歌谣对比了陶安任职以来给当地带来的变化，由满目荒芜到遍地耕稼，百姓得以安居乐业。陶安将要离去，民众对他的感激和赞佩如"湖水悠悠"，绵绵不尽。明代宗景泰年间，陈勉任南丰知县，勤政履职，使当地百业兴旺，有《南丰歌》称颂："大尹陈，政事新。男耕女织歌阳春。"百姓很淳朴，能辛勤耕作纺织，换得丰衣足食，就欢欣鼓舞了。陈知县实行新政，使南丰政通人和，民谣唱出了百姓心底对良政的赞颂。明英宗天顺年间，何澹任汉阳知府，带领民众筑堤治水，

---

① （清）张廷玉等：《明史》卷一百六十一《况钟传》，中华书局2000年版，第2911页。

改变了当地的耕作条件,有《汉阳民歌》称颂:"何太守,筑汉陂。饥得食,寒得衣。"百姓对何太守最深切的感念是他勤恳为民办实事,筑修陂堤,抵御旱涝,百姓耕作有了收获,温饱得到保障。明宪宗成化年间,焦韶任曲靖知府,行政仁厚,有《曲靖歌》唱道:"禾本二穗,佳谷满田。太守焦公,仁德及天。"当地百姓把焦韶的仁德政举称颂为高可及天,足见民众对他的由衷景仰。明武宗正德年间,范镃任两淮运使,除弊兴利,深得商户敬重,有《淮上歌》赞扬:"范来早,商民饱。范来迟,商民饥。"显然是范镃执法公正,营造了公平经商的好环境,商户们才得以顺利营生,歌谣唱出了他们对范镃执法安民的感佩。冯驯任兴化县令,整顿吏治,惩恶佑善,百姓得福,有《兴化谣》唱道:"冯太守,来何迟。胥吏瘠,百姓肥。"民谣表达了当地民众对冯驯的感激。"胥吏瘠,百姓肥"的对比尤其揭示了冯驯整肃吏治的成效,吏胥不敢滥权舞弊,百姓得以安居乐业,民众对他的称赞就是对他政绩的特别嘉奖。明代中期这些称颂良官善政的民谣民歌,披露了这个时期一些地方施政治理的真实状况,是一种民间渠道的政治意愿表达,具有较强的指标意义。

第三节 明代后期颂政诗——颂声微弱 传统尚存

明代后期是指明穆宗隆庆至明思宗崇祯时期。明代国家政治运行至后期,此前多年的朝政弊端及地方积弊在万历、天启年间趋向恶化。明代后期诸帝,穆宗在位不长,治绩平平;神宗在明帝中在位时间最长,施政状况复杂,既有权臣辅佐下的奋力中兴,更有后来怠惰国事,带衰国运;熹宗授国柄于宦官魏忠贤,朝政遭受重创。及至明朝最后一个皇帝思宗,虽然本人克勤克俭,兢兢业业,无奈大势已去,最终为王朝以身殉葬。史家曾对明思宗崇祯皇帝抱以复杂感喟:"帝承神、熹之后,慨然有为。即位之初,沈机独断,刈除奸逆,天下想望治平。惜乎大势已倾,积习难挽。在廷则门户纠纷。疆场则将骄卒惰。兵荒四告,流寇蔓延。遂至溃烂而莫可救,可谓不幸也已。然在位十有七年,不迩声色,忧勤惕励,殚心治理。临朝浩叹,慨然思得非常之材,而用匪其人,益以偾事。乃复信任宦官,布列要地,举措失当,制置乖方。祚讫运移,身罹祸变,岂非气数使然哉。"[①] 可知明代政治至此已衰败到不可救药,这种社会政治状况在这个时期的颂政诗创作上也间接得到了反映。明代后期的颂政诗已无复明代前期的昂扬情绪,作品数量也大幅萎缩。

[①] (清)张廷玉等:《明史》卷二十四《庄烈帝本纪二》,中华书局2000年版,第224页。

歌咏朝政的作品，主要集中于描写万历皇帝大阅兵和用兵朝鲜的军政事务，如许国的《大阅应制》，申时行的《大阅诗应制》，余继登的《恭题大阅图应制》，于慎行的《平倭奏捷歌》，萧良有的《大阅应制》，区大相的《定朝鲜》等。这些颂政诗传达的治军思想和用兵之道，包含了中国古代政治文化传统中涉及战争论题的值得珍视的思想素材。

明代后期，还有一些颂政诗是歌咏地方循吏爱民勤政的，如叶春及的《郑太守谣》，余继登的《田夫谣送马瑞河父母之沽益》，徐燉的《送陈明府应召之京》等。诗人们在国势黯淡的政治大环境下仍然保持了对良官善政的治国之道的期待，十分难得。

一 许国 叶春及 申时行 余继登

许国（1527—1596），字维桢，歙县（今安徽歙县）人。嘉靖间进士。历官至吏部尚书。

许国的《大阅应制》歌颂明朝军备齐整，军力强盛，国泰民安。

> 鸾舆宵驾凤皇城，羽仗晨临虎豹营。闪日旌旗通御气，殷雷笳鼓杂春声。千夫尽是幽并侠，七萃俱传卫霍名。蹀躞银鞍大宛马，陆离金甲曼胡缨。屯来云鸟浑为阵，练后林猿总识兵。队队穿杨呈技绝，双双超乘斗身轻。北庭咫尺降封豕，南海须臾斩巨鲸。又见轩车驰逐野，岂如汉舰集昆明。椎牛竞奏军中乐，饮马谁歌塞上行。全胜古来惟不战，愿敷文德洽升平。

诗篇浓重渲染了明帝阅兵的盛大场面、威武氛围，篇末归结了对阅兵的感想："全胜古来惟不战，愿敷文德洽升平。"这个感想发挥了古代兵家全军为上、不战而胜的思想："凡用兵之法，全国为上，破国次之；全军为上，破军次之；全旅为上，破旅次之；全卒为上，破卒次之；全伍为上，破伍次之。是故百战百胜，非善之善也；不战而屈人之兵，善之善者也。"① 《大阅应制》的题旨并不在谈兵法，而在于颂赞明帝君威及强大军备保卫下的文治盛世，描述阅兵盛况就明确传达了包含积极价值的军政思想。

叶春及（1532—1595），字化甫，归善（今广东惠阳）人。嘉靖间进士。隆庆间历惠安知县。万历间起为兴国知州等。

叶春及的《郑太守谣》歌咏地方官员爱民勤政。"郑太守，民所依，去年忧水今忧饥。三年憔悴守端溪，民寒有絮饥有糜。坐令阖郡无疮痍，一砚不

---

① 杨丙安：《十一家注孙子校理》，《谋攻》，中华书局1999年版，第44页。

持今古师。郑太守,民所依,愿尔朝天及早归。"诗篇对"郑太守"关心民众饥寒的施政态度和施政业绩评价很高,篇首和篇末两次呼赞"郑太守,民所依",道出了当地百姓对良官"郑太守"的倾心感佩。

申时行(1535—1614),字汝默,长洲(今江苏苏州)人。嘉靖间进士。万历间历吏部尚书、中极殿大学士等。

申时行的《大阅诗应制》歌咏太平治世下的朝廷阅兵。

> 庙略收群策,宸游简六师。代当全盛日,春是大搜时。云捧苍龙驾,风回翠凤旗。辕门开复道,帐殿绕行麋。细柳前军驻,长杨后骑随。虬须天策将,猿臂羽林儿。拂剑星文动,弯弓月影披。连营分雁翼,布阵合鱼丽。礼示三驱正,锋藏九变奇。张侯仍是豹,贾勇尽如罴。引满双雕落,腾空万马驰。元戎归节制,法从肃威仪。讵数夸胡猎,还欣奏凯期。大风歌汉士,吉日诵周诗。我祖犁庭烈,先皇保泰规。永言思继述,持以赞雍熙。

诗篇的重心在展示阅兵的盛况和明军的威武,但题旨也表达了对明军保卫太平治世的很高期待:"讵数夸胡猎,还欣奏凯期。大风歌汉士,吉日诵周诗。我祖犁庭烈,先皇保泰规。永言思继述,持以赞雍熙。"诗篇宣示了得猛士保天下的治军思想,更宣示了期望朝廷继统承绪、安宁世道的政治思想。

余继登(1544—1600),字世用,交河(今河北泊头)人。万历间进士。历翰林检讨、礼部侍郎、吏部尚书等。

余继登的颂政诗有颂赞朝政格局的,如《恭题大阅图应制》;有称颂地方治理的,如《田夫谣送马瑞河父母之沾益》。

> 我皇神圣能绳祖,威灵赫奕超千古。岭表烽销瀚海清,犹自忧危思耀武。三月三日天气和,五云高捧翠华过。地动轰雷奔铁骑,丽天晴日照金戈。辕门此际军威震,伐鼓鸣钲闻远近。七校争夸貔虎姿,十干正演龙蛇阵。纵横叱咤逞豪雄,角射当场技尽工。健儿惯使千斤弩,侠少能开六石弓。健儿侠少纷驰逐,夹道旁观俱奢服。冠军原不让嫖姚,扛鼎何须羡贲育。桓桓赳赳壮皇威,妙略英风播九围。久闻关塞铙歌唱,坐见边庭羽檄稀。太平日日谋桑土,战士人人沾雨露。天下虽安未可忘,吾王一豫真为度。只今将卒如云屯,御敌年年更苦辛。九边愿普投醪惠,万载常歌挟纩仁。(《恭题大阅图应制》)
>
> 田夫无外事,惟有佃其田。腰镰与荷锄,两两相比肩。偶尔理田器,

相携向市廛。忽闻城市言，官长近已迁。行当舍我去，不复久留连。仓忙到县门，车马已骈阗。惊愕语同辈，兹事良已然。自从官长来，于今五六年。年年纳租后，家家饱粥饘。鸡犬夜不惊，村舍常安眠。积谷为我赈，逋赋为我蠲。时有三老来，化诲为我宣。儿童各长成，恩德及茕惸。信是田家乐，赖得官长贤。自谓长若斯，闾里得生全。今去欲何之，惝恍心若煎。去从官长去，不知何时还。来时不预料，囊无送刘钱。徒尔卧辕下，相将车牵牵。闻说官长去，行行向南滇。滇南万余里，道路太绵延。中复经巫峡，釜崎摩苍天。况当五月时，赤日赫如煿。田夫有圆笠，不敢献君前。但愿加餐食，以慰心拳拳。尚来福吾民，勿此长弃捐。仆夫早严驾，五马何翩翩。云树隔行踪，有泪如迸泉。（《田夫谣送马瑞河父母之沾益》）

《恭题大阅图应制》歌咏明皇大阅兵的盛况。诗篇虽然用主要篇幅来描述阅兵场面，但作者的颂赞凸显了阅兵场面之外的意义。"我皇神圣能绳祖，威灵赫奕超千古。岭表烽销瀚海清，犹自忧危思耀武。"称颂皇帝承统继业，居安思危。"久闻关塞铙歌唱，坐见边庭羽檄稀。太平日日谋桑土，战士人人沾雨露。天下虽安未可忘，吾王一豫真为度。"称颂皇帝治国安泰，不图侵凌。"九边愿普投醪惠，万载常歌挟纩仁。"称赞朝廷"投醪""挟纩"慰劳边地守军的行动。诗篇传达了中国古代政治文化的一些传统理念：居安思危以保家卫国，自身富强而不图侵凌。这些理念是中国古代政治文化中的优质思想元素。《田夫谣送马瑞河父母之沾益》描写百姓送别"父母官"，依依不舍，盼其复归。"忽闻城市言，官长近已迁。行当舍我去，不复久留连。仓忙到县门，车马已骈阗。""田夫有圆笠，不敢献君前。但愿加餐食，以慰心拳拳。尚来福吾民，勿此长弃捐。"之所以有这样的官民关系，是因为这位官长给当地百姓带来了安居乐业的环境："自从官长来，于今五六年。年年纳租后，家家饱粥饘。鸡犬夜不惊，村舍常安眠。积谷为我赈，逋赋为我蠲。时有三老来，化诲为我宣。儿童各长成，恩德及茕惸。"这样安宁欣荣的昌明秩序，是这位官长勤政、德政的结果："信是田家乐，赖得官长贤。"诗篇揭示了良官才能实现善治的地方治理规律。

二 于慎行 萧良有 徐𤊹 区大相

于慎行（1545—1608），字无垢，东阿（今山东东阿）人。隆庆间进士。万历间历侍读学士、吏部侍郎、礼部尚书。

于慎行的《平倭奏捷歌》歌咏万历年间明军赴朝平倭战事。

去年都护大征兵,平壤岛寇皆扫平。今年司马通和议,盖海鲸鲵不可制。鱼服十万簸狂澜,千里腥风塞月寒。不见降书来日窟,空令猎火照辰韩。吾皇按剑赫威怒,独运神谟惩往误。早传制府凿凶门,更诏中丞开武库。材官负弩尽从征,慷慨辞家志不平。杀气千寻飞浿水,军声一夜度龙城。士马骖驔谁复数,青海原头昼伐鼓。转旆横捎乐浪云,洗兵半染夫余土。陆营三路势已奔,水营大队赤云屯。弓刀靡沸鲛犀裂,戈甲抢攘日月昏。小酋面缚大酋死,属国君臣歌燕喜。羽书昨夜自东来,直入甘泉报天子。论功大发水衡财,碣石关门日夜开。符节星驰玄菟塞,金缯山累白龙堆。十年馈师三百万,今日方闻博一战。明王守御在四夷,属国君臣尔莫玩。

万历二十年(1592),朝鲜爆发了"壬辰倭乱",明朝皇帝应朝鲜请求,发兵援朝抗倭。史载:"(二十年)五月,倭犯朝鲜,陷王京,朝鲜王李昖奔义州求救。""秋七月甲戌,副总兵祖承训帅师援朝鲜,与倭战于平壤,败绩。""八月乙巳,兵部右侍郎宋应昌经略备倭军务。""冬十月壬寅,李如松提督蓟、辽、保定、山东军务,充防海御倭总兵官,救朝鲜。""二十一年春正月甲戌,李如松攻倭于平壤,克之。"① "去年都护大征兵,平壤岛寇皆扫平。"诗歌开篇所写即指上述史事。这场始于万历二十年的援朝抗倭战争,前后断续进行了七年。除了篇首提及的平壤之捷,其后又经历了明朝、朝鲜与倭国的和议,倭国再次侵朝,明军再与朝鲜联合抗倭的多次反复,这些史实在诗中都有记述:"今年司马通和议,盖海鲸鲵不可制。鱼服十万簸狂澜,千里腥风塞月寒。不见降书来日窟,空令猎火照辰韩。吾皇按剑赫威怒,独运神谟惩往误。""材官负弩尽从征,慷慨辞家志不平。""陆营三路势已奔,水营大队赤云屯。弓刀靡沸鲛犀裂,戈甲抢攘日月昏。"在多年的几次大战之后,倭军首领丰臣秀吉死亡,倭军随后也退出了朝鲜,平倭战争取得了胜利。史载:"明年(1593),如松师大捷于平壤,朝鲜所失四道并复。""久之,秀吉死,诸倭扬帆尽归,朝鲜患亦平。"② "小酋面缚大酋死,属国君臣歌燕喜。羽书昨夜自东来,直入甘泉报天子。"诗篇所写印证了这段史事。诗篇描写明朝派军援朝抗倭,称颂了明神宗对属国的保护和对"岛寇"倭军的胜利:"明王守御在四夷,属国君臣尔莫玩。"篇末的这个告白,宣示了明朝作为宗主国的道义、责任和权威。于慎行的《平倭奏捷歌》传达了明朝对外战争所依据的政治原则,有很高的认识价值。

---

① (清)张廷玉等:《明史》卷二十《神宗本纪一》,中华书局2000年版,第182页。
② (清)张廷玉等:《明史》卷三百二十二《外国传三》,中华书局2000年版,第5598页。

萧良有（1549—?），字以占，汉阳（今湖北武汉）人。万历间进士。历翰林修撰、国子祭酒。

萧良有的《大阅应制》歌咏皇帝阅兵的盛况，题旨中包含了一些有价值的军政理念。

> 国运千年泰，皇威九伐张。中春稽令典，吉日简戎行。辇道云霞绕，旌门日月光。前麾过细柳，后队出长杨。游骑诸陵侠，材官六郡良。金戈开霁色，宝剑动星芒。跃马还超乘，穿杨独擅场。无哗军礼肃，有备庙谟长。会洛遵前古，夸胡耻后王。屈人还不战，万载奉明昌。

诗篇除了描述阅兵场面的盛大威武，还揭示了朝廷阅兵所体现的治国之道。"国运千年泰，皇威九伐张。""无哗军礼肃，有备庙谟长。"强调军备完整、军队威严对国运兴旺的保障作用。"屈人还不战，万载奉明昌。"这里所说的不战而屈人之兵的前提，是要保持一支强大的军队，并非耀武扬威、穷兵黩武。这样的整军思想符合中国古代政治文化所推崇的治国用兵之道。

徐熥（1561—1599），字惟和，闽县（今福建闽侯）人。万历间举人。

徐熥的《送陈明府应召之京》歌赞陈姓知县在闽地的政绩和政声。

> 冶城八月秋风起，仙吏驱车入帝里。白叟黄童拥道周，攀辕卧辙情无已。一官闽海几年余，汉室循良更孰如。鲁恭政简能驯雉，羊续官清不爱鱼。声名久已闻天子，玺书召对明光里。满县秋桃烂似霞，半肩行李清于水。新秋乘传到长安，五色花骢獬豸冠。几多狐鼠争投窜，当道豺狼胆自寒。酌君酒，与君别，寇君难借空呜咽。至尊垂拱问苍生，但道江南民力竭。

诗篇描述了百姓送别"陈明府"离任赴京的难舍难分场面："白叟黄童拥道周，攀辕卧辙情无已。""陈明府"应召赴京的原因是政绩优异、政声卓著。"声名久已闻天子，玺书召对明光里。"从"满县秋桃烂似霞"，可见当地治理欣荣；从"半肩行李清于水"，可见"陈明府"为官清廉。"陈明府"在任期间爱民佑善，惩恶锄奸，慑退邪浊："几多狐鼠争投窜，当道豺狼胆自寒。"诗人对"陈明府"勤政有为深表赞佩，在称颂之中也宣示了评判贤能官员的标准和尺度。

区大相（1569?—1614），字用孺，佛山（今广东佛山）人。万历间进士。历翰林检讨、南太仆丞等。

区大相的颂政诗《定朝鲜》《兵车何煌煌行》称颂明廷援朝抗倭战争的威德,诗人后来还创作有关于这场战争的怨政诗《石门行》《闻东征中路官军消息》《纪朝鲜》(见后)。两相对照,颇有历史感。

  皇赫怒,命东征。千翼举,七萃行。渡绿江,援王京。鳌足断,海波平。扶桑拂,旸谷升。旭日中,仰大明。戮倭奴,定朝鲜。武功振,文德宣。櫜弓矢,戢戈铤。藩服固,王会全。祥瑞降,诸福骈。祝圣寿,万斯年。(《定朝鲜》)
  兵车何煌煌,煌煌去何乡。天子今命我,讨彼蛮夷方。侧闻日本寇,远涉朝鲜疆。招以义不服,敢于逆颜行。王赫斯震怒,授钺开明堂。带甲十万余,一一尽豪强。盔刃既犀利,械器咸精良。战胜庙算多,杀伐天威张。两翼夹中坚,精锐不可当。期门占气候,太一动星芒。连营鸭绿左,结阵鸡林傍。指顾反侵地,挂弓于扶桑。平生怀忠义,意欲吞八荒。行行振长策,永令波不扬。(《兵车何煌煌行》)

《定朝鲜》歌咏明朝在万历朝鲜战争的胜绩。诗篇所描写的朝鲜战事是万历二十年(1592)爆发的"壬辰倭乱"。倭国丰臣秀吉率军进犯朝鲜,朝鲜国王向明廷求援,万历皇帝派出明军援朝抗倭,历时七载取得胜利。诗篇歌颂了明军奉命出兵朝鲜、安定藩属的威武之举:"皇赫怒,命东征。""戮倭奴,定朝鲜。"并且宣示了平定倭乱的道义价值:"旭日中,仰大明。""武功振,文德宣。"诗篇的战争观符合王师之征的道义标准。《兵车何煌煌行》歌咏明廷派出军队赴朝打击"日本寇"。诗篇叙说万历二十年(1592)明军领受皇帝诏令讨伐进犯朝鲜的"日本寇",这样的王师之征,旨在树立明朝的威德。"天子今命我,讨彼蛮夷方。侧闻日本寇,远涉朝鲜疆。招以义不服,敢于逆颜行。王赫斯震怒,授钺开明堂。"对"日本寇"涉入"朝鲜疆",明朝怀有驱逐外寇、保护属国的道义责任;对能够驱逐"日本寇",明军将帅怀有胜券在握的自信:"带甲十万余,一一尽豪强。盔刃既犀利,械器咸精良。战胜庙算多,杀伐天威张。两翼夹中坚,精锐不可当。"这里夸示明军的威势,显然带有鼓舞士气的需要,但也折射出明朝上层盲目的轻敌情绪。不过,诗篇的题旨在张扬明朝的皇德盛义:"平生怀忠义,意欲吞八荒。行行振长策,永令波不扬。"伸张大义,永保太平,这是明军出兵朝鲜的目的。面对"日本寇"侵凌朝鲜,诗人称赞明军的"忠义"和"精锐",流露出道义和军威上的心理优越感。诗篇传达了朝廷对外用兵的政治原则,其所包含的中国古代德型政治文化观念十分显明。

第七章 明代怨政诗

概 论

　　元末大乱，群雄相争，朱元璋集团最后终结了蒙元政权的统治，建立了其后延续近三百年的大明王朝。朱明王朝版图比蒙元缩小，但统治力更强，政治状况更复杂。明王朝各个时期的国家治理状况差异很大，各个时期国家法律与朝廷政策的执行力和影响力差异也很大。即如朱元璋这样的强势无比的皇帝，即如朱元璋整肃吏治的威猛狠戾作风，也只能在一定时期内具有至高无上、无远弗届的影响力。时过境迁，时移势易，法律和政策的执行效果就大相径庭。这种迁移如流的政治生态，是明代社会从政治权力到经济活力各种因素复杂互动的结果，阶段性很强。当然，明代政治从充满活力，到归于衰败，也有其自身的演变过程。"约计明代政治上之弊病，大者约有四端。一曰吏事之弊。有明诸帝，倚专制君主之淫威，薄待朝臣，摧抑士气，为前代之所未见。太祖屠杀功臣，固极惨毒。永乐以后，诏狱廷杖，动辄施行。大臣杀身受辱者，前后相接，其残狠殆尤有甚于太祖者。而自成祖首开宦官弄政之端，阉祸遂日趋严重。王振、刘瑾、魏忠贤辈相继用事。戮辱忠良，剥削百姓，败坏风俗，紊乱纪纲。忠臣既不得效力，小人乃乘机幸进。士大夫又或激于意气，私于朋党，误于科举。其真有体国忧民之心者，殆十人不得一。二曰兵制之弊。太祖略袭唐代府兵之形式而不能革除募兵之根本困难。正德以后，军职冒滥，饷费虚侵，兵非精练，士无斗志。宜乎流寇所至，州县风靡。而嘉靖以还，复以用兵边境，屡增赋银，以充军饷。以有限之财，养无用之兵。国境未安，民已深困，则其弊又不仅在于武政之不修矣。三曰开矿之弊。洪武中，太祖以开矿一事，利国少而害民多，法禁本甚严厉，成祖大采金银诸矿，万历中遂至中使四出，无地不开。如遇矿脉细微，利无所得，则勒民偿之。又其甚者，诬富家以盗矿，指田宅为矿脉。率役围捕，辱及妇女，断人手足，投之江中。忠言直谏，置若罔闻。四曰田赋之弊。明代承元之遗风，侵占民田，为祸甚烈。王室大臣有皇庄、王庄、庄田，多者至万顷。豪强侵占，至七万顷。而租税负担则多由贫民荷之。太祖令乡宦粮长监督税收，用意在防止贪吏之侵渔。究其结果，侵渔既未稍止，而末流之弊乃至'乡官为虎，小民为肉'。加以兵饷政费之靡耗，贿赂中饱之亏损，本已沉重之负担，至此遂不复为人民所能胜任。政乱于上，民困于下。寇流于内，虏迫于外。迅速灭亡，诚势所必至矣。"① 学人总结的明代政治的这几条败因，部分概括了明代社会各阶段重大危机的祸根。明代怨政诗除了同步记录这些明显的朝政危机，对偶发的重大危机也有相应的记述。如明代前期的后阶段，发生了明英宗被蒙古部落俘获的土木堡事变，同时期的多首怨政诗描写了这一非常事件。

  明代诸帝的施政治国，比较典型地反映了中国古代皇权政治的兴衰规律。"皇帝个人政治素质如何，便赋予所制定的政策以决定性的影响，从而形成不同类型的皇帝之间的决策差别甚大。那些创业、守成型皇帝，多起自民间，备知百姓疾苦，初成丕业，皆能励精图治。因此，他们的决策，往往能从国家的长治久安出发，较多地考虑到安抚流亡，与民休息，赋敛有度，刑赏适当，注意恢复和发展社会生产力。而那些长于深宫之中，暗于经国之务，积习易溺，居安忘危，不知稼穑之难，不恤征戍之劳苦的误国型、荒淫型皇帝，则常常较多地作出罚不当其罪、赏不当其劳、狱讼冤滥、误国害民，破坏社会生产力，加剧社会矛盾的决策。至于残暴型皇帝，往往作出穷兵黩武、纵暴贪恣、苛刑峻罚，聚敛无度，从而把国人置于水火之中的决策。"② 明代初期设计的政治制度，在后来的运行中也经历了和设计者治国理念相一致和相背离的不同政治状况，阶段性特征十分显著。"朱元璋设计缔造的强大皇权，虽然适用于他和朱棣这样富有军政实践经验、雄才大略、亲政不懈的君主，让他们能够利用强大皇权的积极方面，使当时政治比较清明，生产得以恢复和发展，社会的各种矛盾被暂时掩盖。可是，在他们以后，由于明代前期相对稳定的守成局面长期存在，皇子皇孙都是长于深宫，久享太平，耽于逸乐，他们缺乏统治经验，更不再有乃祖兢兢业业、勤政不怠的作风。而这时明帝国建立后的种种社会矛盾，已经日渐积聚、发展、暴露。在这样的情况下，皇帝本人已经无力驾驭硕大的皇权，或者不愿挑起担子行使皇权。于是硕大的皇权开始不断变异。明代皇权的变异，主要表现在两个方面。一方面是越来越腐败，专横暴虐。皇帝可以长期不过问政事，不出朝而随意发号施令，

---

① 萧公权：《中国政治思想史》，商务印书馆2011年版，第577页。
② 白钢：《中国政治制度通史·总论》，社会科学文献出版社2011年版，第192页。

惩处官员。在这样君亢臣卑的情况下，官员积极性尽被剥夺，纵使不沦为阿附，也只能唯唯诺诺，于是官僚政治迅速发展，国家行政机构的运转日益松散缓慢。在政治腐败的同时，皇权荫庇下藩禄的沉重负担，矿税、加派等的公开掠夺，又加重了政府财政危机和社会矛盾。另一方面是，皇权旁落到皇帝的家奴宦官的手中。皇帝长期深居宫中不上朝，不接见大臣，奏疏靠宦官上下，诏旨靠宦官传宣，于是宦官得以越来越放肆地窃夺皇权，擅权乱政。依倚皇权的厂、卫横行，成了宦官夺取、巩固权势的工具。以致法制废弛，贪污成风，统治阶级内部的派系朋党逐渐形成，并为争夺权势进行激烈的斗争。在这当中，相当一部分官员不但谄媚皇帝，而且阿附宦官。于是宦官擅权乱政越演越烈，严密的监察走向了它的反面，成了门户攻击的工具。煞费苦心建成的硕大的皇权，加速了皇朝的覆灭，这是朱元璋始料不及的，这就是历史的辩证法。"① 明代政治兴衰的曲线图，虽然也有时伏时起的变化，但在明代中期以后，整体上呈现衰减的趋势，明代政治的这种波澜起伏的态势，在明代怨政诗里有具体而微的各种直接描述。

　　明代各个时期政治发展的情况差异很大，既符合每个朝代兴衰变化的共同规律，也有明代政治制度设计带来的独特运行效应。"明王朝之所以能够长时间维持，主要得益于洪武皇帝所定下的基本原则。开国皇帝朱元璋所订立的基本原则束缚了后来继位的明代帝王们。这些继承祖业的皇帝们都会仔细地审视历史上导致江山丧失的教训和错误，然后设法使自己守住皇位。"② 明代的政治制度设计，明显偏于严厉。如司法制度方面，锦衣卫、东厂、西厂等机构的设立和运行，极大地影响了明代政治的效率，也极大影响了明代政治的生态。"刑法有创之自明，不衷古制者，廷杖、东西厂、锦衣卫、镇抚司狱是已。是数者，杀人至惨，而不丽于法。踵而行之，至末造而极。举朝野命，一听之武夫、宦竖之手，良可叹也。"③ "东厂之设，始于成祖。锦衣卫之狱，太祖尝用之，后已禁止，其复用亦自永乐时。厂与卫相倚，故言者并称厂卫。"④ "锦衣卫狱者，世所称诏狱也。幽系惨酷，害无甚于此者。"⑤ "及天启时，魏忠贤以秉笔领厂事，用卫使田尔耕、镇抚许显纯之徒，专以酷虐钳中外，而厂卫之毒极矣。"⑥ 明代这些严酷的政治设计及其运行效果，在中国历代王朝中也是罕见的。"厂、锦衣卫、镇抚司是由皇帝直接控制，监管刑

---

① 白钢等：《中国政治制度通史·明代》，社会科学文献出版社 2011 年版，第 15 页。
② ［英］塞缪尔·E. 芬纳：《统治史》卷二，王震译，华东师范大学出版社 2014 年版，第 253 页。
③ （清）张廷玉等：《明史》卷九十五《刑法志三》，中华书局 2000 年版，第 1557 页。
④ 同上书，第 1558 页。
⑤ 同上书，第 1561 页。
⑥ 同上书，第 1559 页。

狱的特务机构，均是明朝的特产。厂有东厂、西厂、内行厂，性质相同，权势一度不相上下，但后二者只在成化、正德年间曾经设置，而东厂则是常设机构。东厂是统治阶级内部斗争的产物，其缉访对象包括王府以下臣民；东厂的设立，是宦官有组织地参预司法的开始。"① 这样的政治设计，总体来说对社会政治产生了极大的负面作用："廷杖与诏狱、厂、卫一样，都是为加强中央皇权而设的，但他们超越法制，借皇权肆虐的结果，只能是加深了统治集团内部的以及社会上的各种矛盾，加速了皇朝的崩溃。"② 实际上，这种司法制度设计带有皇帝个人意志的极大的随意性："无论是厂是卫，其本身均只是工具，他们依托皇权行事。得到皇权的恩宠，则显赫一时；失去皇帝的眷顾，厂卫的势力就会急剧削弱。"③ 明代中央政府政治权力的集中性和威怖性，对明代社会政治自身的兴衰产生了直接作用，也对明代文人士大夫的政治态度有着明显的影响，明代怨政诗的部分作品即折射了这种政治后果。

　　明代前期的洪武帝、建文帝、永乐帝、宣德帝，在施政方面都比较强势有为，国力上升势头维持了较长时期。明代中期，朝政运行与前期发生了很大变化，几朝守成之君的治国轨迹有很大起伏。成化皇帝、弘治皇帝保持了勤勉的施政姿态，正德皇帝、嘉靖皇帝在很长时期荒疏朝政成为常态。朝政被刘瑾等宦官奸佞把持，东南沿海倭患也十分严重："剽掠辄得志，益无所忌，来者接踵。"④ 这个时期国家政治的内外困境在不断积累和发展。而自明代前期以来就一直存在的一些不合理政策，逐渐放大了其政治后果的社会危害。如对吏治的整肃，本是明前期严厉政治的一部分，但没有相应的配套政策，官员合理的生活条件没有得到保证，刺激了官员的贪贿行为，客观上大大削减了惩治吏治败坏的政治效果。"相对于其他朝代而言，明代在推行俸钞折色时折算比率极不合理，导致官员的实际俸禄十分微薄，因此官员们便充分利用自身所具有的政治及社会资源大肆捞取各种非法收入，严重加剧了明代政治的腐败程度。"⑤ 这样的制度设计和政治效果，显然有其必然的因果联系，不能仅仅从官德官风的一般性褒贬去简单看待吏治的清浊变化。明代中期以后，权臣擅政的情形也十分突出，其中严嵩长期把持朝政，导致明代政治生态持续恶化。"严嵩长期擅权，排斥异己，朝中不满情绪和倒严势力逐渐聚积起来，并不时爆发。较突出的有嘉靖三十年（1551）沈炼弹劾严嵩十大罪；三十二年（1553）杨继盛弹劾严嵩十大罪五大奸；三十七年（1558）董

---

① 白钢等：《中国政治制度通史·明代》，社会科学文献出版社2011年版，第192页。
② 同上书，第196页。
③ 张显清等：《明代政治史》，广西师范大学出版社2003年版，第734页。
④ （清）张廷玉等：《明史》卷二百五《朱纨传》，中华书局2000年版，第3599页。
⑤ 张显清等：《明代政治史》，广西师范大学出版社2003年版，第552页。

传策弹劾严嵩。他们都受到了严厉镇压。"①明代中期怨政诗不少作品揭示了朝廷政治的这些严峻事实，抒写了这些政治事件带给诗人们的强烈心理冲击。

明代后期，万历皇帝当政时间最长，也曾勉力于朝政，但后来怠惰国事，致使朝政转衰、转恶。如万历年间，为弥补国库严重短缺，皇帝派出专使到各地大肆收敛财税，引发民怨沸腾，矿监、税使在其中扮演了重要角色。"明代矿税闹得最厉害的是朱翊钧（万历皇帝）时代。从万历二十四年以后，矿监税使遍于天下，奸淫掳掠，敲骨吸髓，把百姓弄得倾家荡产，卖子抛妻，最后被逼得走投无路，便群起反抗。开头只是某几个地区，后来便遍于全国。"②史载，万历年间矿监、税使贻祸民间的情况极其严重，当朝大臣谏诤无效，祸端愈演愈烈，乃至大大加速了明王朝的政治败亡。"矿脉微细无所得，勒民偿之。而奸人假开采之名，乘传横索民财，陵轹州县。有司恤民者，罪以阻挠，逮问罢黜。时中官多暴横，而陈奉尤甚。富家巨族则诬以盗矿，良田美宅则指以为下有矿脉，率役围捕，辱及妇女，甚至断人手足投之江，其酷虐如此。帝纵不问。自二十五年至三十三年，诸珰所进矿税银几及三百万两，群小藉势诛索，不啻倍蓰，民不聊生。山西巡抚魏允贞上言：'方今水旱告灾，天鸣地震，星流气射，四方日报。中外军兴，百姓困敝。而嗜利小人，借开采以肆饕餮。倘衅由中作，则矿夫冗役为祸尤烈。至是而后，求投珠抵璧之说用之晚矣。'河南巡按姚思仁亦言：'开采之弊，大可虑者有八。矿盗哨聚，易于召乱，一也。矿头累极，势成土崩，二也。矿夫残害，逼迫流亡，三也。雇民粮缺，饥饿噪呼，四也。矿洞遍开，无益浪费，五也。矿砂银少，强科民买，六也。民皆开矿，农桑失业，七也。奏官强横，淫刑激变，八也。今矿头以赔累死，平民以逼买死，矿夫以倾压死，以争斗死。及今不止，虽倾府库之藏，竭天下之力，亦无济于存亡矣。'疏入，皆不省。识者以为明亡盖兆于此。"③明代怨政诗表现这种决策和施政上的政治败坏，不仅有传统的农村场景，也出现了一些城市场景，时代特征十分鲜明。

明代后期政治的衰败，原因很多，其中也包括皇帝的败政和宦官的乱政交相为祸。"明中叶后的某些时期，皇权明显削弱。天启以后，宦官专权误国积重难返，廷臣党争势如水火，政治更趋腐败。"④明熹宗宠信宦官魏忠贤，朝政昏暗达于极点。"魏忠贤利用当时的皇帝明熹宗的昏庸，把持朝政，网罗亲信，结成政治帮派。""这帮宵小之徒内外呼应，上下结合，擅权乱政，把

---

① 张显清等：《明代政治史》，广西师范大学出版社2003年版，第795页。
② 丁易：《明代特务政治》，上海书店出版社2011年版，第219页。
③ （清）张廷玉等：《明史》卷八十一《食货志五》，中华书局2000年版，第1317页。
④ 白钢：《中国政治制度通史·总论》，社会科学文献出版社2011年版，第127页。

天启年间的政治局面搞得畸形而恐怖,后人称为'阉党专政'。"① 明代宦官对国家政权的运行影响很大,尤其是明代中后期更是酿成了朝政的极大祸患。"明代宦官机构之庞大,人员之冗滥,史所仅见。明代宦官专权乱政影响之大,为汉唐以后之最甚者。"② 史家概述并感言明代中后期宦官乱政的恶劣状况是:"明代阉宦之祸酷矣,然非诸党人附丽之,羽翼之,张其势而助之攻,虐焰不若是其烈也。中叶以前,士大夫知重名节,虽以王振、汪直之横,党与未盛。至刘瑾窃权,焦芳以阁臣首与之比,于是列卿争先献媚,而司礼之权居内阁上。"③ 在宦官的持续操弄下,明代朝廷政治和社会经济遭到进一步伤害:"宦官在张牙舞爪的龙的旗帜下,在经济领域巧立名目,滥加苛捐杂税,特别是对工商业横征暴敛,使整个生产力受到严重摧残,社会经济凋敝。"④ 及至崇祯末代皇帝,虽勤勉国事,奋力拯救朝政,最终也未能挽回明王朝的覆灭。明代怨政诗较为全面而直接地记述了包括宦官为祸在内的明代国家政治的衰变败坏情形。

明代地方治理的成败得失,与其他朝代有很多相似的外在表象和共通的内在规律。如官吏职能的发挥及其结果:"在明代县级政府中,国家设置的职官和经制吏员过少,大量的公务由差役、里胥来具体执行。这些胥役的身份不是国家的正式工作人员,不享受俸禄和升迁待遇,也不接受严格的考核。虽然他们只是从百姓中佥派或雇募的役,但其行为却代表官府。这种非官非民的模糊身份,使他们不能受到国家机器内制度的约束,也不可能受到来自百姓的监督,因为他们的半官方身份使他们凌驾于百姓之上。杂役具有双重身份,既是被压榨的对象,也充当压榨者。一方面,大量重役因官吏需索而赔累破产;另一方面,杂役又利用官方赋予的权力,欺上瞒下,损公肥私,欺诈百姓,造成了明代县政中引人瞩目的弊端。粮长、库役、收头等赔累重役,老实本分者饱受压榨,以至倾家荡产;奸诈之徒钻营承役,百端作弊,能以此致富。"⑤ 这些吏治弊端并不是明代独有的,其顽疾性地一再发生,在王朝政治的制度设计和制度运行中是难以避免的。又如徭役派征:"中国古代的力役之征,是国家对民间劳力的无偿使用,可以视为一种变相的财政征收。具体到明代,徭役不仅是对人民劳动力的无偿征用,而且往往还伴随着相关费用的征取,即财、力并征。上供物料和地方公费大量从里甲正役和均徭中

---

① 樊树志:《权与血:明帝国官场政治》,中华书局2004年版,第106页。
② 白钢:《中国政治制度通史·总论》,社会科学文献出版社2011年版,第130页。
③ (清)张廷玉等:《明史》卷三百六《阉党传》,中华书局2000年版,第5245页。
④ 王春瑜等:《明朝宦官》,陕西人民出版社2007年,第8页。
⑤ 何朝晖:《明代县政研究》,北京大学出版社2007年版,第275页。

征取。尤其是明中期一条鞭法改革,力役及其附带的各种费用折为银两征收后,徭役作为财政收入的属性就更为明显了。"① "明代对各地徭役的征派,并没有统一的限制,而是由各地根据自身的需要自行派役,实际上是把徭役的征发权交给了地方政府,尤其是基层县级政府。由于没有严格的限制,徭役实际上成为县政府可以任意加增、科索的财政来源。事实也证明百姓差徭负担在明代是不断增长的,许多地方民间负担之沉重主要在于徭役。"② 明代朝廷和官府在派征徭役的实际政务中,在额定的役务外,加派徭役,是较为普遍的现象。又如荒政赈济:"赈灾过程中的腐败问题十分严重。预备仓赈济中,里甲、老人负责报告地方灾情,开列需要赈济的贫户名单,库吏负责支放仓粮。期间里老、吏胥趁机中饱,弊病多端。由于官吏欺侵,里胥作弊,真正得到赈济的贫民很少。有幸得到救济的贫民,又由于利息的高昂和吏胥的盘剥,视赈贷为畏途。不仅利息不菲,收放时掺杂使假和吏胥的刁难盘剥,更使受赈贫民付出加倍。"③ 又如粮税课征:"有司不复比较经催里甲负粮人户,但立限敲扑粮长,令下乡追征。豪强者则大斛倍收,多方索取,所至鸡犬为空。孱弱者为势豪所凌,耽延欺赖,不免变产补纳。至或旧役侵欠,责偿新佥,一人逋负,株连亲属,无辜之民死于棰楚囹圄者几数百人。且往时每区粮长不过正、副二名,近多至十人以上。其实收掌管粮之数少,而科敛打点使用年例之数多。州县一年之间,辄破中人百家之产,害莫大焉。"④ 实际上,担任"粮长"一类的职务,借机损公肥私、勒民以逞者有之,不能应对役务、受惩遭罪者也大有人在。"因为官府需索过度,粮长往往不但无利可图,且甚至有时把老本钱吃光了还完不了事。"⑤ 荒政、税政、赋役等政务施行的过程中,地方官吏的不良作为是国家制度和朝廷政策不能发挥应有作用的至关重要的因素。明代怨政诗对地方治理中出现的各种弊政都有深度描述。

　　明代怨政诗对社会政治生态的描写,总体上与当时的社会现实状况是相对应的,但不是所有社会政治情况在怨政诗里都得到同步及时的、成正比例的表现。在明代文网严密的政治文化背景下,在怨政诗里直接指斥皇帝及皇室的朝政错谬固然很难,而直接抨击奸臣国贼祸害社会的行径也并非易事。如明代人所描述的宦官为祸的情形:"(华敏)景泰三年九月上书曰:近年以来,内官袁琦、唐受、喜宁、王振专权害政,致国事倾危。望陛下防微杜渐,总揽权纲,为子孙万世法。不然恐祸稔萧墙,曹节、侯览之害,复见于今日。

---

① 何朝晖:《明代县政研究》,北京大学出版社2007年版,第145页。
② 同上书,第149页。
③ 同上书,第245页。
④ (清)张廷玉等:《明史》卷七十八《食货志二》,中华书局2000年版,第1267页。
⑤ 梁方仲:《明代赋役制度》,中华书局2008年版,第373页。

臣虽贱陋，不胜痛哭流涕。谨以虐军害民十事，为陛下痛切言之。内官家积金银珠玉，累室兼籝，从何而至？非内盗府藏，则外朘民膏。害一也。怙势矜宠，占公侯邸舍，兴作工役，劳扰军民。害二也。家人外亲，皆市井无籍之子，纵横豪悍，任意作奸，纳粟补官，贵贱淆杂。害三也。建造佛寺，耗费不赀，营一己之私，破万家之产。害四也。广置田庄，不入赋税，寄户郡县，不受征徭，阡陌连亘，而民无立锥。害五也。家人中盐，虚占引数，转而售人，倍支巨万，坏国家法，豪夺商利。害六也。奏求塌房，邀接商旅，倚势赊买，恃强不偿，行贾坐敝，莫敢谁何。害七也。卖放军匠，名为伴当，俾办月钱，致内府监局营作乏人，工役烦重，并力不足。害八也。家人贸置物料，所司畏惧，以一科十，亏官损民。害九也。监作所至，非法酷刑，军匠涂炭，不胜怨酷。害十也。"[①] 实际上，景泰年间宦官为祸的情形，在明代显然具有普遍性、持续性。在这样的社会环境下，仍有部分诗人表现了极大的勇气和胆识，在怨政诗里斥骂不可一世的宦官、奸臣，如李梦阳、谈迁对宦官刘瑾、冯保、魏忠贤的怨讽，王世贞对奸臣严嵩父子的讥刺，杨爵对自己遭受朝廷冤狱的痛诉，等等。虽然其中有些作品是在权臣倒台后的追溯谴责，但这些怨政诗的社会批判，总体上超过了唐宋同类题材的怨政诗的力度和深度，与《诗经》"二雅"里痛斥奸佞的《巷伯》等篇章遥相呼应，构成了中国古代怨政诗创作传统的重要一环。这类诗篇表明，中国古代怨政诗嫉恶如仇的创作传统，在明代晦暗的政治环境下并没有被诗人们放弃，恰好是在邪焰嚣张的环境中展示了抗争邪恶的顽强生命力，也在诗歌领域为中国古代政治文化留下了坚守正义价值观的厚重页面。

  明代社会政治的现实情况，在怨政诗里得到了深度的反映。由于明代完整的诗歌总集尚未整理问世，对明代怨政诗的统计分析，只能从一些较重要的总集、别集进行抽样调查，如《列朝诗集》《明诗综》《明诗纪事》，《槎翁诗集》（刘崧），《高青丘集》（高启），《怀星堂集》（祝允明），《空同集》（李梦阳），《大复集》（何景明），《杨忠介集》（杨爵），《文忠集》（范景文），《石臼集》（邢昉），《楼山堂集》（吴应箕），《四思堂文集》（傅维鳞），等等。在按照类似《全唐诗》《全宋诗》《全元诗》这样完整的总集标准，编纂完成《全明诗》之前，虽不能提供明代怨政诗的完整数量，但从现有的抽样统计中仍可大致推绎出明代怨政诗创作的基本情况。根据抽样统计分析，明代怨政诗按其题材内容进行分类，表现最多的是税赋压迫问题。怨责赋税压榨、描写民众困苦的怨政诗占到全部作品的31%，可以看出这的确是民间苦难的一大源头。其次，描写朝廷政治乱象的作品。这是明代怨政诗的一大

[①] （清）张廷玉等：《明史》卷一百六十四《华敏传》，中华书局2000年版，第2958页。

特色，其中包括其他朝代较为少见的直斥宦官乱政的诗篇。也有很多诗篇是作者反复怨叹自己遭受政治冤案的巨大痛苦。怨刺朝政昏败、痛斥奸臣祸国、痛诉政治冤案的作品占到了全部怨政诗的29%。尤其是明代中期的杨爵，写下了《偶作》《狱中慰章秀才》《有报周碛山先生家虑于狱中者痛而作此》《勉仕男读书》《有感八首》《送董允恭出狱》《微饮行》《七歌》等一百多首作品，披露自己遭受诏狱冤案的痛苦。这种连篇累牍的专题式描写政治冤狱的怨政诗创作，在中国古代政治诗史上是很少见的。再次，描写兵役徭役、战争苦难的作品也是明代怨政诗的重要组成部分，控诉战祸兵灾、徭役压迫的作品占到了全部怨政诗的26%。最后，描写吏治恶劣的作品是明代怨政诗的又一重要构成，百姓阶层对恶官酷吏的不满乃至痛恨，从这些作品中可以找到真实的答案。谴责贪官污吏、痛斥残民以逞的作品占到了全部怨政诗的14%。从这些作品构成看，前述的明代社会各类政治弊端在怨政诗中都有真切的描写，这些作品也就成为明代政治变迁的形象记录，也是明代社会政治生态的真实画像。

第一节　明代前期怨政诗——政权交替　黎元哀苦

明代前期是指明太祖洪武至明英宗天顺时期。明代前期几朝皇帝多是有为之君。太祖朱元璋率文武英才开国奠基，建章立制，废旧立新；成祖大展宏图，兴举百业，拓展王朝威望远至海外，郑和远洋船队把明王朝强大的形象带到了历史的新高度。新王朝国力的步步增强，都是通过赋税、徭役等各种行政手段聚敛社会财富得以实现的。"明代统治集团从皇族、官吏到军队，其需要是多方面的。就生活资料而言，除粮食、丝棉织之外，还有木炭、蜡、牲畜、家禽、野味、茶、果、水产品、药材等。就生产资料而言，包括军需品制作和建筑及其他官手工业生产的原材料，如铜、铁、铅、翎毛、木材、砖、颜料、皮革、纸等。这众多的生活和生产资料，不可能全部由田赋的本色或折色的征收加以满足。官办的专门生产机构，提供了其中一部分。但绝大部分是征之于民。"① 当然，不仅是明代前期，整个明代，乃至历朝历代，国家政权机构及军队的庞大需求都主要是征之于民的。这个向民众超额榨取财富和劳力的施政过程充满了强制和暴力。明代前期的怨政诗除了记述这个时期的朝廷政策和地方施治给百姓的压力和痛苦，也有部分作品记录的是元末明初的朝代更替的社会变迁，包括明初一些地方尚未止息的战乱纷争。元

---

① 王毓铨：《中国经济通史·明》，经济日报出版社2007年版，第178页。

明易代之际，百姓承受了酷烈战争的巨大灾难，新旧政权在战争中对民力、物力的征索也极其苛重："在这大规模军事破坏的过程中，农业凋敝，自属当然的结果；而官府的科索，从不稍宽，人民的困苦就愈陷愈深。"① 这个情形在明代前期怨政诗里得到了真切的描述。

明代前期怨政诗作者主体，既有朝廷大臣，也有地方官员，还有布衣文人，乃至僧人。如华幼武、陶安、盛彧、程国儒、释宗泐、虞堪、杨基、张羽、童翼、周砥、蓝智、董纪、郭登、郑文康、罗颀、沈周、史鉴等。这些诗人对元末明初及明代前期的战乱及弊政都有直接的感触，他们的作品是那个改朝换代时期的珍贵记录。明代前期怨政诗主要记述了两个方面的社会政治问题。

1. 反映元末明初兵灾战祸，"盗贼"殃民，百姓命如草芥；徭役繁重，兵役苛急，民众不堪其苦。

华幼武（1307—1375）的《义兵行》记述明初浙西地方官府征役严苛，农家不堪承受。"问渠远行将何之，官司召募征江西。""生别离，不得已，在家出征同一死。""生为浙西农，死为江西卒。"诗人知道服役是民众分内之事："率土皆王民，安敢辞苦役。"但希望新王朝早日安定天下，农家可以安居乐业："愿得将相俱贤才，扫除盗贼无纤埃。义兵归来旧田里，卖刀买牛复生理。"这样的愿望既是对未来农家减轻赋役的期待，也是对当下过度征役的怨责。

陶安（1315？—1368）的《穷民》诉说民众遭受的征敛之苦。"家空遭横敛，罪薄陷淫刑。堡寨雄群甲，兵徭役两丁。"《秩满避乱》表达了对政治秩序久久未得稳定的焦虑。"衿佩有谁谈礼乐，民生徒欲避干戈。""江上薜萝烟雨里，何时重听太平歌。"一方面悲慨世乱不休，一方面期盼朝廷早日平定海内。

程国儒（？—？）的《越城谣》描写农家不仅要服苦役，还要承担沉重的粮食赋税。"越民劳未已，我田未耕又科米。忙忙筑城归种禾，又恐无米供官科。"诗人借农夫之口怨叹，筑城本为防"盗贼"，实则徭役赋税过度，才是催生"盗贼"的原因。"当年当年天下平，天下无贼越无城，乃知在德不在兵。"与其筑城，不如以德政换得民心。《信州粮谣》描写农家承受的徭役之苦。"去年粮船未及岸，今年又运八百万。"官府只管征役完成上司指令，不顾役夫及役户家人死活："只知彼地荒，不知浙东天亦旱。只知彼地饥，不知役户家无饭。"运粮役务如此沉重，缘自官军征战军需所求。"愿销锋镝为锄耰，战场辟作畎与沟。"诗人因此发出了祈愿，希望战事早日结束，农家负担

---

① 邓云特：《中国救荒史》，商务印书馆2011年版，第91页。

才能得以缓解。

释宗泐（1318—1391）的《道傍屋》描写元末明初战乱兵灾之下万户萧条的社会景况。"门户萧条四壁空，野草依然映阶绿。""一从兵火照坤维，十家九家无孑遗。"战祸殃民，触目惊心。

虞堪（？—？）的《踏车谣》记述农家遭遇天灾和"盗贼"双重祸害，但官府仍然征派赋役，勒索民财。"城头土崩日夜修，壮者服役老者忧。""公家吃酒呼歌奴，不念农家租不敷。"

杨基（1326—1378？）的《白头母吟》记述官军滥征兵役、滥杀百姓的社会乱象。"妇哭征夫母哭儿""家家有儿遭杀虏。""东营放火夜斫门，白日横尸向官路。"白发妇人和黑发妇人哀哭亲人被抓被杀，家破人亡，生活陷入了绝境。

童翼（？—？）的《荒田行》描写永州地方官府征派兵役过度沉重，以致乡村无人耕种，田地抛荒。在连年不留余地的"驱迫编户充军役"之后，永州当地劳力已经严重匮乏："壮者随军入军伍，老者尽作泉下土。少者仅存虽长成，十家九户惟单丁。应当门户倦奔走，岂有余力到农亩。"这样的情形只能使农家陷入兵役耕作两不堪的境地。

周砥（？—？）的《官军后还西涧草堂》记述明初官军剿"贼"，征调苛繁，劳民伤财。"干戈一为用，十室九不完。东西南北人，坏屋敢求安。"由此不断征派兵役，引发了民间持续的惶恐："昨闻府兵下，徒跣入荆营。一市人尽虚，衡门驻旌竿。"官军连年剿"贼"，并未消除"贼"的祸患，却造成了民不聊生的沉重后果："频年劳人马，未得贼肺肝。憧憧往来地，供亿困百端。"

蓝智（1347？—？）的《雪中送舒文质归广信》感慨战乱波及偏远的乡野，生计艰困的百姓有的被逼上了"盗贼"之路。"饥寒兼盗贼，出处寸心违。"诗人心中充满对世道未宁的惶惑。《兵后窥小园》描述兵灾战乱后的城乡荒芜景象："云横关塞余兵气，水落城池尽劫灰。况是荒郊多白骨，天阴鬼哭转堪哀。"触目皆是兵灾劫余的凄凉。

罗颀（？—？）的《从军行》组诗作于正统十四年（1449），记述官军征剿福建邓茂七等民间武装的战事。诗人闻见的"贼"乱情形是："宣言盗贼暴，民庶久流离。""贼盗布山冈，往来森若麻。"作者认知"贼盗"伤民，造成百姓流离，千村萧条，故而对官军"剿贼"是赞成的。但对官军征剿不力，指挥失当，又抱有很大的怨言："可惜将校愚，退止间道滨。未战先土溃，坐使黎庶湮。"作者以"民庶""黎庶"是否受到伤害为褒贬标准，有其叙事的合理性。

沈周（1427—1509）的《送人归秦州》展现了秦州寇患的紧急和严重。"延安绥德边报急，秦州在陷家当失。"官军剿寇，无能又怠惰："奈何主将与监军，玩寇自顾舟中敌。"而相对于寇患对百姓的扰害，相对于官军的怠惰，官府滥征民财、滥用民力造成的危害更大。"驻兵无常惑饷道，远输岂顾烦民力。"百姓被搜刮、榨取到无以为生的时候，铤而走险与官府对抗就成为可能："役穷财竭心易失，衅端恐在萧墙里。"诗人忧虑官军、官府胡乱作为将导致严重后果。《盗发》记述"盗贼"掠物戕民，官府治"盗"失败。"小窃虽饥寒，巨猾实扇起。十百相党群，刀殳弄凶技。前邻遭砟关，逼货炙妻子。""稍或有抵牾，人戮庐亦毁。无何哄西村，旋复啸东里。通川及要路，宵征绝行李。检刮空腰缠，体至衣裳襯。"诗人一方面愤恨于"盗贼"的行凶肆虐，另一方面也追问了治"盗"之法是否妥当，尤其对官府严刑峻法不能止"盗"提出了质疑："刑以齐乱民，用之不得已。如何输租人，米驳毙于棰。"诗篇间接揭示，正是官府严重的兵祸匪患及急苛的徭役兵役造成了逼良为盗的恶果。

2. 反映税政、粮政、农政、荒政、盐政等各项政务方面的弊策劣治。

盛彧（？—？）的《耙盐词》作于洪武三年（1370），记述新王朝刚建立时吴中地方的盐政弊端。诗序称："洪武庚戌春，吴中盐涌贵，农家多于水际取水煎之。"吴中当地官营盐产不善，致使盐价奇高。"朝耙滩上泥，暮煮釜中雪。妾身煮盐不辞苦，恐郎耙泥筋力竭。""昨日典金钗，愁杀官盐价高贵。"盐政不善，农家深受其苦。《夜宿顾墓田家》描写作者目睹的地方官府催科逼税情况。"租税急星火，诛求尽鸡豚。""十室九逃散，如何卖儿孙。"可知明初在朝廷休养生息、轻徭薄赋政策尚未全面见效的情况下，一些地方的赋税征派是很沉重的。

杨基（1326—1378？）的《赠张主簿》记述地方官员在征租派役的公务中怠惰职守，对田地多寡、家境贫富不作切实稽查："但为嫌疑迫，上下相蔽蒙。"轻率乃至恶意向贫弱者征派苛重的租税，致使贫弱者被逼入死亡境地："坐看颁白民，展转沟壑中。"

张羽（1333—1385）的《踏水车谣》忧叹，农家无论怎样拼命劳作，都承受不了"王租"的过度重压："倾家负债偿王租，卒岁无衣更无食。"《哀田家口号》感慨赋税之苦。"三月连阴四月过，桑田无利有催科。行人莫讶深山虎，一入城中虎更多。"农家几个月的蚕桑劳作在天灾之后化为乌有，虽然已经无利可收，但官府的租税并未减缓征收，这样的苛政对百姓的伤害甚于山中猛虎。

蓝智（1347？—？）的《暮宿田家作》描述了所闻见的农家赋税境况。"老翁八十余，有子殁征戍。粳稻岁莫收，官司日加赋。"老翁的儿子从征，战死在外，官府赋税仍然年年增加，都是因为战事未息，军需太重。"我愿息兵戈，海宇重农务。"诗人期待早日止息战事，天下实现男耕女织的安定秩序。

董纪（1368—1398）的《织布谣》记述织女们手不停歇，劳作经久才织成了一点布匹，却被官府催科逼税榨取殆尽。"门前索租赋，催钱又催布。细意织得成，犹恐监官怒。"这样的实物加银钱的赋税征收，在布匹不能出售好价钱的情况下实际加重了税赋负担。

郭登（？—1472）的《飞蝗》从税负和吏治两方面谴责了苛政和懒政。"飞蝗蔽空日无色，野老田中泪垂血。牵衣顿足捕不能，大叶全空小枝折。去年拖欠鬻男女，今岁科征向谁说。官曹醉卧闻不闻，叹息回头望京阙。"农家遭蝗灾绝收，去年为偿官债已卖儿鬻女，今年的催科更无从应对，官员对民众处境不闻不问。诗人希望朝廷能够知悉官员怠惰职守、漠视民苦的地方治理实情。

郑文康（1413—1465）的《刺鼠》讽刺侵吞税粮的行径。"饱餐公廪频年粟，渴餍私房彻夜灯。"痛斥官吏尸位素餐，贪渎自肥。

史鉴（1434—1496）的《送梅刑部郎彦常》直陈朝廷施治未能实现朝政目标，尤其是荒政出现了失策。"圣朝虽致治，庶事未尽康。江南多苦雨，江北多愆阳。遗民日啼饥，已空糟与糠。救荒岂无政，何能补流亡。"百姓的流亡，正是荒政的失败所致。

除了上述明代前期诗人的这两类怨政诗，明代前期怨政诗创作实绩尤为突出的诗人有刘基、魏观、刘崧、高启、龚诩、刘溥、于谦、李贤、童轩等。此将其怨政诗的创作情况分述如下。

一 刘基

生卒、事迹见前。

刘基在元末担任过县丞小官，后来在反元战争中辅佐朱元璋，成为明朝开国重臣。刘基在明王朝建立之后不久即离世，他的大量怨政作品主要为元末所作，如《野田黄雀行》《买马词》《畦桑词》《田家》《北上感怀》《赠周宗道六十四韵》《悲杭城》《泾县东宋二编修长歌》《夏夜台州城中作》《感时述事》（十首）等。刘基的这些怨政诗记述了元末国家治理失败，朝政混乱，吏治黑暗，秩序崩坏，兵荒马乱，民不堪命，展现出一幅幅大厦将倾的社会政治崩溃画面。这些记述元末明初朝代更替乱况的怨政诗，与诗人歌赞新朝的颂政诗形成鲜明的对照，是那个动荡乱危时代的社会档案，有其独特文献价值。

1.《赠周宗道六十四韵》《悲杭城》《泾县东宋二编修长歌》《夏夜台州

城中作》等记述元末明初各地在战祸戕害下的社会残破景况。

天弓拨其弦,平地跃虎狼。腥风扇九泽,浊雾干太阳。琐琐蚊与虻,亦沸如蜩螗。帝阍隔蓬莱,弱水不可航。蝼蚁有微忱,抑塞无由扬。遥遥草茅臣,怨切忠愤肠。披衣款军门,披腹陈否臧。日走居海隅,诗书传世芳。感荷帝王恩,禄食厕朝行。走身非己躯,安得缄其肮。走有目击事,敢布之庙堂。永嘉浙名郡,有州曰平阳。面海负山林,实维瓯闽疆。闽寇不到瓯,倚兹为保障。官司职防虞,当念怀善良。用民作手足,爱抚勿害伤。所以获众心,即此是仞墙。奈何纵毒淫,反肆其贪攘。破廪取菽粟,夷垣劫牛羊。朝出系空橐,暮归荷丰囊。丁男跳上山,妻女不得将。稍或违所求,便以贼见笺。负屈无处诉,哀号动穹苍。斩木为戈矛,染红作巾裳。鸣锣撼岩谷,聚众守村乡。官司大惊怕,弃鼓撒旗枪。窜伏草莽间,股栗面玄黄。窥伺不见人,喘汗走伥伥。可中得火伴,约束归营场。顺途劫寡弱,又各夸身强。将吏悉有献,欢喜赐酒觞。杀贼不计数,从横书荐章。民情大不甘,怨气结肾肠。遂令父子恩,化作蚤与蝗。恨不斩官头,剔骨取肉尝。累累野田中,拜泣祷天皇。愿得贤宰相,飞笺奏岩廊。先封尚方剑,按法诛奸赃。择用忠荩臣,俾之提纪纲。弯弧落鸱枭,薙棘出凤凰。尚可存孑遗,耕稼纳官仓。失今不早计,如水决堤防。而后事堙筑,劳费何可当。走闻疽初生,灼艾最为良。燃成施剡割,所忧动膏盲。边戎大重寄,得人则金汤。龚遂到渤海,盗贼还农桑。张纲入广陵,健儿跪如羊。苟能任仁智,勿使憸邪妨。孟门虽险艰,可使成康庄。走非慕爵赏,自鬻求荐扬。痛惜休明时,消息无其方。又不忍乡里,鞠为狐兔场。陈词未及终,涕泣下滂滂。旁观发上指,侧听心中伤。天路阻且修,不得羽翼翔。可怜涸辙鱼,待汲西江长。况有蛟与虺,磨牙塞川梁。庞丘縻与同,载驰徒慨慷。严冬积玄阴,天色惨以凉。众鸟各自飞,孤鸾独彷徨。冥冥雁山云,木叶殷清霜。子去慎所过,我亦行归藏。(《赠周宗道六十四韵》)

观音渡头天狗落,北关门外尘沙恶。健儿被发走如风,女哭男啼撼城郭。忆昔江南十五州,钱塘富庶称第一。高门画戟拥雄藩,艳舞清歌乐终日。割膻进酒皆俊郎,呵叱闲人气骄逸。一朝奔迸各西东,玉斝金杯散蓬荜。清都太微天听高,虎略龙韬缄石室。长夜风吹血腥入,吴山浙河惨萧瑟。城上阵云凝不飞,独客无声泪交溢。(《悲杭城》)

浙东行人过江左,正值蕤宾之管吹轻葭。阴气黯黮天地闭,仰面不见扶桑鸦。谷风哀鸣灌木应,雨脚四垂如乱麻。崩湍涌溜汩奔会,平地碾啮作臼洼。使疑桑田变沧海,流汞荧眼无津涯。菅茅披猖黄竹拜,蛙黾狼藉助喧哗。满路青泥杂陨箨,局缩畏触蛭与蛇。破瓦荒畦旧市井,荆榛秽奥巢鼹鼯。翠眉蝉鬓转蓬去,颓墙缺甃劫火网。善淫祸福不可料,韶艳夭阏令人嗟。丛祠佛殿总销歇,但见木偶眠泥苴。前度长洲绝短涧,舆从沾湿水没胯。寒痒飕瑟透衣袖,虽有毡盖那能遮。水边老鹳学人立,鹭鸶侍傍如小娲。废田蔓草结旌旆,农夫尽化为虫沙。布谷不知时事异,劝耕终日声查查。晚来雨歇到泾县,只有蒿荻无人家。县官趋迎入公廨,筋挛骨解肉半麻。萧条破灶冷灰灺,饥童冻口张啥呀。滹沱麦饭那能致,新丰酒醪何处赊。古称悲歌可当哭,莫怪笑谑同儿哇。夜深月出照庭树,鬼磷一似青莲华。惊魂遁魄稍归舍,收入志虑无令邪。愁愁晓雾子规叫,起坐更盼羲和车。(《泾县东宋二编修长歌》)

  江上火云蒸热风,欲雨不雨天梦梦。良田半作龟兆坼,粳稻日夕成蒿蓬。去年海贼杀元帅,黎民星散劫火红。耕牛剥皮作战具,锄犁化尽刀剑锋。农夫有田不得种,白日惨淡衡茅空。将军虎毛深玉帐,野哭不入辕门中。健儿斗死乌自食,何人幕下矜奇功。今年大军荡淮甸,分命上宰麾元戎。舞干再见有苗格,山川鬼神当效忠。胡为旱魃还肆虐,坐令毒沴伤和冲。传闻逆党尚攻剽,所过丘垅皆成童。阃司恐畏破和议,斥堠悉罢云边烽。杀降共说有大禁,无人更敢弯弧弓。山中悲啼海中笑,蜃气绕日生长虹。古时东海辟孝妇,草木枯瘁连三冬。六月降霜良有以,天公未必长喑聋。只今幅员广无外,东至日出西太蒙。一民一物吾肺腑,仁者自是哀鳏恫。养枭殉凤天所厌,谁能抗疏回宸衷。夜凉木末挂河汉,海峤月出光玲珑。仰视皇天转北斗,呜呼愁叹何时终。(《夏夜台州城中作》)

  《赠周宗道六十四韵》描写元末官军以剿贼为名,抢掠勒索百姓,逼良为盗,酿成祸乱。诗篇述及红巾军反元举事的诸多细节,披露了元明改朝换代的重要信息,文献价值颇高。"奈何纵毒淫,反肆其贪攘。破廪取菽粟,夷垣劫牛羊。朝出系空橐,暮归荷丰囊。丁男跳上山,妻女不得将。稍或违所求,便以贼见笺。负屈无处诉,哀号动穹苍。斩木为戈矛,染红作巾裳。鸣锣撼岩谷,聚众守村乡。"官军肆意劫掠民众,还诬陷被掠村民为贼,百姓被逼得走投无路,只能铤而走险,啸聚造反。一向作恶的官吏面对民众的反抗,张皇失措:"官司大惊怕,弃鼓撤旗枪。窜伏草莽间,股栗面玄黄。窥伺不见人,喘汗走伥伥。可中得火伴,约束归营场。"但官军在仓皇逃窜中仍然欺凌贫弱,抢掠滥杀,并以此冒功骗赏:"顺途劫寡弱,又各夸身强。将吏悉有献,欢喜赐酒觞。杀贼不计数,从横书荐章。"官吏和官军的胡作非为愈加激化了百姓对官府的怨仇:"民情大不甘,怨气结肾肠。遂令父子恩,化作蚤与蝗。恨不斩官头,剔骨取肉尝。"诗人痛恨官军和官吏戕害百姓,希望朝廷能严惩为害一方的这些真正的凶贼:"累累野田中,拜泣祷天皇。愿得贤宰相,飞笺奏岩廊。先封尚方剑,按法诛奸赃。"显然还对朝廷抱有些许期待,是诗人参加反元军队之前的作品。《悲杭城》描写杭州在元末战火中的血腥惨淡景象。"健儿被发走如风,女哭男啼撼城郭。"诗篇对比了今昔的巨大反差:"忆昔江南十五州,钱塘富庶称第一。高门画戟拥雄藩,艳舞清歌乐终日。""长夜风吹血腥入,吴山浙河惨萧瑟。城上阵云凝不飞,独客无声泪交溢。"怨责战祸兵灾使山河萧条,城池废芜。《泾县东宋二编修长歌》描述泾县经历了战祸之后,遍地死亡,满目荒寂。"废田蔓草结旌旆,农夫尽化为虫沙。布谷不知时事异,劝耕终日声查查。晚来雨歇到泾县,只有蒿荻无人家。县官趋迎入公廨,筋挛骨解肉半麻。萧条破灶冷灰灺,饥童冻口张啥呀。"呈现了政治秩序崩溃后的残破社会景象。《夏夜台州城中作》描写战乱背景下农家破产的状况。"良田半作龟兆坼,粳稻日夕成蒿蓬。去年海贼杀元帅,黎民星散劫火红。耕牛剥皮作战具,锄犁化尽刀剑锋。农夫有田不得种,白日惨淡衡茅空。"诗篇冷峻记录了社会秩序崩溃后的战乱祸害,耕牛被屠,耕具尽毁,田地荒芜,"海贼"剥夺了百姓靠农耕为食的根本生计。

2.《感时述事》是一组记述元末吏治败坏、施政苛酷、治军混乱的怨政诗,展现出元末社会政治秩序在各个层面的崩溃趋势。

  天王有万国,抚治不能遍。百僚分所司,控制倚方面。旬宣贵浃洽,付托属隆眷。易置苟无恒,勤怠朝夕变。自非勃氏侑,何官匪邮传。矧兹世多故,军府希间宴。戎机一以失,蚁穴偾台殿。公庭委旧事,书牍呈新选。来者且迟迟,在者同秋燕。伦安待日至,退托从私便。奸贪遂乘隙,民病孰与咺。大臣国柱石,忧喜相连缠。反躬既遗阙,何以率州县。寄与要津人,有舌未宜咽。

  十羊烦九牧,自古贻笑嗤。任贤苟不贰,焉用多人为。师行仰供给,州县方告疲。差徭迭所历,添官有权宜。奈何乘此势,争先植其私。百司并效尤,货贿从横飞。列坐临公堂,号令纷披离。名称到舆隶,混杂无尊卑。正官反差出,道路不停驰。徇禄积日月,官吏之所希。此辈欲何求,脧剥图身肥。世皇一宇宙,四海均惠慈。盗贼乘间发,咎实由官司。云胡未悔祸,救焚用膏脂。姻娅遂连茹,公介弃草茨。农郊日增垒,良民死无期。天关深虎豹,欲语当因谁。

  先王制民产,曷分兵与农。三时事耕稼,阅武在严冬。乱略齐愤疾,战伐厥有庸。那令异编籍，自使殊心胸。坐食不知恩，怙势含威凶。将官用世袭，生长值时雍。岂惟昧韬略，且不习击劖。悍卒等骄子，有令亦无从。跳踉恣蒙横，鼓气陵愚蠢。所以丧纪律，安能当贼锋。崩腾去部曲，蚁合寻归踪。时方务姑息，枉法称宽容。宁知养豺虎，反噬中自钟。国家立制度，恃此为垣墉。积弊有根源，终成肠肺痈。何由复古道，一视均尧封。

豢狗不噬御，星驰慕民兵。民兵尽乌合，何以壮干城。百姓虽云庶，教养素无行。譬彼原上草，自死还自生。安知徇大义，捐命为父兄。利财来应召，早怀逃窜情。出门即剽掠，所过沸如羹。总戎无节制，颠倒迷章程。威权付便嬖，赏罚昧公平。饥寒莫与恤，锐钝怨乃萌。见贼不须多，奔溃土瓦倾。旌旗委田野，鸟雀噪空营。将军与左右，相顾目但瞠。此事已习惯，智巧莫能争。庙堂忽远算，胸次猜疑并。岂乏计策士，用之非至诚。德威两不立，何以御群氓。慷慨思古人，恻怆泪沾缨。

古人有战伐，诛暴以安民。今人尚杀戮，无问豺与麟。滥官舞国法，致乱有其因。何为昧自反，一体含怒瞋。斩艾若草芥，虏掠无涯津。况乃多横敛，殃祸动辄臻。人情各畏死，谁能坐捐身。所以生念虑，啸聚依荆榛。暴寡惮强梁，官政惟因循。将帅各有心，邈若越与秦。迁延相顾望，退托文移频。坐食挫戎机，养虺交蛇鳞。遂令耕桑子，尽化为顽嚚。大权付非类，重以贻笑颦。鼠璞方取贵，和璧非所珍。但恐胥及溺，是用怀悲辛。

五溪旧三苗，蛇蚓相杂处。其人近禽兽，巢穴依险阻。起居任情欲，斗狠竞爪距。况能识君臣，且不顾子父。所以称为凶，分北劳舜禹。先朝慎羁縻，罔俾来中土。胡为倏而至，驰骤如风雨。见贼但趑趄，逢民辄俘虏。腰缠皆金银，衣被俱绣组。所过恶少年，改服投其伍。农家劫掠尽，何人种禾黍。盗贼有根源，厥咎由官府。任将匪能贤，败衄乃自取。奇材何代无，推诚即心膂。谁哉倡此计，延寇入堂宇。割鼻救眼睛，于身竟奚补。浙西耕桑地，百载安生聚。自从甲兵兴，征敛空轴杼。疲氓真可怜，忍令饲豺虎。追忆至元年，忧来伤肺腑。

虞刑论小故，夏誓殄渠魁。好生虽大德，纵恶非圣裁。官吏逞贪婪，树怨结祸胎。法当究其源，剪锄去根荄。蒙茸曲全宥，驾患于后来。滥觞不堙塞，滔天谷陵颓。总戎用高官，沐猴戴母浃。玉帐饫酒肉，士卒食菜苔。未战已离心，望风遂崩摧。招安乃倡议，和者声如雷。天高豹关远，日月照不该。俱曰贼有神，讨之则蒙灾。大臣怨及己，相视若衔枚。阿谀就姑息，华绂被死灰。奸宄争效尤，无风自扬埃。啸聚逞强力，谓是爵禄媒。黎民亦何辜，骨肉散草莱。倾家事守御，反以结嫌猜。恸哭浮云黑，悲风为徘徊。赤子母不怜，不如绝其胚。养枭逐凤凰，此事天所哀。胡为尚靡定，颠倒髀与颏。春秋戒肆眚，念此良悠哉。

八政首食货，钱币通有无。国朝币用楮，流行比金珠。至今垂百年，转布弥寰区。此物岂足贵，实由威令敷。庙堂喜新政，躁议违老夫。悠悠祖宗训，变之在朝晡。瞿然骇群目，疑怪仍揶揄。至宝惟艰得，韫椟斯藏诸。假令多若土，贱弃复谁沽。钱币相比较，好丑天然殊。譬彼绨与绤，长短价相如。互市从所取，孰肯要其粗。此理实易解，无用论智愚。矧兹四海内，五载横戈殳。赤子投枳棘，不知所归途。一口当万喙，唇缩舌亦瘏。导水必寻源，源达流乃疏。艺木必培根，根固叶不枯。慎勿庸迕言，扬火自焚躯。尚克诘戎兵，丕显厥祖谟。

惟民食为命，王政之所先。海蘸实天物，厥利何可专。贪臣务聚财，张罗密于毡。厉禁及鱼虾，卤水不得煎。出门即陷阱，举足遭缠牵。怱然用鞭棰，冤痛声相连。高牙开怨府，积货重奸权。分摊算户口，渗漉尽微涓。官征势既迫，私贩理则然。遂令无赖儿，眦睚操戈鋋。出没山谷里，陆梁江海边。横行荷篾笼，方驾列船舷。拒捕斥后懦，争强夸直前。盗贼由此起，狼藉成蔓延。先王务广德，如川出深渊。外本而内末，民俗随之迁。自从甲兵兴，奄忽五六年。借筹计得丧，耗费倍万千。回忆至元初，禁网疏且平。家家有衣食，畏刑思保全。后来法转细，百体皆拘挛。厚利入私家，官府任其愆。大哉乃祖训，典章尚流传。有举斯可复，庶用康迺遭。

秦皇县九宇，三代法乃变。汉祖都咸阳，一统制荒甸。豪雄既铲削，疮痍获休宴。文皇继鸿业，垂拱未央殿。累岁减田租，频年赐缣绢。太仓积陈红，圜府朽贯线。是时江南粟，未尽输赤县。方今贡赋区，两际日月窜。胡为倚东吴，转饷给丰膳。径危冒不测，势与蛟龙战。遂令鲸与鲵，掉尾乘利便。扼肮要国宠，金紫被下贱。忠良怒切齿，奸宄竞攀援。包羞屈政典，尾大不可转。圣人别九州，田赋扬为殿。中原一何朒，所务非所先。豳风重稼穑，王业丘山奠。夫征厉未习，孰敢事游燕。哀哉罔稽古，生齿徒蕃羡。一耕而十食，何以奉征缮。长歌寄愁思，涕泪如流霰。

这组诗对元末治理秩序崩坏的描述，关注点很多，每一首集中描写一个时政事件，分别记述了朝廷和地方治理中的种种弊政恶策，其中记述治"盗"失策、逼良为盗的尤为突出。组诗有的披露将帅无能，朝臣怠惰，朝政运行混乱:"矧兹世多故,军府希间宴。戎机一以失,蚁穴偾台殿。""奸贪遂乘隙,民病孰与喧。大臣国柱石,忧喜相连缠。反躬既遗阙,何以率州县。"有的披露官府滥征赋役,官吏趁机贪贿,百姓遭受贪吏和"盗贼"双重戕害:"师行仰供给,州县方告疲。差徭逮所历,添官有权宜。奈何乘此势,争先植其私。百司并效尤,货贿从横飞。""盗贼乘间发,咎实由官司。云胡未悔祸,救焚用膏脂。"有的描写官军骄惰无能,纵容"盗贼"坐大:"坐食不知恩,怙势含威凶。将官用世袭,生长值时雍。""所以丧纪律,安能当贼锋。""时方务姑息,枉法称宽容。宁知养豺虎,反噬中自钟。"有的描写民团乌合,官军涣散,应对"盗贼"举措不力:"民兵尽乌合,何以壮干城。百姓虽云庶,教养素无行。""利财来应召,早怀逃窜情。出门即剽掠,所过沸如羹。总戎无节制,颠倒迷章程。""德威两不立,何以御群氓。"有的描写官吏滥杀,贪贿勒索,逼良为盗:"古人有战伐,诛暴以安民。今人尚杀戮,无问豺与麟。滥官舞国法,致乱有其因。""斩艾若草芥,虏掠无涯津。况乃多横敛,殃祸动辄臻。人情各畏死,谁能坐捐身。所以生念虑,啸聚依荆榛。"有的描写将帅奢靡,军心涣散:"总戎用高官,沐猴戴母猤。玉帐饫酒肉,士卒食菜苢。未战已离心,望风遂崩摧。""俱曰贼有神,讨之则蒙灾。"有的记述国家币制混乱,朝廷信用丧失:"庙堂喜新政,躁议违老夫。悠悠祖宗训,变之在朝晡。瞿然骇群目,疑怪仍揶揄。至宝惟艰得,韫椟斯藏诸。假令多若土,贱弃复谁沽。钱币相比较,好丑天然殊。譬彼绨与绤,长短价相如。互市从所取,孰肯要其粗。"有的披露盐政弊策,盐政运行失序,贪吏猾徒得利:"贪臣务聚财,张罗密于毡。厉禁及鱼虾,卤水不得煎。出门即陷阱,举足遭缠牵。怵然用鞭棰,冤痛声相连。高牙开怨府,积货重奸权。分摊算户口,渗漉尽微涓。官征势既迫,私贩理则然。遂令无赖儿,睥睨操戈铤。""盗贼由此起,狼藉成蔓延。"有的记述赋税弊策,朝政运行失控:"是时江南粟,未尽输赤县。方今贡赋区,两际日月窦。胡为倚东吴,转饷给丰膳。""扼肮要国宠,金紫被下贱。忠良怒切齿,奸宄竞攀援。包羞屈政典,尾大不可转。""哀哉罔稽古,生齿徒蕃羨。一耕而十食,何以奉征繕。长歌寄愁思,涕泪如流霰。"面对元末颓势难挽的国运,身为元朝官员的诗人流下了忧伤的泪水。组诗充分表现了刘基评判时局的鲜明特点,即对苛政、虐政、乱政、昏政的强烈否定,对公平政治、安宁秩序的内心追求。这种价值取向在诗人后来辅佐朱元璋夺取天下、建立新朝的政治活动中得到了贯彻,推动了一个新王朝的降生和成长。

二 魏观 刘崧 高启

魏观(1305—1374),字杞山,蒲圻(今湖北蒲圻)人。元至正间隐居。

明洪武间授平江州学正。历国子助教、苏州知府等。

魏观的怨政诗作于元末明初,记述了战乱未平时期的地方政治状况。一方面是新政权仍在为统一海内用兵征战,军需十分紧迫,地方官府向民众征敛十分沉重;另一方面,新政权呈现出了恤民安民、与民休息的施政趋向。诗篇真实展示了这种纠结的社会矛盾。

  扁舟畏风涛,上马遵大路。马喜大路平,骞然欲驰骛。手疲两足痛,纵逸恐颠仆。呼奴执其辔,控驭使徐步。前村望烟火,稍远得农扈。蔬笋兼可求,午膳爱不误。少顷闻病翁,叫出蓬首妇。妇出拜且言,穷苦日难度。夫远充民兵,儿小当递铺。翁病经半年,寒馁缺调护。军需未离门,活计不成作。荒山要收丝,荒亩要输赋。诛求里长急,责罚官府怒。近来点弓兵,拘贫放权富。迫并多逃亡,苍黄互号诉。左右三五家,春深失耕务。纷纭下牌帖,勾捉犹未杜。所言尽真悉,俾我心骇怖。兹行事咨询,拯恤惧迟暮。州县嗟匪才,琐屑诚可恶。丧乱民瘼深,君王重忧顾。所以谕旨勤,赤子相托付。民为邦之本,绥抚在完固。胡为重刻剥,上德阻宣布。明当抗封章,为尔除巨蠹。(《大同江口舍舟而涂抵樊昌四十里纪实》)

  乘舟至建德,颇爱山水清。山水虽可爱,人烟苦凋零。种麦当县前,迁径入县庭。瓦砾存故基,小小才有厅。父老匍匐来,形影何伶仃。再拜泣且言,弊邑频遭兵。大则吴楚交,小则侯许征。逆彼族必夷,顺此身必刑。逃者冻馁连,窜者疾疫并。所剩无几户,家家无全丁。爰从甲辰秋,始见官府明。令簿来抚绥,曲尽父母诚。流离渐怀归,沉疴渐苏醒。田菜固多荒,未免赋役征。里长纷并缘,科需取余赢。语意殊可怜,推言慰其情。去岁郡守朝,纶音细叮咛。民为邦之本,本固邦则宁。今而重伤残,救恤诚在卿。譬犹涧中鱼,鱼乐涧欲盈。又如水载舟,水激舟必倾。此道垂昭昭,卿等当力行。军乏捐冗条,力役止缮营。治则待以宽,罚则裁以轻。耕稼勖有时,教卷资有成。苟或负所期,宪度亟尔惩。恳恳数百言,官庶曾共听。矧是半月余,捷音下三城。疆土益广远,礼乐逾作兴。于叟宜勉旃,行将庆升平。(《建德县三十韵》)

  东流古名邑,渺在江之干。民居苦萧条,官舍亦苟完。庑陋纷草茅,垣周翳榛菅。枣植行疏疏,槐阴郁团团。觐此余物清,盍展规抚宽。丞无两松哦,令乏五柳欢。簿则顾而长,或谓栖枳鸾。咨询我初来,偶滞风雨寒。坐彼容膝轩,徐徐散忧端。龙钟数耆翁,再拜陈肺肝。小县丧乱余,人烟重凋残。百一虽幸存,门孤户仍单。老者困以衰,弱者伤以

屡。况复差役频，斯须未遑安。赖有父母慈，桑麻慰盘桓。抚字皆得人，昭苏固无难。援笔题此诗，考绩时取看。(《东流县》)

这些怨政诗记述了诗人所见的一些县域的赋役征派场面。《大同江口舍舟而涂抵樊昌四十里纪实》记述诗人亲耳听闻樊昌县当地百姓的诉苦："军需未离门，活计不成作。荒山要收丝，荒亩要输赋。诛求里长急，责罚官府怒。近来点弓兵，拘贫放权富。迫并多逃亡，苍黄互号诉。左右三五家，春深失耕务。纷纭下牌帖，勾捉犹未杜。"荒山荒地都要征收租税，吏胥凶狠追迫，贫户承担徭役，富家远离兵役，农耕时节征派役务仍不休止。农家承受的税赋苛重、征派不公的情况，在明初洪武年间大臣解缙的奏报中也有披露："且多贫下之家，不免抛荒之咎。今日之土地，无前日之生植；而今日之征聚，有前日之税粮。或卖产以供税，产去而税存；或赔办以当役，役重而民困。土田之高下不均，起科之轻重无别。膏腴而税反轻，瘠卤而税反重。"① 与诗篇描述的征赋不均情况十分相合。当然，诗篇也宣示了新朝廷、新君主对民众的关切："丧乱民瘼深，君王重忧顾。所以谕旨勤，赤子相托付。民为邦之本，绥抚在完固。"诗篇怨责的对象是地方官府的不良官吏："胡为重刻剥，上德阻宣布。"诗人希望这种状况得到改变："明当抗封章，为尔除巨蠹。"显然对新王朝的地方治理怀有很大的政治期待。《建德县三十韵》叙及建德县在元末兵乱中的城乡残破及百姓悲苦。"瓦砾存故基，小小才有厅。父老匍匐来，形影何伶仃。再拜泣且言，弊邑频遭兵。""逃者冻馁连，窜者疾疫并。所剩无几户，家家无全丁。"诗人对新政权背景下的地方治理怀有矛盾的心情："爰从甲辰秋，始见官府明。令簿来抚绥，曲尽父母诚。""田菜固多荒，未免赋役征。里长纷并缘，科需取余赢。"这是元末甲辰年（1364），朱元璋军队刚刚打下建德不久，官府忙着催派赋役以应军需。诗人既对官府施政表示不满，又对官员提出了规劝："军乏捐冗条，力役止缮营。治则待以宽，罚则裁以轻。"希望尽量减轻百姓的痛苦承担。诗人提到了明军战事的进展："矧是半月余，捷音下三城。疆土益广远，礼乐逾作兴。"对新王朝统一天下、实现文治充满了向往。《东流县》展示了战乱后的破败及官府征役给百姓的压力。"小县丧乱余，人烟重凋残。百一虽幸存，门孤户仍单。老者困以衰，弱者伤以屡。况复差役频，斯须未遑安。"诗人对百姓有安慰，对官吏有规劝："赖有父母慈，桑麻慰盘桓。抚字皆得人，昭苏固无难。援笔题此诗，考绩时取看。"这些诗篇在怨政之中包含的安慰和规劝，是作者在新王朝面对社会现实矛盾的真实态度，符合实际，符合情理，十分难得。

---

① （清）张廷玉等：《明史》卷一百四十七《解缙传》，中华书局2000年版，第2737页。

刘崧（1321—1381），字子高，泰和（今江西泰和）人，元至正间中举。明洪武间举经明行修科，授兵部职方司郎中，历礼部侍郎、吏部尚书等。

刘崧在明初出仕，任职朝廷，颇得太祖朱元璋信任。"帝廷谕群臣陈得失，崧顿首，以修德行仁对。"① 刘崧在明朝的仕历和议政，与他在元末的价值取向是一致的，都秉持拥护德政、反对苛政的政治立场。刘崧的怨政诗主要作于元末，记述元末政治失序之后各地陷入战乱的情况，如《乙巳闰十月十五日闻永新破诸凶就戮无遗喜赋三十二韵》《南乡怨歌》《道逢老叟行》《二月十八夜辞屋叹》《养牛叹》《布谷啼》《南山谣》《促促歌》等。

鼓乱雄诸郡，凭凶跨十年。荆湖延毒雾，汉沔注妖躔。鸟兽宁殊类，龙蛇自一川。羽毛初景附，苞蘖忽根连。掠野时乘间，攻城亦破坚。践攘蝼蚁甚，累系犬羊然。里录先锋籍，家亡世业田。鲸吞那有间，席卷欲无前。割夺封疆盛，依乘节制专。公侯凄丧狗，奴隶欻登仙。白日惊雷破，炎天积雪悬。存亡觇货贿，喜怒信刀秤。诛责穷糠秕，需求到甓砖。寡妻牵雨筏，尪子负冰椽。徭役家家急，科征处处煎。田庐久焚落，衣履极穷穿。惨矣生民祸，居然爵土燔。积金明别坞，陈粟掞荒烟。列地朱甍壮，层城画堞鲜。椎牛酾玉醴，跃马铸金鞭。事楚终怀谲，盟邾或挠权。郊端兵屡挫，城下檄虚传。幸不罹劲敌，能无感彼天。假名徒虎贲，就缚竟蝉联。夜谍披心脊，晨登夺旆旃。刳肠剧狐鼠，啄脑任乌鸢。崛强嗟何在，繁华总弃捐。扫除应假手，覆败已骈肩。野昔耕无犊，民今坐有毡。飞霜收杀气，清旭丽居廛。禾水春前绿，屏山雪后妍。遗氓喜相劳，早晚赋东旋。（《乙巳闰十月十五日闻永新破诸凶就戮无遗喜赋三十二韵》）

我家承平住城郭，自从乱来徙村落。朝朝临河望烽火，只怕江船向南泊。今年李寇打南乡，五更马蹄踏月光。小船载军大船马，旗头直捣珠林下。乡夫卷地散如烟，哨马已过前山巅。尽杀丁男掳妇女，手麾牛羊雨中去。前军出营后军续，昏夜抽刀草间宿。缚人先问窖中金，放火还烧陇头粟。先锋最说姚府军，火伴却是州城人。全装尽作姚家扮，面目虽驯谁敢嗔。人家兵过无遗物，万落千村总萧瑟。室庐灰烬盆盎空，只有田园将不得。君不闻东邻一老叟，向来家业余升斗。不论贱价卖花银，又向城中赎生口。（《南乡怨歌》）

道逢老叟行且泣，背项瘇伤血沾胺。全家骨肉散风烟，眼暗肠枯少筋力。自言生长太平多，州县不到无征科。老去常促邻里会，醉来还唱

---
① （清）张廷玉等：《明史》卷一百三十七《刘崧传》，中华书局2000年版，第2630页。

古时歌。粤从东南兵乱起，乡井流离经一纪。不似今年乱较长，九十日来窜荆杞。赣兵自沮北军强，大船如山攒白橹。水南东岸十余里，列开七府屯兵场。七府兵来掳生口，一旗入山万夫走。跳溪越堑剧猿猱，猎草搜林到鸡狗。最后招安尤可怜，中道要夺何纷然。攘牵牛羊掠囊橐，杀戮老丑俘少年。我从出山被抄掳，一室俄分两三部。大男山中草缚行，幼女城边马驮去。孙男呼母妇哭夫，风惊雨散何须臾。分飞忽作异枝鸟，离逝还同别水鱼。男健胜犊女如玉，全换新衣与装束。湖南转卖得金多，主人无金不能赎。近闻州尹收遗民，毒疠死者无晡晨。独行三日迷所向，不见当时乡里人。茫茫荒草江南路，归已无家死无所。山背时时夜捉人，城中又报新招户。（《道逢老叟行》）

城狐暝噪乌啄木，主人惊呼夜辞屋。忽闻官军破城府，号令新传大都督。火烧排栅照夜光，饶军奔溃人马伤。快船直上春水发，明日军来安可当。贫家无时走军马，少在家居多在野。断垣未补棘遮门，败壁无泥雨飘瓦。去年同行三十人，今年一妻兼病身。弟兄飘散儿女丧，投杖欲往还逡巡。人生辛勤理门户，暂去那能不回顾。开花不得待人看，愤杀墙东旧桃树。（《二月十八夜辞屋叹》）

田家养牛如养子，爱惜皮毛少鞭棰。一冬霜雪无青草，还喂盐羹齔糠粃。全家性命系一牛，牛肥即喜瘦即愁。木阑土屋护干暖，出入更防人夜偷。乱来买牛如买马，典尽春衣酬买价。寸田尺土未得耕，军来牵牛谁敢争。拦街号哭送牛去，青草空余旧眠处。君看新来山寨军，前日亦是耕锄人。即今打粮不耕土，身着牛皮食牛脯。（《养牛叹》）

布谷啼，三月暮，麦老秋深时，田头不见人耕布。家家丁壮起从军，更有中男筑城去。布谷鸟，听我语，城中无田有官府。莫向城市啼，官中人怒汝。（《布谷啼》）

淮西流民望南徙，掠财昼入南山里。裹枪负梃八十人，拒敌乡民四人死。流民只说江西熟，得食仍嗔食无肉。扶伤救死官不闻，乡民还对流民哭。东家击豕西家牛，撤屋烧火当街头。自言性命如粪土，一死不异淮西州。乡民不怕逢豺虎，共承只怕流民怒。老翁夜出烧纸钱，祈神夜送流民去。从今莫愿多丰年，第一莫旱淮西田。流民不来贫亦好，鸡犬全家永相保。（《南山谣》）

弹刀作歌声促促，深林雀子黄鹂肉。红船打泊大江心，口唱山前团阵曲。短襦尽著妇人衣，影婴如血凌风飞。自矜主将重骁勇，扶醉当筵骑马归。水营小军旧推奖，昨日新升万夫长。掠地还牵农父牛，杀人更请官中赏。帐前歌舞日纷纷，坐看隔江羊犬群。传说山前多警报，无人

说着大将军。(《促促歌》)

《乙巳闻十月十五日闻永新破诸凶就戮无遗喜赋三十二韵》作于元至正二十五年（1365），诗篇描述了元末政治失序后的战事："鼓乱雄诸郡，凭凶跨十年。""里录先锋籍，家亡世业田。""徭役家家急，科征处处煎。田庐久焚落，衣履极穷穿。惨矣生民祸，居然爵土煽。"记述官军剿"贼"，战事连年。官府征役科敛，百姓不堪承受，生活困苦至极。《南乡怨歌》悲慨元末战乱带来的巨大冲击："我家承平住城郭，自从乱来徙村落。""乡夫卷地散如烟，哨马已过前山巅。尽杀丁男掳妇女，手麾牛羊雨中去。前军出营后军续，昏夜抽刀草间宿。缚人先问窖中金，放火还烧陇头粟。""人家兵过无遗物，万落千村总萧瑟。室庐灰烬盆盎空，只有田园将不得。"展现出兵灾遍地、万户萧疏的乱世图景。《道逢老叟行》借一老翁之口痛诉战乱之灾："全家骨肉散风烟，眼暗肠枯少筋力。""粤从东南兵乱起，乡井流离经一纪。不似今年乱较长，九十日来窜荆杞。""七府兵来掳生口，一旗入山万夫走。""大男山中草缚行，幼女城边马驮去。孙男呼母妇哭夫，风惊雨散何须臾。""茫茫荒草江南路，归已无家死无所。山背时时夜捉人，城中又报新招户。"诗篇叙及老翁一家的遭遇，概括了千家万户的境况，揭示出元末官军肆虐、民不堪命的社会灾难。《二月十八夜辞屋叹》描述战乱降临、家破人散："忽闻官军破城府，号令新传大都督。火烧排栅照夜光，饶军奔溃人马伤。""去年同行三十人，今年一妻兼病身。弟兄飘散儿女丧，投杖欲往还逡巡。"悲叹战祸之下，百姓无以安身。《养牛叹》愤慨"寨军"掠夺农家耕牛："田家养牛如养子，爱惜皮毛少鞭棰。""全家性命系一牛，牛肥即喜瘦即愁。""寸田尺土未得耕，军来牵牛谁敢争。""君看新来山寨军，前日亦是耕锄人。即今打粮不耕土，身着牛皮食牛脯。""寨军"即元代的地方驻军。作为官军，"寨军"在地方上本应护民，实际却是戕民。"寨军"牵走农家视为命根子的耕牛，杀牛、剥皮、食肉，肆意戕害农家。"寨军"的恶行，令农家切齿。《布谷啼》怨叹兵役徭役苛繁："家家丁壮起从军，更有中男筑城去。""布谷鸟，听我语，城中无田有官府。莫向城市啼，官中人怒汝。"诗篇看似劝导农家不要诉苦，实则怨刺官府滥征兵役徭役的蛮横凶酷。《南山谣》记述流民作乱、战事殃民："淮西流民望南徙，掠财昼入南山里。""扶伤救死官不闻，乡民还对流民哭。东家击豕西家牛，撒屋烧火当街头。""乡民不怕逢豺虎，共承只怕流民怒。""流民不来贫亦好，鸡犬全家永相保。"地方治理失败后，大量流民四处流散，劫掠为生，以暴力方式对抗官府，贻祸他乡百姓。流民作乱，官府视而不见，官军征剿不力，成为一种流动的祸害。《促促歌》描写战乱之中官军将领奢靡、士卒掠民:"自矜主将重骁勇,扶醉当筵骑马归。水营小军旧推奖,昨日新升万夫长。掠地还牵农父牛,杀人更请官中赏。帐前歌舞日纷纷,坐看隔江羊犬群。传说山前多警报,无人说着大将军。"这样的官军不但不能保一方平安,反而成为一方之害。刘崧这些记述元末战乱的怨政诗,抒写对政治溃败、战祸殃民的痛怨,与诗人在新朝向朱元璋建言以"修德行仁"为朝纲的政治立场是完全一致的,很有认识价值。

刘崧的《剥苎词》《石炭行》《田家谣》等作品主要记述税赋沉重,徭役繁重,关注地方苛政情况。

江南人家多种苎,烧土壅畲筑围护。老苗刈尽还再生,一岁收成看三度。东家女儿颜貌稀,爱织白苎裁春衣。侵晨入园捎乱叶,采剥苍皮连抱归。归来临池濯苔发,轻管圆刀事扰夔。修蛇委蜕鳞鬣翻,入手春云惊腻滑。一月绩成催上机,官中科布星火飞。恤寒敢计皮与肉,伐骨犹堪代明烛。(《剥苎词》)

君不见,庐陵周原上山兀,草木无根尽童突。何年下掘得石炭,劫灰死凝黑龙骨。十年兵兴铸炼多,千包万秤严征科。乡夫如鬼入地道,鞭血哭泪交滂沱。剧深掘远不知返,土囊砑空忽崩反。十人同入几人归,接绠篝灯出牵挽。舟输担负入公家,连屋委积如泥沙。霞蒸风吼入炉鞴,但见刀戟锋镞烈焰闪闪飞银花。我愿天公悯民苦,尽敕石煤化为土,随穴湮填永无取。便令四海歌升平,烧山铸镈销甲兵,民绝横死无苛征。(《石炭行》)

伐木修城更运粮,科铜采箭又征枪。耕牛掠尽丁男死,不信官田不解荒。(《田家谣》)

《剥苎词》描述农家承受重赋之苦:"江南人家多种苎,烧土壅畲筑围护。""一月绩成催上机,官中科布星火飞。恤寒敢计皮与肉,伐骨犹堪代明烛。"江南农家辛勤栽种苎麻,绩成布匹,却被官府严苛的税赋剥夺了全部劳作所获,催征时的凶暴更是加剧了百姓的惶恐。《石炭行》记述官府对开采"石炭"山民的严酷征役。"何年下掘得石炭,劫灰死凝黑龙骨。十年兵兴铸炼多,千包万秤严征科。乡夫如鬼入地道,鞭血哭泪交滂沱。"在吏胥皮鞭的催逼下,山民多年从事着这种极度艰辛和危险的开采"石炭"的役务。《田家谣》怨责官府向农家滥派徭役、滥征财物:"伐木修城更运粮,科铜采箭又征枪。耕牛掠尽丁男死,不信官田不解荒。"官府如此向农家征役和征物,对百姓完全是竭泽而渔的剥夺,呈现出元末明初旧秩序崩坏、新秩序待建的混乱状态。

高启，生卒、事迹见前。

高启的怨政诗主要描写元末明初征战未息，税赋徭役沉重，百姓深受战祸及税赋徭役重压的生存困境，展示出政治秩序尚未安定时期的社会面貌。如：

尔牛角弯环，我牛尾秃速。共拈短笛与长鞭，南陇东冈去相逐。日斜草远牛行迟，牛劳牛饥唯我知。牛上唱歌牛下坐，夜归还向牛边卧。长年牧牛百不忧，但恐输租卖我牛。(《牧牛词》)

东家西家罢来往，晴日深窗风雨响。三眠蚕起食叶多，陌头桑树空枝柯。新妇守箔女执筐，头发不梳一月忙。三姑祭后今年好，满簇如云茧成早。檐前缫车急作丝，又是夏税相催时。(《养蚕词》)

我生不愿六国印，但愿耕种二顷田。田中读书慕尧舜，坐待四海升平年。却愁为农亦良苦，近岁赋役相烦煎。养蚕唯堪了官税，卖犊未足输米钱。虬须县吏叩门户，邻犬夜吠频惊眠。雨中投泥东凿堑，冰上渡水西防边。几家逃亡闭白屋，荒村古木空寒烟。君独胡为有此乐，无乃地迩秦溪仙。门前流水野桥断，不过车马唯通船。秋风初凉近芒种，戴胜晓鸣桑头颠。短衣行陇自课作，儿子饁后妻耘前。白头虽复劳四体，若比我辈宁非贤。旅游三十不称意，年登未具粥与饘。便投笔砚把耒耜，从子共赋豳风篇。(《练圻老人农隐》)

列藩遏戎乱，驻钺实此州。如何杀大将，王师自相仇。我来乱始定，城郭气尚愁。又闻有邻兵，仓卒岂敢留。促还出西门，天寒绝行飈。古戍暗雨雪，旌旗暮悠悠。野屋闭不守，泽田弃谁收。居人且奔逃，游子安得休。逶迤苍山去，泱漭玄云浮。但惭去越早，不遂名山游。(《闻长枪兵至出越城夜投凫山》)

去年大雨漂我麦，今年桑柘轴无帛。身随簿吏到县门，田少税多那免责。闻道长征未罢兵，转输日日向边城。老少田中竭筋力，愿为官家足军食。但得官家风雨时，尽供征赋侬不辞。(《田家行》)

我行秀洲野，马首迷荆榛。路逢病老叟，涕泣说苦辛。前年乱兵来，杀戮存几人。崎岖垦旧田，欲活未死身。官府事征索，书版日下频。点丁不遗孤，输谷不待新。屋中儿啼嗥，门外吏怒嗔。岂无冻馁忧，天远不可陈。我初听此语，回思一颦呻。国家昔平治，九土贡赋均。中间致兹变，主吏失抚循。须知奋梃徒，原是负耒民。虐之乃为敌，爱之则相亲。此邦固易治，风俗自古淳。奈何不加怜，使作涸辙鳞。因留告老翁，无为重沾巾。归当率子弟，努力耕作勤。除书已报下，太守今甚仁。

(《送陈秀州》)

去年筑城卒，霜压城下骨。今年筑城人，汗洒城下尘。大家举杵莫住手，城高不用官军守。(《筑城词》)

路回荒山开，如出古塞门。惊沙四边起，寒日惨欲昏。上有饥鸢声，下有枯蓬根。白骨横马前，贵贱宁复论。不知将军谁，此地昔战奔。我欲问路人，前行尽空村。登高望废垒，鬼结愁云屯。当时十万师，覆没能几存。应有独老翁，来此哭子孙。年来未休兵，强弱事并吞。功名竟谁成，杀人遍乾坤。愧无拯乱术，伫立空伤魂。(《过奉口战场》)

《牧牛词》展示了典型的农家心理，即辛苦一点不要紧，只担心因缴不起官家租税而失掉不可或缺的耕牛。"长年牧牛百不忧，但恐输租卖我牛。"这种担心包含了对官府赋税政策的怨愤。《养蚕词》也诉说了同样的担忧："檐前缫车急作丝，又是夏税相催时。"官家租税的沉重阴影时时笼罩在农夫心头。《练圩老人农隐》借一个老者之口，在表达期待过太平日子的心愿中，间接诉说了对当下农政的不满。"却愁为农亦良苦，近岁赋役相烦煎。养蚕唯堪了官税，卖犊未足输米钱。虺须县吏叩门户，邻犬夜吠频惊眠。"在新朝廷实行休养生息政策的大背景下，乡村仍然出现了这样的"赋役""官税"紧相逼的苛政局面。《闻长枪兵至出越城夜投凫山》披露了明初官军在平定"戎虏"征战中的内讧："列藩遏戎乱，驻钺实此州。如何杀大将，王师自相仇。我来乱始定，城郭气尚愁。又闻有邻兵，仓卒岂敢留。"这样的混战平添了世间的祸患，相连的州县也陷入了惊惶。《田家行》记述明初百姓应对官府征收赋税的情况，很有代表性。"去年大雨漂我麦，今年桑柘轴无帛。身随簿吏到县门，田少税多那免责。"农家遭遇了天灾，但赋税额度并未减轻。"闻道长征未罢兵，转输日日向边城。"征战未休，军需仍很繁重。"老少田中竭筋力，愿为官家足军食。但得官家风雨时，尽供征赋依不辞。"农家摆脱不了官府的催征，只能拼尽疲弱之力勉强应对，但对新王朝早日平定战乱又抱有期待。诗篇表现的百姓心理很有时代特征。《送陈秀州》描述元末明初连年征战之中百姓承受兵役徭役及税负重压之苦。"前年乱兵来，杀戮存几人。崎岖垦旧田，欲活未死身。官府事征索，书版日下频。点丁不遗孤，输谷不待新。屋中儿啼嗥，门外吏怒嗔。岂无冻馁忧，天远不可陈。"官府征赋征役情形十分酷烈，诗人忍不住发出了警告："须知奋挺徒，原是负耒民。虐之乃为敌，爱之则相亲。"诗人提醒当政者不要逼得百姓铤而走险，也揭示出新王朝尚未安定天下时，社会治理秩序的正常化仍然面临严峻形势。《筑城词》描写徭役负担的连续和沉重："去年筑城卒，霜压城下骨。今年筑城人，汗洒城下尘。

大家举杵莫住手,城高不用官军守。"连续不断的徭役,揭示了官府不恤民力的苛政压力。《过奉口战场》描写元末战乱的祸害:"白骨横马前,贵贱宁复论。不知将军谁,此地昔战奔。""当时十万师,覆没能几存。""年来未休兵,强弱事并吞。功名竟谁成,杀人遍乾坤。"诗人对元末明初改朝换代战争的惨烈感受颇深,凭吊战场遗迹时,仍不禁为之悲慨,流露了对彼时政治秩序失控、战乱争夺不休的厌憎。

三 龚诩 刘溥 于谦 李贤 童轩

龚诩(1381—1469),字大章,昆山(今江苏昆山)人。建文间为金川守卒。后授徒为业。永乐间被荐举学官,辞不受。

龚诩的《甲戌乡中民情长句寄彦文布政》作于景泰五年(1454),是一首描述明代宗时期荒政乱象的长诗,披露了地方官吏漠视灾民苦难、趁火打劫勒索百姓、官府纵容赃官墨吏等政治败坏现象。

景泰五年甲戌岁,正当南亩耕耘际。忽然骤水涨江湖,汹涌浩漫良可畏。更堪滂沛雨兼旬,大岸小塍俱决溃。田家男妇奔救忙,力竭气穷无术备。沉灶产蛙虽古闻,今实见之非漫记。东邻西舍咫尺间,无舟不得相亲慰。况逢缺食方阻饥,女哭儿啼割心肺。哀哉此情当告谁,上有青天下无地。悲凄喑呜无一言,两眼相看只垂泪。官仓储积岂无粟,有司吝出牢封记。千年汲黯今无人,谁与皇家壮元气。县宰惧难伴风颠,饱食闭门经月睡。一朝谋定人不知,半夜携金远逃避。郡侯坐视付不知,但挟娼优日酣醉。徇私掘去抵湖堰,横流自此无能制。甫差周倅问疾苦,攫去白金如土块。府公唯责旧负逋,不问苍生问鱼脍。按察徒惩小小疵,曲徇乡情舍奸弊。便宜太保幸见临,香火满城人鼎沸。群奸媚事靡不为,澡浴都将布衣裞。令行虽仅免轻徭,薪米从兹价增倍。劝谕赈给浪得名,伪钱糠秕成何济。虽擒妖人许道师,多少无辜枉遭累。一夫一妇皆王民,鼓弄如何等儿戏。昨来轻发激变语,闻者至今犹战悸。功能人苟得专杀,法律底须存八议。万一有失忠义心,宵旰深忧岂微细。乃知不学无术人,隘陋终同斗筲器。娄城老卒张文翔,不忍憸邪肆欺蔽。片言出口祸即随,从此无人触奸吏。只今所在皆凶荒,未必不由斯道致。朝廷若不惩此曹,无日可回天地意。呜呼,我民今年性命已难保,明年岂有全生计。老夫残喘不足惜,横死深哀后生辈。昨夜虚斋听雨眠,转辗不能成一寐。起来赋得民情诗,惠政思君录相寄。

诗篇描述农家遭受严重洪灾的惨景，披露了官府在赈灾事务上的无所作为。官员对灾情视而不见，逃避职责，照旧享乐。"官仓储积岂无粟，有司吝出牢封记。""县宰惧难侔风颠，饱食闭门经月睡。一朝谋定人不知，半夜携金远逃避。郡侯坐视付不知，但挟娼优日酣醉。"诗人对贪官恶吏趁灾打劫捞取私利义愤填膺，对纵容墨吏的当权者进行了激烈谴责："甫差周倅问疾苦，攫去白金如土块。府公唯责旧负逋，不问苍生问鱼脍。按察徒惩小小疵，曲徇乡情舍奸弊。"面对荒政中出现的这些乱象，诗人忧心忡忡，表达了对奸邪当道的现实政治的不满："片言出口祸即随，从此无人触奸吏。只今所在皆凶荒，未必不由斯道致。朝廷若不惩此曹，无日可回天地意。"诗人在篇后还添补了一段文字："拙作奉寄彦文布政贤侄相公，庶几得审乡曲真情，非敢招人过也。此辈无活人手段，但有杀人手段，是诗万勿示人，毋使老拙复作张文翔也。然老拙饿死有日，恐不久于世，他日归省之余，幸致一樽酬我于沟壑中耳。是年六月望日，因人便书此以告别。"可知诗人对自己直接指斥见死不救、贪赃枉法的地方官员是心有余悸的。

刘溥（？—？），字原博，长洲（今江苏苏州）人。宣德间授惠民局副使，调太医院吏目。

刘溥的《送驾北征》描写正统十四年（1449）明英宗率军亲征蒙古瓦剌也先部的战事，对权臣谋划失策、将军指挥失当将会导致的后果表达了自己的忧思。

> 正统十四年，秋七月甲午。皇帝提大兵，亲行讨北虏。其晨日旁气，中黑外如火。北风转旗脚，猎猎不停舞。此行为宗社，仓卒出未预。虏人方恃骄，况复值秋暑。文臣虽表留，奏上不蒙可。留之恨不力，苟力必中阻。小臣从百官，拜送伏道左。悬绝不得言，徒有泪如雨。前驱至榆河，营垒乱旗橹。后队复跟跄，不复辨什伍。挽车避泥潦，前后相接轲。裸身走中道，车驾从傍过。纷纭无纪律，将臣殊莽卤。既蹈不测渊，可不严为矩。忆昔虏单弱，款附来塞下。岁贡马万匹，未敢设钩距。皇眷来意勤，赏赉特过厚。一时失防隙，遂得肆强围。毡衣易龙锦，皮帽变珠朵。束腰金㐌绦，编贝五色缕。玉剑悬辘轳，雕弓插文笴。黄沙白草间，金银耀樽俎。鞍鞯画麒麟，旌旗绣飞虎。供具与乐器，事事无不有。一年复一年，屡有望外取。岂但不知感，其心竟包祸。勾连并众力，给以骄诸部。罕东兀良哈，久矣被饮羽。迩来虽纳贡，其意则狎侮。吾皇天地量，垢秽悉容受。今来犯我疆，我往非过举。剿此违天贼，岂为拓疆土。戎狄无人性，尧舜不亲附。秦有长城筑，汉有和亲许。云扰东

西晋，厥后极凶丑。李唐纳婚姻，石晋甘饵诱。宋初论金币，中败青城旅。分裂已不堪，未复遭蒙古。历年九十三，夷风洽华夏。乾坤合清宁，笃生我太祖。圣德克肖天，飞龙起淮右。长驱扫腥羶，直出古北口。净洗历代羞，日月开天宇。太宗龙凤姿，丕承奋英武。天戈时一指，残孽窜他所。漠南无王庭，漠北走穷狗。于今已不然，信非朝夕故。必欲罗奔鲸，在众密网罝。胡乃劳圣躬，执政何以处。臣闻千金子，尚不垂堂坐。虏罪诚可诛，持重慎勿苟。稽首早回銮，天位要有主。钦哉祖宗业，正拟盘石固。

诗篇对英宗亲征之事的描述况味复杂，既有对英宗亲征的感佩："皇帝提大兵，亲行讨北虏。"也有对未能谏阻皇帝的忧虑："此行为宗社，仓卒出未预。""文臣虽表留，奏上不蒙可。留之恨不力，苟力必中阻。小臣从百官，拜送伏道左。悬绝不得言，徒有泪如雨。"更有对将军仓促出征、治军涣散的愤慨："纷纭无纪律，将臣殊莽卤。既蹈不测渊，可不严为矩。"诗篇记叙了蒙古瓦剌也先部的进犯及此前的背信弃义："今来犯我疆，我往非过举。剿此违天贼，岂为拓疆土。"由此肯定明军征讨蒙古也先部在道义上是正确的。但大臣谋划失策，仓促进军，陷皇帝于险境，将给国家带来严重的不可预料的后果。"胡乃劳圣躬，执政何以处。臣闻千金子，尚不垂堂坐。虏罪诚可诛，持重慎勿苟。"诗人对权臣挟私鼓动皇帝出征深为忧愤，只能无奈地祈愿英宗此次亲征能平安归返，回到京城宫殿，统御先帝传下的大明江山。"稽首早回銮，天位要有主。钦哉祖宗业，正拟盘石固。"但后来战事的进展情况，不幸印证了诗人的担忧。史载："秋七月己丑，瓦剌也先寇大同，参将吴浩战死，下诏亲征。吏部尚书王直帅群臣谏，不听。"①"（八月）庚申，瓦剌兵大至，恭顺侯吴克忠、都督吴克勤战没，成国公朱勇、永顺伯薛绶救之，至鹞儿岭遇伏，全军尽覆。辛酉，次土木，被围。壬戌，师溃，死者数十万。""帝北狩。甲子，京师闻败，群臣聚哭于朝。"② 英宗被瓦剌军俘获，给明朝皇室带来极大震撼，是明朝的国运走向衰败的一个重要事件。诗篇记录了诗人对当朝君臣决策草率、致使兵败危国的政治前景分析，表现出对局势发展的政治预见。

于谦（1398—1457），字廷益，钱塘（今浙江杭州）人。永乐间进士。宣德间历任河南、山西巡抚，兵部侍郎，兵部尚书等。天顺间以逆罪诛。

于谦的多首怨政诗都是关注民生疾苦的作品，表达了对弊策和恶吏的义

---

① （清）张廷玉等：《明史》卷十《英宗前纪》，中华书局2000年版，第94页。
② 同上书，第95页。

愤。这些作品是明代前期一位身居高位的官员对国家治理实况的观察和描述，很有指标意义。如：

> 村落甚荒凉，年年苦旱蝗。老翁佣纳债，稚子卖输粮。壁破风生屋，梁颓月堕床。那知牧民者，不肯报灾伤。（《荒村》）
>
> 田舍翁，老更勤，种田何管苦与辛。鸡皮鹤发十指秃，日向田间耕且耨。雨旸时若得秋成，敢望肥甘充口腹。但愿公家无负租，免使儿孙受凌辱。吏不敲门犬不惊，老稚团栾贫亦足。可怜憔悴百年身，暮暮朝朝一盂粥。田舍翁，君莫欺，暗中朘剥民膏脂，人虽不语天自知。（《田舍翁》）
>
> 倚门皓首老耕夫，辛苦年年叹未苏。椿木运来桑柘尽，民丁抽后子孙无。典余田宅因供役，卖绝鸡豚为了逋。安得岁丰输赋早，免教俗吏横催租。（《村舍耕夫》）
>
> 低树采桑易，高树采桑难。日出采桑去，日暮采桑还。归来喂叶上蚕箔，谁问花开与花落。二眠才起近三眠，此际只愁风雨恶。割鸡裂纸祀蚕神，蚕若成时忘苦辛。但愿公家租赋给，一丝不望上侬身。丁男幸免官府责，脂粉何须事颜色。收蚕犹未是闲时，却共儿夫勤稼穑。（《采桑妇》）
>
> 大麦收割早，二麦收割迟。去年夏旱秋又水，谷麦无收民受馁。今年种麦十二三，纵有收成无积累。了却官租余几何，女嫁男婚债负多。公私用度皆仰给，可喜时清无重科。有司牧民当体此，爱养苍生如赤子。庶令禄位保始终，更有清名播青史。剥民肥己天地知，国法昭昭不尔私。琴堂公暇垂帘坐，请诵老夫收麦诗。（《收麦诗》）

《荒村》记述百姓遭受天灾无以聊生，当地官员却瞒荒不报。"那知牧民者，不肯报灾伤。"《田舍翁》诉说了田家被欺凌压榨的悲苦生活，谴责苛政恶吏："田舍翁，君莫欺，暗中朘剥民膏脂，人虽不语天自知。"内含的警告意味十分明显。《村舍耕夫》披露官府对百姓徭役赋税压迫之重："椿木运来桑柘尽，民丁抽后子孙无。典余田宅因供役，卖绝鸡豚为了逋。"真是榨尽民力，竭泽而渔。《采桑妇》描写农家期待官府宽缓赋役政策。"但愿公家租赋给，一丝不望上侬身。丁男幸免官府责，脂粉何须事颜色。"可怜的愿望中包含了心酸，也包含了对"公家租赋"负担沉重的怨责。《收麦诗》记述地方官府不恤民苦，灾年仍按定额征收租赋："去年夏旱秋又水，谷麦无收民受馁。今年种麦十二三，纵有收成无积累。了却官租余几何，女嫁男婚债负多。"虽然朝廷施行轻徭薄赋政策,"公私用度皆仰给,可喜时清无重科"。但地方官吏却大肆征敛,"剥民肥己天地知,国法昭昭不尔私"。诗人谴责"剥民肥己"的贪渎官吏,也表达了对整肃吏治的期待。于谦多首怨政诗抨击贪墨,一再提到了"天""天地""国法",可见作者对传统道义和政权秩序抱有很大的希望。

李贤(1408—1466),字原德,邓州(今河南邓州)人。宣德间进士,授吏部主事。正统间历考功郎中。景泰间历兵部侍郎。天顺间加太子太保。成化间任礼部尚书。

李贤的《述土木之难》记述明英宗正统十四年(1449)的国耻之事。

> 正统己巳秋,敌骑忽寇边。声息一何急,顷刻数十传。当宁乃震惊,奸臣擅其权。悍然挟天子,六师听周旋。廷臣既失措,将士俱茫然。乘舆不自御,疏留行愈坚。岂思帝王举,为谋出万全。奸心欲逞威,制胜当谁先。况彼承平久,斗志良已捐。战阵既不习,安能事戈铤。秋高朔马骄,敌势方控弦。我师虽百里,无异群羝联。土木一以围,裸体相摩肩。前途尽倒戈,甘心丧其元。人马积若山,营中如沸川。微躯不可竟,颓然在人颠。幸能脱锋镝,万死复相连。山深鸟道危,一命若丝悬。遥遥脽绝顶,恨无羽翼骞。水浆不入口,喉吻生尘烟。筋力既已疲,历险愁攀缘。崎岖转崖壑,曾不遇微涓。纵有默林想,何由见酸涎。昼夜历三周,山尽始得泉。归来问城郭,哭声上青天。当死乃不死,恍如再生年。忽忽过半载,悸恙方获痊。敌志益奋发,深入践京廛。岂无貔貅士,莫敢冲其前。志满利已得,回首齐挥鞭。外兵祸中原,天意无乃偏。国耻未能雪,宁忍戴貂蝉。壮志几时毕,雄肠何日牵。经略到穷发,燕然名可镌。边烽从此息,黎庶始安便。一洗朔方功,万古垂青编。

史载:"十四年七月,也先入寇,中官王振挟帝亲征。朝臣交章谏,不听。""八月辛酉次土木。地高,掘地二丈不及水。瓦剌大至,据南河。明日佯却,且遣使通和。帝召鼐草诏答之。振遽令移营就水,行乱。寇骑蹂阵入,帝突围不得出,拥以去。"① 史述蒙古也先部进犯,英宗被宦官王振等鼓动,草率亲征。后因将领指挥失措,与敌交锋陷入绝境,英宗被俘北去,明军伤亡惨重。《述土木之难》讲述的即此"土木堡"事件。诗歌开篇交代了土木之变的酿成经过。"正统己巳秋,敌骑忽寇边。声息一何急,顷刻数十传。当宁乃震惊,奸臣擅其权。悍然挟天子,六师听周旋。廷臣既失措,将士俱茫

---

① (清)张廷玉等:《明史》卷一百六十七《曹鼐传》,中华书局2000年版,第2994页。

然。"权奸为逞私欲挟天子出征，朝臣和将领张皇失措，将明军御敌战略推向了受制于人的被动处境。"奸心欲逞威，制胜当谁先。"其后战局的发展陷入了灾难性的绝境："秋高朔马骄，敌势方控弦。我师虽百里，无异群羝联。土木一以围，裸体相摩肩。前途尽倒戈，甘心丧其元。人马积若山，营中如沸川。微躯不可竟，颓然在人颠。幸能脱锋镝，万死复相连。""水浆不入口，喉吻生尘烟。""昼夜历三周，山尽始得泉。归来问城郭，哭声上青天。"诗篇详述的这些情景，再现了明军由于将帅无能、策略失当招致丧师辱国的惨败过程。诗人对此国难痛愤难当，将谴责的矛头指向了包藏"奸心"、酿成大难的王振等人，宣泄了对罪魁祸首们的愤恨。史家曾评论此事件称："异哉，土木之败也。寇非深入之师，国非积弱之势，徒以宦竖窃柄，狎寇弄兵，逆众心而驱之死地，遂致六师挠败，乘舆播迁，大臣百官身膏草野。"① 史家的评论与李贤《述土木之难》对"奸臣擅其权""奸心欲逞威"的斥责，在识见上是一致的。

童轩（1425—1498），字士昂，鄱阳（今江西鄱阳）人。景泰间进士。历太常少卿、吏部尚书等。

童轩的怨政诗主要表现官府征税派役的严苛及官吏贪渎滥权的严重，披露了明代前期一些地方官员施政恶劣的真实情况。

    门有车马客，驾言来故里。念子久不归，契阔近一纪。主人延客坐，悲泣不得语。移时叙寒暄，始复相尔汝。借问邦邻间，亲知今有几。一一听客言，大非畴昔比。壮者死行役，老者半为鬼。前年困征徭，十户九冻馁。去年坐买办，往往鬻妻子。上司急诛求，鞭挞不少止。贪吏寡仁恕，朘削至脑髓。言罢各掩泣，张灯具鸡黍。觞行三四酌，深竹映寒雨。平明客登途，愁绪谁为理。（《门有车马客行》）

    太仓有粟崇如京，太仓群鼠穴为营。群鼠穴仓得所凭，旧谷既没新谷升。大者如狐小者豚，累累白昼兼人行。群翻聚啮巧斗声，狸奴坐视不敢惊。君不见，三秋无雨禾稻枯，遑遑菜色愁田夫。仓中有粟官不发，县吏打门犹索租。老羸旦夕且沟壑，群鼠饱食人所无。乌乎群鼠汝勿喜，会有张汤来磔汝。（《仓鼠谣》）

    喷喷野田雀，群飞随处饶。时来晚禾里，啄啄争肥硗。穷老逼官租，终岁常苦号。如何相聚食，不间夕与朝。山长少弹射，地僻多蓬蒿。飞飞信得所，宁知农事劳。（《野田黄雀行》）

    辎车至杨林，秋日正卓午。时维九月候，稗稊满滇土。田家急收获，

---

① （清）张廷玉等：《明史》卷一百六十七《曹鼐传》，中华书局 2000 年版，第 3000 页。

处处筑场圃。瓯篓亦满沟,牛载更儿负。筋力诚乃疲,腰背若伛偻。所愿在有秋,不复辞此苦。宁知输官仓,所得遗几许。贫家计口食,岁暮复贷举。因思井田制,百亩什一取。是时人足食,狼戾厌禾稌。呼醪击肥鲜,含哺醉起舞。此乐不复见,使我热衷腑。所冀良有司,善政去苛虎。悍吏不打门,疮孔或少补。作诗告民牧,殷勤为摩抚。(《自曲靖回至杨林观田家刈获有成》)

《门有车马客行》反映苛酷的徭役租税逼得百姓家破人亡。"壮者死行役,老者半为鬼。前年困征徭,十户九冻馁。去年坐买办,往往鬻妻子。上司急诛求,鞭挞不少止。"死者已去,生者难熬,乡间的这些征战死亡、徭役痛苦、赋税勒索,都是官府苛酷赋役政策带来的。《仓首谣》以硕鼠的贪婪和猥琐比拟"太仓"官员对公粮的侵占,将他们损公肥私、化公为私的贪渎行径与受灾百姓缺粮少食的状况两相对比,谴责之意不言自明。官仓的粮食被随意糟蹋,饥民嗷嗷待哺,向百姓征收税粮却丝毫不予放松:"仓中有粟官不发,县吏打门犹索租。"篇末引用汉代张汤严刑峻法惩办贪渎的故事,警告了硕鼠类的"太仓"官员。《野田黄雀行》前前后后都在描述野雀上下翻飞啄食农家辛苦种出的粮食,但诗篇责怨的重心不在野雀,而在"官租"。对农家来说,最痛苦不堪的重压来自"官租":"穷老逼官租,终岁常苦号。"百姓的终年悲泣也就是对官家过度榨取的怨责。《自曲靖回至杨林观田家刈获有成》对比了古今田粮制度的优劣,对当今粮税政策提出了异议。"所愿在有秋,不复辞此苦。宁知输官仓,所得遗几许。贫家计口食,岁暮复贷举。"诗人想到的更公正的田粮制度是古代的井田制:"因思井田制,百亩什一取。是时人足食,狼戾厌禾稌。"这样的对比无疑是对当今苛重征敛的否定。

第二节 明代中期怨政诗——政事紊乱 诤臣忧愤

明代中期是指明宪宗成化至明世宗嘉靖时期,国家政权进入了稳定运行的阶段,社会经济在发展,社会财富在增加,但明代的政治危机也在各种苛政弊策的刺激下不断积累着。明代中期这种危机的产生,也符合王朝政治衰变的一定规律。尤其是武宗(正德皇帝)及世宗(嘉靖皇帝)后期,宦官刘瑾乱政,权臣严嵩擅政,朝臣纷纷阿附宦官、权臣,朝政昏暗荒败。宦官为祸,直接败坏了朝政,成为国家政治的一大祸源。"在中国历史上,东汉及唐、明三代宦官之祸最烈,但其擅权乱政情况又各有不同。汉、唐宦官在朝中旁若无人，废立皇帝如同儿戏，这是任何时候都要打着皇帝旗号行事的明代宦官无法比拟的。但是，汉、唐的这种情况，仅出现在忽喇喇大厦将倾、帝主年幼昏庸的皇朝末代，而明代宦官用事却持续二百多年，其人数之多，机构之复杂，制度之完备，却是汉、唐宦官所远远不及的。"① 兼之地方施政弊端丛生，沿海倭患滋扰不断，国家政治陷入内外交困的危境。"从明初开始，倭寇在沿海经常进行骚扰和劫掠，至嘉靖时，由于浙闽地区出现了一些私人海上贸易集团的不法首领，勾引倭寇来中国沿海抢掠。嘉靖三十一年，倭寇在各地焚杀，几有不可收拾之势。嘉靖年间的倭寇起源，有着深刻的社会背景，特别是大量的'奸民''奸商'的参加。有些首领竟被日本的'岛主'所利用，充当掠夺明朝的工具，在沿海进行烧杀、掳掠男女，劫夺货财，给沿海人民带来了深重的灾难。倭寇的破坏，所造成的后果是非常严重的。首先是破坏了东南地区的社会经济，使明政府财政收入大减，更加深了明政府的财政危机。其次，倭寇之患消耗了明朝的大量人力和物力，直接影响了东南地区社会经济的发展。明政府在消除倭患之中也付出了很高的代价。"② 倭寇之患由来已久，但对明代政治的冲击在这个时期尤为突出。

明代中期对朝廷政局乱象及地方弊政、东南倭患予以强烈关注并予以深度感发的诗人很多，包括朝廷大臣和地方官员。如黄仲昭、谢铎、王弼、程敏政、顾清、邓庠、王鏊、杨循吉、周在、王九思、方鹏、王廷相、康海、边贡、顾璘、陆深、韩邦奇、孙承恩、韩邦靖、杨慎、朱朴、王廷栋、陆铨、陆粲、万表、张时彻、沈炼、赵完璧、王立道、周天佑、赵钺、黎民表、翁大立、梁有誉、徐学谟、李松等。明代中期的怨政诗主要记述了五个方面的社会政治问题。

1. 皇帝荒嬉国事，太监干政胡为，权臣擅政逞奸。部分怨政诗集中而深入地描述了朝廷的这些政治乱象。

王廷相（1474—1544）的《赭袍将军谣》描写的是明武宗游戏国事的朝廷怪现状。"万寿山前擂大鼓，赭袍将军号威武，三边健儿猛如虎。左提戈，右张弩，外廷言之赭袍怒。牙旗闪闪军门开，紫云罩甲如云排。大同来，宣府来。"在宫城里摆开军阵，金戈铁马，刀剑闪光，这不是边地的征战，而是皇城里的游戏。看似边寇进犯大同，又似边寇偷袭宣府，只是皇帝摆阵势，寻开心，拿军政事务逗乐。史家对明武宗荒嬉国事也深为感慨："然耽乐嬉游，昵近群小，至自署官号，冠履之分荡然矣。"③ 王廷相《赭袍将军谣》描

---

① 白钢等：《中国政治制度通史·明代》，社会科学文献出版社2011年版，第40页。
② 王毓铨：《中国经济通史·明》，经济日报出版社2007年版，第549页。
③ （清）张廷玉等：《明史》卷十六《武宗本纪》，中华书局2000年版，第143页。

述的场景即是武宗荒嬉国事的显例。

韩邦靖（1488—1523）的《玄明宫行》记述明武宗时期刘瑾擅权逞威及受惩覆灭事件。诗篇从刘瑾覆灭后，诗人到访玄明宫遗迹叙起，回溯了刘瑾发迹到被诛灭的过程。"正德三年与四年，刘瑾专权斧扆前。可怜帝主推心腹，纵有丘张岂比肩。帷幄空多戚里恩，论思无复侍臣尊。千官尽走东河下，庶政全归左顺门。震主倾朝不自知，回天转日更谁疑。金貂满座衔恩日，朱绂升堂颂德时。"刘瑾权势膨胀已无以复加，又不甘收敛，大兴土木，营建玄明宫，以逞其不自量力、不可一世的威福："谋生意拙还谋死，更起玄明作蒿里。甲第侯王已莫伦，阴山将相那堪比。土石西山半欲摧，栋梁南国万牛回。虚阁平临金阙杪，假山下指凤城隈。琪花瑶草寻常得，万户千门次第开。千门万户谁甲乙，玄明之宫推第一。"诗篇接着急转直下，叙及刘瑾一朝覆灭的下场："自古威权不到头，九重一怒罪人收。几人烈焰俱灰灭，一旦冰山作水流。冰山烈焰事俱非，座上门前客尽稀。""今古谁存三尺土，奸雄空作百年忙。"由刘瑾的政治浮沉，诗人感慨朝政的变迁："东京政事三公缺，阉宦专权祸尤烈。正统王振擅权时，先朝李广亦恣睢。只今不独刘瑾盛，帝主旁前安可知。"诗人针对皇帝纵容宦官擅政造成朝廷大权旁落、朝纲混乱，献上了改进朝政的谏言："救枉扶偏本不同，更张琴瑟始成功。还期圣主思前事，莫遣玄明有别宫。"谏言中包含着对朝政乱象的沉痛感慨。

沈炼（1506—1557）的《忧怀诗》慨叹自己遭受迁谪，痛陈当朝权臣严嵩、严世蕃父子的种种劣迹。"迁谪已无王国相，薄游犹有习家池。肝肠最苦人难识，名姓空为众所知。"迁谪之中，也亲见了居庸关塞外边地的不平之事："肮脏征夫心不分，凄凉士卒色常饥。"诗篇由描述边庭乱象，引申至披露奸慝祸乱朝政："败兵南诏翻称捷，失节东隅倒是奇。总为人臣轻节义，遂令世道缺纲维。怀奸自忍忘恩泽，结党何须及叛离。甲第荧煌分苑树，登歌衮袲杂宫闱。南曹北馆皆门下，东贾西商尽指颐。大内交游亲似水，禁中消息密于丝。"权臣恶行昭彰，劣迹斑斑，有谎报战绩骗领军功，有结党营私弄权使奸，有奢靡挥霍僭越逞威，有邀宠揽权专擅朝政。诗篇将此权臣与历朝历代恶名昭彰的权奸如董卓、田蚡、司马昭之类相提并论，厌憎之情不加掩饰。篇末，诗人发出了希望朝廷清除权奸的直接呼吁："安得当朝忠义士，早除君侧九层危。"诗人后来被严嵩父子设计陷害，以谋反罪名予以诛杀。像沈炼这样直接挑战权奸，上疏弹劾，写诗指斥，招致杀身之祸，在历代怨政诗人中是不多见的。

梁有誉（1521—1556）的《汉宫词》以隐晦手法讽咏嘉靖皇帝的荒诞行为。"云匦蓬莱迎玉辇，星连阁道闪朱旗。仙娥引烛祈年夜，内史催词礼斗时。赤雁新传三殿曲,青鸾多集万年枝。蕊宫别有欢娱处,春色人间总未知。"嘉靖皇帝沉湎道教,后宫渐传风流韵事。荒诞的宫闱秘事中透露了皇帝荒废国事的信息。《喜归述怀留别李于鳞王元美徐子与宗子相四子一百韵》描述了外患严重、内政险危的种种乱象,将之归结为朝廷当权者的胡作非为所致。"盛极人情异,忧来物态迁。中秋入房骑,内部卷戈铤。岂谓建铤地,俄惊饮马川。军声摧戊己,灾变动玑璇。""俄觉胡宵遁,潜窥将昼跧。穹庐充子女,宇宙压腥膻。"这是嘉靖二十九年(1550)以来蒙古部落侵扰明朝的情况,明军御敌不力,致使城池陷落,百姓横遭劫掠烧杀。外患还未消除,内忧也很严峻:"伤心见黔首,感旧问华颠。庙算时方倚,天骄恶讵悛。疮痍未苏息,戈甲转绵延。增赋梯航涌,征兵郡国连。""西南犹战垒,春夏更烽烟。"战事及民变接连不断,这样的时局让诗人与友人忧心:"时难同斗室,国计坐临渊。恸哭看中土,哀歌御上乾。""赋惭狗监荐,官冗马曹员。法网徒苛屑,刑书只痛悁。"朝廷官员蝇营狗苟,贪赃枉法,使朝政更加败坏。诗人的忧愤有现实的依据,不是泛泛的感慨。

2. 诤臣谏言朝政,遭受迫害,经历冤狱。部分诗人的作品直接抒写了自己满腹的政治冤情。

周在(1463—1519)的《初下诏狱作》,诉说自己遭逢冤狱的感受:"薄宦叨民牧,穷囚与寇邻。不辞罗法网,直恐玷儒绅。缧绁嗟何罪,遭逢慨不辰。"诗人对被人罗织罪名投入"诏狱",内心是不服的,直接发出了质疑。狱中的恶劣境遇更加重了诗人对这种冤屈的感受:"窃共人愁语,徒劳吏怒嗔。独行良踽踽,群吠尚狺狺。"诗人尤其感到惶恐和愧疚的是,不但自己申冤渺茫,连亲友也受到株连:"薄力诛求困,虚情锻炼真。株连殊未已,文致竟无因。理直终何补,钱多信有神。""祸已延吾党,冤犹念此民。"全诗对奸邪当道的政坛状况描写,有很强的现实批判力。

韩邦奇(1479—1566)在任浙江按察佥事期间曾因作诗言政,得罪朝中当权太监,其事史书有载:"时中官在浙者凡四人,王堂为镇守,晁进督织造,崔沇主市舶,张玉管营造。爪牙四出,民不聊生。邦奇疏请禁止,又数裁抑堂。邦奇闵中官采富阳茶鱼为民害,作歌哀之。堂遂奏邦奇沮格上供,作歌怨谤。帝怒,逮至京,下诏狱。廷臣论救,皆不听,斥为民。"① 韩邦奇的两首怨政诗《富阳民谣》《狱成坐狱诽谤》都与其事有关。《富阳民谣》描述富阳地方盛产优质的茶和美味的鱼,官府向茶农和渔夫征敛茶鱼以作贡品就成了当地不可违抗的政事,也就成了茶农和渔夫灾难的源头。"鱼肥卖我子,茶香破我家。采茶妇,捕鱼夫,官府拷掠无完肤。"诗人为百姓申诉,乃

---

① (清)张廷玉等:《明史》卷二百一《韩邦奇传》,中华书局2000年版,第3543页。

至怨讽设想，富阳没有了这样的好山水，茶农、渔夫也就没有苦难了："山摧茶亦死，江枯鱼始无。山难摧，江难枯，我民不可苏。"然而，这样的设想是虚拟的，苛政对茶农、渔夫的榨取才是现实的。诗人为民诉苦，反被打入诏狱，其内心的冤屈可想而知。《狱成坐狱诽谤》抒写因文字遭受冤狱的不平心情："狱吏传诏下，文罗亦大深。青蝇闻点璧，黄口果销金。欲效燕人哭，应悲楚泽吟。神灵存九庙，堪献小臣心。"诗篇所愤慨的"文罗亦大深"，即指作《富阳民谣》为民诉苦被打入诏狱事。诗人痛斥朝廷奸慝的谗谮行径："青蝇闻点璧，黄口果销金。"诗人以屈原自拟，其实也包含了被皇帝冤罚的不平之鸣。

王廷陈（1493—1550）的《发裕州短歌》抒写自己被治罪迁谪途中的感受。"黠卒前来意气雄，当阶缚我囚车中。"朝廷政治的冷酷肃杀令诗人不寒而栗，备感忧惧："人生作吏何太苦，囊无一钱身被房。可怜妻子尽畏途，南征白发愁豺虎。"诗人对自己出知裕州满怀怨气："古来玉石冤俱焚，肮脏安能就圭组。"自嘲以罪谪之身被逐出京城，宣泄了对朝廷因言治罪的不满。

3. 官府税赋沉重，吏胥催科凶酷，徭役征派繁苛，搜刮竭泽而渔。大量作品记述了农家承受的赋役之苦。

黄仲昭（1435—1508）的《田家词》描述"里正""督邮"等吏胥向百姓敲诈勒索，催科逼税。"官府年来恣征讨，里正登门急于火。""里正醉饱才出门，督邮复自城中造。"农家忍痛贱卖辛苦打下的粮食，只为赶紧交纳税赋，以免遭受官府刑罚："急将贱粜纳官需，且免官刑相苦恼。回首场头稻已空，一年生死良难保。"百姓自己的生计已被官府压缩到可有可无的地步。

谢铎（1435—1510）的《西邻妇》感慨蚕女织妇辛苦蚕桑，一无所获。"辛苦输官妾之职，墙下有桑妾自植，妾身敢怨当窗织。"心血劳作的收获全都输送给官府交了赋税。《田家叹》悲叹农夫租税负担沉重。"县吏昨日重到门，十年产去租仍存。年年止办一身计，此身卖尽兼卖孙。"农家多年承受着官家的租税重压，以致卖儿卖孙以了官债。《农谈》亦愤慨租税沉重。"未足去年租，强半今年债。"租税的重压没有尽头。《村民有用三十六桶以救饥者慨然感兴为赋》描写被逼逃亡者也不能远离官府催租的阴影。"独怜救死山中药，不救催科棒上疮。"流民逃亡避难，对官府的严酷催科惶恐至极。《吾民》反映农民在灾年承受的双重压迫："凶年未见能蠲税，清世无端又点兵。"

王鏊（1450—1524）的《行次相城有感》记述去"相城"访问故人途中所见，感慨官府税赋征敛严苛。"茆屋几人家，荒蒲与衰柳。"诗篇揭示了举目萧然的原因："有司事征求，亡者逾八九。"显然，是"有司"过度的征敛让农家不堪承受，无以为生，只能四处逃亡。

王九思（1468—1551）的《卖儿行》记述明中叶农家的生存状况。"近村五亩止薄田，环堵两间惟破屋。"这户农家很普通，他们的不幸来自税负重压和富豪霸凌。"去冬蹉跎负官税，官卒打门相逼促。豪门称贷始能了，回头生理转局缩。""豪门索钱如索命，病夫呻吟苦枵腹。"农家濒临绝望境地，被迫卖子偿债，以致骨肉分离，儿女在外受虐。

王廷相的《蕲民谣》描写蕲地官吏为取悦上司，向民间滥征珍异物产。"艾纵有灵将奚补，我欲言之上官怒。""养来盆中水凝碧，细人之玩有何益。""上司索尔急于火，""官府取之只一声，有价无价谁敢争。"诗人嘲讽这种乱用异材的疗补其实于事无补："五内失调邪作主，富贵耽欲乃自取。"告诫只有收敛贪欲，慎用公权，才是正当的施政作为。

康海（1475—1540）的《潼关早发》讲述了诗人亲见亲闻的徭役严苛情况。"挽车两少年，行行亦长哭。云是阌乡人，先世有官禄。县官急边粮，十户九逃伏。里长利赂钱，我故苦独速。"被征役的少年哭诉自己和乡民们的苦状。军需的"边粮"负担沉重，催粮的"里长"趁机勒索。因役务繁苛，农事常被耽误。"有田不得耕，有事在忽倏。"官府征派税赋徭役的额度没有减少，催征更加严苛。"近岁严转输，使者日三复。迢迢百里途，如历经纬轴。""吏来督我行，跃马恨不骛。使者讨押钱，鞭挞褫我服。我冤向孰陈，我泪向天瀑。""一夫八人管，剥削尽膏肉。往者禁军出，人家无完畜。膂力代出役，瘵敝内供谷。"诗人期望朝廷和官府宽厚施政，使民劳保持在适度的范围内。

边贡（1476—1532）的《运夫谣送方文玉督运》描写运粮的"运船户"役务之苦和淮南粮区的征粮之重。"官家但恨仓廪贫，不知淮南人食人。官家但知征戍苦，力尽谁怜运船户。"诗篇连续两次提及"官家"的征粮征役行动，凸显官家的征敛没有限度，施政刻薄寡恩。《牵夫谣》怨叹"牵夫"牵拉"官舸"的"奔波苦"。役务本已劳苦，还要遭受吏胥皂隶的鞭笞催逼："后笞前咤舆皂狞，努力揽牵谁敢放。"诗人对"牵夫"徭役苦痛深为同情，但也只能无奈地假设"黄流"消失，失去牵拉"官舸"的条件，才能停止官家的这种苦役。

王弼（？—？）的《永丰谣》描写农家租种官田所遭受的极度榨取。"永丰圩接永宁乡，一亩官田八斗粮。人家种田无厚薄，了得官租身即乐。"即使遇到灾年，这样的官租税额也没有减免："里胥告灾县官怒，至今追租如追魂。"为了偿租，有农家将此官田抵卖给富家，但仍然未能摆脱原来名下的官租，而又增添了新的负担："有田追租未足怪，尽将官田作民卖。富家得田贫纳租，年年旧租结新债。"卖耕牛，卖儿女，官田租税之重，民不堪命。《秋雨吟》描写税赋繁重，逼良为盗。"饥寒盗贼著处生，诛斩翻忧乱兵起。征求无度民自难，诸公徒尔叹微官。豺狼当道捕不得，三公列卿何足观。""况复艰难至此时，九重深严那得知。台谏徒陈利害策，闾阎不见宁息期。"诗人所忧虑的民怨根源，在"饥寒盗贼著处生"的危险事件发生后，仍然没有消除。百姓的税赋仍然沉重，官府仍然漠视民苦："斗粟尺布命所直，吏促官输转相逼。""呜呼斯民天所生，州县相看何太轻。"诗人祈愿皇帝清理朝政，整肃吏治，纠改州县府衙视民众如草芥的恶劣官风。

陆粲（1494—1551）的《担夫谣》披露地方徭役奇重，许多农家常年被拉夫服役，为官军运输给养，苦不堪言。"自从少小被编差，垂老奔走何曾息。只今丁壮逃亡尽，数十残兵浑瘦黑。"除了担负运输的役务，役夫另外还有繁多的差役："归来息足未下坡，邮亭又报官员过。""太平不肯恤战士，一旦缓急将奈何。"农家役务负担过重，一旦战事兴起，将直接威胁到政权的安全。

张时彻（1504？—1577）的《闾阎曲》愤慨朝廷对江南地区的严酷搜刮。"谷熟不到釜，丝成不上身。莫道江南乐，江南愁杀人。"江南富庶之地，盛产谷米布帛，但朝廷的过度征敛反倒使这里成了痛苦之地。《新城谣》披露吏胥在执行上司督办的赋税公务时的惶恐无奈。"南来使客未遣行，北来夫马急须办。里长抱刍负谷，无钱顾马将儿鬻。吏胥逃避屋啄乌，苦遭官府相刺促。""里中户口半流移，沙田草没无人犁。"官府向地方征派赋役，类别份额十分繁苛，百姓不堪承受，纷纷逃亡，而地方的许多低级吏胥，因完不成上司催办的赋役定额，逼得自己出钱出力以应付官差。诗篇的描述，对了解明代中期的赋役实况很有价值。

王立道（1510—1547）的《菁菁麦》描写农家赋税沉重。"夜来县吏急呼门，此麦输官复余几。"家贫无牛的农家情况更加悲苦，"下户无牛身自垦，翁妇相看愁断肠"。全凭自己辛劳力耕，面对税赋重压，更是愁苦无边。

周天佑（1511—1541）的《过田家》怨叹租税沉重，官吏贪索。麦收刚结束，吏胥就上门催科了："征租公府吏，督责喧荆扉。""千村多饱吏，不见一农肥。"农家请求宽缓交租，但这样的吁求完全无济于事。

黎民表（1515—1581）的《运丁行》记述"运卒"们悲苦的赋役生活。"黄河运卒何艰苦，不值泥涂即风雨。千里常行半载余，得到京城半为土。"黄河役夫历尽艰难，运粮到京，交纳粮食又饱受贪吏的刁难勒索："大车小车输上仓，官家却用大斛量。""拣成颗粒明如玉""片言不合辄笞捶"。役夫们往往不堪忍受，以逃亡去抗争官府的征役。

杨巍（1516—1602）的《示祈雨官吏》记述当地旱涝灾害交替降临，官吏一方面是虚有其表地祈雨："官吏闵民旱，祈祷意颇敦。"另一方面却是严苛地催逼赋税，征派徭役："正赋不能入，兼之工役繁。政令如水火，征求到鸡豚。""子孙已卖尽，里胥还扣门。"诗人奉劝官吏不应忘记施政的要义："所贵修政事，及时救元元。"这种奉劝与官吏们的实际作为相距甚远，显得无奈而悲凉。

翁大立（1517—1597）的《吴讴三首》分别描述了百姓交纳租税、应征劳役的悲苦生活。"蠢兹田中氓，输租入城府。""官输曾几何，羡余反无数。"农家交纳的租税被官家勒索搜刮，贪吏捞取的"羡余"比官府逼迫农家交纳的定额租税还多，官租加羡余的双重榨取让农家更加不堪重负。"旧征未云已，府帖重征新。""一身应重役，重役无宁晨。""残躯被棰楚，苦切难具陈。"农家承担的苦役也接连不断，旧征新帖相继而来。"官家督挽输，金丁作温户。给文督储台，登数度支部。"官府向农家派征输送役务，普通人家也被当作富户按照朝廷有司的定额供输物资。"中途忽构患，漂没河淮浒。""人怜征戍劳，谁怜挽输苦。"挽输的役务不仅艰辛，相伴的还有丧命的危险。这组怨政诗描述百姓遭受繁苛的赋税徭役重压，很有认识价值。

徐学谟（1521—1593）的《白螺行》描写巫峡江水段出现了大量白螺，荆州地方官府从中找到了向百姓增加课税派役的名目。"官府有差无处派，翻视白螺为奇货。纷纷下帖迎上司，白日索夫夜巡逻。可怜残子苦无皮，忽闻使者收门课。门既有差地有租，此额更从何处科。"百姓在通常的地租徭役之外又新添了赋税负担。

陆铨（？—？）的《民谣》描述官府随心所欲大兴工程，强派劳役，滥征钱物。"毁我十家庐，构尔一邮亭。夺我十家产，筑尔一佳城。"这些邮亭、城垒的构筑，耗费了巨大的人力、物力，只为满足官吏们层出不穷的政绩欲望和巧立名目的搜刮聚敛。"本是太平民，今愿逐逋客。"百姓被逼无奈，只能四处逃亡。

4. 朝廷和官府在荒政、粮政、漕政、盐政、边政、吏治等方面的弊策劣治。

谢铎（1435—1510）的《苦雨叹》写水灾的后果。"城中米价十倍高，斗水一钱人惮劳。"官府对赈荒救灾无所作为，百姓对饥馑的惶恐与米价一样高涨。

程敏政（1446—1499）的《涿州道中录野人语》记述了荒政的乱象。诗人从路遇的老翁口中得知了涿州范阳地方水灾的惨状："人物与屋庐，平明荡无有。""老稚随波流，积尸比山阜。"水灾夺走了大量的生命，也对幸存农家的生计造成了直接的威胁。"如此数月余，乃可辨疆亩。下田尽沮洳，高田剩粮莠。农家一岁计，不复望升斗。"在此情形下，官府没有减免农家的赋税，还派出吏胥强征急敛，面对百姓的诉求不理不睬，暴力征收。"官府当秋来，催租不容后。""我民千余人，血首当道叩。始获免三分，有若释重负。奈何急余征，日日事鞭殴。"朝廷的赈济政策在地方官府被束之高阁，幸存的农家被逼无奈，纷纷逃亡。"夫征又百出，一一尽豪取。悲哉一村中，窜者已八九。""诏书开赈济，奉者有贤否。终为吏所欺，此食亦难就。与其馁填壑，不若举身走。一饱死即休，宁复念丘首。"老翁绝望悲泣，"呼天一何高，呼地一何厚"。诗人无奈感慨："岂无致泽心，无地可藉手。"老翁的诉说和诗人的慨叹都披露了一个事实，即地方官府的恶劣施政阻断了朝廷的赈灾政策，诗篇的怨责对象是很明确的。《夹沟道中》责怨朝廷的漕政政策。诗篇没有直接详述漕政的苛酷，只概括描写了一个事实："官闸聚舟多漕运，野田空屋半逃亡。"安土重迁的农家被逼得纷纷逃亡，漕政的苛酷也由此可知。

顾清（？—1527）的《送宗都运之长芦》反映东海边"醝丁"的全部辛劳所得被官府榨取殆尽。"滇沙烈万灶，勺合尽官府。燎薪与募值，一一挂文簿。商课或不充，输钱为市补。"这些农家（盐户）仍不能完成课税，只得借贷偿债。"公私两煎迫，称贷日旁午。穷年困炎燺，肉尽继肝膂。坐令兼并徒，旦暮收拾伍。"及至农家的一点田地也将落入兼并者的手中。

杨循吉（1456—1544）的《酷吏行》谴责地方恶吏对贫苦百姓滥施刑罚。"酷吏"凶残毒打平民百姓，还要对被毒打者索要钱财："贫穷百姓真可怜，每每见官多被鞭。忍饥忍痛哭向天，公人更觅行杖钱。"诗篇陈述酷吏如此伤天害理的"执法"细节，对酷吏的所谓施政予以斥责。

方鹏（1470—?）的《感寓》两首怨政诗描写两种官吏的形象，对比极为鲜明。前一首是一个官员自身形象的前后对比。这个官员在受命上任前，回到家乡，家人杀羊招待，官员怜悯羊的"觳觫"可怜，叫家人牵走免杀。后来受朝廷任命，赴任地方官府，表现却判若两人："如何一命士，分符作民牧。诛求入膏髓，鞭挞烂肌肉。置之囹圄中，死者十五六。"对牛羊仁慈，对百姓残忍，官员的这种行为，与孟子所讥刺的当政者不行仁政的故事如出一辙："舍之，吾不忍其觳觫。"① 诗篇描述这样反差强烈的行为，显然别有讽意。后一首对比了两类官吏，一类官吏谨慎履职，却连连受罚，"屡受上官答"；另一类官吏狡诈贪婪，却大受赏识，"台章交荐之"。正直的官吏宁愿去职归隐，不愿再忍受这样污浊的履职环境。

陆深（1477—1544）的《沛水行》作于明武宗正德三年（1508），从一户农家的境遇揭示官府荒政缺失及税赋严苛。沛地洪水泛滥，户户遭灾，有

---

① （清）焦循：《孟子正义》，《梁惠王上》，中华书局2009年版，第80页。

的人家为了孩子活命,痛苦无奈将儿女卖往他乡:"河上丈夫七尺身,插标牵女立水滨。""可怜此女八岁余,决券只卖四百钱。钱财入手容易尽,但愿分投避饥馑。"面对这样的灾情,当地官府粮税政策并没有宽缓、减免。"今秋粮限不过年,县官点夫夜拽船。"父亲卖女本打算为女儿寻求一条活路,没想到女儿被卖往的目的地也是赋税繁苛:"闻道越中多赋敛,父北儿南两地愁。"

孙承恩(1485—1565)的《苦雨》记述洪灾损毁了农家田里庄稼,官府没有施以荒政的救助,百姓处于自生自灭的境地。"不见黄云摇稗稊,但见白浪喧群蛙。老翁昼哭夜叹息,妇女稚子无人色。"但官府给农家赋税定额没有丝毫减免,以至于百姓把这种税赋压迫看得比天灾还难以忍受。"不愁朝夕救死生,只恐官司租赋迫。租赋迫,奈何空将鞭朴催。"诗人期望朝廷能宽免灾区租税:"会须蠲除活百姓,日望天边恩诏来。"蠲免灾民租税本是情理之中的事,现在成了遥不可及的奢望。

朱朴(1492?—1555?)的《苦哉行》奉劝灾民不要去期待官府蠲免税赋,也不要期待官府给灾民赈济。"年荒莫蠲粮,蠲粮民益荒。岁歉莫赈济,赈济民益伤。"百姓之所以反感蠲免、赈济,是因为官府对朝廷的荒政政策阳奉阴违,趁灾贪索。"虚名及小户,米入官家仓。仅为公门需,那得充饥肠。"百姓在此官府劣政下不仅没有免除灾苦,还添了心苦。《大麦谣》怨叹百姓灾年求告无助。灾民以求得些许大麦果腹为幸运之事:"何意天将绝人食,十亩不得收一石。"与之形成对照的是,官员们不仅没有履行救灾的荒政之责,反倒若无其事地挥霍享乐,向灾民逞威勒索。"城中官长不忧耕,不忧织,日日公堂命筵席。肉羹鱼脯噀变色,怒把里翁鞭四十。"这样的劣官恶行,在天灾之外给百姓增添了极大痛苦。

陆粲(1494—1551)的《边军谣》描述边地士卒饭食粗粝、艰难度日的状况。"月支几斗仓底粟,一半泥沙不堪煮。"这些边卒的家人还要承担沉重的税赋:"官逋私债还未足,又见散银来籴谷。去年籴谷揭瓦偿,今年瓦尽兼拆屋。官司积谷为备荒,岂知剜肉先成疮。"边卒的这种困境跟京师驻军无所事事的懒散形成对照:"京师养军三十万,有手何尝捻弓箭。太仓有米百不愁,饱食且傍勾栏游。"两相对照,提示边政弊端显然十分严重。

赵完璧(?—?)的《感蝗》怨叹官府治灾无策,催科照旧:"六月飞蝗过目频,奇灾何事苦斯民。天空不断回风雪,陇际还惊蔽日尘。候作青娥摧绿野,旋看赤土泣苍旻。谁将无食悲生计,只有催租愁杀人。"在严重的飞蝗面前,百姓不单在天灾威胁下惶恐无助,还要担忧官府照例的催科逼税。《道见饥民扫拾草子》感慨官府荒政缺失:"渺渺荒原雪欲残,穷民无计扫凝寒。置锥无地周田坏,潦水滔天舜帝难。困篚已空犹菜色,簸扬何日足饥餐。散金不解书生策,徒向陈红发浩叹。"农家遭灾之后缺粮少食,官仓的库粮却是陈腐堆积,白白坏掉,完全没有发挥应有的赈灾济荒作用。

赵钎(1514—1569)的《从军行》记述兵制弊端和边政弊策。诗篇对比了两种兵役状况,一是地方临时征召的"民兵",一种是正式的官军,两者在服役征战中的苦乐安危相差很大:"官家选民兵,我军只守城。民兵负戈战,我军立观变。民兵骨如山,将军不汗颜。但得我军在,城堕不称败。"诗篇还披露了官军怠惰避战的缘由:"我军生死将军命,将军护军如护印。"将军把部下当私产,国家的边患危机被将军置之脑后,只顾护军,不予出战。

李松(1525? —1598?)的《流民叹》伤叹流浪异乡的灾民悲苦。"凶年托此身,乐土是何国。""人生信多艰,无家最可怜。"流民悲苦无助,四处漂泊,恰是官府荒政缺失的真实反映。

5. 苛政逼良为盗,"盗贼"作乱殃民,官军剿"贼"不力。不少作品记述了与"盗贼"相关的各种事件。

王弼(? —?)的《秋雨叹》记述灾荒之年,农家本已缺粮少食,但官家的粮税并未减削,有饥馑灾民因不堪承受税赋重压铤而走险,变身为盗。"人饥税转逼,因之生盗贼。人饥税逼盗不息,呜呼有粟吾焉食。"诗人警告当政者,如果不改变苛政,赈济饥民,官员们也将不得安然。

邓庠(1447—1524)的《苍梧江行》描述了路经"苍梧"见闻的地方"治盗"乱象。"路险忧群盗,民贫望赐租。"诗人希望朝廷派军征剿"群盗":"王师何日下,一为扫榛芜。"这种维护统治秩序的态度和同情百姓困苦的心情,很纠结,也很真实。

顾璘(1476—1545)的《夜雨叹》展示边患紧急及"贼"患严重。"北漠群胡践边垒,西江狂贼生祸胎。"内忧外患,时局严峻。

孙承恩(1485—1565)的《盗贼》描述"盗贼"肆意烧杀,百姓生命惨遭荼毒,财产横遭夺毁。"盗贼何充斥,咆哮剧虎狼。焚烧靡孑遗,逃窜各仓皇。"不管诗人的见闻真实程度如何,诗篇对虐害百姓的行径进行谴责,在道义立场上具有合理性。

杨慎(1488—1559)的《恶氛行》描述"盗贼"气势张狂,官军无能为力。"金碧山前恶氛起,房马来饮滇海水。""贼徒浑几个,枕戈临水卧。"相形之下,官军则畏畏缩缩,唯有躲避退让:"我军屯北门,分明不敢过。土酋胁盟来索官,城上无言骑堞看。""堂堂之阵谁主兵,喁喁公等皆儒生。贼来不肯令出哨,贼去但解抬空营。"这些上阵怯懦的官军,被官粮官费供养着,劫掠民财却是狠劲十足。"况闻千金逐日费,连月公储已倾竭。土兵抄掠尽村园,升天无梯地无穴。"掠民害物,祸甚于"贼"。《博南谣》描写滇地治安不靖。"澜沧自失姜兵备,白日公然劫行李。"姜姓官员离任澜沧兵备道后,盗贼居然可以光天化日劫掠客商,当地官员和官军怠惰职守,任由盗贼戕害民众。杨慎的怨政诗留下了明代中期滇地治理的真实记录。

万表(1498—1556)的《悯黎吟三首》记述黎民因不堪官吏的榨取,铤而走险。"岁岁生当剥吾肉","负戈因拚一命偿"。官军前往征剿,不为平抚事变,只顾滥杀贪功,"狼师一来人无存","大征纵杀玉石焚"。"杀一不辜尚勿为,何况万骨多冤魂。"官军的滥杀并没有消除黎民事变的根由,当地官吏的贪索才是逼良为盗的祸因:"群黎草木岂有知,贪吏朘削无休息。"诗人认为,官军的滥杀和官吏的贪索终将危及社稷:"攻掠犯顺谁所为,抚黎毒黎还毒国。"诗人既同情百姓苦难,又维护政权秩序,这种不乏良知的正统立场,具有一定的代表性。

除了上述明代中期诗人这五类怨政诗,明代中期怨政诗创作实绩尤为突出的诗人有李东阳、杨一清、祝允明、吴一鹏、石珤、李梦阳、何景明、郑善夫、皇甫冲、杨爵、顾梦圭、谢榛、王问、钱嶪、归有光、杨继盛、宗臣、王世贞等。此将其怨政诗的创作情况分述如下。

一 李东阳 杨一清 祝允明 吴一鹏 石珤

李东阳(1447—1516),字宾之,祖籍茶陵(今湖南茶陵),北京(今北京)人。天顺间进士,选庶吉士。成化间任侍讲学士。弘治间历礼部侍郎等。正德间历吏部尚书等。

李东阳的怨政诗主题较为宽泛,农家困苦、赋税超重、徭役酿祸、官吏贪腐等社会政治问题,诗人都有关注。如:

东邻不衣褐,西舍无炊烟。农夫望春麦,麦种不在田。流离遍郊野,骨肉不成怜。(《春至》)

黄尘赤日无南北,平田见土不见麦。秋麦垂垂尽枯死,春麦虽青不满咫。秋田种少未种多,田家四顾无妻子。官河水浅舟不行,漕舟不载南舟名。河西钞关坐不税,大仓粳稻何时至。一春无雨过半夏,贫民望雨如望赦。安得一雨如悬河,坐令愁怒成欢歌。我行虽难奈乐何。(《忧旱辞》)

筑城苦,筑城苦,城上丁夫死城下。长号一声天为怒,长城忽崩复为土。长城崩,妇休哭,丁夫往日劳寸筑。(《筑城怨》)

路经白杨河,河水浅且浑。居人蔽川下,出没无完裈。俯首若有得,昂然共腾欢。停舟问何为,蹙额向我言。始知沙中蚬,可代盘中飧。此物能几何,岁荒乃加繁。吾人未沟壑,生意谅斯存。仓皇为朝夕,岂不念丘园。官河种边柳,一株费百钱。茫茫江淮地,千里惟荒田。十岁久不雨,摧枯固其然。况复苦迎送,诛求到心肝。生当要路冲,鸡狗不得安。嗟我独何为,听之坐长叹。微心不盈寸,引此万虑端。民风古有赋,历历谁能宣。悲哉白杨行,观者幸勿删。(《白杨行》)

南京马船大如屋,一舸能容三百斛。高帆得势疾若风,咫尺波涛万牛足。官家货少私货多,南来载谷北载艖。凭官附势如火热,逻人津吏不敢诘。争狃斗捷转防欺,倏去忽来谁复知。乘时射利习成俗,背面却笑他人痴。他人虽痴病亦乐,明朝犯令尔辈缚。官家号令时复传,津吏如今更索钱。(《马船行》)

《春至》描写春耕时节,农村死气沉沉,春荒已经让农家彻底断粮了,人们只能外出逃荒。"流离遍郊野,骨肉不成怜。"《忧旱辞》描写夏旱使农民心急如焚,亟盼雨水滋润干渴的庄稼,"贫民望雨如望赦",写出了农民的救灾无助的心情。《春至》《忧旱辞》揭示官府治灾无所作为。《筑城怨》痛诉民间被强征服苦役的前景。"筑城苦,筑城苦,城上丁夫死城下。"眼下是苦累,不久是死亡,役夫心中只有怨怒。《白杨行》描写江淮大地多年极旱,官府的施政比天灾更毒。"茫茫江淮地,千里惟荒田。十岁久不雨,摧枯固其然。况复苦迎送,诛求到心肝。"《马船行》披露明代中期一些官吏贪赃枉法,坑害国家和百姓。长江上的大船来来往往,居然多是官员们的走私船。"官家货少私货多,南来载谷北载艖。凭官附势如火热,逻人津吏不敢诘。"这样的大规模走私贩私,国库漏掉大量的税收,只能从百姓头上去变本加厉搜刮:"官家号令时复传,津吏如今更索钱。"诗篇透露,吏治腐败导致的政治危机已在社会各个层面潜滋暗长。

杨一清,生卒、事迹见前。

杨一清的《闻人道汉中事》记述明代中期官军征剿汉中地方"贼寇"的战事,也交代了"贼寇"兴起的原因,并表明了自己对这些事件的政治态度。

相逢汉中人,为问汉中事。政残令复弛,此阶谁作厉。有兵不识斗,有地无遗利。纷纷夺攘徒,来自川西地。初焉甚微眇,可以折箠治。玩寇者为谁,弥文巧蒙蔽。星星不时扑,渐成燎原势。重烦宵旰忧,抚捕勤大吏。彼氓亦何知,从乱岂其意。分明盗兵革,潢池作儿戏。胡忘渤海言,而味朝歌智。居然恣屠戮,为此首功计。番兵及矿徒,剽掠失防制。如以贼御贼,进退谁适避。宁偷从贼生,惧作迎降毙。遂令汉沔间,群盗益昌炽。村落莽成墟，野烟浩无际。师久力渐屈，馈饷远难继。壮士饥而逃，道途目相视。关津不敢诘，将领莫能致。仲秋交兵辰，诸军自同异。貔貅颇创伤，狐鼠未惩艾。如闻制府来，辕门稍生气。夹攻本良策，万全亦非易。成功在此举，莫使再颠蹶。人言川贼兴，正坐科征弊。民穷盗斯起，思之无乃是。反本宜急图，穷诛竟何济。迟来天监昭，大奸伏砧锧。汤纲解而疏，武戈藏不试。寄语卖剑人，太平今立至。

诗篇指出"盗贼"来自汉中相邻的四川，沦为"盗贼"事出有因。"纷纷夺攘徒，来自川西地。""彼氓亦何知，从乱岂其意。""人言川贼兴，正坐科征弊。民穷盗斯起，思之无乃是。"官府科敛过度，逼得穷困者走投无路，沦落为盗。"玩寇者为谁，弥文巧蒙蔽。星星不时扑，渐成燎原势。"将领们一边滥杀以请赏，一边乱拉危险势力帮助"剿贼"："居然恣屠戮，为此首功计。番兵及矿徒，剽掠失防制。如以贼御贼，进退谁适避。"这样做的结果使乱势更加严重："遂令汉沔间，群盗益昌炽。""貔貅颇创伤，狐鼠未惩艾。"去征剿的官军遭受挫败，"盗贼"也并未剿灭。诗人对这样的征剿局面深为失望，提出应该从根源上去除造成民变的事因："反本宜急图，穷诛竟何济。"认为一味滥杀最终于事无补。诗篇对民变真相及其官府对策的叙述，虽然是以正统价值观进行评判，但仍显示出较高的政治判断力和公平价值观。

祝允明（1460—1527），字希哲，长洲（今江苏苏州）人。弘治间举人。除兴宁知县，迁应天府通判。

祝允明的怨政诗《九悯》描述了明代中期江南地区洪灾之后官府荒政失效的社会苦难图景。

溪毛圃芽鲜芳殊，吴侬恒食饶嘉蔬，今年大馑百年无。百年无，奈空肠。龁野草，同牛羊。

大麦青青四尺长，大水过头一尺强，安得不托与伥偟。无伥偟，且自可。秧不成，苦杀我。

四月涝水麦不秋，五月插秧水不收，良田万顷尽洪流。尽洪流，大无禾。民皆死，如国何。

栋挠室摧墉善崩，沈灶产蛙不得烹，康衢第席通流平。通流平，慕鸥鹢。望伯禹，怀有巢。

饥亡溺亡十七五，载降之疫亡亡数，谁生厉阶令帝怒。令帝怒，半为鬼。厉阶人，安富贵。

有田莫买只卖屋，况有筐箱与巾服，妻乎子乎牵出鬻。牵出鬻，汝不肯。推沟渎,竟死等。

旧乞无几新乞多,吾食不续欲分何,汝不吾分越夺那。越夺那,乞化偷。孱则丐,狠则㩥。

旧田不粒犹征逋,新田为渊租未除,农来为兵强执殳。强执殳,绝钱镈。国无农,其何国。

官困旷空抽民米,富人削瘠贫人死,嗟嗟土牧亦劳只。亦劳只,荒政难。吊吾民,嗟吾官。

这组灾情图主要描绘的是巨大天灾降临之后洪涝区百姓的困境。有死亡浓重阴影笼罩的画面:"饥亡溺亡十亡五,载降之疫亡亡数,谁生厉阶令帝怒。令帝怒,半为鬼。"有灾民饥馑痛苦挣扎的画面:"今年大馑百年无。百年无,奈空肠。龁野草,同牛羊。"有庄稼绝收、农家绝望的画面:"大麦青青四尺长,大水过头一尺强。""秧不成,苦杀我。""良田万顷尽洪流。尽洪流,大无禾。民皆死,如国何。"有灾民卖儿鬻女、自求生路的画面:"妻乎子乎牵出鬻。牵出鬻,汝不肯。推沟渎,竟死等。"有恃强凌弱、灾民互戕的画面:"旧乞无几新乞多,吾食不续欲分何。""孱则丐,狠则㩥。"有不顾灾情强征赋役的画面:"旧田不粒犹征逋,新田为渊租未除,农来为兵强执殳。强执殳,绝钱镈。"有赈济落空、官窘民困的画面:"官困旷空抽民米,富人削瘠贫人死,嗟嗟土牧亦劳只。亦劳只,荒政难。"与这些画面相反,朝廷和官府没有疏散转移的有效救助,没有宣抚赈济的有效扶助,没有减免赋税的有效宽政,没有调剂仓粮的有效调度。这些画面呈现的实情,揭示朝廷和地方官府在此次江南灾害救助中的行政职能完全失效。

吴一鹏(1460—1542),字南夫,长洲(今江苏苏州)人。弘治间进士。嘉靖间历礼部左侍郎、吏部尚书等。

吴一鹏的《官军行》责怨官军在征剿"盗贼"战事中的无能、怠惰和残民。

团营素操练,精锐称禁军。平时跨鞍马,扬扬气凌云。山东苦多盗,势将及并汾。上怒乃遣将,徂征如救焚。云何负委托,寇至若罔闻。畏缩鲜斗志,久不树功勋。遂令崔苻辈,所在皆成群。生能拔牛角,古不有孟贲。死能鞭荆尸,古不有伍员。贾勇今已矣,肉食徒纷纷。民间且被害,敢怒不敢云。黩货残富室,肆淫裂完裙。忍以盗攻盗,罪恶何区分。劝汝早悔过,直前破妖氛。所贵出死力,奏捷慰吾君。

诗人对官军在"山东"等地的"剿盗"行动极其失望，记叙之中充满嘲讽和斥责。"团营素操练，精锐称禁军。平时跨鞍马，扬扬气凌云。"讽其平素威风凛凛，其实徒有其表。"山东苦多盗，势将及并汾。上怒乃遣将，徂征如救焚。""山东"既已"多盗"，"并州""汾州"将被波及，朝廷对官军交付了如同"救焚"的重托。诗篇接着展示了"精锐"官军的"救焚"行动："云何负委托，寇至若罔闻。畏缩鲜斗志，久不树功勋。"这样的畏缩与所受的"委托"形成强烈反差。官军对付不了聚山泽而反的"萑苻辈"，却反过来在民间劫掠奸淫，肆意作恶："民间且被害，敢怒不敢云。黩货残富室，肆淫裂完裙。忍以盗攻盗，罪恶何区分。"官军这样的行径，为害已经甚于"盗贼"。诗篇披露官军"剿贼"不力、戕民卖力的真相，颇具道义感和纪实性，认识价值很高。

石珤（1464—1528），字邦彦，藁城（今河北藁城）人。成化间进士。弘治间迁国子祭酒。正德间历南京翰林院侍读学士、礼部右侍郎等。

石珤的怨政诗关注了官府租税赋役繁重、官吏滥权欺民等社会政治问题。如：

> 上冈下冈走仆仆，驱牛下冈上冈宿。冈头风雨多则多，畏有儿童来牧犊。短裙蔽膝筐系肩，此是贫人来拾田。老夫浑有十亩麦，大半人家种子钱。年年田中秽不敛，今年刮田如镜面。秋田虽好犹未熟，熟时更有还官谷。（《田家行》）

> 樵夫岁岁居樵山，短斧入山樵采还。双肩向市易斗粟，堂上日暮俱垂斑。官家谬选备工役，报国那能惜斤力。运斤直瞰危鹊巢，唤侣时招牧牛笛。宁知今年法令改，青山却用金钱买。有斧不得重刊云，无钱誓欲先逾海。昨日城中丁壮来，城中百事犹伤哉。析薪已费千余万，卖子不足私门陪。衣裳蓝缕敢自惜，已看釜甑生尘埃。贫家止有田十亩，定知明年非我有。安能遁迹豺虎之深林，县官来时无处寻。（《樵山吟》）

> 深山有鹿水有鱼，平原终日无宁居。村中昨暮正长下，官府星夜驰文书。父老讹传阅户役，有马出马车出车。妾本贫家女，少小得养息。自嫁与良人，日出官家力。眼见春泽生，欲谋今岁食。牛种犹逋巨室钱，蚕桑敢望当窗织。城南草屋才两间，千钱出易无人还。夫妻只有一弱子，不忍弃去携归山。已闻长吏税间架，恐有生死鞭棰下。（《贫家行》）

> 长安城中吏夜奔，星飞趣对御史门。抱蔬易粟入里巷，实以芥蒂生嚣喧。朱衣赫怒授大杖，此恶不得从轻论。妻孥被系尽泥首，仰天抆泪声喑吞。嗟哉，狐狸扇腥风，却缚鸡与狗。那知白日狼豺行市中，吏不

敢问士反走,张公周公世岂有。(《菜佣行》)

《田家行》记述农家完成了麦收,盘点收成,仅剩下失望。"老夫浑有十亩麦,大半人家种子钱。""秋田虽好犹未熟,熟时更有还官谷。"在去除种子借贷成本,尤其是"官谷"份额后,农家落得两手空空。《樵山吟》记述严苛的新政堵死了樵夫砍柴谋生的活路。"宁知今年法令改,青山却用金钱买。有斧不得重刊云,无钱誓欲先逾海。""析薪已费千余万,卖子不足私门陪。"樵夫仅靠自己的辛劳伐薪已无法维持生计,甚至现有的少许田地也将被豪家兼并:"贫家止有田十亩,定知明年非我有。"面对这样的困境,樵夫的期望是:"安能遁迹豺虎之深林,县官来时无处寻。"官府苛政甚于豺虎,樵夫只求能够逃避。《贫家行》描写农家在官府征调及派役重压下战战兢兢地生活。"村中昨暮正长下,官府星夜驰文书。父老讹传阅户役,有马出马车出车。""夫妻只有一弱子,不忍弃去携归山。已闻长吏税间架,恐有生死鞭棰下。"鞭笞催促的徭役赋税,让百姓挣扎在生死边缘。《菜佣行》描写官吏欺凌菜农的恶行。菜农之间因小事发生纠纷,官吏借机严刑逞威:"抱蔬易粟入里巷,实以芥蒂生嚣喧。朱衣赫怒授大杖,此恶不得从轻论。妻孥被系尽泥首,仰天抆泪声喑吞。"诗篇将这些恶意逞威的官吏称为白昼公然行走闹市的豺狼,希望这些"朱衣"恶吏受到惩治。

二 李梦阳

生卒、事迹见前。

李梦阳的人生经历与明代大多数士大夫文人不一样,他的政治性格更是与众不同,始终以节义自期自许,屡经挫折而不改。李梦阳的怨政诗直面朝廷权臣和宦官的横行无道,充满了抗争的锋芒。还有一些作品描写边地军务及战争灾苦,也很有深度。李梦阳怨政诗涉及的明代中期社会政治事务,主要有以下三个方面。

1. 皇帝荒嬉国事,宦官贪贿滥权。

李梦阳一些宫廷题材的怨政诗,怨刺皇帝游戏国事的荒诞行径。如:

赤豹黄罴贡上方,虞罗致尔自何乡。微躯亦被雕笼缚,远视犹闻宝络香。显晦山林齐感激,喧呼道路有辉光。名鹰侧目思翻掣,细犬搔毛欲奋扬。随侍近收擘鹘校,上林新起戏卢坊。攫兔定蒙天一笑,碟狐应使地难藏。贡官驰马尘埋面,驿吏遭棰泪满眶。南海亦曾收翡翠,西戎先已效羚羊。白狼也产从遐域,白雉犹劳献越裳。圣德从来及禽兽,欲

将恩渥示要荒。(《道逢黑豹鹰狗进贡十韵》)

雕弓豹韣骑白马,大明门前马不下。径入内伐鼓。大同也,宣府也,将军者许也。

武臣不习威,奈彼四夷。西内树旗,皇介夜驰。鸣炮烈火,嗟嗟辛苦。(《内教场歌》)

《道逢黑豹鹰狗进贡十韵》把讽刺的矛头指向了当朝的正德皇帝,怨讽皇帝不理朝政,荒嬉终日,遍搜珍禽异兽供自己玩乐。在罗列了产于异域的珍禽异兽贡品后,诗篇歌赞皇帝圣心仁德,慈爱宽厚。"圣德从来及禽兽,欲将恩渥示要荒。"这样的表面称颂,并不是宣示传统的修文德以来远的皇德善政,而是讽意十足的时政记录,对皇帝耽于嬉乐、怠于国事表示了不满。《内教场歌》描述的场景是明代中期朝政荒败的一个见证。诗篇写到的战鼓声声、战马驰骋,不是战场的冲杀,而是太监的游戏。诗人自问自答,揭示了这场游戏的扮演者身份显赫,可以出入宫城,"大明门前马不下"。这样的游戏让皇帝取了乐,国家却危险了:"武臣不习威,奈彼四夷。"荒嬉国事,外寇来犯时,后果也就不言自明了。

李梦阳的《玄明宫行》批判明代中期宦官专权的昏暗朝政。刘瑾对明朝政治的破坏,史载凿凿,是明代贻祸甚烈的几大宦官之一。"英(宗)之王振,宪(宗)之汪直,武(宗)之刘瑾,熹(宗)之魏忠贤,太阿倒握,威福下移。神宗矿税之使,无一方不罹厥害。其他怙势薰灼,不可胜纪。"① 诗篇主要描写了刘瑾发迹后的奢侈和后来的败落。

今冬有人自京至,向我道说玄明宫。土木侈丽谁办此,乃令遗臭京城东。割夺面势创戳嶪,出入日月开𨳽幪。矫托敢与天子竞,立观忍将双阙同。前矻石柱双蟠龙,飞梁逶迤三彩虹。宝构合沓殿其后,俨如山岳翔天中。金银为堂玉布地,千门万户森相通。光景闪烁倏忽异,云烟鬼怪芃查蒙。以东金榜祠更侈,树之松槚双梧桐。溟池岛屿鳏鲤跃,孔雀翡翠兼黑熊。那知势极有消歇,前日虎豹今沙虫。窗扉自开卫不守,人来游玩摇玲珑。陞隅龙兽折其角,近有盗换香炉铜。青苔生泥镜面锁,野鸽哺子雕花栊。忆昔此阉握乾柄,帝推赤心阉罔忠。威刑霹雳缙绅毒,自尊奴仆侯与公。变更累朝意叵测,掊克四海真困穷。长安夺地塞巷陌,心复艳此阉何蒙。构结拟绝天下巧,搜剔遂尽输倕工。神厂择木内苑竭,官坑选石西山空。夷坟伐屋白日黑,挥汗如雨斤成风。转身唾骂阉得知,

---

① (清)张廷玉等:《明史》卷七十四《职官志三》,中华书局2000年版,第1218页。

退朝督劳何匆匆。人心嗟怨入骨髓，鬼也孰敢安高崇。峨碑照耀颂何事，或有送男充道童。闻言怆恻黯无答，私痛圣祖开疆功。渠干威福开者谁，法典虽严奈怙终。锦衣玉食已叨窃，琳宫宝宇将安雄。何官无碑镌护敕，来者但看玄明宫。

诗歌开篇即斥责刘瑾营造巨丽奢侈的玄明宫是一件遗臭久远的荒唐事。"土木侈丽谁办此，乃令遗臭京城东。"这样的荒唐工程不但耗费巨大，也僭越了君臣等分，破坏了朝纲秩序。"矫托敢与天子竞，立观忍将双阙同。"玄明宫的辉煌绚烂，活画出刘瑾权倾一时的骄妄奢靡。"宝构合沓殿其后，俨如山岳翔天中。金银为堂玉布地，千门万户森相通。"刘瑾在政治上的张狂擅权与营造玄明宫的贪婪放纵，更凸显朝政荒败的畸形程度。"忆昔此阉握乾柄，帝推赤心阉罔忠。威刑霹雳缙绅毒，自尊奴仆侯与公。""构结拟绝天下巧，搜剔遂尽输倕工。神厂择木内苑竭，官坑选石西山空。"刘瑾的肆意妄为在当时已经怨声载道，但刘瑾毕竟肆虐了这么多年，"人心嗟怨入骨髓，鬼也孰敢安高崇"。诗人由此发出责问："渠干威福开者谁，法典虽严奈怙终。"对纵容宦官弄权的朝廷政治提出了强烈批评。"青苔生泥猊面锁，野鸽哺子雕花栊。"虽然后来刘瑾政治上败落，宫殿荒败不堪，但其后的皇帝仍然宠信宦官。李梦阳怀着对国事的忧虑，写下这首怨政诗，以期警示。明代现实政治中，宦官为害朝政的情形有鲜明的时代特点："宦官中的极少数上层分子，凭借皇权，享有很高的地位，往往控制内阁，监视群臣，而财富则多得骇人听闻。不过，尽管如此，由于明代皇权硕大，所以宦官虽然可以得势于一时，闹得天下鸡飞狗走，河决鱼烂，却仍只能是代行皇帝手中的权力，不可能摆脱皇权的控制。王振死后被抄家、族诛，刘瑾被判了凌迟之刑。魏忠贤一旦失去熹宗这个大后台，马上落得个自缢身死，身首分离示众的下场。"[①] 李梦阳等人的怨政诗完整描述宦官得势的场景和败落的结局，揭示了明代宦官政治的演变态势，具有独特的历史认识价值。

2. 诤臣遭受冤狱，直士经历坎坷。

李梦阳的政治生涯中，经历了数次牢狱之灾，其中两次分别涉及诗人出面抵制、劾举外戚寿宁侯张鹤龄和宦官刘瑾的不法之事，招致权奸报复陷害。诗人写下了组诗《述愤》《离愤》，怨叹其事。

组诗《述愤》记述了遭受寿宁侯诬陷下狱获释后的感慨。明孝宗弘治十八年（1505）四月，李梦阳因劾举寿宁侯，被寿宁侯张鹤龄构陷，逮入诏狱。史载："十八年，应诏上书，陈二病、三害、六渐，凡五千余言，极论得失。

---

① 白钢等：《中国政治制度通史·明代》，社会科学文献出版社2011年版，第43页。

末言:'寿宁侯张鹤龄招纳无赖,罔利贼民,势如翼虎。'鹤龄奏辨,摘疏中'陛下厚张氏'语,诬梦阳讪母后为张氏,罪当斩。时皇后有宠,后母金夫人泣诉帝,帝不得已系梦阳锦衣狱。寻宥出,夺俸。"① 从史载可知,明孝宗对李梦阳是有所护佑的,李梦阳所受戕害因此得以减轻。组诗没有详述遭受陷害的经过,而是较多地抒写了遭受冤狱又获释的复杂心境:"鼗响久不作,烈士常苦辛。""皇心苟识察,百死宁一身。"表达希望皇帝能够识察事件真相的迫切心情。"人云网恢恢,我胡寓兹房。埔鼠语床下,蝙蝠穿空梁。""于邑不成寐,展转情内伤。"表达身陷狱中、冤屈不平的哀伤心情。"自我罹幽囚,忽焉经浃旬。我兄千里余,渺渺长河津。妻子日望余,苍苍隔西邻。"表达遭受冤狱后引发亲人极度牵挂的痛苦心情。诗篇也抒写了对皇帝护佑并宽赦自己的感慨:"皇矣彼上帝,赫赫敷明威。""昔为霜下草,今为日中葵。"充满了幸而获释的感激。

组诗《离愤》抒写诗人遭受宦官刘瑾陷害下狱的怨愤心情。明武宗正德三年(1508),李梦阳与其他朝臣联手劾奏刘瑾祸乱朝政的行径,刘瑾深为记恨,予以阴狠的报复。史载:"孝宗崩,武宗立,刘瑾等八虎用事,尚书韩文与其僚语及而泣。梦阳进曰:'公大臣,何泣也。'文曰:'奈何。'曰:'比言官劾群奄,阁臣持其章甚力,公诚率诸大臣伏阙争,阁臣必应之,去若辈易耳。'文曰:'善。'属梦阳属草。会语泄,文等皆逐去。瑾深憾之,矫旨谪山西布政司经历,勒致仕。既而瑾复摭他事下梦阳狱,将杀之,康海为说瑾,乃免。"② 诗人对这样的政治报复既有猝不及防的震撼,又有不甘冤屈的愤懑。"事变在须臾,浮云逝无端。临发路踟蹰,谁敢前为言。原鸰抗高声,我行何时还。十步九回头,泪下如流泉。"灾祸临头,冤狱加身,诗人满是惶惑。"虎狼夹衡轭,狐狸草间走。""天威煽方处,君子愆其口。"权奸当道,志士受惩,朝政昏败,邪气逼人。"中言吐不易,拊膺但长叹。""欲诉难竟陈,天命自有期。"冤屈难诉,不平难鸣,政治郁愤充溢胸间。"青蝇玷白璧,馨香逐时改。""得宠各自媚,谁为展情理。讹言方猬兴,君子慎其始。"炎凉投机,谗慝得势,龌龊政风令人心寒。诗人对自己的政治遭遇颇为不满,而在武宗纵容刘瑾擅权的朝政险恶的环境下,不能尽情宣泄胸中的郁愤,组诗的基调是痛苦压抑的。

李梦阳还有《自从行》《下吏》《赦归冬日宴刘氏园庄十四韵》等数首作品记述自己与宦官刘瑾的政治交锋及由此而遭受的政治陷害。如《下吏》叙及自己经历的几次冤狱:"十年三下吏,此度更沾衣。"《赦归冬日宴刘氏园庄

---

① (清)张廷玉等:《明史》卷二百八十六《李梦阳传》,中华书局2000年版,第4910页。
② 同上书,第4911页。

十四韵》回顾自己冤狱的哀伤："忆昨遭拘縶，悲伤途路穷。"《自从行》怨责奸慝当权，朝政昏暗："若言世事无颠倒，窃钩者诛窃国侯。"李梦阳的上述怨政诗指斥外戚弄权跋扈，谴责宦官扰乱朝纲，是当事人对朝政乱局的直接批判。诗篇记述的系列冤狱故事，为认识明代中期朝廷政治斗争留下了一份宝贵资料。

3. 官军扰世殃民，税赋徭役苛繁。

李梦阳描写官军殃民的作品反映了明中叶朝廷和地方军政事务的一些痼疾。如《诸将》："胶柱谈兵实可怜""丧师辱国在今年"。诗篇直言将帅指挥无术，败绩祸国。"若道成功无造伪，岂应屠贾坐封侯。"讽刺将军虚报胜绩，冒功封侯。《土兵行》："北风北来江怒涌，土兵攫人人叫呼。城外之民徙城内，尘埃不见章江途。花裙蛮奴逐妇女，白夺钗环换酒沽。"描写朝廷征用"土兵"（土司所辖的军队）清剿造反的民间武装，但到头来却是官军横行乡间，滋事扰民。《解俘行》："毡帽红裘黄战裙，云是解俘官达军。""朝廷日夜望俘至，雪冻俘船犹住兹。县官逃走驿官啼，要钱勒酒仍要鸡。"官军在押解俘虏的途中，侵扰民众，敲诈财物，自己实际成为百姓的祸害。《君马黄》："前径狭以斜，曲巷不容车。攘臂叱前兵，掉头麾后驱，毁彼之庐行我舆。"记述官军在弯曲窄巷行进，为通行车辆，不惜捣毁民屋，强横如匪。《豆䇲行》："将军部兵蔽江下，飞报沿江催豆䇲。邑官号呼手足皴，马骡鸡犬遗眠卧。""当衢寡妇携儿哭，秋禾枯槁春难播。"官军向百姓强索粮草，百姓被迫弃家去服苦役。这些诗篇披露了官军祸国扰民的一系列恶行，很有认识价值。

李梦阳的《盐井行》《朝饮马送陈子出塞》《呜呼行寄康子以其越货之警》等作品记述明中叶一些地方官府在徭役、盐政、赋税等方面的弊政恶策。如《盐井行》："山头井干生棘蒿，山下井塌不可熬。官司白牌促上庚，富家鬻田典耕牛，贫家无牛典儿女。"对官府的盐务政策提出了异议，认为这些严苛政策严重背离了盐井开采的实际情况，逼得经营户破产败家。《朝饮马送陈子出塞》："城边白骨借问谁，云是今年筑城者。但道辞家别六亲，宁知九死无还身。不惜身为城下土，所恨功成赏别人。""今年下令修筑边，丁夫半死长城前。"官府冷酷征用民力，官长只管勒民邀功，丁夫死伤累累，官家无动于衷。《呜呼行寄康子以其越货之警》："百姓诛求杼轴空，儿号女啼守环堵。饥寒尽化为盗贼，可惜良民作囚虏。"这样的苛酷诛求已经到了逼良为盗的程度，多地民变此伏彼起。"近者内丘大宁河，横贼八骑持干戈。裕州知州与贼战，康也扶柩冲之过。""比来官吏守空印，拖男抱女尽向北。"官府面对"盗贼"蜂起，已经无力剿灭，一些地方治理秩序濒临崩溃。

三　何景明　郑善夫　皇甫冲

何景明，生卒、事迹见前。

何景明的怨政诗主要记述了三个方面的社会政治问题：战争灾祸对百姓的危害，如《城南妇行》《盘江行》《点兵行》《诸将》《盗起》；苛重赋役对农家的伤害，如《冬雨叹》《官仓行》《岁晏行》；宦官擅权对朝政的破坏，如《玄明宫行》。

何景明描写战事的怨政诗披露了兵匪肆虐、官军怠惰、军备松弛的乱象。如：

> 城南有寡妇，见客泣数行。自言良家女，少小藏闺房。青春娇素手，白日照红妆。父母偏见怜，嫁我不出乡。前年弥鲁乱，腥秽入我堂。弟兄各战死，亲戚俱阵亡。嗟哉华艳质，忍耻罹凶强。忧愁云发变，辛苦朱颜伤。昨闻故夫在，息消通两方。百金赎我身，三年归旧疆。归来门巷异，人少蓬蒿长。转盼夫亦死，儿女空在傍。薄田无耕犊，寒腊无完裳。人生固有命，妾独遭此殃。况复官军至，烧焚庐井荒。主将贪贿赂，百死不一偿。朝廷自有法，出师亦有名。妾身何足道，无乃乖天常。（《城南妇行》）
>
> 四山壁立色如赭，盘江横流绝壁下。惊涛赴壑奔万牛，峻坂悬空容一马。土人行泣向我云，此地前年曾败军。守臣只知需货利，将士欲苟图功勋。英雄谟策自有术，窜妇奸男何足论。营中鼓角连云起，阵前临山后临水。烹龙酿酒日酣乐，传箭遗弓尚惊喜。战马俱为山下尘，征夫尽向江中死。遂令孤豕成其雄，屠边下寨转相攻。千家万家鸡犬尽，十城五城烟火空。夕阳愁向盘江道，黄蒿离离白骨槁。魂入秋空结怨云，血染春原长冤草。只今夷虏来归王，高墩短堑俱已荒。牧童驱羊上茔冢，田父牵牛耕战场。惟有行人行叹息，闻说盘江泪沾臆。（《盘江行》）
>
> 先皇简练百万兵，十二连营镇京观。团营十万更精猛，呜呼耗减今无半。昨传胡入白杨城，有敕点选营中兵。军中壮丁百不一，部遣老小从征行。自从御马还内厩，私家马肥官马瘦。富豪输钱脱籍伍，贫者驱之充介胄。京师土木岁未已，一身百役无不受。禁垣西开镇国府，内营昼夜罗金鼓。四家骁健三千人，出入扈从围龙虎。边头城堑谁营屯，遂使犬羊窥北口。天清野旷恣剽掠，百里之内烟尘昏。肉食者谋无远虑，仓皇调发纤皇顾。即伐宣府大失利，杀将覆军不知数。辽东兵马久已疲，朵颜反复非前时。又闻迤北外连结，朝廷坐失东藩篱。往时京边士，苦

乐今顿异。且如私门卒，食粮日高坐。此兵昨一出，见者泪交堕。从令荷殳趋战场，身上无衣腹饥饿。君不见，府中捶牛宰羊猪，穿城蹋踘行吹竽。高马肥肉留京都，可怜此兵西击胡。(《点兵行》)

万方皆寇盗，诸将半公侯。未息苍生困，犹烦玉食忧。珥貂前日赐，汗马几时收。莫倚兵车力，安危在运筹。(《诸将》)

《城南妇行》描述战乱中一个良家妇女的惨痛经历。"前年弥鲁乱，腥秽入我堂。弟兄各战死，亲戚俱阵亡。嗟哉华艳质，忍耻罹凶强。"不仅家人死于战祸，"良家女"自己也被乱兵掳掠，遭受凌辱多年。后被赎回，却又连遭变故，家庭再次遭受兵灾祸害。"况复官军至，烧焚庐井荒。主将贪贿赂，百死不一偿。""良家女"和千万户百姓的苦难仍然未到尽头。《盘江行》记述败战后流窜过来的官军给"盘江"地方的人们带来的侵害。"土人行泣向我云，此地前年曾败军。""战马俱为山下尘，征夫尽向江中死。遂令孤豕成其雄，屠边下寨转相攻。千家万家鸡犬尽，十城五城烟火空。夕阳愁向盘江道，黄蒿离离白骨槁。"官军辗转村寨城邑烧杀掠抢，边民深受其害，盘江地面白骨累累，万户萧疏。《点兵行》记述明朝中叶边地军备松弛、士卒饥寒、将帅只知奢乐享受等边务现状。"富豪输钱脱籍伍，贫者驱之充介胄。京师土木岁未已，一身百役无不受。"服兵役者都是被强征来的贫寒人家子弟，困苦不堪，兵无斗志。"即伐宣府大失利，杀将覆军不知数。辽东兵马久已疲，朵颜反复非前时。又闻迤北外连结，朝廷坐失东藩篱。"战事的接连失利加重了士气沮丧，连遭败绩，丢城失地。"往时京边士，苦乐今顿异。且如私门卒，食粮日高坐。此兵昨一出，见者泪交堕。从令荷殳趋战场，身上无衣腹饥饿。""高马肥肉留京都，可怜此兵西击胡。"士卒饥寒难耐，将士苦乐悬殊，军供严重不足，边政现状十分危险。《诸将》表达了对"剿贼"战事的忧愤。"万方皆寇盗，诸将半公侯。"一方面是民变蜂起，干戈遍地；另一方面是官军膨胀，"剿贼"无能。诗人由此奉劝官府应努力消除引发"寇盗"的"苍生困"，不要一味寄希望于征剿的"兵车力"。

何景明咏叹农家苦的怨政诗，记述农夫在沉重赋税、严酷徭役、恶劣吏治等重重压力下的生存困境。如：

季冬十日雨不绝，寒烟冻雾何凄凄。城头无由见白日，坂下只是愁黄泥。乡中饿叟纳官赋，白头赤脚行中路。薄暮临河望郡城，水深岸滑何由渡。(《冬雨叹》)

长棘周衷三丈垣，高门铁锁缄两关。黄须碧衫下厮吏，白板朱书十

行字。帐前喧呼朝不休,剪旌分队听唱筹。富家得粟堆如丘,大车槛槛服两牛。乡间饿夫立墙下,稍欲近前遭吏骂。(《官仓行》)

旧岁已晏新岁逼,山城雪飞北风烈。徭夫河边行且哭,沙寒水冰冻伤骨。长官叫号吏驰突,府帖连催筑河卒。一年征求不少蠲,贫家卖男富卖田。白金纵有非地产,一两已值千铜钱。往时人家有储粟,今岁人家饭不足。饥鹳翻飞不畏人,老鸦鸣噪日近屋。生男长成聚比邻,生女落地思嫁人。官家私家各有务,百岁岂止疗一身。近闻狐兔亦征及,列网持赠遍山域。野人知田不知猎,蓬矢桑弓射不得。磋吁今昔岂异情,昔时新年歌满城。明朝亦是新年到,北舍东邻闻哭声。(《岁晏行》)

《冬雨叹》描写饥寒交加的老农颤颤巍巍去官府缴纳赋税:"乡中饿叟纳官赋,白头赤脚行中路。"揭示贫苦农家的赋税之苦,情景凄凉,情感沉痛。《官仓行》描写饥荒时节,忍饥挨饿的田夫去官仓缴纳官粮,遭到吏胥凶横的呵斥。"乡间饿夫立墙下,稍欲近前遭吏骂。"官府征粮的苛酷和农夫纳粮的卑微,在这个情景中得到了真实的呈现。《岁晏行》描写官府强征河役的情景。"徭夫河边行且哭,沙寒水冰冻伤骨。长官叫号吏驰突,府帖连催筑河卒。"不仅是严冬时节的河役苦不堪言,农夫一年到头承担的各种名目的役务也多不胜数:"一年征求不少蠲,贫家卖男富卖田。""官家私家各有务,百岁岂止疗一身。近闻狐兔亦征及,列网持赠遍山域。"诗篇披露了明代中期地方官府役务苛的严酷情况。

《玄明宫行》描写明武宗时期宦官刘瑾祸乱朝政的后果及余波。

君不见,玄明宫中满荆棘,昔日富贵今寂寞。祠园复为中贵取,遗构空传孽臣作。雄模壮丽凌朝廷,远势连袤跨城郭。忆昨己巳年来事,秉权自倚熏天势。朝求天子苑,暮夺功臣第。江舻海舶送花石,戚里侯门拥金币。千人力尽万牛死,土木功成悲此地。碧水穿池象溟渤,黄金作宫开日月。虹蜺屈曲垂三梁,蛟龙盘拿抱双阙。城中甲第更崔嵬,亲戚弟兄皆阀阅。撼里歌钟宾客游,排门冠剑公卿谒。生前千门与万户,死时不得一丘土。石家游魂泣金谷,董相然脐叹埋坞。官前守卫无呵呼,真人道士三四徒。石户苍苔生铁锁,玉阶碧草摇金铺。星官昼开见行鼠,日殿夜祷闻啼狐。游客潜窥翠羽帐,市子屡窃金香炉。桑田须臾变沧海,桃树不复栽玄都。我朝中官谁最贵,前有王振后曹氏。正统以前不得闻,成化之间未有此。明圣虽能断诛罚,作新未见持纲纪。天下衣冠难即振,中原寇盗时复起。古来祸乱非偶然,国有威灵岂常恃。玄明之宫今已矣,京师土木何时止。南海犹催花石纲，西山又起金银寺。君不见，金书追夺铁券革，长安日日迎护敕。

诗中叙及权阉刘瑾恃宠擅政，把持国柄，奢侈无度，将朝政搅得乌烟瘴气："秉权自倚熏天势。朝求天子苑，暮夺功臣第。江艘海舶送花石，戚里侯门拥金币。"酿祸的太监虽然最终受到惩处，但国家遭受的祸害仍没有被后来的当政者吸取教训，面对"中原寇盗时复起"的严峻时局，朝廷当权者仍未改弦更张，奢靡之习仍未收敛。"我朝中官谁最贵，前有王振后曹氏。正统以前不得闻，成化之间未有此。明圣虽能断诛罚，作新未见持纲纪。""玄明之宫今已矣，京师土木何时止。南海犹催花石纲，西山又起金银寺。"权贵们大兴土木营建豪园华屋，劳民伤财采办奢靡物品，可见朝廷政风仍未走向清朗。诗人对此深感忧虑，意图以刘瑾乱政祸国之事警醒当世。

郑善夫，生卒、事迹见前。

郑善夫的怨政诗主要描写明中叶武宗时期"盗贼"扰世、官军殃民的战乱祸端，呈现了地方治理失败所带来的严重政治后果。如：

> 朔州城头凝黑云，朔州城下边人魂。健儿悍骄好杀戮，少壮战死今无存。悲风南下吹髇篸，马逸饮血太白窟。不见铙歌入塞门，但见人骨白莘莘。近来衣冠苦出粟，岂说千朝养精卒。班生介子不应募，愿弄悲笳令归去。（《朔州行》）

> 黄河水尽蛟龙驯，桃源沙飞愁杀人。东方乱后再反复，忆昔过此增烦辛。扁舟困顿不得携，贼壕只在河东西。路官邑子微服走，大屋高门狱猿啼。到今事定还是非，请问流民归未归。（《桃源行》）

> 我君渡淮水，仓卒见贼垒。一声金鼓鸣，马跃昏风起。三千义兵坐倒戟，一日同赴黄河死。嗟尔渔樵人，何曾识搜狩。但闻鹤唳胆已落，乃使执盾从敌后。边头将军故缩手，要取金印大如斗。淮阴寡妻啼向天，遗恨东行刘太守。（《行淮北战场》）

> 去年狼山北风紧，斗间坐见狼星殒。南下旌旗若震电，东奔盗贼如齑粉。皇天厌乱欲大诛，尔辈曷早为身图。好趁天兵未临女，即销锋镝作农夫。（《去年行》）

> 自我结束出门时，正值世路多艰危。山东铁骑皆王臣，亦忍弄兵于潢池。高祖社稷岂易改，孝宗惠爱无孑遗。所赖天子开神聪，大加显诛不复疑。继是诸贤出补葺，至今万姓犹疮痍。朔方三边屡入境，桂林群獠长劳师。意者蛮貊本梗化，虽在平世亦若斯。荆巴乃是荒服内，五载

恃险夫何为。要之三将爱生事，民瘼肯与朝廷知。遂令赤子化魑魅，乳臭小儿尽绯衣。况闻村落吏捉人，比并只为供军需。去年华林覆大众，今年桃源杀偏裨。乃者狼兵岂得已，所过惨于熊与罴。四方郡邑所召募，纪律不一皆逃归。以此公私厌金革，庙议复欲为羁縻。安得一下罪己诏，民得粒食莫为非。（《百忧行》）

乌龙山头鸦乱飞，客子迫岁忧蒸藜。桃源余孽几反复，玉山一路方涂泥。黄云厄关鼯狖啼，前有戈铤后鼓鼙。十年通籍何辛苦，犹自飘蓬负老妻。（《岁晏行》）

旧是桃源地，如何丧乱滋。荷殳连老少，流血满潢池。蜀道奔惟汝，荆州仗有谁。尊翁在垂白，莫遣怨流离。（《闻开化用兵寄思道》）

自有西江乱，流民起带刀。操差尽孺弱，杀戮到耆耄。敌馘时犹献，军需日更骚。长缨未得请，无计罢鞭櫜。（《兵起》）

百战无宁日，穷年作宦情。故山惟梦到，异域独灯明。冰雪淹公子，风尘掩客星。无家杜陵老，经乱郑康成。北望关河固，东游岁月更。安危仗王室，鼎食愧升平。三元今夕到，群盗几时平。河洛新流血，齐梁日请兵。羽书连乐国，鞞鼓动神京。大将真无敌，元凶未就烹。地悲杀气盛，天苦岁功成。进退吾何据，椒盘空复情。（《除夕》）

《朔州行》描述朔州边患严峻，官军死伤惨重。"朔州城头凝黑云，朔州城下边人魂。""不见铙歌入塞门，但见人骨白崒崒。"但从国家养军的投入来看，不可谓代价不大："近来衣冠苦出粟，岂说千朝养精卒。"养兵千日，却兵不能战，朝廷的边备政策显然没有得到有效施行，边郡的整军备战显然没有达成目标。《桃源行》描述"盗贼"已是各地州县迫在眉睫的现实威胁。"东方乱后再反复，忆昔过此增烦辛。扁舟困顿不得携，贼壕只在河东西。"事态严重时刻，州县府衙的官吏只顾四散奔逃，以致当地百姓为躲避祸乱沦为流民。"到今事定还是非，请问流民归未归。"诗人向渎职官吏直接发出了责问。《行淮北战场》描写官军与"盗贼"交手死伤惨重，不堪一击。"三千义兵坐倒戟，一日同赴黄河死。""但闻鹤唳胆已落，乃使执盾从敌后。"虽然官军的战绩这样糟糕，但将军对权力的争夺一点也不含糊："边头将军故缩手，要取金印大如斗。"如此带军作战，只能使战祸久久延续，给世间留下更多的孤儿寡母。《去年行》渲染官军对"盗贼"予以了很大打击："南下旌旗若震电，东奔盗贼如齑粉。"奉劝"盗贼"放下刀枪，重返田间，躬耕务农，"皇天厌乱欲大诛，尔辈曷早为身图。好趁天兵未临女，即销锋镝作农夫。"但诗篇回避了一个关键问题，即"盗贼"原来多为农夫，为何铤而走险反抗官府。这种偏于官方立场的评判，在"剿贼"题材的诗歌中，有一定代表性。《百忧行》描述官军恣意用兵滋事，王师反成为世间祸患。"山东铁骑皆王臣，亦忍弄兵于潢池。"这场兵变直接贻祸百姓，也危及边庭。将军为逞个人私欲，滥征兵丁，民众再遭祸殃。"要之三将爱生事，民瘼肯与朝廷知。""况闻村落吏捉人，比并只为供军需。"而官军私斗厮杀却愈演愈烈，军纪涣散也一发不可收拾。"去年华林覆大众，今年桃源杀偏裨。""四方郡邑所召募，纪律不一皆逃归。"诗人忧愤于朝廷治军败坏，乃至向皇帝发出了劝谏："安得一下罪己诏，民得粒食莫为非。"这种劝谏实际也包含了对朝廷统军失败致使秩序失控的怨责。《岁晏行》描写连年战乱之后，百姓漂泊无依。"黄云厄关鼯狖啼，前有戈铤后鼓鼙。十年通籍何辛苦，犹自飘蓬负老妻。"诗人抒写的是自己的伤痛经历，怨愤更为真切。《闻开化用兵寄思道》描述开化这个地方沦为战场之后的惨况。"荷戈连老少，流血满潢池。"老老少少都被驱赶着去厮杀，百姓的基本生存受到极大威胁。《兵起》描述西江一带流民与官府刀枪相向，官府出兵征剿，双方战事殃及百姓，军需征调也加重了百姓负担。《除夕》描述年关时节"河洛""齐鲁"等地的战事。"三元今夕到，群盗几时平。河洛新流血，齐梁日请兵。羽书连乐国，鞞鼓动神京。"官军征剿"群盗"并未达成目标："大将真无敌，元凶未就烹。地悲杀气盛，天苦岁功成。"血腥厮杀使北方大地笼罩着一片悲凄气氛，社会秩序的恢复还遥遥无期。

《玄明宫行》描写明武宗时期宦官刘瑾擅权后骄奢无度、僭越乱政的行径。

> 君不见，玄明宫中积金碧，云是权珰结真宅。贝阙凭陵上帝居，彤台照耀长安陌。珊龙铸虎欻飞动，至今赤日风云黑。崖壑天开朔漠摇，鲸鲵日吼沧溟仄。探奇只见灵怪集，矫首翻诧星辰迫。西国祇园应渺茫，六朝萧寺空千百。白龙胡为作鱼泣，想尔当年势辉赫。土木经营动四方，珍奇联络来重译。分明造化出其手，左挥右霍何不得。欲将燕市作蓬山，便有神人为驱石。奸雄到死竟不悟，骄奢之末无终极。气数相乘可自由，李猫赵鹿空回头。君不见大市街头权幸路，古来齑粉谁曾收。

诗篇回顾了刘瑾当年营建玄明宫，极尽豪奢与挥霍。"玄明宫中积金碧，云是权珰结真宅。贝阙凭陵上帝居，彤台照耀长安陌。""土木经营动四方，珍奇联络来重译。""欲将燕市作蓬山，便有神人为驱石。"诗人将刘瑾的行径斥之为僭越朝章的奸雄之为："奸雄到死竟不悟，骄奢之末无终极。"对刘瑾的最终结局，诗人宣泄了自己的愤激之情："君不见大市街头权幸路，古来齑粉谁曾收。"讥刺刘瑾滥权作恶的荒唐政治和可悲结局。儒家政治思想中,对君臣关系有明确的限定:"君使臣以礼,臣事君以忠。"① 臣对君在礼制上的卑顺是天经地义的,反之则是违忤君臣之道的僭越行为。诗篇对"奸雄""骄奢"僭越礼制,自建宫殿,予以了明确的否定。

皇甫冲(1490—1558),字子浚,长洲(今江苏苏州)人。嘉靖间举人。父录,顺庆府太守。冲与其弟涍、汸、濂并有盛名,称四皇甫。

皇甫冲的《筑垣行》记述了明中叶的"庚戌之变",即明世宗嘉靖二十九年(1550),蒙古鞑靼土默特部首领俺答率军进犯明朝,战祸波及京师的事件。史载:"(八月)俺答大举入寇,攻古北口,蓟镇兵溃。戊寅,掠通州,驻白河,分掠畿甸州县,京师戒严。"② "循潮河川南下至古北口,都御史王汝孝率蓟镇兵御之。敌阳引满内向,而别遣精骑从间道溃墙入。汝孝兵溃,遂大掠怀柔,围顺义,抵通州,分兵四掠,焚湖渠马房。畿甸大震。"③ 这场战事暴露了朝廷边备敝坏,权臣及将领怠惰渎职,官军在抗御外敌过程中张皇失措,畏缩避战,丧师失城,致使百姓横遭烧杀抢掠。

朝闻筑外垣,畿甸纷纵横。五城发闾庶,九营纠践更。司徒庀糇粮,司马量期程。司空度基址,板筑戒时兴。缭绕百余里,周币遮宸京。妇女喜往馌,童稚欢呼行。予前相劳苦,岂不爱此役。天子守四夷,何须问疆场。有臣居北门,可以谢西域。蒙恬筑长城,犹谓秦无策。时诎乃举赢,徒为智者惜。父老来告予,公但见其迹。请言前年秋,胡马入塞来。兵环顺义城,马饮三河湄。关山岂不隘,如涉无人墟。壮士岂不猛,无敢当其威。六道名义勇,九门宿王师。胡虏昼杀人,夜火爇民居。火焰烧天云,白骨盈沟渠。丑妇割乳饮,美者为月支、橐驼满千万,寸铁贵金珠。六镇坐观变,谁来卫王畿。选将尽纨袴,点兵非铁衣。边悬本兵首,市暴中丞尸。元戎闭营卧,曾无一矢遗。或言召之来,声势相互持。虏去窃自慰,吾师杀其躯。取首作俘馘,□□奏彤墀。王民百万户,乃不如蓬藜。思之骨犹寒,安知劳与疲。吾将从王事,请子且勿嗤。回首谓其徒,胡虏已刷马。筑垣戒时成,朝夕慎勿惰。不记奔逃时,吾侪苦颠播。若子槊上盘,若妻马前裸。有弟生不归,有亲死弃野。东家叹夫鳏,西室哭妇寡。争门后者死,逾河疾者堕。举畚坚下基,为堞高者垛。一朝坏斯垣,谁来顾尔我。垣成咏惟宁,庶免兵燹祸。胡去开门行,

---

① 程树德:《论语集释》,《八佾》,中华书局1990年版,第197页。
② (清)张廷玉等:《明史》卷十八《世宗本纪二》,中华书局2000年版,第159页。
③ (清)张廷玉等:《明史》卷三百二十七《外国传八》,中华书局2000年版,第5682页。

胡来闭门坐。臣尹但画诺,将军幸安妥。且侍太乙祠,无问三边火。

诗歌开篇没有直接描述这场战事,而是从官府征役筑城叙起:"朝闻筑外垣,畿甸纷纵横。""缭绕百余里,周帀遮宸京。""天子守四夷,何须问疆场。有臣居北门,可以谢西域。"百姓参与筑城兴致很高,仿佛筑城之役不为苦差。但诗篇笔锋一转,讲述了前年(即嘉靖二十九年)官军御敌无能、"胡虏"破关陷城烧杀百姓的往事:"父老来告予,公但见其迹。请言前年秋,胡马入塞来。兵环顺义城,马饮三河湄。关山岂不隘,如涉无人墟。壮士岂不猛,无敢当其威。六道名义勇,九门宿王师。胡虏昼杀人,夜火爇民居。火焰烧天云,白骨盈沟渠。"在这场突降的灾祸中,官军顾此失彼,互不照应,将军无能指挥,士卒无力应战,态势极为狼狈。"六镇坐观变,谁来卫王畿。选将尽纨袴,点兵非铁衣。边悬本兵首,市暴中丞尸。"就是这些御敌无能的官军,公然冒功骗赏:"虏去窃自慰,吾师杀其躯。取首作俘馘,□□奏彤墀。"诗人借筑城百姓之口,痛斥了官军的龌龊卑劣行径,也回应了诗歌开篇描述百姓热诚参与筑城的悬疑:"王民百万户,乃不如蓬藜。思之骨犹寒,安知劳与疲。吾将从王事,请子且勿嗤。""筑垣戒时成,朝夕慎勿惰。""一朝坏斯垣,谁来顾尔我。垣成咏惟宁,庶免兵爇祸。"诗人从百姓参与筑城的心态这个角度切入,披露百姓寄望城垣坚固、不寄望官军能战,对"庚戌之变"作了痛定思痛的回顾,揭示了明朝君臣的决策失误及明朝官军御敌无能的可悲事实,表达了对朝廷军政事务的深切忧虑。

四 杨爵

杨爵(1493—1549),字伯修,富平(今陕西富平)人。嘉靖间进士,授行人司行人。历山东道、河南道监察御史。上书劾权臣夏言、严嵩,直言极谏,被廷杖,下狱数次。后得释。

嘉靖二十年(1541),杨爵因上疏劝谏皇帝,获罪下狱,遭七年牢狱之苦,终以忠臣身份获释。其后的隆庆皇帝、万历皇帝,先后为其昭雪、嘉谥。杨爵的政治生涯堪称传奇。关于杨爵因谏获罪的事由经过,《明史》有较详细的记载:"(嘉靖)帝经年不视朝。岁频旱,日夕建斋醮,修雷坛,屡兴工作。方士陶仲文加宫保,而太仆卿杨最谏死,翊国公郭勋尚承宠用事。二十年元日,微雪。大学士夏言、尚书严嵩等作颂称贺。爵抚膺太息,中宵不能寐。逾月乃上书极谏曰:'今天下大势,如人衰病已极。腹心百骸,莫不受患。即欲拯之,无措手地。方且奔竞成俗,赇赂公行,遇灾变而不忧,非祥瑞而称贺,谗谄面谀,流为欺罔,士风人心,颓坏极矣。诤臣拂士日益远,而快情恣意之事无敢龃龉于其间,此天下大忧也。去年自夏入秋,恒旸不雨。畿辅千里,已无秋禾。既而一冬无雪,元日微雪即止。民失所望,忧旱之心远近相同。此正撤乐减膳,忧惧不宁之时,而辅臣言等方以为符瑞,而称颂之。欺天欺人,不已甚乎。翊国公勋,中外皆知为大奸大蠹,陛下宠之,使逞恶肆毒,群狡趋赴,善类退处。此任用匪人,足以失人心而致危乱者,一也。臣巡视南城,一月中冻馁死八十人。五城共计,未知有几。孰非陛下赤子,欲延须臾之生而不能。而土木之功,十年未止。工部属官增设至数十员,又遣官远修雷坛。以一方士之故,朘民膏血而不知恤,是岂不可以已乎。况今北寇跳梁,内盗窃发,加以频年灾沴,上下交空,尚可劳民糜费,结怨天下哉。此兴作未已,足以失人心而致危乱者,二也。陛下即位之初,励精有为,尝以敬一箴颁示天下矣。乃数年以来,朝御希简,经筵旷废。大小臣庶,朝参辞谢,未得一睹圣容。敷陈复逆,未得一聆天语。恐人心日益怠偷,中外日益涣散,非隆古君臣都俞吁咈、协恭图治之气象也。此朝讲不亲,足以失人心而致危乱者,三也。左道惑众,圣王必诛。今异言异服列于朝苑,金紫赤绂赏及方外。夫保傅之职坐而论道,今举而畀之奇邪之徒。流品之乱莫以加矣。陛下诚与公卿贤士日论治道,则心正身修,天地鬼神莫不祐享,安用此妖诞邪妄之术,列诸清禁,为圣躬累耶。臣闻上之所好,下必有甚。近者妖盗繁兴,诛之不息。风声所及,人起异议。贻四方之笑,取百世之讥,非细故也。此信用方术,足以失人心而致危乱者,四也。陛下临御之初,延访忠谋,虚怀纳谏。一时臣工言过激切,获罪多有。自此以来,臣下震于天威,怀危虑祸,未闻复有犯颜直谏以为沃心助者。往岁,太仆卿杨最言出而身殒,近日赞善罗洪先等皆以言罢斥。国体治道,所损甚多。臣非为最等惜也。古今有国家者,未有不以任谏而兴,拒谏而亡。忠荩杜口,则谀谄交进,安危休戚无由得闻。此阻抑言路,足以失人心而致危乱者,五也。望陛下念祖宗创业之艰难,思今日守成为不易,览臣所奏,赐之施行,宗社幸甚。'"①

"及帝中年,益恶言者,中外相戒无敢触忌讳。爵疏诋符瑞,且词过切直。帝震怒,立下诏狱榜掠,血肉狼籍,关以五木,死一夕复苏。所司请送法司拟罪,帝不许,命严锢之。狱卒以帝意不测,屏其家人,不许纳饮食。屡濒于死,处之泰然。既而主事周天佑、御史浦铉以救爵,先后棰死狱中,自是无敢救者。逾年,工部员外郎刘魁,再逾年,给事中周怡,皆以言事同系,历五年不释。至二十四年八月,有神降于乩。帝感其言,立出三人狱。未逾月,尚书熊浃疏言乩仙之妄。帝怒曰:'我固知释爵,诸妄言归过者纷至矣。'复令东厂追执之。爵抵家甫十日,校尉至。与共麦饭毕,即就道。尉曰:'盍处

---

① (清)张廷玉等:《明史》卷二百九《杨爵传》,中华书局2000年版,第3678页。

置家事。'爵立屏前呼妇曰:'朝廷逮我,我去矣。'竟去不顾,左右观者为泣下。比三人至,复同系镇抚狱,桎梏加严,饮食屡绝,适有天幸得不死。二十六年(1547)十一月,大高玄殿灾,帝祷于露台。火光中若有呼三人忠臣者,遂传诏急释之。"① 杨爵的这种经历在历代朝臣中已属罕见,而更为罕见的是,杨爵将自己获罪下狱后的种种遭际和感怀书之以诗,写下了110多首专题式的系列怨政诗,为后世留下了明代朝廷政治的一份珍贵记录。

杨爵的这些怨政诗包括《偶作》《狱中慰章秀才》《有报周碛山先生家虑于狱中者痛而作此》《勉仕男读书》《有感八首》《送董允恭出狱》《微饮行》《七歌》《杂咏五首》《闲作四首》《刘子寿日》《乙巳年八月十二日主上符鸾释放寻复逮系有感》《诏狱言别》《初夏闻雷次韵》《闻绪山出狱》《送同乡王大尹出狱》《有感》《送桂道长出狱和其韵四首》《送人出狱》《和紫阳先生韵八首》《偶作二首》《冬至》《遣兴五首》《赠苏廷诏五首》《嘉靖乙巳年八月十二日出狱归九月十一日复逮系途次有作》《遣偲男归秦》《乙巳年十月二十五日夜复入狱咏柏一绝》《葵初出二绝》《秋日十咏》《春日十二首》《偶兴五首》《有所思》《独酌十首》《遣怀四首》《送耿良弼》《偶有感》《送赵白楼出狱》《往年一士夫劝勿作诗作此以晓之》《杂诗》等,披露了诗人遭遇诏狱的痛苦复杂心迹:憎恨奸佞谗害忠良,郁愤信而见疑、忠而被谤,怨尤皇帝闭塞言路。

杨爵抒写自己遭受诏狱的怨政诗,有以下几方面的内容。

1. 各种杂咏、有感、偶作等,感慨自己遭遇不公、囚系冤狱的莫大痛苦与坚韧心志。

飒飒西风,悠悠危困。雾掩长空,怀此忧疢。我生尚有,我心难忍。告尔君子,不可不慎。天方威降,无滋幽衅。

飒飒西风,悠悠危困。我生不辰,遭此难屯。告尔君子,胡不自尽。拯溺救焚,伊谁之人。天方降威,无为颠震。

飒飒西风,悠悠危困。自昔以来,贻我烦懑。告尔君子,各宜履顺。误国之谋,伐国之刃。天祸方殷,无惜忧瘽。

飒飒西风,悠悠危困。我心日忧,我泪日抆。苍天苍天,胡降厄运。谋猷乖离,而日以甚。抱此赤心,徒尔谆谆。

何以图之,周道惟近。骐骥惟良,莫耶非钝。听无不聪,视无或瞬。各欲事天,岂敢相徇。我为尔谋,尔无不信。(《偶作》)

燕语遗窗外,熏风入卧边。真怀死难易,岁序几经迁。国步终成蹶,

---

① (清)张廷玉等:《明史》卷二百九《杨爵传》,中华书局2000年版,第3680页。

双毛半已颠。独怜忪世念，空自九重悬。

期亲堂上老，游子泪潜然。假寐惊还起，余生死复延。脚跟总实地，屋隙是晴天。骨肉心难遏，朝朝百虑牵。

老去心犹壮，诗成一洒然。襟怀羞缕缕，风景叹年年。伫立凶危地，出王日夜天。死亡诚旦暮，终不受人怜。

忆昔躬耕日，蓬庐梦九州。握珠虽易出，按剑总难投。草芥生犹在，君王尚远谋。古来杀谏士，谁可免多忧。

好景随时在，幽人心自如。难将当世事，得免动相干。总是更新念，还能展旧书。古人心已逝，谁共叹离居。

残雨急声住，窗风更觉新。独怜幽景暮，空抱此心真。跬步万方足，经年百死身。每忧深罪里，无以答苍旻。

庭院幽沉处，黄鹂声自和。炎风侵夏木，世道转颓波。夙志逢时健，韶光双鬓皤。如何人世上，独我忧心多。

有时乐兴至，触目更忧来。时觉寸心郁，未能尽日开。人谋尚消息，天意自安排。将此百年志，空余万虑灰。（《有感八首》）

一日未到官屋中，恰如十年不相逢。周行未见言提耳，索居孰启我心朦。问君何所事，古训日研究。室内香霭霭，窗外月朣朣。更深人静后，朗诵彻苍穹。尚书万古狱中授，周诰殷盘已贯通。韦编不知今几绝，远慕羲文周孔风。愧我全无亨通意，衰年未见养心功。常将一段郁抑气，嘘作云间千丈虹。忧时慨世心独切，半偏深病未消融。而今愿从君子谋，示我脱然登岸头。藉此福堂寻上去，莫教空负两年囚。叹靡靡，思悠悠，君知否，我何求。相与采虹无处所，安得泮涣日遨游。思量此疾为心患，世间惟有酒能瘳。昨闻几上樽犹在，半实还是旧黄流。午间准拟来相访，便须劳君酌大瓯。但论浊贤清与圣，何恤瓶罄作罍羞。长歠直到枯肠底，一洗胸中万古愁。（《微饮行》）

有手有手手段拙，弄得人世纷如雪。未宜醒执名利板，但可醉捞秋江月。忽忽百年成甚事，微微一息久将绝。呜呼，一歌兮，为尔怜，要拨云雾转晴天。

有脚有脚脚步错，错走当年尘世道。崎岖多是倒人坑，一蹶反为魑魅笑。未死还余忧世梦，有生堪类霜前草。呜呼，再歌兮，歌正壮，蹈入冥海千层浪。

有耳从来亶不聪，人说宜西我却东。万方愁苦声堪痛，收入无底双窍中。迅雷不顾额前震，身祸飘如轮后风。呜呼，三歌兮，歌愈悲，倾听莫为利口移。

有目闲将一世愁，聚来都放在眉头。肉眶不见羊肠险，血泪可增江海流。我思哲人瞻万里，乾坤顾眄在双眸。呜呼，四歌兮，歌意频，要识人间假与真。

有身形弗七尺长，地维天柱要担当。几年饿成空皮骨，扶杖出门欲仆僵。外混尘埃罹罗网，内抱赤心与忠肠。呜呼，五歌兮，歌迫切，洒尽天涯一腔血。

有子有侄未成立，音书问我我恻戚。跋涉往来六七年，千山万山日洒泣。读书耕稼总难为，思量到此喘嘘唏。呜呼，六歌兮，歌未阑，父死谁怜汝饥寒。

有甥生年为我劳，往时见我便长号。汝母今年将半百，骨肉属我父母毛。兄弟往来无了日，令我忧中思尔曹。呜呼，七歌兮，心未已，收我残骸归故里。（《七歌》）

独倚圜扉对日斜，缅怀松竹已成赊。迷途岂但千程远，脚步空留百代嗟。时系铁镣甘罪戾，漫吟风景是生涯。残砖阁火烧沙釜，也类山村野店家。

濡险悠悠岁月频，强延一息又逢春。天空斜日雁留影，地迥煦风草弄新。内圣外王同贯合，身谋国计总相因。忧怀转作元亨处，此是人心一念真。

天降穷厄浩无垠，金吾柙锁伴儒臣。久遭危患心犹泰，运转亨机思欲频。要信乐天为乐土，须知忧世是忧身。有诗吟咏忘颠沛，彷佛羲皇境上人。（《杂咏》）

斯道弥漫贯古今，幽窗正好整囚襟。毫厘乖谬天机远，一念虚明上帝临。礼用事时为复礼，心惩失处见真心。存亡操舍皆由我，默默须从方寸寻。

参破乾坤古与今，一忧一乐见胸襟。鬼神不爽几微监，幽室常如师保临。君子固穷吾未得，哲人自静彼何心。包羲不尽当年意，此地还须细细寻。

思古原来为挽今，国民恻恻此胸襟。致身臣子曰忠荩，为答天王之智临。霜剥风摧今日事，江湖廊庙往年心。天乎命也难穷极，一息还从真处寻。

自古遭逢未有今，空茫宇宙见胸襟。狐乌走走声声叫，云雨朝朝暮暮临。输已应知郭泰虑，济时还识范滂心。感来感去真机在，此理才知不易寻。（《闲作四首》）

夜初独坐拥衾裳，耿耿丹怀空自伤。斜月淡光穿暗户，晚风微冷透

晴窗。一心知有君恩厚，九死难回忠义肠。漏下旅囚愁不寐，数声寒雁送凄凉。(《有感》)

一念心灰万事休，无涯岁月此幽囚。九州衰梦从吾息，十载长纶偶自收。遇可乐天须解乐，谓无忧世是深忧。遣怀幸有韦编在，聊向羲皇境上游。

一念心灰万事休，今年不似去年愁。亦知天外难悬足，岂但狱中能白头。胸次广无人世狭，眼眶明少狅窗幽。脱然放下尘寰梦，且向圄阶歌远游。(《偶作二首》)

白日回光迷远山，风烟薄暮早春寒。几回点检累臣罪，一疏欲期天下安。

十载幽溪把钓竿，却教桎梏倚门阑。葛藟灭顶皆天降，事到今朝死亦安。

桎梏真知行路难，况逢九九有余寒。忠猷总是邦家虑，死亦今朝心自安。

但为当年耻素餐，反成世事日艰难。而今死事得其所，归到黄泉心始安。

幽囚罪是吐忠肝，日见逻人向北探。圣主无劳关虑切，微臣不以死为难。(《遣兴五首》)

幽中莫叹久无家，犴户难将国梦遮。七载悠悠何所事，赤心白发是生涯。

欲酌春醅伴此身，榻前一盏转伤神。年来警戒非因祸，恐致君王杀谏臣。

风满圄垣月满楼，吾将风月伴幽囚。人机本自天机出，解到无思意便投。

坐对窗风一隙清，人间万虑总堪轻。无端幽鸟闲来往，却作愁人深树鸣。

一片闲云绕翠松，还成细雨暗千峰。此时骨肉遥相见，多在茕茕客梦中。(《偶兴五首》)

当年各为主恩深，生者难忘死者心。将此满腔忧世血，变成赤泪堕囚襟。

年年燕塞动悲风，应是人心愿未终。死去果然难遽灭，九原还得再相逢。(《有所思》)

春来病未放清歌，惹得春风不甚和。偶酌燕山一杯酒，满怀诗兴若江河。

老夫不是爱长歌，恐把流光混里过。一啸胸中无限量，古今天地在包罗。

卧醒还酌两三卮，赶出胸中无限奇。便笑古今忙脚者，撞来撞去总成痴。

一寸修为一寸天，纷纷谁解此闲年。从今莫说痴儿梦，囚榻安吾日夜眠。

男儿寸寸是刚肠，要把尘腔百虑忘。聊下墙头一樽酒，不妨独酌对羲皇。

天地元来只一春，春光到处岂无真。须判努力将心戒，莫作圜中忧世人。

愁来还要酒消愁，到手必须三四瓯。醉后吟诗诗罢卧，风流也属狱中囚。

连年病不似今年，和暖风光我却眠。春到无诗春自去，而今要补几千篇。

残春隐隐恰如新，老眼浑看见未真。更不分天与人异，只疑共是一团春。

阳春几转属艰难，未惜空余两鬓斑。若把皇家元气论，入牢强似入深山。（《独酌十首》）

故园独此念残春，无奈忧危此一身。莫怪片言千百死，从来謇謇属王臣。

自来幽陷几风霜，忧切空余两鬓苍。故惜残躯非我意，恐成一死累君王。

春去还留此喘余，劳心空把百年虚。有时不禁伤怀切，万里家乡一片书。

一时感激切忧劳，便欲捐躯报圣朝。此日孤怀徒耿耿，九重不啻九天高。（《遣怀四首》）

吾狂岁岁系燕台，一盏浊醪百虑开。醉后自忘安险处，误将囚所作蓬莱。

吾衰久不念东周，那惜斑毛出鬓头。海宇升平天自造，可能一手障狂流。

吾心原未解深思，宇宙安能独任之。力薄不堪身万死，疏愚空使后人嗤。

老夫经岁卧幽窗，慨世忧时念益长。白日似怜吾寂寞，故从小隙放余光。

当年只抱素餐羞，一日疏狂七载囚。安得此时廊庙上，有人聊为我皇忧。（《偶有感》）

两足屈栾，双目眩暗。身孱罪长，影形相伴。百忧时触，五内凄惨。耿耿茕茕，夜以达旦。生理几何，魂将我散。呜呼，魂兮魂兮，宜莫即散。我皇聪照，当有涣汗。

愚民参差，成此幽囚。绵绵赤抱，皤皤白头。过隙野马，涉世浮沤。狂迂速罪，予复何尤。魂欲我去，飘忽远游。呜呼，魂兮魂兮，尔无板荡。骨肉万里，涕泣我望。

我生不辰，长夜转戚。悠悠苍天，烨烨白日。沆瀣弥漫，乾坤穆汐。哭者既死，叹者为失。旅魂杳杳，十丧六七。呜呼，魂兮魂兮，衮职尔补。少延须臾，孰无肺腑。

阴风瑟瑟，旅燕唧唧。暮雨朝云，胡为我急。身世穷年，天涯一息。宁为骴骸，羞作鬼蜮。我生为劳，魂欲放逸。呜呼，魂兮魂兮，慎尔先发。与我相须，受天之罚。

百感摧剥，寸衷消毁。长守圜扉，满腔赤泪。有觉残生，无涯谴祟。发发回风，滔滔逝水。魂如不来，伊谁为类。呜呼，魂兮魂兮，孚我以心。人生遭际，往古来今。

半百生涯，一躯残偃。孤抱忧劳，萍踪屯蹇。万死交戚，九天元远。假寐长思，流光空转。魂欲几何，灼灼微燹。呜呼，魂兮魂兮，何遽舍我。我欲尔尽，散无不可。

人生几何，吾岂恋恋。成吾一死，反贻国患。岁序屡迁，久甘幽难。使我君王，不杀忠谏。魂何彷徨，去如飞翰。呜呼，魂兮魂兮，孰非天命。于此永依，安土以听。

风尘远迩，薄暮茫茫。此际劳人，孰不永伤。悲万里天，断九回肠。谁乘危机，忧我君王。我魂寥落，便欲长往。呜呼，魂兮魂兮，努力炯炯。人谋既臧，天步可永。

自我复来，寒暑更度。日月迅速，转看白首。我思古人，伊谁可友。履义安仁，身类尘土。死也生也，彼亦何有。呜呼，魂兮魂兮，吾何尔号。恐将一死，轻于鸿毛。

男儿脚步，自有圆方。由我颠踬，之死何妨。履我后土，戴我穹苍。省我之愆，是我之狂。魂如解此，安我福堂。呜呼，魂兮魂兮，聊此相将。待我罪终，任尔飘扬。（《杂诗》）

《偶作》：“天方威降，无滋幽衅。”“我生不辰，遭此难屯。”“苍天苍天，胡降厄运。""抱此赤心，徒尔谆谆。"怨叹自己遭逢冤狱，枉费一片赤诚。《有感八首》："真怀死难易，岁序几经迁。""独怜忧世念，空自九重悬。""假寐惊还起，余生死复延。""死亡诚旦暮，终不受人怜。""古来杀谏士，谁可免多忧。""每忧深罪里，无以答苍旻。""如何人世上，独我忧心多。""将此百年志，空余万虑灰。"哀伤自己忧国之心被皇帝漠视，身陷狱中，在死亡的阴影笼罩下惴惴不宁地度日，这样惶惶不可终日的忧惧与不被理解的冤屈交织在心间，更觉孤独悲苦。《微饮行》："愧我全无亨通意，衰年未见养心功。常将一段郁抑气，嘘作云间千丈虹。""藉此福堂寻上去，莫教空负两年囚。""但论浊贤清与圣，何恤瓶罄作罍羞。长歔直到枯肠底，一洗胸中万古愁。"自嘲未能像他人那样明哲保身，回避世事，反倒是常常直切倾吐不平之鸣、忧国之情，终因这样的孤愤忠直遭致了祸难。郁愤之下，誓愿从此脱略世事，不枉牢狱之苦的教训，只求在醉酒中忘怀忧愁。如此誓愿，并非诗人真要放弃忧时济世的夙志，只是以反常的言辞宣泄难以排遣的郁愤。《七歌》："忽忽百年成甚事，微微一息久将绝。""未死还余忧世梦，有生堪类霜前草。""外混尘埃罹罗网，内抱赤心与忠肠。"慨叹仕途的坎坷超出了自己的预想，流逝的漫长年月未能成就志向，却已将走向命运的尽头。自己跌入了他人的政治陷阱，遭到奸慝小人幸灾乐祸的嘲笑。诗人自觉尚未真正抛弃济世的初衷，即使横遭陷害打击，内心的赤诚志向也将保持下去。《杂咏》："时系铁镣甘罪戾，漫吟风景是生涯。""天降穷厄浩无垠，金吾枷锁伴儒臣。"哀怨自己谏政获罪，漫长的牢狱之路徒留世人慨叹。这样的厄运似乎没有尽头，本该佐君治国的儒臣却成了枷锁下的囚徒。《闲作四首》："斯道弥漫贯古今，幽窗正好整囚襟。毫厘乖谬天机远，一念虚明上帝临。""致身臣子曰忠荩，为答天王之智临。霜剥风摧今日事，江湖廊庙往年心。天乎命也难穷极，一息还从真处寻。"诗人身陷诏狱之中，痛定思痛，追思了自己不能顺遂皇帝心意，以致遭受惩罚。即便如此，自己的忧国之心、忠君之志并未丧失，一息尚存就将保持这份赤诚。《有感》："一心知有君恩厚，九死难回忠义肠。漏下旅囚愁不寐，数声寒雁送凄凉。"诗人夜半独坐幽暗狱室，环境凄凉，心境暗淡，自觉一腔赤诚为国谏言，却横遭打击，忧愤之感不禁溢满胸间。诗人言及皇帝时虽不免感恩戴德，为皇帝遮掩回护，同时又毫不遮掩地表达了自己定要坚持当初谏政时的忠正立场。《偶作二首》："一念心灰万事休，无涯岁月此幽囚。""亦知天外难悬足，岂但狱中能白头。"诗人怨叹自己陷入冤狱，看不到为国效力的前景，却在这幽暗的狱中消磨了时光。更为悲哀的是，诤言直谏的忠臣不为朝廷所容，即便出狱也难以立足。《遣兴五首》："几回点检累臣罪，一疏欲期天下安。""葛藟灭顶皆天降，事到今朝死亦安。""忠献总是邦家虑，死亦今朝心自安。""但为当年耻素餐，反成世事日艰难。而今死事得其所，归到黄泉心始安。""幽囚罪是吐忠肝，日见逻人向北探。圣主无劳关虑切，微臣不以死为难。"诗人反复检点了自己落入诏狱的事由，确信自己上疏谏政只为天下治理有道，不愿尸位素餐枉为朝臣。虽然忧怀国家，直谏皇帝，触犯天威，惹下祸事，但自问这份忠直赤诚全是为了社稷之安，即便最终遭致死罪也心安理得，适得其所。《偶兴五首》："幽中莫叹久无家，犴户难将国梦遮。七载悠悠何所事，赤心白发是生涯。""年来警戒非因祸，恐致君王杀谏臣。""人机本自天机出，解到无思意便投。"怨叹自己七年的诏狱生涯漫长悲苦，有家难归，骨肉分离，但这样的孤危处境也难以遮断自己忧国的心志。诗人忧虑时政变化莫测，忧惧君王怒杀谏臣，但自信可以向苍天坦承自己忧国忧君的初衷。自我排解的笔调，仍难掩一腔孤愤。《有所思》："将此满腔忧世血，变成赤泪堕囚襟。""死去果然难遽灭，九原还得再相逢。"诗人由狱友的死亡引发了内心的悲慨，申言只能与难友到黄泉相会，由此抒发了对自己因忧国进谏招致多年诏狱囚禁的怨愤。《独酌十首》："一寸修为一寸天，纷纷谁解此闲年。从今莫说痴儿梦，囚榻安吾日夜眠。""须判努力将心戒，莫作圜中忧世人。""醉后吟诗诗罢卧，风流也属狱中囚。""若把皇家元气论，入牢强似入深山。"诗人在囹圄之中难得一醉后，不由触发对自己冤屈生涯的思忖，以僧家深山修行远离世事来告诫自己，不必执着坚守过去的迂腐和憨直。这看似消沉的自我劝导，并非诗人真要放弃多年的心志，而是宣泄自己遭受冤狱的愤激之情。《遣怀四首》："莫怪片言千百死，从来謇謇属王臣。""故惜残躯非我意，恐成一死累君王。""一时感激切忧劳，便欲捐躯报圣朝。此日孤怀徒耿耿，九重不啻九天高。"诗人对自己几年来的冤狱生活耿耿于怀，既劝慰自己以高情大义看待当初谏诤皇帝的往事，认定自己的行为是古往今来正直大臣履职尽忠的分内之事。对今后生死莫测的前景，诗人并不全是忧惧，甚至担忧死于诏狱会累及君王的圣誉。诗人回思当年感愤国事，谏言惹祸，对君王时至今日仍疏离忠信之言，感到孤愤悲哀。《偶有感》："海宇升平天自造，可能一手障狂流。""力薄不堪身万死，疏愚空使后人嗤。""当年只抱素餐羞，一日疏狂七载囚。安得此时廊庙上，有人聊为我皇忧。"感愤自己独力奋争，未能抵挡朝堂上的邪浊之流，反倒落入冤狱，被世人嗤笑为迂腐憨直。当年自己只为恪尽谏臣的职守，不愿尸位素餐敷衍国事，这样不计得失谏言君王，冒犯了天威，陷入诏狱七年之久。诗人更为忧愤的是，当今朝堂已无人真正忧心国事，已无人敢于直面谏言君王过失。《杂诗》："身孱罪长，影形相伴。百忧时触，五内凄惨。""生理几何，魂将我散。呜呼，魂兮魂兮，宜莫即散。我皇聪照，当有涣汗。""人生几何，吾岂恋恋。成吾一死，反贻国患。岁序屡迁，久甘幽难。使我君王，不杀忠谏。""悲万里天，断九回肠。谁乘危机，忧我君王。""魂兮魂兮，聊此相将。待我罪终，任尔飘扬。"诗篇作于嘉靖二十六年（1547），此前的几年间，诗人已经在诏狱中熬过了身心俱损的冤苦生活。写作此诗的心境，已如魂魄即将飘散，忧戚绝望，却又不甘冤屈，坚守心志，慷慨悲歌，感发为诗。诗人反复悲叹"魂兮魂兮"，既是感应身心俱伤的哀痛，也是不服冤屈诏狱的愤激。对可能死于幽囚之中，诗人并无多大的忧惧，真正忧怀于心的是无人忠直谏言，使君王和国家陷于危险而不救。诗人自知身陷诏狱，是朝廷罪人，但从内心深处却坚信自己秉持的准则，以无愧皇天后土的赤诚忠直，坦然承受由谏诤国事而招致的"罪愆"之罚。诗人对诏狱冤屈的怨尤愤激，已经包含在看似自我宽解的伤痛言辞里了。

2. 为狱友送别，与狱友酬唱，向亲友诉说，倾吐自己身陷冤狱、身处逆境的悲苦心情和不渝气节。

> 万事总由命，宜须安受之。但求一念是，莫叹百忧罹。窘迫宜自处，将来做广居。乐天境界上，得到是男儿。（《狱中慰章秀才》）
> 一朝君即死，七载我犹生。只堕万人泪，空留百世名。乾坤藏正气，日月照精诚。展转思余喘，真如草芥轻。（《有报周碛山先生家虑于狱中者痛而作此》）
> 忧国吾遭难，思亲汝复来。青天何易蔽，赤雾总难开。万里豺狼路，千寻枳棘台。要知百死地，不是一身灾。（《勉仕男读书》）
> 我送允恭出狱墙，徘徊别意各悽怆。来逢易水波浪险，去见燕山草木黄。子之故人周给舍，同于幽难久备尝。迪已不肯甘流俗，论治必欲尚先王。明哲保身虽未得，怀此赤心良可伤。子实聪明心好古，闻其论说辄彷徨。我抱困病足如跛，眷念时来类卧傍。黯然别去消息杳，窘迫相与永难忘。三尺禁网脱身去，一片被褥到长江。有手但执瓦缶物，有足莫走声利场。世间梦丽一染著，能令耳目充无光。丁宁告尔复丁宁，此真全身全性之周行。吁嗟允恭既去矣，送子行行复行行。回看世故总茫茫，留予露冷风凉夜渐长。（《送董允恭出狱》）
> 初度圄中今四度，白头万里杏江乡。瞻思凤夜九天远，感恻彷徨一念长。我辈元来多妄动，圣朝未肯杀忠良。寿隆本自君王造，但把赤心俨对扬。（《刘子寿日》）
> 逢君倾倒此衷诚，追忆平生契合情。心为纲常千古重，言因忠鲠一身轻。同来被逮春光暖，此去垂纶淡水清。千里神交劳梦寐，蒲台晓月

见高明。(《诏狱言别》)

思君不见日三秋，忽听西圜恩诏优。承志彩衣应有分，倚门白发可无忧。庙堂事业成虚语，圣学全功蚕自收。待我洒回闽海泪，衡南握手与同游。(《闻绪山出狱》)

患难相逢此月秋，不堪君去我还留。丹心廊庙千年虑，白首江湖一念忧。窗隙为增薄裳冷，柝声偏动旅囚愁。有时圣主洪恩诏，渭水相将理钓钩。(《送同乡王大尹出狱》)

西风薄暮景萧森，慷慨昔人折寸心。独念爱身身系国，须知怀古古同今。一千七百日光远，三十六宫易理深。韦卷平生空皓首，画前恍惚竟难寻。(《送桂道长出狱和其韵四首》其四)

百年身世半尘埃，四海斯文于此偕。淹淹残息延旦暮，明明宇宙照心怀。险需叹我幽囚客，宏济知君匡辅才。感别自来情思切，况逢多难在天涯。(《送人出狱》)

省愆终未敢尤人，报国焉知己道真。肯向遭时存外慕，但须临难致吾身。拙猷未可轻寒士，迂恤曾何间小臣。莫谓幽圜同永夜，天王明鉴说如神。

岁岁年年一罪人，咸怀未得了吾真。日供粝米堪糊口，夜展羊裘足掩身。塞上风霜寒将士，天涯桎梏老孤臣。总然不计生和死，触目纷纷也惨神。

思量宜是狂中人，感动君王恐未真。十载每怀当世事，一躯何惜老来身。恩深愿作沟渠骨，罪重难为草莽臣。此日存心都莫道，好将余喘听明神。

艰危还作囚系人，之死难忘一念真。长路奔寻吾旧处，满门哭送此残身。风高吹冷辽东帽，天远愁劳杞国臣。却忆范滂千古上，当年不祭狱中神。

远寄新诗劳故人，为吾点点见情真。匡时乐道百年志，燕塞秦关万里深。绿水青山供逸士，朝云暮雨伴囚臣。眼前光景真如梦，一望天涯即损神。

多难悠悠忆美人，美人心兴出天真。早梅白马山中兴，雪夜扁舟物外身。可少感怀抽逸思，空教流泪惜王臣。采苓若到首阳下，俯仰乾坤有鬼神。

十年空拟白头人，浅劣原非见道真。只有狂愚为世指，更无明哲以全身。动疏自可遭罗网，凤好徒劳惜谏臣。三木伴中思伐木，幽情转觉一伤神。

自笑率由异古人，冥冥不解卷舒真。无劳强自营千虑，有补何妨死一身。用世总难轻涉世，良臣谁愿作忠臣。枉教昼旦空忧念，百代虚盈属鬼神。(《和紫阳先生韵八首》)

望断长燕万里深，思君不见泪沾襟。高情为我还甘罪，至死难忘今日心。

罪出经年怜我深，要存男子此胸襟。闻言废食更流泪，是我怀君一念心。

数载幽幽狱户深，相逢更得好胸襟。要将尔我今朝事，说与儿孙记在心。

忆昔相逢幽陷深，各将国泪洒裳襟。我无孟博澄清志，君有西川豪杰心。

悄悄独怜我罪深，渊思自慰此愁襟。昊天肯吊苍生命，鉴此人臣日夜心。(《赠苏廷诏五首》)

汝自燕山归雍州，临行不免泪双流。逢人便写康宁信，宽我囚中一念忧。

父已六年同楚絷，儿今三试佩吴钩。吾家不说谄时话，但向平平路上求。(《遣偲男归秦》)

与子交游不计年，吴山当日杏花天。官贫消息几年绝，忽喜音书到卧边。

七载幽窗与世忘，故人感激意偏长。圣明未肯杀忠直，早晚吾将归故乡。

蝴蝶梦中五十年，将身但合老林泉。冥行走入深坑里，空负良朋意戚然。

千里风尘到帝乡，悬悬念我我心伤。乔陵安得还相遇，共醉桃花流水旁。(《送耿良弼》)

圜内霏霏雪片轻，三人同送一人行。须知令我难堪处，正是铁门回首情。

与子周旋风雪中，留连送出白楼翁。我曹莫道别离苦，此是圣朝囹圄空。

两年同难一朝离，世事艰危各自知。良友今宵何处去，忆他挥泪正相思。(《送赵白楼出狱》)

罪人岂是好吟诗，诗是罪人拨闷词。成后朗吟闲自咏，融融满目见天机。

天机满目是襟怀，滚滚都从诗上来。付此卷舒同大运，岂容一念自安排。

安排了得见人心，只向天然分上寻。要识此间真气象，茫茫宇宙更无垠。

无垠所向在先难，一本从来非二三。百虑根原由此出，天人未可两般看。

罪人岂是好吟诗，诗是罪人自得时。独咏一声心已解，此身此罪正相宜。

此身十载卧松云，千古真传愧未闻。中夜思量年少事，雪窗曾读北山文。

雪窗若向静中寻，得见昔人藏用心。举目霄壤皆可乐，沂源正是此胸襟。

沂源到此几千年，邹鲁心神在简编。谁识真陵数枝草，青青日夜秀窗前。（《往年一士夫劝勿作诗作此以晓之》）

《狱中慰章秀才》："但求一念是，莫叹百忧罹。窘迫宜自处，将来做广居。"借劝慰狱友，宽慰自己能坚守信念，勉励自己不被冤屈压垮，告诫自己从长计议。《有报周碛山先生家虑于狱中者痛而作此》："乾坤藏正气，日月照精诚。辗转思余喘，真如草芥轻。"从狱友遇难中感慨忠良遭受厄运，志士虽坚守正气，但已被当道者轻贱排斥。《勉仕男读书》："忧国吾遭难，思亲汝复来。青天何易蔽，赤雾总难开。"忧愤自己为国分忧反遭祸难，感慨皇帝被奸魇蒙蔽。《送董允恭出狱》："迪已不肯甘流俗，论治必欲尚先王。明哲保身虽未得，怀此赤心良可伤。"感慨自己不肯同流合污，勉力劝谏君主效法先圣，自己没有敷衍塞责，却因赤诚而受到伤害。《刘子寿日》："我辈元来多妄动，圣朝未肯杀忠良。"自嘲先前的谏诤言行，以迄今还未被朝廷处以死刑聊作宽慰，实际对自己深陷诏狱抱有很深的冤屈感。《诏狱言别》："心为纲常千古重，言因忠鲠一身轻。"诗人对自己向皇帝忠直谏言而遭诏狱显然心有不服，表明愿意坚守"纲常"的原则立场。《闻绪山出狱》："庙堂事业成虚语，圣学全功荟自收。"诗人在狱中送别狱友，不禁为自己悲慨，当初在朝堂上为国事据理力争，上疏谏政，却落得牢狱之灾，平治天下的愿望也化为泡影。《送同乡王大尹出狱》："患难相逢此月秋，不堪君去我还留。丹心廊庙千年虑，白首江湖一念忧。""有时圣主洪恩诏，渭水相将理钓钩。"诗人狱中送别同乡，感慨格外深沉。想到自己为国忧思，忠心谏言，现在却身陷诏狱，只能望乡兴叹。惟愿皇帝颁诏宽赦，自己才能得以返归故乡，消度余年。感慨之中，隐含了许多不平和的心痛。《送桂道长出狱和其韵四首》（其四）："独念爱身身系国，须知怀古古同今。一千七百日光远，三十六宫易理深。"感慨自己入狱已六年，流年似水无情消逝，却天理难申，冤屈未消。诗人表白，虽然也爱惜自己身体，但更知个人与国家无法割裂，这种古今一致的儒者忠直将伴随终生，不须改变。《送人出狱》："淹淹残息延旦暮，明明宇宙照心怀。""感别自来情思切，况逢多难在天涯。"诗人在惜别狱友之际，除了感慨生命被牢狱斗室白白消磨，感怀患难之交的情谊，更高扬了自己和狱友共同坚守的清正衷怀。《和紫阳先生韵八首》："省愆终未敢尤人，报国焉知己道真。""岁岁年年一罪人，戚怀未得了吾真。""总然不计生和死，触目纷纷也惨神。""思量宜是狂中人，感动君王恐未真。""恩深愿作沟渠骨，罪重难为草莽臣。""艰危还作囚系人，之死难忘一念真。""只有狂愚为世指，更无明哲以全身。""自笑率由异古人，冥冥不解卷舒真。""用世总难轻涉世，良臣谁愿作忠臣。"诗人自感是诏狱之中的罪孽之身，在君王那里受到了惩处，虽然感激不杀之恩，但追思身陷囹圄的前前后后，觉得自己忧国为君的真心并未被君王了解，也不为世人所知。诗人自知直切谏诤被世人视为迂腐狂妄，但不愿因此而明哲保身不问世事。对忠臣为忧国言政开罪君王，而成罪臣，诗人显然怀有怨愤。《赠苏廷诏五首》："悄悄独怜我罪深，渊思自慰此愁襟。昊天肯吊苍生命，鉴此人臣日夜心。"从友人对自己的理解和宽慰中，更坚定了为天下苍生请命的心志。诗人自认忠诚君国的心意可上对皇天，也流露出对诏狱之罪的不平之鸣。《遣偲男归秦》："逢人便写康宁信，宽我囚中一念忧。""吾家不说诏时话，但向平平路上求。"诗人在对家人的宽慰中流露出遭受冤狱的悲伤，但仍为自己坚持了忠直为国的人生信条感到心安。《送耿良弼》："七载幽窗与世忘，故人感激意偏长。圣明未肯杀忠直，早晚吾将归故乡。"诗人在送别狱友时感怀自己七年诏狱生活的冤屈，虽然别辞之中是在与狱友互勉，替皇帝遮护，但仍然包含了对这种冤狱的怨愤。《送赵白楼出狱》："须知令我难堪处，正是铁门回首情。""我曹莫道别离苦，此是圣朝囹圄空。""两年同难一朝离，世事艰危各自知。"诗人送别狱友，除了抒写患难情谊，还对自己身陷囹圄表达了冤屈之感。所谓"世事艰危各自知"的怨言，正是对朝廷不容谏诤的凶险政风的指斥。《往年一士夫劝勿作诗作此以晓之》："罪人岂是好吟诗，诗是罪人拨闷词。""罪人岂是好吟诗，诗是罪人自得时。"诗人既是答人，也是自答，坦言这些充满怨愤的诗篇是自己情不自禁宣泄释闷。虽自称罪人，诗人对自己无愧于苍天、可立于宇宙的良言谏诤并无自责，以自嘲抒发了心中的隐痛。

3. 借感叹时序节候的变化，抒写自己蹉跎岁月的悲怨和不改宿志的心怀。

东风吹得乾坤解，雷雨作于初夏时。田畯暂停南亩耜，渔翁应罢水边丝。检身吾戴囚冠坐，宥罪孰为天下悲。此日乡关千万里，有人勤诵召南诗。(《初夏闻雷次韵》)

气转初阳觉尚微，强吾赢病掩圜扉。寂静真源须探取，盈虚妙应自相依。两年长夜独悲感，一点丹怀孰与欷。邈想周文幽困里，先天衍作后天机。(《冬至》)

真品终难混草莱，几丛都是去年栽。愁中偏有赏花兴，早把赤心为我开。

天然根干异蒿莱，每藉春深夜露栽。我去应无人会赏，徒倾一点与谁开。(《葵初出二绝》)

露冷风凉秋渐深，塞天犹系白头吟。已知忧国非吾事，有感还余恻恻心。

不堪秋草与秋风，又把流光易此中。万里君门皇路在，一身罪难几时终。

年来欲与世相忘，转觉幽怀百虑长。延颈九重天外远，难将一念悟君王。

复惊一叶坠庭前，坐惜年华双鬓颠。多罪残身忘是我，迩来都付与苍天。

风落庭柯又是秋，有时乐在有时忧。欲为万里朋游告，归雁还迟塞上留。

忽惊塞雁报清秋，困里帛书肯寄不。云外长风吹六翮，一飞千里到西周。

寒蛩蚤已到幽床，梧叶枝头几个黄。清昼半阴云忽忽，几人能解此凄凉。

绕塞西风白露天，万山黄叶落翩翩。穿窗日影无私照，一隙常来到卧边。

五十余年人世事，此间白发几经秋。不知淫雨烟波上，谁去乘风泛柏舟。

看开宇宙谁人事，白昼天涯此日头。雁过故惊囚榻梦，一声凉夜送高秋。(《秋日十咏》)

乾坤无处不清明，伫立间看燕羽轻。一念孤怀酬圣主，百年人物此残生。

窗间舒日渐融融，曳杖逍遥百虑空。千古吾心谁乐与，首阳花草自春风。

雨霁春郊秀女萝，闲云偏惹落霞多。南鸿一羽冲寒峭，万里长空晚独过。

阳和到处总无垠，老干苍柯向月新。莫道幽囚空岁月，东风还有去年心。

柝声急处雁声高，门掩圜灯夜寂寥。念此天涯归路杳，谁将一段楚魂招。

云掩燕山接地阴，霈城新雨细霏霏。即看宇宙均生意，识得乾坤作用心。

迟日幽圜春又深，闲听燕语散愁襟。自知一息延朝暮，到此还余忧世心。

四年多罪锁危垣，惊眼金吾春草蕃。一点孤忠应未死，君王恰有好殊恩。

檐头对雨雨萧萧，墙内葵心墙外桃。日暮东风惆怅处，闲看林鸟各归巢。

十载忧时一念深，竟成身世此浮沈。斜阳满目萧条事，写作长歌次第吟。

萋萋幽草映圜阶，羡尔逢春早意谐。此日吾生犹未泯，且歌愁句散愁怀。

从此超然脱故吾，天空海阔见洪模。无容类是假男子，有忍方为真丈夫。（《春日十二首》）

《初夏闻雷次韵》："检身吾戴囚冠坐，宥罪孰为天下悲。"初夏闻雷声，时序匆匆过。自己身陷囹圄，即使被宽赦罪责，也不会改变为天下悲忧的初衷。《冬至》："两年长夜独悲感，一点丹怀孰与歆。"冬至又至，时光流逝。在这两年狱中的天天长夜里，独自咀嚼痛苦，心中的忧国赤诚难以向人诉说。《葵初出二绝》："愁中偏有赏花兴，早把赤心为我开。""我去应无人会赏，徒倾一点与谁开。"看见了狱室外的葵花，不免触物兴感。自己忠诚君国，如葵花向太阳。虽然一片赤诚，君王却不予理会，不由心生悲怨。《秋日十咏》："已知忧国非吾事，有感还余恻恻心。""万里君门皇路在，一身罪难几时终。""延颈九重天外远，难将一念悟君王。""多罪残身忘是我，迩来都付与苍天。"悲伤自己忧国谏言落得身陷诏狱，忧怨君王蒙蔽不悟，忧念自己的生命将在罪罚中无声的消磨，自己忠诚为国的谏诤不能被君王理会，只能将此心志托付苍天。诗人遭受冤狱，无可告诉，怨愤之感，溢满笔端。《春日十二首》："一念孤怀酬圣主，百年人物此残生。""千古吾心谁乐与，首阳花草自春风。""莫道幽囚空岁月,东风还有去年心。""念此天涯归路杳,谁将一段楚魂招。""自知一息延朝暮,到此还余忧世心。""四年多罪锁危垣,惊眼金吾春草蕃。一点孤忠应未死,君王恰有好殊恩。""檐头对雨雨萧萧,墙内葵心墙外桃。""十载忧时一念深,竟成身世此浮沈。"诗人在狱中已经度过了四年的冤屈时光,当春天重又来临,不免触景生情,伤叹起古今相同的志士诤臣不幸命运。从伯夷叔齐到屈原,诗人从中找到了支撑自己坚守忠直立场的心理依据,表示要坚持这样的孤忠,不改变忧世忧国的赤诚葵心。

4. 吐露自己出狱复又入狱的怨苦,忠于君主而坚守志节的慷慨。

忽忆去年今日秋,狂狴同得荷天休。暂归故里观三径,传播纶音到九州。明主心无偏好恶,小臣罪未了幽囚。有时旷荡恩还下,稽首遥辞五凤楼。(《乙巳年八月十二日主上符鸾释放寻复逮系有感》)

白衣黑马出乡城,饮饯多君挥泪情。世上谁无生死路,不须分袂叹危行。

漂零四海一孤踪,眼底颠危悲路穷。共说君恩天浩荡,还期故里再相逢。

涉险犹余诗兴狂,回头马上别金阳。平生胸次他无虑,一念还为天下伤。

遥向北邙哭范滂,皇纲复为汉人伤。诸贤不向幽中死,剖柱心无符后映。

三木如堪及俊良,杀身不必虑深长。投尸近有黄河在,谁肯将来葬首阳。(《嘉靖乙巳年八月十二日出狱归九月十一日复逮系途次有作》)

反身未了他年罪,乐土还逢今日安。慰尔耐寒庭下柏,主人依旧又来看。(《乙巳年十月二十五日夜复入狱咏柏一绝》)

《乙巳年八月十二日主上符鸾释放寻复逮系有感》:"明主心无偏好恶,小臣罪未了幽囚。"诗篇作于嘉靖二十四年(1545),感慨自己刚从诏狱释放,又被打入诏狱。在对皇帝的回护遮掩中,也包含了诗人对遭受冤狱的不平之鸣。《嘉靖乙巳年八月十二日出狱归九月十一日复逮系途次有作》:"平生胸次他无虑,一念还为天下伤。""遥向北邙哭范滂,皇纲复为汉人伤。""三木如堪及俊良,杀身不必虑深长。"诗篇作于嘉靖二十四年(1545),诗人在出狱又入狱的摧折下,心志并没有改变,仍然坚持着过往谏诤皇帝时所抱持的宗旨,虽然个人处境孤危,前景堪忧,但心忧天下、社稷为重的人生价值取向始终如一。诗人追思汉代诤臣范滂为纠正时弊挺身效命的悲壮之举,反观自己桎梏加身的厄运，胸中激涌出舍生取义的慷慨悲情。《乙巳年十月二十五日夜复入狱咏柏一绝》："反身未了他年罪，乐土还逢今日安。慰尔耐寒庭下柏，主人依旧又来看。"诗篇作于嘉靖二十四年（1545），诗人感慨自己重返诏狱，在聊以宽慰的自嘲中，用耐寒的松柏寓意了自己不改心志的人生态度。

杨爵连篇累牍写下这些冤狱诗歌，有意识地系统记录自己非同寻常的政治生涯，披露自己的政治心迹，作为自己明志固心的立场表达和守正不渝的价值宣示，也作为自己承受冤狱痛苦的心理支撑和希望清名留史的心理期待；客观上也在诗歌史上留下了揭示明代君臣政治关系的珍贵材料，提供了认识明代士大夫谏诤行为在朝廷政治中的角色及其后果的独特案例。

杨爵在经历诏狱之前的仕宦生涯中，曾担任行人司行人，被派往地方巡视灾情，施行赈济，目睹各地治理实情，写下了《山西行》《鬻子行》等怨政诗，记述地方政治崩坏、天灾战祸殃民、税赋徭役严苛的社会现实情况，表现出诗人忧民济世的情怀，与前述描写冤狱的怨政诗忠君忧国的心迹在内涵指向上是相通的。如：

吾闻往岁旱魃灾，赫赫炎暑毒埏垓。垄上禾苗尽枯槁，茫茫千里赤尘埃。疾威均为下土虐，山西之民尤可哀。闾里饿殍无所告，昊天又降酷烈来。草茂秋高敌势张，戎马南侵混疆场。可怜百万生灵命，尽在边人刀下亡。太原城外数千里，血流漂杵遍封疆。死者纵横如山积，守臣不敢奏朝堂。杀气腾空鬼神愁，尸填沟壑水不流。旧时邑落数千室，而今且无二三留。敌情变诪不可测，边将何不蚤为筹。庙谟要得良平策，经略须用韩范俦。朔方世为中国患，古来谁不事先忧。君不见，薄伐猃狁励士马，周王允是中兴者。当时文武有尹公，举旗一麾清郊野。又不见，汉帝当年重细柳，亚夫军前无踢躅。拊髀思贤一饭切，魏尚复作云中守。天生我皇圣且仁，区区周汉岂作论。常虑一物或失所，岂知边衅渎苍旻。我愿君王目，视远烛泑穆，望见山西境上多白骨。我愿君王耳，聪听几万里，时闻山西哭声夜不止。（《山西行》）

燕街寡妇泪涟涟，自言夫死未期年。昼勤织纺为衣食，夜抚孤儿不遑眠。孤儿幸能学步履，我夫有以继其先。成立时遇清明节，今将麦饭洒埏前。妾身百年归土室，地下逢夫无愧颜。奈何我生日茕茕，靡依靡怙叹伶仃。旻天不吊此穷苦，疾威频将下土倾。往年麦豆皆枯槁，晚禾遭霜又未成。今春父子不相顾，骨肉分离向远行。眼见旧时多富姿，而今转作沟中泥。母子困厄何所赖，泣抱孤儿走京师。谁知京师亦萧条，哀哉艰难无处号。街头死者无人掩，多是流民向此逃。母寒儿饥日叫哭，无力走去但匍匐。眼中流泪口中干,只得将儿入市鬻。市上纷纷草标待,卖者空多买者稀。直到日夕才定约,破钱百文救我饥。思量此钱买黍饭,是食吾儿肤与肌。抆泪收钱敝裳湿,如割心肺痛难支。母解怀抱将儿出,儿将两手抱母衣。跌脚投地气欲绝,竟将母子强分离。买主抱儿色凄惨,妇人欲去步难移。儿哭声,母哭声,皆哭死者又哭生。儿哭母毒舍我去,母哭苍天叫不应。(《鬻子行》)

《山西行》描述了诗人在晋地亲见的社会乱象。有严重天灾之后百姓得不到救助,荒政完全失效的情形:"垄上禾苗尽枯槁,茫茫千里赤尘埃。疾威均为下土虐,山西之民尤可哀。闾里饿莩无所告,昊天又降酷烈来。"有外寇大举进犯,官军无力阻挡,将帅缺乏运筹,百姓丧命铁蹄的情形:"草茂秋高敌势张,戎马南侵混疆场。可怜百万生灵命,尽在边人刀下亡。太原城外数千里,血流漂杵遍封疆。死者纵横如山积,守臣不敢奏朝堂。""敌情变谲不可测,边将何不蚤为筹。"诗人对天灾战祸的严峻状况忧急若焚,直接向皇帝发出了及时获知灾情和战况的吁求:"我愿君王目,视远烛汤穆,望见山西境上多白骨。我愿君王耳,聪听几万里,时闻山西哭声夜不止。"这样的吁求实际也包含了对皇帝疏离现实、朝廷荒政失效及边策失误的怨责。《鬻子行》以一家孤儿寡母骨肉分离的画面披露灾年荒政失效的普遍事实。"旻天不吊此穷苦,疾威频将下土倾。往年麦豆皆枯槁,晚禾遭霜又未成。今春父子不相顾,骨肉分离向远行。""街头死者无人掩,多是流民向此逃。""眼中流泪口中干,只得将儿入市鬻。市上纷纷草标待,卖者空多买者稀。""儿哭母毒舍我去,母哭苍天叫不应。"这样的惨状分明揭示了地方官府在大规模灾荒面前应对失策,百姓陷入了孤苦无助、自生自灭的境地。诗人对社会现实的关切很有深度,对朝廷和官府施政错谬的指斥十分尖锐。作品所体现的儒士情怀深厚真诚,这样的情怀成为作者后来历经磨难而坚守不变的价值取向的基础,并非惺惺作态的廉价同情和叨叨怨责。

五 顾梦圭 谢榛 王问 钱嶪 归有光 杨继盛 宗臣

顾梦圭(1493?—?),字武祥,昆山(今江苏昆山)人。嘉靖间进士,官至江西右布政使。

顾梦圭的怨政诗关注较为广泛,涉及宦官兼并农家土地,官吏应对灾荒不力,官员贪婪敛取民财,灾年不减税赋,官场迎送挥霍等等,记录了嘉靖年间地方治理的实况。如:

入城半里无人语，枯木寒鸦几茅宇。萧萧酒肆谁当垆，武清西来断行旅。县令老羸犹出迎，头上乌纱半尘土。问之不答攒双眉，但诉公私苦复苦。雨雹飞蝗两伤稼，春来况遭连月雨。绵城之西多草场，中官放马来旁午。中官占田动阡陌，不出官租地无主。县中里甲死诛求，请看荒坟遍村坞。（《潮县行》）

群方水旱岁不虚，郡国正奈无仓储。何人建议募输粟，只恐米来民半无。天子亲耕后亲织，转见民间多菜色。明堂清庙事且迟，一土一木民膏脂。（《雷雪行》）

夏月行部至雷州，思制一葛且复休。冬月行部至廉州，思制一裘且复休。故衣虽穿尚可补，秋毫扰民民亦苦。先朝不有轩尚书，堕水忍寒却新襦。千缣万镪入私橐，硕鼠硕鼠心何如。（《裘葛行》）

滹沱水决年复年，城北一望皆平川。田荒不闻免租税，卖儿鬻女偿官钱。百家今无十家在，老翁腊月衣无绵。编草为船渡行客，破履深入层冰间。索钱买饼不充腹，终委沟壑何人怜。北地凋残此为最，来往况复多轺轩。我来正逢贵者至，横须供张何喧喧。辛勤为民省百费，路旁但称曾令贤，曾令名德字日宣。（《献县行》）

《潮县行》记述宦官兼并农家土地的严峻事实。"入城半里无人语，枯木寒鸦几茅宇。""县令老羸犹出迎，头上乌纱半尘土。问之不答攒双眉，但诉公私苦复苦。"从县令的介绍中，诗人得知是宦官兼并霸占了大量土地，又拒不承担这些土地原来的官租："中官占田动阡陌，不出官租地无主。"由此导致潮县的税赋负担更加畸形地压到农家头上，官府不敢向宦官催科，反转向农家冷酷逼税："县中里甲死诛求，请看荒坟遍村坞。"潮县百姓能逃已逃，不能逃则死，潮县境内出现了荒坟累累、人烟稀少的不正常萧条。《雷雪行》以地方荒政失效映衬朝廷农政的失策。当灾荒造成多地仓储空虚之时，官员不切实际的建议对赈济饥馑已经无济于事。"群方水旱岁不虚，郡国正奈无仓储。何人建议募输粟，只恐米来民半无。"相较之下，朝廷似乎很重视农耕在施政中的地位，皇帝亲耕、皇后亲织以示范民间："明堂清庙事且迟，一土一木民膏脂。"但庙堂上这些耗费不低的仪式并未起到实际的作用，反倒靡费了社会财富。《裘葛行》对比了两种官吏的为官态度，一种官员清廉为政，不在俸禄之外贪索，甚至额内的衣着制服都能省则省："故衣虽穿尚可补，秋毫扰民民亦苦。"另一种官员则贪得无厌，掠民以逞："千缣万镪入私橐，硕鼠硕鼠心何如。"诗篇对两种官吏的褒贬毫不含糊。《献县行》记述了洪灾之年献县百姓的艰难处境。"滹沱水决年复年，城北一望皆平川。田荒不闻免租税，卖儿鬻女偿官钱。"灭顶之灾的洪水横扫过后，官府也没有减免税赋，忙着催科收租，逼得灾民卖儿卖女抵偿官债。与此同时，上司巡视献县，官府张罗迎候："我来正逢贵者至，横须供张何喧喧。"排场靡费与赈济不力形成对照。

谢榛（1495—1575），字茂秦，临清（今山东临清）人。终身未仕。历正德、嘉靖、万历诗坛。嘉靖间与李攀龙等结为"后七子"。

谢榛后半生经历了多次颠沛流离，耳闻目睹了百姓在战祸和苛政下的生死苦难，对朝廷边策和地方吏治的诸多弊害有深切的体会，他的怨政诗直接描写了自己的听闻和感受。如：

忘年尔我重交情，论事相同见老成。月到广除寒有色，鸦归疏柳夜无声。三农更苦江南税，百战方休海上兵。岁暮银台应感叹，几人封事为苍生。（《夜话李孺长书屋因忆乃翁左纳言》）

燕京老人鬓若丝，生长富贵无人欺。少年慷慨结豪侠，弯弓气压幽并儿。自嗟迩来筋力衰，动须僮仆相扶持。忽惊杂骑到门巷，黄金如山难解危。余息独存剑锋下，子孙散尽生何为。厩马北驱嘶故主，劲风吹断枯桑枝。哀哉行，天何知。

燕京小儿眉目青，出门嬉戏娘叮咛。一蹙容颜问所欲，恨不上摘月与星。岂意今秋值丧乱，兄妹散失身伶俜。北去伤心涕泪零，风沙满面栖荒坰。长成被发能跃马，阴山射猎无时停。回首宁不念乡国，长城日落天冥冥。哀哉行，谁堪听。

燕京少妇殊可怜，自嫁北里无婵娟。临镜装成数顾影，日换罗绮何新鲜。正尔相欢鼓琴瑟，愿如并蒂池中莲。中秋月好宁长圆，烽烟散落高梁川。铦锋逼人动寒色，不忍阿夫死眼前。一去龙沙断归路，吁嗟此身犹独全。哀哉行，天胡然。

燕京女儿何盈盈，隔花娇语如春莺。邻姬盛装失光彩，颜色信是倾人城。许嫁城中羽林将，千金奁具犹言轻。门前一朝塞马鸣，晓眠未足心魂惊。颠倒衣裳科鬖发，驱之北去悲吞声。独恨跣足走荆棘，不与爷娘同死生。哀哉行，难为情。（《哀哉行》）

嗟哉宁阳簿，东北惊鼙鼓。一身乱后回，眼见苍生苦。伏尸满地下，乌鸢谁复盖棺归，黄土高秋鸡犬静。千家落日桑榆空，万户荒凉谁复存。昌平道上易销魂，有时空林一秃马，野风萧飒吹蓬根。金城晏安不可恃，长星堕地兵戈繁。烟尘欻起天改色，敌骑杂沓当人门。杀气遥连碣石馆，愁云更失燕丹村。村墟四顾豺虎乱，龙荒戍卒各星散。羌童隔河霜月中，芦管横吹夜漫漫。狐奴山下鬼火明，车箱渠上人烟断。大旗风动亚夫营，

天意噫噫终在汉。送君东去勿复叹，对酒且歌白石烂。（《王主簿乐三归自昌平志感》）

天上使星临雁塞，满城风雪荡旌旆。犒赏连营倍战心，健儿已遁龙荒外。君不见，岢岚州，云连雉堞生边愁。寒天惨淡日易落，偏令鸟雀群喞啾。郁潾结冰高于岸，逝水暗咽翻西流。防秋复防秋，不虞岁暮烽火稠。黠敌交攻孤垒破，马牛去尽犬独留。犬蹲屋角吠山月，鬼打钟声登戍楼。三关父老且挥涕，当代应多卫霍俦。今人白首待勋业，古人壮志图封侯。都护时能练士卒，还念严冬穷到骨。穷愁有骨可聊生，犹胜无功此身没。铁骑又从西北来，停鞭几为苍生哀。（《送许参军还都下兼寄严冢宰敏卿》）

东岭上头多树木，猛虎藏威白昼伏。西潭水深鱼鳖多，下有长蛟绝网罗。渔郎樵夫各生计，相逢共嗟太平世。两毒所恃期永年，山根地轴暗相连。背罍腰斧每聚散，回首茅茨炊烟断。妻子菜色饥尚可，户口办钱愁杀我。问天不言空苍茫，四郊落叶正风霜。（《渔樵叹》）

为说江南胜，豪华异往年。波涛扬子夕，风雨秣陵天。岁苦兵间赋，春荒战后田。都门迟飞挽，何处泊吴船。（《哀江南八首》一）

昆明未习战，南伐转忧深。兵气连瓜步，人烟断柘林。吴姬穷海泪，燕将故关心。何日铙歌转，苍生望捷音。（《哀江南八首》二）

战马嘶江上，寒生枫树村。新兵五都尽，旧业几家存。共倚中朝盛，谁将上策论。梁鸿避世者，宁复老吴门。（《哀江南八首》三）

召募今南讨，中原羽檄过。几年纾策定，一战赏功多。雾变青山色，天横沧海波。飘零国士老，长望一悲歌。（《哀江南八首》四）

驱马来河朔，云愁故国赊。干戈身是赘，道路酒为家。海戍多归雁，江城几落花。白头弟兄在，急难复何嗟。

江南兵未息，朝野共忧端。战伐疲吴税，功名老汉官。天空山雾惨，地坼海涛寒。妻子书难达，华亭梦里看。

我惜吴门客，言归动是哀。形容愁里变，离乱死中来。家远身犹滞，田荒赋几催。时清渡江去，长啸虎丘台。（《吴人郑速季入邺省兄中伯每谈倭寇之乱久而思归赋此以赠三首》）

《夜话李孺长书屋因忆乃翁左纳言》感慨江南乡村税赋沉重。"三农更苦江南税，百战方休海上兵。"海寇刚刚平息，百姓还未从战祸中缓过气来，官府加征的税赋带来了更大的伤害。《哀哉行》描写嘉靖二十九年（1550）"庚戌之变"给京师百姓造成的祸害。"余息独存剑锋下，子孙散尽生何为。"

"岂意今秋值丧乱,兄妹散失身伶俜。""铦锋逼人动寒色,不忍阿夫死眼前。""独恨跷足走荆棘,不与爷娘同死生。"诗篇分别描述"燕京老人""燕京小儿""燕京少妇""燕京女儿"等普通人的经历,揭示蒙古鞑靼土默特部首领俺答率军进犯明朝,明廷应对失策,明军御敌无能,酿成了京师震动、百姓受难的巨大灾祸。《王主簿乐三归自昌平志感》也记述了"庚戌之变"的灾祸。"一身乱后回,眼见苍生苦。伏尸满地下,乌鸢谁复盖棺归,黄土高秋鸡犬静。千家落日桑榆空,万户荒凉谁复存。""烟尘欻起天改色,敌骑杂沓当人门。杀气遥连碣石馆,愁云更失燕丹村。村墟四顾豺虎乱,龙荒戍卒各星散。"诗篇描写"敌骑"铁蹄践踏昌平等地,明军士卒抵挡不力,溃散奔逃,百姓死伤惨重,千村万落横遭劫难。《送许参军还都下兼寄严冢宰敏卿》忧虑边患严重,苍生遭殃。"天上使星临雁塞,满城风雪荡旌旃。犒赏连营倍战心,健儿已遁龙荒外。""防秋复防秋,不虞岁暮烽火稠。黠敌交攻孤垒破,马牛去尽犬独留。""铁骑又从西北来,停鞭几为苍生哀。"诗篇描述朝廷使者慰劳边军,却仍防不住士卒逃遁,其后敌寇进犯边郡,抢掠烧杀,百姓又遭受了战祸的戕害。《渔樵叹》从樵夫、渔夫的境遇揭示了官府赋税的严苛。"东岭上头多树木,猛虎藏威白昼伏。西潭水深鱼鳖多,下有长蛟绝网罗。""妻子菜色饥尚可,户口办钱愁杀我。问天不言空苍茫,四郊落叶正风霜。"诗篇喻示,对百姓来说,比猛虎、长蛟威胁更大的是苛重的税赋负担,百姓呼天不应,官府难逃其责。《哀江南》描写江南百姓在兵灾苛税下的悲苦生活。"岁苦兵间赋,春荒战后田。""新兵五都尽,旧业几家存。""召募今南讨,中原羽檄过。"战乱兵灾横扫各地乡间村落,抓丁拉夫,征战不断,加之赋税催迫,农家纷纷破产,到处一片萧条景象。《吴人郑速季入邺省兄中伯每谈倭寇之乱久而思归赋此以赠三首》感慨倭患、兵灾、苛税的多重灾难。"干戈身是赘,道路酒为家。""江南兵未息,朝野共忧端。战伐疲吴税,功名老汉官。""形容愁里变,离乱死中来。家远身犹滞,田荒赋几催。"诗篇描述倭寇祸患及战乱兵灾、严苛税赋交相侵害下,江南一片衰败。这种景况朝野都忧烦,但又治理乏术,应对无策,苦难就都落在江南百姓头上了。这些怨政诗是一个布衣诗人观察所在时代生活写下的社会纪实,有一定的认识价值。

王问(1497—1576),字子裕,无锡(今江苏无锡)人。嘉靖间进士,历户部主事、车驾郎中、广东按察佥事等。

王问的怨政诗有描写倭寇祸患问题的,如《彼倭行》《筑城谣常熟县作》;有描写赋税兵役问题的,如《团兵行》《田家行》。

去年倭奴劫上海,今年绎骚临姑苏。横飞双刀乱使箭,城边野草人血涂。五郡陈红王外廪,洪武以来无一警。自从妖啸失农耕,伐鼓敲金穷旦暝。四月五月圩水平,氓丁悉索驱上城。官军岂无一寸铁,坐劝彼倭来横行。(《彼倭行》)

筑城入荒草,白沙无烟莽浩浩。筑城上高山,崩崖错崿青冥间。我生不辰可奈何,昔日边防今备倭。冯冯一杵复一杵,丁夫如云汗如雨。星火出门露下归,野田苗稀黄雀飞。今年县官复征税,城下相逢只垂泪。(《筑城谣常熟县作》)

销镵钁,铸刀兵,佃家丁男县有名。客兵贪悍不可制,纠集乡勇团结营。宁知县官不爱惜,疾首相看畏占籍。奔命疲劳期会繁,执戟操场有饥色。星火军符到里门,结束戎装蚤出村。将军令严人命贱,一身那论亡与存。保正同盟卫乡里,何期远戍吴淞水。极目沙堧白骨堆,向来尽是良家子。(《团兵行》)

田家场圃筑过畦,大儿当家小儿嬉。刈稻上场隐茅屋,黄日下檐鸡啄粟。人言亩收八斛余,官廪私租未及输。乐岁家家犹自苦,今日江南不如古。(《田家行》)

明代的倭寇之乱,危害最烈的时期是嘉靖、隆庆年间。《彼倭行》记述的就是姑苏等地的倭患情况。倭寇戕民,官府动员民众上城自卫,官军居然无所作为:"去年倭奴劫上海,今年绎骚临姑苏。""自从妖啸失农耕,伐鼓敲金穷旦暝。""官军岂无一寸铁,坐劝彼倭来横行。"诗人的质疑之中包含了斥责,正是因为官军窝囊无能,才造成倭寇骄狂肆虐。《筑城谣常熟县作》也描写倭寇之患。由于倭寇为害,沿海居民已不能正常劳作,田地不能耕种,被征役修筑城墙防备倭寇。"我生不辰可奈何,昔日边防今备倭。冯冯一杵复一杵,丁夫如云汗如雨。"而官府征收赋税也没有一点减免:"今年县官复征税,城下相逢只垂泪。"倭患之外又加重了官税,沿海百姓生活更为悲苦。《团兵行》描写官府抓丁组建乡勇团练,顶替不堪使用的官军。"客兵贪悍不可制,纠集乡勇团结营。"强征来的兵丁给养匮乏,训练严酷,被蝼蚁般驱赶上阵。"奔命疲劳期会繁,执戟操场有饥色。""将军令严人命贱,一身那论亡与存。""极目沙堧白骨堆,向来尽是良家子。"诗篇披露这种恶劣的兵制和兵役状况,很有样本价值。《田家行》描写农家丰年的忧愁。"人言亩收八斛余,官廪私租未及输。"屈指一算,减去官府的重税和田主的私租,农家的生活光景是黯淡的。

钱嶫(1506?—?),字君望,通州(今江苏南通)人。嘉靖间进士,历官建宁知府,浙江布政使司参政,巡关御史等。

钱嶫的《悯黎咏》感咏嘉靖二十七年（1548）官军征剿"群黎"民变的战事。

　　朝发城东门，夕驻藤江垒。杀气干层云，狼师渡藤水。鸡犬皆震惊，人民尽奔徙。海避愁蛟蛇，山匿畏虎兕。蛇虎犹可虞，狼毒不可迩。军令甚分明，颠仆何由弭。伶俜泣路衢，迸泪不能已。嗟哉一将功，岂独万国毁。
　　海南无猛虎，而有麈与麋。玄崖产珍木，种种称绝奇。斯物出异域，颇为中国推。以兹重征索，奔顿令人疲。穷年务采猎，为官共馈仪。苦云近岁尽，无以充携持。直欲诉真宰，铲此苏民脂。物理有固然，切怛令人思。
　　叶落当归根，云沉久必起。黎人多良田，征敛苦倍蓰。诛求尽余粒，尚豢犊与豕。昨当租吏来，宰割充盘几。吏怒反索金，黎民哪有此。泣向逻者借，刻箭以为誓。贷一每输百，扚削痛入髓。生当剥肌肉，死则长已矣。薄诉吏转嗔，锁缚不复视。黎儿愤通决，挺身负戈矢。枪急千人奔，犯顺非得已。赫赫皇章存，今人弃如纸。
　　朔风戒良节，赫赫张皇师。军门号令严，震肃将天威。壮士快鞍马，锋镞如星飞。一举破贼垒，刀斧纷纭挥。剖尸越丘阜，踏血腥川坻。白日暗西岭，瘴气昏余晖。翅鼠堕我前，饥乌逐人归。征夫怀惨忧，涕泗沾我衣。黎人本同性，云何发祸机。神武贵勿杀，不在斩获为。息火当息薪，弭兵当弭饥。谁生此厉阶，哲士知其非。

《悯黎咏》诗序称："嘉靖戊申，崖吏失御，重以积蠹之余。群黎遂叛，攻掠城邑，远近绎骚。抚者无策，漫以牛酒从事，越岁不戢。当路请命征讨，予分典戎事，深悼诛夷之惨，用广咨诹，卒藉天威，诛获渠首，歼荡丑类，总五千余级。诸村悔过，悉归顺焉。庚戌夏四月三日，凯奏底定，追惟致寇有因，覆车当戒，感时述事，潸然有怀。"诗序介绍了官军征剿"群黎"民变的战事经过，并提及应追思导致民变的根由。诗篇的记述环节精心对应了诗序揭示的题旨。官军征剿"群黎"十分凶悍："杀气干层云，狼师渡藤水。鸡犬皆震惊，人民尽奔徙。"而"群黎"叛逆有其深层原因："海南无猛虎，而有麈与麋。玄崖产珍木，种种称绝奇。斯物出异域，颇为中国推。以兹重征索，奔顿令人疲。""黎人多良田，征敛苦倍蓰。诛求尽余粒，尚豢犊与豕。昨当租吏来，宰割充盘几。吏怒反索金，黎民哪有此。泣向逻者借，刻箭以为誓。贷一每输百，扚削痛入髓。""黎儿愤通决，挺身负戈矢。枪急千人奔，犯顺非得已。赫赫皇章存,今人弃如纸。"这里明白揭示,官府重税苛征,贪官额外勒索,"群黎"被逼得走投无路,以至铤而走险,对抗官府。官军对"群黎"民变施行了强力杀戮:"一举破贼垒,刀斧纷纭挥。剖尸越丘阜,踏血腥川坻。"诗人对杀人如麻的征剿,心情是矛盾的。一方面希望维护政权的秩序,认定官军应该征剿,称扬官军的肃杀:"军门号令严,震肃将天威。壮士快鞍马,锋镞如星飞。"另一方面怨责官军滥杀黎人、官府宽纵贪吏:"黎人本同性,云何发祸机。神武贵勿杀,不在斩获为。息火当息薪,弭兵当弭饥。谁生此厉阶,哲士知其非。"民变的祸根没有消除,诗人对这样的危机处置结果深为忧虑。诗篇表现士大夫对待民变和"剿贼"的正统立场,内涵十分复杂、真实。

归有光(1506—1571),字熙甫,昆山(今江苏昆山)人。嘉靖间进士。历长兴知县、顺德通判、南京太仆寺丞等。

归有光的怨政诗主要涉及明朝中叶的倭寇之乱和"盗贼"之乱、官军之乱,如:

沧海洪波蘗,蛮夷竟岁屯。羽书交郡国,烽火接吴门。云结残兵气,潮添战血痕。因歌祈父什,流泪不堪论。

经过兵燹后,焦土遍江村。满道豺狼迹,谁家鸡犬存。寒风吹白日,鬼火乱黄昏。何自征科吏,犹然复到门。(《甲寅十月纪事二首》)

二百年来只养兵,不教一骑出围城。民兵杀尽州官走,又下民间点壮丁。

海上风波不可闻,东郊杀气日氤氲。使君自有金汤固,忍使吾民饵贼军。

避难家家尽买舟,欲留团聚保乡州。淮阴市井轻韩信,举手揶揄笑未休。

大盗睢盱满国中,伊川久已化为戎。生民膏血供豺虎,莫怪夷兵烧海红。

上海仓皇便弃军,白龙鱼服走纷纷。昆山城上争相问,举首呈身称使君。

海岛蛮夷亦爱琛,使君何苦遁逃深。逢倭自有全身策,消得床头一万金。

海水茫茫到日东,敌来恍惚去无踪。宝山新见天兵下,百万貔貅属总戎。

江南今日召倭奴,从此吴民未得苏。君王自是真尧舜,莫说山东盗

已无。(《海上纪事十四首》)

  鲤鱼山头日,日落山紫赤。遥见两君子,登岸问苦疾。此地饶粟麦,乃以水荡滟。水留久不去,三年已不食。今年虽下种,湿土干芽苗。因指柳树间,此是吾家室。前月水漫时,群贼肆狂猰。少弟独骑危,射死五六贼。长兄善长枪,力战幸得释。因示刀箭痕,十指尚凝血。问之此何由,多是屯军卒。居民亦何敢,为此强驱率。始者军掠民,以后军民一。民聚军势孤,民复还劫卒。鲤鱼山前后,遂为贼巢窟。徐沂两兵司,近日穷剿灭。军贼选骁健,叱呼随主帅。民贼就擒捕,时或有奔逸。其中稍黠者,通贿仍交密。以此一月间,颇亦见宁谧。二人既别去,予用深叹息。披发一童子,其言亦能悉。民贼犹可矜,本为饥荒迫。军贼受犒赏,乃以贼杀贼。吾行淮徐间,每闻邳州卒。荆楚多剽轻,养乱非弘策。(《鲤鱼山》)

  《甲寅十月纪事二首》记述嘉靖三十三年(1554)倭寇对昆山等地的大肆劫掠烧杀。"沧海洪波蹙,蛮夷竟岁屯。羽书交郡国,烽火接吴门。""经过兵燹后,焦土遍江村。满道豺狼迹,谁家鸡犬存。"倭寇对吴地的凶残洗劫,也反衬出官军在抵御和打击倭寇上的低效和无能。《海上纪事十四首》记述嘉靖年间吴地"盗贼"行凶肆虐、倭寇劫掠烧杀、官军御敌无能的实况。组诗的前面几首写到了内有"盗贼"作乱、外有倭寇侵害的双重祸患。"民兵杀尽州官走,又下民间点壮丁。""使君自有金汤固,忍使吾民饵贼军。""大盗睢盱满国中,伊川久已化为戎。生民膏血供豺虎,莫怪夷兵烧海红。"后面几首集中描写了倭寇纵横杀掠、官军无能御敌、官员畏缩渎职、官府谎报军情的种种祸乱。"避难家家尽买舟,欲留团聚保乡州。""上海仓皇便弃军,白龙鱼服走纷纷。""海岛蛮夷亦爱琛,使君何苦遁逃深。逢倭自有全身策,消得床头一万金。""海水茫茫到日东,敌来恍惚去无踪。""江南今日召倭奴,从此吴民未得苏。"诗篇尤为突出记录了一些官员在敌寇当前的国难时刻逃避职守的恶劣行径,留下了考察明代中期官军和地方官府应对倭患的珍贵资料。《鲤鱼山》描写"盗贼"和官军双重为祸。当地水灾严重,荒政缺失,一些民众转而为盗:"水留久不去,三年已不食。""前月水漫时,群贼肆狂猰。"官军前去剿"贼",酿祸却比"贼"还厉害:"始者军掠民,以后军民一。民聚军势孤,民复还劫卒。鲤鱼山前后,遂为贼巢窟。"诗人分别将他们称为"民贼""军贼"。"军贼选骁健,叱呼随主帅。民贼就擒捕,时或有奔逸。"这两种并为祸害的"贼"中,"军贼"危害更大:"民贼犹可矜,本为饥荒迫。军贼受犒赏,乃以贼杀贼。""荆楚多剽轻,养乱非弘策。"诗篇对朝廷处置民变的"养乱"策略提出了强烈的质疑。

杨继盛(1516—1555),字仲芳,容城(今河北容城)人。嘉靖间进士,历南京吏部主事、兵部员外郎、南京户部主事等。上疏弹劾严嵩,遭下狱,处死。

杨继盛的怨政诗集中抒写了自己忠信得罪、遭逢冤狱的怨愤心情。如:

寒桥凄凄哀怨绝,阴云黯黯郁愁结。西风满地苔痕红,尽是渭囚冤泪血。(《狱中红苔》)

风吹枷锁满城香,簇簇争看员外郎。岂愿同声称义士,可怜长板见亲王。圣明厚德如天地,廷尉称平过汉唐。性癖从来归视死,此身原自不随杨。(《朝审途中口吟》)

破窗不奈西风冷,况复萧条一敝裘。疏雪飘残忧国泪,寒更敲碎贯城愁。悲歌劳扰惭燕士,坐卧浑忘是楚囚。四海寻家何处是,此身死外更无求。(《小雪》)

我已因官累,尔何又爱官。街前骑马者,轰烈万人看。(《小儿索余画骑马官因索诗随吟父子问答口号》)

短鬓娑婆乌布巾,分明天地一狂人。忧时泪应笙歌落,报主心希宇宙新。寇贼共传知有我,孤危不死岂无神。寥寥勋业将蓬鬓,虚负当年献纳臣。(《有感》)

云黯黯兮郁愁结,雷隐隐兮哀怨绝。雨潜潜兮血泪下,水泠泠兮悲声咽。鸟乱啼兮怜人苦,花零落兮谁是主。欲入深兮无永穴,欲高飞兮无翰羽。扪胸问心心转迷,仰面呼天天不语。(《苦阴雨》)

浩气还太虚,丹心照万古。生前未了事,留与后人补。天王自圣明,制度高千古。平生未报恩,留作忠魂补。(《临刑诗》)

杨继盛是明世宗时期诤臣。曾上疏皇帝,意图阻止大将军仇鸾所筹办蒙古部落俺答与明朝互市事,被贬谪;复起用,后又因奏劾权臣严嵩,判入诏狱。史载:"已而俺答数败约入寇,鸾奸大露,疽发背死,戮其尸。帝乃思继盛言,稍迁诸城知县。月余调南京户部主事,三日迁刑部员外郎。当是时,严嵩最用事。恨鸾凌己,心善继盛首攻鸾,欲骤贵之,复改兵部武选司。而继盛恶嵩甚于鸾。且念起谪籍,一岁四迁官,思所以报国。抵任甫一月,草奏劾嵩,斋三日乃上奏曰:'臣孤直罪臣,蒙天地恩,超擢不次。夙夜只惧,思图报称,盖未有急于请诛贼臣者也。方今外贼惟俺答,内贼惟严嵩,未有内贼不去,而可除外贼者。''愿陛下听臣之言,察嵩之奸。或召问裕、景二王，或询诸阁臣。重则置宪，轻则勒致仕。内贼既去，外贼自除。虽俺答亦必畏陛下圣断，不战而丧胆矣。'"① "疏入，帝已怒。嵩见召问二王语，喜谓可指此为罪，密构于帝。帝益大怒，下继盛诏狱。"② 杨继盛被贬谪，是为国家面临的外部威胁而发声；被判入诏狱，是为朝廷面临的内部威胁而发声。两次被惩罚，都是忧国忧君所致。杨继盛的怨政诗是遭受政治冤屈的不平之鸣。《狱中红苔》明言自己遭受"诏狱"的冤屈。"西风满地苔痕红，尽是冤囚冤泪血。"悲泣诉说，泪滴如血，哭出了一个"冤"字。《朝审途中口吟》悲慨自己桎梏加身，虽然被世间称道为志士，但不愿被皇帝质疑忠信，更不服诏罪责罚。《小雪》悲泣自己忧国之心不被皇帝知信，自感今生有家难返，将冤死在这诏狱之中。虽然表面宽言对身死之后的声名不抱奢望，但仍然难以掩抑心中的冤屈之感。《小儿索余画骑马官因索诗随吟父子问答口号》借着对儿子感慨为官之难，实则抒写自己因谏言遭罪的冤屈不平。《有感》表达了自己不愿向奸佞作政治妥协的意志。诗人虽然身陷囹圄，仍然不改刚烈忠鲠的脾性，坦认自己是疏狂之士，也包含了对犯颜直谏的不悔。诗人申言自己为国家社稷忧虑，希望君主肃清朝廷，并发誓与奸慝"寇贼"不共戴天。"寇贼共传知有我，孤危不死岂无神。"《苦阴雨》描绘风云晦暗的环境，喻示自己蒙冤的悲凄心境。"扪胸问心心转迷，仰面呼天天不语。"诗人追问内心，叩问苍天，心中的冤屈得不到纾解。《临刑诗》是一首诤臣的政治绝命辞。面临死期将至，没有了忧惧，剩下的都是坦然。"生前未了事，留与后人补。""平生未报恩，留作忠魂补。"诗人自信，虽是谏诤遭罪，但忧国忠君的初衷并没有错谬。这种表态，透露了诗人坚持自己政治立场的动力和依据，与诗人实际的政治行为是一致的。

宗臣（1525—1560），字子相，兴化（今江苏兴化）人。嘉靖间进士。历吏部员外郎、福建提学副使等。

宗臣的怨政诗反映嘉靖年间倭寇为祸、"盗贼"作乱的外患内忧时局。如：

讵知烽火色，亦到海门东。九市旌旆立，千家杼轴空。渔樵新授甲，都护骤从戎。寂寞江天上，惊看一剑雄。

白日频搔首，青山一杖藜。星辰千骑入，风雨万家迷。有路难舟楫，中天急鼓鼙。愁心与芳草，江上共萋萋。

赤羽遥传越，黄霾近接吴。夷歌分鼓吹，野哭散蘼芜。日落江流急，

---

① （清）张廷玉等：《明史》卷二百九《杨继盛传》，中华书局2000年版，第3688页。
② 同上书，第3690页。

天高海气孤。中原有廉颇,尔辈敢长驱。

敌骑纵横甚,将军转斗频。两间迷白昼,万象失黄尘。江海遂流血,弓袠岂著身。招魂谁与赋,洒泪寄青苹。

华夏翻连寇,江淮遂苦兵。鲸鲵扬子渡,日月棘门营。侠气荆卿剑,雄心汉吏缨。尔曹何足虑,流涕此苍生。

坐叹兵机失,兼忧国计存。干戈在淮海,消息已乾坤。授钺曾诸将,宵衣独至尊。定知哀痛诏,早晚下江门。(《即事六首》)

到处苍生泪,那堪白羽惊。寸心折淮海,群盗驻延平。客有杞人抱,谁其汉吏缨。百年双眼在,可得见休兵。(《南陵道中闻闽寇》)

《即事六首》描写倭寇侵扰沿海,多地陷入了祸乱。"讵知烽火色,亦到海门东。九市旌旄立,千家杼轴空。""星辰千骑入,风雨万家迷。""夷歌分鼓吹,野哭散藜芜。"诗人认为是由于官军御敌乏术才会招致这样的严重局面:"中原有廉颇,尔辈敢长驱。"虽然也有将领率军抗倭,但未能扭转颓势。"敌骑纵横甚,将军转斗频。两间迷白昼,万象失黄尘。"面对外寇纵横、"盗贼"作乱的多重战祸交织,诗人为社稷安危、百姓生死深感忧虑:"华夏翻连寇,江淮遂苦兵。""尔曹何足虑,流涕此苍生。""坐叹兵机失,兼忧国计存。干戈在淮海,消息已乾坤。"诗篇揭示朝廷面临的军政形势十分严峻。《南陵道中闻闽寇》记述闽地"群盗"作乱。"到处苍生泪,那堪白羽惊。寸心折淮海,群盗驻延平。"诗人悲叹这样的祸乱不知什么时候才能消灭:"百年双眼在,可得见休兵。"将苍生落泪与"群盗"为祸对举描写,对官军"剿贼"不力发出怨言,表现了典型的士大夫正统立场。

六 王世贞

王世贞(1526—1590),字符美,太仓(今江苏太仓)人。嘉靖间进士。历南京刑部主事等。忤严嵩,免官。隆庆间复用,历广西右布政使、太仆寺卿。万历间历右副都御史。忤张居正,罢官。后起为南京刑部尚书等。

作为一个经历了当朝许多重大政治事件的诗人,王世贞的怨政诗记述了一系列众所瞩目的人和事,如《袁江流钤山冈当庐江小吏行》怨刺严嵩、严世蕃,《将军行》怨刺仇鸾,《太保行》怨刺陆炳,《钧州变》怨刺朱载圳,《尚书乐》怨刺赵文华,等等。这些篇章在批判权臣擅权乱政的同时,还批判了他们僭越奢靡的生活。从中国古代政治文化观念考量,官员违反礼制的僭越,极度奢靡的挥霍,已不仅关乎道德评判,而是属于不被社会认可的政治冒犯。历代怨政诗对这类僭越现象的批判,是中国古代德型政治观念和正统政治观念的复合表达。

《袁江流钤山冈当庐江小吏行》是一首近两千字的长篇怨政诗，将严嵩、严世蕃父子发迹、揽权、擅政、行乐、作恶、覆灭的政治人生绘成了一幅长长的画卷，展示了当朝权臣擅权乱政、贪索巨财的祸国行径。

汤汤袁江流，截嶪钤山冈。钤山自言高，袁江自言长。不知何星宿，独火或贪狼。降生小家子，为灾复为祥。瘦若鹳雀立，步则鹤昂藏。朱蛇戟其冠，光彩烂纵横。孔雀虽有毒，不能掩文章。十五齿邑校，二十荐乡书。三十拜太史，矻矻事编摩。五十天官卿，藻镜在留都。六十登亚辅，少保秩三孤。七十进师臣，独秉密勿谟。八十加殊礼，内殿敕肩舆。任子左司空，孽孙执金吾。诸儿胜拜跽，一一赐银绯。甲第连青云，冠盖罗道途。燠直不复下，中禁起周庐。凉堂及便房，事事皆相宜。文丝织隐囊，细锦为床帷。尚方铸精镠，胡碗杯菰篱。雕盘盛玉膳，黄票封大糦。五尺凤头尖，时时遗问遗。黄绒团蟒纱，织作自留司。匹匹压纱银，百两颇有余。煎作百和香，染为混元衣。温凉四时药，手自剂刀圭。日月报薄蚀，朝贺当暑祁。但卧不必出，称敕撰直词。御史喋莫声，缇骑勿呵谁。相公有密启，为复未开封。九重不斯须，婕妤贴当胸。密诏下相公，但称严少师，或字呼惟中。县官与相公，两心共一心。相公别有心，县官不得寻。相公与司空，两心同一心。司空别有心，相公不得寻。昔逐诸城翟，黄冠归田里。后诒贵溪夏，朝衣向东市。戈矛生謦欬，斋粉成睚眦。朝疏论相公，棰榜夕以至。宁忤县官生，不忤相公死。相公犹自可，司空立杀尔。凌晨直门开，九卿前白事。不复问诏书，但取相公旨。相公前报言，但当语儿子。儿子大智慧，能识天下体。九卿不能答，次且出门去。不敢归其曹，共过城西邸。司空令传语，偶醉未可起。去者归其曹，留者当至未。九卿面如土，九卿足如枳。为复且忍饥，以次前白事。司空有德色，相公直庐喜。司空稍嗳嚅，相公直庐恚。不复问相公，但取司空旨。县官有密诏，急取相公对。相公不能对，急复呼儿子。儿子大智慧，能识天下体。一疏天怒回，再疏天颜喜。九边十二镇，诸王三十国。中外美达官，大小员数百。各各黄金铸，一一千金直。南海明月珠，于阗夜光玉。猫精鸦鹘石，洒黄祖母琭。红紫青鞣鞠，大者如拳蕨。蔷薇古刺水，伽南及阿速。瑞脑真龙涎，十里为芬馥。古法书名画，何止千百轴。玉躞标金题，煌煌照箱簏。妖姬回鹘队，队队皆殊色。银床金丝帐，玉枕象牙席。杏衫平头奴，丝縢双蹴鞠。酒阑呼不见，潜入他房宿。生埋冯子都，烂煮秦宫肉。生者百丛花，殁者一丛棘。近即龙床底,远至阴山后。凡我民膏脂,无非相公有。义儿数百人,监司迫卿寺。以至大节镇,侯家并戚里。逶迤洙泗步,灿灿西京手。老者相公儿,少者司空子。谓当操钧柄,天地俱长久。御史上弹章,天眼忽一开。诏捕少司空,究核诸赃罪。三木囊赭衣,炎方御魑魅。金吾一孙戍,余者许归侍。意犹念相公,续虆存晚计。舳舻三十艘,满载金珠行。相公船头坐,谁敢问讥征。啸傲郿坞间,足夸富家翁。司空不之戍,还复称司空。广征诸山材,起第象紫宫。募卒为家卫,日夜声汹汹。从奴蹋邑门,子弟郡国雄。不论有反状,讹言所流腾。宗社万不忧,黔首或震惊。御史再发之,天威不为恒。御史乘飞置,捕司空至京。司空辞相公,再拜泣且絮。今当长相别,儿不负阿父。相公心自言,阿父宁负汝。不识一丁字,束发辟三府。月请尚书奉,冠服亚汝父。汝父身不保,安能相救取。重恩监行客,少入别诸姬。归者吾而配,不归而鬼妻。诸姬心自言,司空何太痴。归者吾而配,不归人人妻。还抚诸儿郎,阿爷生别离。金银空饶积,高与钤山齐。不得铸爷身,及身儿始知。儿郎心自言,阿爷何太痴。有金儿当使,无金儿自支。监行两指挥,各携铁银铛。程程视溲寝,步步相扶将。有酒强为歌,无酒夜彷徨。秋官爰书上,顷刻飞骑传。一依叛臣法,矼死大道边。有尸不得收,纵施群乌鸢。家赀巨千万,少府司农钱。上宝入尚方,中宝发助边。不得称相公,没入优老田。片瓦不盖头,一丝不著肩。诸孙呼践更,夕受亭长鞭。僮奴半充戍,余者他州县。夜半一启门,诸姬鸟兽窜。里中轻薄子,媒妁在两腕。相公逼饥寒,时一仰天叹。我死不负国,奈何坐儿叛。傍人为大笑,嗟汝一何愚。汝云不负国,国负汝老奴。谁令汝生儿,谁令汝纵臾。谁纳庶僚贿,谁朘诸边储。谁戮直谏臣,谁为开佞谀。谁仆国梁柱,谁剪国爪牙。土木求神仙,谁独称先驱。以此称无负,不如一娄猪。食君圈中料,为君充庖厨。以此称无负,不如一羖羭。食君田中草,为君御霜雪。以此称无负,不如韝中鹘。虽饱则掣去,毛羽前啮决。以此称无负,不如鼠在厕。虽有小损伤,所共多污秽。相公寂无言,次且复彷徨。颊老不能赤,泪老不盈眶。生当长掩面,何以见穹苍。死当长掩面,何以见高皇。殓用六尺席,殡用七尺棺。黄肠安在哉,珠襦久还官。狐兔未称尊,一丘不得安。为子能负父,为臣能负君。遗臭污金石,所得皆浮云。

诗篇清晰勾勒了严氏父子的人生轨迹,不待史载补充,即可感知其人其事的可憎可叹。严氏的发迹历程,是一张春风得意步步登高的履历表:"十五齿邑校,二十荐乡书。三十拜太史,矻矻事编摩。五十天官卿,藻镜在留都。六十登亚辅,少保秩三孤。七十进师臣,独秉密勿谟。八十加殊礼,内殿敕肩舆。"严氏在权力大厦完成了登堂入室的攀升过程后,坐稳了权力宝座,志得意满,一副大权在握高居人上的显贵派头:"日月报薄蚀,朝贺当暑祁。但卧不必出,称敕撰直词。御史噤莫声,缇骑匆何谁。"得到皇帝的青睐,严氏权势炙热,不可一世,尽情享受权力带来的奢靡:"南海明月珠,于阗夜光玉。猫精鸦鹘石,洒黄祖母绿,红紫青𫘜鞨,大者如拳蕨。蔷薇古刺水,伽南及阿速。瑞脑真龙涎,十里为芬馥。古法书名画,何止千百轴。玉躞标金题,煌煌照箱簏。妖姬回鹃队,队队皆殊色。银床金丝帐,玉枕象牙席。杏衫平头奴,丝縢双蹴鞠。酒阑呼不见,潜入他房宿。""义儿数百人,监司迨卿寺。以至大节镇,侯家并戚里。逶迤洙泗步,灿灿西京手。老者相公儿,少者司空子。谓常操钧柄,天地俱长久。"奢靡已达极顶,擅政已达极顶,似乎这样的威福可以天长地久了。但命运的转折不可避免地降临了,严氏转瞬间就丧失了弄权操柄的资格,被革职放还。刑罚相加,家财尽散,卑辱之事一一临身:"御史上弹章,天眼忽一开。诏捕少司空,究核诸赃罪。三木囊赭衣,炎方御魑魅。""一依叛臣法,砥死大道边。有尸不得收,纵施群乌鸢。家赀巨千万,少府司农钱。上宝入尚方,中宝发助边。不得称相公,没入优老田。片瓦不盖头,一丝不着肩。诸孙呼践更,夕受亭长鞭。僮奴半充戍,余者他州县。夜半一启门,诸姬鸟兽窜。"严氏被逐出朝廷后,对自己的擅权乱政作了自我辩解,诗篇对此予以无情讥刺:"相公逼饥寒,时一仰天叹。我死不负国,奈何坐儿叛。傍人为大笑,嗜汝一何愚。汝云不负国,国负汝老奴。谁令汝生儿,谁令汝纵臾。诳纳庶僚贿,谁朘诸边储。谁戮直谏臣,谁为开佞谀。谁仆国梁柱,谁剪国爪牙。土木求神仙,谁独称先驱。"激烈斥责了严氏弄权祸国、贪贿敛财、迫害忠臣的诸等恶行,冷峻呈现了严氏从飞扬跋扈到身败名裂的跌宕浮沉。最后,诗篇对严氏的政治人生作了定评:"遗臭污金石,所得皆浮云。"严氏专权乱政,贪贿索财,僭越挥霍,把朝廷政治搅得乌烟瘴气。诗篇对严氏的种种恶行作了清算式的描写,讽意十足,痛快淋漓。

《将军行》讽刺嘉靖年间太子太保、大将军仇鸾弄权作奸,身死戮尸。

娄猪化为龙,头角故不分。贪狼长百兽,哪不食其群。有何短老公,自称大将军。从兵三十万,华盖若飘云。尺一丹棱箧,细刺蛟螭纹。一署臣某字,直入铜龙门。忽开青天笑,雷公不得闻。碧眼双胡儿,惯骑大宛驹。与公同卧起,辫发貂襜褕。朝令谒天子,暮令拜单于。单于开篚看，中有尺一书。织成紫氍毹，恰恰覆穹庐。犀毗黄金造，密嵌珊瑚珠。团龙五色帛，百匹为一角。单于大欢喜，亲为割肉炙。小妇弹琵琶，大妇奉羊酪。手取一束箭，墨文何错落。为语而将军，物微意不薄。箭锋但相近，各各相引却。归还告将军，将军大欢喜。今年胡却去，好复开茅土。幕府上功簿，两胡对金紫。鬼伯何催促，将军向蒿里。严霜一夜零，华堂遍荆杞。翩翩执金吾，缇骑类貔虎。急为发其私，丞相下御史。支磔将军骸，分枭十二边。车裂两胡儿，铲肉施乌鸢。红颜夫人妇，悬首映旌旐。白面羽林郎，含咽向重泉。小女配人奴，歌舞侯家宴。田园亿千疆，各自称新阡。生为众人恨，死为众鬼怜。寄语二心臣，贻臭空万年。

诗篇述及仇鸾得嘉靖皇帝宠信，威势赫赫，可以直入皇宫："有何短老公，自称大将军。从兵三十万，华盖若飘云。尺一丹棱篚，细刺蛟螭纹。一署臣某字，直入铜龙门。忽开青天笑，雷公不得闻。"仇鸾以大将军身份与蒙古俺答部落交往，急功近利，进退失据："朝令谒天子，暮令拜单于。""单于大欢喜，亲为割肉炙。""为语而将军，物微意不薄。""今年胡却去，好复开茅土。"仇鸾与俺答的不当交往及后来与俺答作战不力，与明军屡战不利大有关联。仇鸾的政治浮沉是当时朝廷政治内斗的一幕。史载："仇鸾得宠，陵嵩出其上，独惮（陆）炳。炳曲奉之，不敢与钧礼，而私出金钱结其所亲爱，得鸾阴私。及鸾病亟，炳尽发其不轨状。帝大惊，立收鸾敕印，鸾忧惧死，至剖棺戮尸。"① 仇鸾在与陆炳等其他权臣的相争中被举劾，遭革职后忧惧而死，甚至下葬后被开棺戮尸。"鬼伯何催促，将军向蒿里。严霜一夜零，华堂遍荆杞。""急为发其私，丞相下御史。支磔将军骸，分枭十二边。""生为众人恨，死为众鬼怜。寄语二心臣，贻臭空万年。"对仇鸾的政治结局作了严厉的评判。史载："三十一年（1552）春正月壬辰，俺答犯大同。""三月戊子，大将军仇鸾帅师赴大同。""八月己未，收仇鸾大将军印，寻病死。乙亥，戮仇鸾尸，传首九边。"② 诗篇记述仇鸾的政治沉浮与后世的史载内容相印证，颇具文献价值。

《太保行》讽刺嘉靖年间权臣陆炳的飞扬跋扈。

北山虎而翼，南溟鲸而爪。生世不谐锦，衣帅作太保。太保入朝门，缇骑若云屯。进见中贵人，人人若弟昆。太保从东来，一步一风雷。行

---

① （清）张廷玉等：《明史》卷一百九十五《陆炳传》，中华书局2000年版，第5285页。
② （清）张廷玉等：《明史》卷十八《世宗本纪二》，中华书局2000年版，第160页。

者阐入室,居者领其颏。太保赐颜色,黄金立四壁。一言忤太保,中堂生荆棘。缇骑走八方,方方俱太保。太保百亿身,所至倏如扫。鸡鸣甲舍开,争先众公卿。御史给事中,不惜称门生。欢饮丞相邸,刻臂为父子。生非真骨肉,子贵父不喜。但呼太保名,能止小儿啼。鬼伯一何憨,荷索便相催。县官为震动,急敕治丧事。少府供金钱,东园给秘器。后帅朱都督,特遣护其家。起冢像阴山,翨屃插云霞。吊客虽以繁,不及贺者多。可怜堂中哭,不胜巷中歌。今皇帝时御,史白发阴私。称诏籍家财,金宝尽流离。妻子逐归故郡,兄弟作长流。家人大小鼠窜,不审作俘囚。赐冢踏为田,松柏摧为薪。已无牛羊地可上,何云近前太保嗔。金鸡鼓两翼,万户初帖席。士马行不得,万人各加额。有权勿遽欢,无权勿终酸。无权保庐井,有权不保七尺棺。我歌太保歌,贵者麕其颦。已令前人后人笑,莫令后人笑后人。

诗中描述太保兼少傅、锦衣卫都督陆炳的炙手可热的赫赫威势:"太保入朝门,缇骑若云屯。进见中贵人,人人若弟昆。太保从东来,一步一风雷。行者阐入室,居者领其颏。太保赐颜色,黄金立四壁。一言忤太保,中堂生荆棘。缇骑走八方,方方俱太保。太保百亿身,所至倏如扫。鸡鸣甲舍开,争先众公卿。御史给事中,不惜称门生。"一方面是"太保"不可一世的威权,一方面是众官趋炎附势的谄媚,朝廷的政治风气已经被扭曲到无以复加。陆炳的权势甚至威赫到如神如鬼般令世人恐惧:"但呼太保名,能止小儿啼。"后来却又落得了被开棺戮尸的下场:"有权勿遽欢,无权勿终酸。无权保庐井,有权不保七尺棺。"诗篇的讥讽充满了快意,对乱政的权臣发出了诅咒般的怨责。

《钧州变》怨讽嘉靖年间徽王朱载圫的种种恶行。

富贵且莫求,贫贱且莫忧。奉君一卮酒,为君奏钧州。钧州先王日,恩宠冠诸侯。斗大黄金玺,真人刻上头。下令黔黎伏,上用神鬼愁。后宫五百人,一一玉搔头。工作俾尚方,永巷儳长秋。枚马不足谭,八公日从游。守令惕惕来,白事长叩头。御史昂昂来,旬月论为囚。数极终有归,祸至不自谋。急风覆破檐,天火烧枯桑。前人抽栋去,后人压空房。可怜少年子,急利好儿郎。深宫不足居,要走高皇乡。红粉厌为土,改作估客装。谬称平阳骑,去狎秦淮倡。秦淮欢不足,逻骑忽纵横。旦夕长安道,冠盖郁相望。中坐中贵人,貂裘金左珰。先收真人玺,后夺诸王章。昔日甘泉殿,千里若咫尺。今日未央门,一叩不复得。手种桃李花,须臾变荆棘。投书太保府,行金丞相宅。但进不复论,杳如海沉石。四门陈刁斗,击令心肠坼。鸡犬寂无声,幸弄争逃匿。掩泣复沉沦,洒谓众夫人。昔忝千乘主,安能缚辒轮。谁言乃公勇,千载不复晨。但没从我去,存者他人亲。华容慨起舞,虞姬絮前陈。急风覆破槛,谁不喂饥鳞。天火烧空桑,女萝亦见焚。引颈各高悬,举宫向沉沦。我欲竟此曲,罢曲涕泗涟。日月与雷霆,往往任高天。

史载:"(嘉靖三十五年,1556)九月乙丑,徽王载埨有罪,废为庶人。"①"钧(州),徽王封国也,宗戚豪悍,恩约束之。""偕按臣劾徽王载埨贪虐,遂夺国。"②诗篇记述了朱载埨仗恃藩王身份,骄奢无度,作威作福。"钧州先王日,恩宠冠诸侯。斗大黄金玺,真人刻上头。下令黔黎伏,上用神鬼愁。后宫五百人,一一玉搔头。"生活上僭越挥霍,政治上也滥权逞气:"守令惕惕来,白事长叩头。御史昂昂来,旬月论为囚。"徽王放纵贪欲,淫虐放荡,翻新出奇:"深宫不足居,要走高皇乡。红粉厌为土,改作估客装。谬称平阳骑,去狎秦淮倡。秦淮欢不足,逻埨忽纵横。"朱载埨的作奸犯科终于招致覆灭。威赫的藩王,一朝即废为庶人:"旦夕长安道,冠盖郁相望。中坐中贵人,貂裘金左珰。先收真人玺,后夺诸王章。昔日甘泉殿,千里若咫尺。今日未央门,一叩不复得。手种桃李花,须臾变荆棘。"诗篇讥刺藩王的下场:"日月与雷霆,往往任高天。"感慨朱载埨无法无天,肆意妄为,终于得到天理王法昭若日月的惩罚。

《尚书乐》描述了权臣严嵩的亲信赵文华攀龙附凤、得势骄狂、贪敛逞欲的一些场景。

扬翠耽,曳金支。马骏骙,车逶迤。手将两黄钺,大者诛二千石,小者僇偏裨。九卿班伐日崦嵫,相君眄眄前致辞。尚书行出师,乐哉尚书奈乐何。所过二千石,丧魂魄。日夜辇重称军食,黄金如山莫谁诃。累女对对嚬青蛾,回鹘小队桃叶歌。中丞奉觞舞回波,乐哉尚书奈乐何。大宛骢,珊瑚鞭。天吴绣氅当胸盘,麒麟玉刻称腰圆。珍怪百宝装千船,席卷三吴向青天。九卿班,迎晡不得前。相君眄眄前致词,中官黄纸纷而驰。尚书告班师,乐哉尚书奈乐何。朝赐尚书,夕宴尚书。尚书第中锦不如,檀床八角垂流苏。紫衣屏息骈街衢,欲进不进足次且。左右十二波斯胡,平头奴子貂襜褕。醉着不下公侯车,乐哉尚书奈乐何。云霾辞天,雨洗白日,诏收尚书下请室。削之归,一官不得著。昔来一何驶,

---

① (清)张廷玉等:《明史》卷十八《世宗本纪二》,中华书局2000年版,第162页。
② (清)张廷玉等:《明史》卷二百二《潘恩传》,中华书局2000年版,第3559页。

今归一何疾。念欲乘柴车，病不得驱。欲呼估客舟，估客不肯相干。妇女诤骂，小儿拍手揶揄。道逢九卿睥睨之，谒辞相君。相君新门十二重，东流之水西飞鸿。昔日父子今华戎，乐哉尚书奈乐何。

史书记载了赵文华投机钻营的仕途进取和骄奢威福的一朝覆灭："性倾狡，未第时在国学，严嵩为祭酒，才之。后仕于朝，而嵩日贵幸，遂相与结为父子。"① "吏部尚书李默发策试选人，文华劾其谤讪，默坐死。帝以是谓文华忠，进工部尚书，且加太子太保。" "文华既宠贵，志日骄。帝尝遣使赐文华，值其醉，拜跪不如礼，帝闻恶其不敬。" "黜文华为民，戍其子边卫。" "文华故病蛊，及遭谴卧舟中，意邑邑不自聊。遂死。"② 诗篇着重描述了赵文华得志后的骄奢忘形："扬翠毦，曳金支。马駃騠，车逶迤。手将两黄钺，大者诛二千石，小者僇偏裨。九卿班钱日崦嵫，相君眤眤前致辞。尚书行出师，乐哉尚书奈乐何。" "朝赐尚书，夕宴尚书。尚书第中锦不如。檀床八角垂流苏。紫衣屏息骈街衢，欲进不进足次且。左右十二波斯胡，平头奴子貂襜褕。醉着不下公侯车，乐哉尚书奈乐何。"诗篇在渲染了赵文华的僭越逞欲后，对举描写了他的黯然失势："云霾辞天，雨洗白日，诏收尚书下请室。削之归，一官不得著。昔来一何驶，今归一何疾。念欲乘柴车，病不得驱。欲呼估客舟，估客不肯相干。妇女诤骂，小儿拍手揶揄。道逢九卿睥睨之，谒辞相君。"对赵文华政治人生的起落涨跌抱以鄙夷嘲讽，也揭示了明代中期屡屡发生权臣擅权乱政、僭越逞欲的邪浊政治生态。

《石头变》记述了嘉靖三十九年（1560）南京军营兵变事。

百鹜能击鹰，百蚁能啮虫。石头众儿郎，晨起各汹汹。劲足扶老拳，立蹴肥司农。可怜肥司农，七尺气如虹。小如一孤雏，引胆悬高空。捽扯大司马，蒲伏中山公。鹄立群公卿，鼠窜血肉中。九日不解甲，十日不开营。金帛捆载来，坊市无人行。黄纸诏书下，朝鼓何瞳瞳。尽赦诸军罪，追夺司农名。司农孤樣归，儿女泣吞声。诸军欢呼散，大酒肥羊美。杀人不抵偿，不追首事踪。司马不削官，中山不削封。扬扬众公卿，还复休其官。弱者饿欲死，强者醉晋天。时无贺六浑，焉知散财结少年。

史载："（三十九年）二月丁巳，南京振武营兵变，杀总督粮储侍郎黄懋

---

① （清）张廷玉等：《明史》卷三百八《赵文华传》，中华书局 2000 年版，第 5303 页。
② 同上书，第 5305 页。

官。"① 可知事变即是由官僚克减粮饷而引发,诗篇对兵变的场景和后果都有真实的描写,披露了政务及军务败坏的一些实情。"石头众儿郎,晨起各汹汹。劲足扶老拳,立蹴肥司农。可怜肥司农,七尺气如虹。小如一孤雏,引胆悬高空。挦扯大司马,蒲伏中山公。"哗变的士卒将一些平时威福贪敛的官吏狠揍痛殴,有的丧命,有的伤体,没有能全身而退的。然而哗变之中更有士卒乘机打劫民众,滋扰世间:"九日不解甲,十日不开营。金帛捆载来,坊市无人行。"朝廷面对这样的事变,只管息事宁人:"黄纸诏书下,朝鼓何瞳瞳。尽赦诸军罪,追夺司农名。司农孤榇归,儿女泣吞声。"对一些哗变士卒的作奸犯科行为也不予追究:"诸军欢呼散,大酒肥羊羹。杀人不抵偿,不追首事踪。司马不削官,中山不削封。扬扬众公卿,还复休其官。弱者饿欲死,强者醉罾天。"朝廷处置士卒哗变及其犯科之事,漫无法度,失之以宽,诗人对此表示了异议。

王世贞的讽刺之笔不仅直指权臣乱政,甚至触及皇帝的荒谬行径。如《忆昔》:"忆昔南巡汉武皇,楼船车马日相望。轻裘鄠杜张公子,挟瑟邯郸吕氏倡。秋净旌旗营细柳,夜深烽火猎长杨。孤城尚有遗弓泪,不见当时折槛郎。"诗篇借古讽今,暗讽武宗纵欲嬉游。又如《西城宫词》:"新传牌子赐昭容,第一仙班雨露浓。袋里相公书疏在,莫教香汗湿泥封。"讽刺深居西城(西苑)的世宗沉湎道教,忙于打醮,连大臣的国事奏疏都胡乱放置。"色色罗衫称体裁,铺宫新例一齐开。菱花小样黄金合,昨夜真人进药来。""两角鸦青双筋红,灵犀一点未曾通。只缘身作延年药,憔悴春风雨露中。"记述世宗为了炼内丹延年,摧残幼女。诗篇隐晦而尖刻地披露了明廷这类宫闱丑事,也怨讽了武宗、世宗荒废国事的败政之举。

王世贞还有一些怨政诗披露朝廷边政危机,批判社会贫富悬殊的严重不公。

《战城南》描述的场景虽然没有具体的事件背景,但所揭示的边政忧患十分真实确切。"战城南,城南壁。黑云压我城北,伏兵捣我东,游骑抄我西,使我不得休息。黄尘合匝,日为青,天模糊。钲鼓发,乱欢呼。胡骑敛,飙迅驱。"敌寇的进犯势头猛烈猖獗,明军的御敌态势惨烈悲凄:"树若茅,草为枯。啼者何,父收子,妻问夫。戈甲委积,血淹头颅。家家招魂入,队队自哀呼。"指挥明军作战的将领却临阵惶惑,举措失当:"告主将,主将若不知。生为边陲士,野葬复何悲。"明军士卒的惨重伤亡和军需匮乏并未触动将帅的利益,这些军中权贵依然养尊处优,高枕无忧:"釜中食,午未炊,惜其

---

① (清)张廷玉等:《明史》卷十八《世宗本纪二》,中华书局2000年版,第164页。

仓皇遂长诀。焉得一饱为，野风骚屑魂依之。曷不睹主将，高牙大纛坐城中，生当封彻侯，死当庙食无穷。"面对外寇侵扰，官军作战不力，官军将领指挥失当，敷衍怠惰。诗篇锐利披露了边政的重大危机。

《余自三月朔抵留任于今百三十日矣中间所见所闻有可忧可悯可悲可恨者信笔便成二十绝句至于适意之作十不能一亦见区区一段心绪况味耳》是一组亲见亲闻的社会状况的实录。如其二："啼饥哭死遍长干，唯有乌鸢意觉宽。山色江声空自好，不如聋瞽任春残。"春天时节饥民啼哭，而乌鸢不知人间苦难，依旧欢快啼叫。春色虽好，只要不是聋盲，很难不被见闻的人间饥馑所烦忧。其五："散衙微缓日初西，稚子能勤进肉糜。西去街头三五步，不知烟火几家齐。"街市间一片萧瑟，市井人家很多已经难以为炊，饥馑的压抑气氛弥漫城邑街坊。其七："侯门犹自斗豪华，一宴中人产一家。马食鹑衣它日事，银罂翠夌片时夸。"豪门大户宴饮奢华，富贵逼人；贫苦人家"马食鹑衣"，缺吃少穿。两相对照，世间的贫富不公赫然在目。其十："长夏辕门解甲时，轻衫十万羽林郎。不知一半耕农死，饱饭城头日日嬉。"明军规模浩大却又养尊处优，农夫辛劳耕作却难免饥馑，两相对比，谴责之意十分明显。其十一："总为天王德意真，倾家多作赈饥人。两都多少黄金穴，不救区区白屋贫。"虽然也有王公豪门慈悲赈济饥民，但更多的世间富豪对贫困者熟视无睹，一贫如洗的人家挣扎在饥饿之中。诗人对贫富悬殊的社会现状深感失望和忧虑。

第三节　明代后期怨政诗——政局晦暗　士夫痛怨

明代后期是指明穆宗隆庆至明思宗崇祯时期。明代后期诸帝中，神宗、熹宗尤其给已经衰惫的朝廷政治添加了极大的负累，他们长期拙劣的施政使明朝国运跌入了难以挽回的颓势。史家高度概括了神宗、熹宗的政治作为："神宗冲龄践阼，江陵秉政，综核名实，国势几于富强。继乃因循牵制，晏处深宫，纲纪废弛，君臣否隔。于是小人好权趋利者驰骛追逐，与名节之士为仇雠，门户纷然角立。驯至悊、愍，邪党滋蔓。在廷正类无深识远虑以折其机牙，而不胜忿激，交相攻讦。以致人主蓄疑，贤奸杂用，溃败决裂，不可振救。故论者谓明之亡，实亡于神宗，岂不谅欤。"[①] "明自世宗而后，纲纪日以陵夷，神宗末年，废坏极矣。虽有刚明英武之君，已难复振。而重以帝

[①] （清）张廷玉等：《明史》卷二十一《神宗本纪二》，中华书局2000年版，第195页。

之庸懦，妇寺窃柄，滥赏淫刑，忠良惨祸，亿兆离心，虽欲不亡，何可得哉。"① 明代后期，思宗之前的几代皇帝，荒嬉国事，纵欲无度，任由奸佞国贼把持朝政，把大明江山折腾得元气丧尽，奄奄待毙。"迨神宗末年，讹言朋兴，群相敌仇，门户之争固结而不可解。凶竖乘其沸溃，盗弄太阿，黠桀渠憸，窜身妇寺。淫刑痛毒，快其恶正丑直之私。衣冠填于狴犴，善类殒于刀锯。迄乎恶贯满盈，亟伸宪典，刑书所丽，迹秽简编，而遗孽余烬，终以覆国。"② "万历年间，明政府派大量宦官充当矿监税使到各地掠夺金银。矿监到处树帜寻矿，拆毁民屋，挖掘坟墓，抢劫家财和葬物。税使四出，在通都大邑增设税监，于交通要津设榷关税卡，对过境的米盐、鸡豚、柴炭、蔬果等，都要抽税。这些矿监税使在全国范围内的野蛮掠夺，从根本上破坏了社会的正常生产秩序。这次大掠夺，在政治上所造成的后果也是不可忽视的，各地市民的激烈反抗，更动摇了明朝的统治，使明王朝的颓败之势已经不可挽救，统治阶级内部的分崩离析已经无法弥合。"③ 在国策荒诞、施政暴虐的背景下，明代后期社会陷入了全面的政治昏暗状态。明末的天灾人祸、战端四起，构成了一段苦难深重的历史。"十七世纪上半叶，北中国进入一个日趋干旱的时期。1630—1640 年，北方旱情进一步发展，终于酿成继 1580 年以后的又一次大旱灾。华北乃至华中、江南等地，千里赤野。与此同时，华北乃至长江中下游地区发生大范围的蝗灾，飞蝗所至，草叶不存。在北方的很大一部分地区，旱灾、蝗灾、鼠疫三位一体，没有活路的'土寇''流民'纷纷揭竿，人民起义风起云涌。农民军、政府军以及清兵互相纠缠，将中国北部、长江中下游部分地区变成了一个人口的屠宰场，中国人口大量死亡。"④ 及至思宗（崇祯皇帝）在位十几年，克勤克俭，奋发惕厉，但对于在政治上病入膏肓的明王朝来说，已经为时太晚，无济于事了。

明代后期社会政治不复振兴的局面使人沮丧，但众多士大夫文人并没有放弃批判现实的社会良知和政治自觉，为国为民愤激鼓呼的怨政之声在明代后期仍然十分响亮。怨政诗人在亲见亲闻的种种社会苦难面前，痛责吏治恶劣、赋税苛重、战祸殃民的乱象，表现了可贵的道义立场和政治勇气。明代后期怨政诗创作主体既有朝廷大臣，更多是地方官员，也有布衣文人。如余继登、林缵振、徐𤊹、郑明选、王在晋、俞彦、张鼐、方孔照、何腾蛟、毕懋康、孙传庭、魏耕、申佳允、陈子龙、周岐、方以智等。这些诗人直面现

---

① （清）张廷玉等：《明史》卷二十一《神宗本纪二》，中华书局 2000 年版，第 203 页。
② （清）张廷玉等：《明史》卷三百六《阉党传》，中华书局 2000 年版，第 5245 页。
③ 王毓铨：《中国经济通史·明》，经济日报出版社 2007 年版，第 532 页。
④ 葛剑雄等：《中国人口史·第四卷》，复旦大学出版社 2005 年版，第 405 页。

实，主要记述了两个方面的社会政治问题。

1. 明代后期，"盗贼"作乱此伏彼起，官军"剿贼"难见成效，官军为祸甚于匪患；对外敌的抵抗屡屡受挫，边患愈演愈烈。明代后期怨政诗记述"盗"乱、兵灾、边患的作品很多，时代特征十分鲜明。

余继登（1544—1600）的《闻警》用"西夏""汉宫"之类辞语隐喻当朝边事，揭示外寇侵扰不断、官军御敌不力的边政现状。组诗描写的边政严峻局面涉及作战、挽输、运筹等多方面军政事务。"烽火传西夏，干戈又早秋。已闻百万尽，未解九重忧。"官军作战不利，战损严重，以致元气大伤，朝廷的忧患更加沉重。"输挽千群至，年年说饷师。""匆匆烦召募，祈父亦何为。"征运粮草，输挽军供，边事的军需耗费至巨，已经为此劳民伤财，边地的将军能有什么作为却不得而知。"疮痍犹未复，征战几时休。""王师今老矣，空抱杞人忧。"征战经年累月，官军士气显露颓丧，让百姓心底浮泛着敌寇得势的忧虑。"天兵疲塞外，敌骑满秦中。""前军谁破虏，大将只和戎。何日妖星落，捷书报汉宫。"官军在塞外的征战未能有效御敌，外寇的侵扰已经达到"秦中"之地，而运筹决策的将帅却忙着操心"和戎"，畏缩退让。这样的和战之策要想实现真正的退敌，乃至战胜敌寇，完全是南辕北辙的事。诗篇虽然没有明确记述具体战事，但诗人对边政弊端和危局的忧愤真切可感，是明朝中后期边患日渐严重的事实在士大夫心中的投影。

林缵振（1549—1575）的《官军来》披露了官军将领的怯懦和欺诈。官军来势汹汹，其实"贼寇"在此之前已完成杀掠，逃之夭夭。官军将领摆出一副怒气冲天、威不可犯的架势："戟手骂贼奴，恨不蹴尔成尘灰。"当地百姓一眼看穿了其中的把戏："江头贼过遗烟烬，江边刳戮余千人。杀者不可救，骸骨空为尘。何不割取献幕府，军校犹博首虏银。"父老的嘲讽不是凭空而发，这些官军将领谎报战绩、冒功骗赏的行为都被民众看在眼里："往年之捷亦如此"，"击鼓传觞奏凯归"，而真实的情况却是"海外孤城未解围"。官军将领在"剿贼"行动中的怯懦和欺诈，威胁到了社稷安危。

徐𤊹（1561—1599）的组诗《有感》叙及倭患、虎患、兵灾、水灾等多方面的祸患。"传闻关白死，海气绝氛腥。间谍防真伪，悲欢杂涕零。""时事难高枕，端居莫谓宁。"从听闻倭国摄政官死亡，倭患削减的喜悦，到将信将疑的忧虑，凸显多年的倭患在民众心里留下的阴影仍未消失。"馁虎横行甚，村氓骨半枯。""官兵虚搏击，鸡犬反惊呼。"官兵被调来整治虎患，捕虎徒有虚名，却大肆扰民劫掠，反成民害。组诗《闻警》记述和感慨边患的严峻。"西贼寒盟秋犯边，黄尘漠漠暗高天。一从互市通穷塞，廿载偷安罢控弦。"敌寇自西而来，进犯之势甚嚣尘上。明军在当年的和议之后军备松弛，这种苟安之策致使敌寇再犯时无力应对边患。"和议当年计已疏，空将岁币致穹庐。总缘中夏无防御，遂使穷边得捣虚。""传闻边郡苦天骄，三辅人心忽动摇。宁夏守臣纷告急，太平天子始临朝。"这样的紧急边警不仅震动边郡，在朝廷和京师也引发了惶乱。

俞彦（1571？—?）的《战洛南》描写官军滥杀冒功，官员欺诈贪赏。官军中的一些人为了领取赏钱，不惜滥杀，甚至枉杀无辜者冒充"剿贼"之功，"借人头颅说征战"；官府里的一些人也挖空心思贪占他人功劳，"掩人劳勋夸功勋"。官军、官员的伤天害理行径造成的直接恶果就是逼良为盗："驱民为贼何太易，千尺流丸下便地。驱贼为民何大难，雨落上天泉归山。"所谓"贼"的来由，往往跟官军和官府的残民以逞直接有关。

何腾蛟（1592—1649）的《述怀》对时事危局作了宏观的描述。"列祖艰难业，诸臣败乱重。揭竿何太伙，制梃竟谁从。国是成剑肉，军谋竞养痈。剧惭心力竭，无计扫群凶。"当朝施政者治国失败，"揭竿"造反者层出不穷；施政者面对"盗贼"及叛军作乱的危局，谋划失策，举措失当，"群凶"为祸愈演愈烈。

申佳允（1602—1644）的《寓清河闻警》描写"盗贼"之患和"剿贼"失效。"共道圣明方应运，如何盗贼敢横行。千军满地骷髅血，百里连天鼙鼓声。肉食寻常矜胜算，问谁今日请长缨。"一方面是"盗贼"横行、"剿贼"失效，另一方面是"肉食"者夸夸其谈、自大误政。诗人对这样的危机处理机制及其前景深为悲观。

魏耕（1602？—1662）的《湖州行》呈现了一个普通文人眼中的明末"盗贼"之乱和朝政之败。"盗贼如麻乱捉人，流血谁分辨西与东。又闻大户贪官爵，贿赂渐欲到三公。豪仆强奴塞路隅，猰貐豺狼日纵横。"各地"盗贼"横行，遍地血腥；朝政昏败，政风污浊，贿赂公行，豪强逞凶，明末的政治危机已深入骨髓。

周岐（1607—1667？）的《官兵行》痛斥官军祸民甚于"贼寇"。所谓"贼寇"，很多是被逼上梁山的穷苦人，打家劫舍、杀富济贫，行为往往还有节度；但官军的所作所为，其贪残凶恶却远甚于"贼"。官军名为"剿贼"，实为掠民。"官兵畏贼如畏狼，但行贼后势莫当。"官军所到之处，抢掠奸淫，杀民冒功。"君不见贼去人归犹饔食，官兵所过生荆棘。痛哉良民至死不为非，无如官兵势逼民为贼。"诗人的感叹，揭穿了官军"剿贼"的实质。

方以智（1611—1671）的《德政殿召对纪事》就"剿贼"的战术布置提出了建言。"三关皆要道，急选劲旅扼。""豪杰一网收，彼自能控格。""募屯计并行，危地可安宅。"怨叹朝廷面对"剿贼"的严峻局面举措失当。明末

"贼势"的危急程度,在士大夫官员的诗篇里可以直接感知。

2. 明代后期,赋税、徭役、兵役、田政、荒政、狱政、吏治等各项政务领域的弊端极为严重,民众经受的劣治之苦尤甚于前时,怨政诗披露了这方面的社会痛苦情形。

徐𤏡(1561—1599)的《征妇怨》以一个民妇的遭遇概括了千家万户的兵役痛苦。"今年贼陷临洮府,杀死官军何可数。征夫塞外骨成山,少妇闺中泪如雨。死生消息总难知,欲往招魂又自疑。机中几度闻嘶马,又恐夫归投杼下。"少妇不愿也不敢相信丈夫已不在人世,这样的悬疑更多是少妇的一种期盼和空想。《旱》感慨官府即使在灾年也不减免苛征重税。"人情皆悯岁,天意岂乾封。米价腾如此,军储不罢供。""诛求今正急,谁敢议开仓。苦乏谋生策,须求辟谷方。"诗篇调侃百姓缺粮少食,干脆寻求"辟谷",不吃饭食。冷言讥讽官府苛政祸世,夺民性命。

郑明选(1559?—?)的《感怀》描述社会萧条景象及其因果关系。"十室八九空,奸邪乃猖披。法令日以繁,盗贼日以滋。"诗人认为,不得要领的法令催生叛逆,这是以繁苛法令治国,使吏治败坏,越治越乱的结果。"莫以鞭与箠,能使疲马驰。莫以刑与戮,能使风俗移。"显然,诗人对一味依靠"刑与戮"的严刑峻法来实现治国安民是强烈质疑的。

王在晋(1562?—?)的《道傍民》描写家住道旁的民户遭受来往于道路的官家公人滥征强索。"南来北往齐叩门,只闻门外声争喧。厨下无薪马无料,暮夜行人索火照。官家不闻给一钱,叫呼不应挥长鞭。""贵人如此夜行促,点火无茅且拆屋。"这种抢劫般的征调,在官家那里是公事公办,对百姓来说却是不堪其扰的重负。

毕懋康(1571—1644)的《束茅行》记述地方小吏应对官府差事的烦忧和痛苦。"侯人何太苦,早晚迎官府。闲积数根茅,为炊且结宇。官府中夜行,不绝吏呼声。燃火照官路,犹云火不明。燃茅茅无束,次第拆茅屋。官府犹未知,宵征车辘辘。"官府摊派的征调人力物力的差事,往往直接落在没有实权的"侯人"小吏身上,这类小吏在无法完全向当地民众转移负担时,被逼无奈也只能自己拿出钱物、付出劳力去完成上司摊派的差役,否则自己将会受到严厉的责罚。

俞彦(1571?—?)的《卖儿谣》描述民户在官府的严苛征税榨取下,被逼得卖儿卖女,骨肉分离,终致家破人亡。篇末的言辞很激烈:"官府催租烈如火,今年不死饥,明年催租来杀我。"痛斥官府催命般的逼税。

张鼐(1572—1630)的《援兵谣》记述贫苦百姓本已食不果腹,偏又遭受了官府和官军的急征横索。"东西两家各受兵,一粒一滴不肯予。老翁老妪跪痛哭,今日腹中昨日粥。卖衣典袴止百钱,献与长官来折干。"官吏假借公干趁机勒索,作威作福:"长官出门气如虎,走往前街寻大户。前街大户紧闭门,以石敲破翻怒嗔。""才供醉饱一队过,后队又到须征办。"可知如此横蛮的征调,并非一时半会的烦扰。

方孔炤(1590—1655)的《新设屯田》对朝廷的屯田政策及其实施情况提出了质疑。"庙议既不与,屯田徒有名。河北山东地,水利难与争。当先布赏格,有司乃奉行。隐核召民种,亦须三年成。吁嗟恐不及,不如先议兵。兵既不如议,田亦何由耕。"诗篇认为,朝廷既然未能有效制定屯田政策,就匆匆施行,不仅徒有虚名,也平添了发展当地农耕水利的障碍。

孙传庭(1593—1643)的《邻翁叹》记述"邻翁"三个儿子先后被征召,家破人亡,揭示明末兵役徭役极其严苛,民不堪命。"忽惊辽事非,缮发遍四国。纷纷间左儿,不能安稼穑。"明朝为解决"辽事",应对后金的威胁,大肆征兵服役,"邻翁"的三个儿子先后被征。"长男遂死之,全军尽奔北。""长男且战亡,仲弱岂办贼。""再战复不利,疆事益叵测。""邻翁顾季男,恐亦不能匿。"在"司马""长令"各级官吏的威逼催迫下,千家万户的子弟被强征服役,殒命边地。诗篇也透露了明朝和后金愈演愈烈的政治对立。《苦雨》怨责灾年加紧催科征兵。"蝗旱愁初歇,重怜雨不休。"比天灾更殃民的是朝廷和官府的急征横敛:"索饷追呼急,征兵羽檄稠。"乡村在此苛政重压下,彻底陷入了破败萧条。

申佳允(1602—1644)的《清狱》记述巡视监狱的官员所见所闻,披露冤气沉沉的监狱黑幕。"下车泣囚心,千载生生意。顾兹缧绁场,惨烈魂为悸。旱魃煽炎威,能无冤气积。""虐吏何为者,竟以杀为媚。"狱政残酷,狱吏虐囚以逞。在不为外人所知的这个幽暗环境里,埋葬了诸多冤魂。《赈饥》描写多地荒政失策,税赋严苛。"群盗猬河北,长堤啮阳侯。""呕心输粒籽,屈指数麦秋。"盗患严重,饥荒严重,在此情况下官府的税赋催科仍未减轻。诗人呼吁:"缓征白骨起,减租菜色瘳。"认为减缓税赋苛征,将挽救世间无数民命。

陈子龙(1608—1647)的《小车行》感慨官府荒政缺失。"小车班班黄尘晚,夫为推,妇为挽。出门茫然何所之。青青者榆疗吾饥,愿得乐土共哺糜。风吹黄蒿,望见垣堵,中有主人当饲汝。叩门无人室无釜,踯躅空巷泪如雨。"灾民只能以榆树皮充饥,悲苦无助,求告无门。天下很大,灾民却无处可投。《卖儿行》揭示荒政救灾一片空白。"高颡长鬣青源贾,十钱买一男,百钱买一女。心中有悲不自觉,但羡汝得生处乐。却车十余步,跪问客何之。客怒勿复语,回身抱儿啼。死当长别离,生当永不归。"穷人家贱卖自己的儿女,不是不心痛,是无可奈何,只愿让卖出去的儿女有一条生路,不要跟着自己一起活活饿死。这两首诗里都没有直接写到朝廷、官府的作为,但从百姓自生自灭的境况看,朝廷、官府的赈济是指望不上的。

除了上述明代后期诗人的这两类怨政诗,明代后期怨政诗创作实绩尤为突出的诗人有钦叔阳、袁宏道、邓渼、区大相、徐从治、宋珏、范景文、邢昉、吴应箕、杨士聪、宋儒醇、黄淳耀、李渔、傅维鳞、方其义等。此将其怨政诗的创作情况分述如下。

一 钦叔阳 袁宏道 邓渼 区大相

钦叔阳(?—1626?),字遇公,吴县(今江苏苏州)人。万历间国子监生。

钦叔阳《税官谣》组诗是万历二十九年(1601)昆山民间抗税事件的实录。史载:"(二十九年)五月,苏州民变,杀织造中官孙隆参随数人。"[1]"榷税之使,自二十六年千户赵承勋奏请始。视商贾懦者肆为攘夺,没其全赀。负戴行李,亦被搜索。又立土商名目,穷乡僻坞,米盐鸡豕,皆令输税。所至数激民变,帝率庇不问。"[2]"苏杭织造太监兼管税务孙隆激民变,遍焚诸札委税官家,隆急走杭州以免。"[3]可知是朝廷的滥征赋税和宦官的作威作福激起了这场震撼朝野的民变。

> 四月水杀麦,五月水杀禾,茫茫阡陌弹为河。杀禾杀麦犹自可,更有税官来杀我。
> 千人奋挺出,万人夹道看。斩尔木,揭尔竿,随我来,杀税官。
> 税官来,百姓哭。虎负隅,猱升木。壮士来,中贵走。十二人,三授者。欢乐崇朝不及夕,倏忽头颅已狼藉,投畀鸟枭鸟不食。

官家滥征税赋,已经到了直接劫财害命的地步:"杀禾杀麦犹自可,更有税官来杀我。"诗篇描述当地民众揭竿而起,痛击前来强征苛税重赋的官吏,场面惊心动魄:"千人奋挺出,万人夹道看。斩尔木,揭尔竿,随我来,杀税官。""壮士来,中贵走。""倏忽头颅已狼藉,投畀鸟枭鸟不食。"在历代怨政诗涉及赋税题材的作品里,这组诗歌抒写的反抗情绪最为激烈。其"投畀鸟枭"的怨怒之声,是《诗·小雅·巷伯》"投畀豺虎"的遥远回响。作品

---

[1] (清)张廷玉等:《明史》卷二十一《神宗本纪二》,中华书局2000年版,第187页。
[2] (清)张廷玉等:《明史》卷八十一《食货志五》,中华书局2000年版,第1321页。
[3] (清)张廷玉等:《明史》卷三百五《宦官传二》,中华书局2000年版,第5230页。

以民间歌谣的形式叙事，直白，泼辣，痛快淋漓地宣泄了对苛酷税政和贪婪官吏的仇视。

袁宏道（1568—1610），字中郎，湖广公安（今湖北公安）人。万历间进士。历吴县知县、顺天府教授、吏部郎中等。

袁宏道的怨政诗有斥责官府赋税苛政的，有讽刺官场恶劣习气的。如：

索逋赋，逋赋索不得。不是县家苦催征，朝廷新例除本色。东封西款边功多，江淮陆地生洪波。内库马价支垂尽，民固无力官奈何。苏州旧逋七十万，漕析金花居其半。安得普天尽雨金，上为明君舒宵旰。嗟乎，民日难，官日苦，竹开花，矿生土。（《逋赋谣》）

雪里山茶取次红，白头孀妇哭春风。自从貂虎横行后，十室金钱九室空。贾客相逢倍惘然，楩楠杞梓下西川。青天处处横珰虎，鬻女陪男偿税钱。（《竹枝词》）

一作刀笔吏，通身埋故纸。鞭笞惨容颜，簿领枯心髓。奔走疲马牛，跪拜羞奴婢。复衣炎日中，赤面霜风里。心若捕鼠猫，身似近膻蚁。举眼尽无欢，垂头私自鄙。南山一顷豆，可以没余齿。千钟曲与糟，百城经若史。结庐甑箪峰，系艇车台水。至理本无非，从心即为是。岂不爱热官，思之烂熟尔。（《戏题斋壁》）

甲虫蠹太平，搜利及丘空。板卒附中官，钻簇如蜂踊。抚按不敢问，州县被诃斥。槌掠及平人，千里旱沙赤。兵卫与邮传，供亿不知几。即使沙沙金，官支已倍蓰。矿徒多剧盗，嗜利深无底。一不酬所欲，怨决如狼豕。三河及两浙，在在竭膏髓。焉知疥癣忧，不延为疮痏。（《猛虎行》）

《逋赋谣》对朝廷朝令夕改、征敛无度的赋税政策颇有怨言："不是县家苦催征，朝廷新例除本色。""安得普天尽雨金，上为明君舒宵旰。"地方官吏无所适从，百姓更是无力承受，诗篇的怨责直指朝廷弊策乃至皇帝本人。《竹枝词》披露朝廷征索赋税一再加重定额，地方官员奉命搜刮，民众不堪勒索，惶恐逃亡。"自从貂虎横行后，十室金钱九室空。"小户人家甚至被迫卖儿鬻女以偿官税："青天处处横珰虎，鬻女陪男偿税钱。"将恶官直接比成"貂虎""珰虎"，直指要害，很有创意。《戏题斋壁》嘲讽官吏身在官场的无奈和悲哀。这些为吏者对上强装笑颜，对下凶神恶煞："一作刀笔吏，通身埋故纸。鞭笞惨容颜，簿领枯心髓。奔走疲马牛，跪拜羞奴婢。"诗篇的重心在讽刺官吏的尴尬处境，也间接揭示了吏治的恶劣。《猛虎行》描写朝廷官员及地方官吏掠民以逞的现状。"甲虫蠹太平，搜利及丘空。""抚按不敢问，州县被诃斥。"朝廷官员直接向地方官府贪婪征敛,地方官吏唯唯诺诺,随即将压力转向平民,变本加厉征派勒索。"榷掠及平人,千里旱沙赤。兵卫与邮传,供亿不知几。"广大区域内的千家万户都经历了这种敲骨吸髓的搜刮:"三河及两浙,在在竭膏髓。"诗人一改通常的嘲讽口吻,直斥朝廷苛政及地方贪吏对多地百姓的凶酷榨取。

邓渼(1569—1628),字远游,新城(今江西黎川)人。万历间进士。历浦江知县、河南道御史等。天启间忤魏忠贤,谪戍贵州。

邓渼的《武定变》记述明神宗万历三十五年(1607)平息武定(今云南武定)土司叛乱事。史载:"贼党郑举等诱阿克作乱,阴结江外会川诸蛮,直陷武定,大肆劫掠。连破元谋、罗次诸城,索府印。会流官知府携印会城,不能得。贼以无印难号召,劫推官,请冠带、印信。镇抚以兵未集,惧,差人以府印授之。贼退入武定,立阿克为知府。镇抚调集土兵,分五路进剿,克复武定、元谋、罗次、禄丰、嵩明等州县,擒阿克及其党至京师,砾于市。武定平,遂悉置流官。"① 《武定变》着重记述此次事变中一些官员的不当措置,谴责了渎职无能、冒功骗赏、滥杀无辜的行径。

朝登武定城,暮宿抵罗次。有何庞眉叟,遮车泣诉事。问叟何所苦,问叟何所觊。叟耄复健忘,忆一不记二。往者万历初,边守幸康乂。守令咸得人,民物鲜札厉。伍伯不到门,什一有恒税。斗米才十钱,半镪易于醉。龟贝自转输,工价集骈坒。相欢太平人,但供角抵戏。呜呼廿载间,乾坤一幽闭。中丞文且武,抵掌谈封拜。羽檄岂虚来,兵革靡宁岁。忍以百万命,而快一人意。忍白千里地,而希茅土赐。守臣本蟊贼,中珰甚狂猘。此辈纨绮子,况彼粪除隶。咆哮而负隅,逢者鲜不噬。不忍因民怨,奈何虎冠吏。一夫敢倡难,余孽竟猖炽。讹传寇初集,颇遭守者詈。龟勉授残甲,垂头望睅睨。蜂拥围已合,蚁薄城遂溃。巷战力不敌,免胄期殒碎。烈烈金与王,阖门竟死义。宛转娥眉女,慷慨丈夫气。泣抱黄口儿,牵挽及娣姒。相继付烈焰,义不污贼锁。草间苟求活,羞被郡都尉。虽扑燎原火,易乘破竹势。中丞文且武,小丑曾芥蒂。下令城中外,毋得辄引避。按堵第如故,已定退贼计。贼来如风雨,剥肤患孔亟。晨兴牙门启,文武咸就位。寇贼在门庭,请问计安出。中丞喋无语,汗流手颤悸。但云乌合众,不久自当退。城外鼓盈天,城中哭震地。贼徒皆重铠,踉跄错其臂。每闻得汉儿,刃腹必洞刺。刳肠挂树枝,乌鸢下争食。尸积云津桥,血流滇海澨。中丞非不武,空拳安可试。登

---

① (清)张廷玉等:《明史》卷三百一十四《云南土司传二》,中华书局2000年版,第5423页。

楼望贼徒,悚然思所畏。或用缓贼谋,姑为好语慰。彼贼若罔闻,瞋目仍攮袂。恶诟至不堪,左右皆泪愧。甘受城下盟,窃发虞奸细。犒用十二牛,文锦先皮币。葚紫织成衣,黄金钩罗带。银印龟形钮,本自上方制。名器敢轻假,曾谢挈瓶智。贼众始拜舞,观者犹惴惴。贼来荷戈入,贼去驮金回。可怜窈窕娘,抑作犬羊配。虏获动无算,男妇必累骑。辎重百里间,绵绵行不绝。猡贼固剽悍,小胜辄怩忕。中丞文且武,开门悉精锐。击归伺其怠,小丑安足殚。但闻攀墙看,谁将一矢遗。夷民旧部落,府主新仪卫。前歌后有舞,送归刺史廨。昭昭汉日月,几向蛮天坠。忍死幸须臾,延颈王师至。焚香拜马首,双颊如雨泪。不意沟壑躯,复睹汉旌帜。感激活我恩,人持一筲饵。长跽主帅前,帅闻乃大诖。怒声吼如雷,立命三军士。居此围城中,尽与贼勾结。从贼有显戮,任其所斩刈。军士拥向前,两手捽其发。举刀便欲斫,观者但脾睨。叩头连乞命,我辈有何罪。尔辈实无罪,是尔命尽日。昨传中丞令,首开购级例。重赏不逾时,以此竞趋利。搜贼无所得,失利且有害。头颅许借我,谁能别真伪。老幼闻此言,号抟泪盈眥。生既无门控,死当诉上帝。骈首就锋刃,流血如泉沸。次第列功状,报捷日三四。中丞启捷报,抵掌大称快。催军益前进,功多赏亦倍。传教诸将营,努力功名会。今年杀诸贼,金印如斗大。当取悬肘后,急击慎勿失。天网恢恢布,多杀神所忌。逆贼既就虏,将吏亦被逮。糜烂同一理,谁逃百六厄。叟昔有三子,诸孙绕膝嬉。酷经丧乱来,并无鬐齔嗣。田园既芜没,居室遭焚燹。亲友凋残尽,生理迷所寄。人皆羡高年,高年有憔悴。叹息老叟语,停鞍重嘘唏。召变良有初,妖象著为彗。町畽作战场,噫嘻岂偶值。

诗篇借武定当地一老翁的口吻,叙说了这场事变灾祸的前前后后。此前的多年间,武定的守令贤能仁民:"往者万历初,边守幸康乂。守令咸得人,民物鲜札厉。伍伯不到门,什一有恒税。""相欢太平人,但供角抵戏。"但事有不测,近一二十年武定的治理出现了很大错谬:"呜呼甘载间,乾坤一幽闭。"主政的官员将武定搞得乌烟瘴气,地方的豪强阿克等人乘势起兵作乱:"一夫敢倡难,余孽竟猖炽。讹传寇初集,颇遭守者詈。黾勉授残甲,垂头望睥睨。蜂拥围已合,蚁薄城遂溃。"而本该决策定夺的相关官员却进退失据,举措荒谬:"中丞文且武,小丑曾芥蒂。下令城中外,毋得辄引避。按堵第如故,已定退贼计。""晨兴牙门启,文武咸就位。寇贼在门庭,请问计安出。中丞嚅无语,汗流手颤悸。但云乌合众,不久自当退。""中丞非不武,空拳安可试。登楼望贼徒,悚然思所畏。或用缓贼谋,姑为好语慰。彼贼若罔闻,瞋目仍攘袂。恶诟至不堪,左右皆沮愧。甘受城下盟,窃发虞奸细。""中丞"陈宾用等人无计可以退"贼",只能接受城下之盟,答应"贼徒"的要挟,交出官印,授"贼"官位。"银印龟形钮,本自上方制。名器敢轻假,曾谢掣瓶智。贼众始拜舞,观者犹惴惴。""寇贼"阿克等人更为张狂,大肆劫掠。"贼来荷戈入,贼去驮金回。可怜窈窕娘,抑作犬羊配。虏获动无算,男妇必累骑。辎重百里间,绵绵行不绝。"后来官军征剿"寇贼",扭转了颓败,百姓以为获得了解救。"中丞文且武,开门悉精锐。击归伺其怠,小丑安足殪。""忍死幸须臾,延颈王师至。焚香拜马首,双颊如雨泪。"但官军长官竟然滥杀无辜,割下民众头颅以骗取军功。"长跽主帅前,帅闻乃大谇。怒声吼如雷,立命三军士。居此围城中,尽与贼勾结。从贼有显戮,任其所斩刈。""昨传中丞令,首开购级例。重赏不逾时,以此竞趋利。掺贼无所得,失利且有害。头颅许借我,谁能别真伪。""次第列功状,报捷日三四。中丞启捷报,抵掌大称快。催军益前进,功多赏亦倍。"如此伤天害理的杀戮,祸殃已经超过"寇贼"的危害:"天网恢恢布,多杀神所忌。逆贼既就虏,将吏亦被逮。糜烂同一理,谁逃百六厄。""田园既芜没,居室遭焚燹。"诗篇更多展示的是,官军在征剿"寇贼"中指挥无能,退敌失策,滥杀冒功。诗人将平息武定之乱过程中的一系列错谬举措都一一坐实,指斥了"中丞"陈宾用、"守臣"沐叡、"主帅"张名世等人不可推卸的过失乃至罪孽。诗篇评判武定之变的人和事,以尽职仁民和渎职虐民为褒贬官员的标准,在历史叙事中显示了作者鲜明的价值取向。

区大相,生卒、事迹见前。

区大相关于万历年间明军援朝击倭的《石门行》《闻东征中路官军消息》《纪朝鲜》等几首怨政诗,记述了明军战事的种种不利与祸端,包括同室操戈、冒功骗赏、用人失当、兵败惨沮、士气低落、决策错谬、猜忌争功、贻误战机,等等。这些怨政诗与此前三年战事刚开始时写下的颂政诗《定朝鲜》《兵车何煌煌行》(见前)流露的轻敌自傲情绪形成了强烈对照,很有认识价值。

> 石门啾啾鬼夜哭,北将诈诱南兵缚。可怜枉死三千人,更有平人被屠戮。忆昔平壤破倭奴,此辈赴难曾捐躯。有功谁分不蒙赏,无罪因何反见诛。本为勤王诬以反,阳言赏给屠俱尽。皇天闷闷旌旆愁,白日瞪瞪风沙愤。从来杀降受恶名,况以私憾杀我兵。无人肯向朝廷说,至今道路犹吞声。谁其为谋石与李,尔曹安得逃天刑。(《石门行》)
>
> 东方血光明组练,中路官军殊死战。马兵先溃步兵乱,四五十里横

尸遍。将领几人虽幸免，尔纵生还有何面。吾闻定远昔策勋，二十六人横塞云。岂有十万貔狸士，不能一剪鲸鲵群。成功必更需名将，失道宜先斩败军。

自从东征劳士马，六七年间谁主者。溪谷量人乌厌肉，举声向天天泪下。朝廷任用在得人，枉令赤子膏原野。飞刍挽粟不得停，民穷彻骨复横征。人言东海深无底，填尽物力何时平。不如表请暂回军，休养士卒求内宁。明王有道四夷服，安用越国寻兵争。(《闻东征中路官军消息》)

自有东师六七载，庙堂岁岁议封贡。近者群公幸主战，折将覉军竟何用。海阔刍粮不易渡，五钟一石劳传送。横征颇虑空杼轴，转轮未免妨耕种。去年小挫由忌功，今年大衄缘轻纵。执事颜行屡见逆，天王威命何曾共。封既无成战失利，公私之积咸哀痛。更无一人能画策，徒有诸僚成聚讼。要荒交侵古来有，更于中国何轻重。当时止合问曲直，按兵境上不为动。朝廷制驭自有道，岂在劳民与动众。奈何误听小人计，日以和好自愚弄。从此兵端寻岁月，岂知海内为虚空。财倾左藏不足惜，民伤万命能无恫。近闻有议留屯戍，老成亿度或屡中。充国金城上方略，李牧雁门费边贡。年来丧财谷北军，弓马虽闲备骑从。吴越少年习水战，橹楫轻利过飞鞚。倘能训练三万人，坐见狡番受羁控。腐儒何敢与肉食，聊以短章代微讽。绕朝勿谓秦无策，中兴尚看甫作颂。(《纪朝鲜》)

《石门行》作于万历二十三年（1595），记述曾经参加援朝击倭的一支明军"蓟三协南营兵"哗变被剿杀的时事。史载："蓟三协南营兵，戚继光所募也，调攻朝鲜，撤还，道石门，鼓噪，挟增月饷。保诱令赴演武场，击之，杀数百人，以反闻。给事中戴士衡、御史汪以时言南兵未尝反，保纵意击杀，请遣官按问。巡关御史马文卿庇保，言南兵大逆有十，尚书石星附会之。"①诗篇记述了这支明军回国后在石门发生的因兵饷而引发的事变，诗人对这场明军同室操戈的悲剧颇有怨言。诗人认为是一些"北将"的阴险狡诈酿成了这场祸事。诗篇没有详述事变的经过环节，而是着重抒写了自己对这场祸事的不平之鸣。这支明军在朝鲜击败倭寇，在收复平壤战役中建立功勋，回国后遭到冤杀，诗人为之叫屈。"忆昔平壤破倭奴，此辈赴难曾捐躯。有功谁分不蒙赏，无罪因何反见诛。本为勤王诬以反，阳言赏给屠俱尽。""从来杀降受恶名，况以私憾杀我兵。无人肯向朝廷说，至今道路犹吞声。"诗人根据自己的了解，对这场事变的祸首做出了评判："谁其为谋石与李，尔曹安得逃天刑。"谴责了王保、石星等人在事变中所起的恶劣作用。《闻东征中路官军消

---

① （清）张廷玉等：《明史》卷二百三十九《王保传》，中华书局2000年版，第4152页。

息》作于万历二十六年（1598），记述明军在朝鲜蔚山的一次惨重失败。史载："二十六年春正月，官军攻倭于蔚山，不克，杨镐、麻贵奔王京。""冬十月乙卯，总兵官刘綎、麻贵分道击倭，败之。董一元攻倭新寨，败绩。"①"朝鲜再用师，诏一元隶总督邢玠麾下，参赞军事。寻代李如梅为御倭总兵官。时兵分四路。一元由中路，御石曼子于泗州，先拔晋州，下望晋，乘胜济江，连毁永春、昆阳二寨。""一元分马步夹攻。步兵游击彭信古用大梐击寨，碎其数处。众军进逼贼壕，毁其栅。忽营中炮裂，烟焰涨天。贼乘势冲击，固城援贼亦至。骑兵诸将先奔，一元亦还晋州。"②诗篇描写董一元等人指挥的一支明军在朝鲜遭遇了尸横遍野、溃不成军的惨败。诗人将此次惨败的祸因归结于朝廷任用将领失当："将领几人虽幸免，尔纵生还有何面。吾闻定远昔策勋，二十六人横塞云。岂有十万貔貅士，不能一剪鲸鲵群。成功必更需名将，失道宜先斩败军。""自从东征劳士马，六七年间谁主者。溪谷量人乌厌肉，举声向天天泪下。朝廷任用在得人，枉令赤子膏原野。"诗篇对朝廷在任用将领上的失误提出了直接的批评，足见这场战役失败给诗人心理的强烈震撼，也足见诗人忧虑国事的真诚动机。《纪朝鲜》作于万历二十六年（1598），没有描写具体的战事，而是对明军援朝击倭的战争作了俯瞰式的评析，表达了对朝廷决策失当、用人失误的怨责，对将领猜忌争功、贻误战机的痛愤。诗人对这场已经进行了六七年的战争忧心忡忡，认为朝廷太看重周边国家的朝贡和对周边国家的册封事宜，以至于劳民伤财、损兵折将而在所不惜。"自有东师六七载，庙堂岁岁议封贡。近者群公幸主战，折将殒军竟何用。海阔刍粮不易渡，五钟一石劳传送。横征颇虑空杼轴，转轮未免妨耕种。"而明军将领内部争功的自耗、外部轻敌的自纵招致了一系列大小战事失败："去年小挫由忌功，今年大衄缘轻纵。执事颜行屡见逆，天王威命何曾共。封既无成战失利，公私之积咸哀痛。更无一人能画策，徒有诸僚成聚讼。"诗人在此忧患忿急之下，不禁彻底质疑起朝廷对这场战争的决策："当时止合问曲直，按兵境上不为动。朝廷制驭自有道，岂在劳民与动众。奈何误听小人计，日以和好自愚弄。从此兵端寻岁月，岂知海内为虚空。"诗人将明朝对朝鲜的援战视为过度介入，认为应该以戒备姿态应对事态的变化。连年战争造成国库空虚、国家危难，诗人的幽怨难以释怀："财倾左藏不足惜，民伤万命能无恸。"对这场战争的前景，诗人既忧虑重重，又希望能够取胜，甚至提出了战术建议，但终究自嘲自己的焦虑不过是于事无补。诗人对这场战争得不偿失的怨言，更多是基于忧虑征战太过劳民伤财的儒者情怀，而不

---

① （清）张廷玉等：《明史》卷二十一《神宗本纪二》，中华书局2000年版，第185页。
② （清）张廷玉等：《明史》卷二百三十九《董一元传》，中华书局2000年版，第4151页。

是站在朝廷政治高度对明朝与周边国家宗藩关系进行评判,难免评判尺度失于狭隘。诗篇表现出一个普通士大夫官员看待援朝抗倭战争所抱持的价值取向以及不可避免的认知局限。

二 徐从治 宋珏 范景文

徐从治（1572—1632）,字肩虞,海盐（今浙江海盐）人。万历间进士。历南京礼部主事等。天启间历济南知府、山东副按察使等。崇祯间巡抚山东。守莱州,伤重而亡。

徐从治的《入莱州城被围作》写于崇祯五年（1632）二月,是作者守御莱州城的纪实之作。史载:"（五年）二月己巳朔,孔有德围莱州,巡抚都御史徐从治固守。"① 诗篇记述了叛将孔有德围攻莱州的事件,对高层决策失误导致的败局深表不满。

  崇祯五年春,帝命师中锡。俾抚大小东,星言事羁靮。于时二月朔,告警驰羽檄。叛军无安巢,掠地恣所历。莱牧实要卫,群凶首矍踢。虽有防守臣,敝甲同袒裼。诏许驻青州,欲付寸心恝。莱民亦吾民,不忍付焦溺。单车指危邦,夫岂尚沽激。须臾寇果临,疾风走沙砾。孤城露南隅,三面受锋镝。云梯匪一层,地道发重甓。捷如猱升木,多于蚁缘壁。穴以矸熏尸,台从火燔荻。相随八十骑,骑骑奋长矟。自顾一书生,乃当万人敌。援兵绝蚍蜉,炮石轰霹雳。谁与生厉阶,失计遂贻戚。一星焰不扑,燎原众斯惕。两叶生不除,须用斧柯析。奈何肉食谋,议抚不议击。养痈久必溃,累卵危终殛。哀哉此邦人,何仇委虺蜴。效死职所甘,智已穷墨翟。

诗篇描述叛将四处劫掠的严峻局面:"于时二月朔,告警驰羽檄。叛军无安巢,掠地恣所历。莱牧实要卫,群凶首矍踢。虽有防守臣,敝甲同袒裼。"诗人这时身任巡抚都御史,不忍放弃莱州百姓,决计前往莱州守城。"莱民亦吾民,不忍付焦溺。单车指危邦,夫岂尚沽激。"诗人对莱州城陷入当下的险境表达了自己的忧愤:"谁与生厉阶,失计遂贻戚。一星焰不扑,燎原众斯惕。两叶生不除,须用斧柯析。奈何肉食谋,议抚不议击。养痈久必溃,累卵危终殛。哀哉此邦人,何仇委虺蜴。"认为是一些当权者招抚为上的决策错误,导致叛军势力坐大。这场长达数月的守城战役,虽然最终官军获胜,但其间的波折包含了诸多让人感愤的事件。诗人也在守城之战结束前的一次登

---

① （清）张廷玉等:《明史》卷二十三《庄烈帝本纪一》,中华书局2000年版,第208页。

城作战中伤重不治,以身殉职。写这首诗时,诗人虽已决意守城至死,但对养痈遗患的"肉食谋"仍然深为痛愤,写下了这首绝命辞般的怨政诗篇。

宋珏(1576—1631),字比玉,莆田(今福建莆田)人。万历间国子监生。

宋珏的《读金陵俞仲髦荔枝辞戏作五十四韵》怨讽朝廷和官府征索贡品、烦扰民间的弊策苛政。

俞公晚好事,垂涎及荔枝。愿贬枫亭驿,甘作驿丞卑。妄意荔熟日,端坐饱啖之。事有谬不然,倾耳听我词。枫亭闽孔道,迎送无停时。漳泉贵宦多,暑行喜夜驰。东迎接不及,南送已嫌迟。炎天夫马缺,每被豪奴笞。此亦丞常分,受辱其所宜。及至荔枝熟,苦情公不知。驿庭只四树,树老半枯枝。每岁贡上官,皆派丞往赍。岁有熟不熟,上官循旧规。十万献抚按,百万分三司。四郡大乡官,例亦有馈遗。张家赊数担,李家复挪移。封缄青笼内,渡江敢辞危。伺候烈日中,暍死敢言疲。门吏急使用,乃得进丹墀。不然香气变,色味复差池。小则受棰楚,大则冠袍褫。上官幸色喜,归见妻孥悲。荔枝有此苦,谁说甜如饴。无端客钟陵,十载殢归期。荔熟必入梦,醒来空嗟咨。无罪坐自囚,无官反自羁。言梅宁止渴,说饼岂疗饥。清福不得享,作计无乃痴。昨为人写生,费墨及胭脂。今复弄纸笔,挥汗作此诗。诗以嘲俞公,因之以自嗤。

诗歌从调侃"俞公"出任"驿丞"叙起:"愿贬枫亭驿,甘作驿丞卑。妄意荔熟日,端坐饱啖之。"接着详述了想饱食荔枝的"俞公"当上"驿丞"后遭遇的一连串冤苦。"枫亭闽孔道,迎送无停时。漳泉贵宦多,暑行喜夜驰。东迎接不及,南送已嫌迟。炎天夫马缺,每被豪奴笞。此亦丞常分,受辱其所宜。"履行"驿丞"职务,被鞭笞,遭辱骂,出乎"俞公"意料,但都在"驿丞"的寻常境遇之中,这更揭示出这种差使所包含的是一种畸形政务。"驿丞"的役务之所以繁苛不堪忍受,是因为从朝廷到地方各级官吏都假借上贡荔枝的公务贪敛勒索。"每岁贡上官,皆派丞往赍。岁有熟不熟,上官循旧规。十万献抚按,百万分三司。四郡大乡官,例亦有馈遗。""俞公"在此弊政陋习的折腾下,原先抱有的担任驿丞可以饱食荔枝的愿望早已成为泡影,而能够交上"荔枝"完成差事反倒成了一种奢望。"门吏急使用,乃得进丹墀。不然香气变,色味复差池。小则受棰楚,大则冠袍褫。上官幸色喜,归见妻孥悲。荔枝有此苦,谁说甜如饴。"诗篇以"俞公"的奇特遭遇披露了朝廷及地方官府各级官吏在征收贡品政务中的种种陈规陋习。

范景文（1587—1644），字梦章，吴桥（今河北吴桥）人。万历间进士。历东昌推官、吏部主事。天启间历太常少卿等。崇祯间历工部尚书。明亡殉志。

范景文的系列怨政诗，记述了明代后期国家政治的全面衰败，展现了荒政失效、战乱不休、税负繁苛、徭役沉重、权臣弄奸的社会乱象。

羊豕杀尽继以犊，木皮草根聊充腹。掘得饥鼠带毛啖，甕底无薪煮不熟。（其三）

资用斥尽典敝服，圮颓止剩半间屋。拆将难得易一饱，明日忍饥草间宿。（其四）

吹霜打雪北风号，悚裂肌骨息不属。老人一夜卧且僵，少待将无幼壮续。（其五）

荷锄携釜出门泣，欲行不行空踯躅。本以逃死去其乡，此去生死那可卜。（其六）

揾泪伤心走穷谷，稚子牵挽跌且仆。眼前饥死不能起，暂作生离委中麓。（其七）

嬴妻冲风行且哭，偕毙不如将去鬻。市价斗米值千金，一妻难籴一升谷。（其八）

中贫人赈数升谷，持去连糠和苜蓿。一勺分作两日餐，食尽还愁生计促。（其九）

今年饥望明年熟，野赪曾无一寸绿。村南尽有田可耕，谁使卖剑为买犊。（其十）

减俸劝施收几斛，沟中或可存遗骨。青州富守亦何人，苦口属告我良牧。（其十一《乙卯十九首》）

彼苍何可问，异禩若为常。秋至还祈雨，田空又见蝗。疗饥人啖鬼，劝赈肉医疮。沟瘠填难尽，流离满路旁。

何不陈灾状，轻于背尔乡。去非心所愿，留恐肉先僵。墓委他人守，儿充此日粮。知能来复否，言下意悲凉。

岂无贤宰牧，缓颊说如伤。点铁原无术，催科自有方。计穷生胜死，众弱聚能强。比岁奸群盗，将无元气戕。（《丁巳再饥》）

春锄带雨润如酥，风送农歌动地呼。怕说城中飞檄至，修堤河上点丁夫。

十家九尽垫官钱，敲扑声高欲彻天。昨日相逢开口笑，徭差新改一条鞭。（《吴可四耶辛酉十月识》）

天启嗣祚年，台谏气色盛。忧危叫九阍，所恃上神圣。何来连斥逐，无奈累新政。薄谪亦主恩，敢废天子命。所虞端一开，庶言疑欲屏。中珰思乘墉，况可授以柄。于惟我神皇，高拱握金镜。稍稍视下轻，酿成结辖病。今谁禀国成，借之弄机阱。罪人佚显罚，反憾言官诤。漆室抱深怀，能不心怲怲。尚慎一怒加，抚兹万邦正。（《有感》）

孤臣空洒泪，天步遂如斯。妖蚀三光暗，心盟九庙知。翠华迷草路，淮水涨烟渐。故国千年恨，忠魂绕玉墀。（《甲申殉难绝笔》）

《乙卯十九首》作于万历四十三年（1615），记录了发生于当年的大饥荒及荒政失效的恶果。"羊豕杀尽继以犊，木皮草根聊充腹。""拆将难得易一饱，明日忍饥草间宿。""老人一夜卧且僵，少待将无幼壮续。"到处是饥馑，死亡阴影笼罩着每一个灾民。"本以逃死去其乡，此去生死那可卜。""眼前饥死不能起，暂作生离委中麓。""市价斗米值千金，一妻难籴一升谷。"被饥饿驱赶着背井离乡的灾民仍然摆脱不了死亡的威胁，一些人卖妻鬻子以求万一的生存机会。诗篇也写到了官府的赈灾行动，但杯水车薪、于事无补。"中贫人赈数升谷，持去连糠和苜蓿。一勺分作两日餐，食尽还愁生计促。"不仅是眼前的荒政失效，未来的治灾前景也十分黯淡："今年饥望明年熟，野赪曾无一寸绿。村南尽有田可耕，谁使卖剑为买犊。"战乱使灾民无法回归田野，乡村的荒败比天灾的延续更为可怕。《丁巳再饥》作于万历四十五年（1617），感慨当年的饥荒及苛政。"沟瘠填难尽，流离满路旁。""去非心所愿，留恐肉先僵。墓委他人守，儿充此日粮。"诗篇描述的灾荒景况十分残酷，灾民或倒毙沟壑，或流离失所，失去了荒政的庇护，处于自生自灭的境地。但官府的施政仍未脱离催科逼税的套路："点铁原无术，催科自有方。"诗人感慨，这样的天灾人祸将直接导致逼良为盗的后果："计穷生胜死，众弱聚能强。比岁奸群盗，将无元气戕。"诗篇将天灾惨状与苛政弊端联系起来叙述，正点明了恶劣政治比恶劣气候更危害政权秩序。《吴可四耶辛酉十月识》作于天启元年（1621），记述了朝廷新法加重徭役负担的严酷现实。"春锄带雨润如酥，风送农歌动地呼。怕说城中飞檄至，修堤河上点丁夫。"正是农忙时节，农夫辛劳于农活不嫌其苦，但最让他们提心吊胆的是官府的滥征徭役，误了农时。"十家九尽垫官钱，敲扑声高欲彻天。昨日相逢开口笑，徭差新改一条鞭。"诗篇披露了明代赋役施行"一条鞭法"的重要信息。史载："一条鞭法者，总括一州县之赋役，量地计丁，丁粮毕输于官。""凡额办、派办、京库岁需与存留、供亿诸费，以及土贡方物，悉并为一条，皆计亩征银，折办于官，故谓之一条鞭"。①

---

① （清）张廷玉等：《明史》卷七十八《食货志二》，中华书局2000年版，第1269页。

"一条鞭法代表了十六世纪明代管理者试图获得一种理想状态的各种努力：役被完全取消；里甲体系，不管在形式上，还是实质含义上，都不再存在；任何残留的人头税，都将并入田赋之中。而纳税人可以通过分期支付单一的、固定的白银来履行对国家的义务。"① 一条鞭法本意是简化征收项目和手续，计亩征银，抑制豪强漏税。但在实际的施行中，这个当年曾经设计为简化程序、提高效率、保障公平的良法已经发生了蜕变，被一些贪墨官吏当作勒索民众的手段。百姓缴纳了银两却不能被免徭役，还要遭受官府严刑"敲扑"，诗篇披露了良法变弊法的可悲现实。诗篇所述"一条鞭法"的施行情况，提供了个人视角所观察到的施行新法的实际社会效果，很有认识价值。《有感》描述天启年间宦官奸臣把持权柄的政治后果。"天启嗣祚年，台谏气色盛。忧危叫九阍，所恃上神圣。何来连斥逐，无奈累新政。""中珰思乘墉，况可授以柄。"诗篇所言的"中珰"，即权倾一时的宦官魏忠贤。诗人对"中珰"弄权使奸、迫害净臣的行径深为憎恶："今谁禀国成，借之弄机阱。罪人佚显罚，反憾言官净。""漆室抱深怀，能不心怲怲。"忧愤朝政陷入了言路闭塞的邪浊境地。《甲申殉难绝笔》作于崇祯十七年（1644），是明朝灭亡时节诗人以身殉志的绝笔诗。"孤臣空洒泪，天步遂如斯。妖蚀三光暗，心盟九庙知。"诗中的孤臣孽子之泪，是诗人面对"天步"国运败亡的悲泣。诗人在临别人世之际，慨叹朝政失败、天下反叛、国家覆亡的"妖蚀三光暗"的时局，表达了忠君忧国至死不渝的情怀。明末国家政治败亡，给士大夫心灵造成严重冲击，诗篇留下了这样的时代记录，很有文献价值。

三 邢昉

邢昉（1590—1653），字孟贞，高淳（今江苏南京）人。崇祯间诸生。入清后不应征召，困居乡间以终。

邢昉是明末清初诗人，所作怨政诗主要记述了三个方面的时政危局和弊政劣治。

1. 记述民变汹涌的战祸，官军殃民的实况。如《送戴敬夫归石臼湖》《宣城寇警》《左帅》《养兵》等。

> 十年江国腥水流，行子簸荡风沙里。奔走东西莽未休，故乡庐舍生荆杞。自从贼破历阳城，潜庐以下多甲兵。青山半为狐兔穴，白日惟闻鼙鼓声。嗟君避地良辛苦，横山铜井非吾土。西枝草堂竟何有，东屯更复忧豺虎。今年左帅溃襄阳，叛兵东下如沸汤。杀戮既已尽鸡犬，间关

---

① 黄仁宇：《十六世纪明代中国之财政与税收》，生活·读书·新知三联书店2007年版，第164页。

满目皆流亡。君携儿女亦来奔,茧足荒林投我村。妇亡余痛犹在腹,仓皇剪纸招其魂。干戈未定出门去,秋风短袒伤行路。天寒潮落石头城,世难心惊扬子渡。与君相见成悲哽,昨日题书寄乡井。信使差池犹未回,忧思宛转谁能省。君归路绕青山麓,西去扁舟更萧瑟。夹岸烟霜雁凫多,岁晚归来共幽躅。(《送戴敬夫归石臼湖》)

西去南陵郭,俄闻寇渡濠。即看江路迥,已觉阵云高。野外无驱犊,村中有佩刀。衡门归尚得,萧瑟想蓬蒿。(《宣城寇警》)

左帅犹传檄,前军骤反戈。虎豹徒变化,王旅竟蹉跎。千室衔舻尽,连城荷闸多。犁锄春正急,铸甲可如何。(《左帅》)

使至问田园,崎岖春已耕。嘉泽幸不愆,岁功当有成。弱门既寡庇,儿侄皆伶俜。秋成向遥远,何以充养兵。岂伊具箪食,应已遍柴荆。追呼连日夜,鸡犬宁无惊。回思少壮日,饱见海内平。村中无吏迹,终岁衡门清。何意桑麻野,纵横笠与缨。父老走且泣,欲语仍吞声。谁能解此役,其当救黎苶。寄言谢父老,努力炊藜羹。樵苏供牧马,黍地变军营。九州尽如此,大运安能争。(《养兵》)

《送戴敬夫归石臼湖》作于崇祯十三年(1640),记述明军与"盗贼"、叛军的战事。"自从贼破历阳城,潜庐以下多甲兵。""今年左帅溃襄阳,叛兵东下如沸汤。杀戮既已尽鸡犬,间关满目皆流亡。"明军杨嗣昌部、左良玉部跟"盗贼"张献忠、李自成等部及明军"叛兵"的作战,遍地杀戮,满目血腥。诗篇披露了明军的内讧,"盗贼"的恣肆,叛军的作乱等兵灾战祸。《宣城寇警》描述宣城一带"寇盗"横行。"西去南陵郭,俄闻寇渡濠。""野外无驱犊,村中有佩刀。"在"寇盗"肆虐的情况下,百姓惊惶不宁,农事尽废。《左帅》记述崇祯年间明军左良玉部征战失利,贻祸民间。"左帅犹传檄,前军骤反戈。虎豹徒变化,王旅竟蹉跎。千室衔舻尽,连城荷闸多。犁锄春正急,铸甲可如何。"左良玉部败绩,叛军猖獗,直接的后果是农家四散逃亡,以致万村萧条,农事尽废。《养兵》描述秋收未成,田野乡村早已被兵戈扰乱。"秋成向遥远,何以充养兵。""追呼连日夜,鸡犬宁无惊。""父老走且泣,欲语仍吞声。谁能解此役,其当救黎苶。""九州尽如此,大运安能争。"征调征役苛繁,农家不堪承受。兵戈遍地,天下陷入难以挽回的大乱。同情百姓遭遇战祸、怨责官军"剿贼"不力,作者以士大夫的正统立场评判了"盗贼"汹涌的时政危局。

2. 记述明清易代之际明军与清军的惨烈战事。如《读祖心再变纪漫述五十韵》《广陵行》《率妻子避乱湖北》《白骨》《得韩元长书闻吉人移居寄以短歌》《琵琶亭下作》等。

惟岁昨在申，九州始破碎。旧京虽一隅，形势东南会。我皇秉圭瓒，雨泣面如靧。臣民尽惊呼，少康真可配。史公践台斗，心赤当时最。灵台占紫气，恍惚嘉祥届。亡何变氛祲，太白垂天戒。宵光昼烔烔，百日犹未退。咄哉夜郎人，小器自矜大。入手事挤排，持权夸拥戴。朝廷一李纲，不容密勿内。狚貐本在野，抵死呼朋类。赫赫先帝书，翻案神灵慨。谊士惜繁缨，凶党蒙冠带。从此问王纲，解散随尘埃。貂蝉并铧斧，颠倒弄机械。人心二竖灰，世事长江败。洎乎皇舆播，临轩曾召对。出奔忽异道，此事令人怪。得非靴中刀，凛凛恶奸桧。所恨丧乱朝，不少共欢辈。城头竖降旗，城下迎王旆。白头宗伯老，作事弥狡狯。捧献出英皇，笺记称再拜。皇天生此物，其肉安足嘬。养士三百年，岂料成狼狈。幸有两尚书，臣节堂堂在。又有杨中丞，甘死如饮瀣。呜呼黄祠部，刀锯何耿介。郎吏及韦布，一二更奇快。吁嗟郡国英，螳臂堪一喟。宣歙始发难，战血涂草莱。麻生怒冲发，气作长虹挂。松林战尤苦，婺女兵终溃。吴子要离烈，张朱俱慷慨。我悲黄相国，绝食经颠沛。海上王将军，就死迹逾迈。此纪乙至丙，大书得梗概。正气苟勿渝，细不遗裙屐。倘非斯人俦，乾坤真愦愦。大师南海秀，复立风尘外。辛苦事掇拾，微辞缀丛荟。毛锥逐行脚，蝇头装布袋。前日城门过，祸机发近邂。命危濒伏锧，鞠苦屡加钛。良以笔削劳，几落游魂队。诸方尚云扰，颒洞势未杀。虽然恢网罗，慎勿罢纪载。伊昔郑亿翁，著书至元代。出土十载前，金石何曾坏。（《读祖心再变纪漫述五十韵》）

客言渡江来，昨出广陵城。广陵城西行十里，犹听城中人哭声。去年北兵始南下，黄河以南无斗者。泗上诸侯卷旆旌，满洲将军跨大马。马头滚滚向扬州，史相堂堂坐敌楼。外援四绝誓死守，十日城破非人谋。扬州白日闻鬼啸，前年半死翻山鹞。此番流血又成川，杀戮不分老与少。城中流血迸城外，十家不得一家在。到此萧条人转稀，家家骨肉都狼狈。乱骨纷纷弃草根，黄云白日昼俱昏。仿佛精灵来此日，椒浆恸哭更招魂。魂魄茫茫复何有，尚有生人来酹酒。九州不复罢干戈，生人生人将奈何。（《广陵行》）

前日载一舟，戚戚去我庐。沿洄越郊坰，暂使心魂舒。主人适亲故，延我庑下居。良久话畴昔，杯盘荐嘉蔬。一杯未及饮，兵甲填村墟。东邻遭杀戮，流血沾庭除。惊呼将妇子，奔窜出门间。信宿逐葭苇，茫茫安所如。俄闻前湾信，仰天发长吁。杀人蓼花渚，弭楫仍踌躇。悠悠俄

顷间，尽室将为鱼。惊定更相顾，幸哉此难纾。转思涉艰险，涕下沾衣裙。（《率妻子避乱湖北》其一）

水滨积人骨，往往蔽秋草。云此新战死，雪色犹皓皓。见者虽叹息，一过罕伤抱。良以所遭多，泯然无复道。草根及沙际，众骼莽颠倒。枫林寒未丹，江月日已早。岂无泣游魂，哀哀向清昊。（《白骨》）

自从甲兵到湖县，更无尺土无征战。去年买舸载妻子，湖浦逢君各鸣咽。东西蓬散复如何，世乱如麻又千变。崎岖奔迸隔乡间，至今未睹妻孥面。昨得一书破旅愁，寄我者谁韩伯休。道君率家口，卜宅南邻幽。共听鸡鸣来树上，更堪浊酒过墙头。风尘暂息且足慰，乍可潇洒捐烦忧。却忆秋风藕丝堰，丝网湖鱼共一舟。（《得韩元长书闻吉人移居寄以短歌》）

北风拍浪吹帆破，百尺樯高波中簸。千里已到九江城，日落琵琶亭下过。琵琶亭空水绕天，嶙岣四角含秋烟。当时风景复何有，枫叶芦花犹宛然。此地连年兵革苦，前年杀人如刘楚。岸上无人鬼哭多，江边白骨堆成土。我来溢浦更逢秋，只听江声咽复流。孤城未有三家店，估客曾无一叶舟。舣舟夜宿浔阳郭，东船西船非估舶。安有商妇拨琵琶，能使天涯叹流落。亭子萧条亦可怜，琵琶声绝戍鼙连。谁知此夕江州泪，非复伤心为四弦。（《琵琶亭下作》）

《读祖心再变纪漫述五十韵》记述了明清易代之际明朝一些文武官员的不同行为，对变节降清的权臣表示了极大的鄙夷。《再变记》是明末僧人函可所作而未及刊行的明清易代历史事变记录，《读祖心再变纪漫述五十韵》的很多描写对应了函可的这些记录，再现了明末重大政治事变中的朝廷官员众生相。"惟岁昨在申，九州始破碎。旧京虽一隅，形势东南会。我皇秉圭邕，雨泣面如礧。臣民尽惊呼，少康真可配。史公践台斗，心赤当时最。"诗篇叙及，崇祯甲申年（1644）"九州"陆沉，弘光政权成立，史可法成为宰辅重臣。而弘光朝廷内部的权力之争、人事纠纷很快就内耗成政权的灾难："咄哉夜郎人，小器自矜大。入手事挤排，持权夸拥戴。""猰貐本在野，抵死呼朋类。""洎乎皇舆播，临轩曾召对。出奔忽异道，此事令人怪。得非靴中刀，凛凛恶奸桧。"钱谦益等南明重臣，无能救亡，专意争权，在清军攻至南京后又立即变节降清："所恨丧乱朝，不少共欢辈。城头竖降旗，城下迎王筛。白头宗伯老，作事弥狡狯。捧献出英皇，笺记称再拜。皇天生此物，其肉安足嚵。养士三百年，岂料成狼狈。"钱谦益等人如此迅疾地背主叛敌，诗人极为不齿，痛加斥责，并以南明兵部尚书史可法和刑部尚书高倬等人的凛然气节反衬叛臣的不堪。"幸有两尚书，臣节堂堂在。又有杨中丞，甘死如饮瀣。呜呼黄祠部，刀锯何耿介。郎吏及韦布，一二更奇快。吁嗟郡国英，螳臂堪一喟。"在这样的对比中，对当朝政治人物作了鲜明褒贬。诗篇描述的南明王朝内讧，史书有载："凤阳总督马士英潜与阮大铖计议，主立福王，咨可法，可法以七不可告之。"① "当是时，士英旦夕冀入相。及命下，大怒，以可法七不可书奏之王。而拥兵入觐，拜表即行。可法遂请督师，出镇淮、扬。十五日，王即位。明日，可法陛辞，加太子太保，改兵部尚书、武英殿大学士。士英即以是日入直，议分江北为四镇。""可法去，士英、孔昭辈益无所惮。"② 诗人对史可法与马士英、刘孔昭等人之间争斗的是非曲直，有自己的独立评判，留下了明清易代之际士大夫文人感知和回应时代变迁的第一手宝贵资料。《广陵行》作于南明隆武二年（清顺治三年，1646），记述南明弘光元年（清顺治二年，1645）的"扬州十日"血腥事件。诗序交代了这个纪闻的由来，"客从广陵来，言城中人请僧作佛事，荐去年兵死者，哭声不忍闻。赋此。"诗篇概写了清军攻陷扬州后的屠城滥杀："泗上诸侯卷旆旌，满洲将军跨大马。马头滚滚向扬州。史相堂堂坐敌楼。外援四绝誓死守，十日城破非人谋。扬州白日闻鬼啸，前年半死翻山鹞。""城中流血迸城外，十家不得一家在。到此萧条人转稀，家家骨肉都狼狈。乱骨纷纷弃草根，黄云白日昼俱昏。"这样的场景描写，是明清易代之际清朝政权以大规模血腥屠杀实施报复和实行恐慑政策等历史事实的珍贵记录，弥补了正史避忌记载此类事件的不足。诗中所写史可法拼死守城、孤绝乏援的情况，史书略有记载："豫亲王多铎师至扬州，谕故明阁部史可法、翰林学士卫胤文等降。不从。""拜尹图、图赖、阿山等克扬州，故明阁部史可法不屈，杀之。"③ 史书所载，佐证了诗篇的记述。《率妻子避乱湖北》（其一）描述自己亲见的战乱杀戮情景。"一杯未及饮，兵甲填村墟。东邻遭杀戮，流血沾庭除。""杀人蓼花渚，弭楫仍踌躇。悠悠俄顷间，尽室将为鱼。"诗人身历这些场景，受到的震动更直接，更强烈。《白骨》描述战事留下的惨状。"水滨积人骨，往往蔽秋草。云此新战死，雪色犹皓皓。见者虽叹息，一过罕伤抱。良以所遭多，泯然无复道。草根及沙际，众骼莽颠倒。"路人对累累白骨视若无睹，不是麻木不仁，是战乱的惨状经历太多，虽悲伤惊恐，却迷茫无奈。痛苦之深，叹息即为哀恸。《得韩元长书闻吉人移居寄以短歌》作于南明隆武二年（清顺治三年，1646），记述明清易代的战争灾祸给百姓带来的惊惶。"自从甲兵到湖县，更无尺土无征战。""东西蓬散复如何，世乱如麻又千变。"《琵琶亭下作》作于南明永历二年

---

① （清）张廷玉等：《明史》卷二百七十四《史可法传》，中华书局2000年版，第4692页。
② 同上书，第4693页。
③ 赵尔巽等：《清史稿》卷四《世祖本纪一》，中华书局1977年版，第95页。

(清顺治五年，1648)，记述明清易代战争给世间带来的惨烈灾难。"此地连年兵革苦，前年杀人如刘楚。岸上无人鬼哭多，江边白骨堆成土。我来溆浦更逢秋，只听江声咽复流。孤城未有三家店，估客曾无一叶舟。""亭子萧条亦可怜，琵琶声绝戍鼙连。"兵连祸结的结果，尸骨遍地，城乡萧条。这些诗篇留存了明清易代之际战祸的沉重影像。

3. 记述荒政、农政、盐政、徭役等方面的弊策劣治。如《挑菜行》《负薪行》《得家书始闻谷贵》《旱蝗有忧》《烝民谣》《捉船行》《煮盐行》。

　　二月风吹野菜生，道傍细琐谁可名。天寒日出翳晓雾，男女纷纭挑菜行。提筐逐队沟塍侧，羸老蹒跚无气力。少者前行遍挑取，连根掇得道傍土。土多菜少心更忙，泥根洗净未盈筐。日晚还家暂举火，不分根叶充饥肠。君不见富家列囷高出屋，忍见年荒更扃镝。坐看千钱买斗粟，千钱虽贵非所屑，直待野田菜根绝。(《挑菜行》)

　　老翁负薪三四束，行过城西向城北。十步趦趄一步速，卖薪出城得斗粟。喘吁流汗息树根，展转卧地无一言。借问老翁尔何苦，良久不语声犹吞。去岁蝗飞蔽城阙，五月不雨至十月。五谷食尽蝗子生，二月草间还勃窣。几日东邻无爨烟，西邻已复死黄泉。空村无人鸱昼啸，况我羸老徒迍邅。我闻此语泪如泻，昨日城门腾炭价。官中炽火光烛天，巧匠镕金作酒斝。老翁去去无苦辛，尔且负炭勿负薪。(《负薪行》)

　　莫道寄书易，残春又至今。储瓶粟似水，载路槊成林。兵祸连饥岁，天行合贱金。人间未息战，总使百忧沉。(《得家书始闻谷贵》)

　　东南劳帝力，八月任飞蝗。禾黍千家怨，晴云一夜长。或言勤捕逐，大抵属机祥。太息征输早，金钱集上方。(《旱蝗有忧》)

　　铸铁成犁锄，踏地出菽麦。事在耳目前，不知何故有翻覆。自今易农器，制犁当用玉。自今易谷种，种珠不种菽。天生珠玉填华屋，不生珠玉活枵腹，烝民烝民空白骨。(《烝民谣》)

　　江上泊船风淅淅，系岸排樯缆相结。头白老人向我语，一生驾舸离乡土。自从海内遍戈铤，岁岁拦江始捉船。前年两男驾一舸，县官捉去黄河边。去后曾无一寄书，不知生死今何如。伶俜回乡绝邻伍，却附他船为把舻。五月淮南卸商货，渡江暮遇王船过。一王已过二王来，捉得江头一月坐。王船闻说到吴城，捉船尽载辽东兵。老人知向广中没，应是无人收白骨。(《捉船行》)

　　朝持筐，暮持帚，男子袒跣女蓬首。潮回扫取浪上花，漉沙作卤日一斗。熬成雪色倾筐卖，充肠一半多蒲稗。儿女相将出忍饥，还扫浪花

岸边晒。古云煮海同铸山，汝曹衣食何其艰。瓮中有粟襦不裂，海水枯，浪花绝。(《煮盐行》)

《挑菜行》描述农家挖掘野菜糊口的情形："二月风吹野菜生，道傍细琐谁可名。""土多菜少心更忙，泥根洗净未盈筐。日晚还家暂举火，不分根叶充饥肠。"贫家野菜充饥，富家积粮满仓："君不见富家列囷高出屋，忍见年荒更肩镐。坐看千钱买斗粟，千钱虽贵非所屑，直待野田菜根绝。"揭示荒政缺失、贫富悬殊的社会现实状况。《负薪行》记述蝗灾肆虐后的农家生活。"去岁蝗飞蔽城阙，五月不雨至十月。五谷食尽蝗子生，二月草间还勃窣。几日东邻无爨烟，西邻已复死黄泉。空村无人鸱昼啸，况我羸老徒逃遭。"蝗灾洗劫之后，幸存者如"老翁"等饥民，在官府荒政缺失的情况下只能自生自灭。官家在此荒年仍不废奢侈，"官中炽火光烛天，巧匠镕金作酒斝。老翁去去无苦辛，尔且负炭勿负薪"。"老翁"伐薪换钱，微薄的收入难以买粮糊口。相形之下，官军的奢靡和荒政的缺失更显荒诞。《得家书始闻谷贵》描写战乱和饥荒交相为祸。"储瓶粟似水，载路槊成林。兵祸连饥岁，天行合贱金。人间未息战，总使百忧沉。"看不到战乱休止的前景，忧怀更为沉重。《旱蝗有忧》幽怨蝗灾之年仍频繁征输。"东南劳帝力，八月任飞蝗。禾黍千家怨，晴云一夜长。或言勤捕逐，大抵属机祥。太息征输早，金钱集上方。"农家遭受了蝗灾之苦，本该予以赈济，反倒被官府加紧征敛。《悉民谣》怨责轻农伤本。"自今易农器，制犁当用玉。自今易谷种，种珠不种菽。天生珠玉填华屋，不生珠玉活枵腹，悉民悉民空白骨。"轻农重商，农家将受到更大的伤害。《捉船行》记述官府向船家滥派役务的情况。"自从海内遍戈铤，岁岁拦江始捉船。前年两男驾一舸，县官捉去黄河边。去后曾无一寄书，不知生死今何如。""王船闻说到吴城，捉船尽载辽东兵。老人知向广中没，应是无人收白骨。"船家父子先后都被官府强征去为官军驾船，九死一生，凶多吉少。《煮盐行》作于崇祯十三年（1640），记述了盐户的艰辛生存。"熬成雪色倾筐卖，充肠一半多蒲稗。儿女相将出忍饥，还扫浪花岸边晒。古云煮海同铸山，汝曹衣食何其艰。"盐户倾尽疲弱之力，熬制、晒出雪白的海盐，换来的仍是缺衣少食，生计艰危，诗人对盐户的境况深为同情和不平。

四 吴应箕

吴应箕（1594—1645），字次尾，贵池（今安徽贵池）人。崇祯间贡生。明亡后曾组织抗清。

吴应箕的怨政诗大多与明末官军"剿贼"的战事有关。或怨责官军"剿贼"不力,"剿贼"乏策;或怨责官军扰民,祸害甚"贼";或怨责"剿贼"增赋,民力不堪。如《练乡勇》《敌台行》《远征人》《京口行》《何以》《有客》《皇华来》《悲安庆》《无鸡行》《洛阳行》《封侯行》《春兴》等。这些诗篇汇聚的明末战乱图景,呈现了那个时代的普通文人所见所闻的国家政治崩溃的大格局,记述真切,较有深度。

旧营非无兵,府亦役健壮。何如更选士,不战使敌创。我闻逐贼师,老弱匦转饷。驰骋梁楚交,贼来不敢抗。过掠虐贫民,气骄凌主将。官兵终驿骚,乡勇新跌宕。古人驱市人,披靡随所向。今匪素拊揗,信以死长上。里胥日催督,闾阎相耀诳。兵怒不可迩,涂膏饬资仗。区区赋几何,岁亦五千两。(《练乡勇》)

五里一敌台,望贼来不来。若使台成敌不来,区区民力曷计哉。

敌台高望见,江北草摇摇。北人乘马南人舟,高台不及长江流。

敌台何巍巍,乃在江之南。可怜江北破城郭,贼至城下不鸣柝,登台知有江南乐。(《敌台行》)

三更闻柝声,泪下不能止。君行远戍边,夜夜宿空垒。半菽苦不足,远征君独难。妾即忍饥死,敢为行路看。贱妾守门户,老亲与小女。君为备贼行,贼来妾谁拒。(《远征人》)

前岁涉芜江,正值济援师。亲见掠民船,舟人乱受笞。我时甚愤叹,诘问主兵谁。军官前致说,予也何能为。兵骄亦已久,纪律安所知。勉强驱行役,操东反见欺。此语良不诬,天下事如斯。今我苏州来,京口风帆宜。白昼舟横截,煜煜耀戈旗。伤予未及死,穷发搜无遗。图书亡数箧,衣裳去在笥。同日劫舟七,六商一官司。杀人至四五,计失千万赀。长年熟视叹,皆曰兵无疑。盗来恃兵捕,兵则避安之。欲诉听邈邈,讹匿非一时。投鼠忌犯器,戒勿厉言词。风波不可涉,大江变潢池。寄语行估者,慎各守家私。(《京口行》)

何以使兵消,莫如加派辍。何以使贼平,莫如官兵撤。不见十年来,请兵日不绝。兵多贼亦多,未见一贼灭。贼去兵肆掠,贼来兵不截。抚军饬哑聋,镇帅类蹩躠。塘报习为欺,上下徒牵掣。终年庚癸呼,竭尽民膏血。皇上至神武,群臣亦忧慴。事势久凌迟,相戒有卷舌。虽我怀区区,天远何能说。(《何以》)

有客至金陵,为道江南乐。予言未及对,叹息已闲作。米石近十千,积钱只叶薄。民已罄产资,官不信剂约。徂冬历饥寒,入夏蒸炎燺。蝗旱继疾疫,积尸委沟壑。贾女惧不售,刳儿忍置镬。零星秦淮游,管弦久萧索。群盗遍江湖，伏戎在城郭。纪法安足规，上下徒羁络。额军八九万，空籍闲老弱。况复癸庚呼，重以营帅削。计部倾沉沉，司马尝卧阁。持斧第逡巡，为郎恣戏谑。巍然帝者都，处堂咸燕雀。自我廿年来，感事伤今昨。大厦谁能支，微生鲜所托。揖客归且休，饮嗟而瘖咢。（《有客》）

贵客皇华来，肃衣予往视。寒暄未及终，挥泪不能止。自出大明门，人命即蜉蚁。父老未见闻，书传定足纪。积岁兵与饥，况兼疾疫死。山左数十州，一期已罢市。菜色满四郊，相率沟中委。剥骴与僇生，残忍甘父子。历邑鲜人烟，县宰但步履。乘传驿无夫，买餦得滓喜。所在尽藋苻，盗贼弥千里。结队不能行，纳贽过行李。巍巍相君尊，千金敢牾抵。岳岳骢马者，五百先拱俟。间关历艰辛，魂魄非所倚。渡河幸及淮，余生庶足恃。江南虽奇荒，犹然去倍蓰。痛定念前经，瘖中亦数起。谁谓金台高，宁饮石头水。秦蜀久破残，襄雒新陷毁。杀运息何时，战争惧方始。性命苟全难，咄哉希肱仕。（《皇华来》）

呜呼，安庆与我隔一水，群盗三年今两止。前年潜山大湖破，今年刮地遭诛毁。石牌元旦一炬焦，练潭灯前骴横倚。穷村巨镇无完家，戕儿剖妇如羊豕。桐城斗大区区闲，悬焉不坠如卵累。贼强马饱风雨疾，我兵不敢加一矢。陪京援师望不来，尚方依然赐督理。此时天子方宵衣，那知比户纵横死。置郡已近三百年，烟火不绝千余里。讵今垣屋成邱墟，多垒四郊谁其耻。更闻楚贼来蹂躏，累然者皖将何底。即使郡国有龚黄，赤地枯骸那可起。呜呼，安庆可悲悲已矣，君住江南且莫喜。河北贼灭会有时，今日江南吾安恃。（《悲安庆》）

陈生酒酣慷慨泣，为言□□昨年入。督师卢公已死绥，观容高监兵难缉。抚军白谷号能师，所过犹然骚郭邑。贼过犹可兵杀我，兵势燎原烈于火。入室那知他人妻，掠衣何惜道傍赢。贼去村烟未尽墟，兵来十室九家播。有鸡立扑不使声，此声不恶能致兵。几州篱落寂停午，几家板扉晨不明。可怜畿辅仳偕后，数百里中绝吠鸣。晋州城外无鸡啼，济南城里草萋萋。棘门霸上徒儿戏，将军有令久不知。若使一人能办此，何为四海尽潢池。（《无鸡行》）

神祖昔年建储苦不早，于时言者弃官如轻草。东宫既立王当封，谁云母爱者子抱。揽图按籍狭鲁卫，帝曰无如河南洛阳好。即今尧仁睦九族，洛阳祭酒称尊属。几杖未闻赐吴楚，砺带藉辞表郑郇。岂知贼至山河崩，白头老王遭惨毒。灵光一炬作烟消，黄金满屋等秋漂。累累宦官屠羊豕，宫女如花逐絮飘。天下闻之尽鸣邑，九庙震惊至尊泣。为问闽外谁督师,丞相不闻请削级。朝臣痛哭那敢争,腹大鞭长何能及。去年贼已败兴安,露布夸扬墨未干。练饷已靡七百万,中原郭邑十九残。亲王既杀名藩陷,杨相犹能第一官。呜呼,多垒不闻大夫耻,举国谁为斗伯比。屈瑕必败请济师,今之肉食谋者鄙。我悲洛阳悲未终,又闻楚客悲襄水。(《洛阳行》)

男儿封侯在战力,此语令人增叹息。国亡主死将军封,封侯何须见一贼。黄金有印大如斗,不杀贼奴亦相逼。呜呼,朝廷所贵非爵邑,区区意在安反侧。君不见,昔人手握天子玺,丞相如有骄主色。(《封侯行》)

十载秦川走铤多,封狐一夕渡黄河。青天风雨惊吹角,赤地波涛断洗戈。何处有龚驯渤海,空嗟无诩令朝歌。可怜未耜生刀戟,引首欑枪可奈何。

人间卖卜岂王郎,节制何人控凤阳。灞上将军骄驾鹤,长陵烽燧泣亡羊。千年王气犹钟汉,一炬桑田已变沧。近读诏书深罪己,牵缨空拭泪如滂。

庐江郭道已成尘,舒六桐潜失所亲。原野纵横弥白骨,乾坤惨淡半黄巾。载婴刲妊悲三邑,吊死扶丧过一春。我亦山中风雨夜,侧身不禁意艰辛。

津吏沿江日夜催,白门飞递督戎牌。已知邑屋无烟火,犹驾楼船暂酒杯。一月声援矜迅速,三句贼去故徘徊。渡师枕上空闻昔,谁道官兵甚贼来。

苏州开府拥严师,千里舳橹蔽水湄。莫漫有乌占楚幙,谁云健斗属吴儿。鱼龙舟楫侦频断,草木旌旄唉亦疑。朝上捷书邻夕蹙,中原何怪尽潢池。

绣衣持斧肃秋霜,挂后冠疑短后装。属有长江限皖国,不然无地缩池阳。乌台计虑先薪木,雀舫追随作战场。共道好官民饷贼,负戈何以气飞扬。

备兵使者建高牙,十载江南吏是家。三窟俱工江上下,二毛敢问贼参差。羽书深幸无逢□,鼓角严声早散衙。何事干戈妨宦达,争如肉食老京华。

江城三月尽啼莺,忍听传呼乱癸庚。但问金钱到厮养,何曾玉貌说先生。广文寄帑争先识,公子乘船好避兵。北望烟尘何日息,已知皇路碍躬耕。(《春兴》)

《练乡勇》记述明末官军和"乡勇"带给百姓的双重负担。"旧营非无兵,府亦役健壮。何如更选士,不战使敌创。我闻逐贼师,老弱匮转饷。驰骋梁楚交,贼来不敢抗。过掠虐贫民,气骄凌主将。官兵终驿骚,乡勇新跌宕。""里胥日催督,间阎相耀诳。兵怒不可迩,涂膏饬资仗。区区赋几何,岁亦五千两。"官军"剿贼"不力,反倒掠民殃世。地方官府只得征招和训练"乡勇"参与"剿贼",大大增加了民众的负担。《敌台行》记述明末地方官府征役修筑"敌台",防御"盗贼"。"五里一敌台,望贼来不来。若使台成敌不来,区区民力曷计哉。""敌台何巍巍,乃在江之南。可怜江北破城郭,贼至城下不鸣柝,登台知有江南乐。"官府滥征徭役,耗费巨大却于事无补,徒然劳民伤财。《远征人》以征妇的口吻诉说官军"剿贼"行动给征夫家庭带来的痛苦。"君行远戍边,夜夜宿空垒。""君为备贼行,贼来妾谁拒。"征妇痛愤怨责,丈夫从军去"剿贼",家乡却不能防备"盗贼"的劫掠危害。《京口行》描写官军借"剿贼"之名,劫掠民财,祸害甚于"盗贼"。"前岁涉芜江,正值济援师。亲见掠民船,舟人乱受笞。我时甚愤叹,诘问主兵谁。军官前致说,予也何能为。兵骄亦已久,纪律安所知。""白昼舟横截,煌煌耀戈旗。伤予未及死,穷发搜无遗。""同日劫舟七,六商一官司。杀人至四五,计失千万赀。""盗来恃兵捕,兵则避安之。"这些官军在百姓面前骄悍凶恶,将帅不加约束;在"盗贼"面前畏缩退避,徒然耗费养军巨资,更成为直接加害百姓的官方凶徒。《何以》披露官军"剿贼"不成,反为民害。"何以使贼平,莫如官兵撤。不见十年来,请兵日不绝。兵多贼亦多,未见一贼灭。贼去兵肆掠,贼来兵不截。""终年庚癸呼,竭尽民膏血。"这样的怨叹包含了民间对官军"剿贼"的真实感受。《有客》描述灾荒之年,"盗贼"蜂起,朝廷有司却文恬武嬉,处之泰然。"蝗旱继疾疫,积尸委沟壑。贾女惧不售,剖儿忍置镬。""群盗遍江湖,伏戎在城郭。""额军八九万,空籍闲老弱。""持斧第逡巡,为郎恣戏谑。巍然帝者都,处堂咸燕雀。"两种画面,对立感十分强烈。《皇华来》记述天灾、盗灾、兵灾交相为祸。"自出大明门,人命即蜉蚁。父老未见闻,书传定足纪。积岁兵与饥,况兼疾疫死。山左数十州,一期已罢市。菜色满四郊,相率沟中委。剥骴与僇生,残忍甘父子。历邑鲜人烟,县宰俱步履。""所在尽萑苻,盗贼弥千里。结队不能行,纳赀过行李。"诗篇展示饥荒、疫病、"盗贼"灾祸叠加的图景,对官军不能弭盗除贼颇有怨言。《悲安庆》记述盗贼肆虐,官军无能。"穷村巨镇无完家,戮儿剖妇如羊豕。""贼强马饱风雨疾,我兵不敢加一矢。陪京援师望不来,尚方依然赐督理。此时天子方宵衣,那知比户纵横死。置郡已近三百年,烟火不绝千余里。讵今垣屋成邱墟,多垒四郊谁其耻。更闻楚贼来蹂躏,累然者皖将何底。""盗贼"纵横肆虐,猖獗横暴;官军畏缩避战,无力"剿贼"。明末的这种军政溃败局面,已成不可收拾的常态。《无鸡行》描写官军在"剿贼"之中趁机掠民,凶暴甚"贼":"抚军白谷号能师,所过犹然骚郭邑。贼过犹可兵杀我,兵势燎原烈于火。入室那知他人妻,掠衣何惜道傍赢。贼去村烟未尽墟,兵来十室九家播。有鸡立扑不使声,此声不恶能致兵。"官军如此偷鸡摸狗,下作逞凶,将帅却视若无睹:"棘门霸上徒儿戏,将军有令久不知。若使一人能办此,何为四海尽潢池。"领军的长官纵容官军掠民以逞,军纪涣散,乱局已成崩溃之势。《洛阳行》记述明末官军杨嗣昌等部与"盗贼"李自成等部作战的败绩及其因由。"为问阃外谁督师,丞相不闻请削级。朝臣痛哭那敢争,腹大鞭长何能及。去年贼已败兴安,露布夸扬墨未干。练饷已糜七百万,中原郭邑十九残。亲王既杀名藩陷,杨相犹能第一官。呜呼,多垒不闻大夫耻,举国谁为斗伯比。屈瑕必败请济师,今之肉食谋者鄙。"诗篇忧愤朝廷没有能臣猛将统兵"剿贼",却充斥着纸上谈兵之辈。国家耗费天量军费,不能剿灭"盗贼",反致洛阳等地城邑接连失陷。诗人感慨朝廷上下没有像春秋时楚国"斗伯比"一样的能臣,眼睁睁看着朝廷上"屈瑕"一类骄矜之辈莽撞行事。展望战事的发展,绝望之感溢满诗篇。《封侯行》怨讽将帅无能,枉自封侯。"男儿封侯在战力,此语令人增叹息。国亡主死将军封,封侯何须见一贼。黄金有印大如斗,不杀贼奴亦相逼。呜呼,朝廷所贵非爵邑,区区意在安反侧。"诗篇对明末官军将领"剿贼"无能颇有怨言,斥责他们"封侯何须见一贼",辜负了朝廷托付的起码职责。《春兴》七绝组诗描述了明末"盗患"兵患交织、官军虚冒军功骗赏、官员只图个人宦达的社会政治乱象。"庐江郭道已成尘,舒六桐潜失所亲。原野纵横弥白骨,乾坤惨淡半黄巾。""已知邑屋无烟火,犹驾楼船暂酒杯。""渡师枕上空闻昔,谁道官兵甚贼来。"四海之内已是民变蜂起,四处造反。官军前去"剿贼",却比"盗贼"更为掠民害物。"朝上捷书邻夕鼙,中原何怪尽潢池。""共道好官民饷贼,负戈何以气飞扬。"在这样的危局下,朝廷的官员仍只顾念个人宦达的一己之私,"何事干戈妨宦达,争如肉食老京华"。明末政权倾覆的迹象已经显露。

吴应箕的《食土行》《大旱歌》《丹阳道》《耕田苦》等作品,主要记述明末一些地方天灾肆虐之际官府荒政的缺失和失效。《食土行》作于崇祯十年(1637),记述作者家乡在多年的天灾战祸之后百姓陷入了以白土为食的残酷境地。"以兹下邑民嗷嗷,斗谷千钱犹未足。徽州有土茯苓色,云曰神授人争食。通都闻之信疑半,予也揽块增凄恻。岂知土亦出予乡,白色垒垒如截肪。""纵使大块欲生人,何如五谷不禁取。草根糠秕岂有殊,缓死须臾土敢吐。"诗人悲叹，在这样断粮绝望的日子里，官府没有放弃征敛，百姓不能免交赋税。"呜呼，土仓土仓漫歌舞，不能以土输官府。汉廷有诏赐蠲租，为言更及食土苦。"诗人援引汉代朝廷下诏蠲租之事，呼吁朝廷当政者宽免农家租税。《大旱歌》也作于崇祯十年，描写东南地方旱灾之年官方各项政策的弊端。"今年不雨已三月，入秋赤日团平芜。""十家农夫九家哭，长官坐叹空踌躇。若使原田尽毁裂，东南岁额何能输。只今带甲满天地，忍见民穷吏复呼。"农家遭受旱灾，官府束手无策，只惦记"东南岁额"赋税受到影响。在战乱笼罩四方的情况下，官吏更加紧了追呼逼索。《丹阳道》记述"丹阳"地方在蝗灾之年缺乏荒政赈济，官军"剿贼"又给百姓平添征调压力。"晓发丹阳道，蝗虫飞蔽天。暮宿句容邸，斗米钱半千。""富家无租要纳粮，贫者勤耕不得食。近畿六邑尽萧条，江北红巾甲未销。几处无家寡妇哭，几方征调官兵嚣。"官府救灾无策，征调则十分凶酷。《耕田苦》描写旱灾之年农家背负的官府征输负担："耕田苦，耕田苦，插秧三月今无雨。""戮力安知昼还夜，赤体相对子与父。下湿上炎背欲裂，前呼后和声邪许。东南岁输四百万，哪知粒粒出胫股。""耕田之苦难比数，有苦不闻动官府。中原锄耰化为兵，下邑催征尚如虎。"旱灾加战乱，朝廷又把军需的重压全部施加于江南农村，农家所承受税赋徭役之重，完全可以想见。

吴应箕的《山中五日闻三月十九日之变》作于崇祯十七年（1644），记述闻知崇祯皇帝自缢所受到的震撼。

五月五日天欲倾，悲风万里动神京。剧随父老苍黄哭，忍说君王慷慨行。自古主忧犹责死，即今国破尽偷生。闭时漫数诗书效，华岳山高恨未平。

汉家功德尚讴吟，误国其如尽盍簪。谁引豕居龙凤阙，却怜鹓序马牛襟。败亡何必曾先见，痛哭犹存未死心。独有深山云物异，悲凉夏木变霜林。

圣主焦劳十七年，那堪回忆倍潸然。忧危谁下铜驼泪，灰烬空传紫禁烟。北地有怀悲汉谶，中兴何日见周宣。南阳岂少闲吟者，闻达毋宁得苟全。

诗篇叙及五月五日在山中听闻皇帝三月十九日驾崩的消息："五月五日天欲倾，悲风万里动神京。"崇祯皇帝自缢消息传到山中，如天塌地陷，悲风万里。"剧随父老苍黄哭，忍说君王慷慨行。"一众臣民为之哀恸，不忍述说崇祯皇帝自缢殉国。"汉家功德尚讴吟，误国其如尽盍簪。"众多朝臣在社稷危难时节无能救国，渎职误国。"圣主焦劳十七年，那堪回忆倍潸然。"崇祯皇帝在位十七年，为扭转国运、振兴朝政而焦心操劳，最终朝政败亡，自缢殉国。诗人感慨系之，悲从中来。这组绝句真切记录了明亡时节皇帝殉国带给部分臣民的巨大悲伤，以及普通士人对国家政治败亡的强烈痛愤，具有独特的认识价值。

五　杨士聪　宋儒醇　黄淳耀　李渔　傅维鳞　方其义

杨士聪（1597—1648），字朝彻，济宁（今山东济宁）人。崇祯间进士，官翰林检讨。入清，官至谕德。

杨士聪的《凶年四吟》描绘了明末饥馑、盗患、兵灾、疫病"四凶"交并肆虐的社会灾难系列图景。

累年皆赤地，无怪民穷蹙。釜甑既生尘，爨烟绝比屋。三旬鲜九食，瓶空那得谷。漉槐收涩实，剥榆露槁木。杨柎罄寒林，草根殚邃谷。已分作捐瘠，曷辞委沟渎。所恨息未绝，同类餍其肉。（《死饥》）

寻常井间中，每忧逢不若。小窃类螟螣，大奸乃鲸鳄。远镇既攻陷，近村恣驱掠。奋擒或抵罪，强抚先颁爵。胁肤党日繁，狂骋力宁薄。生齿累百万，狼藉就锋锷。何堪纵虎翼，乃至恬鱼镬。徙薪空多算，谁肯受良药。（《死寇》）

名将重威信，过师从枕席。平日少抚练，临戎增叹啧。贼焰既以炽，调发杂主客。强者太狰狞，弱者不任革。缘村掠民蓄，孰操自完策。贫民无立锥，更复遭奇厄。谈笑借汝头，聊以充斩馘。（《死兵》）

杀运殄生人，轻细如蠓蚋。兵荒已半死，岂堪罹病孽。春来渐多疫，什九剧绵惙。蠢凶既草菅，良谨或兰折。道路续新鬼，亲属累死别。贫民无棺敛，委弃空痛结。横尸陈道衢，端为乌鸢设。（《死疫》）

诗人并不是为了记述的整齐、匀称作出这样的系列安排，而是面对的天灾人祸如此真实酷烈，才呈现了触目惊心的死亡系列作品。"累年皆赤地，无怪民穷蹙。""三旬鲜九食，瓶空那得谷。""已分作捐瘠，曷辞委沟渎。所恨息未绝，同类餍其肉。"这是连年天灾、荒政缺失情况下的民间饥馑惨况，饿殍委身沟渎，人肉填充饥肠。"小窃类螟螣，大奸乃鲸鳄。远镇既攻陷，近村恣驱掠。""生齿累百万，狼藉就锋锷。"这是连年盗患、"剿贼"不力情况下的民间受害惨况，村落尽遭劫掠，生民死亡百万。"缘村掠民蓄，孰操自完策。贫民无立锥，更复遭奇厄。谈笑借汝头，聊以充斩馘。"这是连年兵祸、官军甚匪情况下的民间杀掠惨况，肆意横掠民财，枉杀民命冒功。"兵荒已半死，岂堪罹病瘥。春来渐多疫，什九剧绵惙。""道路续新鬼，亲属累死别。""横尸陈道衢，端为乌鸢设。"这是多灾绵延、疫病暴发情况下的民间死亡惨况，百姓自生自灭，官府未有作为。这组系列诗篇记述明末社会治理失败的惨恶状况，概括真切，很有深度。

宋儒醇（？—？），字衍鲁，庐江（今安徽庐江）人。崇祯间诸生。

宋儒醇的怨政诗主要记述崇祯时期"盗贼"纵横及明军"剿贼"战事，纪实性很强。如：

安居三百年，惊闻大盗起。大盗始何人，米脂张与李。所过无坚城，屠人如狗豕。分支掠江北，处处皆烽垒。是时守土官，绝不谙戎事。搜括横索钱，鞭笞竭骨髓。复遭岁大无，蝗螟遍井里。我民日以蹙，展转无生理。丁壮陷贼中，老弱填沟洫。普天皆盗贼，气运成极否。庐城弹丸土，守备鲜千指。昼夜攻愈急，援兵无只矢。可怜城陷日，积骸同山峙。妇女矢贞烈，大半沉于水。逃亡或被擒，骂贼突锋死。仓皇走西山，相依父与子。一步一吞声，吾生何至此。（《崇祯乙亥渠贼张献忠陷庐江》）

世居象山麓，栋宇自永乐。我祖侍御公，实始卜兹宅。老屋存古制，朴素无丹垩。传沿历入世，聚族已千百。无何遭世乱，巨寇盘江北。所在肆焚戮，弥望皆荒陌。狐狸叫空垣，雉兔伏颓壁。重践旧里门，痛哭念先泽。（《象山居屋为贼所焚》）

编茅蔽风雨，逼隘聊容膝。秋风响落叶，惊疑动魂魄。草木皆兵气，寄身浑如客。哀哀鸿雁鸣，相将下广泽。南土满戈甲，慎哉振高翮。稻粱不可谋，千里人烟寂。（《丁丑秋重葺茅屋于旧址》）

崇祯十五年，干支在壬午。前此流亡民，强半归故土。渐渐辟荒田，种麦兼种稌。四月大麦熟，秧田绿可睹。贼从蓼六来，衔枚疾如羽。蹂躏四野田，麦枯不得取。人民复散亡，孤城鲜完堵。雉堞践为隍，丁壮遭系捕。剪发阻归路，分曹隶行伍。间或逃归乡，官法猛如虎。从贼尚苟延，归乡翻逢怒。贼势益滋蔓，闾阎益孤苦。何不宽其网，招之返农圃。腐儒无长算，良民气莫吐。纪此戒后人，抚循望慈父。（《壬午寇从六安来复破庐江尽歼老稚捕系丁壮庐舍金币焚掠殆尽堞垣践毁如平地盖从来未有之惨也纪事一首》）

《崇祯乙亥渠贼张献忠陷庐江》作于崇祯八年（1635），记述诗人眼中的张献忠、李自成"盗贼"纵横"祸世"的情景。"大盗始何人,米脂张与李。所过无坚城,屠人如狗豕。分支掠江北,处处皆烽垒。是时守土官,绝不谙戎事。搜括横索钱,鞭笞竭骨髓。复遭岁大无,蝗蝻遍井里。我民日以蹙,展转无生理。丁壮陷贼中,老弱填沟沚。普天皆盗贼,气运成极否。"诗篇描述起事造反的"张与李"攻城略地,杀人轻命;官军在"盗贼"面前不堪一击,却对百姓凶酷搜刮。对"盗贼"横行肆虐,官军欺民怕"贼",诗人都很怨恨。诗篇的记述和评判,来自作者的个人见闻,表现作者的正统立场,留下了那个时代关于李自成、张献忠武装及其活动的文人士大夫视角的第一手诗歌材料,文献价值独特。《象山居屋为贼所焚》记述诗人自家祖屋被焚,揭示"盗贼"烧杀劫掠的危害烈度。"传沿历入世,聚族已千百。无何遭世乱,巨寇盘江北。所在肆焚戮,弥望皆荒陌。""巨寇"盘踞和经过的地方,尽都遭受祸害,留下遍地荒陌、无数荒村。诗人记述所见闻的"巨寇"烧杀劫掠的情形,也寓含了对官军"剿贼"不力的怨责。《丁丑秋重葺茅屋于旧址》作于崇祯十年(1637),记述诗人感知的战乱兵灾。"草木皆兵气,寄身浑如客。""南土满戈甲,慎哉振高翩。稻粱不可谋,千里人烟寂。"幸存的民众在流亡之中找不到安身之所,已亡的冤魂沉寂在荒芜大地。诗人亲身感知的是一个战乱之后的死寂世界。《壬午寇从六安来复破庐江尽歼老穉捕系丁壮庐舍金币焚掠殆尽堞垣践毁如平地盖从来未有之惨也纪事一首》作于崇祯十五年(1642),将"盗贼"的横暴和官府的失策交织描写,对"剿贼"形势的严峻及其原因、出路都做出了独特的评判。"贼从蓼六来,衔枚疾如羽。蹂躏四野田,麦枯不得取。人民复散亡,孤城鲜完堵。雉堞践为隍,丁壮遭系捕。剪发阻归路,分曹隶行伍。"在逃离未果的情况下,乡民被"盗贼"系捕编入行伍。一些身陷"盗贼"的村民好不容易逃归乡里,却遭到官府的严苛对待,不得不继续陷在"盗贼"行伍之中。"间或逃归乡,官法猛如虎。从贼尚苟延,归乡翻逢怒。贼势益滋蔓,闾阎益孤苦。"诗人对官府不切实情的严苛政策深为忧虑:"何不宽其网,招之返农圃。腐儒无长算,良民气莫吐。纪此戒后人,抚循望慈父。"诗人希望朝廷和官府宽待从"贼"中逃归的乡民,放弃为丛驱雀的愚蠢对策,是看到了明末已成燎原之势的民变力量不可遏制,苦心孤诣地提出了这样的献策。

黄淳耀(1605—1645),字蕴生,嘉定(今上海嘉定)人。崇祯间进士。

黄淳耀的怨政诗反映朝廷及地方的种种弊策和劣治。有的涉及税负严苛,吏胥贪索;有的涉及朝政浑浊,朝臣庸贪;有的涉及贫富悬殊,公正缺失;有的涉及税重伤农,逼良为盗。如:

第七章 明代怨政诗

野人叹息年岁恶,池中掘井井底涸。飞蝗引子来蔽天,辛苦将身事田作。朝廷加派时时有,哭诉官司但摇手。归逢胥吏狭路边,软裘快马行索钱。

野人叹息朝无人,朝中朋党如鱼鳞。十官召封九官默,箧中腰下皆黄银。不知何人理阴阳,频年日食四海荒。我欲上书诋朝士,又恐人呼妄男子。(《野人》)

我行适田野,火云何盘盘。农夫荷锄过,挥汗流食箪。侧身还让畔,敬我儒衣冠。见此发深愧,我何良自安。忆昨经高门,凉风韵琅玕。八珍将九酝,暴殄非一端。席间行炙人,也复沾盘飧。岂知力耕者,秋至有饥寒。鞭扑昼夜加,骨肉昼夜剜。驱驱六合内,数步殊悲欢。天岂贱稼穑,此人难复难。谁为抚循吏,偕之陇上看。(《暑日见耕者叹之》)

十年关陕乱,江表不闻兵。税急农臣苦,年荒米贼生。斧柯谁在手,牛犊漫多惊。失涕苍生内,何时见太平。(《过广信闻铅山寇警》)

田泥深处马蹄奔,县帖如雷过废村。见说抽丁多不惧,年荒已自鬻儿孙。(《田家》)

《野人》以乡民口吻对诸多政事进行评判。"朝廷加派时时有,哭诉官司但摇手。归逢胥吏狭路边,软裘快马行索钱。"乡民要不时承受新增赋税的负担,还要不时承受骄横吏胥的勒索,这是地方施治中的乱象。"野人叹息朝无人,朝中朋党如鱼鳞。十官召封九官默,箧中腰下皆黄银。"一方面是朝廷缺乏恪尽职守的忠臣,一方面是朝廷麇集结党营私的庸臣。庸贪之臣充塞朝廷,国家命运更加没有了希望。《暑日见耕者叹之》感慨官吏贪酷,贫富悬殊,劳者无获。"岂知力耕者,秋至有饥寒。鞭扑昼夜加,骨肉昼夜剜。驱驱六合内,数步殊悲欢。天岂贱稼穑,此人难复难。"辛劳的耕者卑微饥寒,不仅要承受劳作之苦,还要忍受酷吏催科的凶狠鞭笞,被征服役的生死离散。社会不公,于此为甚。《过广信闻铅山寇警》记述了乡民铤而走险的情况。"税急农臣苦,年荒米贼生。"灾荒饥馑年景,乡民被逼无奈成为"盗贼",与"税急"的苛政不无关系。《田家》记述官府征役的苛酷。"田泥深处马蹄奔,县帖如雷过废村。见说抽丁多不惧,年荒已自鬻儿孙。"官府催征丁役的公文下发到荒芜的乡间,留下的村民面对催科近乎麻木,灾荒之年卖儿鬻女之余已经无可榨取,绝望的气息弥漫乡野。

李渔(1611—1680),字谪凡,兰溪(今浙江兰溪)人。明崇祯间补博士弟子员。入清,无意仕进,著述售文,编演戏剧,刻印图籍。

李渔的《甲申纪乱》作于崇祯十七年(1644),记述明朝覆灭之际的社会政治乱况。

> 昔见杜甫诗，多纪乱离事。感怀杂悲凄，令人减幽思。窃谓言者过，岂其遂如是。及我遭兵戎，抢攘尽奇致。犹觉杜诗略，十不及三四。请为杜拾遗，再补十之二。有诗不忍尽，恐为仁者忌。初闻鼓鼙喧，避难若尝试。尽日偶然尔，须臾即平治。岂知天未厌，烽火日已炽。贼多请益兵，兵多适增厉。兵去贼复来，贼来兵不至。兵括贼所遗，贼享兵之利。如其吝不与，肝脑悉涂地。纷纷弃家逃，只期少所累。伯道庆无儿，向平憾有嗣。国色委菜佣，黄金归溷厕。入山恐不深，愈深愈多祟。内有绿林豪，外有黄巾辈。表里俱受攻，伤腹更伤背。又虑官兵入，壶浆多所费。贼心犹易厌，兵志更难遂。乱世遇崔符，其道利用讳。可怜山中人，刻刻友魑魅。饥寒死素封，忧愁老童稚。人生贵逢时，世瑞人即瑞。既为乱世民，蜉蝣即同类。难民徒纷纷，天道胡可避。

诗篇描述的兵与"贼"并为祸害的乱状是诗人亲历亲睹的，铭心刻骨，慨叹真切。诗人叙及自己对待杜甫罹乱诗篇的前后两种心态，烘托出对当前社会政治灾难的沉痛感受。"昔见杜甫诗，多纪乱离事。感怀杂悲凄，令人减幽思。窃谓言者过，岂其遂如是。及我遭兵戎，抢攘尽奇致。犹觉杜诗略，十不及三四。"诗人感受最痛切的是，兵与"贼"看似对头，实则并为民祸，甚至官军戕民的危害程度远高于"盗贼"。"贼多请益兵，兵多适增厉。兵去贼复来，贼来兵不至。兵括贼所遗，贼享兵之利。如其吝不与，肝脑悉涂地。""入山恐不深，愈深愈多祟。内有绿林豪，外有黄巾辈。表里俱受攻，伤腹更伤背。又虑官兵入，壶浆多所费。贼心犹易厌，兵志更难遂。"诗人对朝廷能够弭乱的前景已经不抱希望，悲愤乱世败政下的百姓性命有如蜉蝣般轻贱。"既为乱世民，蜉蝣即同类。难民徒纷纷，天道胡可避。"慨叹朝廷已经丧失了稳定天下秩序的统御能力。

傅维鳞（1616？—1666），字掌雷，灵寿（今河北灵寿）人。明崇祯间举人。清顺治间进士，授翰林院编修。历左中允、工部右侍郎、工部尚书等。

傅维鳞在崇祯年间创作的多首以歌谣冠名的怨政诗，记述了明末社会政治混乱状况。《四库全书总目提要》称："诸谣曲尽明末兵荒流离之状。"[①] 这些怨政诗对作者耳闻目睹的明末赋税、徭役、兵役等各方面的严苛状况，对"盗贼"、官军、官吏等各类人群的祸世情况，都有深切的描写。如：

[①] （清）永瑢等：《四库全书总目提要》卷一百八十一，中华书局1965年版，第1641页。

闻道羽檄下州县，征兵补伍资征战。昔时只道从军苦，今日从军转宴宴。呼卢六博争枭雉，撒地青蚨常数万。朝来郊射斗便狷，中途时得客人钱。倡楼恣饮不能奈，拔刀每欲向人前。主帅虽不给正饷，几敢瞋目行威权。有时闻警趋壁垒，辚辚萧萧何雄伟。纵使流氛高逼天，兵将常离数百里。马不劳我曰秣刍，鞭棰威人如威奴。一时谁敢少挠阻，割级正好献幕府。谁家有女颜色娇，马上常驮伴宝刀。父母夫婿每追哭，十里不见黄尘高。驻马又复无营队，各人跨马投阛阓。夜来宰却埘上鸡，天明携去奁中黛。护防城郭尤泰然，栖迟酦饮相呼欢。一人稍稍不得志，百千上马挥刀镮。争先报名挂名簿，骏马骄嘶耀威武。临行却嘱女与妻，堤防兵过为兵虏。（《征兵谣》）

曾闻有诏出京华，来年仍未到贫家。贫家犹纳已赦税，不知恩诏果赦未。天子应多念我心，时人那复分泾渭。旧逋不逋尚谓逋，新租何苦烦空费。前时有诏民尽知，后来有诏民狐疑。昨日纳税到官府，依稀沾惠闻天语。侧身仰望异分明，安得大龙省我土。全忘草野被襟身，长跪请观蠲赦文。（《望都谣》）

高兮古来已云高，深兮古来已云深。只为育城不固守，致使随地贼骑侵。十千长镵锲冰水，冰刀乱割踝及髀。呼声动地运石泥，瞻望岩岩仍欲垒。我筑坚晷短，勒限工难完。我筑驶他时，倾颓追起止。缓兮急兮皆不可，半日无食仍负荷。饿仆泥头无一言，吏来尚谓伴为惰。城上人，池内尸。亲戚不敢明敛葬，恐责补工多羁縻。死时惟闻无他嘱，寄语妻孥莫向哭。哭时或致城隅崩，会劳役夫尺寸筑。（《城者谣》）

揽头下乡如饿狼，摧草严如杀草霜。关河防秋集兵禹，刍莘不备胡腾骧。遥遥去关数百里，千束万束待输将。殷勤跪向揽头乞，从来未识关路长。愿给揽头草资去，一束数百犹倘佯。倘或不如揽头意，担负远送行跄跄。家无余资为行具，橐中数合惟糟糠。揽头与兵相交好，谓我草束多枯芒。幸得交纳归乡里，山水千盘饥欲僵。今日方完明日再，栏里耕牛不得尝。儿见揽头啼琅琅，又缚吾爷与吾娘。（《刍谣》）

前路遥遂兵戈黑，不知是兵与是贼。是贼夺将负乘行，是兵并欲将人殛。自古人歌行路难，不意此日多疑惑。我有膂力敌千人，何贼不敢施弓麟。彼贼扬言某家卒，仰天啼泪徒逡巡。杀贼果贼犹自可，杀贼是兵结大关。朝廷稔知途不宁，十里五里缮逻卒。大贼若到逻卒睡，行人如稀选卒传。吁嗟乎，行路之苦堪懊恼，只有一事比昔好。昔年望望避鸣驺，今朝得与官争道。（《行者谣》）

忽然风语闻兵过，市散轰然不顾货。农夫抛锄不顾穑，操绩咿唔不顾课。行路跉跈不顾坷,踏木带泥不顾洝,冲荆依棘不顾破。虽病虽矫不顾懦,一日不食不顾饿。夜里潜踪不顾卧,低呼亲眷不顾和。跃马横刀亦人耳,胡令畏避至如此,胡令畏避至如此。(《兵来谣》)

幸贼不杀为贼掳,系执鞭棰备极苦。贼营极苦不必言,夜半悄然出网罟。复幸贼骑不来追,来追尸里交叠股。回头跋涉望家乡,几日无食卧路傍。寒风栗烈砭肌骨,御冷曾无蔽体裳。纛旌摇曳黄尘起,两目昏昏疑贼垒。一刀明月秋霜严,见人不啼翻作喜。皆指杀此如鸡豚,报捷真假谁与论。割取笑系马垂革,复留三五为实言。何地遇敌即大战,夺将男妇献辕门。将军一见拍手笑,选女娇婆□交诏。男子纵放难之归,中途复被余兵剽。嗟哉生死死生人,空听多方济难民。将军加官士卒富,侥幸艰危逃难身。(《难民谣》)

连阡草莽不容数,漫自当年夸肬肬。开荒原为集哀鸿,不流变流宜嗟苦。何方遗亩属门谁,险报犁锄隔邑取。辞家远向无人地,伊黍何曾馌朝午。种粒实从贫户来,伪云揩处情奚吐。收时不知少与多,官仓狼戾空目睹。吁嗟乎,自己有田无力耕,负糇翻为百里行。纵然积作兵荒备,李代桃僵气莫平。去时虽有分文给,馁严曾无几日盈。如斯盛举原非忒,古往今来有良则。纸上虚名应诬人,应怨当年赵充国。(《垦谣》)

市上千钱一斗米,无米何得有千钱。钱米两无租税急,彷徨市上复谁怜。家有敝衣及敝器,兵荒之后无人置。散列街头且弗收,堤防过客催官备。市上前时货物饶,酒楼打鼓复吹箫。田家多收千斛麦,每来市上恣游遨。街冲不异当年地,睹此光景增悲悷。日西时已断行路,日中市上人寥寥。寄言轻易莫向市,市上缚人无可避。(《市谣》)

城头杀气压城祇,城外坞笳人马嘶。望兵不来贼威逼,城上眦穿城里啼。贼傍孤城结营垒,欲求援救无端倪。矢石相持过数日,一朝赋队集何齐。望城射矢如骤雨,满身中矢不离伍。城头守者亦何辜,矢尽弦绝望眼枯。城中有限贼无数,势如挫卯仍支吾。兵果不至城难守,平日徒劳赍粮糗。可怜城里数万人,断送稽迟误国手。死者游魂故可哀,子遗尚待供牛酒。贼众拔营已数朝,兵来始割余民首。(《守者谣》)

从来人性恋乡土,丘庐亲友及田圃。遽然舍去千万难,日为多难作流寓。携妻抱子走冲尘,不定何人谓为主。人道此地称乐郊,突未黔时人来嘲。贯籍姓名频逼问,执为亡命方逋逃。党甲索钱编入保,倘或有故牵烦倒。明日排门敛税钱,伪云工急资营造。虽是他方不自由,争如在室多征求。回头故里云天远,怜伊邻佑应增愁。(《流居谣》)

上天无雨洒泪欷,数仞及泉聊灌溉。苗长虽无与巇形,一穗数粒如珠玑。忽尔旌旗过陇头,异朝瞻视无遗留。千百马蹄遍田亩,半寸禾根不可收。抢天呼地哭难止,思量但有死而已。生民不若营中马,犹得逍遥食禾野。(《牧禾谣》)

加饷莫加饷不足,裕储大计纷相属。逃亡强半遗阡原,拟买犁锄杂镞纛。野外荒田一望遥,原无耕种可容镖。率土尺寸皆有主,只因饷急多逋逃。一旦兵来作屯计,但择膏腴悬标记。我无牛只耒与耙,即指为荒竟夺易。官司不为清除税,公簿仍微民姓字。未耕尚未费耕钱,已耕夺去甚堪怜。人多势恶难控诉,有时泣告便挥拳。临飞不敢来种艺,惟恐少碍生迆遭。耕种仍费贫民手,半粒不到贫民日。何曾分文给日工,官司止谓兵勤亩。嗟夫太废兵将神,我耕几何得养亲。刍粟犹然供饷用,一样空劳胼胝身。(《田谣》)

掳余杀余余无多,无衣无食如何过。壮夫佣雇尚无主,何况赢弱及嬬婆。相对相盼日复日,生离虽离死别死。无奈立券向富家,兵荒富室亦贫矣。议时去时割肺肠,相顾相盼更相望。所得银钱能多少,粗粮数斗仅免殍。煮时相向不下喉,目中骨肉何方了。食非食,食天性。割恩断爱非人理,堤防啼声惊里正。(《鬻谣》)

《征兵谣》作于崇祯十三年(1640),怨责治军涣散。官军整天沉溺于赌博玩钱,嫖娟逗气:"呼卢六博争枭雉,撒地青蚨常数万。朝来郊射斗便狷,中途时得客人钱。倡楼恣饮不能奈,拔刀每欲向人前。"平时这样骄奢放纵,敌情紧急之时必然畏缩避敌,不敢接战:"有时闻警趋壁垒,辚辚萧萧何雄伟。纵使流氛高通天,兵将常离数百里。"在民众面前,这些官军又变成了虎狼之师,欺民杀掠,冒功骗赏:"马不劳我曰秣刍,鞭棰威人如威奴。一时谁敢少挠阻,割级正好献幕府。""夜来宰却埘上鸡,天明携去奁中黛。"这样的官军不能保国安民,反倒祸世殃民。《望都谣》描写朝廷颁布了减免租税的蠲赦诏文,然而这样的"恩诏"到地方却成了有名无实的空文,贫苦农家缴纳了租税也不知朝廷曾经下发过蠲免诏。"贫家犹纳已赦税,不知恩诏果赦未。"旧租不宽减,新租仍旧征,百姓对朝廷诏令的政治权威产生了极大的怀疑:"旧逋不逋尚谓逋,新租何苦烦空费。前时有诏民尽知,后来有诏民狐疑。昨日纳税到官府,依稀沾惠闻天语。"诗篇披露了地方官府敷衍朝廷诏令、滥征应免租税的贪渎行径。《城者谣》记述苦不堪言的筑城徭役。"十千长镢钁冰水,冰刀乱割踝及腓。呼声动地运石泥,瞻望岩岩仍欲垒。"役夫除了要忍受苦役的煎熬,还时时惶恐不能完成官吏的役务限令。"我筑坚崇短,勒限工难完。"忍饥挨饿,不堪负荷,很多役夫冤死于城池,亲人居然不敢收敛。"城上人,池内尸。亲戚不敢明敛葬,恐责补工多羁縻。"诗人为筑城役夫的劳苦和冤死发出不平之鸣。《刍谣》描写"揽头"胥吏向乡民征调军需饲料,派额沉重。"关河防秋集兵禹,刍莘不备胡腾骧。遥遥去关数百里,千束万束待输将。"乡民被包揽征调事务的"揽头"勒索刁难,不堪其烦。"愿给揽头草资去,一束数百犹徜徉。倘或不如揽头意,担负远送行跄踉。""揽头与兵相交好,谓我草束多枯芒。"沉重的征调,额外的勒索,双重的负担压在了乡民的头上。《行者谣》描写行人在路途遭遇兵匪交相劫杀的祸害。"前路遥遂兵戈黑,不知是兵与是贼。是贼夺将负乘行,是兵并欲将人殪。"行人惶恐的是,分不清劫道的是兵还是贼。"我有膂力鏨千人,何贼不敢施弓麟。""杀贼果贼犹自可,杀贼是兵结大关。"朝廷知悉这个地方的情况后,也派兵巡防,但无济于事。"朝廷稔知途不宁,十里五里缮逻卒。大贼若到逻卒睡,行人如稀选卒传。"官军对"盗贼"的退避,对民众的劫掠,尤其成为民众的祸害。《兵来谣》描写民间男女老幼听闻官军到来时的各种畏惧反应。诗人连用了十个"不顾"来形容民众对官军避之唯恐不及的惊惧情形。官军的存在应该是卫国安民,现在却成了祸世害民的队伍。《难民谣》描写被"盗贼"抓获的民众在逃脱"盗贼"营地后又遭遇官军,反被官军滥杀冒功。"皆指杀此如鸡豚,报捷真假谁与论。割取笑系马垂革,复留三五为实言。何地遇敌即大战,夺将男妇献辕门。将军一见拍手笑,选女娇婆□交诏。男子纵放难之归,中途复被余兵剽。"民众逃出虎口又入狼窝的经历,看似奇特,又不奇特,是明末一些地方出现的官军与"盗贼"交相为祸的真实记录。《垦谣》记述官府不顾实际效果,征调民众到远地垦荒屯田,实为劳民伤财。"开荒原为集哀鸿,不流变流宜嗟苦。""辞家远向无人地,伊黍何曾馌朝午。种粒实从贫户来,伪云措处情奚吐。收时不知少与多,官仓狼戾空目睹。"官吏勒令垦荒的民众从当地贫户那里搜刮粮种,却谎报筹措来源;开荒打下的粮食也散漫收集,胡乱堆积。诗人对这样得不偿失的垦荒政策很有怨言:"自己有田无力耕,负粮翻为百里行。纵然积作兵荒备,李代桃僵气莫平。""如斯盛举原非忒,古往今来有良则。"认为是官僚们滥权胡为,将古代的良则演变成了殃民的劣政。《市谣》描写经过战乱的洗劫,城邑市上已无粮食可以交易,百姓陷入了极度窘困境地。"市上千钱一斗米,无米何得有千钱。钱米两无租税急,彷徨市上复谁怜。家有敝衣及敝器,兵荒之后无人置。"到市上不仅不能买到粮食,去市集甚至可能被绑缚从军。昔日市集繁盛,当今市场乱危,对比十分惊心。《守者谣》记述孤城遭遇"盗贼"围攻,官军懈怠避战,援兵迟迟不至。"望兵不来贼威逼,城上眦穿城里啼。贼傍孤城结营垒，欲求援救无端倪。"孤城守军，在救援断绝情况下终于失守，城中民众也遭遇了屠戮。"城头守者亦何辜，矢尽弦绝望眼枯。城中有限贼无数，势如挫卵仍支吾。""可怜城里数万人，断送稽迟误国手。""盗贼"拔营退走后，姗姗来迟的援军才赶到城中，却只知勒索残存的百姓，甚至杀民冒功。"死者游魂故可哀，孑遗尚待供牛酒。贼众拔营已数朝，兵来始割余民首。"诗篇谴责了"剿贼"无能、残民以逞的官军恶行。《流居谣》描写在家乡无以为生的农夫携家带口流落到他乡，在他乡却被当地官吏急迫征敛，陷入了另一种艰困处境。"党甲索钱编入保，倘或有故牵烦倒。明日排门敛税钱，伪云工急资营造。"流民在他乡感受的征敛之苦，加重了流民背井离乡、漂泊无助的忧愁。《牧禾谣》记述旱灾之年农夫辛劳掘泉灌溉，眼见赖以活命的稻禾将要长成，却不料遭遇了官军铁蹄的践踏。"忽尔旌旗过陇头，异朝瞻视无遗留。千百马蹄遍田亩，半寸禾根不可收。"遭此横祸，农夫痛不欲生，"抢天呼地哭难止，思量但有死而已"。官军的凶横无忌，将农家逼上了绝路。《田谣》记述乡民在战乱后逃往无主的荒芜田地上拓荒垦种，却时时担忧被官军夺走费尽辛劳垦荒有成的田地。"率土尺寸皆有主，只因饷急多遁逃。一旦兵来作屯计，但择膏腴悬标记。"乡民深感冤屈不平，但势单力薄，不敢与官府官军作对，"未耕尚未费耕钱，已耕夺去甚堪怜。人多势恶难控诉，有时泣告便挥拳。"乡民的痛楚不仅止于垦地被剥夺，他们被官府强征耕种田地，收获粮食却得不到酬劳和口粮："耕种仍费贫民手，半粒不到贫民日。何曾分文给日工，官司止谓兵勤亩。"诗篇谴责官军和官府对乡民所垦之地和劳作之获的强取豪夺。《鬻谣》记述兵荒马乱之中，百姓遭劫掠后一贫如洗，无处受雇挣钱养家。"掳余杀余余无多，无衣无食如何过。壮夫佣雇尚无主，何况羸弱及皤婆。"无奈之下，只得卖儿鬻女，苟延性命。"所得银钱能多少，粗粮数斗仅免殍。煮时相向不下喉，目中骨肉何方了。"诗篇展示了社会秩序崩溃后百姓的悲怆生活情景。

方其义（1620—1649），字直之，桐城（今安徽桐城）人。

方其义的《党祸》记述了明清易代之际南明政权的政治混乱状况。史载："由崧性暗弱，湛于酒色声伎，委任士英及士英党阮大铖，擢至兵部尚书，巡阅江防。二人日以鬻官爵、报私憾为事。"[①] "士英为人贪鄙无远略，复引用大铖，日事报复，招权罔利，以迄于亡。"[②] 《党祸》描述的就是弘光帝朱由崧、权臣马士英等南明君臣败政乱国的事迹。

[①] （清）张廷玉等：《明史》卷一百二十《诸王传五》，中华书局2000年版，第2417页。
[②] （清）张廷玉等：《明史》卷三百八《奸臣传》，中华书局2000年版，第5316页。

北都既陷贼，南都新立帝。宵人忽柄用，朝野皆短气。魑魅登朝廷，欲尽杀善类。忤者立齑粉，媚者动高位。麒麟逢鉏商，豺虎遂得势。手翻钦定案，半壁肆罗织。萧遘反被诬，赵鼎亦受詈。直以门户故，忠邪竟倒置。可怜士君子，狼狈窜无地。我家为世仇，甘心何足异。冤死不必悲，所悲在国事。先帝儿难保，我辈合当毙。仰首视白日，吞声一洒泪。

诗篇描述清军入关占领北京后，南明弘光政权在南京成立，这个政权在其后很短的运行期间，呈现了全面的政治溃败。"宵人忽柄用，朝野皆短气。魑魅登朝廷，欲尽杀善类。忤者立齑粉，媚者动高位。麒麟逢鉏商，豺虎遂得势。手翻钦定案，半壁肆罗织。""直以门户故，忠邪竟倒置。"君主暗庸，权臣奸佞，谗谄当道，忠信被斥。清朝大敌当前，南明小朝廷的君臣们还只知争权夺利，滥逞私欲，不知死之将至。"仰首视白日，吞声一洒泪。"诗人吞声的恸泣，是为明王朝政治崩溃唱出的最后的挽歌。

第八章 清代颂政诗

概 论

　　清王朝在中国历史上的功过地位众说纷纭，但其对中国版图疆域的拓展无疑功盖前世，贡献至巨。"有清崛起东方，历世五六。太祖、太宗力征经营，奄有东土，首定哈达、辉发、乌拉、叶赫及宁古塔诸地，于是旧藩札萨克二十五部五十一旗悉入版图。世祖入关翦寇，定鼎燕都，悉有中国一十八省之地，统御九有，以定一尊。圣祖、世宗长驱远驭，拓土开疆，又有新藩喀尔喀四部八十二旗，青海四部二十九旗，及贺兰山厄鲁特迄于两藏，四译之国，同我皇风。逮于高宗，定大小金川，收准噶尔、回部，天山南北二万余里毡裘湩酪之伦，树颔蛾服，倚汉如天。自兹以来，东极三姓所属库页岛，西极新疆疏勒至于葱岭，北极外兴安岭，南极广东琼州之崖山，莫不稽颡内乡，诚系本朝。于皇铄哉。汉、唐以来未之有也。"① 史家褒赞清王朝的拓展之功，虽然"入关翦寇"之类用语立场偏颇，但对清朝皇室完成大一统伟业的宏观评价还是符合历史事实的。"清代最突出的成就是奠定了中国版图辽阔的多民族统一国家的基础。清政权建立之后，统一了蒙古、新疆、西藏、台湾以及云贵、东北等各边疆地区，实行了就封建社会来说最为成功的民族政策。经过经营开发，大大加强了中原地区和边疆地区的经济和文化联系，建立了中央政权对边疆地区有效的政治管理，使中国这个统一的多民族国家达到了前所未有的巩固和发展，就是中国历史上的汉、唐盛世也无法与之比拟。"② 实际上，清朝为扩大和巩固疆域版图做出的努力，一直持续到王朝后期。"穆宗中兴以后，台湾、新疆改列行省；德宗嗣位，复将奉天、吉林、黑龙江改为东三省，与腹地同风；凡府、厅、州、县一千七百有奇。自唐三受

---

① 赵尔巽等：《清史稿》卷五十四《地理志一》，中华书局1977年版，第1891页。
② 方行等：《中国经济通史》，经济日报出版社2007年版，第1页。

降城以东，南卫边门，东凑松花江，北缘大漠，为内蒙古。其外涉瀚海，阻兴安，东滨黑龙江，西越阿尔泰山，为外蒙古。重之以屏翰，联之以昏姻，此皆列帝之所怀柔安辑，故历世二百余年，无敢生异志者。"① "新疆建省，实现了清朝对该地的直接统治，对阻止外国侵略势力的活动，推动省政建设，都有积极作用。当时，新疆省政府还采取一些措施，如划一赋税征收，规划兴修水利，以及鼓励内地移民等，颇显露一些新的气象。"② "台湾建省，增强了东南海疆的防务力量，也加速了台湾本岛的开发，在不长时间里，台湾的防务力量有了很大的提高。"③ "就在日俄战争爆发的那一年，清廷于先前放丈土地的基础上，进一步宣布开放东北全境土地，招民开垦，企图通过'移民实边'的办法，以巩固疆圉。" "设置东三省，乃是清廷应变措施中的一个举动。"④ 清代颂政诗对拥有大一统辽阔疆域的王朝统治及政权秩序有高度的认同，有大量作品加以歌赞。

　　清朝皇室入主中原后，为了尽快实现对庞大国家的掌控，在政治、经济、文化等领域全面沿用了中国历代行之有效的基本制度，使新王朝在较短的时间内获得了很强的统治力。清朝皇室对中国历代王朝正统秩序的认同和继承，对包括科举制度、祭祀制度在内的各项政治、经济、文化、教育制度的继承和发展，保证了王朝政权更替的顺利完成。如科举制度，清朝入主中原后，很快就全面继承了明朝科举，开科取士。比起蒙元王朝，满清王朝对科举制度的继承显然更为自觉，更有深度。"古者取士之法，莫备于成周，而得人之盛，亦以成周为最。自唐以后，废选举之制，改用科目，历代相沿。而明则专取四子书及易、书、诗、春秋、礼记五经命题试士，谓之制义。有清一沿明制，二百余年，虽有以他途进者，终不得与科第出身者相比。康、乾两朝，特开制科。博学鸿词，号称得人。"⑤ 对中国基本政治制度的继承和弘扬，是清王朝在不太长时间内就巩固了新政权的最重要原因之一。又如祭祀制度，清皇室奉祀中国历代帝王及功臣，即宣示清政权是中国历代王朝政权的正统继承者，继承了自三皇五帝以迄于今的中国历代正统。顺治时期，历代帝王庙建成，清皇室庄重进行奉祀。史载："殿祀伏羲，神农，黄帝，少昊，颛顼，帝喾，唐尧，虞舜，夏禹，商汤，周武王，汉高祖、光武，唐太宗，宋、辽、金太祖、世宗，元太祖、世祖，明太祖，凡廿一帝，祀以太牢。分献官四人祭两庑，庑祀风后、力牧、皋陶、夔、龙、伯益、伯夷、伊尹、傅说、

---

① 赵尔巽等：《清史稿》卷五十四《地理志一》，中华书局1977年版，第1892页。
② 白钢等：《中国政治制度通史·清代》，社会科学文献出版社2011年版，第234页。
③ 同上书，第235页。
④ 同上书，第236页。
⑤ 赵尔巽等：《清史稿》卷一百六《选举志一》，中华书局1977年版，第3099页。

周公旦、召公奭、太公望、召虎、方叔、张良、萧何、曹参、陈平、周勃、邓禹、冯异、诸葛亮、房玄龄、杜如晦、李靖、郭子仪、李晟、张巡、许远、耶律赫噜、曹彬、潘美、张浚、韩世忠、岳飞、尼玛哈、斡里雅布、穆呼哩、巴延、徐达、刘基，凡功臣四十一，祀以少牢。"① 康熙时期，对历代帝王及功臣的祭祀又有所增减："十七年，礼臣议言庙祀帝王，止及开创，应增守成令辟，并罢宋臣潘美、张浚祀，从之。于是增祀商中宗、高宗，周成王、康王，汉文帝，宋仁宗，明孝宗。而辽、金、元太祖皆罢祀。圣祖嗣服，以开创功复之。六十一年，谕：'帝王崇祀，代止一二君，或庙飨其臣子而不及其君父，是偏也。凡为天下主，除亡国暨无道被弑，悉当庙祀。有明国事，坏自万历、泰昌、天启三朝，神宗、光宗、熹宗不应崇祀，咎不在愍帝也。'于是廷臣议正殿增祀夏启、仲康、少康、杼、槐、芒、泄、不降、扃、廑、孔甲、皋、发，商太甲、沃丁、太庚、小甲、雍己、太戊、仲丁、外壬、河亶甲、祖乙、祖辛、沃甲、祖丁、南庚、阳甲、盘庚、小辛、小乙、武丁、祖庚、祖甲、廪辛、庚丁、太丁、帝乙，周成王、康王、昭王、穆王、共王、懿王、孝王、夷王、宣王、平王、桓王、庄王、僖王、惠王、襄王、顷王、匡王、定王、简王、灵王、景王、悼王、敬王、元王、贞定王、考王、威烈王、安王、烈王、显王、慎靓王，汉惠帝、文帝、景帝、武帝、昭帝、宣帝、元帝、成帝、哀帝、明帝、章帝、和帝、殇帝、安帝、顺帝、冲帝、桓帝、灵帝、昭烈帝，唐高祖、高宗、睿宗、玄宗、肃宗、代宗、德宗、顺宗、穆宗、文宗、武宗、宣宗、懿宗、僖宗，辽太宗、景宗、圣宗、兴宗、道宗，宋太宗、真宗、仁宗、英宗、神宗、哲宗、高宗、孝宗、光宗、宁宗、理宗、度宗、端宗，金太宗、章宗、宣宗，元太宗、定宗、宪宗、成宗、武宗、仁宗、泰定帝、文宗、宁宗，明成祖、仁宗、宣宗、英宗、景帝、宪宗、孝宗、武宗、世宗、穆宗、愍帝，凡百四十三位。其从祀功臣，增黄帝臣仓颉，商仲虺，周毕公高、吕侯、仲山甫、尹吉甫，汉刘章、魏相、丙吉、耿弇、马援、赵云，唐狄仁杰、宋璟、姚崇、李泌、陆贽、裴度，宋吕蒙正、李沆、寇准、王曾、范仲淹、富弼、韩琦、文彦博、司马光、李纲、赵鼎、文天祥，金呼噜，元博果密、托克托，明常遇春、李文忠、杨士奇、杨荣、于谦、李贤、刘大夏，凡四十人。"② 精心选取祭祀历代帝王和功臣的对象，显然是按照儒家思想为主的中国传统政治文化标准作出的慎重选择，表明对中国正统政治文化的高度继承和发扬。这些贯彻了大一统理念的文治举措，彰显了清代统治者卓越的政治智慧和治国能力。

---

① 赵尔巽等：《清史稿》卷八十四《礼志三》，中华书局1977年版，第2526页。
② 同上书，第2527页。

清王朝的统治延续了近三百年，其间的国家治理经历了兴盛衰败的漫长演变。清代的国家政治兴衰，与所在时期的朝廷治国举措与地方施政效果直接相关，在不同时期呈现的社会状貌差异很大。清代前期，顺治、康熙皇帝在开国之初的动荡岁月，励精图治，巩固皇权，平定三藩，收复台湾，完成统一，成就了空前的盛业。清代中期，雍正、乾隆、嘉庆皇帝奋发进取，稳步提升清王朝的国力，成就了前后相继的康乾盛世。"康熙、雍正和乾隆这三位皇帝统治帝国长达一百三十五年，他们饱读儒家经典和中国文学，在如何治国安邦方面受过良好的训练。他们以一种近乎着魔的状态致力于其统治，这种精神在早期帝王身上即使出现过也是少之又少。"① 清代前期、中期最高当政者勤谨高效的治理，在整个中国历史上也是十分突出的。"尽管清朝初期实行过一系列野蛮、残暴的措施，但它毕竟是一个新兴的政权，经过政策的调整，很快建立了新的秩序，使绝大多数人民得到了实惠，社会安定，生产发展，人口激增，物质文明达到了新的高峰。这种发展速度不仅在明朝从来没有出现过，就是在明以前的太平盛世也是很少有的。更重要的是，清朝使中国达到了空前的统一，这不仅是武功赫赫的明太祖父子无法望其项背，就是汉唐盛世也不能与之相比。"② 清政府推行的各项经济政策对农业生产的推动作用十分明显："政治权力是上层建筑诸因素中能动性最大的因素。在封建社会中，国家政策和赋役制度决定着土地、劳动力和资金等生产要素的组合方式与效益水平。清代农业的发展，与清政府提供了比较合理的政策与制度安排也是分不开的。"③ 以农业为主要产业的清代经济发展到远超前代的极高水平，国家财富的累积也达到了空前的规模。"自康熙二十年以后，由于大规模战争结束，清朝政府又着力于恢复生产，实行与民休息的政策，使多数农民有了饭吃，生活生产条件有了改善，可以养活更多的孩子，而且生的多于死的，人口不断增加，到康熙末，已进至1.2亿至1.4亿的水平，雍正末则有1.4亿至1.5亿。至乾隆末年，更增至3亿以上。长期保持这样高的人口增长率，其前提必须是有一个安定的社会环境，以及能够不断提供人口增长所需要的物质基础（比如可供基本吃穿的工农业生产水平），而这一些，当时基本是具备的。人口大发展，乃是'康乾盛世'最显著的特征之一。"④ 清朝各项制度的建设和运行也在相当长的时期内保持了较高的效率。如："清朝的财政制度，从顺治朝初立，到雍正朝完备，形成一整套戒律森严的以解饷、协

---

① ［英］塞缪尔·E. 芬纳：《统治史》卷三，马白亮译，华东师范大学出版社2014年版，第77页。
② 葛剑雄，《统一与分裂》，商务印书馆2013年版，第160页。
③ 方行等：《中国经济通史·清》，经济日报出版社2007年版，第4页。
④ 同上书，第136页。

饷为核心的制度。所谓解饷，就是地方对中央的财政上缴；所谓协饷，就是富省在中央的指令下对穷省的财政调拨。"① "清中央政府通过约每十年修订一次的《赋役全书》，把税额落实到每家每户和每块土地上。""《大清会典》具体而微地列出了皇室和政府的十五项开支，诸如陵寝、祭祀、赏恤、修缮等等，均由户部定额，不得超支。至于河工、用兵、赈灾等不稳定的开支，报销时必须造所谓的'四柱清册'，即'旧管''新收''开除''实在'。在承平时期，这些规定有其合理性，它比较有效地保证了中央的财权集中和收支平衡，对减轻人民负担，防止官员贪污也有制度约束。"② 乾嘉时期，皇室政治在国家财富空前雄厚的平台上却并未健康平稳地运行，尤其是乾隆过于追求事功、大肆铺张奢靡，国家潜在的财政危机酿成了后来的全面社会危机。以英国为代表的外部世界威胁也不期而至，鸦片泛滥酿成国家政治无法回避的灾难。清代后期，道光年间爆发中英鸦片战争，咸丰年间爆发太平天国内乱。连续的内外战争、极度的社会震荡，清王朝步入了剧烈的内外政治冲突时期。其后慈禧当权的同治、光绪年间，洋务运动曾使国家出现中兴气象。但皇室当权势力并未深度调整应对内外威胁的方针，致使甲午战争惨败，戊戌变法蜕变为戊戌政变，清王朝政权终于彻底倾覆。清代颂政诗侧重描写了朝廷和官府在不同时期治国施政的勋业功德，是一份有着独特认识价值的政治文化素材。

清代不同时期的颂政诗在题材比例上呈现很大的差异，与同时期朝廷和地方的政治态势基本保持了协调，折射出相应时期国家政治所面临的重大问题。

清代前期，颂政诗关注最多的是国家统一、政权正统的问题，如顾景星的《高碑店故老述旧》，叶方蔼的《海氛清》，王士禛的《辛酉十一月纪事》，查慎行的《班师行》，田从典的《拟七德九功舞歌效乐天体》，玄烨的《滇平》等。关于朝廷和官府施行蠲租减税、赈灾济荒等各项德政，君主勤政治国，官员履职惠民，颂政诗都给予了较大的关注，如龚鼎孳的《蠲租行用元次山舂陵行韵》，施闰章的《蠲赈灾民》，丁澎的《盐官令行为许酉山作》，严我斯的《疁水谣》，崔如岳的《省耕诗》，周龙藻的《赐租行》等。

清代中期，称颂皇帝仁德治国、朝廷蠲租减税、官府赈灾济荒、官员良政善治的颂政诗最多，如鄂尔泰的《雍正三年恩免苏松浮粮四十五万恭纪四章》，冯祝的《鄂方伯尔泰奏减苏松赋额恭颂》，弘历的《御制山东上年被灾州县颇多虽屡加恩期灾民不致失所而清跸所历深用恻然因再降旨加恩普赈一月以示优恤》，陈章的《赈粥行》，赵翼的《书绵州牧刘慕陔守城事》，谢启

---

① 郭卫东：《倾覆与再建：明中叶至辛亥革命的政治文明》，北京大学出版社2009年版，第95页。
② 同上书，第96页。

昆的《台州勘灾纪事》，杨芳灿的《粮草税》，唐仲冕的《修养济院》，吴嵩梁的《丹徒赠万廉山明府》，黄安涛的《赠刑胥方峰》，吴慈鹤的《救荒新乐府五首》，宋翔凤的《江之水》，梅曾亮的《栾城谣》等。清代中期也有一些颂政诗歌咏平叛靖边、维护一统，如沈德潜的《奉敕恭撰平定金川铙歌》，弘历的《巡幸铙歌》《西师底定伊犁捷音至诗以述事》《御制平定两金川凯歌》《二月十四日喜而有作》等。

清代后期的颂政诗，数量最多的是歌咏维护统一、巩固社稷、平叛靖边的作品，其中很多篇章回顾清室诸帝安邦定国、巩固社稷的功业，如魏源的《皇朝武功乐府》组诗，朱琦的《新铙歌》组诗，张际亮的《复位回疆纪功诗》，黄遵宪的《喜闻恪靖伯左公至官军收复嘉应贼尽灭》，杨锐的《闻官军收复准部四城》组诗等。清代后期颂政诗还有一些作品歌咏官员勤政履职、赈荒治盗等方面的政绩和官德，如朱绶的《寄林少穆督部》，陶誉相的《蝗不食禾谣》，蒋宝龄的《水灾纪事图诗》，赵奎昌的《癸未水灾杂感十首》（其十），马寿龄的《闻楚人述汉阳司马赵静山事》等。清代后期颂政诗出现大量的歌咏维护一统、巩固社稷的作品，这跟当时国家遭遇对外战争失败、政权秩序震荡的政治背景直接相关，间接表达了士大夫官员们期望恢复强盛国势的强烈政治愿望。

清代颂政诗对清代不同时期政治运行状况的描述，从不同侧面反映了朝廷和地方官府的治理之策和治理之绩。总的来说，内容符合事实或基本符合事实的正颂之诗居多。以荒政蠲免赋税为例："蠲免就是减免租税。在清代，主要指减免地丁钱粮而言。减免钱粮，虽然没有直接支出的问题，但却减少了收入，也等于多了一笔开销。蠲免钱粮主要是因为遭到灾荒。按照清朝政府的规定，凡因水旱蝗风雹等灾害，各级官员必须具文申报，由朝廷派员会同地方官踏勘，确定被灾分数（以秋后成灾为准），然后援例蠲免钱粮。"①"灾蠲有免赋，有缓征，有赈，有贷，有免一切逋欠。清初定制，凡遇灾蠲，起运存留均减。存留不足，即减起运。顺治初，定被灾八分至十分，免十之三；五分至七分，免二；四分免一。康熙十七年，改为六分免十之一，七分以上免二，九分以上免三。雍正六年，又改十分者免其七，九分免六，八分免四，七分免二，六分免一。然灾情重者，率全行蠲免。"② 称颂清政府荒政业绩的作品，在一定程度上反映了朝廷和地方官府实施荒政的社会效益，是朝廷和地方官府实现良政善治的部分真实记录。

清代颂政诗是中国古代颂政诗的最后一个乐章。历代颂政诗的歌赞对象

---

① 白钢等：《中国政治制度史·清代》，社会科学文献出版社2011年版，第374页。
② 赵尔巽等：《清史稿》卷一百二十一《食货志二》，中华书局1977年版，第3552页。

各有侧重点,歌赞内容也有很强的阶段性差异。但不论是正颂之作,还是谀颂之作,不论其颂赞的真实性有多大差异,其价值取向在总体上是一致的。相对于历代颂政诗,清代颂政诗不仅在作品留存数量上最多,作品的歌赞对象及歌赞内容也较为均衡,未出现西晋及南宋那样大面积的畸形的谀颂现象,对王朝政治的歌颂更为贴近社会现实政治状况。在体现正统政治和德型政治的价值取向方面,清代颂政诗尤其具有较高的代表性。

第一节 清代前期颂政诗——九州一统 减税济荒

清代前期是指清世祖顺治至清圣祖康熙时期。清代前期的数十年,是建立新王朝和巩固新王朝的剧烈变迁的历史阶段。清朝皇室施行了不少符合社会实际的政策,逐步实现了改朝换代的顺利过渡。顺治元年(1644),大学士范文程上书摄政王多尔衮,建言推翻旧朝、建立新朝的根本大计。"世祖即位,命隶镶黄旗。睿亲王多尔衮帅师伐明,文程上书言:'中原百姓蹇离丧乱,备极荼毒,思择令主,以图乐业。曩者弃遵化,屠永平,两次深入而复返。彼必以我为无大志,惟金帛子女是图,因怀疑贰。今当申严纪律,秋毫勿犯,宣谕进取中原之意:官仍其职,民复其业,录贤能,恤无告。大河以北,可传檄定也。'"① 多尔衮采纳了这一收拾人心的献策。清代前期的施政在朝廷政策层面确实包含了仁民的政治原则:"明末,苛政纷起,筹捐增饷,民穷财困。有清入主中国,概予蠲除,与民更始。逮康、乾之世,国富民殷。凡滋生人丁,永不加赋,又普免天下租税,至再至三。"② 其后新王朝的多种政策也与此相类似,对于较快取得政权和稳定秩序起到了明显的作用。

经历这个非常时期的朝廷大臣和地方官员,对新政权的诞生和运行抱持着热烈支持和竭力拥护的态度,以诗歌表达了各自的政治情怀。这些诗人除了仕清的前朝士大夫官员,主要是清朝新近科举入仕的士大夫文人。如龚鼎孳、顾景星、高咏、丁澎、程可则、严我斯、彭孙遹、汪懋麟、李振裕、潘耒、张云章、崔如岳、周龙藻、杨守知等。清代前期颂政诗所关注的社会政治事务主要集中在以下两个方面。

1. 清代前期,新政权建立和巩固的过程伴随着激烈的战争,实现统一和维护统一的强力行动是顺治和康熙时期最重要的军政大事。清代前期的颂政诗赞颂皇室实现和维护大一统宏业,具有很强的时代性。

---

① 赵尔巽等:《清史稿》卷二百三十二《范文程传》,中华书局1977年版,第9352页。
② 赵尔巽等:《清史稿》卷一百二十《食货志一》,中华书局1977年版,第3479页。

顾景星（1621—1687）的《高碑店故老述旧》歌颂大乱平定，山河重整，四海归一。诗篇借一老翁之口，描述了明末的"寇贼"之乱，"我昔遭寇乱，屠戮城郭空"。明清易代之际，南明与清廷的战事纷乱，"尽室既南下，反戈逢内攻。残貂既续狗，一马难成龙"。在这些战乱纷争之中，像老翁一样的百姓经历了无数的劫难，死伤流离，幸存苟活。诗篇颂赞清廷实现了一统天下、平定海内的伟业，给百姓以全新的生机和希望："圣皇御寰宇，惠泽及昆虫。东南不足虑，神武方优容。殷勤教儿子，努力事春农。乾坤正整顿，四海同时雍。"以"老翁"亲历的社会变迁来展示新政权带给天下的政治安定，表现出清初一些普通文人已经认同了新朝的治理之策和治理之功。

程可则（1624—1673）的《送杨鄂州职方使安南》作于康熙七年（1668），记述"杨鄂州职方"出使安南，平弭争斗，传播清廷圣德声威。诗篇从皇帝登基七年，四方来贺叙起，述及清朝与藩属之国安南近些年的宗藩关系尚属正常："安南君长处炎徼，北面久已输忠诚。前年玺书予封爵，吾宗学士立阃曾南征。"然而今年安南境内陡生祸端，使藩属之地百姓不得安生："今年羽书忽驰至，族类不合仇相倾。蛮王更制略下邑，都尉倔强投昆明。凭陵三郡势莫敌，女无缫茧男无耕。触蛮之斗岂足计，只怜踩躏忧苍生。"清廷闻讯，为平弭事端，安定藩属苍生，派出专使前往晓谕清帝圣旨："相如谕蜀有往事，诏旨特简才臣行。""杨鄂州职方"因一向才德卓著被委以重任，领命出行。抵达安南后，诚恳宣谕调和，事端立见好转："凭君片言谕大义，调和二氏无佳兵。功成上书报天子，不用京观封长鲸。伏波铜柱邈千岁，壮哉尔与同英声。"诗篇对"杨职方"安定藩属事迹的颂赞，除了嘉赞"杨职方"的才德外，更宣扬了清帝圣德和清廷声威，展示出中原王朝对藩属之国奉行修德抚远的公允政策的成效。

彭孙遹（1631—1700）的《南苑讲武》称颂天下一统、武功文治的皇朝政治大局。诗人对文治和武功的关系有平衡的认识，一方面希望实现"垂衣文教洽，偃革武功成"；另一方面也赞成为了江山一统、社稷稳固而适度用兵。"帝业虽无外，王师尚有征。""并自高千古，谁能去五兵。"称颂清廷实现了政权稳定后仍然整军习武、不废武功的治国之策。

2. 清代前期颂政诗另一大类作品是歌咏朝廷蠲租减税、赈灾济荒，歌咏皇帝勤政治国、功德卓著，歌咏官员善政惠民、除弊兴利，称颂国家治理的各项仁政德策。这些颂政诗呈现了清代前期国家治理步入正途的政治气象，有较高认识价值。

龚鼎孳（1615—1673）的《蠲租行用元次山舂陵行韵》当作于顺治后期，称颂清王朝新政权施行的蠲免租税的仁政举措。"水旱兼盗贼，人气诚伤悲。

万方惟正供，悉索亦已疲。新饷五百万，剜肉疗饥羸。""先是加赋意，岂不哀穷黎。水衡算金钱，桥陵方告期。滇闽各用兵，军行粮辄随。""况复州邑吏，鞭挞到孑遗。""流离与死亡，号呼欲向谁。"天下尚未完全平定，军需征调尚属急迫，加之一些官吏施政苛刻，百姓承受了极大的重压。诗人申明，纾解民众之困是长治久安之道，新朝在此大政国策上采取了正确的措施："国计在本根，毛附先存皮。民困必失所，拯溺焉能迟。丞相下郡国，一切蠲除之。""我皇本尧舜，天听顷刻移。谏行膏泽下，千载明良时。煌煌社稷寄，辅导良不亏。"诗篇称颂新朝在军需急迫之时仍然恤民施政，清晰交代了蠲租决策的背景和动机。史家曾称赞顺治皇帝德政昭然："迨帝亲总万几，勤政爱民，孜孜求治。清赋役以革横征，定律令以涤冤滥。蠲租贷赋，史不绝书。践阼十有八年，登水火之民于衽席。虽景命不融，而丕基已巩。"① 龚鼎孳的《蠲租行用元次山春陵行韵》是清初文人怀着对新朝仁善政举的由衷感佩写下的颂政诗，公允诚挚，有很强的时代性。

高咏（1622—?）的《李中丞歌》记述"李中丞"受朝廷重托前去治理江南。"荆吴作镇新开府，九重南顾纾宵旰。迩来江南数十州，荒村废井风飕飙。"江南州县不仅尚未从多年战争的破坏中恢复元气，还承受了来自官府的交纳"黄连"贡品的繁苛役务。"又闻诏使索黄连，征书十道宛城边。刻期采办苦不早，军帖督催何草草。朝携长镵斫荒邱，箐篁棘荆净如扫。""李中丞"到任之后，知悉了民间的烦忧，心系民苦，为民请命，上疏朝廷请予免除这项役务："君王不贵难得货，小草奚足烦诛求。李公闻之仰而思，太平有道安尔为。封章前后十数上，诏书立下苏颠危。"诗序称："黄连贡为宣邑所苦，公奏免其半，善政也。"诗篇借称颂"李中丞"奏免黄连贡品的事迹，褒扬了以纾解民生之苦为履职要义的为官之道。

丁澎（1622?—1686?）的《盐官令行为许酉山作》作于康熙十二年（1673），记述良吏"盐官令许君"的勤政和德政事迹。诗篇列述了"许君"在地方任上的多方面政绩，包括关怀民瘼，兴利除弊："问民所疾苦，兴善除弊毋覆案。"整肃治安，保境安民："更有探丸技击，咸伏草间屏息。雀荷不惊，室家穰穰。"重农励耕，文德教化："穿渠以灌卤田，沟浍攸洫。仿治邺西门，劝农讲读。举孝廉公明，尽得其人。"勤政尽职，吏民乐业："贤哉我邑许君，民安其业，吏守其职，三年而政成。"诗人历数了"许君"敬忠职守、施政为民的德业佳绩，夸赞"许君"是："皇鉴茂宰，褒嘉治行第一。""古之循良，无如我君。"诗篇对"许君"德业的称道或许有夸大之处，但所包含的对良吏善政的称扬，有其积极价值。

---

① 赵尔巽等：《清史稿》卷五《世祖本纪二》，中华书局1977年版，第164页。

严我斯（1629？—1679）的《嘤水谣》称颂了清廉勤政的陆稼书"使君"。陆稼书曾任嘉定、灵寿知县，廉政亲民，善政惠民，在当地口碑极佳。"使君官庖食无肉，长须编篱种野蕨。使君侵晨寒无衣，老婢当窗织布机。""使君"粗茶淡饭，衣着简朴。"使君寒，民五袴。使君饥，民含哺。""使君"治理有方，百姓皆得温饱。当地父老对陆使君廉政德政十分感激，登堂感恩："长老在前，稚子在后。俚语歌呼，为君寿。"诗人感慨："清畏人知兮，何人弗知。吁嗟今之人兮，廉吏可为而不为。"诗篇揭示，像陆稼书这样的廉吏清官，并不是寻常皆有。

汪懋麟（1639—1688）的《捕贼行》歌赞"夏侍御"治盗安民的事迹。诗篇交代了当地"盗贼"肆虐的严峻背景："官吏束手不敢捕，驱捉残黎苦罗织。井里萧条人迹稀，三二老稚无完衣。"面对百姓逃亡、乡村萧条的现实，"夏侍御"挺身前往当地，直接与"盗贼"打交道，向他们申明官府给他们的出路，震慑和打动了"盗贼"："公曰吾民岂为盗，单骑夜驰走相告。贼党罗拜涕泣陈，自此乡村不为暴。""夏侍御"治盗安良，迅疾扭转了态势，乡民纷纷返归田园，城邑也重新呈现了活力。"纷纷良民买犊耕，齐道我公神且明。空城忽增二万户，四境但闻鸡犬声。"诗人将"夏侍御"比为西汉治盗知名的能吏龚遂："治盗从来重良吏，渤海曾闻得龚遂。"表达了对勤政履职、还一方平安的良官的敬意。

李振裕（1641—1707）的《奉命勘荒畿辅感赋》组诗称颂康熙年间朝廷对京畿一带灾民给予的蠲租、赈济和安抚。诗人从自己奉命勘荒的亲历和见闻出发，列述了皇帝对"畿辅"灾情的关切，以及垂范救灾、诏令赈民的行动。"一从畿辅灾，宫中罢欢宴。吾皇重民瘼，斋心屡减膳。""灾沴虽流行，补救藉圣主。诏下屡蠲租，湛恩非小补。"这些政治措施，除了与赈灾直接相关的外，还包括公正诉讼、严明律令、整肃权豪、扶贫治盗等一系列的安民之举。"狱讼关民生，毋令紊法律。征敛有科条，毋令诛求亟。豪家贱牢醴，毋令骄且溢。贫民易长偷，毋令陷盗贼。数者一不平，天灾何由息。"昭示皇帝对灾情及民情的洞悉，称颂皇帝悯民爱民的德政。诗人还在组诗里反复表达了希望"畿辅"官吏不负皇帝恩诏济世安民的意愿："敢告百有位，敬慎忧厥职。""汝曹慎奉行，霡霂恩宜溥。"透露出诗人期望赈灾有效、灾民得救的诚恳态度，并非只是为了恭维皇帝而歌功颂德。

潘耒（1646—1708）的《捍海塘》称颂康熙年间官员"赵中丞"整修海塘、勤政有为的事迹。"赵中丞"整修明朝汤信国筑建的海堤，为居住海边的越地百姓提供了一道阻挡海浪危害的坚实防线。"修塘谁，赵中丞，经天纬地帝股肱。颓防崩岸悉筑塞，不许蛟鳄横凭陵。越民食海亦苦海，寇贼风涛时一骇。只今万里不扬波，障田况有兹塘在。"这样的勤政作为，保障了当地民众农耕安居。"我耕我耘，我稼我禾。鸣鸡吠狗，烟火桑麻。""无风雨灾，不见兵戈，绸缪桑社功如何。海如杯，山如螺。中丞烈，不可磨。"诗篇颂赞"赵中丞"施政惠民，利农固本，张扬了鲜明的仁德价值观。

张云章（1648—1726）的《海坍谣为王明府赋》称赞"王明府"蠲租革弊，德政惠民。诗序介绍了"王明府"赴任之后的施政举措："县境濒海，民田圮于海涛者久，而犹科其粮。王明府坛下车问民所苦，核得其实。请之中丞，具题脱其籍。邑人争为谣以美之。"诗篇也着重对比了"王明府"到任前后的民众租税负担的变化。此前，当地百姓已不堪承受官府的征敛："征输有籍履亩无，诛求到骨多转徙。"后来，当地百姓感受到了新县令的仁厚德政："贤侯凫鸟来翩翩，恫瘝视尔真如子。天门荡荡呼吁通，蠲除仁惠浃肌髓。"贤侯县令关切民苦，视民如子，蠲减租税，仁惠之策暖彻民心。诗人对"王明府"在当地的善治极为钦佩，祈愿其德才得到更大的施展："当今吏治有如公，譬构大厦须文梓。廊庙需材更达聪，忍使大贤淹百里。"诗人的祈愿表达了对良官善政的赞佩。

崔如岳（1674？—?）的《省耕诗》颂赞皇帝重农固本的治国之道，"省耕"南亩的垂范之举。"圣主重民事，农官占岁祥。""南亩青旗灿，东方紫气昌。"百姓受到皇帝和朝廷劝课农桑的大政国策的激励，勤勉耕耘，种粮备荒。"民间舒疾苦，天上沛恩光。""耕九无他虑，余三有积仓。间阎闻舞蹈，俯仰颂虞唐。""督稼资军实，省耕筹岁荒。"朝廷还及时颁布了蠲租轻税的诏令，给农家耕作田亩带来更大的希望。"草野勤劬笃，仁君爱育彰。蠲租欣旷典，履亩赋新章。"这种万民努力农耕的格局，是治国者施行重农和蠲租的良政德策的结果。诗人衷心感佩，发出了"为传天子意，抒悃矢赓扬"的热烈赞叹。

周龙藻（？—?）的《赐租行》歌咏康熙年间朝廷对江南减免租税的仁政德策。诗篇记述，康熙二十三年（1684）皇帝南巡，直接关怀所历之地的黎民百姓："圣明御宇忧赤子，疾苦历历彻九重。"皇帝直接感知了江南民众蒙受的洪涝之苦和赋税之重："哀此泽国凋疲地，征求旁午烦大农。上供强半竭脑髓，督责返谓财赋充。"官员"汤父"向皇帝奏报江南重赋，奏准减免赋税："是时持节有汤父，入告实与皇心同。""丁卯建丑月初吉，恩纶浩荡颁紫宫。科徭累累许现放，白骨起肉流膏洪。欢声如雷喜气遍，吾皇犹欲哀其穷。"皇帝的仁慈和官员的恤民相得益彰，德政良策惠及江南民众："非常之泽古难再，至今独叹吴民蒙。旧逋新欠悉湔洗，覆冒直比天穹崇。"吴地百姓对皇帝的惠民德政表达了由衷的感激。

杨守知（1669—1730）的《哑嘛酒歌》描绘年岁丰收、佳酿新成、百姓安乐的太平景象。诗篇在渲染官民人众陶醉美酒的场景后，交代了民众安享太平的因由："吾皇圣德蠲逋租，吏胥不扰民欢娱。今年更觉酒味好，百钱一斗应须酤。""乐哉边氓生计足，白羊孳乳驴将驹。卖刀买犊劝耕锄，女无远嫁男不奴。含哺鼓腹忘帝力，岁岁里社如赐酺。"诗人将亲历目睹的百姓安居乐业、陶醉太平的图景与尧舜时代百姓欢唱击壤歌的无忧无虑生活相提并论，凸显了康熙皇帝德政宽厚、蠲租轻税、年丰民乐的盛世治绩。

除了上述清代前期诗人的这两类颂政诗，清代前期颂政诗创作更有代表性的诗人有施闰章、叶方蔼、王士禛、唐孙华、韩菼、查慎行、田从典、李必恒、玄烨等。兹将其颂政诗的创作情况分述如下。

一 施闰章 叶方蔼 王士禛 唐孙华

施闰章（1619—1683），字尚白，宣城（今安徽宣城）人。顺治间进士。历刑部主事、江西布政司参议等。康熙间授翰林院侍讲。

施闰章的颂政诗对清初政治进程的关注面较为广阔，歌咏清军平定反清武装的战事、朝廷蠲免租税的政策以及皇帝重农固本的治道。

庙算称神武，王师戒驿骚。亲藩分虎节，幕府握龙韬。频接荆襄檄，全清江汉涛。饮波驰万骑，下濑奋千艘。阵合连蛮徼，围长铲贼濠。中权挥扇定，劲卒压城挑。破垒犹吹筚，搴旗竞刈蒿。洞庭鲸尽骇，衡岳兽俱逃。威命尊黄钺，骁腾避白袍。迸雷轰炮火，漂杵溅弓刀。梦泽投鞭断，君山积甲高。倒戈方慑服，系颈尚哀号。战马归天厩，军装付铠曹。献今元老壮，凯奏次飞豪。指顾成安堵，欢呼各献醪。势趋巫峡夔，关失剑门牢。恃险先亡述，追奔共殪滔。澜除还尔贷，浩荡岂重遭。乘胜如摧朽，长驱入不毛。誓将余丑灭，肯使圣躬劳。（《官军连收岳阳长沙诸郡恭赋二十韵》）

帝德歌风动，王猷懋日跻。悯时频减膳，耕籍每扶犁。荒政蠲田赋，军储急鼓鼙。何当分内帑，特遣恤遗黎。沧海嗟无岁，黄河旧决堤。炊烟寒不举，茆屋远含凄。饥啮榆皮尽，愁看鹄面黧。林空难捕雀，野旷绝鸣鸡。莫罄监门绘，谁怜转壑迷。疾苦朝闻告，金钱夕已赍。免租犹恐后，命使肯教稽。天语颁螭陛，星驰迅马蹄。闾阎亲阅历，羸弱喜提携。尘甑欣重爨，衰颜勉杖藜。泽敷青豫遍，欢祝岱嵩齐。几处留孤稚，荒村救寡妻。人从垂死活，感极失声啼。积泪纾长楚，余生待麦畦。有君真覆载，思服讫东西。（《蠲赈灾民》）

农事崇开国，豳风纪授时。供输仍禹贡，宵旰甚尧咨。耕籍亲扶耒，祈年恪奉祠。军储急壤赋，帝德轸民饥。逊志铭无逸，省方乐有为。郊坼根本计，丰稔太平期。土鼓歆田祖，帷宫命甸师。轻阴将霡霂，淑景正繁滋。修禊灵辰近，乘春令节宜。鸡人传象辂，虎旅扈龙旗。雾合千官列，雷鸣万骑随。良畴真错绣，厚获祝如坻。傍辇祥飙动，停銮解泽垂。亲承天语劝，敢使岁功迟。原隰应胥垦，耔耘莫惮疲。秬秠元献种，谷米定流脂。睿藻云霞烂，仁心鱼鸟知。鸾旌欢野老，衮冕映茅茨。屡下蠲租诏，重陈多稼诗。饱腾资挞伐，皇路会清夷。（《省耕诗》）

《官军连收岳阳长沙诸郡恭赋二十韵》歌颂"官军"将帅谋划有方，攻城略地连连获胜。史载："大军自岳州收长沙，故明总督何腾蛟等先期遁。"[①]诗篇记述的即是顺治四年（1647）十二月清军攻占岳阳、长沙的这场胜利。"庙算称神武，王师戒驿骚。亲藩分虎节，幕府握龙韬。频接荆襄檄，全清江汉涛。""中权挥扇定，劲卒压城挑。破垒犹吹篥，搴旗等刈蒿。洞庭鲸尽骇，衡岳兽俱逃。""乘胜如摧朽，长驱入不毛。誓将余丑灭，肯使圣躬劳。"夸示清军统帅运筹帷幄，将士武功显赫，所向无敌。从诗篇的描述可知，诗人已经完全认同了清廷对全国的施治，对清军平定反清武装的战事予以颂扬，显示出一些已经出仕新王朝的汉族文人对清初战争新的评判尺度。《蠲赈灾民》歌颂朝廷仁政悯民，蠲免租税，赈灾济荒。诗篇从皇帝勤谨简朴的行事风范和悯民重农的治国之道叙起："帝德歌风动，王猷懋日跻。悯时频减膳，耕籍每扶犁。"然后提及朝廷赈济饥馑的荒政举措："荒政蠲田赋，军储急鼓鞞。何当分内帑，特遣恤遗黎。"介绍了需要救助的灾民的悲凄处境："沧海嗟无岁，黄河旧决堤。炊烟寒不举，蔀屋远含凄。饥啮榆皮尽，愁看鹄面黧。"闻报灾情后，朝廷迅疾安排了对灾民的赈济："疾苦朝闻告，金钱夕已赍。免租犹恐后，命使肯教稽。天语颁螭陛，星驰迅马蹄。"从朝廷的赈济中得到了及时的救助，灾民对朝廷感恩戴德："间阎亲阅历，羸弱喜提携。""人从垂死活，感极失声啼。"诗篇完整记述了清初的这次赈灾行动，称颂了清廷蠲免租税和赈济灾民的善政良策。《省耕诗》歌颂重农励耕，固本安民。"农事崇开国，豳风纪授时。供输仍禹贡，宵旰甚尧咨。耕籍亲扶耒，祈年恪奉祠。军储急壤赋，帝德轸民饥。""郊坼根本计，丰稔太平期。"描述皇帝参加亲耕仪式，鼓励臣民勤于耕作稼穑，不惮劳作辛苦。诗篇直言，农耕是立国安民的根本大计，奉行这样的治国之道才是清醒可靠的。作品虽是一首应试之诗，但表达了对重农恤民治国之道的拥护，包含了丰富的农政思想，不是浮泛的谀颂之辞。

[①] 赵尔巽等：《清史稿》卷四《世祖本纪一》，中华书局1977年版，第109页。

叶方蔼（1629？—1682），字子吉，昆山（今江苏昆山）人。顺治间进士，历翰林院编修、国子监司业、礼部尚书等。

叶方蔼的《关陇平》《海氛清》称颂了康熙时期平定边陲、平定台湾、统一海内的功业。

关岭茫茫，陇流汤汤。纡徐逶迤，峥嵘险巇。面蜀肘凉，辅车相将。狁焉启疆，震惊我方。

关岭兀兀，陇流潏潏。彼泾启戎，乃蠢兹蚕贼。为虺为蝎，为螟为螣。卬首张臆，助逆抗有德。如猬之集，如豨之突。

泾原既清，群贼大震。睢睢盱盱，延旦夕之命。帝命臣海，为陇民徙灾。帝命臣勇，师出自西陲。

帝诏臣海，汝速涉坂。出彼朝那，为勇军援。掎之角之，杳之虇之，除民之厯。俾妇子恬恬，尚嘉乃绩。

海涉河泾，言腾灞浐。秦山矗突，嶔崎陇坂。逾邠越凉，飞旆扬旂。扶舆猗靡，云罕绰繕。雍部阻长，敢惮痡瘵。式遏寇虐，以宁尔室家。勇自河西，衔枚疾指。来从酒泉，转战天水。矫矫虎臣，一乃心力。摧坚挫锋，荡彼蚕贼。兵车百万，汹汹雷震。横会方州，为行为陈。

东西合围，贼在釜底。其智斯竭，其魄斯夺。勇率其麾，崖诛谷讨。曰臣思克，曰臣进宝。赳赳奋武，为王干城。勇实帅之，桓桓于征。

于征何所，于巩于临。道阻且长，蔽亏岑崟。深入其阻，禽狝草剃。申用三驱，根株断刈。余贼窜蜀，游魂犹悸。西夏以绥，贺兰其乂。

胁从茧茧，亦孔之哀。宽其诛锄，予以惠来。维海维勇，刚克柔克。勇也帅师，为辟为皱。海也敉民，为揉为活。北地上郡，稽颡归命。如旱望霓，海实绥之。

义威戢武，尊我西陲。剖蜩斩猾，人畏以怀。秦民嚘呵，化为讴吟。殄熄暴悖，克广德心。经战伐区，蠲除租赋。问孤吊死，起乃沉痼。廓我皇恩，义声先路。

帝德振振，陇山既平。陇流既清，维天子之祯。陇山既伏，次黔粤滇蜀，敢不奢伏。如翰如飞，万里来威。

维臣之力，维师之武。縶缚巨憝，争刏脍脯，塞神人之怒。黔首喁喁，式歌且舞。亿万斯年，笃我皇景祐。（《关陇平》）

巨浸稽天，滔滔如何。天吴蜩像，倚以为家。有鲸有鳄，有蛟有鼍。摧樯决帆，血人于牙。中国有圣人，尔独扬其波。

蠢兹蛙黾，亦杂此处。曰予胜国后，诞敢继其绪。藉瑕蹈衅，伺窥肘腋。结连蜂虿，载逞凶慝。离间我臣仆，盗据我疆场。

于兴于泉，于汀于漳。乃扬沸汤，乃噪蜩螗。我有城郭，倏为沮洳。我有民人，倏为鳞鲔。忍死须臾，后来其苏。

恭承帝命，建大将军旗鼓。我冠带之国，忍鳞介是伍。据我上游，张我罝罘。与子偕作，与子同仇。悉率左右，歼此群丑。

暨暨藩臣，一心一德。讨贼自赎，不邛已恤。堑山堙谷，马腾舟驶。亲董其旅，以临蒙汜。陛下曲赦臣，臣敢不效死。

将士和睦，有凫在藻。既获贼师，如饥斯饱。或拔其角，或脱其距。或斧其吭，或截其脊。贼穷见窘，无地自处。

彼强者跳，我攫我逐。彼黠者穷，我殄我戮。神甚之毒，鬼速其覆。如探鷇鸟，如振槁木。非我黩武，取彼残已足。

前徒既奔，凶渠束手。计无复之，狼奔鼠走。茫茫烟岛，为逋逃薮。仁无必取，义不尽杀。屏诸穷发，无污我王钺。

四州士女，来迎王旅。君子维何，玄黄在筐。小人维何，饔飧在筥。复为王人，以耕以仕。歌帝之德，诵王之武。

帝德溥将，涵负吐纳。百谷来王，天与地沓。何人不绥，何物不怀。何疢不蠲，何善不嘉。皇仁熙熙，云何不来。

皇帝在位，受天之箓。东西朔南，无思不服。其有不服，自婴显戮。献馘于泮，献俘于庙。武功既昭，文德用绍。史臣奏雅，来哲是诏。
(《海氛清》)

《关陇平》记述康熙十四年（1675）清军将领张勇、图海等奉诏征战，建功立业。史载："（十四年）命张勇为靖逆将军，会总兵孙思克等讨王辅臣。"① "十五年，以图海为抚远大将军。既至，明赏罚，申约束。诸将请乘势攻城，图海宣言曰：'仁义之师，先招抚，后攻伐。今奉天威讨叛竖，无虑不克。顾城中生灵数十万，覆巢之下，杀戮必多。当体圣主好生之德，俟其向化。'城中闻者，莫不感泣，思自拔。图海用幕客周昌策，招辅臣降。"② 曾任清朝陕西提督的王辅臣于康熙十三年叛变清廷后，张勇、图海奉诏征讨，诗篇概述了这场战事的一些重要节点："帝命臣勇，师出自西陲。""帝诏臣海，汝速涉坂。""海涉河泾，言腾灞浐。""勇自河西，衔枚疾指。""东西合围，贼在釜底。""其智斯竭，其魄斯夺。勇率其麾，崖诛谷讨。曰臣思克，曰臣进宝。赳赳奋武，为王干城。勇实帅之，桓桓于征。"张勇、图海进击叛

---

① 赵尔巽等：《清史稿》卷六《圣祖本纪一》，中华书局1977年版，第189页。
② 赵尔巽等：《清史稿》卷二百五十一《图海传》，中华书局1977年版，第9713页。

军，建功立业，也呈现了不同性情：" 维海维勇，刚克柔克。勇也帅师，为辟为钺。海也救民，为揉为活。" 尤其是图海在攻伐中善于攻心，迅疾稳定了局面，赢得了百姓。" 殄熄暴悖，克广德心。经战伐区，蠲除租赋。问孤吊死，起乃沉痼。廓我皇恩，义声先路。" 战事的辉煌胜利也极大提高了朝廷的声威：" 帝德振振，陇山既平。陇流既清，维天子之祯。陇山既伏，次黔粤滇蜀，敢不詟伏。如翰如飞，万里来威。" 诗人从关陇平定及其后续的系列胜利中看到了大局趋于稳定、天下定于一统的前景，热烈颂扬了这些战事的政治收获。《海氛清》记述康熙二十二年（1683）清廷征伐郑氏政权，彻底收取台湾的赫赫武功。史载："（二十二年八月），施琅疏报师入台湾，郑克塽率其属刘国轩等迎降，台湾平。"① 诗篇首先声讨了郑氏集团据台与清廷对抗的"罪恶"："蠢兹蛙黾，亦杂此处。曰予胜国后，诞敢继其绪。藉瑕蹈衅，伺窥肘腋。结连蜂螫，载逞凶愍。离间我臣仆，盗据我疆场。" 郑氏政权在清廷取得全国政权后，仍长期割据一方，对抗皇权，妨碍江山社稷的完整，已经成为朝廷势必清除的国家大患。诗篇激情洋溢地渲染了朝廷命将出师、大军勇猛平台的煌煌历程："恭承帝命，建大将军旗鼓。" "与子偕作，与子同仇。悉率左右，歼此群丑。" "将士和睦，有凫在藻。既获贼师，如饥斯饱。或拔其角，或脱其距。或斧其吭，或截其膂。贼穷见窘，无地自处。" "彼强者跳，我攘我逐。彼黠者穷，我殄我戮。" 征战过程和结果充满了杀伐之气，显示王师奉诏实施统一之战的威严和伟力。诗人欣然称颂朝廷收取台湾的果决行动，从受命皇天的道义高度颂扬皇帝收取台湾的武功盛业："歌帝之德，诵王之武。" "帝德溥将，涵负吐纳。百谷来王，天与地沓。何人不绥，何物不怀。何戾不蠲，何善不嘉。皇仁熙熙，云何不来。" "皇帝在位，受天之箓。东西朔南，无思不服。其有不服，自婴显戮。献馘于泮，献俘于庙。武功既昭，文德用绍。" 不仅称颂清军的武功盛举，更强调了收台之战的统一海内、平定天下的政治意义，以"武功既昭，文德用绍"的赞语宣示了皇帝成功收台的武功文治。诗篇对平台之战所作的价值评判，清晰传达了拥护大一统的正统政治文化观念。

王士禛（1634—1711），字子真，殁后，高宗命改书士祯。新城（今山东桓台）人。顺治间进士，任扬州府推官。康熙间历户部郎中、刑部尚书等。

王士禛的颂政诗称颂清廷遣师平叛，讨逆安边，以武定国。

      上相乘春西出师，至尊推毂建旌旗。两宫络绎黄封下，天厩飞龙赐与骑。

---

① 赵尔巽等：《清史稿》卷七《圣祖本纪二》，中华书局1977年版，第212页。

新开麟阁赏元功，颇牧重看出禁中。此去西人须破胆，将军昨日下辽东。

军中歌舞喜投醪，令下如山戒驿骚。扶杖已闻秦父老，王师有诏肃秋毫。

天上黄河万里来，巨灵高掌拘云台。遥看丞相行营过，日射潼关四扇开。

泾原西北驻王师，尺一无烦介马驰。共道皇恩天浩荡，不教京观筑鲸鲵。

莫愁登陇望秦川，休道长安在日边。驿骑流星催露布，捷书三日到甘泉。

虎狼十万竞投戈，不唱三交陇上歌。朝见降书来北地，暮看烽戍罢朝那。

衮衣照路有辉光，班剑威仪出尚方。大将櫜鞬迎道左，万人鼓吹入平凉。

三军解甲隗嚣宫，百丈磨崖待勒功。欲纪元和天子圣，更携参佐上崆峒。

丹青图画上麒麟，五等俄惊宠命新。未许熊罴归禁御，且悬堂印镇三秦。

河西三将气如虹，百战功名次上公。诏下一时齐虎拜，汉朝争羡窦安丰。

三月军锋次渭桥，旋看饮至紫宸朝。空言韩范威名大，五路何曾制曩霄。（《秦中凯歌十二首》）

招摇方指子，七日后长至。五星如连珠，贞符协天瑞。诀荡天门开，日射觚棱次。公卿俨行列，百寮咸备位。云中露布下，琅琅动天地。十月日在未，军府秉咨议。雷动传滇城，十万连步骑。贝子坐武帐，诸道师总萃。将军拜祓社，偏裨怒裂眦。搜穴剪狐鼠，然犀照魑魅。天上舞钩梯，地中鸣鼓吹。不遑濡马褐，况敢执象燧。胆落钟诇闻，约长发竟系。半年筑长围，屏息门书闭。樵采路久绝，啖食到残骴。黠技悔已穷，蚁援复何翼。孺子一匕殊，伪相五刑备。自然天助顺，岂曰吾得岁。昆明水清泠，金马山岊屃。妖氛一朝洗，磨崖勒文字。厘圭命召虎，乘轩宠郏意。六诏歌且舞，给复置官吏。皇哉圣人德，涵育及动植。手提三尺剑，削平诸僭伪。何以硎曰仁，何以淬曰义。所以八年中，次第芟丑类。师行不驿骚，民居不憔悴。自兹万斯年，櫜弓兵不试。敢告载笔臣，著之大事记。（《辛酉十一月十八日纪事》）

《秦中凯歌》组诗记述康熙十五年（1676）张勇、图海等受诏平定王辅臣叛军，收复平凉，安定关陇。史载："（十五年）抚远大将军图海败王辅臣于平凉。"① 诗篇描述了叛臣投降后清军的祝捷场景："军中歌舞喜投醪，令下如山戒驿骚。扶杖已闻秦父老，王师有诏肃秋毫。""虎狼十万竞投戈，不唱三交陇上歌。朝见降书来北地，暮看烽戍罢朝那。""衮衣照路有辉光，班剑威仪出尚方。大将櫜鞬迎道左，万人鼓吹入平凉。"组诗颂扬王师平叛，威武无敌，铲除乱源，保住了一方平安，维护了政权统一。《辛酉十一月纪事》记述清廷剿灭吴三桂叛军的事迹。吴三桂在明末引清军入关，叛明降清后，又于康熙十二年（1673）叛清，被清军征伐，后病死，其孙吴世璠等吴三桂余部于辛酉年即康熙二十年（1681）十月被清军最后剿灭。史载："（二十年）王师于十月二十八日入云南城，吴世璠自杀，传首。吴三桂析骸，示中外。诛伪相方光琛，余党降，云南平。"② 诗篇描写了清军入滇平叛之役的结局："十月日在未，军府秉咨议。雷动传滇城，十万连步骑。贝子坐武帐，诸道师总萃。将军拜祓社，偏裨怒裂眦。搜穴窜狐鼠，然犀照魑魅。""孺子一匕殊，伪相五刑备。""妖氛一朝洗，磨崖勒文字。"对吴三桂叛军的最后灭亡，给予了热烈的赞颂："皇哉圣人德，涵育及动植。手提三尺剑，削平诸僭伪。何以硎曰仁，何以淬曰义。所以八年中，次第芟丑类。师行不驿骚，民居不憔悴。自兹万斯年，櫜弓兵不试。敢告载笔臣，著之大事记。"诗人宣示讨吴平叛的大义，对历经八年终于削平叛逆不禁额手称庆，称颂此役堪为彪炳史册的盛事。这类颂政诗，都强调了维护江山一统、维护政权秩序的鲜明题旨。

唐孙华（1634—1723），字实君，江南太仓（今江苏太仓）人。康熙间进士，历朝邑知县、礼部主事等。

唐孙华的颂政诗称颂康熙时期的国家治理之绩，如《进呈御览诗一百韵》《吴歈》《壬午岁特诏蠲江南租赋恭述三首》《建宁创建育婴堂纪事》，分别从宏观和微观层面展示了诗人见闻的、感思的良政善治情况。

《进呈御览诗一百韵》展示了一幅海内升平、天下欣荣的图景。"溥天归化育，率土乐升平。"诗歌以主要篇幅列述了康熙皇帝在制定和施行国策大政过程中的勤勉高效和躬亲作为。"视政殷宵旰，勤民恤里闾。斋心居乙帐，论事集延英。肃法齐千品，张纲振八纮。""蠲赋频求瘼，祥刑念好生。""梯航通海国，俎豆序胶黉。圣学探渊奥，皇风听震訇。大文陈礼乐，神武扫欃枪。丑类真么么，方隅敢触撄。""圣治今无外，王师古有征。机宜难远度，神略决亲行。""指麾由睿算，论议屈群卿。""边地勤输挽，征徭念践更。尽蠲所

---

① 赵尔巽等：《清史稿》卷六《圣祖本纪一》，中华书局1977年版，第192页。
② 同上书，第207页。

过赋,务使有余赢。""输将宽万户,歌舞遍千甍。民事方勤穑,皇心廑省耕。"诗篇称颂康熙皇帝方方面面的治国施为:勤谨国事,举贤用能,关切民瘼,蠲赋轻徭,文治教化,威武平叛,神机决断,亲耕励农。在皇帝励精图治、奋发作为下,王朝呈现了国泰民安的治理境界。作为一首呈献给皇帝的"御览诗",诗人除了尽臣下的本分进行礼赞,更主要的是真切表达了对康熙皇帝辉煌治绩的由衷赞佩。诗篇反映了康熙时期国家政治充满活力、社会治理渐至佳境的现实状况,是一首颂赞尺度基本符合历史事实的正颂之作。

《吴歈》称赞曾任苏州知府的陈鹏年的政绩和政德。吴歈即吴地歌谣。陈鹏年在地方官任上履职有绩,德行服众:"自牧令起,以清节闻于时。"[①] 诗篇以吴歌形式唱出吴地百姓对这位良吏勤政德政的赞佩。"太守躬俭约,牲鱼绝庖厨。"这是"太守"陈鹏年的清廉自律。"太守"既自身清廉,又强化治安,整顿吏治,清理贪贿,移风易俗:"属吏咸畏法,毋敢辄恣睢。""自从太守来,大泽无鸣狐。""自从太守来,椎埋散奸徒。""太守缓征敛,州县稀尺符。吏胥作蟊贼,公帑任穿窬。太守嫉奸蠹,宿弊铲根株。""太守"勤政有为,当地官风民风彻底改观。百姓闻讯"太守"将离开此地,都十分伤感:"不知坐何事,解组忽须臾。婴儿夺慈母,谁怜泣呱呱。我闻父老言,惆怅心烦纡。安得百贤守,遍使穷民苏。终望太守还,永愿嬉含餔。"诗人代为百姓表达了对"太守"陈鹏年政绩和政德的感佩。

《壬午岁特诏蠲江南租赋恭述三首》称颂皇帝蠲免租税的仁德之诏。

天书黄纸布春温,歌舞欢呼处处村。蜡飨有人吹苇钥,石壕无吏扣柴门。文章未报涓埃力,畎亩终蒙覆载恩。从此宽闲皆帝力,余生俯仰任乾坤。

江南比屋竞奢华,计算高赀有几家。翠管醉残山径月,红裙踏遍曲塘花。娈儿挟瑟随纨绔,贫女停机问绮纱。莫负圣人忧恤意,好将勤苦事桑麻。

九重恩命罢输将,万姓欢腾百吏忙。闾里共偷半载逸,长官却抵一年荒。鸡豚且得修春社,鼠雀何从盗太仓。圣主深仁正汪溰,普天翘首望循良。

诗人对康熙四十一年(1702)朝廷颁布蠲减江南租赋的特诏十分感奋,描述了民间闻听喜讯后的欣欣鼓舞,感慨百姓得以安宁度日。"天书黄纸布春温,歌舞欢呼处处村。蜡飨有人吹苇钥,石壕无吏扣柴门。""九重恩命罢输

---

① 赵尔巽等:《清史稿》卷二百七十七《陈鹏年传》,中华书局1977年版,第10098页。

将,万姓欢腾百吏忙。"诗篇一方面称颂朝廷体恤民苦的德政恩诏,一方面也对官吏、百姓提出了相应的期望:"莫负圣人忧恤意,好将勤苦事桑麻。""圣主深仁正汪涉,普天翘首望循良。"诗人期待这样的德政良策最终得以完善施行,实现国家治理上的良性循环。

《建宁创建育婴堂纪事》歌咏朝廷在慈善事业上的德政建树。

  好生由帝德,济物本吾儒。念此孩提小,须凭母氏劬。缘囊书未授,苇筐死何辜。贫室憎疣赘,豪家即掌珠。岂缘心独忍,直为口难糊。未得辞怀抱,翻然掷道途。放麛慈已断,舐犊爱全无。司命何多事,浮沤付一躯。生来谁辨姓,父在早成孤。宛转怜垂绝,辛酸听泣呱。吾宗仁者性,高义古人徒。困囊先倾倒,金钱共委输。招呼来众媪,流落拾诸雏。卜筑辞湫隘,枝撑立栋桴。经营分廪饩,捭挡及裙襦。匍匐应知免,轩渠喜更苏。盛事留堂构,他年永勿渝。

诗篇叙及,民间常有弃婴,往往是因为一些家庭贫弱无助,无以养活孩子,导致惨剧发生:"岂缘心独忍,直为口难糊。未得辞怀抱,翻然掷道途。"皇帝知晓了这样的悲剧,诏令有司,划拨钱物,构建房屋,招募人员,妥善安置被遗弃的婴孩:"困囊先倾倒,金钱共委输。招呼来众媪,流落拾诸雏。卜筑辞湫隘,枝撑立栋桴。经营分廪饩,捭挡及裙襦。匍匐应知免,轩渠喜更苏。盛事留堂构,他年永勿渝。"诗人对皇帝的圣德善心表达了由衷的赞佩:"好生由帝德,济物本吾儒。""吾宗仁者性,高义古人徒。"诗篇称述建宁地方创建育婴堂,展示康熙时期社会慈善救济事业的发展情况,留下了关于清代慈善救济事业的一份珍贵记录。

二 韩菼 查慎行 田从典 李必恒

韩菼(1637—1704),字符少,长洲(今江苏苏州)人。康熙间进士,授翰林院修撰。历吏部右侍郎、礼部尚书兼掌院学士等。

韩菼的《禹城行》歌赞康熙时期禹城县令"许君"贤能勤政,治绩卓著。

  圣皇御极久,民牧简循良。济南之禹城,令贤闻四方。借问贤令谁,许君系高阳。其貌和而柔,其人清且明。南方风气弱,矫哉君子强。见义乃必为,大勇不可当。爱护我人民,冬日与秋霜。采风倘有听,请听禹城行。言言皆实录,一一民所详。始令下车时,威棱整纪纲。邑有豪黠奴，高李最强梁。乘马入富家，无端索金偿。不者辄系去，拷掠遍瘢疮。书契献田宅，攫取如盗囊。令闻而大怒，抵几髯戟张。岁除霹雳签，掩捕无走藏。高既毙杖下，李亦尸路旁。欢呼咸往观，桓东少年场。主人谢受教，嚄唶更称扬。其余大猾徒，根断无芽萌。往往弥尾青，不虚设南墙。嘉谷待膏雨，必除莠与稂。一时民欢谣，菩萨是金刚。呜呼民命重，吏窟穴其中。日月淹系久，两辞俱败伤。令到不匄摄，立往决其平。生者得有家，死者得埋葬。往还只半天，胥役无奔忙。其或连妇女，一笔与勾将。何来六曲屏，闺人感称觞。为妾护娇羞，除是爹与娘。户口稽以实，成丁必一床。蠲除皆冻犁，更豁小而黄。宁甘耗减罪，毋乃增羡坊。垦田亦如之，劝耕杏与菖。催科即抚字，亭午退堂皇。农民输赋归，墟落犹日光。里正与衙前，不须雇钱充。小邑日奔命，徭役无劳攘。所过一切办，而不破积仓。前年翠华来，万马天腾骧。百姓但纵观，不知有糇粮。往昔苦逋逃，邻里罹祸殃。至今断株连，荒阅无一亡。往昔苦盗贼，裹足贾与商。至今夜行卧，付与使君装。水旱之不时，祝宁丁我躬。虫乃不为灾，境亦不入蝗。犹恐疫疠作，给药味自尝。视事或牵衣，苦问饮何汤。亟命与善药，多起羸与尫。暇时兴学校，所拔必才英。春秋行乡饮，礼让何煌煌。山东大秀才，突而恂且庄。往时威夏楚，今可鼓笙簧。治化一以孚，小大咸悦康。当令悬弧日，争愿杀羔羊。劳苦诸父老，义不受筐筐。树木如树人，厚意当无忘。一时献寿柳，春色满林塘。植之乐采亭，胜似永丰坊。大道万千株，暍者荫清凉。风流真可爱，人似比甘棠。年未及悬车，邱壑思徜徉。上官留至再，谷园诗琳琅。父老闻令去，哑啼如儿婴。少年闻令去，牵裾如父兄。妇姑闻令去，掩泣不施妆。自悲命何苦，仍恐到公堂。去矣可奈何，空村出遮行。争跪前致辞，明府彻底清。在县惟饮水，民今进酒浆。滴滴皆恩波，以祝身无疆。在县常布褐，民今制衣裳。丝丝结去思，尺寸民自量。一路临江南，花枝曳红长。漯河小西湖，丰碑傍石梁。石阙不得语，但攀新垂杨。岁时走祠下，国人翻若狂。谁言怀砖俗，鸮音食我桑。谁言作吏难，百里直秕糠。弹琴久绝弦，制锦烂成章。歌以贡民情，枳棘此鸾凰。他日并千秋，安阳与桐乡。

诗序称："香谷许先生令禹城三年，县大治。世言县难为，上官难事，例难破，令一摇手不得。香谷为之，绰绰有余，裕令而尽香谷若也。民其有瘳乎，余欲为作传，而其事皆可爱。笔不忍割，乃隐括而托于民间欢谣之义，为作禹城行。"诗篇详述了"许君"施政的方方面面实绩。"许君"履职勇做敢为，整顿地方秩序，惩治恶徒豪霸，显示了金刚般的威严："始令下车时，威棱整纪纲。邑有豪黠奴，高李最强梁。乘马入富家，无端索金偿。不者辄系去，拷掠遍瘢疮。书契献田宅，攫取如盗囊。令闻而大怒，抵几髯戟张。岁除霹雳签，掩捕无走藏。高既毙杖下，李亦尸路旁。欢呼咸往观，桓东少年场。""其余大猾徒，根断无芽萌。"对百姓疾苦，则关切在心，施政用策上宽和仁厚，显示出菩萨般的慈悲："蠲除皆冻犁，更豁小而黄。宁甘耗减罪，毋乃增羡坊。垦田亦如之，劝耕杏与菖。催科即抚字，亭午退堂皇。农民输赋归，墟落犹日光。里正与衙前，不须雇钱充。小邑日奔命，徭役无劳攘。所过一切办，而不破积仓。"诗篇记录了当地百姓对"许君"惩恶佑善、德政惠民的切身感受："一时民欢谣，菩萨是金刚。""往昔苦逋逃，邻里罹祸殃。至今断株连，荒阅无一亡。往昔苦盗贼，裹足贾与商。至今夜行卧，付与使君装。""水旱不之时，祝宁丁我躬。虫乃不为灾，境亦不入蝗。犹恐疫疠作，给药味自尝。""暇时兴学校，所拔必才英。春秋行乡饮，礼让何煌煌。""治化一以孚，小大咸悦康。""许君"在禹城施政，征役适度，治灾得力，教化易俗，治绩昭然。当地百姓在"许君"离任之际，纷纷前来相送，充满感激和难舍："父老闻令去，哑啼如儿婴。少年闻令去，牵裾如父兄。妇姑闻令去，掩泣不施妆。""争跪前致辞，明府彻底清。在县惟饮水，民今进酒浆。滴滴皆恩波，以祝身无疆。在县常布褐，民今制衣裳。""漯河小西湖，丰碑傍石梁。"诗篇渲染当地百姓对"许君"的感佩，昭示了诗人所崇尚的为官之道。作品所嘉赞的地方官员勤政有为，展示了康熙时期一些地方官府施政治理的良善局面，是清代国家政治运行卓有成效时期的一份社会记录，有一定样本意义。

查慎行（1650—1727），字悔余。海宁（今浙江海宁）人。康熙间进士，授翰林院编修，充武英殿总裁纂述。雍正间因弟案牵累下狱，后放归。

查慎行的颂政诗，以歌咏皇帝武功文治为主，如《班师行》《赐观御书大学经传恭纪二十韵》《十二日驾幸额勒苏台大猎召臣等观围恭纪七言长歌一首》《恭和御制山左丰年歌原韵》《恩赐新刻御制诗集恭纪二首》。这些诗篇虽然也包含有作为文臣的仪礼恭敬之辞，但对康熙年间国运蒸腾向上的社会景象的描述基本符合事实，堪为正颂之作。

> 滇池平，滇水清。滇南旷荡余空城，犬无夜吠鸡不鸣，将军奉诏初拔营。几姓分旗遍行赏，同时帐下添厮养。何取边头户口繁，十年生聚滋奸党。白头翁媪啼且僵，弃掷不得收戎行。翻身一仆委沟壑，骨肉满眼纷飘扬。红颜如花扶上马，坡高惊堕珊瑚把。儿郎新嫁羽林军，山下

人逢执鞭者。近前一队飞尘起，中有伤心泪偷洒。朝家本意重开边，剧贼初平近十年。尔等累累皆鬼妾，偷生敢复祈哀怜。即如滇城围，七月未能下。戍卒垒频高，书生箸谁借。君不见禁旅一出西南通，煌煌中旨褒肤公。参军夸谋士夸勇，逢时多少称英雄。绿旗只合就裁汰，那许尺寸贪天功。从此归成垂白叟，卖刀买犊安农亩。犹及生儿际太平，家家相贺持羊酒。（《班师行》）

　　昭代文明启，吾皇政化隆。熟精洙泗理，大阐圣贤功。胞与周民物，几康谧始终。一经神默契，十传语全融。尧典推明德，汤盘视被躬。孝慈为世则，好恶与人同。异说归渊鉴，群儒仰折衷。欲令声振铎，端赖笔抒虹。心法由诚正，书源本贯通。学难穷秘籍，勤不辍行宫。涤砚龙窥沼，挥毫凤舞空。淋漓云气外，披拂柳阴中。煌煌治平业，万古照苍穹。（《赐观御书大学经传恭纪二十韵》）

　　周官荒政皆仁政，散利恒先重民命。平时蓄众道维慈，临事承天心以敬。五行畴范推皇建，九扈农祥视晨正。尧汤水旱其数然，补救由人乃前定。吾君御宇轸恤频，流膏沛润沾幽沦。厚培亭毒煦春律，峻极穹盖函秋旻。偶逢小告占俗俭，特涣大号赒氓贫。开仓立发千万亿，遣吏遍荷咨诹询。飞鸿在野集在泽，六府九纪咸平均。东人谁能忘帝力，艰食俄闻奏鲜食。禾苗长亩二麦登，鼓腹依然安作息。向来睿虑每宵衣，至是天颜同霁色。明朝尺一传山庄，帝庸作歌庶事康。太平有象省惟岁，饥溺已拯犹如伤。豳风十月献朋酒，群祝万寿期无疆。可知先忧后乐意，覆载莫媲恩难量。小臣矢诗纪上瑞，更愿岳牧勤官方。（《恭和御制山左丰年歌原韵》）

　　宵旰孜孜四十年，元音和畅在诗篇。天章久与丝纶播，御集新成琬琰镌。逸韵铿金还戛玉，祥风户诵复家弦。关雎麟趾胥王化，诗教原推雅颂先。

　　武功文德并宣扬，间采风谣到省方。耕凿万方民击壤，箫韶九奏帝垂裳。典谟媲美尊虞夏，花月成篇陋汉唐。拜捧瑶编还惕息，难凭讽咏答恩光。（《恩赐新刻御制诗集恭纪二首》）

《班师行》称颂康熙二十年（1681）王师入滇，平息吴三桂之孙吴世璠部的叛乱。吴三桂及其孙吴世璠，前后近十年在云南叛乱为祸："何取边头户口繁，十年生聚滋奸党。白头翁媪啼且僵，弃掷不得收戎行。翻身一仆委沟壑，骨肉满眼纷飘扬。""朝家本意重开边，剧贼初平近十年。"吴世璠部最后被剿灭，天下欢欣鼓舞："参军夸谋士夸勇，逢时多少称英雄。绿旗只合就裁汰,那许尺寸贪天功。从此归成垂白叟,卖刀买犊安农亩。犹及生儿际太平,家家相贺持羊酒。"诗篇将吴三桂及其余部的最后被剿灭视为讨逆平叛、安边护国的功业,视为百姓拥护、众望所归的盛举,符合安定天下、实现大治的中国传统政治逻辑,是当时士大夫阶层的主流价值评判。《赐观御书大学经传恭纪二十韵》歌颂康熙年间天下大治、教化昌隆的景象。诗篇借由夸赞皇帝御书,对"昭代文明启,吾皇政化隆"的文治教化大加颂扬,尤其凸显御书所包含的弘扬儒学的意蕴:"尧典推明德,汤盘视祓躬。孝慈为世则,好恶与人同。"对"煌煌治平业,万古照苍穹"的昌隆国运寄予了很大期望。《恭和御制山左丰年歌原韵》称颂朝廷荒政有绩。"偶逢小眚占俗俭,特涣大号恫氓贫。开仓立发千万亿,遣吏遍荷咨诹询。飞鸿在野集在泽,六府九纪咸平均。东人谁能忘帝力,艰食俄闻奏鲜食。禾苗长亩二麦登,鼓腹依然安作息。"诗人称颂朝廷的荒政举措及其赈济效果,称颂重农备荒的治国方略,表达了对康熙皇帝仁德治国的由衷赞佩。《恩赐新刻御制诗集恭纪二首》歌赞康熙皇帝勤政治国,功德卓越。诗篇除了恭维皇帝诗歌风雅教化,更称颂了皇帝的德业:"宵旰孜孜四十年","武功文德并宣扬","耕凿万方民击壤,箫韶九奏帝垂裳"。康熙皇帝勤政有为,造就了国泰民安的欣荣盛世,诗人的礼赞包含了对卓异优良的治国之道的推崇。

田从典(1651—1728),字克五,阳城(今山西阳城)人。康熙间进士。历兵部侍郎、户部尚书等。雍正间历文华殿大学士、吏部尚书等。

田从典的《拟七德九功舞歌效乐天体》歌咏康熙二十年(1681)十月清军攻破昆明,剿灭吴三桂余部,彻底平定吴三桂、尚之信、耿精忠三藩之乱。

七德舞,九功舞,武纬文经耀千古。朝廷干羽在两阶,天下车书尽九土。我皇御极垂衣裳,四方万国来享王。自朝乃至日中昃,尧兢舜业不敢康。为念斯民亦劳止,丹诏夕封驰万里。咨尔强藩且载戈,释甲归来见天子。苞有三蘖方凭陵,一朝敢弄潢池兵。荡摇滇黔连楚蜀,虔刘闽越驱鲵鲸。驿闻天子赫斯怒,皇言一宣天日午。誓将灭此后朝食,取彼凶残罪豺虎。临轩命将亲推毂,中有天潢建牙纛。日射春旗万马鸣,云开晓帐千官肃。一从荆鄂向三湘,一自江州下豫章。西指秦川临剑阁,南经吴越度钱塘。王师所至如风电,合围掩群开一面。狼奔鼠窜皆倒戈,市肆不惊芸不变。王师所至多谣颂,行者愿赍居者送。天语殷勤再四宣,无令南亩妨春种。一年转战雍梁间,二年克敌威荆蛮。三年扫清瓯与越,一鼓遂进仙霞关。四年官军收闽地,逆臣稽首归藩位。五年贼渠死岳阳,六年百粤置胥吏。七年一举入成都，夹击东西疾度泸。八年荡扫昆明穴，普天率地归皇图。羽骑宵驰传露布，从此江山复如故。侍臣拜手贺升平，武士鸣铙歌大濩。我皇恭己开明堂，木凤衔书下八方。嘉与吾民共休息，欲偕斯世为陶唐。思齐太任及太姒，翼子贻孙既受祉。恭上徽音万国欢，再沛恩纶与更始。昔时民间苦被兵，乌乌声乐多荒城。今日言旋复邦族，间里不闻愁叹声。昔时民间苦赋役，男子辍耕妇休织。今日公家免践更，鼓腹行歌仍作息。欃枪灭迹三阶平，我皇宵旰犹未宁。手披目览厘庶绩，早朝晏罢勤苍生。天纵聪明兼圣学，研精书史穷丘索。著述开天冠百王，四海文明生礼乐。舞七德，舞九功，五弦之琴歌南风。愿令世世陈王业，王业艰难万古同。

诗人以史笔的方式逐年记述了平定三藩八年之乱的经过。三藩叛乱肆虐多年，朝廷终于发兵讨逆："苞有三蘖方凭陵，一朝敢弄潢池兵。荡摇滇黔连楚蜀，虔刘闽越驱鲵鲸。驿闻天子赫斯怒，皇言一宣天日午。誓将灭此后朝食，取彼凶残畀豺虎。"王师威武出征，所向无敌；皇帝恩泽普施，百姓欢欣："王师所至如风电，合围掩群开一面。狼奔鼠窜皆倒戈，市肆不惊芸不变。王师所至多谣颂，行者愿赍居者送。天语殷勤再四宣，无令南亩妨春种。"王师平叛讨逆，大义凛然、深得民心。从"一年转战雍梁间"到"八年荡扫昆明穴"，王师实现了"普天率地归皇图"的平定天下目标。诗篇概括削藩的胜利价值是，朝廷实现了安邦定国，百姓得以安居乐业："嘉与吾民共休息，欲偕斯世为陶唐。""昔时民间苦被兵，乌乌声乐多荒城。今日言旋复邦族，间里不闻愁叹声。昔时民间苦赋役，男子辍耕妇休织。今日公家免践更，鼓腹行歌仍作息。"诗篇不仅展示了军事上取得的大捷，更展示了政治上收获的硕果，凸显了康熙皇帝在军政大业上的丰功伟绩。

李必恒（1661—?），字北岳，高邮（今江苏高邮）人。康熙间诸生。

李必恒的《铙歌》组诗称颂康熙皇帝平定准噶尔部叛乱的战事。诗篇自注称："恭绍圣祖亲征噶尔丹事。"噶尔丹是蒙古准噶尔部首领，率军叛乱进犯，对清廷的统御构成了重大挑战。康熙皇帝曾三次亲征，取得了平叛战争的胜利。《铙歌》组诗对这场平叛战争的描述，重点放在歌咏康熙皇帝亲征对将士的激励及康熙皇帝运筹指挥、决策大政的卓越能力。

牵马出里门，扈跸边城去。西陲有遗孽，狡脱甚投兔。誓灭此朝食，家室非所顾。附书与六亲，不必念苦辛。天子是主帅，拊循如家人。天子是主帅，士气为之扬。天子是主帅，甲胄生辉光。早夜五十里，在道

无兼程。军中米粟多，到处泉流清。昔怨从军苦，今歌从军乐。功成受上赏，图形在麟阁。(《从军乐》)

辇粟陟岨，山石龃龉。岂不惮行，念我圣主。念我圣主在军中，亲秣跗，旰乃食，蚤夜不得休息。小人戢戢，敢告劳苦。驱驼千匹牛万头，峙乃糇粻负乃糇。余粟累累弃道周，野鸟争啄声啾啾。(《役者讴》)

炮车轰天白日烧，烟如虩虎军声鏖。天威所到心胆堕，霜刃未交敌垒破。尘漫漫，大风起，鼓不绝，马逸不能止。穷寇解甲降，巨憝抱鞍死。皇帝曰嘻，武不可究，罪人斯得矧敢多。又旦日，将军来，幕府上功簿，峨峨甲仗高于山。孳畜谷量不知数，天子受贺军门开，山呼万岁声如雷。(《破阵乐》)

临高原，漠北墟。其无人，但见风驰霆击，沙石的砾争飞奔。奸渠魁，丧厥元。自余跂行喙息百一。寡妻弱子俘军门，皇帝德大，盖载远迩。曰予不孥戮尔，多赐缯帛美酒甘食。与之更始，传告众人。赦汝胁从贷汝死，盍归来乎圣天子。(《释累俘》)

《铙歌》组诗从王师奉诏出征叙起："西陲有遗孽，狡脱甚投兔。誓灭此朝食，家室非所顾。"清军讨逆平叛，士气高昂，皇帝亲征更是激励了全体将士："附书与六亲，不必念苦辛。天子是主帅，拊循如家人。天子是主帅，士气为之扬。天子是主帅，甲胄生辉光。""岂不惮行，念我圣主。念我圣主在军中，亲秣跗，旰乃食，蚤夜不得休息。小人戢戢，敢告劳苦。"王师攻城破阵，势不可挡："天威所到心胆堕，霜刃未交敌垒破。""天子受贺军门开，山呼万岁声如雷。"破敌后，清军宽待叛军妻孥，不予杀戮："寡妻弱子俘军门，皇帝德大，盖载远迩。曰予不孥戮尔，多赐缯帛美酒甘食。与之更始，传告众人。赦汝胁从贷汝死，盍归来乎圣天子。"诗篇宣示了康熙皇帝善待弱小的宽厚仁德及善于攻心的远见卓识。《铙歌》组诗对康熙皇帝亲征噶尔丹战事的颂扬，也折射出包括普通文人在内的民众对朝廷平定叛乱、维护一统的这场战争的价值认同。

三　玄烨

玄烨（1654—1722），即清圣祖（康熙）。共在位六十一年。

玄烨为历代帝王在位时间最长者。在位期间平定三藩，统一台湾，驱逐沙俄，平准噶尔，武功赫赫；兴礼弘儒，经邦济世，隆盛百业，政通人和，文治昭彰。史家评价康熙皇帝称："圣祖仁孝性成，智勇天锡。早承大业，勤政爱民。经文纬武，寰宇一统。虽曰守成，实同开创焉。圣学高深，崇儒重道。几暇格物，豁贯天人，尤为古今所未觏。而久道化成，风移俗易，天下和乐，克致太平。其雍熙景象，使后世想望流连，至于今不能已。"① 以玄烨名义留下的颂政诗，从一个侧面透露了一代雄主在武功文治上的抱负和情怀。

洱海昆池道路难，捷书夜半到长安。未矜干羽三苗格，乍喜征输六诏宽。天末远收金马隘，军中新解铁衣寒。回思几载焦劳意，此日方同万国欢。(《滇平》)

残寇疲宵遁，横冲节制兵。我师乘锐气，谁许丐余生。貔虎三军合，鲸鲵一战平。愧称谋画定，讨罪荷天成。(《剿噶尔丹大捷》)

城高千仞卫山川，虎踞龙盘王气全。车马往来云雾里，民生休戚在当前。(《登都城》)

春阳淑以嘉，流云洒几案。及此听政余，缣缃获披玩。寥寥三古后，载籍亦炳焕。俯仰千年余，盛治数贞观。修德偃干戈，措刑空狴犴。海外奉车书，臣民登燕衎。事往迹尚存，流风照觚翰。洋洋四十篇，可以一辞贯。仁义有明效，非由事击断。鄙哉封伦言，相去邈河汉。(《览贞观政要》)

《滇平》称颂平定三藩之乱。康熙十二年（1673）十二月，下诏平藩："命顺承郡王勒尔锦为宁南靖寇大将军，讨吴三桂。"② 至康熙二十年（1681），历时八年的平息三藩之乱的战争以吴三桂之孙吴世璠自杀、云南平定而最后宣告结束，清廷在巩固政权、维护一统的重大战事中获得完胜。"回思几载焦劳意，此日方同万国欢。"诗人在长达八年的征剿叛军的战争中殚精竭虑，在胜利之日才能够与天下臣民同庆盛捷。这种如释重负的感慨，展示了康熙皇帝取得重大政治成就后的真实心境。《剿噶尔丹大捷》称颂平定蒙古准噶尔部首领噶尔丹叛乱。康熙皇帝曾三次亲征平叛，征讨噶尔丹。"二十九年（1690）秋七月，癸卯，上亲征，发京师。"③ "三十五年（1696）丙子春正月甲午，下诏亲征噶尔丹。"④ "三十六年（1697）二月丁亥，上亲征噶尔丹，启銮。"⑤ 诗人亲自决策和指挥了平定准噶尔叛乱，对王师之捷甚为欣慰："貔虎三军合，鲸鲵一战平。"康熙皇帝谦逊看待自己在盛捷中的作用，但将讨逆平叛看成神圣天命，予以高度称颂。"愧称谋画定，讨罪荷天成。"奉天

---

① 赵尔巽等：《清史稿》卷八《圣祖本纪三》，中华书局1977年版，第305页。
② 赵尔巽等：《清史稿》卷六《圣祖本纪一》，中华书局1977年版，第185页。
③ 同上书，第230页。
④ 赵尔巽等：《清史稿》卷六《圣祖本纪二》，中华书局1977年版，第243页。
⑤ 赵尔巽等：《清史稿》卷七《圣祖本纪二》，中华书局1977年版，第246页。

讨逆的态度昭示了维护江山一统、社稷安定的道义立场。《登都城》抒写治理天下的施政心态。诗篇描述在京都城楼登高眺远感受的"王气"，由此引发了施政联想："车马往来云雾里，民生休戚在当前。"感慨天下苍生的命运都与自己施政得当与否息息相关，这个感慨宣示了康熙皇帝敬慎使用皇权的施治意愿，既是自我期许，也是对关怀民生的治国之道的颂赞。《览贞观政要》描述缔造治世的施政目标。阅读《贞观政要》，诗人眼前不由出现了唐太宗治国的欣荣景象："俯仰千年余，盛治数贞观。修德偃干戈，措刑空狴犴。海外奉车书，臣民登燕衎。"天下安宁，礼乐少刑，万国景仰，臣民欢悦，贞观之治的政治局面显然是诗人治理天下所向往的境界。康熙皇帝称颂这种境界，并在实际的施为中孜孜以求，缔造了溉泽千古的盛世大业。

第二节　清代中期颂政诗——皇泽蠲赈　平叛"剿贼"

　　清代中期是指清世宗雍正至清仁宗嘉庆时期。清代中期，国家治理进入稳步推进的阶段，朝廷各项大政方针在大一统的稳定环境下得到有效的实施。"满族人成为新的统治阶级后，他们全盘接收了明朝的统治机构。满人的征服带来了两个主要的变化：第一个变化是满族部落成员拥有政治和社会地位上的种种特权；第二个变化更为重要，那就是至少到乾隆退位时，满清的皇帝使政府体制更加富有活力，运转更加有效，这是前所未有的。18世纪的清王朝真正代表了中国历史上政治传统的巅峰，它从最大程度上综合了儒家社会、信仰和政治制度。"① 这种从继承中原王朝政治而奠定的治国秩序在较长时期内比较稳定，保证了清王朝统治能够达到的较高治理水平。清王朝在国家治理中的成功施政是多方面的，如，实质有效施行的赋税蠲免政策。"赋税蠲免是清政府一项重要经济政策。赋税蠲免的实行与清代相始终，大大超过前代。但从蠲免次数与钱粮数量上说，以康熙、乾隆为最多，多次普免天下钱粮。清政府通过这些蠲免措施，在一定程度上减轻了人民的赋税负担，颇舒民力，有利于促进农业生产的发展；也缓和了社会矛盾，巩固了清政权的政治统治。"② 朝廷和官府施行的诸如此类的有效政举涉及很多政务领域，在颂政诗中得到了不同程度的展示。

　　清代中期的颂政诗，既有对朝廷和官府有效施政的称颂，也有对解决盛世危局的肯定，都有真实的现实依据和政治逻辑。如关于行政履职的态度，

---

① ［英］塞缪尔·E. 芬纳：《统治史》卷三，马百亮 译华东师范大学出版社2014年版，第75页。
② 方行等：《中国经济通史·清（上）》，经济日报出版社2007年版，第6页。

儒家政治文化有自己的价值传承。孔子曾言："居之无倦，行之以忠。"① 官员施政的态度往往决定着施治的成效，诗人们在现实中对之也有真切的感受。颂政诗的不少作品即表达对官员尽职奉公、不倦职事的赞佩，宣扬优良的为官之道，承载了一以贯之的传统政治文化观念。

这个时期颂政诗的创作主体，主要是朝廷大臣和地方官员。如冯柷、英廉、李征熊、王元启、陈章、蒋士铨、赵翼、谢启昆、周有声、杨芳灿、吴嵩梁、马允刚、叶申霭、乐钧、宋翔凤、梅曾亮、柳树芳等。清代中期颂政诗人所关注和感发的社会政治问题集中在两个方面。

1. 歌赞朝廷及官府在荒政、农政、税政、粮政、狱政、边政、吏治等各个政务领域的施政成效，颂赞一些官员的政绩政德。这方面的作品数量很多，在一定程度上真实展现出清代中期在国家治理方面达到的新高度，也展示了一些地方良官善政的治理实况。

冯柷（？—？）的《鄂方伯尔泰奏减苏松赋额恭颂》记述朝廷蠲减苏松地区粮税的德政善举。史载，雍正三年（1725）三月，皇帝下诏："蠲苏、松浮粮四十五万两（税银）。"②此诗与鄂尔泰的《雍正三年恩免苏松浮粮四十五万恭纪四章》记述的是同一政事，但颂政的题旨、基调略有差异。冯柷的作品除了称颂皇帝的恩诏德泽外，还称道了鄂尔泰奏报苏松赋税实情、奏请蠲减苏松赋额的事迹，对朝廷重臣为民请命的善举给予了极高推崇。诗篇从雍正皇帝即位后励精图治叙起："皇帝践祚，化协唐虞。""治益求治，励精以图。绸缪补救，仁惠覃敷。"再引申叙及苏松地区税赋征收的历史演变，对比了清朝与宋元明历代在苏松的税赋政策优劣。"顾兹泽国，为财赋区。税额侧重，独松与苏。""有宋制赋，尚薄于储。元时括勘，倍徙以殊。明仇负固，税视私租。继虽酌减，难苏鲋鱼。洎乎晚季，更竭征输。"清朝开国以后，尤其是雍正皇帝即位以来，赋税征收已大有改观："国家肇造，无艺悉除。按图因革，未究根株。先帝巡方，轸念民痛。荐多蠲贷，困犹未舒。龙飞九五，嗣历之初。弥缝继述，波澜有余。东南引领，庶其及乎。待泽两载，渐次规模。"鄂尔泰赴任吴地即考察民情，奏报苏松税赋实况，提出改进之策。"求民之瘼，抚籍嗟吁。密章入告，三奏天枢。"皇帝得此奏报，慎重研判，发布了蠲减苏松赋额的诏令。"以剀切故，圣心踌躇。亲藩集议，积重难拘。纶音遂沛，阖泽须臾。省五十万，以安向隅。"这项德策的颁布，一举改变了苏松地区的税赋传统，百姓欢欣鼓舞，诗人命笔称颂："四百年来，无此欢愉。如大寒后，忽煦阳乌。如饥馑后，得大有书。"是仁君贤臣共同完成了这项德政

---

① 程树德，《论语集释》，《颜渊》，中华书局1990年版，第862页。
② 赵尔巽等：《清史稿》卷九《世宗本纪》，中华书局1977年版，第314页。

良策：“恩膏普被，浃髓沦肤。既赓拜手，功谁归欤。倘非补牍，何由简孚。郇伯膏雨，不啻随车。”诗篇称颂鄂尔泰奏请蠲减苏松赋额的行为，承载着宣扬为民请命的道义内涵，并非仅仅是诗人为报答鄂尔泰的知遇之恩而创作的私人情谊篇章。

英廉（1707—1783）的《入贡行》称颂朝廷德政惠远，四方敬服。诗篇描述远远近近国家的官吏商民漂洋过海前来朝贡、贸易：“海岸山溪三千里，年年入贡来皇朝。”"贡毕还看互市兼，篚笥在手肩瓶甒。不评泉布惟评物，先易醇醪后易盐。"这些前来朝贡和贸易的官吏商民，是被朝廷宽厚仁和的对外德政感召而来的，朝廷对"入贡"的回馈远远超出了"入贡"的分量。"圣德柔远远人至，譬如肃慎之矢越裳雉，贡微赍重嘉其意。一物均邀大造慈，荒裔端赖天王赐。"这些"入贡"的人士在京城都受到了款待，"朝来锡燕在官衙，饱饫厨珍醉貌斜，蹒跚出门观者哗。观者且勿哗，请看忠孝之性无迩遐，总把君羹携到家。"诗篇较有分寸地流露出清朝对远近各国在政治、经济、文化上的优越感。诗篇是士大夫文人对清代中期朝廷对外政策、进贡制度、贸易交往的民间记录，很有认识价值。

李征熊（1707？—？）的《海舶行》描写德政惠远、外贸繁荣。清朝车同轨、书同文的大一统蒸腾国运，吸引了远洋近海的各国官民商众的向往："番国波臣群稽颡，职方年年图王会。"清朝对外贸易你来我往的局面十分繁盛："清晨放去流求船，飞烟一道金崎界。更历闽广达安南，扬帆西上路迢递。马塍暹罗噶喇吧，弥漫天风惊砰湃。柔佛吕宋唔哎吗，纷纷岛屿列海裔。""扶桑之东虞渊西，竞向中华献珍怪。"由近及远，越洋过海，日出之处，日落之地，安南、暹罗、噶喇吧、柔佛、吕宋（分别在今越南、泰国、印度尼西亚、马来西亚、菲律宾）纷纷都与清朝开展贸易，珍品异物，璀璨斑斓，贸易的兴旺远超前代。诗人把这样的繁盛景象看成施治卓越、国运兴旺的象征："区宇隘前朝，幅员越往代。纵横谁知几千程，秦皇汉武徒夸大。"对朝廷德政惠远的感召力表达了自豪和欣悦。

王元启（1714—1786）的《题杜太守甲知通州日罢榷油酒杂税文稿后》歌咏奉公尽职的良吏。"杜太守"为通州百姓请命，向上司呈报当地沉重的杂税负担和官吏的滥权搜刮："公心切民隐，疾痛如身尝。作书告大吏，陈义何慨慷。"被奏报至朝廷，获得朝廷恩准取消杂税，百姓闻讯欢欣鼓舞："飞章达宸听，恩语来天阊。欢声动衢巷，共拜圣泽长。"诗人感慨，官吏是否忧民恤民、尽职奉公，直接关系到当地百姓的祸福利害，也决定着朝廷的"德泽"能否最终惠及百姓。"乃知盛明世，选吏须循良。德泽不下究，吏实乖其方。"表达了良吏才能实现善政的信念。

陈章（1716？—？）的《赈粥行》称颂扬州官府恤民赈济、荒政有绩。诗篇描写逃荒至异地的灾民获得了官府施粥救济："饥寒交迫流民苦，此身不计还乡土。""闻道扬州粥厂开，匍匐就食聊尔来。官清商义得一饱，幸可百日支残骸。"官吏主持开设粥厂，商家捐粮赞助赈济，向饥寒交迫的流民施放粥饭。扬州官吏的清廉行为，商家的慷慨救助，展示了清代中期一些地方在荒政上的善举良绩，留下了珍贵的荒政记录。

蒋士铨（1725—1784）的颂政诗称赞固原（今宁夏固原）官员张传心强力施治，改变固原官府和监狱弊政的事迹。如《破毒碑》，交代固原当地官府过去有"脚匪"陋规，即巧立名目，变相强征、无偿占用百姓的车和驴，榨取百姓的钱财。张传心到任得知此事后怒不可遏，决意除此弊政。"张公切齿发上冲，恨官贼民民力穷。日发文书四五封，州府司院请命同。"张传心的纠弊行动得到了州府上司的批准，多年弊端一朝得以革除："上司准此除虐政，解毒从兹救民命。万民争立解毒碑，车作欢声驴泪垂。"百姓的利益得到了极大的保护，对张传心感激不尽，自发为之立碑，铭记张传心除弊兴利的施政功德。又如《赵秀才》，记述张传心为非亲非故、遭受冤狱的"赵秀才"平反，还蒙冤者以公平。"倅州者谁张传心，目光炯炯秦镜临。秀才无罪解缧绁，纵囚归理书与琴。明日街头缚真盗，秀才痛哭千人笑。"诗人感慨，赵秀才虽然得以平反，但不知天下还有多少冤案如黑暗覆盆般被埋沉，显示出张传心平反冤狱的可贵。

谢启昆（1737—1802）的《台州勘灾纪事》称颂荒政有绩，德政仁厚。诗歌描述了嘉庆二年（1797）七月台州地界的洪灾景象及百姓遭灾的惨状，在此灾难压顶的关口，台州官员赶赴各个村落履职救灾。既有查询知获实地灾情的行程："太守飞牒告大吏，敷奏于帝语皆实。我职旬宣亟命驾，星言不辞道路踬。周巡回浦历章安，瓯国村墟一览毕。"也有发放粮款、抚恤灾民的行动："爰颁帑藏载后车，分遣掾属勤抚恤。""载以舟楫资糇饵，死者掩骼济仁术。"还有蠲减租税、助农复耕的安排："耕不余三民乃咨，征缓其一政有秩。方今圣人大泽施，勿使方隅一夫失。租赋屡荷蠲万亿，粟帛况又颁毫釐。"诗人对台州地方官府这一系列的赈灾行动深为赞佩，尤其赞叹施行这种荒政的动机："只宣上德布仁风，匪博群黎诵生佛。"凸显了救灾行动的仁政内涵。

周有声（1749—1814）的颂政诗称颂了一些廉能勤政的地方长官，如《吴中漕运诗》歌赞监司大夫李荫原。诗篇交代了在李荫原督查吴中漕运之前，当地漕政的乱况。官员胥吏竞相寻机贪敛勒索，侵吞漕粮款项，敲诈漕户船商，损公自肥，中饱私囊，大发不义之财，已成积重难返之势。李荫原以监司身份赴任履职后,决意改变沿袭已久的陋规恶习,着手清理漕规,强力整治吏风。经此严厉整顿,一时间贪吏猾胥噤若寒蝉,纷纷蜷缩收敛,乃至换了面孔履行公事。"公来事事尽亲综,馈遗路绝征无烦。县官丁弁都缩手,敬受委谌争趋先。就中大猾亦帖耳,帆樯渺渺驰风烟。"李荫原的大力整治,立竿见影,吴中漕运局面顿然改观。"果然举动中款要,人初骇愕旋安便。"李荫原不仅整治了吴中漕运沉疴,还向上司提出了标本兼治的长远措施:"更持三议白大府,漕弊可肃漕政全。"作者倾心歌赞了官员李荫原强力纠弊的有效治理。此外,周有声还写有与蒋士铨同题的《破毒碑》《赵秀才》,歌赞固原县令张传心为民消除弊政,替民申冤昭雪;还写有《别固原》,称赞张传心勤政有绩,百姓拥戴。张传心离任之时,固原百姓与他依依惜别:"固原人家几万口,倾城出钱张公酒。""到瓦亭,到隆德,百姓依依行不得。州官亦有酒如渑,不如村醪倾一滴。"这种"村醪"胜"官酒"、点点滴滴在心头的情感表达,烘托出张传心为官一任、造福一方的百姓口碑,凸显张传心尽心履职赢得民心的施政声誉。

杨芳灿(1753—1815)的《粮草税》歌颂蠲免租税,德政泽民。诗篇是作者任宁夏府灵州知州时所写,记述了灵州地方税赋征收政策的变化。"我朝罩天泽,深仁被边氓。蠲赈若山积,休养致太平。小臣来吏此,才阅五岁星。前春豁逋欠,今岁复减征。"诗人叙及近五年自己任职灵州后,执行朝廷的仁惠政策,免除过去的欠额,减少现在的征额,使当地百姓得以休养生息。诗人对自己在灵州施治的赞扬,看似自我表彰,实则更着重凸显的是"粮草税"调整所体现的仁厚之政,凸显的是自上而下所实现的惠民之策。

吴嵩梁(1766—1834)的《丹徒赠万廉山明府》称赞县令万廉山勤政尽职,保护耕地。诗篇描述了当地耕地和粮食状况在治理前后的极大差异。治理之前是:"其地为海门,夏秋多暴水。怒潮从天来,势若万马驶。可怜膏腴田,尽汨泥沙底。屡歉倘一丰,收获已无几。"治理之后是:"建闸扼其冲,议自前岁始。君实董厥成,巨细有条理。蓄泄既以时,官民病良已。田禾俱怀新,粮艘去衔尾。"诗人称赞万廉山的勤政善治的功绩:"峨峨遗爱祠,其荣媲青史。"并由此对县令的职责发出感慨:"县令官岂崇,贵行其志耳。实惠及斯民,权乃卿相比。"肯定了县令的施政在国家治理中的基础作用。

乐钧(1776?—?)的《北新吏》称赞阮元治理浙江、除弊兴利的政绩。诗序称:"(阮元)中丞抚浙,兼主关榷。政令宽简,商旅不扰,而北新关税额赢足。身所经见,证以舆论。乃作此诗。"阮元任浙江巡抚十年,政绩卓著,其中就包括整治北新关的吏风。诗人以自己的亲历目睹,印证了民间传颂的阮元整肃吏治之效。"昔过北新关,关吏猛如虎。嗔喝启箱囊,见金即夺取。"这是几年前的北新关关吏敲诈勒索过往民众的通关情形。"今过北新关，但问来何许。见我案头书，知我非商贾。关开船即行，不烦词说苦。三年度此关，吏胥不呵侮。试问来往人，皆言今易过。"这是诗人亲见的当今民众通过北新关的真实情况。按照法度征收赋税，杜绝税外敲诈勒索。阮元治理浙江，改变了北新关多年的陋习恶规。"问吏何能尔，使者无烦苛。税赋自充裕，岂在多网罗。"诗人感慨："水清沙自洁，官贤弊自绝。"揭示了长官廉政勤政对下吏的约束效用。

宋翔凤（1779—1860）的《纪邓嶰筠中丞善政》组诗称颂邓廷桢（字嶰筠）在湖北按察使、安徽巡抚任上的施政功德。如《江之水》，记述嘉庆末年邓廷桢任湖北按察使，据实上报民情地利，为民请命蠲减赋税。诗篇叙及，湖北民众私垦长江岸边荒闲之地，成为可耕田亩。"江之水，溢涸无常期，有时水平得土见，人力垦为一岁菑。江皋闲地无垠垾，几年偷种勤收获。"却被官府丈量地亩作为税赋之地，连本带利追缴历年的税钱，鞭笞相逼，民不堪命，乃至当地官员也被追责："畎浍沟渠渐接连，官司尺寸皆量度。从此官粮不可逭，鞭扑还征累岁租。谁知水长田俱没，到官那复完肌肤。不独民无肤，亦知官有责。坐虚十万粮，牧令都无策。"邓廷桢到任后，察知此中民情地利的缘起实况，尤其察知江边之地常被水灾侵害，对官府的苛征税赋不以为然，据实向上呈报垦地民众之苦，力陈征缴赋税的不当和弊害，获得朝廷蠲免之诏："公为藩伯莅荆楚，肯为穷黎陈疾苦。一时蠲免下明诏，隶不叫呼人自愈。"邓廷桢秉公履职，恤民施政，勉力纠弊。诗篇褒扬了他施政的良知和才能。

梅曾亮（1786—1856）的《栾城谣》称赞嘉庆年间曾任栾城知县的朱承澧勤政尽职，实绩惠民。诗篇通过治理栾城的几件政事展示了朱承澧的施政风范。其一是理政简朴："右诗左书与案牍，时有里正来叩头。乡民仆仆，直出直入，阍者踯躅。"里正的恭谨和乡民的憨朴恰好烘托了知县理政的亲民和简易。其二是办案勤谨："有斗伤案，县官来看。午时里正报，未时县官来。""从县官者何，一车一骡，一刑招房一件作。"知县轻车简从，亲自勘查现场，父老乡亲见了都惊叹称奇。其三是修路便民："时时掘深沟，时时填官路。""沟深路高，行人不苦。"知县部署修建官路，高坎深沟不再是民众的畏途。诗人略举数例，呈现了一个勤政惠民、善政利民的良官循吏形象。

2. 歌咏平叛靖边、"剿贼"安民。颂政诗对一些地方"治盗""剿贼"政绩的称颂，也间接透露清代中期一些地方的政权秩序遇到了很大困扰，作品内容有很高的真实度。

赵翼（1729—1814）的《书绵州牧刘慕陔守城事》歌颂绵州知州刘慕陔忠职守城，抵御"盗贼"，保境安民。诗篇记述知州刘慕陔修复了倒塌的城墙,在"盗贼"攻城时率众勇武抵挡:"先期集版筑,百雉屹铁铸。城成贼随到,杀气振烟雾。百里避难民,望城作生路。开门听其入,赤子得慈父。众志本成城,有城志益固。"这场守城之战激烈残酷,但最终完成了护城保民的使命。"粉堞俄成赭,尽是贼血污。相持三昼夜,救至始解去。伟哉保障功,活人已无数。"诗篇赞叹刘慕陔守城建功,人才难得:"繄兹应变材,冲要端可付。书之风百僚,武功出儒素。"称道守城"杀贼"的战事,以尽职护民为评价良吏能臣的标准,表现的是士大夫官员的正统价值观。

叶申霭(1769—1834)的《题海州陈参戎治盐枭投械归农图》称颂嘉庆十九年(1814)海州(在今江苏连云港)参戎"陈君"化"贼"为民,治"盗"有绩。诗歌开篇提出了一个看待"盗贼"问题的方法,认为既然饥寒生盗心,则"治盗"尺度宽严皆误:"饥驱为盗势必至,诛之太忍纵则凶。"只有采取适当措施才能化"贼"为民、转"盗"为良。陈参戎面对的海州地界"盐枭""盗贼"为祸一方的情形十分严重:"是时沿海多巨枭,铧刀袜额吹奔飙。不耕而获利万计,醝船卤灶争遮要。揭来搏噬阚如虎,淮北淮南俾大贾。鲛宫骇浪世人惊,鳄窟封泥疆吏苦。"陈参戎赴任之后,没有采取简单的诛杀之策,而是恩威并举,尤其是劝归农桑、化"贼"为民的举措成为扭转局面的关键。"参戎下马甚悯之,一新壁垒张牙旗。鲸鲵誓扫报天子,恩威并济宣皇慈。积诚既久豚鱼格,曰吾游民为穷迫。军门泥首涕交颐,自言从兹散阡陌。卖刀买犊谋更生,愿安耕凿同尧氓。"诗篇还着意将陈参戎转"盗"为良的事迹与宋代张咏、汉代龚遂的事迹相类比:"君不见化贼为民张益州,全销猛鸷鹰为鸠。又不见劝民农桑龚渤海,刀剑纷纷俱脱解。"张咏曾任职益州,妥善处置当地"盗贼":"时寇略之际,民多胁从,咏移文谕以朝廷恩信,使各归田里。且曰:'前日李顺胁民为贼,今日吾化贼为民,不亦可乎。'"① 龚遂曾任职渤海郡,成功治理了当地"盗贼":"渤海又多劫略相随,闻遂教令,即时解散,弃其兵弩而持钩锄。盗贼于是悉平,民安土乐业。遂见齐俗奢侈,好末技,不田作,乃躬率以俭约,劝民务农桑。郡中皆有蓄积,吏民皆富实。"② 诗篇以古今转盗为良的事迹昭示了治理"盗患"的一条有效途径,显示诗人认同采用灵活措施以应对民变的"治盗"思路。

柳树芳(1787—1850)的颂政诗赞颂嘉庆年间地方官员履职守城、保境安民的事迹。《书金乡令吴公阶守城事》记述嘉庆十八年(1813)金乡知县吴阶率领军民抗击"盗贼",保卫城池。诗篇对比了两种守城的情况:一种是疏于防备、怠于训练,遭遇事变即陷落;一种是未雨绸缪,勤苦训练与防备。

---

① (元)脱脱等:《宋史》卷二百九十三《张咏传》,中华书局2000年版,第7960页。
② (南朝宋)范晔:《后汉书》卷八十九《龚遂传》,中华书局2000年版,第2698页。

吴阶的做法即属后者。"吴公独不然,伟绩著山左。""绳以保甲法,糠秕须扬簸。合以兵农势,训练日危坐。一朝变卒至,守陴任自我。"吴阶充分调动和激励守城军民的斗志:"军资助自民,民愿无不可。能守始能战,灭贼如灭火。""保城以卫民,是真民之爹。"诗人以士大夫的正统价值观褒扬了吴阶击"贼"守城的功劳。《书山东运司刘公清击贼事》记述嘉庆十八年(1813)山东盐运使刘清在仿山(在今山东定陶)一带击"贼"取胜,灭"盗"安民。刘清主动请缨,深入险地杀"贼","杀虎探绝穴,斩蛟入重渊"。刘清是在"贼"势浩大、行将联手的危局下断然请将出征的,"是时为运司,御贼仿山颠。彼将图大举,阴与滑浚连。公曰此吾任,但勿挠吾权"。刘清率军进击,很快便显示了统军的干练果敢,战事呈现了出人意表的结局:"精选五百骑,文渊与周旋。贼见刘公来,辟易如崩骞。东奔忽西窜,定陶县复全。"刘清不仅战场取胜,剿"贼"灭"盗",得到朝廷嘉赏;还访查民苦,救助遭受战祸戕害的民众:"时当兵荒后,民如水火煎。救溺与救焚,非公谁复怜。"诗人热烈称叹了刘清"剿贼"安民的政绩政声:"欲上功德碑,再呼刘青天。"

马允刚(?—?)的《筑寨行》作于嘉庆四年(1799),自赞尽职保民。据诗序介绍:"余于嘉庆四年八月授县事,时教匪充斥境内,民舍被焚,奔窜流离,目不忍睹。因率里民修堡筑寨,计平地修堡四十处,山中筑寨百余处。自此民得安居,贼不能扰。"诗篇即记述诗人在任职县令的县境内修堡筑寨,有效防御了"盗贼"的侵害,保护了县境民众。诗篇描写"教匪"为祸的乱状:"奈何教匪兴,亲见此颠连。遗孽起川楚,奸黠动烽烟。滋蔓汉兴地,焚掠遍山川。闾阎日奔逃,难期生命全。"接着陈述了自己在此危局中的作为:"山城当冲途,供支已可怜。况复无宁日,当官真忧煎。因念堡与寨,嘉谟留前贤。率此凋残民,共效畚锸缘。平川可修堡,垣墉保市廛。山头可筑寨,木石期崇坚。"在因地制宜修建了各种寨堡后,县境内的百姓得到了庇护。"巢居岂不危,暂围避戈铤。登陟岂不劳,且可免刀弦。"这种庇护虽不彻底,但已是作为县令的诗人所能尽职而为争取的结果。诗人一方面为尽心履职感到欣慰,一方面也祈愿"盗贼"作乱的危局得到解决:"何日纾此祸,南亩安耕田。"可以感知诗篇所叙并非只为自夸功绩,而是抒写了民安才得心安的履职心态。诗人称赞筑寨"防贼"以保护百姓免受劫掠烧杀,这种评判符合维护政权秩序的正统政治标准,但也不乏护佑百姓生命的道义良知,符合士大夫文人看待"盗贼"问题的政治逻辑。

除了上述清代中期诗人的这两类颂政诗,清代中期颂政诗创作更有代表性的诗人有胤禛、弘历、鄂尔泰、沈德潜、祝德麟、洪亮吉、唐仲冕、萧霖、程含章、黄安涛、吴慈鹤、朱实发等。此将其颂政诗的创作情况分述如下。

一　胤禛　弘历

胤禛（1678—1735），即清世宗。清圣祖第四子，康熙六十一年登基，改元雍正。在位十三年。

胤禛在位的十三年，严正担当，整肃朝纲，整顿政风，治绩卓著，发挥了强大的统治力，堪称康乾盛世之间的关键联结。史家评价雍正皇帝称："圣祖政尚宽仁，世宗以严明继之。"① 概括了胤禛治国的特点。胤禛的《瞻仰盛京宫阙念祖宗创业艰难恭赋二十韵》称颂祖宗宏业，展示了作者的治国宏愿。

奉命趋辽海，欹歈仰旧宫。逶迤龙脉远，诀荡凤城雄。念昔开洪造，乘时建武功。师征方自葛，考卜重迁丰。一剑风尘际，三陲指顾中。神威宣率士，皇极协苍穹。式廓弥增壮，维垣遂克崇。八门连闉阓，双阙耸高空。曳佩千官列，输琛万国同。兵农咸定制，礼乐渐移风。爰及纯熙介，覃敷景历融。寰区欣奠鼎，故里抱遗弓。沛邑恩优渥，春陵望郁葱。星躔争拱北，王气本从东。绵脉钟灵盛，凝休后裔蒙。圣慈殷孝享，敕谕遣微躬。肃睹兴京胜，恭承祀典隆。丕基劳栉沐，奕叶荷帡幪。松槚灵祇护，檐楹朌虽通。祖宗光烈在，明发惕愚衷。

盛京，即今辽宁沈阳，为清朝故都。诗篇从"念昔开洪造，乘时建武功"叙起，陈述了清朝列祖列宗起自关外，武功拓土，开基创业，君临天下的煌煌历程。从"师征方自葛，考卜重迁丰"的征战起步，直到"曳佩千官列，输琛万国同"的宏伟立国，兴邦建国，创制垂统，开创和延续了代代相传的文武传统。"兵农咸定制，礼乐渐移风。"诗人深切感知列祖列宗创业艰辛，后世累代承受先祖庇护，"丕基劳栉沐，奕叶荷帡幪"。篇末，胤禛庄重宣示："祖宗光烈在，明发惕愚衷。"誓愿竭忠尽心，光大祖业。雍正治国，不仅勤谨深思，身体力行，而且洞悉下情，施政务实。如史家所论："帝研求治道，尤患下吏之疲困。有近臣言州县所入多，宜厘剔。斥之曰：'尔未为州县，恶知州县之难？'至哉言乎，可谓知政要矣。"② 胤禛的颂政诗感喟列祖创业艰难，宣示自己勤政持国，与其一贯施政风格十分相合，并非虚浮之言。

弘历（1711—1799），即清高宗。世宗第四子。雍正元年立为皇储，雍正十三年即位，改元乾隆。在位六十年。

乾隆皇帝治理天下六十年，始勤终怠，功过分明。前期奋发有为，勤政

---

① 赵尔巽等：《清史稿》卷九《世宗本纪》，中华书局1977年版，第341页。
② 同上。

仁民，引领国运向上，绘就盛世宏图。后期怠于理政，耽于奢乐，任用佞臣，虚耗了多年积累的国力，酿成国运转衰的颓势。总的来说，武功文治皆大有可观，但也贻祸误国，深刻史册。史家感言其治国得失："高宗运际郅隆，励精图治，开疆拓宇，四征不庭，揆文奋武，于斯为盛。享祚之久，同符圣祖，而寿考则逾之。自三代以后，未尝有也。惟耄期倦勤，蔽于权倖，上累日月之明，为之叹息焉。"① 弘历虽生长于满族皇室，但汉文化修养极高，一生作诗很多。以乾隆皇帝名义留下的御制诗歌达数万首，但多不可信，大都并非出自弘历之手。不过，从现存颂政题材的作品考察，这类诗篇称颂了乾隆时期的治国功业、皇帝圣德、国运大势等，如《巡幸铙歌》《御制盛京大燕世德舞乐十章》《御制山东上年被灾州县颇多虽屡加恩期灾民不致失所而清跸所历深用恻然因再降旨加恩普赈一月以示优恤》《免除宿迁县等地部分正赋》《西师底定伊犁捷音至诗以述事》《德胜舞乐》《御午门受俘馘》《伊犁将军奏土尔扈特汗渥巴锡率全部归顺诗事》等，有很强的时代内涵和较高的认识价值。

  大清朝，景运隆。肇兴俄朵，奄有大东。鹊衔果，神灵首出。壹戎衣，龙起云从。雷动奏肤功，举松山，拔杏山，如卷秋蓬。天开长白云，地鏖凌河冻。混车书，山河一统。声灵四讫，万国来修贡。皇宅中，垂统瓜瓞绵绵。圣继圣，功德兼隆。升平颂，怙冒如天恩泽浓。人寿年丰，时雍风动，荷天之宠。庆宸游，六龙早驾，一朵红云奉。扈宸游，六师从幸，万里欢声共。（《巡幸铙歌》）

  粤昔造清，匪人伊天。天女降思，长白闼门。是生我祖，我弗敢名。乃继乃承，逮我玄孙。

  玄孙累叶，维祖之思。我西云来，我心东依。历兹故土，仰溯始谋。皇涧过涧，缔此丕基。

  于赫太祖，肇命兴京。哈达辉发，数渝厥盟。如龙田见，有虎风生。戎甲十三，王业以兴。

  爰度爰迁，拓此沈阳。方城周池，太室明堂。不宁不灵，匪居匪康。事异放桀，何心底商。

  丕承太宗，允扬前烈。俾彼松山，明戈耀雪。以寡敌众，杵漂流血。惜无故老，为余详说。

  余来故邦，瞻仰桥山。慰我追思，梦寐之间。崇政清宁，载启南轩。华而不侈，巩哉孔安。

  惟我祖宗，钦天敬神。执豕酌匏，咸秩无文。帷幔再张，樽俎重陈。

---

① 赵尔巽等：《清史稿》卷十五《高宗本纪六》，中华书局1977年版，第565页。

弗渝弗替，遵我先民。

先民宅兹，载色载笑。今我来思，圣曰俯照。爵我周亲，荩臣并召。亦有嘉宾，欢言同乐。

懿兹东土，允惟天府。土厚水深，周原膴膴。南阳父老，于是道古。有登其歌，有升其舞。

我歌既奏，我舞亦陈。故家遗俗，曷敢弗因。浑灏淳休，被于无垠。勿替引之，告我后人。（《御制盛京大燕世德舞乐十章》）

齐鲁民何辜，连年未逢稔，每念沟壑填，深宫那安枕。昨始入兖境，所见犹未甚。寸衷稍自慰，为之食甘脍。孰知数日来，触景堪愁朕。村落多萧条，老幼率怵惕。腹饥嗷鸿哀，衣薄状鹤氅。纵屡加赈施，未足苏凄凛。休助古有经，损益道须审。用是截漕艘，亟命发仓廪。嗟哉守土臣，旬宣其勤恁。（《御制山东上年被灾州县颇多虽屡加恩期灾民不致失所而清跸所历深用恻然因再降旨加恩普赈一月以示优恤》）

忆我三番曾过此，满目民艰恫瘝视。蠲租加赈不少靳，究亦无能疮痏起。壬午之岁博咨访，略觉其中悉源委。因为疏剔六塘河，果然潦尽堪耕耔。人事尽而天贶随，连岁秋收皆获美。兹来殊觉大改观，凭舆历览心生喜。户有盖藏育鸡豚，衣鲜楼裂赡妇子。不灾不赈奚所加，究欲加思念无已。因思时巡免正供，十分之三常例耳。数县瘠土应倍怜，益二至五斯可矣。国有余用苏茆檐，减一半惟投悬匦。伫看元气复间阎，庶协以休以助理。（《免除宿迁县等地部分正赋》）

乘时命将定条枝，天佑人归捷报驰。无战有征安绝域，壶浆箪食迎王师。两朝缔构敢石继，百世宁绥有所思。好雨优沾王宇拓，敬心那为慰心移。（《西师底定伊犁捷音至诗以述事》）

祖志继成，蕲灭远叛。筹画从容，疆辟二万。川原式廓，乃经土田。庙算宏深，天心契焉。车楞内讧，丐恩臣服。爵锡王公，周恤其属。鬼蜮阿酋，匍匐帝庭。宠以藩服，秉钺专征。俘达瓦齐，再生曲宥。念彼军劳，崇封晋授。阿酋狡狯，将伏天诛。安冀非分，叛于中途。反复二心，弃厥妻子。役属离散，巨恶宜尔。汲水万里，欲息燎原。似彼狂酋，徒然自燔。窜俄罗斯，殛戕其命。遐方尊王，爰献于境。满洲索伦，凌波飞渡。奋勇莫当，峻岭爰度。俘厥逋逃，收彼牲畜，取彼子女，如摧朽木。弓矢所加，贼垒莫御。急思兔脱，震骇无措。蠢尔贼众，作乱变更。帝德涵濡，茕独遂生。岂曰穷兵，岂曰黩武。乘时遘会，忍弗远抚。回首在囚，解其禁锢。甫还库车，流言煽布。惟彼凶渠，负君莫比。囧念圣恩，能弗切齿。伊犁既戡，诸部宾服。豫策久长，悉收回族。二贼溃逸，命将追遏。逾其穴巢，直抵巴达。爰遣侍卫，乃得其情。回长搏颡，献馘输诚。邃古莫稽，列史具在。奸寇如斯，未有拟类。欃枪净扫，寰宇升平。师出以正，中外永清。睿谟惟诚，宵旰无逸。宏奏肤功，圣心斯怿。顺我者昌，逆我者亡。旌别恐遗，天语孔彰。酬庸封爵，表勇锡名。昭兹懋赏，章采聿明。诛锄元恶，大功告成。如春育物，德合清宁。(《德胜舞乐》)

函首霍占来月窟，倾心素坦款天阊。理官淑问宁须试，骠骑穷追实可臧。西海永清武大定，午门三御典昭详。从今更愿天斯事，休养吾民共乐康。(《御午门受俘馘》)

土尔扈特部，昔汗阿玉奇，今来渥巴锡，明背俄罗斯。向化非招致，颁恩应博施。舍楞逃复返，彼亦合无辞。卫拉昔相忌，携孥往海滨。终焉怀故土，遂尔弃殊伦。弗受将为盗，俾安皆我民。从今蒙古类，无一不王臣。(《伊犁将军奏土尔扈特汗渥巴锡率全部归顺诗事》)

《巡幸铙歌》是一首称颂国运隆盛的乐曲歌辞，作于乾隆七年（1742）。诗篇描述了清朝开国以来的国运大势，"大清朝，景运隆"。这是天下欣荣的总体态势。"混车书，山河一统。声灵四讫，万国来修贡。"这是大一统的国威浩荡。"圣继圣，功德兼隆。升平颂，怙冒如天恩泽浓。人寿年丰，时雍风动，荷天之宠。"这是继统承绪、光大祖业的福佑国运。诗篇传达了对清朝国运兴隆的乐观自信。《御制盛京大燕世德舞乐十章》是一组歌咏祖业宏伟的舞曲歌辞，作于乾隆八年（1743）。诗篇记述访问清朝留都盛京的感悟。"是生我祖，我弗敢名。乃继乃承，逮我玄孙。"追怀皇祖先辈统续悠久。"于赫太祖，肇命兴京。""戎甲十三，王业以兴。"追怀太祖努尔哈赤奠基王业。"丕承太宗，允扬前烈。""以寡敌众，杵漂流血。"追怀太宗皇太极艰难征战，武功赫赫。"惟我祖宗，钦天敬神。""弗渝弗替，遵我先民。"宣示本朝皇室承统继业、弘扬祖德。诗篇表达了对皇祖列宗创业垂统的赞佩。《御制山东上年被灾州县颇多虽屡加恩期灾民不致失所而清跸所历深用恻然因再降旨加恩普赈一月以示优恤》作于乾隆十三年（1748），称颂朝廷德政济民。史载："（十三年二月）加经过山东被灾州县赈一月。"[①] 诗篇记述的就是该年朝廷对山东受灾诸县追加赈济的事。山东诸地遭遇连年灾荒，引发了皇帝的忧念："每念沟壑填，深宫那安枕。"皇帝亲历此地，目睹灾民的生活现状，触动了对此前赈灾政策的思考："纵屡加赈施，未足苏凄凛。"皇帝由此做出了追加赈粮的决定："用是截漕艘，亟命发仓廪。"并责令当地官府改进赈济措施：

---

① 赵尔巽等：《清史稿》卷十一《高宗本纪二》，中华书局1977年版，第396页。

"嗟哉守土臣，句宣其勤恁。"诗篇完整地记述了乾隆皇帝对山东诸地灾民的关切和对具体赈济措施的部署，宣示了朝廷荒政的实绩。《免除宿迁县等地部分正赋》作于乾隆十三年（1748），歌赞蠲租轻税的德政举措。史载："（十三年七月）免江苏宿迁上年水灾额赋。"① 当地此前曾经施行的蠲租和赈济，已收到一定成效："蠲租加赈不少靳，究亦无能疮痏起。""因为疏剔六塘河，果然潦尽堪耕耜。""兹来殊觉大改观，凭舆历览心生喜。"但此地土壤贫瘠，原来的税额偏重，皇帝察知实情后决定再予蠲免。"因思时巡免正供，十分之三常例耳。数县瘠土应倍怜，益二至五斯可矣。"此项追加蠲免，意在涵养民力，与民休息："伫看元气复间阎，庶协以休以助理。"诗篇宣示了恤民定策、因地制宜的施政宗旨。就整个清代而言，朝廷和官府对遭灾地方施行蠲赈政策，在一些时期和地域确实取得了相当的成效。弘历等人的颂政诗对这类德政善举的称颂，在一定程度上展示了清代荒政蠲赈的实绩，虽是自我夸耀施政功德，但其包含的仁德政治内涵仍有不可否认的正面价值。《西师底定伊犁捷音至诗以述事》作于乾隆二十年（1755），歌赞王师平定准噶尔叛乱。史载："（二十年五月）准噶尔宰桑乌鲁木来降。"② 即如此诗自注："大兵至伊犁，部众持羊酒迎犒者络绎载道，妇孺欢呼，如出水火，自出师以来，无血刃遗镞之劳，敉边扫穴，实古所未有。"诗篇揭示了取得这场远征胜利的原因："乘时命将定条枝，天佑人归捷报驰。"朝廷顺应时势，运筹帷幄，确保了胜券在握。"无战有征安绝域，壶浆箪食迎王师。"远征边域平定叛乱，这场道义之战深得民心。《德胜舞乐》作于乾隆二十五年（1760），记述平定西域叛乱，维护疆域统一。史载："（二十四年）七月，兆惠等奏喀什噶尔、叶尔羌回众迎降。布拉呢敦、霍集占遁巴达克山。""八月，富德奏兵至叶什勒库勒诺尔，霍集占窜巴达克山。"③ "十月，富德奏巴达克山素勒坦沙献霍集占首级，全部投诚。命宣谕中外。将军兆惠加赏宗室公品级鞍辔。将军富德晋封侯爵，并赏戴双眼花翎。"④ 这首舞曲乐辞即歌咏自乾隆二十年至二十四年的平定西域诸部叛乱的赫赫武功。诗篇详述了平息叛乱的系列战役。朝廷对安边事务做出了宏观布局："祖志继成，蕆灭远叛。筹画从容，疆辟二万。川原式廓，乃经土田。庙算宏深，天心契焉。"系列战役都在朝廷的运筹帷幄之中。西域一再发生事变，实由若干翻云覆雨的叛臣逆将带头作乱。"妄冀非分，叛于中途。反复二心，弃厥妻子。"朝廷对"反复二心"的叛臣逆将深恶

---

① 赵尔巽等：《清史稿》卷十一《高宗本纪二》，中华书局1977年版，第399页。
② 同上书，第427页。
③ 赵尔巽等：《清史稿》卷十二《高宗本纪三》，中华书局1977年版，第448页。
④ 同上书，第449页。

痛绝，决意征讨，派遣大军远赴西域，予以剿灭，叛臣逆将遭到了沉重打击。"满洲索伦，凌波飞渡。奋勇莫当，峻岭爰度。""弓矢所加，贼垒莫御。""伊犁既戬，诸部宾服。豫策久长，悉收回族。""逾其穴巢，直抵巴达。""回长搏颡，献馘输诚。"朝廷讨逆平叛的行动，实现了皇帝武功靖边、维护一统的战略意图："蠢尔贼众，作乱变更。帝德涵濡，茕独遂生。岂曰穷兵，岂曰黩武。乘时遘会，忍弗远抚。""槛枪净扫，寰宇升平。师出以正，中外永清。睿谟惟诚，宵旰无逸。""诛锄元恶，大功告成。如春育物，德合清宁。"诗篇颂赞了皇帝命师远征平叛的政治意志和以武定国的宏大功业。《御午门受俘馘》描写平定西域的庆典。诗篇称贺王师讨逆平叛的胜利，强调了王师出征的意义在于安边护民："西海永清武大定"，"休养吾民共乐康"。《伊犁将军奏土尔扈特汗渥巴锡率全部归顺诗事》作于乾隆三十六年（1771），称颂德化天下，远臣来归。土尔扈特为蒙古部落，明末之际曾迁至伏尔加河流域的草原游牧生息，遭到后来的沙俄势力的排挤、欺压，面临生息之地彻底丧失的威胁，决定东归故国。土尔扈特人经历艰难征战和跋涉，付出极大牺牲，于乾隆三十六年五月抵达了清朝境内。九月，乾隆皇帝接见并赐封了土尔扈特的首领。史载："土尔扈特台吉渥巴锡等入觐，赏顶戴冠服有差。"① 诗篇描述了土尔扈特向往清朝德政治理，在渥巴锡统领下回归祖地："今来渥巴锡，明背俄罗斯。向化非招致，颁恩应博施。"朝廷也采取了宽和仁厚的政策接受土尔扈特的回归："终焉怀故土，遂尔弃殊伦。弗受将为盗，俾安皆我民。"诗篇强调了这一事件对朝廷的政治意义："从今蒙古类，无一不王臣。"

《御制平定两金川凯歌》作于乾隆四十一年（1776），歌颂朝廷彻底平定大小金川叛乱。

廿四中秋夜丑时，木兰营里递红旗。本来不寐问军报，孰谓今宵宛见之。七千里外路迢遥，向十余朝兹八朝。可识众心同一志，嘉哉行赏自宜昭。贼巢最是勒乌围，甲杂小连噶喇依。破竹势成应不日，速传捷信愿无违。行营半夜那来喧，却是红旗到叙门。五载勤劳同上下，鸿勋集总沐天恩。一破贼巢飞骑驰，未遑详悉尽陈之。将军宣力应优赐，先示端儿加勉宜。前次受降惟戬斧，今番报捷乃犁庭。敬承天眷能无慰，未至武成心未宁。宵衣惟吾理合然，喜而不寐那能眠。三捷盼来一月间，此时军务正相关。勒围报捷夜行营，重值上陵昼返程。一刻万人齐色喜，光明日月永销兵。三穴犹延一月余，六军奋勇岂饶渠。周遭火器炽攻处，

---

① 赵尔巽等：《清史稿》卷十三《高宗本纪四》，中华书局1977年版，第488页。

早烂区区釜底鱼。 旬余栈驿八朝至， 一片红旗万马飞。 来路群番喜且惧，
国之庆也国之威。 险恶山川靖枭獍， 邪深机阱绝根株。 从今番部都安堵，
强食奸欺自此无。 蚕丛绝险隐妖氛， 百战功成古未闻。 鼙鼓冬冬声凯献，
羌儿稽首送将军。 坚碉林立万重山， 破险冲锋历尽艰。 奏绩都资军将力，
红旗一道入桃关。 盼捷经冬复入春， 垂成偏觉意鏖频。 今宵料得方安枕，
明告慎哉用武人。 流离此日巢穴倾， 耆定从兹可罢兵。 歌凯莫教容易听，
五年功幸一朝成。 漫谓数年经契阔， 精神注似日相陪。 勋臣率拜列灵旗，
军士鸣螺赫武仪。 己巳班师本受降， 庚辰郊劳典鸿庬。 准部回城定五年，
金川小寇亦如前。 嘉予将士久敌忾， 不觉对之增恻焉。 地险加之众志坚，
林碉步步战而前。 凿穴而居避火器， 终于面缚出蕃城。 贪生蝼蚁固如此，
聚族将焚语岂诚。 倐经于役五春秋， 栈道崎岖似坦邮。 兵洗金川永不波，
潢池跋扈竟如何。 良乡近远多黎庶， 欢喜都来听凯歌。 凯歌亦岂易为闻，
五岁辛勤劳众军。 我实未曾安五夜， 几多忧虑与平分。

金川位于今四川阿坝境内，历代王朝曾在此实行土司制度以管辖当地。清朝雍正、乾隆年间，大小金川土司势力频繁武力争斗，祸乱危及康藏稳定，阻碍贸易通道，并进而威胁到中央政府对金川的有效管辖。乾隆十四年（1749）至乾隆四十一年间，朝廷先后两次对金川地区进行大规模征剿，最后平定了索诺木等土司头目的武装对抗，改变了这一地区的治理模式，形成了新的治理格局。史载："（三十六年）六月，以金川土舍索诺木请赏给革布什咱土司人民，命阿尔泰详酌机宜，毋姑息。七月，阿尔泰等奏小金川土舍围攻沃克什，命剿之。"① "（三十七年）四月，谕温福、桂林进剿索诺木。"② "（四十一年）二月，阿桂等奏索诺木等出降，槛送京师，两金川平。"③ "四月，以平定金川，遣官祭告天地、太庙、社稷。"④ 诗篇记述的即是第二次征剿并平定大小金川的重大事件。诗歌回顾了自三十六年至四十一年的五年间对金川的征战历程及胜利带来的喜悦之情："五载勤劳同上下，鸿勋集总沐天恩。一破贼巢飞骑驰，未遑详悉尽陈之。" "前次受降惟戬斧，今番报捷乃犁庭。敬承天眷能无慰，未至武成心未宁。宵衣惟吾理合然，喜而不寐那能眠。" "歌凯莫教容易听，五年功幸一朝成。" 诗篇描述清军几年间在金川地区征战面对的地势及碉楼之险："蚕丛绝险隐妖氛，百战功成古未闻。" "坚碉林

---

① 赵尔巽等：《清史稿》卷十三《高宗本纪四》，中华书局1977年版，第488页。
② 同上书，第491页。
③ 赵尔巽等：《清史稿》卷十四《高宗本纪五》，中华书局1977年版，第504页。
④ 同上书，第505页。

立万重山,破险冲锋历尽艰。""地险加之众志坚,林碉步步战而前。"更渲染了王师征战的勇悍和使用火器的威力:"周遭火器炽攻处,早烂区区釜底鱼。""凿穴而居避火器,终于面缚出蕃城。贪生蝼蚁固如此,聚族将焚语岂诚。倏经于役五春秋,栈道崎岖似坦邮。"诗篇昭示,平叛建功虽然艰难,但除凶奏捷改变了边地的治理秩序:"一刻万人齐色喜,光明日月永销兵。""来路群番喜且惧,国之庆也国之威。险恶山川靖枭獍,邪深机阱绝根株。""兵洗金川永不波,潢池跋扈竟如何。良乡近远多黎庶,欢喜都来听凯歌。"诗人满怀欣悦,宣扬了靖边护民、维护一统的宏大题旨。

《御园耕种》《经岳武穆祠》《题史可法像》《萨尔浒》《除夕》等一些篇章,没有直接描写时政大事,但在记述亲耕、题字、怀古、除夕等事项时,也传达了治国施政的理念和思路。

> 弄田播种近臣从,不比亲耕典秩宗。布谷有声春已暮,看花无兴草全茸。劳躬漫谓勤民亟,愁意多缘望雨浓。丰泽籍田将御苑,年年端是重三农。(《御园耕种》)
>
> 翠柏红垣见葆祠,羔豚命祭复过之。两言臣则师千古,百战兵威震一时。道济长城谁自坏,临安一木本犹支。故乡俎豆夫何恨,恨是金牌太促期。(《经岳武穆祠》)
>
> 纪文已识一篇笃,予谥仍留两字芳。凡此无非励臣节,监兹可不慎君纲。象斯睹矣牍斯抚,月与霁而风与光。井命复书书卷内,千秋忠迹表维扬。(《题史可法像》)
>
> 铁背山头歼杜松,手麾黄钺振军锋。于今四海无征战,留得艰难缔造踪。(《萨尔浒》)
>
> 此日乾隆夕,明朝嘉庆年。古今难得者,天地锡恩然。父母敢言谢,心神增益虔。近成老人说,云十幸能全。(《除夕》)

《御园耕种》彰显了重农固本、亲耕垂范的姿态:"劳躬漫谓勤民亟","年年端是重三农"。传递的是农为邦本的治国理念。《经岳武穆祠》抒写参谒"岳武穆祠"的感喟。清朝是金人的后裔,诗人对抗金英雄岳飞的称颂很有意味,称颂岳飞尽忠为国的为臣之道,显示诗人统御天下的政治胸怀。《题史可法像》表彰史可法节义高远。史可法是南明政权抗清的勇将,诗人赞佩史可法的忠臣行为,张扬了忠君护国的为臣之道。《经岳武穆祠》《题史可法像》对抗金、抗清汉族武将的称赞,超越民族意识,褒奖忠臣以凸显正统观念,表现出诗人对中原政治文化的高度认同,也蕴含了借褒扬儒家为臣之道以赢得天下归心的政治智慧。《萨尔浒》凭吊清朝与明军决战的古战场，对当年的艰难征战心存敬畏。"于今四海无征战，留得艰难缔造踪。"表达了对皇祖创业的崇仰和光大祖业的心念。《除夕》作于乾隆六十年（1795），是弘历在皇位上的最后一年。诗篇抒写了诗人治理天下六十年的感怀。诗人对乾隆时代结束、嘉庆时代来临充满了感慨："此日乾隆夕，明朝嘉庆年。古今难得者，天地锡恩然。""近成老人说，云十幸能全。"诗人自我嘉赞很高，将自己六十年的治国功绩称颂为已臻十全十美的境界。这样的夸示显然言过其实，成为弘历颂政诗中的过犹不及之笔。

二　鄂尔泰　沈德潜　祝德麟　洪亮吉

鄂尔泰（1677—1745），字毅庵，满洲镶蓝旗人。康熙间举人。雍正间历江苏布政使、兵部尚书。乾隆间任军机大臣等。

鄂尔泰的《雍正三年恩免苏松浮粮四十五万恭纪四章》称颂雍正三年（1725）皇帝下诏蠲免苏州（今江苏苏州）、松江（今上海松江）地区赋税的德政良策。

苏松困浮粮，弊政始洪武。小民何堪校，蓄怨增租簿。上稽史臣书，禹贡传中古。厥田惟下下，九等途泥土。地势无改移，瘠薄久共睹。奈何溷催科，正供寓斤斧。二百八十年，悠悠含疾苦。不见八闽地，岭海环深阻。苏属一县额，贡金已相五。加以漕粮艘，十又增其五。不见滇与黔，绵延亘疆宇。睠兹松陵区，蕞尔何足数。岂知一邑租，两省尚多许。寒暑瘁农氓，杼轴空士女。凉法自前朝，抑郁竟谁语。

洪武赋已重，永乐加耗连。二百七十万，吴民苦烹煎。宣德听周忱，畸零偶赐蠲。新泽施未久，旧额仍重编。增饷始万历，末季遂相沿。反裘负益敝，毳尽难为毡。皇朝大一统，夏殷鉴从前。恩深若覆载，输纳群勉旃。巍巍二祖继，德音岁自天。赐全与赐半，旷典时昭宣。万邦均恺泽，岂惟吴国沾。循环著为令，遐迩共嬉恬。吴民勤耕凿，安尔宅与田。惟希旱潦均，高下同丰年。

皇帝御宝极，三载恩波长。念此两郡民，前代苦输将。内无列卿请，外无大吏章。恩纶下九天，独断自乾纲。四十有五万，亿载垂煜煌。吴民喜逾望，流涕翻浪浪。途巷尽歌舞，里社喧笙簧。一朝天语颁，万户乐无央。宸衷烛蔀屋，大泽沛汪洋。从此力田畴，稼庚余仓箱。从此供炊杵，粳稻倍馨香。纷纷耕饁辈，颜色增辉光。

微臣奉旬宣，龙飞岁之首。频年岁事歉，闾阎靳升斗。今秋雨旸和，比户歌大有。臣尝巡陇阡，一一遍击扣。愚民跪陈词，颂圣不去口。往时赋未减，支左或绌右。方将集公门，何由力南亩。自蒙圣主恩，夜卧快舒肘。朝光起荷锄，耕耔直到酉。畇畇百万区，秩秩十千耦。老弱益加欢，妇子不相诟。百室既丰盈，风化自长久。钱谷臣专司，所期百物阜。愿倾葵藿忱，与民祝万寿。

诗篇着重对比了明清两朝在苏松地区施行的税赋政策，强调明朝苛政给苏松地区百姓带来的数百年沉重赋税之苦："苏松困浮粮，弊政始洪武。""洪武赋已重，永乐加耗连。""宣德听周忱，畸零偶赐蠲。新泽施未久，旧额仍重编。增饷始万历，末季遂相沿。"诗篇概述，整个明朝时期苏松地区都承载着赋税重负，是清朝的新政改变了这一状况："皇朝大一统，夏殷鉴从前。恩深若覆载，输纳群勉旃。巍巍二祖继，德音岁自天。赐全与赐半，旷典时昭宣。"顺治、康熙时期已经开启了在苏松地区的惠民德政，雍正年间的蠲减税赋更是显现出恤民惠民的政策取向："皇帝御宝极，三载恩波长。念此两郡民，前代苦输将。内无列卿请，外无大吏章。恩纶下九天，独断自乾纲。"雍正皇帝下诏"恩免苏松浮粮四十五万"，使苏松百姓感受到莫大的恩德："吴民喜逾望，流涕翻浪浪。""一朝天语颁，万户乐无央。"民众感恩戴德，由此德政良策激发了耕作热情："朝光起荷锄，耕耔直到酉。畇畇百万区，秩秩十千耦。"这样的施政成效表明，苏松地区的赋税和农耕正在走向协调，朝廷此项决策取得了巨大成功。诗篇描写的这个局面，基本符合清代前期、中期朝廷施行蠲免的事实，虽然对朝廷的税负政策不乏夸大褒扬，但所包含的称颂仁政德政的颂政题旨，宣示了恤民惠民的施政取向，仍有其较高的正面价值。

沈德潜（1673—1769），字确士，长洲（今江苏苏州）人。乾隆间进士。历翰林院编修、左中允、侍读、左庶子、侍讲学士，充日讲起居注官。官至内阁学士兼礼部侍郎。

沈德潜的颂政诗有歌赞平定叛乱、安邦定国的，如《奉敕恭撰平定金川铙歌》；有歌赞治理河患、安民济世的，如《乾隆圣德诗》。这些诗篇意在昭示乾隆武功文治的勋业功德，题旨显明，与史载相辉映。

《奉敕恭撰平定金川铙歌》作于乾隆十四年（1749），记述朝廷平定大金川土司莎罗奔叛乱的战事。

皇帝在阼，至仁大武。我置吏久，赖我镇抚。鸟兽无知，侵凌边圉，蒙昧乎尧禹。蠢尔小丑，距趯翅张。恃兹碉门，竭焉高冈。旁煽而种类，沸羹嘶螗。始命剪之，迁延岁杪。为奸猾所愚，饷縻师老。如螳斯奋，如兔斯狡，欲逃我天讨。圣人赫怒，爰兴师征。庙谟神武，授兹忠贞。集羽林，简精兵，足糇粮，扬麾旌。虎牙干城，烝徒增增。咸统于恒恒拜受命，于帝之训。鼓行而前，山川震嘒。卒欢呼，忘行阵。军门开，番酋来，系颈乞命声何哀。元臣推诚心，传谕旨，谓皇帝德，不孥戮尔，赦尔死辜，与更始。番酋罢泣声欢喜，万岁齐呼彻壁垒，南人从此不反矣。大军旋归，于郊于墉。元臣抑抑，弥虚盅帝。天文纪功，载勒石于辟雍。千万亿年，昭仁武于无穷。

史载："十四年春正月辛亥，谕傅恒、岳钟琪由党壩进剿。癸丑，谕傅恒以四月为期，纳降班师。丁卯，以大金川莎罗奔、郎卡乞降，命傅恒班师，特封忠勇公。丙子，谕傅恒受莎罗奔等降。"① 诗篇首先交代了征剿金川土司叛乱的背景："鸟兽无知，侵凌边围，蒙昧乎尧禹。蠢尔小丑，距趯翅张。恃兹碉门，竭焉高冈。旁煽而种类，沸鬻鼗嘶蟥。""如螳斯奋，如兔斯狡，欲逃我天讨。"将发动叛乱的莎罗奔等人譬为无知的鸟兽、愚蠢的小丑、挡车的螳螂、狡黠的野兔，斥责其据险叛逆的行径。对此愚顽势力，朝廷发遣王师，予以威严打击。"圣人赫怒，爰兴师征。庙谟神武，授兹忠贞。集羽林，简精兵，足糇粮，扬麾旌。""鼓行而前，山川震嘒。卒欢呼，忘行阵。"诗篇着意渲染了令敌酋彻底降服的赫赫武功和圣明皇德："军门开，番酋来，系颈乞命声何哀。元臣推诚心，传谕旨，谓皇帝德，不孥戮尔，赦尔死辜，与更始。番酋罢泣声欢喜，万岁齐呼彻壁垒，南人从此不反矣。"对此次战事的奏捷，诗人评价很高："天文纪功，载勒石于辟雍。千万亿年，昭仁武于无穷。"这场战事虽然规模不算很大，但战略价值不小。诗篇凸显的，正是这场战事对维护清朝政权统一和西南边地稳定的深远意义。

《乾隆圣德诗》记述乾隆十八年（1753）治理河患、赈济灾荒的德业。

天心本仁，有时行义。汤汤洪流，帝尧之世。尧仁如天，忧劳成治。以德挽之，转横而利。皇帝御极，中和调剂。大道荡平，民生熙遂。十有八年，惟癸酉岁。大江南北，风物和蔼。麻麦已收，禾黍成穟，亿兆喜悦。三时不害，而胡秋霖。连旬阴暗，黄流涨溢。奔腾涌沸，流入洪泽。挟之惊溃，啮食金堤。险闸难闭，清淮受伤，维扬相继。如釜之形，波高埠垸。匝月壇昏，徐复告沴。铜山横决，绵延萧沛。会通合流，茫茫何地。木末棹舟，楼角激汰。漂没粮粒，荡汩埋瘗，鸡犬无声。殊方一概，偶露高原。残黎交萃，缺衣乏食，形同鬼魅。谁能见之，而不流

---

① 赵尔巽等：《清史稿》卷十一《高宗本纪二》，中华书局 1977 年版，第 402 页。

涕。此故天灾,亦由人事。宣泄失宜,楗石少偹。殚力周防,曷由颠踬。九重闻灾,五夜惴惴。我民何辜,罹此困悫。先遣大臣,乘传急递。审视上闻,莫或隐避。大臣入告,图绘形势。何以治之,经久勿坏。皇帝曰都,小慧是戒。河身宜卑,支流毋滞。入海为归,师禹大智。大臣入告,斯民雕瘵。何以活之,依然饱醉。皇帝曰俞,毋致流离。饥者使食,寒者使衣。露者使家,去者使徕。能复旧观,讵行小惠。大臣入告,筹划经费。何以输之,斠量不匮。皇帝曰吁,财用勿计。粟转他州,巴蜀协济。近地秋粮,截留先逮。金钱千万,糜自大内。如水滂施,仁泽汪浟。大臣承命,众心奋励。就实去文,任劳忘瘁。长堤坚筑,蚁穴恐败。哀黎拊恤,鸿羽恐铩。经之纬之,何有掣碍。如活病人,神王斯瘥。相距六月,温肃顿异。舟车骈集,商贾鳞次。酒旆招客,鱼盐列肆。鸡则有母,牛则有牸。语笑嬉游,男妇耆稚。吾侪安恬,敢自不逢。我皇与鱼,同逝仁风。翔洽千里,溥被小臣。始讶天行,继钦圣叡。无能展筹,问心抱愧。愿告臣工,黾勉克劢。以敬事天,天心仁爱。以勤抚民,民风绥艾。河伯效灵,川祗备位。慎终如始,夙夜匪懈。一德一心,勿贰勿怠。登兹太平,永永年代。小臣不文,职司纪载。作为歌诗,用志保泰。

诗篇所记,即史载该年黄河决堤之灾:"(十八年九月)河南阳武十三堡河决。江苏铜山河决。"① 诗序称:"唐韩愈《元和圣德诗》,颂宪宗讨刘辟功也。辟故奸猾,然集天兵讨之,一旦剪屠,视挽回天灾,校分难易。乾隆癸酉秋,霪霖涨,黄河奔流,前后冲决淮徐堤防,人民荡析,千里成海,奠川安民,艰于讨逆。皇帝宵旰忧勤,指授方略,颁金转粟,至无数命大臣,建筑抚绥要于奠安,诸臣同心协力,惟惧失坠。不半载,河循正道,民多生色,比宪宗讨叛功,奚啻什伯。"诗序以唐宪宗讨逆削藩对比烘托乾隆治理河患,给予乾隆治河崇高的历史定位。诗篇详述了此次治黄除患及赈灾济荒的经过,突出描写了乾隆皇帝勤谨、准确、果断决策的过程,称颂了乾隆皇帝仁心施政的治国之道和奋发作为的治国之功。乾隆十八年,黄河泛滥,殃及淮扬、铜山等地:"十有八年,惟癸酉岁。""连旬阴曀,黄流涨溢。奔腾涌沸,流入洪泽。挟之惊溃,啮食金堤。险闸难闭,清淮受伤,维扬相继。""铜山横决,绵延萧沛。"诸地百姓横遭祸害:"会通合流,茫茫何地。木末桙舟,楼角激汰。漂没粮粒,荡汩埋瘗,鸡犬无声。殊方一概,偶露高原。残黎交萃,缺衣乏食,形同鬼魅。"诗篇在描述了河决为害的惨状后,逐次展开了对乾隆皇

---

① 赵尔巽等:《清史稿》卷十一《高宗本纪二》,中华书局1977年版,第419页。

帝察知灾情、决策救灾的各个环节的描写："九重闻灾，五夜惴惴。我民何辜，罹此困惫。先遣大臣，乘传急递。审视上闻，莫或隐避。"这是第一步，准确获知灾情。"大臣入告，图绘形势。何以治之，经久勿坏。皇帝曰都，小慧是戒。河身宜卑，支流毋滞。入海为归，师禹大智。"这是第二步，制定治河策略。"大臣入告，斯民雕瘵。何以活之，依然饱醉。皇帝曰俞，毋致流离。饥者使食，寒者使衣。露者使家，去者使徕。能复旧观，讵行小惠。"这是第三步，安置流浪灾民。"大臣入告，筹划经费。何以输之，斟量不匮。皇帝曰吁，财用勿计。粟转他州，巴蜀协济。近地秋粮，截留先逮。金钱千万，縻自大内。"这是第四步，筹措赈灾资费。"大臣承命，众心奋励。就实去文，任劳忘瘁。长堤坚筑，蚁穴恐败。哀黎拊恤，鸿羽恐铩。经之纬之，何有掣碍。"大臣们承诺领命，施行了赈灾济荒的各项举措。诗篇描述治河成功、荒政有绩的欢乐图景："相距六月，温肃顿异。舟车骈集，商贾鳞次。酒旆招客，鱼盐列肆。鸡则有母，牛则有牸。语笑嬉游，男妇耆稚。"筑堤、救荒半年之后，民生得以恢复，呈现欣荣景象，足见治河之效和赈济之效。诗人仿照韩愈歌颂宪宗功德，撰写了这篇颂政之作，表达对乾隆皇帝勤政治国的赞佩，留下了一份乾隆德政的时代记录。

祝德麟（1742—1798），字止堂，海宁（今浙江海宁）人。乾隆间进士，历翰林院编修、提督陕西学政、湖广道监察御史等。

祝德麟的《淞江水》记述松江府知府赵鉴堂等官员组织民众修浚河道，除弊兴利。河政实绩突出，惠民良多。

淞江水，纬湖经泖贯海门。沏𬗟潋灏三百里，岸痕消长俄顷间。朝潮夕汐来无已，潮来挟沙至，汐退留泥去。沙停泥积底渐高，未碍郊原宽阔处。市尘十万环郡城，城河如带交回萦。泄挎流恶利疏浚，十年五载工频兴。人知开河好，那识开河恶。郡符县帖下如雨，吏胥里正滔滔乐。吏胥领符催敛钱，里正持帖沿门传。得钱太平且分润，官囊吏橐先充然。菰荻蘩鼓纷镠辖，百肩挑荷千指握。今日簿来巡，明日尉来察。不问爬梳丈尺深，只向人家虚恐喝。餍其欲遂报工竣，其实工无十七八。今年亦开河，开河利赖多。民工民办不涉官吏手，但令父老董率无征科。有时令尹出，弗待鞍马驮。伞盖屏弗御，仆役静无诃。缘堤终日劳奔波，两岸泥淖没绔靴。忍饥忍渴遍咨度，惰者激劝勤者温语呵。子来趋跃乐且歌，华亭谁，麻城王。娄县谁，仁和张。领以太守赵鉴堂，如琴瑟弦调宫商。平时饮淞一杯水，兴利攘弊难具详。五旬蒇事若无事，河深寻丈波汪洋。少妇暮干衣，老妪朝接浙。声声但颂使君德，不用乘舆济人学洧溱。亦不必穿渠溉田似郑白。听我歌,淞江水。淞江水流达四邻,司牧之官请视此。

诗篇描写了松江地方前后两种官吏在治理淞江上的截然不同的表现。此前的官吏将疏浚河道当成了勒民敛财的手段,借机大肆搜刮,中饱私囊,劳民伤财而河害依旧。而此次的浚河工程,完全是另一种格局:"今年亦开河,开河利赖多。民工民办不涉官吏手,但令父老董率无征科。有时令尹出,弗待鞍马驮。伞盖屏弗御,仆役静无诃。缘堤终日劳奔波,两岸泥淖没绔靴。忍饥忍渴遍咨度,惰者激劝勤者温语呵。"筹资筹工不经过官吏之手,由民众自行办理;官府不向民间征敛钱物、征召工役。知府等人时常亲往工地督导,善加抚慰激励。诗篇记录了辛劳奔波、以身垂范的官员的名字:"华亭谁,麻城王。娄县谁,仁和张。领以太守赵鉴堂,如琴瑟弦调宫商。"在赵鉴堂等官员的良善督导下,疏浚河道成功,淞江水害变成了水利,当地百姓赞不绝口。诗篇昭示,官吏不假公济私,不苟敛滥征,民间的公益工程就得以顺利开展。诗篇所颂赞的官员行为并无超卓之处,但已属难能可贵。这样的颂政,揭示了当时的河政实情,有一定认识价值。

洪亮吉(1746—1809),字君直,阳湖(今江苏常州)人。乾隆间进士,授翰林院编修,充国史院纂修官。出任贵州学政。

洪亮吉的《皇帝南巡诗》作于乾隆四十五年(1780),记述乾隆皇帝第五次巡幸江南。

皇帝御极,四十五载。盛德累洽,大庆以会。含生熙熙,乾悌坤恺。乃眷东南,屡膺丰岁。皇帝曰咨,惟十六祀。大吏之章,一至再至。惟朕法天,不可以怠。省方之典,祖德克配。岁惟元日,九门曙启。泰阳升中,盈尺雪霁。帝御正殿,百辟侍陛。洞洞穆穆,以达嘉气。国家庆祉,布告中外。惟云之垂,其泽皑皑。皇帝曰咨,以广锡赉。惟风之行,荡彼蚺秽。皇帝曰咨,以赦有罪。惟春徂秋,农野告瘁。皇帝曰咨,逋征悉丐。惟冀及扬,六虬所税。皇帝曰咨,上供咸贷。臣之祖宗,庆典均需。怀勋录旧,孙子亦迨。峨峨岳阙,九门轩垲。赫赫升龙,衮衣以绘。凡百在列,服貂耀彩。朱缨拚舞,翎烁其翠。醴洁子尊,羹调于鼐。盈庭锡燕,礼成而退。登坛祈谷,方展青旆。先时而雨,足洒尘蒙。风和于旗,曾不向背。万骑随龙,不震不骇。川原高下,春至冻解。益以和豫,光翔大块。睠惟河流,屡筑而溃。宸游既届,不复泛溢。鱼身龙首,川敛百怪。临流而祷,牲黝玉黳。曾不呼吸,默鉴已在。川祇奉令,河伯震骇。一日之功,堤成百排。扬徐兖豫,以埋以洒。帝心既悦,众亦愉快。天惟左旋,帝亦东迈。东南之民,视昔复倍。傍舟而趋,陆视星旞。前之黄发,番番未改。昔之儿童,须植于颏。于于扶杖,或释其耒。戴恩于首,献曝在背。自发至踵,悉化所逮。化之所逮,靡有外内。岂惟含性,生植既溉。岂惟秉灵,毛羽亦遂。扬州之境,浩浩富水。会稽具区,以海为委。惟帝曰咨,鸿流巨派。原资耕凿,川以育介。人民鱼鳖,立堤而界。积苇为塘,或恐易败。易之以石,久乃勿坏。吏秉庙谟,防筑靡懈。帝行度之,靡所勿届。帝之勤政,劳于训诲。上自督抚,下迄庶吏。章程既立,戒勿苛碎。守官之箴,训以勿贿。目其勤怠,以课殿最。苟或不力,高位亦汰。职之烦省,乙夜以揣。或易而居,政乃咸赖。微长可录,洗濯眚累。戴愆之吏,或复襏带。帝之所行,州衢阛阓。帝之所念,畎亩沟浍。截兹漕粟,以实仓廥。民皆四饲,视尚若馁。为思其利,并悉所害。禽之催耕,其羽翛翛。皇心悦之,引以相对。进兹被襫,乔野无碍。上恬于下,民俗以泰。乾坤荡荡,以成其大。惟此大和,烝为人瑞。百岁之老,骈踵拜跽。子惟耄耋,孙亦逾艾。年至礼加,帛锡表里。征赋既蠲,复饶粟米。鸡将其雏,犬狎不吠。儿童烝烝,饱食以喜。天颜既觐,均不悚畏。咸拱属车,千状万态。父母于子,盖无不爱。帝之视民,亦若斯类。草木齿角,悉与盼睐。行宫之侧,献颂百辈。帝皆省之,悉报以币。或与释褐,试之在位。胶庠庆洽,较此营士。熊罴貅虎,雷惊电驶。文德武功,靡不毕试。帝之旋跸,召吏以戒。塘功既竣,亲展珪玠。凡兹行馆,第扫以洒。蒿宫可居,戒勿雕画。茨阶可翦,勿绘以彩。无增于前,以获咎悔。维兹大吏,稽首以唯。同闻兹命,草野悦慰。凡帝之巡,至泽汪沴。超三逾五,迈迹羲代。岁惟涒滩,展礼东岱。巍巍阙里,肃志进谒。兴京再幸,复比丰沛。东南之望,山耸川待。河渠海流,实资经纬。维皇之至,云屯星萃。惟皇之旋,霞蒸泽汇。舻名安福,帆曳瑞霭。法告告至,庆赏以概。颁乎从臣,以迄环卫。远方来朝,集此轸盖。受餐赐邸,以劳以徕。合璧日月,五星耀彩。荣光成岳,元气为海。奚斯吉甫,臣颂不愧。亿万斯年,以引以戴。

据诗序称,诗人作此诗,"上以纪皇帝文武神圣,中以达士民爱戴之忱,下庶竭微臣夙夜之职"。诗篇将乾隆皇帝的南巡与康熙皇帝的南巡相提并论,夸大乾隆皇帝巡游的政治内涵。康熙皇帝的几次南巡,重在视察民生、观风问俗,南巡行程与治国施治正面相关较多;乾隆皇帝的南巡当然也不无关注民生的行程,但游乐享受的成分远远高于康熙南巡之旅。"每次南巡,犹如迁都一样，不仅从行的后妃、王公和文武百官不可胜数，单警卫扈从的士兵就动辄数千人。为迎接乾隆帝南巡，运河两岸的地方官员更是大事铺张。在乾隆帝到来之前，他们征调民伕修葺、打扫行宫并在皇帝所经之处黄土垫道，清水泼街，张灯悬彩，高设香案；乾隆帝到来之际，他们身穿朝服率领属下官员及地方上的耆民老妇、绅衿生监跪伏道左迎候圣驾。同时，各地富商大贾也不惜巨资，费尽心机，争奇斗艳，以求博得皇上的欢心。乾隆帝本人也于沿途所经之处大搞排场摆阔气，赏银两、赐酒食不绝于途。乾隆帝巡幸各地，不但给所经地区的人民以极大的骚扰，而且也耗费了大量的内帑。"① 而诗篇对乾隆皇帝第五次南巡的描述则是："帝之所行，州衢阛阓。帝之所念，畎亩沟浍。截兹漕粟，以实仓廥。民皆四酾，视尚若馁。为思其利，并悉所害。"完全是一次访贫问苦、扶弱济困、兴利除弊的政治行程了。诗篇记述乾隆皇帝一路都在处理政务，所到之处都在普施恩惠，诸如诏令蠲租，察俗安民，视察河工，检阅师旅等。黎民百姓、文士武人，无不欢欣鼓舞："征赋既蠲，复饶粟米。鸡将其雏，犬狎不吠。儿童烝烝，饱食以喜。天颜既觐，均不悚畏。咸拱属车，千状万态。父母于子，盖无不爱。帝之视民，亦若斯类。草木齿角，悉与盼睐。行宫之侧，献颂百辈。帝皆省之，悉报以币。或与释褐，试之在位。胶庠庆洽，较此营士。熊罴貅虎，雷惊电驶。文德武功，靡不毕试。"诗篇还着意强调了乾隆皇帝南巡中厉行节俭，不事奢华："帝之旋跸，召吏以戒。塘功既竣，亲展珪玠。凡兹行馆，第扫以洒。蒿宫可居，戒勿雕画。茨阶可蒉，勿绘以彩。无增于前，以获咎悔。维兹大吏，稽首以唯。同闻兹命，草野悦慰。"这种描述与乾隆皇帝南巡所经之地官员竭尽奉迎、仪式极度铺张的奢靡实况显然大相径庭。诗人将乾隆皇帝南巡比作古代圣帝的巡行天下："凡帝之巡，至泽汪沙。超三逾五，迈迹羲代。"恭维之意一目了然。诗篇对乾隆皇帝南巡的歌赞，既有对乾隆治绩的部分真实描述，更有对乾隆游乐的粉饰虚夸，谀颂之辞言过其实。

三 唐仲冕 萧霖 程含章 黄安涛 吴慈鹤 朱实发

唐仲冕（1753—1827），字六枳，善化（今湖南长沙）人。乾隆间进士，历荆溪、吴县知县，海州、通州知州等。

唐仲冕的《修养济院》歌赞地方官府修建养济院济贫救苦的德政良策。

王政悯无告，穹覆大骈蠓。计口授厥餐，鳏寡靡不容。年深鞠茂草，露处号凄风。长官治其廯，亭馆开玲珑。此屋乃不修，诿曰金钱空。我

---

① 白寿彝等：《中国通史·清时期》下册，上海人民出版社2013年版，第1244页。

来趣召匠，吏白筹先佣。册籍申台司，稽核常相蒙。我言百余命，惟赖一亩宫。稍逼霜雪紧，半填沟壑中。爰令鸠众材，亲与规百弓。墙垣筑坚固，渠浍疏周通。分门别男女，比舍戒祝融。侏儒曳断者，瘖聋扶瞽翁。相将就衢巷，笑语忘龙钟。鼓腹午炊白，曝背朝暾红。安得千万间，安集无哀鸿。一夫恐不获，在宥仰皇衷。小臣力其职，岂必财用丰。

诗篇叙及当地过去在赈济贫弱、救抚孤寡施政上的缺憾和吏胥的敷衍塞责："年深鞠茂草，露处号凄风。长官治其廨，亭馆开玲珑。此屋乃不修，诿曰金钱空。我来趣召匠，吏白筹先佣。册籍申台司，稽核常相蒙。"诗人自叙到任此地后，针对过去的赈济弊端作了实质改进："爰令鸠众材，亲与规百弓。墙垣筑坚固，渠浍疏周通。分门别男女，比舍戒祝融。"划出了百弓之地作为养济院专用，安顿鳏寡孤独、残疾贫弱者。一时间，城市下层的这些孤苦无助者生活有了着落，精神大为改观："侏儒曳断者，瘖聋扶瞽翁。相将就衢巷，笑语忘龙钟。鼓腹午炊白，曝背朝暾红。"诗人在自我褒扬之中彰显了悯民救苦的为官之道。实际上，中国古代的社会救济机构，唐宋以来早已在一定范围内有效运行。"宋朝中央政府采取了得力措施来从事社会福祉活动，相继设置了福田院、居养院、安济坊、慈幼局和漏泽园等慈善机构，其规模之大，设施之全，内容之广，在中国封建社会无一朝能出其右。北宋初期，因袭了唐代悲田养病坊的旧制，在东京城郊置福田院，收养乞丐、残疾者和孤寡老人，并给钱粟。福田院的设立，让一些身处困境的穷苦黎民得沾其恩泽。熙宁二年冬，东京雪寒，神宗特下令于福田，额外给钱收容老幼贫病无依者，供养至翌年开春。"① "明代由官方倡设了养济院以恤孤老，并且终明一世这种养济院在全国不断地得到推广和普及。清代承继了明代这一传统，在全国大多数州县先后恢复或重建起养济院。清前中期，一些经济条件较好的地区还出现了民营或官督民办性质的用以救济鳏寡孤独的慈善机构普济堂。"② 唐仲冕《修养济院》透露的信息很有文献价值，佐证了中国历代王朝社会救济机制的运行情况。

萧霖（？—？），字雨垓，江都（今江苏扬州）人。乾隆间举人，曾官普洱知县。

萧霖的《题谭桂峤明府平傀儡山贼记卷后》称颂台湾府凤山县令谭桂峤化"盗"为民的事迹。

---

① 周秋光等：《中国慈善简史》，人民出版社 2006 年版，第 96 页。
② 同上书，第 141 页。

德厚贼亦民，德凉民亦贼。跬跻非不仁，抚驭乖厥职。懿哉谭夫子，秉心实渊塞。虽慈不伤柔，虽清不近刻。风行化庶顽，见早消群慝。一朝离襁褓，万夫弄荆棘。刀光照海明，篝火熏山黑。金曰已乱难，非公孰为力。雨檄驰召来，免冠令相识。诸番遮马拜，帖耳安反侧。恩深浃巾帼，计定驱鬼蜮。渠魁已就驯，群社皆屏息。欢声遍八闽，海天现晴色。公去贼势腾，公来贼烽熄。去来只一身，治乱关一国。告尔守土者，为政在有德。

诗序介绍了发生在凤山（在今台湾高雄凤山）的平定"山贼"之乱的事件本末："台湾傀儡山贼倡黄教，恃女番目冷冷势，屡欲为乱。会公令凤台，威德并行，潜伏不敢动。公任满北上，贼遂结冷冷侵扰村寨。当事檄公中道回，温谕冷冷，使杀贼自效。冷冷遂诱贼入，馘之以献。傀儡山平，事备载记内。"诗篇感慨，地方官员的政德在地方治理中有着难以估量的作用："德厚贼亦民，德凉民亦贼。"谭桂峤在凤山的政德一向受当地民众敬重，而在谭桂峤调离凤山之后，发生了"山贼"之乱。"风行化庶顽，见早消群慝。一朝离襁褓，万夫弄荆棘。刀光照海明，篝火熏山黑。"上司为此指令谭桂峤重返凤山，以平息"山贼"作乱。"金曰已乱难，非公孰为力。雨檄驰召来，免冠令相识。"谭桂峤凭借过去在当地施政树立的信誉，晓谕感化了女番目冷冷，由此平息了"山贼"之乱："诸番遮马拜，帖耳安反侧。恩深浃巾帼，计定驱鬼蜮。渠魁已就驯，群社皆屏息。""公去贼势腾，公来贼烽熄。去来只一身，治乱关一国。告尔守土者，为政在有德。"诗篇由此昭示，地方长官是否以德施政，对于地方治理的成败有着举足轻重的作用。

程含章（1762—1832），字象坤，景东（今云南景东）人。乾隆间举人。嘉庆间历封川知县、山东巡抚、福建布政使等。

程含章的颂政诗称赞地方官府治理海盗的策略和行动。

诘奸严保甲，无分贱与良。防夜置钲鼓，无论农与商。有众成一旅，吾兵气已扬。乡民无纪律，见贼恐仓皇。乃授五色旗，旗各分一方。随方设队伍，逐队分中央。就中择雄健，拔作百夫防。无事勤职业，闻警执殳斨。器用必精利，短者可继长。兵民为一心，弱者可继强。合视为一气，分观各成行。动则如江河，静则如山冈。登台看进退，观者如堵墙。欢声动海澨，慕义来三乡。部下已成师，军势愈以张。蠢尔鲸鲵子，何恃敢披猖。（《练勇》）

瑞雪降三洲，天将杀运收。飞鹗食桑葚，鹰隼化鸣鸠。梁许与李郭，布款咸来投。嗟尔蠕蠕者,尚非顽梗俦。尔罪岂不大,天恩不汝尤。尔怨岂不多,良民不汝仇。散尔兄与弟,收尔楫与舟。携尔衣与履,献尔戈与矛。给尔文与引,分尔粮与糇。归尔乡与里,买尔犊与牛。耕桑为正业,工作亦良谋。商贾与樵牧,行行非下流。永言弃前恶,无负皇仁优。(《受降》)

《练勇》记述官府组训乡勇团练防备"海盗"。诗篇逐次介绍了官府组训乡勇的机制:"诘奸严保甲,无分贱与良。防夜置钲鼓,无论农与商。"组训乡勇的内容:"乃授五色旗,旗各分一方。随方设队伍,逐队分中央。就中择雄健,拔作百夫防。"组训乡勇的用处:"有众成一旅,吾兵气已扬。""无事勤职业,闻警执殳斨。""兵民为一心,弱者可继强。""部下已成师,军势愈以张。蠢尔鲸鲵子,何恃敢披猖。"诗篇完整呈现了官府组训乡勇的整个策略和行动,对这套治安联防、军民联动的防备"海盗"的体系大加称道,以士大夫官员的正统立场褒扬了官府保境安民的举措,留下了描述地方治安体系的组织方式和运行方式的宝贵文献,有独特的认识价值。《受降》歌赞降服"海盗",化"盗"为民。诗篇记述嘉庆十四年(1809),广东多地官府降服"海盗"的治安治理之绩。"飞鸮食桑葚,鹰隼化鸣鸠。梁许与李郭,布款咸来投。"这些"海盗"队伍纷纷向官府"投诚",官府的"治盗"之策显然发生了很大的正面效应。诗篇详细陈述了这些"治盗"良策:"散尔兄与弟,收尔楫与舟。携尔衣与履,献尔戈与矛。给尔文与引,分尔粮与糇。归尔乡与里,买尔犊与牛。耕桑为正业,工作亦良谋。"官府的策略是拆散其人员联系,供给其粮食与农具,促成其自食其力,安居乐业。以治本实现"治盗",这种策略从根本上解决了涉事人员的生存之道。让"投诚"的"海盗"成为能够以农商之业安身立命的"良民",诗人以士大夫官员的正统立场,赞同地方官府的这种"治盗"之策。

黄安涛(1777—1848),字凝舆,嘉善(今浙江嘉善)人。嘉庆间进士,授翰林院编修。历潮州府知府等。

黄安涛的《赠刑胥方峰》称赞良吏勤政,奉公尽职。

牙吏事趋走,卑冗等厮役。鲁者苦迟顿,巧者患奸慝。守法兼用聪,若曹颇难得。岭南风土殊,鸟言同磔格。听讼吾犹人,所虑下情匿。传宣有佳吏,形语周差忒。辩诘数百言,如泉流汨汨。声谐更神和,快吐我胸臆。上意靡不宣,民隐无或隔。官吏相与成,案牍少尘积。忆从视事来,盼睐每加饰。几案尔最亲,对尔无愧色。阅人尔已多,我去何足惜。怜才一寸心，惘惘剧难释。

诗篇描写的是作者任职潮州知府时部下"刑胥"方峰的奉职情况。诗人感慨，在官府里当吏胥的人形形色色，良莠不齐，才德兼优者难得一遇。"牙吏事趋走，卑冗等厮役。鲁者苦迟顿，巧者患奸慝。守法兼用聪，若曹颇难得。"而在潮州这样的岭南之地，作者办理公务更需要熟悉方言的吏胥人才，遇到"刑胥"方峰这样才德兼优的当地吏胥人才就成了作者在潮州政务生涯的一件幸事。"传宣有佳吏，形语罔差忒。""上意靡不宣，民隐无或隔。官吏相与成，案牍少尘积。""怜才一寸心，惘惘剧难释。"颂政诗中涉及官吏的诗篇，主要是称颂官员的作品，极少称赞吏胥的作品。吏胥在古代官府政务中的作用不可忽视，有时甚至影响着政务的成败。古代政治诗中，怨刺恶劣吏胥的诗篇比比皆是，称赞良善吏胥的作品十分稀少，这种情况基本符合古代官府中吏胥表现的实情；但也有部分吏胥履职优良，却没有得到社会的正视。本篇正面评价吏胥的优良履职，具有一定的典范意义。

吴慈鹤（1778—1826），字韵皋，吴县（今江苏苏州）人。嘉庆间进士，授翰林院编修。任云南乡试副考官，督学河南、山东。

吴慈鹤的《救荒新乐府五首》作于嘉庆十九年（1814），称颂朝廷的荒政政策和吴地官府的荒政举措。据诗序称："嘉庆十八载，吾吴自五月不雨，至于八月。米价腾涌，民不能支。仰赖天子圣仁，大府慈惠，牧伯尽职，吏民趋事，于救荒法行之靡遗，茕黎全活无算。余以郡人从史官之后，有风谕之职，因举荒政之最善者，各为一篇。"诗人将官府施行荒政的全过程分成五个板块进行描述，展示了这些荒政措施在扶弱济困中的实际效果，留下了清代中期地方官府荒政实绩的宝贵文献记录。

忆昨岁在奎，江南苦无雨。几疑众川竭，赤子困车卢。人有爇烂痕，苗死固其所。斗米价五百，贫者将安取。后村闻死丧，前村鬻子女。节度贤相公，忧民涕垂缕。飞书告父老，各各贷釜庾。升合减数钱，官私禁储贮。直减市亦平，散利真善予。常平古良法，实政欣已举。可怜沟中瘠，如儿今得乳。（《平粜》）

吴田七百万，丰岁三龠余。其二纳官赋，其半入家租。闾阎百万家，九州称大都。计口十倍之，岁食固不敷。赖有洞庭商，川楚下舳舻。丰岁仰邻食，歉岁更何如。况此久旱后，我民已交瘉。糠粃且难得，焉能求桂珠。相公贤且仁，飞檄江与湖。复募富民往，携赀行转输。关津无讥禁，万里皆坦途。不复平其值，但求通粟储。昨过浒墅头，大舳若鲸

咕。风涛接尾至,晷刻曾不逾。呜呼饥得食,能使瘠化腴。何以祝相公,寿恺身乐胥。(《采买》)

保富国有经,安贫乃良策。盗贼贫所为,钱刀富所惜。饥来思握粟,寒至将求帛。况值荐臻年,焉能守程尺。强者已可哀,弱者尤可恻。盗贼且不能,甘心死荆棘。人岂无仁术,对此讵能适。两府进吏民,不惜万言说。诚极动豚鱼,欣皆出私积。富家一颗粒,贫家终岁食。绸缪麦秋前,可以安保息。(《劝捐》)

救荒积陈言,行糜本周令。所嫌冲寒人,劳饿转成病。闻之故老云,饥疫两相应。揆理或此由,改弦仗新政。邦伯采菟言,簿录劳里正。人日授数钱,月颁如俸请。数坊一场解,近取非远竟。事简责耆年,法周绝渔横。所给虽不多,聊堪佐佣倩。春风荡柔和,鸠鹄转相庆。不分沟壑余,欣然得生更。(《赈钱》)

我民苦无食,有食亦糠秕。我民苦无衣,有衣亦菅枲。肝肠沸能裂,冰雪僵断指。可怜免死身,疾疢焉能已。温风斗余沴,六气伤腠理。户户有呻吟,家家苦鞭痞。邑侯心恻然,誓欲起羸敝。群医毕关召,百药亲饬庀。疾轻就医来,重者医往视。匪独畀苓术,还将哺汤饵。行之两月余,民皆大欢喜。亿兆瘵蠹消,青词谢天祉。(《医药》)

《平粜》首先描述了大旱之年粮荒的严峻:"斗米价五百,贫者将安取。后村闻死丧,前村鬻子女。"在此情况下,官府强制实行了平价售粮的对策:"节度贤相公,忧民涕垂缕。飞书告父老,各各贷釜庚。升合减数钱,官私禁储贮。直减市亦平,散利真善予。""常平古良法,实政欣已举。"诗人赞叹,荒政良策"常平法"真正起到安民济世的作用了。《采买》描述粮食严重短缺,官府采取了到异地购粮的措施缓解粮荒压力。"闾阎百万家,九州称大都。计口十倍之,岁食固不敷。""相公贤且仁,飞檄江与湖。复募富民往,携赀行转输。关津无讥禁,万里皆坦途。不复平其值,但求通粟储。"采购的粮食在一定程度上解了救荒的燃眉之急。百姓对地方长官全力施救感激在心:"呜呼饥得食,能使瘠化腴。何以祝相公,寿恺身乐胥。"《劝捐》感慨灾荒年景贫穷人家更可能铤而走险,富家大户更可能惜财护财。"盗贼贫所为,钱刀富所惜。"面对这样的对立局面,官府向富家大户进言,劝导捐助:"两府进吏民,不惜万言说。诚极动豚鱼,欣皆出私积。富家一颗粒,贫家终岁食。"劝导富家捐粮行善,帮助穷人受助活命,官府的行动拓展了救荒的范围。《赈钱》记述官府直接针对贫病交加的灾民发放赈济款。"所嫌冲寒人,劳饿转成病。闻之故老云,饥疫两相应。揆理或此由,改弦仗新政。"为了保证施放赈济款的精确，知州直接采纳乡民陈说，责令里正小吏如实登记受助人员："邦伯采荛言，簿录劳里正。人日授数钱，月颁如俸请。"官方善款得到了有效的施放。《医药》记述官府对饥寒交迫、缺医少药的贫苦灾民实施医药救助。大灾之年的岁末寒冬，一些灾民的处境极度艰难，已危在旦夕："我民苦无食，有食亦糠秕。我民苦无衣，有衣亦营枲。肝肠沸能裂，冰雪僵断指。可怜免死身，疾疠焉能已。"官府察知这种状况，组织医界治病救助："邑侯心恻然，誓欲起羸敝。群医毕关召，百药亲饬庀。疾轻就医来，重者医往视。""行之两月余，民皆大欢喜。"官府组织的这项医疗救助收到了实实在在的效果。《救荒新乐府五首》组诗完整记述了嘉庆十八年吴地官府赈灾济荒的行动，五项荒政措施多管齐下，当地灾民得到了实质救助。诗人对这种仁厚悯民、公道助困的荒政德业表示了极大赞佩。

朱实发（1793？—？），字清泉，六合（今江苏南京）人。嘉庆间拔贡。

朱实发的《前溪新乐府》组诗歌赞地方政府的善政良治。有的记述救助贫弱人家，如《散米厂》《葺穷屋》；有的记述整治地方乱象，如《除漕蠹》《禁石宕》。

  放米设厂分四乡，一乡十厂随其方。大口小口相扶将，手持赈单一尺长。朱红官印钤中央，姓名男妇登记详。厂中分别东西厢，男东女西限以疆。一升一斗皆平量，米如珠白无秕糠。领米归去午饭香，竟忘人间有饥荒。董其事者绅与商，不使吏胥参其旁。官也时复来登场，饥民鼓舞富贾泣，不得居奇卖一粒。（《散米厂》）

  东支西挂几间屋，风雪猛来屋欲哭。居其屋者孤寡独，腹内仅有半碗粥。身上并无两层服，如此穿漏那可宿。官来顾之惨心曲，嗟尔人兮不如畜。急召匠氏来，其速庀尔材。植其圮者起其颓，破者补之薄者培。窗棂糊亮白纸裁，阶除扫净无尘埃。前者堕寒谷，今日登春台，那怕风雪将人埋。（《葺穷屋》）

  一十八都数百庄，庄户运米输漕粮。漕中有蠹神趫趫，躯干姜立性强梁。包揽各都米上仓，有不从者遗之殃。夺斛不许官平量，少不遂意势躩张。能使一国人皆狂，以理谕之头更昂。此蠹不除收无方，除蠹有如除犬狼。缚之以绳丈二长，大杖杖之臀生疮，疮起决配投远乡。从此漕仓肃漕政，更无一人敢恣横。颗粒不浮民不病，一十八都皆奉令。（《除漕蠹》）

  开石宕，斧凿之声惊天上。开石宕，玉卮穿破使无当。县南一带山延绵，藉为一县之保障。奸民牟利贿其官，官受其贿随所向。朝采石，入幽矿。暮采石,登列嶂。有如一人身,剐剶至腑脏,坐使四境元气皆凋丧。长绳系其匠,对山加棰搒。朱书栲栳立禁状,永保山灵得无恙。山灵无恙民陶陶,使君之德如山高。(《禁石宕》)

《散米厂》记述官府为保证赈荒粮食的分配有序,制定了施放赈米的翔实名册,照册发放,不使有误。"放米设厂分四乡,一乡十厂随其方。""朱红官印钤中央,姓名男妇登记详。厂中分别东西厢,男东女西限以疆。一升一斗皆平量,米如珠白无秕糠。"此外,还责令士绅与商家参与放米,不许吏胥插手,防止赈荒粮食被侵吞贪占和囤积居奇。"不使吏胥参其旁","不得居奇卖一粒"。官员如此严谨办理荒政,灾民切实得到了救助:"领米归去午饭香,竟忘人间有饥荒。"诗篇称道官府救荒济困做到了井然有序,良策惠民。《葺穷屋》记述官员访查屋漏窗破无力御寒的极贫人家,随即调集人力物力予以救助。"官来顾之惨心曲,嗟尔人兮不如畜。急召匠氏来,其速庀尔材。植其圮者起其颓,破者补之薄者培。"经过修整,贫寒破败之家有了暖意:"前者堕寒谷,今日登春台,那怕风雪将人埋。"诗篇称赞了良官循吏关怀民瘼的慈善之举。《除漕蠹》记述官府严厉整治漕政事务中的劣吏蠹虫。此前,一些漕务吏胥滥权勒索,随意敲诈运输漕粮的庄户,"包揽各都米上仓,有不从者遗之殃。夺斛不许官平量,少不遂意势蹶张"。察知这种漕务乱象后,官府意识到"漕蠹"的严重危害:"此蠹不除收无方,除蠹有如除犬狼。"采取了强力的整治手段,重重打击了横行舞弊的漕蠹,"大杖杖之臀生疮,疮起决配投远乡"。漕运事务随之面目一新:"从此漕仓肃漕政,更无一人敢恣横。"诗篇称赞了官员惩恶除蠹、维护法度的威政严治。《禁石宕》记述官府制止当地乱凿滥采山石的无序行为,保护一方环境。此前,当地"奸民"贿赂官员,得以滥采山石:"县南一带山延绵,藉为一县之保障。奸民牟利贿其官,官受其贿随所向。"完整的山势地貌遭到破坏,会形成生态环境恶化的连锁反应,"有如一人身,剐剶至腑脏,坐使四境元气皆凋丧"。诗人对官府厉行禁止滥采山石深表赞同:"朱书栲栳立禁状,永保山灵得无恙。山灵无恙民陶陶,使君之德如山高。"诗篇反复提及完整山形对"四境元气"及"山灵"的"保障"功能,是那个时代的人们从保护"山灵"的角度提出的环境保护观念。保护自然环境,在地方官府的传统政务中是一个关注度不高的事项,本篇有意识地记述了地方官府在这个领域的积极施为,颇有文献价值。

第三节 清代后期颂政诗——社稷荣功 "戡乱"靖边

清代后期，是指清宣宗道光至末代皇帝溥仪宣统时期。清王朝政治陷入难以逆转的颓势，在不能摆脱内外困局的压力下，朝廷君臣和地方官员显然已经没有清代前期、中期那种普遍的精气神。朝廷君臣试图重振朝政的一系列政治努力，包括"同治中兴"之类的重大政治气象，也没能在清代后期的颂政诗里得到相应清晰的展示；清代后期颂政诗的作品数量也明显不及清代前期、中期。清代后期颂政诗已经缺少王朝政治兴旺时期的内在气势，时代特征比较明显。

清代后期颂政诗创作有一个鲜明特点，即称颂皇室列帝实现大一统、维护大一统政治秩序的作品很多。如魏源的《皇朝武功乐府》组诗，包括《王业艰》《入关战》《戡三藩》《定朔漠》《复西藏》《和西洋》《收台湾》《靖金川》等，着重颂赞太祖努尔哈赤、圣祖玄烨、高宗弘历武功安天下的宏大功业；朱琦的《新铙歌》组诗，包括《平逆藩》《噶尔丹》《昭莫多》《平台湾》《平青海》《狩木兰》《制府来》《大金川》等，称颂清皇室数百年间建立了一系列卓越武功，实现平定海内，靖远安国。这类作品的题旨，意在展示清朝皇室列帝以赫赫武功开疆拓土、安邦定国的伟大功勋。这些诗人对当下国家遭遇外敌侵凌的严重态势怀有忧念之忿，专意创作了这些大型组诗。这些颂政诗歌赞清朝皇室列帝的盛大武功，题意中包含了对当朝重振国威的政治期待，试图以此振奋当朝君臣捍卫国权、恢复国势的治国意志。显然不是一般浮泛的谀颂之作。

清代后期还有一些称颂朝廷和官府施行德政、官员勤政尽职的作品，这些歌咏蠲租、济荒、治"盗"等政绩的颂政诗，保持了对儒家为官之道的价值推崇。如朱绶的《仪征令》，陶誉相的《蝗不食禾谣》，张应昌的《苏州薛觐堂太守焕治奸民事》，蒋宝龄的《水灾纪事图诗》，薛时雨的《踏灾行》，等等。

一 朱绶 陶誉相 张应昌 魏源 蒋宝龄 张际亮

朱绶（1789—1840），字仲环，元和（今江苏苏州）人。道光间举人。朱绶的颂政诗记述了良官循吏勤政履职、善政安民的事迹。如：

> 五年抚江南，屡活万人命。一夫偶失所，夙夜心怲怲。偏灾急补救，赈恤多实政。尤勤稼穑艰，雨旸课时令。东南赋额重，民力困供应。缓

征与休息,仰吁天子圣。当公草疏时,容端志气正。涕泪千百言,积诚动宸听。公于此邦民,爱育若子姓。孰为度支筹,旦暮起癃病。楚中移节早,设施未遑竟。殷殷饥渴怀,在远亦甄孕。卞士依幕府,真见莅官敬。宜留去思碑,棠歌采舆评。(《寄林少穆督部》)

真州濒江浒,民俗鲜盖藏。奸人利鱼盐,急之乃鸥张。昨逢真州人,语我官府清。下车敦节俭,以身为民坊。教民用桔槔,江田始垦荒。教民习蚕织,蔀屋灯火光。初时民知衣,今乃知有桑。初时民知饭,今乃知有耕。耕桑各勤力,不登官府堂。瘠土一朝沃,莠民亦成良。但唱真州歌,欢乐不可当。令牧如屠公,父母庶以名。(《仪征令》)

儒有致用实,莫如善为令。腰组径寸铜,乃系万人命。赈灾格成例,民死令所阱。救民生死地,令敢上官诤。此令强项哉,上官悚生敬。一邑便宜事,一省布为政。偏灾有时有,缺赈苦亿姓。令只尽厥心,岂自谓予圣。民今尸祝之,激感亦恒性。令昔播文教,诵言法孔孟。令昔整风俗,除恶殛枭獍。令移大县去,桑麻四郊盛。令归田野间,颂祷无疾病。爱留奉祠朱,功伟凿渠郑。我歌永康谣,采之在舆评。(《永康谣》)

《寄林少穆督部》记述道光三年至道光七年(1823—1827),林则徐任江苏按察使期间,履职赈灾,挽救了万千百姓,"五年抚江南,屡活万人命"。道光三年,林则徐为缓解洪灾给江苏百姓带来的苦难,上疏朝廷,请予蠲减灾区民众税赋征额:"偏灾急补救,赈恤多实政。""缓征与休息,仰吁天子圣。当公草疏时,容端志气正。涕泪千百言,积诚动宸听。公于此邦民,爱育若子姓。"诗人赞佩林则徐不计个人得失、据实为民请命的政德。"宜留去思碑,棠歌采舆评。"相信林则徐的德业将被世人铭记,政声载道,播于民口。《仪征令》记述嘉庆年间仪征知县屠琴坞勤政励民、兴业旺县的治绩。"真州"(仪征)素称难治,"真州濒江浒,民俗鲜盖藏。奸人利鱼盐,急之乃鸥张"。屠琴坞务实行政,施行了一系列改变真州民众从业方式的政举,"教民用桔槔"、"教民习蚕织"、"耕桑各勤力,不登官府堂。瘠土一朝沃,莠民亦成良"。屠琴坞治理真州,赢得了百姓的真心拥戴。《永康谣》记述嘉庆年间曾任永康知县的张吉安在任期间的勤政作为。诗篇称道张吉安履行县令之职的一系列政举:"救民生死地,令敢上官诤。此令强项哉,上官悚生敬。"言其为永康灾民力争赈济。"令昔播文教,诵言法孔孟。令昔整风俗,除恶殛枭獍。令移大县去,桑麻四郊盛。令归田野间,颂祷无疾病。"言其提倡礼义教化,整肃治安秩序,鼓励农桑正业。张吉安在永康的治理,民众都有切身感受："我歌永康谣，采之在舆评。"张吉安治绩显著，口碑在民，其依据来自世间的"舆评"。可知作者对"舆评"的采纳和反馈有自觉的意识，对创作和传播这首颂政诗有明确的期待。

陶誉相（？—？），字觐尧，丰润（今河北丰润）人。嘉庆间诸生。曾任安徽按察使司照磨。

陶誉相的《蝗不食禾谣》作于道光十六年（1836），称赞滁州知州徐稚兰率领民众抗击蝗灾的事迹。

> 蝗之神，人不敢侮。蝗之食，人不能阻。奇哉道光丙申秋，蝗不食禾，滁州真乐土。滁州雨旸岁时和，今年黄稻如云多。忽有飞蝗，自西北来过。在天遮日月，在地盖山河。官曰奈何，民曰奈何。官曰奈何，率属奔波。南山拟纵火，北山欲张罗。出俸钱以收买，祷神祇于乡傩，灭此朝食而毋伤我民禾。民曰奈何，满篝满车。劳我使君，捕此么么。自朝至暮，行百里以抚摩，饥不遑食泥满靴。官尽心，民尽力，仁者之疆，禾不敢食。过山则停，遇冈斯集，绕却田塍抱榛棘。君不见昨日尺深今日无，东飞入海苍波黑。公曰嘻，吾民淳良天佑之。民曰嘻，吾官清廉天佑之。是乃至圣在位，大贤为治。一人有庆，万姓恬熙。蝗不曰蝗，而乃盛世之螽斯。

蝗虫过滁州而不食禾，这是一桩奇事。"奇哉道光丙申秋，蝗不食禾，滁州真乐土。"遮天蔽日的飞蝗压境，滁州官员和民众感到了莫大的压力："忽有飞蝗。自西北来过。在天遮日月，在地盖山河。官曰奈何，民曰奈何。"在忽然降临的灾难面前，徐稚兰等众官员没有张皇失措，而是率民出动，迎击飞蝗。"官曰奈何，率属奔波。南山拟纵火，北山欲张罗。出俸钱以收买，祷神祇于乡傩，灭此朝食而毋伤我民禾。""自朝至暮，行百里以抚摩，饥不遑食泥满靴。"民众在知州亲自奔劳扑蝗的感召下，亦全力投入灭蝗，终于将蝗虫阻挡在酿成灾祸之前。诗篇将飞蝗终未大面积食禾、民众口粮得以保全的功劳归结于官民同心协力的苦斗："官尽心，民尽力，仁者之疆，禾不敢食。""公曰嘻，吾民淳良天佑之。民曰嘻，吾官清廉天佑之。"诗人推崇尽忠职守、率民抗灾的良官，将之视为君之良臣，国之栋梁："是乃至圣在位，大贤为治。一人有庆，万姓恬熙。"表达了对徐稚兰勤政履职、治蝗有绩的由衷敬佩。

张应昌（1790—1874），字仲甫，归安（今浙江湖州）人。嘉庆间举人，任内阁中书。

张应昌的《苏州薛觐堂太守焕治奸民事》作于咸丰五年（1855），称颂苏州知府薛焕"惩贼""剿匪",尽职安民。

乱国宜重典,锄莠斯安良。火烈胜水懦,春露资秋霜。酷吏不可学,乱民亦宜防。吴汉止赦令,郑产端刑章。东海尹翁归,相州梁彦光。救宽利用猛,燕翼能虎张。姑息与选愞,坏法贻祸殃。堪叹舆尸者,失律凶否臧。田禽弗克执,涓流成汪洋。綦弁士骄悍,巾帼将懦尪。纵弛在一日,毒痛流四方。咄尔海滨人,鼓煽来潮阳。狙犷性鲛鳄,贪狠声豺狼。逃秦晋国盗,树党南方强。白梃肆剽略,黑獭恣猖狂。伟哉薛太守,英风振吴闾。下车靖反侧,默坐安萧墙。佳节罢衙宴,中宵呼戎行。似雪夕李愬,似元夜武襄。酒酣闹鹅鸭,绳缚驱犬羊。平明请大吏,会鞫临郡堂。一一服其辜,安用羁桁杨。速杀毋稽诛,五步血溅裳。横尸积山岳,悬首盈中唐。民悦大憝除,欢呼如雷硠。百人斧锧伏,万家衽席康。安民以智勇,仁术原无伤。靖国以果毅,机事能独当。五字兼仁严,两端济柔刚。将帅尽如是,奚患军不扬。

作者从乱世用重典的传统观念切入,袒露了自己对官府应对时政乱局的看法:"乱国宜重典,锄莠斯安良。""酷吏不可学,乱民亦宜防。""救宽利用猛,燕翼能虎张。姑息与选愞,坏法贻祸殃。""纵弛在一日,毒痛流四方。"接着简要描述了薛焕率兵奇袭"粤匪"太平军的经过:"伟哉薛太守,英风振吴闾。下车靖反侧,默坐安萧墙。佳节罢衙宴,中宵呼戎行。似雪夕李愬,似元夜武襄。酒酣闹鹅鸭,绳缚驱犬羊。平明请大吏,会鞫临郡堂。一一服其辜,安用羁桁杨。"作者对薛焕在抓获"粤匪"之后对其施行严酷的刑罚深为赞同:"速杀毋稽诛,五步血溅裳。横尸积山岳,悬首盈中唐。"并以民众祸福的标准对这样的严厉施刑做出了评判:"民悦大憝除,欢呼如雷硠。百人斧锧伏,万家衽席康。"诗人由此深深感慨,治国应恩威并施、刚柔兼济,政局危乱之时更应果断施行威政严治:"安民以智勇,仁术原无伤。靖国以果毅,机事能独当。五字兼仁严,两端济柔刚。"这种严厉果决的治理主张在全诗反复申明,足见诗人对这种治国思路的推崇。太平军起自广西,广西属两粤之地,因之太平军被作者称为"粤匪"。诗人对太平军"粤匪"的仇视,对弹压太平军"粤匪"的竭力赞赏,是士大夫官员维护江山社稷的正统价值观的体现。诗人强烈倾向重典治国,来自当朝彼伏此起的民变压力,来自"盗贼"攻城略地、颠覆江山的压力,作者的正统立场十分鲜明,诗篇的时代特征也十分显著。

魏源(1794—1856),字默深,邵阳(今湖南邵阳)人。道光间进士。历任东台、兴化知县。咸丰间任高邮知州。

魏源的《皇朝武功乐府》组诗作于道光年间，称颂清王朝历代皇帝创业、守业的艰难辉煌，尤其称颂了皇室列帝拓土开疆、平乱靖边的赫赫武功，以唤起当朝皇室光大祖宗宏业、长保皇权稳固的治国雄心。组诗包括《王业艰》《收金部》《收辽部》《收元部》《收朝鲜》《天助师》《入关战》《戡三藩》《定朔漠》《荡青海》《荡西陲》《定回部》《复西藏》《和西洋》《收台湾》《靖金川》《靖流寇》《靖海氛》等十八篇系列故事。

圣人出，东海东。如日出，扶桑红。山长白，江混同。戡同仇，靖内乱。甲十三，敌无算。免胄战，孤盾捍。王业艰，可长叹。同部惧，协力图。九国师，浑河逾。誓堂子，风霆驱。一成旅，千郭郛。王业艰，可长吁。适野谋，画地议。揭衣猎，雪没骭。大小白，龙腾起。王业艰，贻孙子。（《王业艰》）

扈伦金，四部地。大相并吞，为明南北关保障。世近藩，恃明之援，不与我弟昆。明援不至，饥不振。请人捍边，复不肯。和不和，战不战。畔复降，降复变。遂为我所乘，始奄有旧甸。明人东北望，晚霞赤天半。始忌金再兴，压胜遗陵断。谁知金国史，神授梦中赞。艰哉艰哉皇拨乱。（《收金部》）

黑龙江以南，混同江以东。是皆打牲部，语言骑射同。非如游牧，番树羽翼。舟车取之，勿使失编，旗配籍羽檄。女真兵万不可敌，何况巴图增不亿。老满洲，新满洲，此外尽呼索伦侪。更有东海鱼皮族，使马使犬及使鹿。至今但呼索伦兵，谁道当年十一征。十一征，贻千城。（《收辽部》）

大漠数千里，天以界北南。元裔分据之，皆宗插汉汗。奈何恃倔强，日自凌其侣。为渊驱鱼圹驱兔，笑我水滨六万伍。自命四十八万部，一夕乘之走无所，漠南万里皆臣虏。元玺入漠三百年，复归真命主。武庚再叛墟其土，太仆牧场尤近圉。至今天闲四十万，云屯万谷如风雨。就中三卫科尔沁，世世甥舅尤御侮。明屯九边备阴山，我朝四十八家共年班，谁识先朝绥服艰。（《收元部》）

朝鲜我东邻，貂参通互市。东畏日本逼，于我翻倔峙。谓恃明强援，岂知明早靡。外和心不亲，螳臂独拒轨。遂怒十万师，终获再因垒。师往秋霜零，师还春草青。嘉其礼义国，始终不贰明。至今重华宴，赋诗陪使荣。有文无武备，属国犹见令。慎哉文与武，有国无偏轻。（《收朝鲜》）

巨鹿昆阳，军挟雷雨。天之所佑，视今为古。维萨尔浒，天地雾墨。我暗击明，敌明击黑。枪炮柳林，军无我殛。入关两战，沙立雷鸣。钱唐骑渡，海潮不奔。更有返风，富察之垒。鸭绿混同，冰合冰解。所至天佑，天讵我私。风霜之杀，时雨之师。帝王天授，靡人是任。上帝临女，毋贰尔心。(《天助师》)

七憾告天，师非得已。中外边氓，皆吾赤子。我师百胜，思与明休。明兵百败，反不我酬。我制关外，明制关内。不争中原，与天同大。封汗其可，铸印其可。地负海涵，奚靳于我。为告三卫，为告朝鲜。其达朕志，俾民息肩。为语明藩，为语明臣。其达汝主，俾悉我仁。我文事昆，我汤事葛。保世乐天，生民是吁。汉祖唐宗，犹和北塞。彼昏不知，罔恤民害。明实我疾，我复明仇。开关延请，孰知其由。天眷东顾，天难谌斯。恤民谦己，天鉴我慈。(《入关战》)

三孽非殷顽，叛明复叛我。藩镇成尾大，封建真不可。祸之大小，撤之迟速，肯为七国诛晁错。军之进退，贼之张弛，肯为鸱张赦封豕。筹饷筹兵急如火，指挥万里洞观火。百里鲵震惊，匕鬯不丧堕。鄱阳湖，友谅殂。洞庭湖，三桂俘。谁言守成易，功与创业符。丕承丕显文王谟。(《戡三藩》)

大漠以北，三喀制之。九白是贡，于我羁縻。西寇凭陵，思吞北部。倾国东投，若子投母。耽耽卅八部，思爪取之。我皇不忍，曰其抚之。准复东犯，皇赫斯怒。战若雷霆，解如风雨。北斗以北，战窜无所。乃命三汗，各反其部。六龙屡临，大漠春扈。泉瀹于沙，草苗其阻。惊沙极天，积雪皑皑。车宿衔枚，我行至再。蠢彼准夷，昏惑不悔。人所共弃，天亦厌之。郅支献首，皇曰旋师。准夷既庭，漠北悉宾。际天所覆，莫不尊亲。礼乐征伐，奄奠遐荒。于万斯年，受天之庆。(《定朔漠》)

贺兰山以南，星宿海以东。八家和硕部，屏藩世效忠。北捍准葛寇，南与卫藏通。丹津忽枭獍，好乱矜枭雄。思复祖霸业，兼长四部宗。要盟集毡帐，汝各弓汝弓。从兵三十万，一时草偃风。王师会青海，特命简元戎。雪夜七千卒，径捣穹庐空。荡荡河源西，茫茫海柳红。师来自天降，师反如飘风。穿碑立大学，遂绍天山功。青海虽云平，准夷尚复在。赖有和林超勇王，一战浑河震瀚海。(《荡青海》)

天山以北，瀚海以西。狼生犴，犴生貕。世患我边扰我畿，使我三朝西顾无宁时。转粟阴山北，岁劳十万师。此贼不灭，天下不安，天时不至圣犹难。天时既至，机不可失。五单于争立，天兆亡胡日。奋起亟乘之，果然电扫流沙碛。沙碛虽云扫，反复几回狡。午夜军书中夜草，

五载忧勤天欲老。始信为君难,乾坤非易造。再闭再通戊巳道,重待我皇重电扫。(《荡西陲》)

乌藏北,天山南。城郭国,都护环。婆罗兴,佛教革。自明季,为准役。赖王师,释扫塞。叛不朝,怨报德。天讨至,螳拒坚。黑水垒,浑河沿。风雪夜,马不前。神助师,降自天。崩土瓦,游釜阱。弃巢穴,逾葱岭。葱岭西,月支漆。捷书至,甘泉夕。回教回,佛教佛。何须印度角端出。(《定回部》)

乌斯藏,号三卫,广谷大川常自为。风气爰有黄教佛,常证轮回性不寐。大西天,小西天,化身达赖与班禅。东瀚海,西青海,熬茶万里来膜拜。迎法师,求舍利,六朝西域兵争事。怪哉准噶何猰㺄,其口奉佛,其心夜叉罗刹曾不殊。攘佛之国踞佛都,如来终赖汤武扶。王师三道军容盛,诸部拥护禅林定。禅林定,非一阵,乾隆廓喀还再胜。金奔巴瓶卒颁令,大哉神孙承祖圣。(《复西藏》)

西抵欧罗巴,东抵黑龙江。首尾数万里,皆逼邻我邦。城我索伦貂参壤,东兵御之终弗创。赐书荷兰达其王,卒定界石分戎疆。东疆虽云定,天容穆弗已。谓此海道数万里,数月往返迅如此。加以火器天文技,岁岁梯航来贡市。千载终非中国喜。汤若望,南怀仁,西洋艺事常谆谆,忧深思远唐尧仁。(《和西洋》)

大洋海以南,声教所不极。五帝及三王,未尝有岛国。明季入荷兰,旋为郑氏得。胜则闯入败归塞,全倚波涛为薮匿。自比徐市箕子域,使我沿海边民不安息。三藩既戡定,始议图岛夷。盈庭尽畏艰,特命靖海施。雷霆震荡海水飞,竟入虎穴取子归。辟地数千里,岂非圣决几。非常之策,不谋于人,不然南海几作西洋邻。至今海波澄不侵,休数内哄朱与林。(《收台湾》)

鬼方克三年,殷宗非得已,易象系之既济与未济。王师初因垒,开网受降馘。谁料畏威不怀德,谁知以怨而报德。地险天险不可升,雨雪云梯百道登,卒碎其碉犁其庭。难于上九天,奇于轰九霆。岂惟金川戡定难,更有缅甸兼越南,宸章乐府再三叹。(《靖金川》)

南山薮奸宄,明季张李横。未有妖氛起太平。物众地大,蘖牙其萌,万里飘忽何横行,彗扫天市光欃枪。秦攻溃蜀,蜀攻溃楚,巢穴老林万山阻。剿不胜剿,抚不胜抚,所至胁从多如雨。始知剿内贼,难于御外侮。堡寨既成民得所,釜鱼阱兽无窜处。始知防贼如防川,以堤防水斯可堵。额经略,德参赞,百战封疆戡内难,八载凯旋告裕陵,驭民朽索犹三叹。(《靖流寇》)

山寇甫熠海寇炽,从古升平无久日。海寇非岛夷,沿海奸民出。外夷艇,内盗艇,掀天狂飓如安枕。劫商艘,拒兵艘,闽台闽浙何其豪。粮硝接济严海禁,亦如坚壁清野令,卒尸鲸鲵剪枭獍。康熙收台湾,先在臣荷兰。嘉庆靖艇匪,先在臣越南。内盗犹须联属国,况制吐番舍回纥,何况条支大秦国。(《靖海氛》)

组诗分别对应颂赞清太祖努尔哈赤、清圣祖玄烨、清世宗胤禛、清高宗弘历、清仁宗颙琰,宣扬这几位清帝以武功安天下的宏大功业。《王业艰》歌赞努尔哈赤在黑山白水间举旗兴兵,创下造福后世的基业:"圣人出,东海东。如日出,扶桑红。山长白,江混同。戡同仇,靖内乱。""王业艰,可长吁。适野谋,画地议。揭衣猎,雪没髀。大小白,龙腾起。王业艰,贻孙子。"《收金部》称颂努尔哈赤举兵灭掉哈达、乌拉、叶赫、辉发等海西女真四部组成的扈伦联盟,凝聚起建立后来"大金"的基干力量:"扈伦金,四部地。大相并吞,为明南北关保障。世近藩,恃明之援。不与我弟昆。""畔复降,降复变。遂为我所乘,始奄有旧甸。"《收辽部》歌赞努尔哈赤征服黑龙江诸渔猎部族,壮大了一统天下的生力军,积聚了百千城邑的人力财富,奠定"大金"王国的宏业:"黑龙江以南,混同江以东。是皆打牲部,语言骑射同。""女真兵万不可敌,何况巴图增不亿。老满洲,新满洲,此外尽呼索伦俦。更有东海鱼皮族,使马使犬及使鹿。至今但呼索伦兵,谁道当年十一征。十一征,贻千城。"《收元部》歌赞努尔哈赤率领"大金"(后金)军队征服漠南四十八旗蒙古部落,一举扩大了辽阔的西北版图:"大漠数千里,天以界北南。元裔分据之,皆宗插汉汗。""自命四十八万部,一夕乘之走无所,漠南万里皆臣虏。元玺入漠三百年,复归真命主。"《收朝鲜》歌赞努尔哈赤出师朝鲜,然后稳妥安定朝鲜藩属地位,免除"大金"政权与明朝交战时的后顾之忧:"谓恃明强援,岂知明早糜。外和心不亲,螳臂独拒轨。遂怒十万师,终获再因垒。师往秋霜零,师还春草青。"《天助师》歌赞努尔哈赤率领"大金"军队与明朝军队在萨尔浒决战,得到皇天护佑,风云为之助战,乃至战胜明军:"维萨尔浒,天地雾墨。我暗击明,敌明击黑。""所至天佑,天讵我私。""帝王天授,靡人是任。"《入关战》叙及太祖努尔哈赤、太宗皇太极虽"恤民谦己",无奈明朝"彼昏不知",遂与明军多次交战,建立基业;世祖福临即位,摄政王多尔衮率军入关。诗人将此改朝换代歌赞为替天行道的大义之举:"七憾告天,师非得已。""我师百胜,思与明休。""汉祖唐宗,犹和北塞。彼昏不知,罔恤民害。""明实我疾,我复明仇。开关延请,孰知其由。""天眷东顾,天难谌斯。恤民谦己,天鉴我慈。"《戡三藩》歌赞康熙皇帝指挥清军剿灭平西王吴三桂、平南王尚之信、靖南王耿精忠三藩之乱，靖边安国："三孽非殷顽，叛明复叛我。藩镇成尾大，封建真不可。""筹饷筹兵急如火，指挥万里洞观火。""鄱阳湖，友谅殂。洞庭湖，三桂俘。谁言守成易，功与创业符，丕承丕显文王谟。"《定朔漠》歌赞康熙皇帝亲征准噶尔、平定叛乱、收复漠北："西寇凭陵，思吞北部。倾国东投，若子投母。""准复东犯，皇赫斯怒。战若雷霆，解如风雨。""北斗以北，战鲜无所。乃命三汗，各反其部。""准夷既庭，漠北悉宾。际天所覆，莫不尊亲。"《荡青海》歌赞雍正皇帝派军征战青海，剿灭和硕特蒙古部落首领罗布藏丹津，履远涉险，保卫西藏，安边镇国："八家和硕部，屏藩世效忠。""丹津忽枭獍，好乱矜枭雄。思复祖霸业，兼长四部宗。要盟集毡帐，汝各弓汝弓。从兵三十万，一时草偃风。王师会青海，特命简元戎。雪夜七千卒，径捣穹庐空。"《荡西陲》歌赞乾隆皇帝挥军征讨准噶尔部，彻底平定叛乱，扩大了西部边陲的疆域："转粟阴山北，岁劳十万师。此贼不灭，天下不安。天时不至圣犹难，天时既至，机不可失。五单于争立，天兆亡胡日，奋起亟乘之，果然电扫流沙碛。""五载忧勤天欲老，始信为君难，乾坤非易造。"《定回部》歌赞乾隆皇帝出师征讨天山南路辉部首领霍集占，赢得天山南路辽阔疆域归入版图："乌藏北，天山南。城郭国，都护环。""天讨至，螳拒坚。黑水垒，浑河沿。风雪夜，马不前。神助师，降自天。""崩土瓦，游釜阱。弃巢穴，逾葱岭。""葱岭西，月支漆。捷书至，甘泉夕。"《复西藏》歌赞康熙皇帝、乾隆皇帝先后派兵出征"卫藏"地区，驱逐准噶尔在"卫藏"的势力，稳定了广大的西南边域："乌斯藏，号三卫。""怪哉准噶何猳貐，其口奉佛，其心夜叉罗刹曾不殊。攘佛之国踞佛都，如来终赖汤武扶。""王师三道军容盛，诸部拥护禅林定。禅林定，非一阵，乾隆廓喀还再胜。"《和西洋》歌赞康熙皇帝用文武两手应对来自西洋的挑战，界定边境，互通有无，与荷兰等国形成良好互动，展示皇朝对外交往之道："城我索伦貂参壤，东兵御之终弗创。赐书荷兰达其王，卒定界石分戍疆。""加以火器天文技，岁岁梯航来贡市。""西洋艺事常谆谆，忧深思远唐尧仁。"《收台湾》歌赞康熙皇帝坚决收复台湾的英明决策。明确宣示"五帝及三王，未尝有岛国"，不承认自古就未有过的"岛国"存在于中华版图之外。康熙皇帝没有被充斥于朝廷的畏难情绪困扰住，择机果断发兵，一举踏平海波，尽收台湾回归版图，彰显雄才大略的非凡成功："大洋海以南，声教所不极。五帝及三王，未尝有岛国。明季入荷兰，旋为郑氏得。""三藩既戡定，始议图岛夷。盈庭尽畏难，特命靖海施。""辟地数千里，岂非圣决几。非常之策，不谋于人，不然南海几作西洋邻。"《靖金川》歌赞乾隆皇帝调兵遣将前往西南，克服地势险难、碉堡坚固、军情诡谲的诸多障碍,平息了为祸多年的金川土司之乱:"王师初因垒,开网受降馘。谁料畏威不怀德,谁知以怨而报德。地险天险不可升,雨雪云梯百道登,卒碎其碉犁其庭。"《靖流寇》歌赞嘉庆皇帝多年用兵,调整战术,恩威并用,剿抚兼施,各个击破,终于平息了川楚民变与教乱:"秦攻溃蜀,蜀攻溃楚,巢穴老林万山阻。剿不胜剿,抚不胜抚,所至胁从多如雨。始知剿内贼,难于御外侮。""百战封疆戡内难,八载凯旋告裕陵,驭民朽索犹三叹。"《靖海氛》歌赞嘉庆皇帝面对海寇船匪猖獗祸害东南省份,坚决实施海禁,强力平定了海寇之乱:"山寇甫熸海寇炽,从古升平无久日。海寇非岛夷,沿海奸民出。外夷艇,内盗艇,掀天狂飓如安枕。劫商艘,拒兵艘,闯台闯浙何其豪。粮硝接济严海禁,亦如坚壁清野令,卒尸鲸鲵剪枭獍。"

作为汉族士大夫官员,魏源专意创作这组称颂清室列帝功业的颂政诗,显示出对已经存在了两百多年的清王朝政权的高度认同和坚定维护。诗人从正统政治立场出发,着意宣扬清王朝的尚武传统和盛大武功,对一系列重大军事行动做出了符合时代政治逻辑的价值评判。作者希望在外患渐重、内忧不已的艰难时局中,以这些传统和伟业的感召,来提振朝野复兴国运、捍卫大一统的志气和精神。这组颂政诗,正统政治观念和政治忧患意识相交织,诗人个人的思想印记十分鲜明。

蒋宝龄(?—1840),字子廷,江苏昭文(今江苏常熟)人。未仕进,以诗画名世。

蒋宝龄的《水灾纪事图诗》组诗记述道光三年(1823)大水灾之时官府的救灾行动,展示赈荒济困的各个环节,留下了很有借鉴价值的荒政信息。

> 破船摇雨争入城,告灾曷能待雨晴。里正勿辞苦,先烦到官府。漂尽田禾难救补,须悯嗷嗷十万户。(《报荒》)
> 穷民盼已久,长官来何迟。长官辛苦氓岂知,连日下乡肯告疲。荒塍遍历增欷歔,回船飒飒风吹旗。(《勘灾》)
> 堂皇晓谕遍村市,赈济来朝给官米,老弱奄奄蹶然起。市梢设高厂,侵晓来踉跄。君不闻帑缗百万布四乡,即今先发常平仓,茅屋便有炊烟香。(《大赈》)
> 助赈继平粜,是亦乡里责。指囷幸不乏,所乏陈陈积。哀鸿日益多,讵有万全策。(《助赈》)

组诗描述官府的赈灾过程,如实记录了救灾行动的各个环节。"里正勿辞苦,先烦到官府。漂尽田禾难救补,须悯嗷嗷十万户。"州县官员安排乡吏报告乡村灾情,官员的叮嘱里包含着悲悯的施政关怀。"长官辛苦氓岂知,连日下乡肯告疲。荒塍遍历增歔欷,回船飒飒风吹旗。"官员直接到乡间勘查坐实灾情,其间承受了被乡民误解的压力。"堂皇晓谕遍村市,赈济来朝给官米,老弱奄奄蹶然起。""君不闻帑缗百万布四乡,即今先发常平仓,茅屋便有炊烟香。"朝廷赈灾米粮和钱款经州县下发至千村万落,缓解了灾民的饥馑威胁。常平仓也发挥了灾年平抑粮价的作用。"大抵常平仓的作用,在平谷价。就是当丰年谷贱的时候,政府用较高的价钱籴入,广为收贮;等到凶年谷贵的时候,便用较低的价格,供民间籴买。这样一出一进之间,也可稍获微利,用以充常平的基金。这可说是各朝共同的办法。"① 组诗呈示,常平仓的平粜只是缓解饥荒过程的一个环节:"助赈继平粜,是亦乡里责。指困幸不乏,所乏陈陈积。哀鸿日益多,讵有万全策。"进一步的赈济事务仍在继续,赈粮供不应求,缺口很大。蒋宝龄的组诗称赞官府的荒政实绩,也真切凸显了赈荒面临的无奈困境。诗歌不是泛泛的颂政,具有独特的认识价值。

张际亮(1799—1843),字亨甫,建宁(今福建建宁)人。道光间举人。

张际亮的《复位回疆纪功诗》记述道光七年(1827)朝廷发兵征讨占据南疆的叛军张格尔,剿灭了叛军,稳定了西部边疆。

高宗神武戡西陲,特置大帅绥柔之。边人震慑七十载,无敢轶我皇纲维。茶盐皮革许互市,以养以富以酣嬉。兵骄将玩子女困,尔不吁诉尔则非。萨木萨克有逆裔,突逸敖罕计闪尸。天将毕缵皇祖烈,故使抶撤吾藩篱。是维皇帝岁丙戌,疏勒万马声悲嘶。伤生参赞死领队,三城继失惊筳簠。鞭垂投隘塞瀚海,烽火照惨殷燕支。飞书八百里驿递,皇帝震怒爰兴师。曰余臣龄在伊犁,赐将军印其扬威。曰尔遇春其往副,尔士尔甲其精治。曰山曰坤驻肃州,粮储尔二臣其司。曰芳尔自固原往,山东卒尔隆阿随。曰黑龙江兵素勇,先后禁旅同西驰。合远近卒众十万,曰饥其食寒其衣。天山九月雪花飞,冰岭惨日无光辉。穹庐盖地地尽冻,水草断绝人烟稀。皇帝日旰呼用兵,驻阿克苏毋骇疑。军悬万里若左右,宸谋既协犹嗟咨。丁亥仲春日卜吉,进战始举天王旗。铙腾马奋将士饱,箭弩枪炮如神挥。负嵎困兽羽翼尽,尺股寸臂粉糜剂。皇帝曰俞四城复,其叙将士功无遗。其归东来诸战卒,其撤禁旅还京畿。首兵元恶狡兔脱,遇春龄尔其穷追。尔获尔功窜尔罪,尔共敬戒母子违。圣人忧勤四海肃,上下鉴格胥扶持。驱敌杀敌势自弱,致寇缚寇兵之微。岁除天寒候骑散,穷庑竟出潜张鸱。奉将军令芳则果,前距后蹙兼阿奇。封狼在槛兕在柙,

---

① 邓云特:《中国救荒史》,商务印书馆2011年版,第360页。

禽之捷献陈丹墀。皇帝曰余庸有绩，惟天惟祖嘉余私。其告列圣祭庙社，行赏尔众书之碑。曰尔龄功兹第一，锡尔上公世罔堕。尔芳宜侯尔亦世，余保尔遇春其为。尔振镛其遂余傅，尔惟助余筹幄帷。山坤尔其保余嗣，中外臣以功为差。复诸兵所过郡县，余匪好战民其知。暨幽如明礼不匮，其恤殉难诸孤孷。是维今年戊子夏，膏泽既霂厥雨时。诏宣田野拜父老，义耆荒服勤骖騑。功成皇帝益戒慎，曰缮堡堠坚城池。四都护府旧节钺，八校尉队新旌麾。我耕我屯乃尔卫，尔酋尔长毋我睽。蠢蠢部落尽舞蹈，而歌而泣而怀思。皇帝昔在青宫日，手奉赤日清妖霓。矧此小丑曷猖獗，譬引乱发加梳篦。鼎钟镂刻誓带砺，山海积阻通航梯。坐开明堂抚万国，千亿百载恢皇基。

其事史载凿凿："七年春正月丁酉，和阗回众降，命优赉之。寻复为张格尔所陷。"① "（四月）长龄等奏败贼于阿克瓦巴特。予长龄紫缰，加杨遇春太子太傅，武隆阿太子少保。壬子，长龄等克喀什噶尔，张格尔遁。"② "八年春正月壬戌，长龄奏获张格尔。癸亥，封长龄威勇公，授御前大臣。封杨芳果勇侯。调果齐斯欢为绥远城将军。""五月己酉，以获张格尔，遣官告祭太庙、社稷，行献俘礼。庚戌，御午门受俘。晋长龄太保。加杨芳太子太保。壬子，上廷讯张格尔罪，磔于市。丁巳，命图平定回疆四十功臣及军机大臣曹振镛、文孚、王鼎、玉麟像于紫光阁。"③ 诗篇从七十年前乾隆皇帝派兵荡平叛军的伟绩叙起："高宗神武戡西陲，特置大帅绥柔之。边人震慑七十载，无敢轶我皇纲维。茶盐皮革许互市，以养以富以酣嬉。"七十年后，新的叛军又为祸此地："是维皇帝岁丙戌，疏勒万马声悲嘶。伤生参赞死领队，三城继失惊箠辔。"军情紧急，道光皇帝当机立断，决意平定扰害边疆、勾连外寇的叛军。朝廷任命伊犁将军长龄为扬威将军，杨遇春为参赞大臣，出师进击，一举击败叛军，收复了叛军占据的南疆诸城："飞书八百里驿递，皇帝震怒爰兴师。曰余臣龄在伊犁，赐将军印其扬威。曰尔遇春其往副，尔士尔甲其精治。""皇帝曰吁毋用兵，驻阿克苏毋骇疑。军悬万里若左右，宸谋既协犹嗟咨。丁亥仲春日卜吉，进战始举天王旗。铙腾马奋将士饱，箭弩枪炮如神挥。负隅困兽羽翼尽，尺股寸臂粉糜剞。皇帝曰俞四城复，其叙将士功无遗。"诗人将此平叛收复之功归之于皇帝的决策运筹和君臣协力。皇帝不仅用兵果决，调遣得当，奠定了胜利之局；也从长计议，因时制宜，部署驻军屯田："圣人

---

① 赵尔巽等：《清史稿》卷十七《宣宗本纪一》，中华书局1977年版，第639页。
② 同上书，第640页。
③ 同上书，第643页。

忧勤四海肃，上下鉴格胥扶持。""功成皇帝益戒慎，曰缮堡堠坚城池。四都护府旧节钺，八校尉队新旌麾。我耕我屯乃尔卫，尔酋尔长毋我睽。蠢蠢部落尽舞蹈，而歌而泣而怀思。"对道光皇帝维护版图完整的果决行动，诗人表达了由衷的赞佩。

二 朱琦

朱琦（1803—1861），字伯韩，临桂（今广西桂林）人。道光间进士，授翰林院编修，历官监察御史等。咸丰间归乡办团练。

朱琦的《新铙歌》组诗作于道光二十三年（1843）。组诗共四十篇，包括《战图伦》《战嘉鄂》《战乌拉》《战界藩》《虎尔哈》《平哈达》《设驻防》《朝打牲》《费英东》《沈之阳》《林丹汗》《阴山塞》《温多岭》《降额哲》《辽以西》《扼石门》《浿之水》《袁督师》《长白山》《七旗战》《天佑兵》《山海关》《老秘书》《出虎牢》《平逆藩》《噶尔丹》《昭莫多》《平台湾》《平青海》《狩木兰》《制府来》《大金川》《格登山》《大戈壁》《嘉峪山》《靖川楚》《龙驹寨》《青龙港》《复滑台》《黎阳城》。组诗称述了自太祖、太宗、世祖开基创业，以武定国，统一天下，到圣祖、高宗、仁宗平定叛逆，怀远招抚，安定边疆，拓展版图，保境安民。

《新铙歌》称述清王朝历代皇帝武功文治，重点集中于赞颂历代清帝运筹兵事、征伐四方的丰功伟业。作者的创作动机，即如其诗序所称："臣闻天下虽安，忘战必危。进不忘规，近臣之义。伏惟我朝肇造之初，八校分屯，兵力最强。太祖受命，一成一旅，奄有五部。太宗继之，招来属国，东自朝鲜迄西北海。世祖申命，遂定中原，统一天下。圣祖重光，削平三藩。世宗底定青海，高宗荡夷藩戎及大小金川，拓疆二万里。仁宗之世，逆匪震惊，旋以乂安。列圣伟烈神谟，具在实录。谨述其略，被之声歌。"作于道光后期的这组作品，显然包含了希望当朝皇室继承列祖列宗用兵之志，借鉴列祖列宗用兵之道的意图。

战图伦，图伦汝安逃。义旗东指秋云高，健儿弯弓头虎毛。告天大举得天助，南关北关收五豪。五豪部，隶建州，美酝紫貂炙肥牛。九国不逞方协谋，协谋奈尔何，尔骑三万纷渡河。太祖曰咨汝参佐，授计榻前但卧。九国之众心不一，挫其前锋果大捷。我军八校张八旗，兵不在众用以奇。万人一心力则齐，请看长白真主龙兴时。（《战图伦》）

乌拉水，松之滨。尔扈伦，诸部俯首悉来臣。秋高马肥百千群，乌拉恃强敢不宾。乌拉主，尔何为，日来置质且请昏，我国赐以敕书如天恢且仁。狡尔乌拉乃敢扰我边,乃敢寒尔盟。太祖曰嘻,我将亲征。召我诸名王,督我子弟兵。嘬锋罕山踣五城,自搴大纛斫其营,诸王贝勒奋呼格斗,一一皆骁腾。乌拉既伏诛,叶赫以次平,太祖命将慎择人。用能亲临成大勋,敢书此语告子孙。(《战乌拉》)

战界藩,界藩筑城多满兵。咄哉杨经略,乃敢深入犯我薄我城。薄我城,不可当,倾天下兵集沈阳。一为杜松出中路,断水冱冱浑河渡。一为马林会叶赫,一由清河入鸦鹘。骁将刘𬘩出其南,会朝鲜兵万有三,蚩尤东指阴芒寒。我军集都城,镇静以密觇。先破中路兵,南北多乱山。轻兵乃敢围界藩,太祖命贝勒以二旗援,自统六旗捣其坚。战方合,大霾晦。明兵列炬战且退,万矢雨集射其背,可怜浑河多横尸。急驰尚间厓,一战又歼之。𬘩军深入犹不知,乃令降卒往绐之。𬘩军殊死战,尔营亦已乱。太祖雄姿天下无,红袍白马神所扶,断头将军血模糊。是役仅五日,破明十八万。我朝东兴始此战,信哉庙谟在能断。(《战界藩》)

沈之阳,惟满之疆。沈之北,惟满之宅。始时满人,但务游牧。今宅其郊,筑城峙谷。始时满人,尚未备官。今设六部,官守斯专。始时满人,骑射是艺。今创国书,秉圣之制。始时满人,未有学官。今日莘莘,姬孔是崇。太宗曰吁,凡此大政。列祖之谋,惟新满洲。是辑是鸠,惟旧满洲。其听无哗,尔父尔兄。毗予有家,孰荒其迹,而威于遐。(《沈之阳》)

扼石门,攻吴襄,烈烈万苇烧大荒。我马西来声腾骧,长山反风火助狂。火助狂,多神奇,颇疑天助人不知。臣敢再拜献一辞,文皇驭军严且慈。法行自近不敢私,锦州偶缓攻,亲如睿王且召归。永平少失利,贵如阿敏付狱吏。自古兴废在人事,以赏则劝刑则畏。明政胡为失,事权不专令不一。我国胡以胜,功罪不乖天子圣。(《扼石门》)

世祖皇帝初纪元,命睿亲王略中原。是时逆闯已陷燕,三桂请救山海关。我师整队次连山,贼众百万亘海壖。前驱搏战冲中坚,立马而观纛旛旛。尘沙中起颠乾坤,我军大呼风为旋。铁骑直贯其陈穿,天清尘开耀戈鋋。贼睹辫发豹两鞬,惊曰满兵剧溃奔。兼程追之入沁源,羽檄夜飞奏于闉。六龙骙骙来亲巡,披翳蒙雾日再暾,燔柴祭告庙与天,敕书日驰海四镡。于闽于蜀于粤滇,或禽或殪或柔驯。皇帝大圣武且仁,乃顾赤县哀垫昏。大建藩辅崇元臣,苛政尽除与更新,万年溥鬯融大钧。(《山海关》)

三藩握重兵,姑息非国政。洪惟我圣祖,特允徙藩请。老奸卷滇来,西南截其半。我军集荆襄,谁敢渡江捍。天纵英智洞万里,诏赐其子应熊死。岳乐军豫章，简王镇江南。溯袁捣长沙，湖口断舟帆。洞鄂未西辅臣变，秦州宁夏相继叛。严诏亟发满兵万，图海将军往莅师，洞鄂以下皆制之。一战大破贼平凉，断其左臂三辅安。大兵专力于湖南，荆襄鄂岳兵急进，闽粤告捷江西定。将军穆占提陕兵，会拔永兴湘东十二城。诏简亲王谒茶陵，尽缚孺帅讯于廷。天下蠢蠢动军兴，不加一赋民不惊。五年天与翦长鲸，我皇圣武天下平。（《平逆藩》）

五马奔江郑氏昌，一婢生儿郑氏亡。枭雄割据亦有数，铁人三万空撞搪。湖边飞舸弄寒日，白土山前锋尽折。永明年号那可支，夺取澎湖作巢穴。潮头十丈忽骤高，扬旗打鼓亦自豪。貙狼短祚付孽子，吼门喧呼潮又起。五百战舰来如飞，报道官军八鹿耳。海外纳降谁草檄，姚侯深算老无敌。生番杂处思善后，淡水何时洗锋镝。我闻三十六岛形势相钩连，全闽屏蔽不可捐。鸡笼易守亦易失，后来牧民当择贤。（《平台湾》）

逆匪起川楚，先后调省兵及禁旅索伦。縻帑三千余万曾未奏厥勋，睿皇帝四年始亲政，逮大学士珅，责以欺罔专擅籍其门。自今将佐敢有玩兵养寇复通贿赂者，其视珅。

乃诏百姓，生长太平。岂知有兵，半缘胥吏煎迫四散而愁争。朕日夜思之恒痛心，谳囚姑缓刑，特奖良吏赵华与刘清。

新兵毋再增，客兵毋轻调。官兵清野坚壁，土兵为侦导。凡尔乡勇其有挺身杀贼及陷贼死者，大吏悉以告。

皇帝曰，功之不蒇，由任将非人。尔参赞，德楞泰。累战常冠军，尔都统。明亮持重能拊循，尔额勒登保。鲠亮忠勤，为诸将先。贼惮其威，其授为经略大臣。

麾下之士，曰罗士举曰杨遇春。若熊之蹲，若龙之骧，幕府之杰，曰龚景瀚曰严如熤。一佐蜀帅，一控崤函。

川以东，参赞扼之。川以西，将军遏之。余匪入老林，卒禽狝而薙灭之。

七年十二月，飞章大告捷。皇帝乃下明诏，宣布中外。班爵元功，暨诸将士以次各晋秩，普免天下租赋民大悦。（《靖川楚》）

《战图伦》描写清太祖努尔哈赤于明万历十一年（1583）征讨尼堪外兰，攻克图伦城，其后步步壮大，统一女真各部，为清朝崛起奠定基业："战图伦，图伦汝安逃。义旗东指秋云高，健儿弯弓头虎毛。告天大举得天助，南关北关收五豪。""万人一心力则齐，请看长白真主龙兴时。"《战乌拉》描写努尔哈赤征服乌拉、哈达、叶赫、辉发等海西女真四部组成的扈伦联盟,为"大金"(后金)的建立创造了条件:"乌拉水,松之滨。尔扈伦,诸部俯首悉来臣。""狡尔乌拉乃敢扰我边,乃敢寒尔盟。太祖曰嘻,我将亲征。召我诸名王,督我子弟兵。""乌拉既伏诛,叶赫以次平。"《战界藩》描写努尔哈赤率"大金"(后金)军在界藩、萨尔浒与明军杨镐部、杜松部、刘𫄨部交战,大败明军,成为明清较量的转折点:"战界藩,界藩筑城多满兵。""是役仅五日,破明十八万。我朝东兴始此战,信哉庙谟在能断。"诗篇称颂了努尔哈赤的多谋善断。《沈之阳》歌赞太祖努尔哈赤、太宗皇太极经略沈阳,建章立制,仿立中原官制,尊崇中原圣王,施行兴国大政,一代圣王修德图治,势将实现天下归心:"始时满人,但务游牧。今宅其郊,筑城峙谷。始时满人,尚未备官。今设六部,官守斯专。始时满人,骑射是艺。今创国书,秉圣之制。始时满人,未有学宫。今日莘莘,姬孔是崇。太宗曰吁,凡此大政。"《扼石门》歌赞明崇祯四年(后金天聪五年,1631)后金军队和明朝军队在大凌河的重大战事。太宗皇太极统帅英明,治军严明,处置权贵,树立威德,令行禁止,事功卓著:"臣敢再拜献一辞,文皇驭军严且慈,法行自近不敢私。锦州偶缓攻,亲如睿王且召归。永平少失利,贵如阿敏付狱吏。自古兴废在人事,以赏则劝刑则畏。明政胡为失,事权不专令不一。我国胡以胜,功罪不乖天子圣。"《山海关》歌赞睿亲王多尔衮领命大展武功,入关进京,开国建勋;顺治皇帝福临收拾战乱后的山河,恩威并施,武功文治,鼎革国政,以仁政唤回人心:"世祖皇帝初纪元,命睿亲王略中原。是时逆闯已陷燕,三桂请救山海关。""铁骑亘贯其陈穿,天清尘开耀戈铤。""于闽于蜀于粤滇,或禽或殪或柔驯。皇帝大圣武且仁,乃顾赤县哀垫昏。大建藩辅崇元臣,苛政尽除与更新,万年溥邕融大钧。"《平逆藩》歌赞康熙皇帝果决诏令清军征剿吴三桂、尚之信、耿精忠三藩之乱,调兵遣将勇猛进击,各个击破荡平叛军,五年征战终获全胜:"三藩握重兵,姑息非国政。洪惟我圣祖,特允徙藩请。""严诏亟发满兵万,图海将军往苞师。""将军穆占提陕兵,会拔永兴湘东十二城。诏简亲王遏茶陵,尽缚儒帅讯于廷。""五年天与剪长鲸,我皇圣武天下平。"《平台湾》歌赞康熙皇帝决意征剿经营多年的郑氏政权,将台湾彻底收至清王朝统辖之下,完成大一统版图的整合,使台湾成为闽地及大陆的天然屏障:"永明年号那可支,夺取澎湖作巢穴。""五百战舰来如飞,报道官军八鹿耳。""我闻三十六岛形势相钩连,全闽屏蔽不可捐。"《靖川楚》歌赞嘉庆皇帝剿灭川楚等地白莲教民变。这场征剿前后历时近十年,嘉庆皇帝多管齐下,强力推进。如,诛杀和珅,将战而不利之责归于和珅滥权:"逆匪起川楚,先后调省兵及禁旅索伦,縻帑三千余万曾未奏厥勋。睿皇帝四年始亲政，逮大学士珅，责以欺罔专擅籍其门。自今将佐敢有玩兵养寇复通贿赂者，其视珅。"恩威并施，剿抚兼用，尽量消弭官逼民反的态势，实施标本兼治的策略，提拔恤民善政的州县良官："乃诏百姓，生长太平。岂知有兵，半缘胥吏煎迫四散而忿争。朕日夜思之恒痛心，谳囚姑缓刑，特奖良吏赵华与刘清。"调整战术，避实击虚，实行坚壁清野，奖励参战乡勇："新兵毋再增，客兵毋轻调。官兵清野坚壁，土兵为侦导。凡尔乡勇，其有挺身杀贼及陷贼死者，大吏悉以告。"更换统兵将领，重用能征善战的额勒登保，授命为经略大臣，处置征剿战事所涉军政要务："皇帝曰，功之不蒇，由任将非人。尔参赞，德楞泰。累战常冠军，尔都统。明亮持重能拊循，尔额勒登保。鲵亮忠勤，为诸将先。贼惮其威，其授为经略大臣。"经过这些战略战术、将领人事的部署落实，征剿战局大为改观，川楚白莲教民变遭受重击，朝廷及官府又同步蠲减天下赋税："七年十二月，飞章大告捷。皇帝乃下明诏，宣布中外。班爵元功，暨诸将士以次各晋秩，普免天下租赋民大悦。"王朝政权秩序得到很大修复。

诗人身为士大夫官员，所作这组铙歌，不论是记述满清入关前对部落的整合，记述明军与清军的交战，还是描写清军平定叛军，描写清军征剿教民，其以清王朝为法统正宗、维护清王朝政权秩序的立场十分清晰。这种在政权本位基础上褒贬成败、纵论是非、评定功过的价值尺度，符合那个时代的政治逻辑，符合作者秉持的正统政治文化观念。诗人期盼朝廷从过往的尚武传统中汲取精神力量，振拔有为，重现曾经的辉煌功业和皇朝荣耀。诗人致用现实的强烈意愿决定了组诗的内涵选择，绝非空泛的感事怀旧。

三 载淳 载湉

载淳（1856—1875），即清穆宗。即位改元同治，在位十三年。

咸丰十一年（1861），载淳六岁时立为皇太子，同年即位。其间实由两宫皇太后慈禧、慈安并恭亲王奕䜣执掌国柄。同治十二年（1873），载淳亲政。同治十三年（甲戌，1874），载淳为慈禧太后办理四十寿辰庆典，留下了同治皇帝名义的祝寿歌舞曲辞《喜起舞乐二十章》。诗篇没有详述实事，而是以概括的手法称颂了载淳生母慈禧太后的治国功德。

> 皇太后万寿无疆，孝思共仰当阳。多福符三祝，维天降百祥。
> 岁逢甲戌，恭遇四旬。普天祝嘏，身身辰辰。
> 延洪绵宝箓，佳节庆长春献升恒颂，欢声遍九垠。
> 九垠溥被崇厘，大化式于璇帷。万姓瞻依切，千秋统绪垂。

垂帘十一年，夹辅任亲贤。长治久安歌永赖，武功懋兮文治宣。

皇躬资抚育，训政昭嗣服。燕翼荷贻谋，鸿庥多景福。

生民遂，元化濡。遏胘削，宽租逋。普乐利，醉醍醐。熙熙皞皞，怿怿愉愉。

殊方如砥平，声教既遐布。建此丕丕基，慈怀信增豫。

皇帝仁孝兼隆，圣母万福攸同。盛世人民乐恺，清时景物照融。

阊阖千门启，安舆驾凤来。德晖欣普照，欢喜上春台。

郁郁葱葱气佳，行行采仗齐排。鹭序鹓班陪位，会朝称庆无涯。

萱室开嘉燕，万年觞叠献。良辰寿而康，神人共欢忭。

我皇舞采，圣母情怡。太和翔洽，福禄来为。

奏五英，亲九族。麟定歌，鸿恩沐。本支百世感深仁，天潢一派益敦睦。

藩王部长咸来宾，重译殊方职贡陈。赤子之慕抑何深，凡有血气同尊亲。

奔走偕来趋阙廷，鞠鲵忭舞祝遐龄。锡之冠带列藩屏，小怀大畏懔威灵。

皇帝治洽重熙，垂裳恭己无为。以兹怡悦寿母，允宜福履绥之。

大孝章矣，茀禄康矣。勿替引之，纯嘏长矣。

五风十雨兆嘉祥，频书大有告丰穰。盛哉斯世泰而昌，神功炳焯焕珠囊。

同游化宇戴高厚，跻金阶兮介眉寿。慈颜有喜安以愉，与天地兮同悠久。（《喜起舞乐二十章》）

诗篇称述慈禧太后的功德，不可避免包含夸大的恭维之词，所采取的评判尺度自然符合作者的正统政治立场和亲子身份，但也揭示了被称为"同治中兴"的国家治理的部分真实侧面。"垂帘十一年，夹辅任亲贤。长治久安歌永赖，武功懋兮文治宣。"其间确有"武功懋"的一系列战事胜利，如剿灭太平军、捻军等；确有"文治宣"等一系列"自强""求富"政举，如兴办新式工业和建设海军、陆军。清王朝的政权秩序得到一定恢复和巩固。这些大局变化下的国家态势，被夸示为盛世景象："盛世人民乐恺，清时景物照融。"史家评论此时期的王朝景况是："国运中兴，十年之间，盗贼铲平，中外乂安。非夫宫府一体，将相协和，何以臻兹。"[①]诗篇描述的就是这样的政治局面。作为祝寿的颂政诗，回避了当时尚未消除的各种重大忧患和社会冲突，

---

① 赵尔巽等：《清史稿》卷二十二《穆宗本纪二》，中华书局1977年版，第848页。

在谋篇构思上是符合情理的。

载湉（1871—1908），即清德宗。四岁即位，改元光绪。在位三十四年。

光绪皇帝在位期间，先有慈安、慈禧两宫太后听政，后由慈禧独自垂帘。十八岁亲政后，亦未掌握国柄。有志振兴国运，屡作奋发努力。对内支持变法维新，对外主张维护国权。遭遇失败，后被幽禁，忧郁而亡。光绪二十年（甲午，1894），亲政才五年的载湉遭遇了清王朝最重大的挫败，清军在黄海、辽东、山东和朝鲜与日军交战，清军惨败，清朝陷入深重国难。光绪皇帝并非麻木不仁的平庸怠惰之辈，如史家所论："德宗亲政之时，春秋方富，抱大有为之志。"① 经此甲午战争惨败的重击，光绪皇帝除了承受莫大的国耻，还要为本已筹备多时的慈禧太后六十寿辰庆典操心。慈禧太后的六十寿辰因甲午战争失败而最终操办得较为黯淡，而以光绪皇帝的名义留下的祝寿颂政诗《喜起舞乐二十章》，却成了古代颂政诗中谀颂之辞的样本。这首颂政诗称颂慈禧皇太后，恭维至极，颂词和事实相差悬殊，未必是光绪皇帝的真实心声，当为词臣所作。诗篇盛赞了慈禧太后再度垂帘听政后执掌国柄、治理国家的功德。

皇太后福寿同绵，皇帝仁孝兼全。天佑圣母，锡之大年。
阏逢岁之阳，其阴在敦牂。其日维吉，其月日良。
王会大同，星纪五复。万国万年，以介景福。
猗欤母仪，翼我圣主。曰仁曰智，允文允武。
其武维何，谧谋璇幄。戡靖神州，威詟殊俗。
其文维何，崇儒礼贤。奎章藻耀，云汉在天。
其智维何，明烛万里。中外一家，官府一体。
其仁维何，如汤如尧。蠲租发帑，以恤民劳。
民劳休止，庶优游止。虽休勿休，民瘼求止。
自普天而率土兮，咸浃髓而沦肌。圣皇之德兮，圣母之慈。
茂矣美矣，荐嘉祉兮。唐矣皇矣，纯嘏尔常矣。
累印若绶，陑拜稽首。壤歌衢讴，逮及童叟。
累译而至，属国以万计。咸含和而吐气，颂曰盛哉乎斯世。
大矣孝熙，圣皇之思。以天下养，永奠此丕丕基。
行庆施惠，湛恩汪濊，而炽而昌。眉寿无有害。
乃镂琛册兮琇瑶章，乃展琼筵兮奉玉觞。乃瞻金陛兮穆穆皇皇，乃奏雅乐兮喈喈将将。

---

① 赵尔巽等：《清史稿》卷二十四《德宗本纪二》，中华书局1977年版，第965页。

>琴瑟在御，钟磬在虡。夔乎而鼓，轩乎而舞。
>荡荡八荒，惠问所翔。原圣母寿，应地无疆。
>圜穹戴笠，徵音四塞。原圣母寿，与天无极。
>荷天衢，提地厘，迄于期颐。万有千岁，福履绥之。（《喜起舞乐二十章》）

诗篇称颂慈禧皇太后垂帘听政成就卓著，武功文治盛业辉煌。"其武维何，谧谋璇幄。宪靖神州，威詟殊俗。""其文维何，崇儒礼贤。奎章藻耀，云汉在天。"赞叹慈禧皇太后以仁义礼智经邦治国，既对外协和万邦，又对内德政恤民，恩德泽及天下百姓。"其智维何，明烛万里。中外一家，官府一体。""其仁维何，如汤如尧。蠲租发帑，以恤民劳。""民劳休止，庶优游止。虽休勿休，民瘼求止。""自普天而率土兮，咸浃髓而沦肌。圣皇之德兮，圣母之慈。"慈禧皇太后协理统治下的王朝，国运兴旺，国基永固。"累译而至，属国以万计。咸含和而吐气，颂曰盛哉乎斯世。"诗篇描述慈禧太后实质掌权下的国家治理状况，堪称至善至美。这个治理境界，与当朝刚刚遭遇了国难、承受着国耻的社会现实相比，有着巨大的悬差。甲午之战的惨败，与慈禧太后挪用巨额海军经费缮修颐和园大有关联，诗篇将此类乱政祸国的大事遮掩得无影无踪。国家遭遇外寇侵凌，经营多年的军政事业不堪一击，诗篇对这样的国难国耻视而不见，反倒将此局面粉饰为盛世兴隆、万邦协和，表现出这首应景而作的颂政诗的谀颂实质。

四　赵奎昌　马寿龄　薛时雨　黄遵宪　杨锐

赵奎昌（1803?—1870?），字曼华，常熟（今江苏常熟）人。

赵奎昌的《癸未水灾杂感十首》组诗作于道光三年（1823），对水灾实情及赈灾实况都有深入描写，有称颂朝廷荒政德业的，也有披露地方官府赈灾对策失误的。如《癸未水灾杂感十首》（其十），记述该年大水灾之后，朝廷颁布赈粮诏令，救万民于饥荒。朝廷赈荒米粮及钱款发放做到了广泛覆盖和持续救济："数行宽大诏，百万穷饥民。按籍书户口，户户沾皇仁。计口授以米，计屋授以银。""一月赈一次，阖邑无穷人。"这样的荒政实绩使万千灾民感恩戴德："欢呼夹道路，帝泽真无垠。"灾区的面貌也在灾后恢复了生机："平畴水亦退，菜麦郊原新。旭日照檐底，跛屋皆生春。"诗篇对朝廷救灾的正面记述有其真实的一面，与该组诗的"其八"等篇章记述赈荒中的弊端一样，揭示了当时荒政实况的不同侧面，可信度较高。

马寿龄（？—？），字鹤船，采石（今安徽马鞍山）人。道光间诸生，咸丰间历江南大营文书等。

马寿龄的《闻楚人述汉阳司马赵静山事》歌赞良官爱民，荒政救民，赢得百姓诚心敬服。

> 汹汹水势连人声，江水欲与城门平。出钱恤民库已竭，三日暂停命几绝。万众围官官受诃，不知其意将云何。大府遣民民掩耳，谓尔支吾吾死矣。太守以下善说辞，胥吏骇汗遭鞭笞。司马闻知飞轿来，民攀轿帘亲揭开。众目端详一声好，烂额焦头都拜倒。道是当年汉阳令，惟所命之吾听命。争换舆夫驰到局，长官后随徒仆仆。司马呼民民我儿，我能乞米儿不饥。儿命在我儿无违，定以钱数约以期。期较长官所约远，民反欣欣诺而返。昼夜经营不告劳，哀鸿中泽无嗷嗷。乌乎，民心归仁在求瘼，欺民朘民徒愧怍。君不见赵青天，已别汉阳将十年，汉南口碑江南传。

诗篇描述汉阳水灾肆虐之际，当地官府虽已发放赈灾钱款，无奈僧多粥少，接济不足，引起灾民不满，围堵衙门。"出钱恤民库已竭，三日暂停命几绝。万众围官官受诃，不知其意将云何。大府遣民民掩耳，谓尔支吾吾死矣。"官员正在一筹莫展之时，情况突然发生变化，民众纷纷对一个赶至现场的官员叫好，聆听他的规劝："司马闻知飞轿来，民攀轿帘亲揭开。众目端详一声好，烂额焦头都拜倒。道是当年汉阳令，惟所命之吾听命。争换舆夫驰到局，长官后随徒仆仆。司马呼民民我儿，我能乞米儿不饥。儿命在我儿无违，定以钱数约以期。"闻听"当年汉阳令"赵司马的劝导后，民众心悦诚服地返归，围堵官衙的风波得到平息。诗人感慨，正是由于赵司马当年真切关怀民瘼，仁政悯民，德政惠民，赢得了民众的信任，才会有此效果。赵司马的良好口碑来自他过去一贯的恤民善政，诗篇称扬了他的为官之道。

薛时雨（1818—1885），字慰农，全椒（今安徽全椒）人。咸丰间进士，任嘉兴知县。赴李鸿章淮军佐幕。同治间历杭州知府等。

薛时雨的颂政诗，有的歌赞将领统兵守城，抵御"盗贼"，如《铁六合歌》；有的称赞官员尽心履职，赈荒济民，如《踏灾行》。

> 纸糊金陵城，龙蟠虎踞虚得名。铁铸六合县，众志成城经百炼。温侯磊落人中豪，勋名上溢太真高。频年教养勤抚字，乃能执梃卫四郊。阴云惨淡悲风号，红巾十万排江皋。投鞭断流已深入，背城借一将安逃。梯冲百道攻深宵，拟金伐鼓军锋鏖。十荡十决屹不下，此城比铁尤坚牢。

君不见，铁甲无功铁骑走，铁瓮临江潮怒吼。六州一错铸难成，斗大孤城名不朽。杀气东南作阵云，隔江遮断马头尘。酬庸让尔铭铜柱，擢发将谁铸铁人。（《铁六合歌》）

乡民汹汹莽且卤，走向公庭诉疾苦。万口嘈杂不成声，手持枯苗泪如雨。长官鸣鼓急升堂，灾状一一亲端详。疾苦岂待尔民诉，长官旦夕心彷徨。下堂重向尔民道，车戽宜勤救宜早。长官本自田间来，恫瘝为尔萦怀抱。尔今速归勤灌培，我今出城亲勘灾。乡民稽首鱼贯去，长官独棹扁舟来。舟行十里河流塞，断港绝流行不得。仆夫裹足愁炎蒸，道旁有荫争休息。长官一见心则嘳，尔辈惮暑何逡巡。眼前车戽苦十倍，此苦我欲分斯民。舍舟登岸腰脚健，东阡西陌循行遍。乡民传说长官来，黄童白叟争相见。自家疾苦忽不知，冒暑转为长官嘻。茶汤瓜藕各进献，一瓯受尔惭且悲。归途烈烈炎风吹，父老送我涕沾颐。寄声父老且勿痛，我归为尔谋赈饥。（《踏灾行》）

《铁六合歌》记述同治四年（1865）六合知县温绍原率领军民守卫县城，成功抵挡了太平军"红巾"的攻城。温知县统兵坚守之所以能够成功，除了身先士卒，鼓舞士气，也在于长年勤苦练军。"铁铸六合县，众志成城经百炼。""频年教养勤抚字，乃能执挺卫四郊。""十荡十决屹不下，此城比铁尤坚牢。"诗篇以正统价值观褒扬了官员尽职"剿贼"的忠臣行为。《踏灾行》称赞良官体恤灾民，实地勘灾，感召灾民自救。"长官"从灾民哭诉中初步察知了灾情，劝导灾民回乡努力灌溉，并决意亲自实地踏勘灾情："长官鸣鼓急升堂，灾状一一亲端详。疾苦岂待尔民诉，长官旦夕心彷徨。下堂重向尔民道，车戽宜勤救宜早。长官本自田间来，恫瘝为尔萦怀抱。尔今速归勤灌培，我今出城亲勘灾。""长官"奔波乡间田野，乡民看到"长官"冒着酷暑亲自前来勘灾，莫不感动，"长官"也勉力安抚勤苦自救的百姓，表示愿为赈灾谋事："乡民传说长官来，黄童白叟争相见。自家疾苦忽不知，冒暑转为长官嘻。""寄声父老且勿痛，我归为尔谋赈饥。"诗篇所描述的赈灾实况及官民关系，展示了清代晚期地方施行荒政的一个侧面。

黄遵宪（1848—1905），字公度，嘉应（今广东梅州）人。光绪间举人。历旧金山总领事等。后任江宁洋务局总办，入强学会，任湖南长宝盐法道。戊戌变法期间署湖南按察使。

黄遵宪的《喜闻恪靖伯左公至官军收复嘉应贼尽灭》作于同治五年（1866），记述了湘军将领左宗棠剿灭太平军残部的战事胜利。

诸侯齐筑受降城，狂喜如雷堕地鸣。终累吾民非敌国，又从据乱转升平。黄天当立空题壁，赤子虽饥莫弄兵。天下终无白头贼，中原群盗漫纵横。恢恢天网四围张，群贼空营走且僵。举国望君如望岁，将军擒贼早擒王。十年窃号留余孽，六百名城作战场。今日平南驰露布，在天灵爽慰先皇。

史载："（五年正月）左宗棠督诸军复嘉应，粤匪平。左宗棠以次论功赏叙。"① 诗篇描写左宗棠率兵攻取太平军余部占据的城池，赢得"剿匪"战事的重大胜利。"诸侯齐筑受降城，狂喜如雷堕地鸣。终累吾民非敌国，又从据乱转升平。"诗篇展望，在天罗地网的政权威压下，"盗贼"之乱终将平息："天下终无白头贼，中原群盗漫纵横。恢恢天网四围张，群贼空营走且僵。"诗人因此把消灭太平军残部看成实现了先皇咸丰皇帝意愿的大事予以庆贺："今日平南驰露布，在天灵爽慰先皇。"对剿灭"盗贼"持完全拥护的立场。诗人虽然看到了"盗贼"作乱包含有走投无路、官逼民反的因素，但仍然表示了不允许对抗政权的态度："黄天当立空题壁，赤子虽饥莫弄兵。"当百姓因饥寒交迫铤而走险的时候，虽然也有怜悯同情，但这种怜悯同情必须服从于维护政权秩序的更高价值选择。晚清时期，持续不断的民变引发政权危机，在士大夫心中产生了巨大的忧惧。诗人称赞"剿贼"战事，是士大夫正统政治立场的正常表达。

杨锐（1857—1898），字叔峤，绵竹（今四川绵竹）人。光绪间贡生，为张之洞幕客。后中举，授内阁中书。甲午战事起，参与发起强学会。

杨锐的《闻官军收复准部四城》组诗作于光绪三年（1877），歌颂左宗棠麾下湘军将领刘锦棠率兵收复被叛匪占据的新疆城邑的战事胜利。

自拓伊犁地，频年费转输。先朝有深意，北徼绝强胡。异域归盟长，安边想庙谟。明明四夷守，经国意何如。

瀚海封疆重，将军号令轻。准回初有议，中外本同情。贵胄仍专阃，獯戎屡畔盟。终朝立行省，藩部比陪京。

甲子江南定，西征系圣颜。至今尧典在，回忆禹谟艰。王者真无战，中原不复关。凄凉告庙日，云气满桥山。

史载："（光绪三年）冬十月，刘锦棠进复喀喇沙尔、库车两城，寻复阿

---

① 赵尔巽等：《清史稿》卷二十一《穆宗本纪一》，中华书局1977年版，第812页。

克苏及乌什城。"① 诗篇回溯了朝廷经略新疆的宏图大业："自拓伊犁地,频年费转输。先朝有深意,北徼绝强胡。"诗人认为,开疆拓土,靖边安邦,这项事业即使耗费颇巨,也值得为之付出。当朝皇帝继承乾隆以来经略新疆的事业,为抵御"强胡"祸乱边疆制定了战略对策。史载,光绪元年(1875),"(三月)授左宗棠钦差大臣,督办新疆军务"。② 诗人对朝廷的新疆经营方略和领军人选深为赞同:"瀚海封疆重,将军号令轻。"相信终有一天会设立新疆行省,实现新疆的长治久安:"终朝立行省,藩部比陪京。"诗人的这一预测后来果然得到了应验。光绪十年(1884)九月,"新疆改建行省,置巡抚、布政使各一,裁南北路都统、参赞、办事、领队诸职"。③ 组诗还披露,同治三年(1864)平定太平军,江南之乱已定,但西部边患未平,皇帝对此记挂在心。经过左宗棠等将领统兵征战,终于改变了这一不利的局面,边域趋于巩固稳定。诗人用"尧典""禹谟"喻示先帝创业开拓的艰难,认为本朝平定边疆的盛举可以告慰列祖列宗。诗篇提及"告庙",称赞了皇帝继统承绪、光大祖业的行动;提及"桥山"(黄帝陵所在地),称赞了朝廷捍卫江山社稷的果决政治措施。组诗的题旨虽然带有晚清时期内忧外患的悲凉色彩,但维护大一统的正统政治观念仍然表达得十分清晰、坚定。

---

① 赵尔巽等:《清史稿》卷二十三《德宗本纪一》,中华书局1977年版,第861页。
② 同上书,第853页。
③ 同上书,第881页。

第九章　清代怨政诗

概　论

　　清朝的建立、巩固、兴盛、衰败、覆灭，是中国古代王朝政治最后的大篇章，其复杂多样的内涵带来了无尽的历史评说。清朝武装集团进入关内建立新王朝的战争过程十分残酷，"嘉定三屠""扬州十日"等无数的残虐杀戮构成了一段血腥历史。"扬州是江南顽强抵抗清军的第一座城市，清兵欲杀一儆百，下令屠城，屠杀持续了十天以上。"① "清兵攻克扬州城后，很快下南京，克杭州，所向披靡。在长江中游地区，清兵的进攻也相当顺利，湖北等地大都降服。但也有不少地方的民众，在明朝官吏和地方士绅的领导下，固城自守，反抗清兵。其中最值得注意的，有嘉定、苏州、昆山、江阴、嘉兴和宁国的泾县等地反清和屠城。"② "在清代初年即从顺治元年至康熙三年（1664）的21年间，南直隶、浙江、福建、广东、江西、湖南六省死于战争、屠城和迁界中的人口可能达到700万人。"③ 这段痛史不可磨灭，在未删完的相关诗篇里留下了深深的印迹。

　　清朝政权在巩固统治的过程中，兼收并蓄了中国历代治国统御的经验教训，有力控制住了全国局面。清朝当政者比蒙元政权更快实行了适合中国农耕文明的治国方针。经过清代前期顺治、康熙的卓越治理，清朝的统治秩序走向稳固，国家的实力逐步达于鼎盛。但清王朝也没有能够逃脱王朝兴衰的政治演变规律。"大概每个新王朝的最初几代君主官僚们为了收拾人心，特别是为了增加生产，以裕税源，还多少能保持一点戒慎恐惧的精神，留意人民疾苦；对于其下属乃至农村豪绅土劣的各种压榨人民的非法活动尚可予以防

---

① 葛剑雄等：《中国人口史·第五卷》，复旦大学出版社2005年版，第18页。
② 同上书，第20页。
③ 同上书，第41页。

范或钳制。等到安而忘危、积久玩生或者消费贪欲逐渐随着经济恢复生机而增强起来,官场腐败、贪污横行的现象就不期然而然的发生。"① 乾隆时期,达到了国富兵强的巅峰,也同时埋伏了国势衰落的潜在社会危机。乾隆皇帝宏图大略,开疆拓土,繁荣经济,给王朝带来了进取活力,但又好大喜功,滥用国力,挥霍财富,兼之宠信佞臣,纵其弄权,导致败政祸国,使王朝元气大伤。乾隆皇帝大臣和珅,贪贿至巨,富可敌国,即为显例。"和珅柄政久,善伺高宗意,因以弄窃作威福,不附己者,伺隙激上怒陷之;纳贿者则为周旋,或故缓其事,以俟上怒之霁。大僚恃为奥援,剥削其下以供所欲。盐政、河工素利薮,以征求无厌日益敝。川、楚匪乱,因激变而起,将帅多倚和珅,縻饷奢侈,久无功。""高宗虽遇事裁抑,和珅巧弥缝,不俊益恣。仁宗自在潜邸知其奸,及即位,以高宗春秋高,不欲遽发,仍优容之。"② 虽然后来和珅伏法,但清朝政治蠹腐已深,其危害已伤及国体,动摇国本。

  嘉庆时期,朝廷面对乾隆后期以来各地此伏彼起的民变,仍然浑浑噩噩忙于治标和灭火,朝廷和地方的劣政弊策并未得到根本扭转,而外部世界的巨大变化更被清朝皇室完全轻视了,未能因应于外部世界已经进入工业时代的根本变迁。及至道光年间,必然降临、骤然而至的中英鸦片战争及其战败的后果使清王朝面临了前所未有的巨大困境。"清王朝上下,从皇帝到平民,都不知道英国的力量,甚至不明白英国地处何方,依然沉醉于'天朝'迷梦之中,根本没有把'天朝'以外的一切放在眼里。战争的恶魔是在清王朝全然不知的情况下忽然附身,给它带来了一场史无前例的厄运。"③ 各级当政者对外部世界的茫然无知,贯穿在应对外来危机的各个环节。"当时清朝官员仅仅是从国内事务的角度来考虑禁烟的。就连道光帝由内阁明发的让他们'各抒己见'谕旨,也是通过'刑部咨会'或'户部咨会',而不是由'礼部咨会'或'兵部咨会'的方式传到他们的手中。他们认为,禁烟难就难在地方官的玩忽、胥吏的庇纵、兵丁的贪赃、奸民的枉法。其中许多奏折已经点明而另一些奏折虽未点明但也暗谕,禁烟最大的障碍在于充斥了鸦片交易中的贿赂,及由此引起的贪官污吏的暗中抵制。他们没有看到,英国的阻挠才是禁烟真正的终极障碍。"④ "清政府对西方世界可谓十分无知。既不了解他们的思想文化,不了解他们的船坚炮利,更不了解他们来到中国的目的。这就使得清廷在与西方列强打交道时,处于被动地位,内政外交政策的制定就显

---

① 王亚南:《中国官僚政治研究》,商务印书馆 2010 年版,第 128 页。
② 赵尔巽等:《清史稿》卷三百一十九《和珅传》,中华书局 1977 年版,第 10755 页。
③ 茅海建:《天朝的崩溃:鸦片战争再研究》,生活·读书·新知三联书店 2014 年版,第 84 页。
④ 同上书,第 90 页。

得乖谬而不合情理。道光帝在鸦片战争中首则急躁冒进,示以声威;继则胆小如鼠,求和自保。这种前后矛盾,首鼠两端,就跟不了解英国有关。"① 朝廷对鸦片灾难和鸦片战争的应对失策,大大加重了外部世界强加给清王朝的空前社会危机。这些事实,在清代怨政诗里得到了印证。如朱琦的《感事》感慨鸦片战争清军失败,展望清朝终将取胜:"我朝况全盛,幅员二万里。岛夷至么么,沧海渺稊米。庙堂肯用兵,终当扫糠秕。"这种轻蔑态度,更多是一种盲目自信,源于对外部世界的茫然无知。贝青乔《咄咄吟》(天魔群舞骇心魂)描写鸦片战争中,清军将领宋国经企图以纸糊面具恐吓英军以取胜,如其诗序所描述:"宋国经欲以奇兵制胜,特向市中购买纸糊面具数百个,募乡勇三百四十二人,装作鬼怪。""时方白昼,跳舞而前,夷以枪炮来击,我兵耳目为面具所蔽,不能格斗,遂溃散。"也是这类不知己不知彼的典型案例。

咸丰年间爆发的太平天国战乱,是清王朝多年的国家治理失败招致的又一巨大灾难。"元末战争、明末战争造成的人口死亡约为全国人口的五分之一,太平天国战争中人口死亡的比例为全国人口的六分之一左右。这并不是说,太平天国战争不如以前的战争那般残酷。事实上,太平天国战争是中国历史上造成人口死亡最多的战争。然而,由于中国人口总量的增加,相对全国而言,这场战争所导致的人口死亡比例相对较小。"② 鸦片战争、太平天国等先后而至的内外战争大大降低了清王朝的统治效力,严重动摇了清王朝的统治基础。"鸦片战争等一系列对外战争的开销及战后的条约赔款,成为清朝财政前所未有的额外开支;继之更有太平天国的发生,太平军的占领区恰好是清朝财税最重要的来源地,使得解饷、协饷制度被全盘打乱。江浙等富庶省区原来是清政府财税的重镇,如今多被太平军控制,不但不能完成对清朝中央政府的财政上缴(解饷),反而要依赖中央政府的财政支持;不但不能实现对其他穷省的财政调拨(协饷),反而要依靠其他省份的财政支援。大规模的战争使国库竭蹶。"③ 其后,勉强挣扎着延续了统治的清政权,在同治年间开始了变革的进程,开展了包括近代兵器制造在内的洋务运动,这些工程成了慈禧掌权的皇室及其大臣们试图扭转国运颓势的平台和希望。但洋务运动并未让清王朝脱胎换骨,新添的近代武器装备并未改变清王朝应对外部世界的衰弱社会结构,中日甲午战争清军的惨败再次重创了清政权的统治秩序。清代怨政诗描写鸦片战争、太平天国、甲午战争等战乱、战祸的作品很多,

---

① 张国骥:《清嘉庆道光时期政治危机研究》,岳麓书社2012年版,第99页。
② 葛剑雄等:《中国人口史·第五卷》,复旦大学出版社2005年版,第834页。
③ 郭卫东:《倾覆与再建:明中叶至辛亥革命的政治文明》,北京大学出版社2009年版,第96页。

是那些历史阶段危重时局的珍贵实录。

光绪时期，虽然部分大臣和士大夫官员对外部世界有清醒认识，试图实行深度的变革，并得到了光绪皇帝的支持，但以慈禧为首的反对重大变革的政治势力占了上风，最终以光绪二十四年（1898）戊戌政变的结局宣告了清王朝国家政治自我拯救的失败。1900年的八国联军之祸，再次加速了清朝政权的崩溃步伐。史家论及鸦片战争、甲午战争、八国联军等史事时，掩抑不住强烈的屈辱感："洎乎道光己亥，禁烟衅起，仓猝受盟，于是畀英以香港，开五口通商。咸丰庚申之役，联军入都，乘舆出狩，其时英、法互起要求，当事诸臣不敢易其一字，讲成增约，其患日深。至光绪甲午马关之约，丧师割地，忍辱行成，而列强据利益均沾之例，乘机攘索，险要尽失。其尤甚者，则定有某地不得让与他国之条，直以中国土疆视为己有，辱莫大焉。庚子一役，两宫播迁，八国连师，势益不支，其不亡者幸耳。"① 其后，清朝政权又苟延残喘了十一年。随着宣统皇帝的退位，中国古代王朝政治彻底画上了终止符号。数量庞大的清代怨政诗，记述了从清初血腥的改朝换代，到清末阴郁的政变故事，清晰勾画了清王朝政治变迁的完整轨迹，深度揭示了清王朝兴盛衰亡的内在趋势。

清代怨政诗记述当代对内对外的各种弊政劣治，是对唐宋元明以来批判社会现实的怨政诗创作传统的发扬光大。即以吏胥题材的怨政诗为例，清代怨政诗在关照和反映王朝政治方面，达到了前所未有的广度和深度，创作成就很高。吏胥问题，是清代诗人关注的重要问题，也是前代诗人持续关注的热点。吏胥问题不仅关乎吏治清浊与否，实际也关乎清代政治经济发展的大局。"清政府的农业政策，总的来说是有利于社会经济发展的。但吏治的良劣是封建国家经济政策能否得到切实贯彻的关键。就是在吏治较好的时候，有所作为的循吏和良吏总是少数，经济政策的正确贯彻执行通常会打折扣。吏治败坏的时候，政策更会严重失效。乾隆末年以后，吏治日见腐败。官吏通过寻租以贪污中饱，更是难以遏止，政策的有效贯彻也就更难了。"② "导致清代行政体制运行机制常常出问题的是胥吏势力的强大。无论是中央六部及相关机构，还是地方上的省府州县，官署中一应政务活动往往为书吏暗中操纵。就地方上的州县而言，清代的州县不像宋代那样有自己的属员，清代州县的组织机构不健全，州县官无用人之权，执行公务，全靠胥吏。胥吏无任期限制，他们往往是父子师徒相传为业，穴窟公堂。而朝廷并无胥吏薪俸的规定，各级官署中也没有行政经费的预算，因而他们的开支，全凭索贿。故

---

① 赵尔巽等：《清史稿》卷一百五十三《邦交志一》，中华书局1977年版，第4482页。
② 方行等：《中国经济通史·清》，经济日报出版社2007年版，第7页。

非法营私，成为公开行为。胥吏操纵各级官府的政务活动，不仅使钻营请托、贪赃枉法之事层出不穷，而且必然导致行政效率低下，国家机器运转失灵，最终造成政治危机的出现。这是有清一代行政体制运行机制方面所无法克服的问题。"① 不法吏胥假公济私，滥用权力，表现的方式形形色色，涉及的政务方方面面，这种情况具有一定的普遍性。"派到乡下催收赋税的衙役，最有滥用权力向百姓勒索钱财的便利条件。"② "那些被派到乡下征收赋税漕粮的衙役到村里后，向百姓索要'地钱'、酒饭钱、船钱等。"③ "捕役们常常强入民宅，以搜查盗赃为借口，勒索钱币，攫取民财。"④ "驿站吏胥也常常滥用权力敲诈百姓，维持驿站服务成了地方百姓的一大负担。百姓常常被摊派为驿站喂马、支付驿站的费用。或者，他们常常被迫无偿或廉价为驿马提供饲料。"⑤ 赋税征收中的各种弊端，是历代的顽疾，清代在赋税政策上也没能杜绝其中的弊政惯例，州县吏胥在政策默许之外，又变本加厉搜刮百姓，增加了百姓的税赋痛苦，这在大量怨政诗中也得到了直接描写。至于在粮政、荒政、税政中的吏胥徇私枉法，表现也是五花八门。"各省钱粮完欠细数，官吏多不宣示，胥吏因缘为奸，亏空拖欠，视为故常。"⑥ "时东南财赋之区，半遭蹂躏。未被兵州县，又苦贪吏浮收勒折，民怨沸腾，聚众戕官之事屡起。州县率以抗粮为词，藉掩其浮勒之咎。江苏苏、松等属，每遇蠲缓，书吏等辄向业户索钱，名曰卖荒。纳钱者，虽丰收仍得缓征；不纳者，纵荒歉不获查办。"⑦ 朝廷觉察地方弊政，并严厉申令纠弊，但实际效果往往事与愿违。即以漕政弊端为例："（乾隆）二十一年谕曰：'漕粮岁输天庾，例征本色。勒收折色，向于严禁。现值年丰谷贱，若令小民以贱价粜谷，交纳折色，是闾阎终岁勤劬，所得升斗，大半粜以输官。以有限之盖藏，供无穷之朘削，病民实甚。著通谕有漕省分大吏，饬所属征收粮米，概以本色交纳，无许勒折滋弊。如有专利虐民者，据实严参。'然州县往往仍藉改折浮收，虽有明令，莫能禁也。"⑧ 地方官吏与漕运官员及差役的相互徇私舞弊，使个中弊端形成恶性循环。"凡漕兑，首重米色。如有仓蠹作奸，掺和滋弊，及潮湿霉变，未受兑前，责成州县，既受兑后，责在弁军，核验之责，监兑官任之。

---

① 白钢等：《中国政治制度通史·清代》，社会科学文献出版社 2011 年版，第 2 页。
② 瞿同祖：《清代地方政府》，法律出版社 2011 年版，第 105 页。
③ 同上书，第 106 页。
④ 同上书，第 109 页。
⑤ 同上书，第 244 页。
⑥ 赵尔巽等：《清史稿》卷一百二十一《食货志二》，中华书局 1977 年版，第 3533 页。
⑦ 同上书，第 3539 页。
⑧ 同上书，第 3569 页。

如县卫因米色争持，即将现兑米面同封固，送总漕巡抚查验，果系潮湿掺杂，都令赔换筛飏，乃将米样封送总漕，俟过淮后，盘查比较，分别纠劾。然运军勒索州县，即借米色为由。州县开仓旬日，米多廒少，势须先兑。运军逐船挑剔，不肯受兑，致粮户无廒输纳，因之滋事。运军乘机恣索，或所索未遂，船竟开行，累州县以随帮交兑之苦。及漕米兑竣，运弁应给通关。通关出自尖丁。尖丁者，积年办事运丁也，他运丁及运弁皆听其指挥。尖丁索费州县，不遂其欲，则靳通关不与，使州县枉罹迟延处分。运军运弁沆瀣一气，州县惟恐误兑，势不得不浮收勒折以供其求。上官虽明知其弊，而惮于改作。且虑运军裁革，遗误漕运，于是含容隐忍，莫之禁诘。州县既多浮收，则米色难于精择。运军既有贴费，受兑亦不复深求。及至通州，贿卖仓书经纪，通挪交卸，米色潮湿不纯之弊，率由于此。积重难返，而漕政日坏矣。"① 清代怨政诗对吏胥在税政、荒政、粮政、漕政、驿政等项政务中的这些劣迹作了广泛如实的具体描写，虽然不是系统的理论阐释，但揭示了吏胥问题在国家政治中的广泛危害程度，认识价值颇高。

　　清代的文网十分森严，朝廷对社会政治活跃阶层的文人士大夫的控制十分严厉。如："清朝一开始就对江南士绅实行严厉的打击政策，整个顺治朝十八年间，江南大案不断，腥风血雨，其惨烈之程度远过明朝初期。康、雍、乾三朝对江南士绅转为恩威并施，科举与文字狱双管齐下。在清廷淫威的摧挫之下，清代前期江南士绅之特权、势力和社会影响均不及明代后期。"② 这样压制士大夫文人的政策，显然不仅针对江南地区。与此相关，文字狱对清代政治文化的影响也十分显著。"清代文字狱次数之多、处罚之严，实为历代所罕见。""凡是不利于清皇朝统治的文字、著述和言行，一概被斥为'悖逆'和'狂吠'，罗织罪名，然后置之重典。从康熙到乾隆，前后大约一百二十年，据不完全统计，大小案件有九十多起。大部分集中在雍正、乾隆年间，其中乾隆四十三年至四十七年（1778—1782）五年之间，就有将近四十起，文字狱的规模是空前的。"③ 清代统治者的文化控制政策，对怨政诗的创作和存世都产生了极大影响。出于对王朝政治阴暗面的遮护，清代记录朝代更替血腥惨况和施政恶劣弊端殃民的数量浩繁作品，很多被禁毁，没能存留下来。即便如此，现存的清代怨政诗也在相当程度上展示了清代政治运行的部分真实状况。

　　清代的诗歌，迄今尚未有完整的总集整理问世。因此，只能依据清代的

---

① 赵尔巽等：《清史稿》卷一百二十二《食货志三》，中华书局1977年版，第页3581页。
② 徐茂明：《江南士绅与江南社会（1368—1911）》，商务印书馆2006年版，第84页。
③ 白寿彝等：《中国通史·清时期》上册，上海人民出版社2013年版，第134页。

一些较重要的诗歌总集、别集作为清代怨政诗的文本收集对象。总集如《清诗汇》《清诗铎》等；别集如《梅村家藏稿》（吴伟业），《田间诗文集》（钱澄之），《陋轩诗集》（吴嘉纪），《西堂诗集》（尤侗），《学余堂集》（施闰章），《翁山诗外》（屈大均），《松桂堂集》（彭孙遹），《独漉堂集》（陈恭尹），《白鹿山房诗集》（方中发），《精华录》（王士禛），《东江诗钞》（唐孙华），《邵子湘全集》（邵长蘅），《敬业堂诗集》（查慎行），《饴山诗集》（赵执信），《耕余居士诗集》（郑世元），《归愚诗钞》（沈德潜），《小仓山房集》（袁枚），《瓯北集》（赵翼），《更生斋集》（洪亮吉），《天真阁集》（孙原湘），《青芝山馆诗集》（乐钧），《小谟觞馆诗文集》（彭兆荪），《意苕山馆诗集》（陆嵩），《古微堂诗集》（魏源），《平昌诗草》（吴世涵），《思伯子堂诗集》（张际亮），《怡志堂诗初编》（朱琦），《复庄诗问》（姚燮），《巢经巢诗集》（郑珍），《乐潜堂诗集》（赵函），《半行庵诗存稿》（贝青乔），《秋蟪吟馆诗钞》（金和），《小匏庵诗存》（吴仰贤），《人境庐诗草》（黄遵宪），等等。在按照类似《全唐诗》《全宋诗》《全元诗》这样完整的总集标准，编纂完成《全清诗》之前，虽不能提供清代怨政诗的完整数量及其类别情况，但从现有的抽样统计中仍可大致描述出清代怨政诗创作的基本情况。

　　清代怨政诗对社会政治现实的批判描写仍如前代一样，主要围绕赋税、战争、徭役、吏治及漕政、河政、盐政、粮政、田政、狱政等多项政务展开。如战争与饥荒交相为祸的情形："战争也是造成灾荒的人为条件之一。战争和灾荒，可以互相影响。一方面，战争固然可以促进灾荒的发展；另一方面，灾荒不断扩大和深入的结果，就某种意义和范围来说，又往往可以助长战争的蔓延。"① "清朝代替明朝后，在开头的许多岁月里，同样充满着腥风血雨、饥饿和灾荒。如果说，明末的战乱更多地局限于西北、华北大地，那么在清初，已延伸到长江以南、富庶的东南沿海，以及大西南地区。在将近半个世纪里，这样的灾难，几乎遍及整个中国大地之上。"② 清代后期的内外战争及各种天灾人祸交相为害，带来了巨大的社会苦难。"战争期间如果同时发生自然灾害（此类情况几乎都会出现），后果就更不堪设想。由于行政管理瘫痪，交通受阻，缺乏必要的物质和人力以及统治者无暇旁顾等原因，灾民得不到及时和有效的救济，灾情得不到及时的控制，会造成比平时严重得多的损失。"③ 清代怨政诗很多作品极有深度地描述了多种灾害叠加的社会现实状况。

　　清王朝的不同阶段，怨政诗反映社会政治的侧重点各有不同。清代前期

---

① 邓云特：《中国救荒史》，商务印书馆2011年版，第84页。
② 方行等：《中国经济通史·清》，经济日报出版社2007年版，第135页。
③ 葛剑雄：《中国人口史·第一卷》，复旦大学出版社2005年版，第58页。

的怨政诗，从题材内容所占比例看，描写战争暴虐、战祸殃民的约占13%，描写荒政失效、赈济匮乏的约占17%，描写徭役严酷、征调繁苛的约占20%，描写税负沉重、征赋冷酷的约占24%，描写田政、粮政、河政、漕政等方面弊政劣策的约占26%。清代中期的怨政诗，描写田政、粮政、河政、盐政、漕政、狱政、吏治等方面弊政劣策的约占52%，描写荒政失效、赈济匮乏的约占20%，描写税负沉重、征赋凶戾的约占11%，描写徭役严酷、征调繁苛的约占11%，描写"剿贼"不力、兵祸殃民的约占6%。清代后期的怨政诗，描写外战失败、误国误军的约占30%，描写"剿贼"不力、官军戕民的约占25%，描写河政、田政、漕政、盐政、狱政、吏治等方面弊政劣策的约占25%，描写荒政失效、赈饥匮乏的约占10%，描写税负沉重、征赋凶戾的约占6%，描写徭役严酷、征调繁苛的约占4%。清代前期、中期、后期怨政诗描写不同社会政治生活面的作品比例高低不同，揭示出不同时期清代社会政治问题的时代差异性，也表现出清代不同时期的怨政诗对王朝和地方政治活动的描述具有较高的准确度和同步性，尤其是对当朝一些重大时事如中英鸦片战争、太平天国战争、中日甲午战争等都有同步的、充分的描写，乃至对戊戌政变也有直接的、独特的观察和记录。

历代怨政诗对朝政错谬、施政失败、百姓痛苦、国家危难的认知和感发有很高的共通性，历代怨政诗人不约而同关注和描写相似的社会政治问题，表现出极强的政治观察力和可贵的社会良知。清代怨政诗人沿着历代怨政诗的轨迹，完成了中国古代怨政诗创作的最后有力收束。

第一节　清代前期怨政诗——征索流离　新朝民瘼

清代前期是指清世祖顺治至清圣祖康熙时期。清代前期，伴随着清朝铁蹄入关的是大江南北生灵涂炭的人间惨剧。除了大大小小战事带来的民间灾难，伴随着残酷战争的还有严酷的徭役，包括与战争直接相关的差役。"而在军队所经过的地方，实行兵差，带来的害处也很大。所谓兵差，实际上就是苛索饷糈，夺杀耕畜，抓配人伕草料。这种情形，秦、汉以来，历代都有。"① "明末清初的战乱，延续了半个世纪之久。农民大量逃亡，耕地严重荒芜。"② 清初的怨政诗人，大都经历了那个血腥的年代，他们的怨政诗描写战争灾难的场景，对草菅人命的满清新贵们的谴责撼人心魄。改朝换代的暴虐战事和

---

① 邓云特：《中国救荒史》，商务印书馆2011年版，第89页。
② 方行等：《中国经济通史·清》，经济日报出版社2007年版，第27页。

与战事相伴的苛酷施政在这个时期的怨政诗里得到了相当程度的真实反映。

清王朝建立后,完成了平定内乱、统一全国的艰难过程,逐步实现了社会的稳定和经济的发展。在社会总体趋于繁荣的渐进过程中,也有水旱天灾下农民流离失所,官吏趁火打劫,以及平常年景里农民忍受赋税压榨,官吏作威作福,涉及税政、荒政、吏治、河政、粮政等。如赋税:"(顺治)十五年,江西御史许之渐言:'财赋大害,莫如蠹役,官以参罚去,而此蠹役盘踞如故。请饬抚按清查,甚者处以极刑,庶积弊可冀廓清。'"① 如徭役:"田赋职役,本有经制。大率东南诸省,赋重而役轻,西北赋轻而役重。直隶力役之征,有按牛驴派者,有按村庄派者,有按牌甲户口科者,间亦有按地亩者。然富者地多可以隐匿,贫者分厘必科,杂乱无章,偏枯不公。其尤甚者,莫如绅民两歧。有绅办三而民办七者,有绅不办而民独办者,小民困苦流离,无可告诉。"② 可知清代前期地方赋税徭役等政务弊端明显。这些施政苛酷、压迫沉重的现实场景,在清代前期的怨政诗里都得到了深入的刻画,揭示了顺治、康熙时期政权渐稳、国势渐强背景下的社会晦暗侧面。清代前期怨政诗人将目光投向社会底层的田夫农妇,为民请命,希望朝廷和官府纠改弊政,发挥了怨政诗的重要社会功能。

清代前期的怨政诗作者,既有很多是入仕新朝的明代士大夫,也有很多是在新政权建立后科举入仕的官员,还有一些是前朝和新朝的布衣文人。如丁耀亢、戴明说、朱鹤龄、孙宗彝、归庄、孙廷铨、曹溶、宋琬、龚鼎孳、刘汉藜、魏裔介、魏象枢、张丹、张新标、孙枝蔚、梁清标、赵进美、顾景星、王承祖、李邺嗣、黄生、费密、陈维崧、刘仪恕、濮淙、沈钦圻、王昊、陆世楷、殷升、吕留良、朱彝尊、严我斯、陆陇其、屈大均、金德嘉、郭凤喈、卢纮、严允肇、吴农祥、周弘、毛师柱、张笃庆、赵俞、冯廷櫆、劳之辨、姚文、乔莱、李光地、郭九会、王式舟、王晦、顾彩、沈名荪、景星杓、钮琇、胡会恩、王苍璧、马骏、申颋、刘廷玑、徐旭旦、金埴、顾嗣立、唐靖、罗安、蒋廷锡、邵锡光等。清代前期的怨政诗对社会政治问题的关注和感发具有鲜明的时代特征,与这个时期的历史政治进程保持了较高的同步性和一致性。这个时期怨政诗主要记述了四个方面的社会政治问题。

1. 记述战祸殃民。清朝武装集团在建立新王朝过程中肆意杀戮劫掠,恐怖压制汉族民众;"盗贼"作乱,官府和官军"治盗"不力,反为民害。由于清朝政权的刻意删灭,直接描述清军暴虐杀戮的存世诗作已经不多。

丁耀亢(1599—1669)的《薙发》描写自己被清王朝新政权强令剃发后

---

① 赵尔巽等:《清史稿》,卷一百二十一,《食货志二》,中华书局 1977 年版,第 3529 页。
② 同上书,第 3548 页。

的心情。"秋发睎阳短,晴檐快一髡。""故镜劳凭吊,新缨笑独尊。"髡,剃发,也是古代的一种刑罚。诗人故意用此双解的词语描写被迫剃发的痛楚,轻松调侃的语气背后是入骨入髓的痛愤。满清武装集团打入山海关后,为了让汉族官民归顺新政权,强制一切汉族官民剃发易服,对不服从者处以死刑。这种凶蛮暴虐的律令从睿亲王多尔衮率兵入关即已开始施行。顺治元年(1644)四月:"下令关内军民皆薙发。"① (顺治二年六月)"谕南中文武军民薙发,不从者治以军法。是月,始谕直省限旬日薙发如律令。""申薙发之令。"② 诗人的这种愤懑之情,即是当时汉族民众不满新政权剃发令的真实心态。

归庄(1613—1673)的《悲昆山》描写清朝征服者对昆山守城军民的屠戮。"昆山之祸何其烈,良由气懦而计拙。身居危城爱财力,兵锋未交命已绝。"明军将领贪婪怯弱,守城不力。"城陴一旦驰铁骑,街衢十日流膏血。白昼啾啾闻鬼哭,乌鸢蝇蚋食人肉。"清朝征服者攻破城池,屠城滥杀。简笔的描写,浓缩了改朝换代血腥屠杀的黑色记录。《断发二首》描写江南万千百姓已遭屠戮,幸存的民众被新政权用屠刀逼迫着剃发易服:"亲朋姑息爱,逼我从胡俗。一旦持剪刀,剪我头半秃。"这种恶意摧残汉族民众尊严、以此逼迫汉族民众归顺新政权的野蛮政策,给汉族民众造成了极大的精神伤害:"发乃父母生,毁伤贻大辱。弃华而从夷,我罪今莫赎。""华人变为夷,苟活不如死。所恨身多累,欲死更中止。"清朝当权者为建立和巩固新政权,对汉族民众屠戮身体,摧残精神,诗人对这种处心积虑的暴虐政治表达了强烈的憎恶。

李邺嗣(1622—1680)的《田翁哭》记述清朝权贵跑马圈地,霸占民产。"谁图亲值改朝廷,耳聋听得鼙栗鸣。郭外肥田今牧马,深林聚落惟鸦声。"诗篇悲慨,原来耕种粮食的肥田沃土,变成了游牧习性的权贵们驰骋快马的牧场。《哀甬东》描写清初战祸殃及乡村。"战垒村村见,愁云白日浓。乱骸争白草,旧鬼失青松。不断三江鼓,难消八月烽。山居何处好,比屋有新春。"战祸遍地,白骨纵横,甬东一片死寂,连绵战事对乡村的毁伤仍未休止。

费密(1623—1699)的《北征》作于顺治九年(1652),自叙与家人逃难奔波的行程,透露清初"盗贼"作乱对普通民众的深重影响。"邦国遇涂炭,岁已八九徂。展转山泽间,困郁意不舒。壬辰十一月,始发自成都。""官道畏游兵,山径暗崎岖。所赖多戚属,恩爱相将扶。败絮恶且弃,天寒不

---

① 赵尔巽等:《清史稿》卷二百十八《诸王传四》,中华书局1977年版,第9025页。
② 赵尔巽等:《清史稿》卷四《世祖本纪一》,中华书局1977年版,第96页。

可无。荒绝驿路亭,但寻人迹下。或复鬼神祠,或复残庐舍。过水寒侵骨,登山泥没胯。""野烧周四围,虑为猛兽得。"满清入关迄今已八年,战事未休,生灵涂炭,百姓流离。诗人一家逃避战祸,艰辛辗转,先后前往绵州、阆州投亲靠友。这些城邑曾经失陷于"盗贼",百姓遭受劫难,官府、官军应对"盗贼"计穷力竭。"沿途苦荏苒,除夕至绵州。烽火正扰攘,秣马隔江流。""苦深精力消,皮肉皆血痕。亲戚在阆州,可以救朝昏。作书一尺纸,为报家人存。绵州城何大,中川之要津。""济济数万家,一旦化荆榛。狼狐白日走,魑魅哭城闉。全蜀尽枯骨,阴晦聚灾屯。害气久不绝,耕凿困遗民。""累月至阆山,毛发尽焦枯。""利阆为门户,大军尝麾指。东川既已没,西川旅不守。捍关一夫当,贼人如摧朽。始知远画策,不在险与否。"连年战祸,巴蜀百姓深受伤害,大小城邑尽为荒地,无数生民变为白骨。诗人认为,是当权者谋划失策,应对失当,才造成了这样的连环败局。诗篇对清初巴蜀战乱及其因果的描述,为作者亲历亲录,有一定认识价值。

吕留良(1629—1683)的《乱后过嘉兴三首》记述清朝政权建立过程的凶残狠毒,南明政权抵抗过程的混乱无效。这些作品概括描写了清军在江南大地的行凶肆虐,即使是事过三年之后的战争遗迹,也散发着浓烈的血腥味。"路穿台榭础,井汲髑髅泥。"台榭房宇的废墟一片荒凉,被害者的尸骨沉埋井底。"儒生方略短,市子弄兵痴。炮裂砖摧屋,门争路压尸。"一些胸无韬略、纸上空谈的南明当权者误国误军,致使抵抗战事一败涂地,百姓随之遭殃。"粉黛青苔里,亲朋白骨中。"组诗所展示的战祸遗迹,所回溯的战败经过,都是清初那段非常历史的真实记录,很有样本意义。

屈大均(1630—1696)的《大同感叹》叙及明末清初战祸满天下的种种惨状。贫寒子弟被驱往战场死地,命如草芥:"杀气满天地,日月难为光。嗟尔苦寒子,结发在战场。为谁饥与渴,葛履践严霜。朝辞大同城,暮宿青磷旁。"世间豪门大户,在乱世中仗势自保,多为冷酷之辈:"花门多暴虐,人命如牛羊。膏血溢槽中,马饮毛生光。"流浪四方的艺人,喘息世间时日不多,前景只是被杀后充作军粮:"鞍山一红颜,琵琶声惨伤。肌肉苦无多,何以充军粮。踟蹰赴刀俎,自惜凝脂香。"诗人描述的这些见闻,惨绝人寰,却又实实在在,显示政治失序背景下乱世杀人的轻率可怕。

吴农祥(1632—1708)的《墓树行》记述朝廷发兵征伐,官军大造战船,官府征夫滥砍大树,山林尽毁。"江南打船斫大树,严檄浙河东西路。""县吏持簿点树根,号叫江村小民惧。"不计后果的滥砍滥伐,很快就将山清水秀的江南摧残得面目全非,生气黯然。"深山大泽已零落,曲港疏篱空爱护。龙颠虎死委道傍,凤栖鸾啸随霜露。"大自然的报复终于如约而至:"昼暝风驱千嶂合，夜深涛涨万溪来。今年里正报官早，苍棱紫干珊糊倒。丹砂官帖镌皮肤，数顷终伤不自保。"因打造战船所造成的狂砍滥伐的事实十分残酷，让人悚然惊心："疏花野竹扫除尽，江南万里惊萧然。""闻道战舰如山浮，州府千树征诸侯。"环境灾难尚未结束，世人只能无奈地观望："输将不辞河伯力，芝薐真作山灵羞。""白头孙子立斜阳，长恸无声泪成血。"诗篇的描述和议论，涉及那个时代关于社会政治与生态环境关系的思考，文献价值很高。

顾嗣立（1665—1724）的《卖柴翁》通过"卖柴翁"之口讲述灾年歉收缺粮，催生"盗贼"横行，民间大受惊扰。"自言今年田稻歉秋成，遂使陆梁小丑黄昏行。大官严令申保甲，珊门添置鱼鳞接。西山日落断行人，当街不敢收鹅鸭。"而奉命"剿贼"的官军不敢与"贼"交锋，"盗贼"离开后官军却向平民逞威："须臾贼退始张威，拦街呼喝平民打。打平民，莫敢陈。"遭受天灾的百姓又遭受了"盗贼"和官军的交相扰害，而官府仍未放松对他们的征役："老翁无妪又无孙，里正驱来守栅门。"诗篇揭示了清初一些地方百姓遭遇的多重苦难。

罗安（？—？）的《捕湖盗》记述鄱阳湖"盗贼"横行，官吏"治盗"无能，滥捕良民以敷衍塞责。官吏追捕"盗贼"畏畏缩缩，实际放纵了"盗贼"的遁逃。"官吏蹑其后，望洋辄惊呼。扬帆瞬息隔南北，虽欲踪迹知焉如。"官吏无法抓捕"真盗"，为了对上司有所交代，捉拿良民充抵"盗贼"。"岂无汛卒与巡逻，真盗反纵伪盗拘。"诗人感慨地方官吏执法随心所欲："徒有治法无治人，良民扰扰苦多役。"朝廷律例即使严厉周密，官吏履职不依法执法，律令也就成了空文。"盗栖萑苻宜急捕，索盗不必索渔户。"诗篇揭示了当地官吏胡乱"治盗"的真相。

2. 记述徭役繁苛。朝廷为战争军需征调派役，官府派征各种杂役，各类征调和役务繁重严苛，民众不堪其苦。

戴明说（1604？—1660）的《喂马行》描述清军南下途中，强令里正小吏向村民征收饲养军马的粮草，强拉村民担当役夫。"铠甲遍城潦遍野，檄文传喂南征马。里正中宵布裹头，颗粒寸草逢人求。""有檄但促征豆刍，将军额外还折夫。"村民不堪承受，纷纷逃亡。小吏未能完成征物拉夫的差事，被清军逼得投水身亡。"市人逃死小吏危，中夜忻然投白水。"诗篇描述这种求死的心情为"忻然"，为"喜"，反衬出吏民被清军的暴虐逼得生不如死的痛苦感受。

孙廷铨（1613—1674）的《挽船行》记述清初云南地方官府严酷的征夫派役。官府为执行上司的征调命令，派出吏员挨村搜人，派役拉船："州符下四郭，悉索其敝廑。"百姓经历战乱，尚未恢复元气。"城边何萧条，空屋澹无烟。"但在吏胥的严酷催逼下，不得不前去完成苦役。"鞭挞纵横下，不得少迟延。衔索似枯鱼，什伍且俱前。裹粮不反夕，往返动盈千。"朝廷虽有蠲免赋役的诏令，但在地方官府这里并没有得到实际执行。"蠲除虽有诏，趑趄未敢言。"百姓畏惧官吏凶蛮，不敢申言。

龚鼎孳（1615—1673）的《挽船行》记述地方官府抓夫拉船，成千上万的民夫被迫投身险危的徭役。"滩高风急船须上，县吏追呼到贫子。科头赤脚沙中语，长绳短缆随征旅。峡险猿猱惊石堕，月黑豺狼愁径阻。兵船积甲如山陵，千夫万卒喧催征。"诗人祈愿官府减轻征役，让百姓得到休养生息："何时戍罢科敛轻，饥鹄归飞有完宅。"

刘汉藜（？—？）的《捉人行》记述吏胥凶狠拉夫，闹得人心惶惶。"胥吏如虎满街巷，长索絷人如缚豨。闾里惊惶皆动色，传闻补伍披铁衣。市人安可驱之战，时事若斯堪欷歔。""吁嗟小民亦何辜，水陆一时遭辗轲。"役夫被官府滥征逼得家破人散，官府的苛政对各行各业也造成了震荡。《运豆行》记述官府为供军需向民间征调粮豆充马草，贪吏趁机敲诈百姓，民力不堪重负。"道旁舆夫向我言，昨夜府帖下州里。云是南征战马过，槽刬催输如流水。更兼运豆充刍牧，委积如山谁能纪。"官府大规模滥征民物，对百姓直接掠夺："固是官厩要马肥，那惜穷民竭脂髓。"加之贪吏趁机提高征额，中饱私囊，民间的负担无形之中又大为加重。"究竟官马不吃草，遍地禾苗无留茎。猾吏卖草充私橐，小民有口谁敢争。今冬过马能几何，有司征豆数万多。"多年征战后，百姓仍未得到休养生息："中原况值疮痍后，民力久尽黄河边。征徭烦重充私橐，供亿艰辛绝可怜。"这是清代前期"征徭烦重"的真实记录。

张新标（1619？—？）的《派夫行》记述官府执行上司的紧急征役公务，强征上万役夫牵挽运兵的官船。"派夫逾万备牵挽，长年胥吏逼胸臆。前驱丁壮已倾城，去住存亡无信息。闾左那更有余丁，吁嗟欲诉口如塞。"地方官吏除了要向上司交差，不恤民力强征役夫，还趁机勒索民户，凶酷征敛。"吏呼转怒益何骄，晓事里人承颜色。比户竞输长炉钱，殷勤犹恐生反侧。上户买脱中户随，寂寥穷巷悲何极。籍少差繁按册呼，拘系空房虞逋匿。"诗人认为官吏如此行事，除了吏治恶劣的原因，也是官吏身不由己的履职困境所致："官长犹遭怒骂威，小民血肉岂堪惜。老胥见势且逡巡，慎莫近前逢怒嗔。归来宿逋今偿得，他日摊夫再向人。"诗篇描述朝廷长期大规模用兵引发的地方官吏和民众的各自困境，很有认识价值。《牧马行》记述朝廷为征战所需，向地方大量征索粮草。"军符日夜征马草，官差络绎长河道。打草堆积高如山，敛尽民财供宿饱。""已饱饕餮志未厌，更索金钱气益骄。人命摧戕轻若土，纷纷捆载何须数。前军闻已渡河梁,后军仍有十日住。临行搜括更烦冤,千家今有几家存。"因官军对粮草需索很大,更因征调过于苛重及贪吏趁机勒索,造成了民财耗尽、百姓流散的严酷事实。

孙枝蔚(1620—1687)的《哀纤夫》以役夫及家人的悲苦境遇揭示官府的征役繁重。"役夫亦有家,常与道路亲。母老不得顾,驱之向淮滨。船中坐达官,打鼓过前津。酒肉饱其腹,焉知饥饿人。牵船复牵马,受笞手中鞭。不如为奴仆,犹得主人怜。雨中泥没骭,河水浩无边。力尽长苦饥,何处望炊烟。"役夫老母孤苦无依,但役夫已被迫到"淮滨"牵挽船只。船上的达官贵人高高在上,河边泥泞路途上役夫食不果腹,在鞭笞中承受着苦役的折磨。

梁清标(1620—1691)的《空城吟》描述官军途经江淮,征役征物,劳民伤财,城乡居民惊惶逃亡,到处一片萧条。"今从岭海归,人烟空城堡。红颜匿穷乡,所存惟村媪。茅屋无窗牖,门径余蔓草。""前月下军书,王师事征讨。前驱已疾驰,后骑复就道。"诗人感慨战事对百姓的惊扰,期盼皇帝能察知民情,改变民众流离的苦况。《挽船曲》记述官府雇夫应役中的种种弊端。朝廷大军出动,船队庞大,需要征调大量役夫牵挽船只,征调之命下达到沿江地方,官府雇夫拉船不敢懈怠,百姓四散逃避一片惊惶。"长安昨日兵符下,舳舻千里如云屯。官司雇夫牵缆去,扶老携儿啼满路。村村逃避鸡犬空,长河日黑涛声怒。"然而在官府雇夫应役中,出现了役夫逃散、反复抓夫的情况,役夫被成千上万搜抓而来,又因役务严酷大量逃亡。"纤夫追捉动数千,行旅裹足无人烟。穷搜急比势如火,那知人夫不用用金钱。健儿露刃过虓虎,鞭棰叱咤惊风雨。得钱放去复重雇,县官金尽谁为主。"没能逃亡的役夫忍着饥饿牵挽兵船,无法躲避的死伤时时可能降落在他们身上。"穷民袒臂身无粮,挽船数日犹空肠。霜飘烈日任吹炙,皮穿骨折委道旁。前船夫多死,后船夫又续。"诗篇如实呈现了雇役虚耗财力、抓夫酷虐殃民的役务现状。

赵进美(1620—1692)的《刍豆行》记述朝廷大军出征,向民间大量征索粮草,征派役务,百姓不堪其苦。"大船十丈如连屋,小船数尺走相逐。白浪十月高于山,大船小船浪中宿。""借问何往军前须,西走溯江南越湖。"民间因官府派员严酷催征,"刍豆"之类的军需物资价格飞涨,百姓被逼卖儿卖田以偿征额。"忆昔年丰歌纳稼,青刍之微岂论价。自从烽火传江边,城中鬻女村鬻田。陆行负戴水舟楫,一束近欲值千钱。"这样的严苛催征,并不是一次就能了断,地方官府在接到新的催征命令后,甚至连操办事宜的官吏都感到束手无策。"昨闻军符夜深至,朱批白版数行字。空城人稀鸺鹠啼,郡吏无言顾县吏。"诗篇描写清初接连大规模征战给各地百姓带来的赋役重压,很有深度。

顾景星（1621—1687）的《南信》记述清初南方战事绵延，"贼"情严峻，官军急令征讨，官府加紧派役。"南信久不闻，贼情霪如鬼。羽檄昼夜飞，帐殿封片壒。""苦诉军需难，民贫欲枯髓。"民众在此急征横敛之下，财尽力竭，酝酿了民变的危险。"民劳伤天和，寇攘恐中起。"诗人希望官府利用常平仓平抑粮价，使百姓不至于铤而走险："敢问常平仓，储偫今有几。"诗人因民怨沸腾发出警示，向官府提出了缓解民困的建议。

黄生（1622—1696）的《筑堤谣》描写筑堤苦役，役夫命如草芥。"破衣当风不掩胫，死便埋着堤下土。堤工告成万命残，护堤使者仍加官。"千万条生命在筑堤苦役中丧失，换来了恶官的晋升发财。

王昊（1627—1679）的《兵船行》描述朝廷强令民间为官军大造海船，对民财民力的严酷征敛和使用让地方官吏都感到惊惶，百姓更是不堪重负。"忆昔军兴催造船，吴民髓竭无金钱。刺史流汗县令哭，老农含血遭笞鞭。"官军造船如此劳民伤财，而在与"盗贼"交锋中畏缩退避，在劫掠百姓时凶悍凌厉。"横刀跃马满街市，海船方去官军来。""十村九村无人烟，不扫鲸鲵扫鸡狗。"诗篇披露了官军扰民甚于海盗的事实。

陆世楷（1627—1691）的《马船行》记述朝廷"剿贼"战事引发的种种乱象。官军南下清剿"粤中盗贼"，需用大量运载军马的船只，添置船只所需的巨资皆向民间摊派。"将军驱马一万匹，载马直须船一千。千船费金约五万，其价殆与马等焉。此金那得出公帑，下牒直索民间钱。"这样的摊派本已十分沉重，而地方的办事官吏趁机向民众勒索钱财，交不出钱的贫困百姓被迫卖儿鬻女以偿付官府强加的债务。"官胥牙侩半饱橐，贩儿卖妇谁为怜。"朝廷调集大量军马参与"剿贼"，以短击长，事倍功半。"粤中盗贼利舟楫，千顷苍茫凌一叶。江村遥望隔波涛，骅骝虽健难追蹑。"诗人建言，"剿贼"应该用船弃马，扬长避短："北师藉马方成功，岂知马更藉船通。何如用船且舍马，伏波横海名犹雄。"这个建议也包含了对滥征军需引发劳民伤财、贪吏勒民的怨责。

朱彝尊（1629—1709）的《捉人行》描述官府为执行上司的紧急军需征役指令，派出吏胥四出抓捉役夫。"里胥来捉人，县官一何怒。县官去，边兵来，中流箫鼓官船开。""大船峨峨驻江步，小船捉人更无数。颓垣古巷无处逃，生死从他向前路。"征役数量如此庞大，抓夫手段如此严苛，百姓逃无可逃。成千上万的民夫被吏胥驱赶着牵挽官船："沿江风急舟行难，身牵百丈腰环环。腰环环，过杭州，千人举棹万人讴。老拳毒手争殴逐，慎勿前头看后头。"吏胥的凶暴使役务更显残酷。《马草行》描述十万官军出征，向所经之地大规模派役征物，地方官府的一些奸胥恶吏趁机逼索百姓。"阶前野老七十余,身上鞭扑无完肤。里胥扬扬出官署,未明已到田家去。横行叫骂呼盘飧,阑牢四顾搜鸡豚。"这些奸猾之徒借公务之名勒索民财,又肆意奢淫挥霍:"归来输官仍不足,挥金夜就倡楼宿。"其结果显然导致更沉重的征敛压向民间,成为百姓的心头之痛。

郭凤喈(?—?)的《苦役行》描写官军南下征战,大规模征役,州县吏胥严酷抓夫。"朔马下南征,羽书调役急。仓卒用万人,派令田赋出。官差夜打门,啼儿复吠犬。贵贱总不分,捉应县官点。"乡民被赶往战地,死讯频传:"肥男扛大铳,瘦男负矢鞬。疾驰逐囊驼,困惫足双茧。饥渴死道旁,尸骸沟壑转。"诗篇对民众承受兵役、徭役重压作了这样的概括:"丁徭有常供,驿传有常额。兵兴二十年,权宜措大役。谁知征战罢,役苦仍未革。郡小遭摧残,民力衰已竭。"这是清代前期兵役徭役使民众烦苦不堪的史笔记录。《买谷行》描写官府催征军需粮食,吏胥上门冷酷逼索。"军帖要备三年糈,县官限期追积贮。官差入门怒如虎,此曹宁知百姓苦。"百姓缺粮少钱,不能应对税粮,只能卖儿卖女以偿官税:"鬻女买谷输官仓,输入官仓供雀鼠。"官府征收的粮食却积烂在仓库中,造成了可悲的靡费。《鸥上屋谣》描写官府急征兵役,官军滥索民物。"夫应徭,子戍军,军书插羽催纷纷。田间禾黍歇,妇女在家啼。昨夜通和使者来,官军取给牛羊鸡。鸡喔喔,狗觫觫,树底老鸥飞上屋。"官军劫掠,惹得鸡飞狗跳,民心惶惶。《卖子行》描写官军征召兵役、官府催科赋税。"岁暮攻闽安,符牒选丁男。丈夫从役去,身死鼓山南。家贫子尚幼,战场痛暴骸。卖子镶旗下,欲往自负埋。岂意命重乖,道逢追呼吏。田荒赋频加,人亡徭犹在。"应征的丁夫身死不归,尸骸难返;家里的赋税征额不减,仍被官府追征逼索。诗篇反映清初闽地百姓遭受的兵役、赋税之苦。

卢纮(?—?)的《从征行》描述朝廷南下用兵,向地方征夫征粮。"有令趋南征,闾井起夫徒。邑长走道傍,亟为仰天吁。将军择日行,水陆兼治途。粮糗不可运,白镪代军需。数计百万缗,千人役未敷。"沉重的兵役、粮赋一时间压向了农家庄户。"令严急如星,辱吏等佣奴。传尔里民知,及夜沿门呼。各持三日粮,明晨赴前驱。昼行百余里,鞭之使速趋。"官军对地方官吏随意呵斥调遣,对百姓更是视之如草芥,驱之如牛马。役夫既已被驱往战地,性命已不由自主。"既为编户氓,岂惜郊原颅。"诗人对南方多地民众承受的战事负担深为忧虑:"君阊万里遥,安所睹劳勩。予分忘小臣,愿言策长谟。"希望万里之遥的京师朝廷能察知民瘼,体恤民苦,施行宽政仁策。

姚文焱(?—?)的《柳梢行》记述县府向乡民派役输送柳条塞堤,吏胥趁机勒索乡民。"府帖下县县下村,村小亦需数万束。出柳之村仍送柳,丁男尽挽牛车走。""吏胥收柳横索钱,无钱自向河边守。"需要征集的柳条数量巨大,加之吏胥舞弊勒索,乡民们承受了双重损害。《御马来》记述地方官府为迎送过境的御马,苛令乡民铺垫出纯净的沙路,完全不恤民力之耗。"节度出境点马匹,太守迎马驻荒驿。县令督民筑沙堤,排沙不许杂瓦砾。瓦砾杂时伤马蹄,沙堤筑就劳民力。但得马无恙,民劳安足惜。"苛刻的铺垫沙路役务完毕,迎送御马出入县境后,官府又趁机向百姓勒索钱财。"马过百姓甫安睡,明日按亩派马费。"官府谄上欺下,在派征役务之外,又巧立名目征敛,额外搜刮百姓钱财。《公馆谣》记述官府为将要到任的"上官"翻造"公府",吏胥逞威征敛,百姓出力出钱。"昨闻绣衣过,骑马来吏胥。吏胥下马坐,指麾命村老。县官朝有令,此地急洒扫。""诛求到远村,鞭挞无老稚。不费县官钱,堂庑悉工致。"以凶酷的鞭笞逼迫乡民修整公府,只为讨得新任长官的欢心。"上官寻当来,永永为公府。宁逢鬼神嗔,莫逢上官怒。村老潜太息,不敢言困苦。"至于百姓的苦楚,自然不被唯上是从的官吏们所考虑。

钮琇(1652?—1704)的《前修塘谣》《后修塘谣》记述官府征夫修筑塘堤的役务之苦。《前修塘谣》交代修塘役务关乎军机,急如星火,役夫自然战战兢兢,唯恐有失。"朝闻官兵至,暮下修塘檄。官塘不修误军机,官塘修时民罹厄。""负之担之向水涯,尽是塘夫膏与脂。"官吏对役夫的凶狠督工,并非都是尽忠职守,实际更是趁机勒索民财。"淫雨增波啮塘土,官吏督修猛于虎。杵声薨薨筑且坚,急索私例时加鞭。泣言官人勿加鞭,囊中尚余卖儿钱。"这样的役务当然也就成了民众的厄难。《后修塘谣》描述修塘役务对筑塘农夫的压力不仅来自官吏的凶狠督工和借机勒索,还来自官府例常的征收役钱。"曰道塘夫用无益,派税民田须满额。"这些摊派的役钱要用于雇用石工采石备料,无奈石工拿到役钱后肆意挥霍。役夫们既出苦役,又交税钱,家里的农事也被耽误,这样的苦楚并不被石工怜悯。诗篇揭示了官府征役修塘中的严重苦乐不均。

徐旭旦(1659?—1720?)的《兵车行》记述康熙年间朝廷用兵经行江南,官军扰民掠民,官府征输过度。"阛阓白日偃,行人莫敢前。奔走穷巷内,忽遭驱与牵。"官军在街市间白吃白喝,行同劫掠。"排击廛市门,呼酒求鱼鲜。饮酣跃马去,不得谋一钱。"地方官吏对官军征夫征物唯恐不周,倾力征输百姓人力物力。"军符下郡邑,舳舻董驿传。大吏储牛酒,刍粟峙江干。小吏视舟楫,帆樯蔽河沿。"万夫牵挽,积货如山,官军征战带来的军需耗费全部压在当地百姓身上。诗人对造成"亿姓深可怜"的军政现实十分忧虑,通过陈述其事其情,希望朝廷体恤民苦,早日休兵,恢复地方安宁。

邵锡光(1676?—?)的《悯河夫》记述淮安地方河役工程中役夫被官

吏严苛督工的情况。"凿筑限严程,稽迟罹罪罟。"许多役夫承受不了苦重的河役,倒毙在了河边。"冬衣麻布裳,尖风注强弩。夏日面目焦,蛆虫生两股。言念同役人,半作河旁土。"而河政官吏为了给上官交差,对役夫酷虐催促,但又不给役夫提供起码的充饥口粮,任由吏胥从中克扣。"一日迟给粮,饥焰灼肺腑。一日折给粮,十分短四五。"虽然役夫们发出了怨诉,但河政官员置若罔闻,甚至变本加厉冷酷催督。"长跪诉长官,祈念贫役苦。一诉长官惭,再诉长官怒。差役督工程,鞭棰倍严楚。"河役工程中虐害民夫的现象,凸显了一些地方官府只顾工程期限、不管役夫死活的苛酷施政实情。

3. 记述弊政劣治。涉及税政、田政、河政、漕政、吏治等各项政务,其中描写赋税繁重、催科凶酷、恶吏欺民的作品尤为突出。

朱鹤龄(1606—1683)的《刈稻行壬子》作于康熙十一年(1672),披露年景歉收情况下官府的税赋苛政。一方面是百姓粮食收成的希望彻底落空:"田家无望困粟登,终岁辛勤空钱镈。"一方面是官府不减定额的催征赋税:"兼之县官急索租,簿吏登堂恣鸟攫。"诗人忧心民众遭受天灾、苛政的双重打击,也忧虑这样的天灾苛政会危及政局的稳定。"天若不怜徒颠连,我曹槁饿不足道,恐兆兵气心焦然。"灾年催科,人祸甚于天灾,天灾人祸又酝酿了发生战乱的更大的社会隐患。

孙宗彝(1612—1683)的《责田》描述农家除了承受沉重的赋税,还要遭受贪吏舞弊的侵害。"正税曾几何,供办相什伯。宿债未得偿,徭役何时复。国恩有蠲除,胥吏肆贪黩。多寡是耶非,止凭算手画。知之不敢问,问之惧生毒。"贪吏肆意篡改田亩税赋定额,农户承受了超额的赋税,被逼向了破产边缘:"上户质衣衫,下户屠牛犊。"朝廷的田制不合理,致使稍有田产的农户都要受到额外的搜刮。"欲逃籍在官,将弃何方鬻。遗田便遗冤,祖父智不足。"祖先传下的田产反倒成了遭受超额征赋的祸源,显然是田制弊端和官吏贪渎造成了这种荒诞现象。

宋琬(1614—1674)的《渔家词》描述渔家虽然捕捞几近没有收获,却要遭受贪吏的上门敲诈。"今秋无雨湖水涸,大鱼干死鲦鳅弱。估客不来贱若泥,租吏到门势欲缚。烹鱼酌酒幸无怒,泣向前村卖网罟。"乃至渔家被逼得放弃生业。《同欧阳令饮凤凰山下》讽刺官府的赋税征收已经到了无孔不入的地步:"茅茨深处隔烟霞,鸡犬寥寥有数家。寄语武陵仙吏道,莫将征税及桃花。"

张丹(1619—?)的《寡妇行》描述清初民间在官府苛重税赋下的艰难境况,尤其是恶吏滥权给百姓带来的额外痛苦。"云是胥徒催赋税,官令不得迟斯须。行粮火耗无不有,更教点卷拨民夫。""大竹之皮日敲扑,五日一比臀无肤。"这种凶狠的催科并不是"胥徒"尽忠职守,而是假公济私、勒民以逞。"此时吏徒如虎攫,坐索酒黍要鸡鸭。面赤眼白看青天,啾啾唧唧多轻薄。"孤儿寡母受奸猾"吏徒"的欺辱,呈现的正是赋税苛重和吏治恶劣对百姓的双重伤害。

王承祖(?—?)的《当关吏》描写把守河道关卡的吏胥假公济私,敲诈过往客商。"当关吏,气扬扬,方舟横波铁锁长。千艘蚁集不许过,尽俟闲暇来看仓。"至于是否能查出过往船只违禁违法的行为,对于"当关吏"来说并不重要,结果就必然出现吏胥对客商的敲诈勒索和执行公务中的营私舞弊。"旁有大贾舟,水痕千斛强。搜罗琐细应计日,珍秘得不为所攘。神奸鬼黠难意料,但闻唧唧软语行商量。""船头打鼓烧利市,樯欹舵侧幅幅风帆张。"篇末描述"当关吏"擅自放行行贿的船只,揭开了"当关吏"贪渎自肥的内幕。

李邺嗣(1622—1680)的《田家词》描述官府不恤民苦,派员催征,使未得休养生息的乡民再次遭受了劫掠:"村村尽被搜牢去,低篱窄舍无计藏。老翁捻喉气难吐,乱离才识田家苦。"《江上》描写恶吏对百姓的凶狠搜刮。"乱余野老哭,天地黯然愁。绝爨吹磷火,颓垣凑髑髅。梦依荐黍定,家对旅葵秋。尚有征租吏,频从白屋搜。"兵灾刚过,官府不是忙着安抚受到戕害的百姓,而是忙着搜刮百姓。

陈维崧(1625—1682)的《开河》揭示清代前期地方河政的弊端。当地河道壅塞,河堤失修,洪灾、旱灾交相为害,官府为了改变这种状况,征调役夫开挖河道。"江南江北尽开河,官司夜点开河卒。"然而官府派出监管治河工程的官吏只知凶酷催促,役夫忍饥挨饿,不堪重负,河政工程也难以为继。

濮淙(?—?)的《苦农行》记述大旱之年农家自救不暇,却仍要承受官府繁重的征敛。"四方多事敛正繁,良吏未遑勤抚字。"即使是良知未泯的循吏,也不能真正安抚和缓解灾民的赋役之苦。

沈钦圻(?—?)的《生祠》讥刺贪渎官员建造生祠,自取其辱。"某公居官日,曲折行其私。析利如秋秒,忘却民膏脂。文中颂清节,饮水迈伯夷。某公居官日,断狱无矜疑。五刑任喜怒,罔恤童与耆。文中颂仁爱,皋陶为士师。""好官无生祠,墨吏有生祠。好官与墨吏,行人知不知。"诗篇将"某公居官日"的贪渎怠职与营建生祠的自我夸耀进行对比,将贪赃枉法、残民以逞的"某公"与清廉尽职、口碑在民的"好官"进行对比,凸显出"某公"之类贪渎官员的荒诞可憎。

王昊(1627—1679)的《鹿城吏》描述"鹿城"(在今浙江温州)"郡

丞"在执行征调军需的公务中滥权舞弊，勒索民财。"郡丞摄令篆，新奉上官旨。军兴急秋粮，连夕飞符委。""纵有馕粥资，搜剔竭骨髓。"就连郡丞的下属吏胥，都自作威福，欺民以逞。"郡丞爱金钱，汝家岂无此。丞喜吾亦欢，走劳补疮痏。""鹿城吏"狐假虎威，百姓敢怒不敢言。"丞怒犹自可，胥怒民立死。"诗人希望这种恶劣的吏治状况能够被朝廷察知，予以纠正："谁写舂陵行，献之圣天子。"作诗纠弊的动机十分明显。

殷升（？—？）的《开河行》作于顺治十四年（1657），记述当地河政的弊端。"官儒与大户，派工同计亩。勤者赐帛给牛酒，惰者鞭扑随械杻。"让有资产的民户多出钱出役，并且宣布奖勤罚惰，但实际实施却与官府允诺的情况大相径庭："输租按籍有某某，半已窜亡半病叟。出钱雇募工浩繁，大则倾仓小倾缶。"河政工程中的役夫大量流失，只得向百姓反复征敛钱财，用以雇工，这给民户造成了更加沉重的负担。河政官员好大喜功，又疏于督管，任由奸猾之徒从中牟取暴利，将河政好事办成了劳民伤财甚至破产败家的弊政坏事。"去年凿练川，勒石志不朽。今年开刘河，两邑奉奔走。开河本利民，利兴弊亦有。愚民破家为祸首，奸徒包揽乃利薮。东村易浚西村难，甲乙挪移在人手。"吏治的败坏直接酿成了河政工程的失败。

朱彝尊（1629—1709）的《常山山行》描写常山一带的客商宁愿选择难行的山路，也不愿选择易行的水路。"问君何不安坐湖口船，船容万斛稳昼眠。答云此间苦亦乐，且免关吏横索钱。"这样的荒唐局面揭示出当地吏治的敝坏。

严我斯（1629？—1679）的《捕蝗谣》作于康熙十一年（1672），记述蝗灾、吏灾双重为祸。"朝飞蔽云天，夜聚漫江浒。江北诸州人苦饥，千村万落少耕犁。"蝗灾严重，官府治灾缺乏有效对策，甚至劳民伤财，得不偿失。"官司仓皇无良策，下令捕蝗较斗石。"诗篇比较了蝗灾给百姓造成的损害和贪吏给百姓带来的伤害："蝗食民苗，吏食民膏。蝗食民苗诚可忧，吏食民膏何时瘳。捕蝗不如捕虐吏，宽租停扑蝗何尤。"认为贪吏之害甚于蝗灾之祸。《缫丝曲》描述蚕妇织女辛苦数月收获蚕茧，缫出蚕丝，官府的赋税征收将蚕农的收成吞噬一空。"须臾府帖下乡村，里正仓皇来打门。但偿官税苦不足，更向厨中索酒肉。"官税的榨取剥夺了蚕农的辛劳所得，吏胥的勒索加重了农家的痛苦。

陆陇其（1630—1692）的《田家行》怨责赋税苛重，不仅涉及官府赋税，也涉及朝廷贡赋，揭示税政弊端，很有深度。"今年小麦熟，妇子尽足哺。所惧欠官钱，目下便当输。"官府因上司的指令严苛征税，连办事官吏都感到进退失据："昨夜府檄下，兵饷尚未敷。里长惊相告，少缓自速辜。不怕长吏庭，鞭挞伤肌肤。但恐上官怒，谓我县令懦。"朝廷的贡赋负担也是百姓税赋痛苦的原因："闻说朝廷上，方问民苦荼。贡赋有常经，谁敢咨且吁。不愿议蠲免，但愿缓追呼。"诗人知道真正的蠲免并不可信，只希望催科不要太严厉，为民请命的愿望里包含着酸楚。

屈大均（1630—1696）的《民谣》感慨贪吏奸胥竞相捞取不义之财，已经到了不可理喻的地步。"白金乃人肉，黄金乃人膏。使君非豺虎，为政何腥臊。""初捕金五千，再捕金一万。""使君"之类官吏，把抓捕当成了无本万利的生财之道。各级府衙大小官吏，层层滥用职权，竞相捞金争银："府中诸吏胥，岂可为囊橐。动则勒长夫，一夫金十二。长吏亦受欺，金来仅得四。小府为鱼肉，大府为庖厨。""作使诸豪奴，官大好行贾。长吏尽奸富，为恶未渠央。"诗人对大小贪墨为政"腥臊"极为愤恨，借民谣予以痛斥。

金德嘉（1630—1707）的《典衣词》描述农家春耕时节就被官府催科逼税，众多人家靠典衣换钱交纳赋税。"毡包席裹才一金，踟蹰不敢近官府。冶就白水官无答，吏手低昂安得之。"虽然朝廷有诏令禁止地方严苛征税，但农家实际承受的赋税仍然不堪其重，乃至卖妻以偿官税。"诏问循良下虎符，报最昨言苛政无。吁嗟我生独不淑，旧税还将新妇鬻。"诗篇具体而微描述的农家境遇，是当时沉重赋税的真实记录。《麦粥叹》描写麦收时节县吏持帖到乡间催征官税，趁机勒索乡民，威福乡间。"县吏催租县帖下，到门指麾秣官马。不惜倾筐饱饕餮，近前但怕马蹄啮。内顾宿春无斗粮，款客何以上高堂。"对于乡村饥荒，县府虽有赈济，但实难惠及乡民："县门昨有发仓事，安得荒村拜官赐。县隶拍手笑且呼，尔乃何人问官储。"赈济农家的事，到头一场空。

卢纮（？—？）的《健卒行》描述不良吏胥的种种恶行。"颁定经制书，胥徒本贱役。虽隶大宰官，微贱同一格。出则供执驱，入则司门掖。"吏胥本来自身地位低微，但自恃是官府属员，仗势欺民，作威作福："承令方出门，大呼迅若霹。昂昂过乡里，争避势烜赫。道路皆侧目，里巷尽褫魄。时到郡县堂，当筵大呼斥。一语少见龃，腰间出绳索。云奉上令来，程期限我迫。"甚至对官员也趾高气扬："郡县气为吞，隐忍不敢逆。"诗人身为地方官员，对此等吏胥十分厌憎："吁嗟折腰吏，频受奴辈厄。"诗篇描画州府吏胥的飞扬跋扈，欺民凌官，为作者亲历亲睹，是地方吏治状况的一份实录。

严允肇（？—？）的《哀淮人》描述康熙时期淮南等地百姓遭遇的水旱灾苦、赋税重压、官吏苛酷。背井离乡的灾民"挥涕前致词"，哭诉"淮楚"故乡遭遇罕见洪灾："一朝河岸决，漫衍东南陬。百万为鱼鳖，何论田与畴。"逃亡到"此方"后又遭遇罕见旱灾："窜身来此方，苟活同蜉蝣。此方又荒旱，赤地谁锄耰。"还遭遇了比旱灾更凶恶的人祸，即沉重的赋税，贪酷的官吏："官吏责富户，浚削如仇仇。财赋一以空，猗顿皆黔娄。两地总困厄，一死夫何尤。""此方"官府竭泽而渔的榨取，使勤苦的逃难者失去了谋得生计的希望。

毛师柱（1634—1711）的《田父词》描写老农勤耕力作，好不容易有了丰收，却平添了莫大的烦恼。"那知年丰更愁苦，令我不得中宵眠。"原因是交纳官税要钱，谷贱伤农缺钱，官府催逼，刑罚相待。"箱中有粟囊无钱，公庭敲骨真可怜。"农家的辛劳丰收换来的不仅是心理烦恼，更是卖粮交税后缺粮少食的现实威胁。诗篇所描写的农家烦恼，正是官家粮税政策设计缺陷所致。"春耕时借贷，秋收后卖谷还债，春荒再次借钱买粮食度日；自有粮食全得通过市场环节。这就出现了谷贱伤农、谷贵也伤农的怪现象。"① 毛师柱这首诗描写的粮税弊政问题有一定的代表性。

赵俞（1636—1713）的《踏车曲》描写大旱之时农夫踏车提水，为救苗保稼竭尽辛劳，但比旱灾更凶酷的是官府的苛税。"赤露两肘腹无粥，踏车辛苦歌如哭。""水入水出车欲裂，农夫那不筋骨折。无奈今年又苦旱，塘水少于衣上汗。"一方面是饥肠辘辘的农夫辛劳自救，一方面是官府对农家遭受连年旱涝灾害视若无睹，甚至连年隐瞒不报当地的灾情。"伍伯催租秋赋迫，连年未报灾伤册。"荒政救助的缺失和赋税催科的急迫，对照十分强烈。

冯廷櫆（1639—1690）的《朗陵行》记述豫州地方在多年的兵荒马乱之后，出现了大量的荒芜田地。"或为旱潦侵，或因兵燹弃。阡陌纷错陈，沟洫久废置。"朝廷为了利用民力发掘地利，下诏对这些田地以荒田重新配置，无奈地方官府置若罔闻，怠惰不理。"朝廷重稼穑，特设牧民吏。厚以赐复恩，重以荒田议。匪惟念民依，亦将收地利。岂知群有司，相视等儿戏。荆榛翳丘陇，瓦砾罗市肆。"于是出现了大量流民无地可种、大量荒地无人去种的萧条局面。诗篇谴责了豫州官员的渎职行为。

劳之辨（1639—1714）的《红剥船行》描写漕粮转输中的弊端。诗序交代了"红剥船"的由来和困境："天津以北，水趋大海，故上流易淤。漕船有阻浅之患，设红剥船以供转运，其来旧矣。船六百艘，出自遍州永清等六州县，其地旗民杂处。红剥独用民力，及起剥时，漕船又受红剥需索，似乎两困。"为了解决漕运大船近岸搁浅的问题，使用了这种"红剥船"向大船转送漕粮，然而这种小船的使用也派生了种种弊端。官府向民户随意派征，民户卖田卖地置办"红剥船"："按亩抽金奉有司，呼名点验由关榷。""帆樯篙缆一不齐，尔曹安得辞鞭扑。""今岁卖田来买船，明年田尽船谁保。"许多农家

---

① 方行等：《中国经济通史·清》，经济日报出版社2007年版，第20页。

被官府的这种逼索推向了破产:"十家产破难辞役,数顷田荒仍驾舟。"这是官府过度强征民船的恶果。而一些猾黠之徒铤而走险,大肆盗窃漕粮,又造成漕粮的大量流失,反过来加重了对农家征粮的负担:"嗷嗷眼盼南船抵,百计攫金还盗米。少妇撑篙狎浪头,衰翁捩舵藏舱底。""巧立因公贴白锤,诛求加耗防红腐。"由此形成恶性循环:"军剥民兮船剥船,一丝一粒皆膏血。"诗人对漕政中出现的这些弊端批判十分严厉。

乔莱(1642—1694)的《确山道中》记述一老翁叙说中州土地平旷却多被撂荒,展示乡村当下的荒败萧条实况:"流寇昔煽乱,中原竞鼙鼓。杀戮兼流亡,千百存三五。村落略有人,城市屋可数。荒山相经亘,白日仗弓弩。"诗人闻听此情,大出意料,即向老翁申言朝廷修文偃武、鼓励农耕的宽仁政策:"余谓殊不然,汝等逢圣主。赐租吏发粟,修文已偃武。牛种亦易致,旱涝非所苦。休养四十年,胡不治场圃。"老翁听罢,反向诗人讲述起地方官吏的施治实情:"老翁泪纵横,斯理公未睹。户少徭益繁,民贫吏如虎。居者不可留,缺者讵可补。"其实,诗人所言皇德仁厚和老翁所诉官吏贪酷都是实情,真切披露了朝廷政令不畅的地方施政实况。

李光地(1642—1718)的《农民苦》也是描写朝廷政策和地方施政的落差情况。朝廷对农民时时都有宽恤优抚:"朝廷时有蠲优诏,农钱多不上官曹。"然而这样的宽厚政策却在地方官府的施政中被执行得面目全非:"或逢徭役富者免,追胥仍向农家挝。"徭役赋税的重担最终都压向了广大的贫苦农家。朝廷既宽仁恤民,又重视农本,无奈这样的皇德仁策未能完全泽惠于民:"圣朝宽恤无虚载,训辞深厚汉文加。叹息作甘人长苦,殷劝示俭国无奢。噫嘻农业为国本,圣祚应与姬历遐。"朝廷的仁厚政策未能取得应有的效果,朝廷和地方施政出现严重的落差,吏治败坏,导致了这样的结果。

郭九会(1643—1712?)的《田家》描写贫苦农家在官府赋税、田主地租双重压力下的艰难生存。"田父夜彷徨,生计摧中肠。""既积公私逋,复忧水旱荒。何以偿宿负,何以充盖藏。"诗中的田家是很具代表性的普通农家,佃种田主的数亩田土,全凭自己家人的终年苦力耕耘,换得正常年景下的勉强度日。诗中甚至出现了情韵清悠的农家劳作生活的场景描述:"小儿无气力,骑牛牧草场。草色绿如玉,牛背稳如床。"家中小儿无忧无虑的放牧,并未改变"田父"心头的深忧。"不惜汗成粒,所痛肉医疮。力作敢云苦,鞭扑难禁当。"即使拼命劳作,农家也摆脱不了在鞭笞威逼下剜肉补疮偿付官税私租的困境。

王式舟(1645—1718)的《七关吏》记述康熙年间地方关卡管理弊端严重。"大索联艨艟,当关吏如虎。客子笑谓吏,我行非商贾。吏嗔汝勿言,税重岂独汝。纤毫报朝廷,什伯私征估。"关吏虽然声言所收关税都分毫不少归交朝廷,但"客子"观察和了解的事实却是相反:"但催纳税钱,不审隶何部。"不但设置关卡的衙门繁复,所收关税的名目也极其繁多:"一里输两税,名项繁丝缕。"更为糟糕的是,这些关卡的吏员假公济私,借机敲诈:"关吏恣饕餮,孤篷困风雨。""额税曾几何,中饱难指数。维兹一叶舟,输金十有五。况复千万艘,聚敛归何许。"关卡管理失控,关吏中饱私囊,贪污关税,累计的数额十分惊人。不但使朝廷损失了大量税银,也极大加重了民间的负担,是损害朝廷利益和百姓利益的重大弊政。

王畮(1646—1719?)的《木棉歌》记述官府对农家栽种棉花征税过重,棉农生计艰难。"田夫珍重逾夜珠,挈儿呼妇亲手摘。归来索卖价苦贱,百计经营供妇织。机声轧轧寒月阑,十指冻裂心不惜。"棉农辛劳到头,在缴纳官府赋税和田主地租后,所剩已极其可怜,连基本的温饱都是奢望。"待输公赋偿私逋,纵成万匹难存一。吁嗟此物衣被天下民,回看农妇两脚赤。"棉农在寒冬时节还赤足挨冻,正是棉农被官府重税压榨陷入生活困境的最直观写照。

顾彩(1650—1718)的《庚申春日记所见》作于康熙十九年(1680),记述江南春荒时节饥民被官府催征赋税。江南春草萌发,已经被饥民采来填充饥肠:"江南何其悲,草木不容长。萌芽才发生,已为饥民飧。""强半枯瘠儿,形骸类魍魉。久饿肠已摧,兼绝粥饘想。"官府的荒政救助没有踪影,任由饥民自生自灭。这样的民生艰难情况下,官府仍然没有放弃催科征赋:"如何催科吏,程限不暂爽。鞭挞鸠鹄民,驱令供军饷。徒有骸骨存,安能事耕纺。苦役弥乾坤,蒸黎在罗网。"荒政缺失,赋税严苛,江南百姓确有陷入"罗网"里挣扎的痛苦和惶恐。

沈名荪(1650?—?)的《进鲜行》记述朝廷向地方征集"鲥鱼"贡品,惊扰地方,吏民不安。"朱书檄下如火催,郡县纷纷捉渔子。大网小网载满船,官吏未饱民受鞭。"捕捞"鲥鱼"已经劳民伤财,侵扰百姓。限时奉送"鲥鱼"更是严如军令,吏民惊惶:"三千里路不三日,知毙几人马几匹。马伤人死何足论,只求好鱼呈至尊。""鲥鱼"的征集和进奉,给民间带来了极大的扰害。

胡会恩(1652?—1715)的《湖口行》描写民众经过官府关卡,有如经过强盗盘踞之地,战战兢兢,忍受关吏的敲诈勒索。"谁能冒险瞬息停,一任当关恣抑勒。"而官府在正常税目和税额之外滥征杂税,更是民众难以承受的税负重压:"正税还兼杂税供,九税何曾入大农。"朝廷税赋政策的漏洞,被湖口地区贪婪官吏利用,造成了关卡征税中的乱象。

马骏(?—?)的《里胥叹》描写县乡吏胥借役务欺压灾民,勒索民财。

"可怜民命等鸿毛,哀怨无声霜月高。""千村万落窜烝黎,河伯为灾里胥悦。里胥悦,金钱竭。"百姓在洪灾中流离失所,里胥在洪灾中窃喜发财。恶吏趁灾打劫,成为民间祸害。

刘廷玑(1654—?)的《劝农行》描写地方长官的乡村之行,貌似劝农,实则扰民。"使君"到乡间劝农励耕,却一路排场十足、威福骄惰:"未闻一语及民生,但言桥圮路不平。未知何以惠边氓,却怪壶浆不远迎。"惹得所过乡村人心惶惶。诗人奉劝"使君"不要再到乡间"劝农",不要"劝"得乡间鸡犬不宁。"劝农"成为扰农,励耕成为害耕。

金埴(1663—1740)的《哀东狱》披露"山东州县"狱政的阴惨实况。诗序介绍:"山东州县狱卒,率以闸版拘囚人于夜,不令转侧,罪之轻重弗论也。"诗篇描述了狱卒肆意虐害"累囚"的种种细节,尤其是用"版闸"将"累囚"夹困得无法动弹:"上天下地两局促,始信人间有地狱。""狱卒借口防逋逃,不闻狱中夜半声嗷嗷。"为了所谓防止逃跑,居然以这种残酷的损招拘夹囚犯。诗篇披露地方狱政的阴暗内幕,很有认识价值。

唐靖(?—?)的《间架税》记述官府对民户征收房产税的情况。官府在洪水肆虐后的灾区征敛"间架税":"县官踏街衢,鞭度督寻尺。市廛既栉比,一一登方册。""茆椽几枝橼,荜门几柱碣。"对房屋架构、占地面积等都锱铢必较。这样的"间架税"征敛,是在百姓已经承受连年天灾和战祸的双重压力下进行的:"三载役军兴,箕敛力已竭。秣马刈新禾,铸炮销农铁。"百姓已无余财,农耕恢复乏力,官员们还像汉代桑弘羊、孔仅那样,算计民财:"谁为桑孔臣,剥肤及椎骨。"诗人感慨,这样的严苛税政,对百姓来说无异于敲骨吸髓。

罗安(?—?)的《珥笔民》描写讼棍作恶,徇私枉法,欺世牟利。所谓"珥笔民",即玩弄律例的职业讼棍,专门怂恿别人打官司,自己从中牟利。诗人将此"珥笔民"的种种奸诈之术罗列示众:"奈何容此珥笔民,扰我黎庶安有极。置身列在四民外,城市作家但游食。操术不慎利伤人,淬厉笔锋成霜镝。一部律例烂胸中,兴讼起狱巧罗织。教猱升木无不为,变幻诪张乱曲直。诉冤真若切肌肤,索瘢并不遗罅隙。诈谖案牍满公庭,欺罔法吏等戏剧。"犀利揭下了"珥笔民"玩弄律例、瞒官欺民的画皮,尤其强调了这类奸诈之徒对司法公正、社会良善的毁灭性破坏。诗人吁请朝廷和地方有司惩治"珥笔民"的不法行为:"焉得长吏如神明,冰鉴高悬烛奸慝。安邦首在安善良,若辈直须屏四国。"将惩治"珥笔民"枉法滥讼视为安邦治国的要事,凸显了这类讼棍的危害程度及法政的现实弊端。

蒋廷锡(1669—1732)的《米荒》记述官府苛刻征粮造成农家丰收挨饿

的处境。去年稻米丰收后,农家并未得到实际好处,反倒缺粮挨饿:"米粒净如珠,米价贱于肉。""胡为连雨后,穷民已空腹。""去年谷未登,有吏催纳粟。三日一程限,五日一鞭扑。扬簸粒粒圆,两斛当一斛。犹虑不中纳,难入官吏目。"奸猾吏胥故意刁难,农家纳粮被大打折扣,实际交纳的粮食超过了本就很高的定额。"终冬官报计,征科十分足。"地方官吏的苛刻征粮,得到了上司的褒扬:"上官见之喜,贤哉此民牧。"收粮刁横的酷吏,成了"上官"口中的"贤哉此民牧"。这也就是"大熟"年成之后,出现"米荒"的真实原因。

4. 记述荒政劣绩。地方官府施行荒政的各种弊端,包括荒政缺失,谎报灾情,侵吞赈粮,贪占赈款,勒索灾民等。荒政是这个时期怨政诗的重点题材之一。

朱鹤龄的《湖翻行》,记述康熙九年(1670)太湖大水灾背景下的荒政缺失情况。在洪灾压顶之际,官府没有及时开展救灾赈荒行动,弥补平时极少蠲赈的缺憾,反倒派遣吏员催科征税:"盛时蠲赈久不闻,长吏敲榜肯停否。"诗人看到灾民自生自灭的处境,向苍天发出了无奈的慨叹:"吁嗟苍生尔奈何,但见号咷走童叟。"老翁孩童的号哭传达了灾民的悲凄处境。

孙宗彝(1612—1683)的《高邮堤杂谣》怨责官府荒政缺失。高邮(今江苏高邮)洪灾还未消除,官府就向灾民摊派了新的劳役:"雨散风止,怒流齿齿。官来唤役夫,疮民忍饥起。"诗人对官府的做法十分不以为然。

曹溶(1613—1685)的《悯荒二首》描写官府的荒政缺失,致使流民遍地。前一首诗以一孤苦无依的老妇挨冻受饿的处境揭示百姓在战祸、天灾双重打击下的艰难生存:"寇祸烈兹土,举目无故观。百里一空城,蓬蒿郁相蟠。""边境既流离,内地何由完。"后一首诗描述灾民得不到救助,反倒赋役加身。灾民不堪忍受,只得背井离乡以逃避苛政。"游民轻去乡,担釜卧沟侧。未知何方好,奔走昧南北。无乃吏政苛,聊欲避所逼。"诗人认为要改变流民遍地的状况,官府应该劝农励耕,使流民有正业可从:"劝汝秉锄犁,陇上艺黍稷。妇女勿娇惰,轧轧当户织。壮者习弯弓,努力卫邦国。"

魏裔介(1616—1686)的《投河叹》作于顺治十一年(1654)。诗序概述一对贫寒夫妇带子投河自尽的故事:"甲午春,流民南走如蚁。有夫妇至滹沱河,欲渡。舟子索值,无以应,遂率子女赴河死。"诗篇详叙了这个悲剧的细节。流民背井离乡实属无可奈何:"岂不念乡间,命也婴祸罗。"历经路途的无数艰难,奄奄一息的流民夫妇把生存最后的希望寄托在渡过滹沱河,到南方寻求一线生机。谁知他们连一文钱都拿不出来,船夫讪笑着拒绝了他们的渡河请求。贫寒夫妇的希望断绝了,先后投河自尽,他们的幼子也随之葬身河流。"饥妇更无语,长号赴奔涡。饥夫投其雏,捐命同飞蛾。"围观这场惨剧的众多饥民为之悲泣,感慨人命不如禽鸟:"饥民岸林立,哽咽共跌蹉。哀哉今之人,而不如鸳鹅。"故事悲凄,震人心魄。诗篇间接传达了官府荒政救助的缺失。

魏象枢(1617—1687)的《剥榆歌》描述了乡间百姓遭受天灾人祸的双重打击。连年的盗寇劫掠、蝗虫吞噬,村落一片萧条:"去岁死蝗前死寇,数十村落无孑遗。"眼下的饥荒更是幸存者难过的鬼门关:"三日两日乏再馔,不剥榆皮那能饱。""今朝有榆且剥榆,榆尽同来树下死。"篇末的感慨意味深长:"老翁说罢我心摧,回视君门真万里。"包含着对朝廷不能有效赈灾的怨责。

孙枝蔚(1620—1687)的《大吏》记述官府"大吏"施行荒政的失败之举。"大吏下郡邑,赈饥散金钱。纷纷鹄面人,推挤车马前。号呼满道周,肢体或不全。一倒遭践踏,促汝下黄泉。乘舆济溱洧,谁谓子产贤。奉行合有人,施恩恶自专。安得汲黯辈,发仓救时艰。""大吏"到灾区赈荒,亲自向灾民散发赈济款项,结果引发饥民推挤踩踏。秩序大乱,雪上加霜。诗人感慨"大吏"不是汉代"汲黯辈"那样的贤能之吏,不能临机处置复杂的赈荒局面,以致将朝廷的荒政事务弄得一塌糊涂。

刘仪恕(?—?)的《流民行》描写大水灾后流民遍地的悲凄场景,披露官府对灾民缺少荒政救助,还加重催科征敛。"二州五县同时没,千里霜寒绝杵砧。至今水去已无家,尽室漂流逐白沙。况是军兴役赋急,都长里正穷纷拿。"诗人替流民喊出了心中的怨痛,"纵使饥饿填沟壑,不敢归农受吏索。"

屈大均的《菜人哀》写到了大饥荒中的一个惨景。"夫妇年饥同饿死,不如妾向菜人市。得钱三千资夫归,一脔可以行一里。"所谓菜人,就是被人杀掉后卖来当肉吃的受害者。这种事实骇人听闻,但实实在在发生了,且不是个别现象,才有这样的"菜人"市场存在。荒年乱世,官府荒政无影无踪,世间变成了人吃人的地狱。诗人没有议论,他的痛愤可想而知。

周弘(1634?—?)的《道旁叹》以一家孤儿寡母的境遇披露地方荒政的实况。当地本已连年灾荒,官府仍旧催征税赋,孤儿寡母家的境遇就更是不堪:"夫亡十指难糊口,连岁凶荒断升斗。县帖纷纷催乐输,大儿枵腹披枷杻。小儿呱呱怀抱中,身死冥恤愁儿从。"虽然朝廷也有赈荒散米的诏令,无奈地方荒政被冷酷贪婪的吏胥把持,真正无依无助的待赈者无钱贿赂吏胥,赈济官册也就不录其名。"昨闻诏书发粟赈,匍匐哀告含羞容。安得有钱买胥吏,赈籍无名长官詈。踯躅中路不得归,以此悲伤洒血泪。"寡妇哀哀以告,无济于事。诗人对朝廷赈济之策在地方沦为空文深感痛心。

张笃庆（1642—1715？）的《勘灾吏》叙及旱灾肆虐，灾民向知县诉说受灾之苦，望知县代为上告州府，却招来知县斥责："愿言告令尹，为我达上官。令尹一何恚，父老不解事。催租令如雷，昨日黄符至。六诏虽已平，万里饷戍兵。恐触上官怒，告哀终何成。"在灾民的一再央求下，知县敷衍会有官吏前来勘查灾情。尔后到来的勘灾官吏，并未到田间地头实地踏勘，却整天和当地官吏推杯换盏，沉湎于酒宴。"亦不闻省郊，亦不闻履亩。张皇饬厨传，殷勤接杯酒。"当地官吏和前来勘灾的官吏串通一气，共同瞒报灾情。"客吏顾主吏，此事当云何。且夕徼天泽，雨露将在兹。良苗竟怀新，下吏翻成欺。"勘灾吏甚至调侃灾民不如卖田以自救："为我谢父老，努力鬻尔田。"诗篇凸显地方荒政的阴暗一面，很有认识价值。

沈名荪（1650？—？）的《晋饥行》记述"晋地"灾荒中的怪现象。"连年晋地天灾行，赤地千里无禾生。榆皮柳叶尽取食，饿殍仍见沟中盈。"灾荒严重，百姓并不寄望于官府赈济，这看似不合情理，却是符合实际的想法："遣官赈济又何益，官吏自肥民自瘠。就令升合得到身，苟且延生不终夕。"官吏侵赈，中饱私囊，败坏了地方荒政。《济上水灾叹》记述济水之滨洪涝之后官府的救灾缺位和催科无情。"麦尚存场禾在田，尽付波臣不留一。"洪水夺走了农家的粮食，灾民忧心挨饿，更忧心水淹城邑，房倒屋塌。"民悲饿死事犹缓，屋压墙埋只旦晚。"在人命危浅的灾荒关头，官府赈灾缺了位，催科却急如星火："男啼女号声未已，州门告示催征比。"荒政和税政，形成了可怕的对立。

景星杓（1652—1720）的《籴官米》记述康熙年间江南饥民从官府籴米的遭遇。饥民为究竟去不去官仓买米惶惑踌躇，把去官仓籴米看成险恶之事。这似乎有些夸张，但饥民的乡亲所经历的籴米不成反被踩踏致死、致残的真实教训，又令饥民不能不心怀畏惧："不见邻家老，头裂缘鞭笞。又闻寡妇儿，践成足下裔。"除了籴米有危险，官仓米被奸吏掺杂使假，难以下咽果腹："始贪官米贱可食，何知浥烂掺糠秕。"饥民对官府荒政籴米已经视如畏途，宁愿在家相守饿死也不愿前去籴米。诗篇揭示荒政弊端，很有样本意义。

王苍璧（？—？）的《童谣》表达了对地方吏胥利用荒政贪占赈米的怨愤。"赈饥民，吏胥饱。饥民泣，吏胥恼。吏胥勿恼尔当喜，官府明朝粜官米。"赈米被吏胥舞弊贪占，饱了私囊，饥民也就只能嗷嗷待哺。饥民的怨苦哭诉让吏恼羞成怒，官仓的新发赈米让贪吏喜从中来。赈荒之政被贪吏把持，朝廷和官府给饥民的救济全被贪吏践踏。

申颋（1653？—？）的《哀流民》描写饥民流落异地的诸多苦楚。"岂不怀乡土，恐惧急征输。频年遭旱魃，原野尽焦枯。即欲鬻男女，无人能养奴。盗贼食生人，官司笞瘦肤。性命无由保，何暇念田庐。"流民在故乡遭遇连年旱灾，卖儿卖女都难以为生；又遭遇盗贼食人的威胁，遭遇官府催科的鞭笞。生计无望。只得逃亡他乡，寻求一线生机。然而流民在异乡的出路依然黯淡无望："年荒禁令严，不许入城郭。白日食草根，黑夜卧榛芜。老稚不耐苦，沿途死沟渠。到此十余一，充肠半粟无。""乐土知无地，流离徒崎岖。"流民的这种绝望处境，揭示了多地官府荒政的失败。

顾嗣立（1665—1724）的《关中民》记述关中地区在大旱之后的荒政乱象。饥民蜂拥至城中，等待官府发放朝廷诏令下发的赈米。"儿哭耶娘妻觅夫，杂踏饥民如集市。官家蠲租诏发粜，煮糜调粥疗饥肠。"然而朝廷的赈米被地方官府七扣八减，变成了贪渎官吏的囊中之物。"长吏公私多扣克，一斗止合三升粮。"嗷嗷待哺的饥民最终大多变成了饿殍，"县官三日不开仓，十人八九僵路傍"。诗篇留下了康熙时期关中地区荒政事务的恶劣记录。

除了上述清代前期诗人的这四类怨政诗，清代前期怨政诗创作实绩尤为突出的诗人有阎尔梅、吴伟业、钱澄之、陶澄、吴嘉纪、尤侗、施闰章、查诗继、沙张白、叶燮、杨端本、彭孙遹、陈恭尹、王士禛、方中发、唐孙华、田雯、邵长蘅、查慎行、赵执信、刘青藜、郑世元、沈树本、朱樟等。此将其怨政诗的创作情况分述如下。

一 阎尔梅 吴伟业 钱澄之 陶澄 吴嘉纪 尤侗

阎尔梅（1603—1662），字用卿，沛县（今江苏沛县）人。明崇祯间举人。弘光帝时为史可法幕僚。入清不仕，剃发为僧。

阎尔梅的怨政诗记述了明清易代时期的剧烈政治变迁。有的记录了清朝武装集团入关后为取得全国政权进行的血腥恐怖征战，以及蛮横圈地占田，如《惜扬州》《北京杂咏》；有的表达了对明朝大臣迅疾投靠满清新贵的政治变节行为的鄙视，如《绝贼臣胡谦光》；有的描写了乱世之中百姓遭受天灾和苛政的双重祸害，如《沧州道中》等。

伤哉胡骑渡沙南，杀人憔独扬州多。扬州习尚素骄奢，屠绘伦怒裤绛纱。廛市利农耕稼懒，贵介群争煮海差。炊异烹鲜陋吴会，园池宅第拟侯家。绮筵歌妓东方白，画舫箫管夕阳斜。扬州巨商坐金穴，青镪朱瑑千担列。舳舻潮汐喧惊雷，开关唱筹中外彻。扬州游览竞文章，芜城短赋割离肠。谢玄棋墅梅花岭，永叔诗勒平山堂。扬州仕宦众眈眈，廉者不来来者贪。铨部门前悬重价，贪缘早夜不知惭。扬州女儿肌如雪，环翠罗纨恣蝶褒。深闺初未识桑蚕，碎剪犹嫌机匠拙。快意不从勤苦来，暴殄徒增脂粉孽。一朝旗幞广陵飞，笳鼓声悲箫鼓歇。鸣刀控矢铁锋残，僵尸百万街巷填。邗沟泉流京观追，乱漂腥血腻红端。掠尽巨商掠贵介，裘马郎君奔负戴。缯帛银钺水陆装，香奁美人膻卒配。妇思良贱苦鞭疮，疾驱枯骨投荒塞。死者未埋生者死，鸭绿江头哭不止。(《惜扬州》)

穷途半是王侯裔，故老甘称鼎革臣。灵佑新灯添傀儡，城隍旧市徒慈仁。吸残烟酒重吹袋，圈尽膏田乱结绳。宣武门前市血焦，柴车塞断虎坊桥。穷民恨诅天无眼，不见僵尸满路稠。(《北京杂咏》)

贼臣不自量，称予是故人。敢以书招予，冀予与同尘。一笑置弗答，萧然湖水滨。湖水经霜碧，树光翠初匀。妻子甘作苦，昏晓役春薪。国家有废兴，吾道有诎申。委蛇听大命，柔气转时新。生死非我虞，但虞辱此身。(《绝贼臣胡谦光》)

《惜扬州》描写曾经繁花似锦的扬州城在清军屠城下的地狱般惨景。这幅"扬州十日"的历史画卷极其血腥残忍："伤哉胡骑渡沙南，杀人憔独扬州多。""扬州女儿肌如雪，环翠罗纨恣蝶褒。""鸣刀控矢铁锋残，僵尸百万街巷填。邗沟泉流京观追，乱漂腥血腻红端。掠尽巨商掠贵介，裘马郎君奔负戴。"这是清朝为建立新政权进行恐怖屠城的罪行录，浸透了江南百姓的血泪，极有历史认识价值。《北京杂咏》记述满清新贵进入北京后施行"圈地"等暴虐政策。史载："国初以民地予满洲将士，谓之圈地。"[①] 诗篇记述的就是顺治元年（1644）清廷颁布圈地令，规定八旗官兵可以圈占北京附近的田土，酿成了民众"膏田"被肆意强占的骇人事实。诗篇还描绘了满清新政权在北京城捕杀民众的惨象："宣武门前市血焦，柴车塞断虎坊桥。""穷民恨诅天无眼，不见僵尸满路稠。"足见抓捕、杀戮之众多。《绝贼臣胡谦光》斥责降清的明朝官员变节弃义。诗人将降清的明朝官员呼之为"贼臣"，强烈宣示了对新政权的抵抗姿态和对新政权法统的不予认同。诗人在看似豁达的生死观中，表达了比生死更高的价值取向，即忠于故国君主，不改为臣之道："国家有废兴，吾道有诎申。""生死非我虞，但虞辱此身。"这种坚守臣道的传统士大夫立场，有其时代的合理性和道义性。

阎尔梅的怨政诗也留下了自然之灾与苛政之害的实录。

潞河数百里，家家悬柳枝。言自春至夏，雨泽全未施。燥土既伤禾，短苗不掩陂。辘轳干以破，井涸园菜萎。旧米日增价，卖者尚犹夷。贫

[①] 赵尔巽等：《清史稿》卷二百九十二《唐执玉传》，中华书局1977年版，第10316页。

者止垄头,怅望安所之。还视釜无烟,束腰相对饥。欲贷东西邻,邻家先我悲。且勿计终年,胡以延此时。树未尽蒙灾,争走餐其皮。门外兼催租,官府严呼追。大哭无可卖,指此抱中儿。儿女况无多,卖尽将何为。下民抑何辜,天怒乃相罹。下民即有辜,天怒何至斯。视天非梦梦,召之者为谁。呜乎,雨乎。安得及今一滂沱,救此未死之遗黎。(《沧州道中》)

诗篇描写诗人亲眼所见百姓无粮,以树皮充饥,官府仍然严苛征税。"树未尽蒙灾,争走餐其皮。门外兼催租,官府严呼追。"诗人感慨:"下民抑何辜,天怒乃相罹。下民即有辜,天怒何至斯。"天灾加上政祸,百姓求告无门。诗人代灾民向苍天发出了无奈的怨叹。

吴伟业(1609—1672),字骏公,太仓(今江苏太仓)人。崇祯间进士。历翰林编修、东宫讲读官。弘光帝时任少詹事。入清后被征出仕,官秘书院侍讲、国子祭酒。

吴伟业虽然在入清十年之后,有过一段短暂的被迫出仕,晚年为之深深自责,但他的这段出仕并不属于主动请降的失节。吴伟业的怨政诗主要描写清军的血腥杀戮及战后的满目疮痍,也有一些作品记述朝廷赋税徭役苛政,具有强烈的时代特征。如:

匹马孤城望眼愁,鸡声喔喔晓烟收。鲁山将断云不断,沂水欲流沙未流。野戍凄凉经丧乱,残民零落困诛求。他乡已过故乡远,屈指归期二月头。(《郯城晓发》)

秋风泠泠蛩唧唧,中夜起坐长太息。我初避兵去城邑,田野相逢半亲识。扁舟遇雨烟村出,白版溪门主人立。鸡黍开尊笑延入,手持钓竿前拜揖。十载乡园变萧瑟,父老诛求穷到骨。一朝戎马生仓卒,妇人抱子草间匿。津亭无船渡不得,仰视乌鹊营其巢。天边鸐鸃犹能逃,我独何为委蓬蒿。搔首回望明星高。(《遣闷六首》其一)

闻道朝廷罢上都,中原民困尚难苏。雪深六月天围塞,雨涨千村地入湖。瀚海波涛飞战舰,禁城宫阙起浮图。关山到处愁征调,愿赐三军所过租。(《杂感二十一首》其一)

注就梁丘早十年,石壕呼怒荜门前。范升免后成何用,宁越鞭来绝可怜。人世催科逢此地,吾生忧患在先天。从今郫上田休种,帘肆无家取百钱。(《赠学易友人吴燕余二首》其一)

直溪虽乡村,故是尚书里。短棹经其门,叫声忽盈耳。一翁被束缚,苦辞囊如洗。吏指所居堂,即贫谁信尔。呼人好作计,缓且受鞭垂。穿漏四五间,中已无窗几。屋梁记日月,仰视殊自耻。昔也三年成,今也一朝毁。贻我风雨愁,饱汝歌呼喜。官逋依旧在,府帖重追起。旁人共唏嘘,感叹良有以。东家瓦渐稀,西舍墙半圮。生涯分应尽,迟速总一理。居者今何栖,去者将安徙。明岁留空村,极目唯流水。(《直溪吏》)

幕府山前噪乳鸦,严城烟树隐悲笳。柳条遍拂将军马,燕子难求百姓家。东皋奔涛连北固,西陵传火走南沙。江皋战鬼无人哭,横笛声声怨落花。(《江城远眺》)

官差捉船为载兵,大船买脱中船行。中船芦港且潜避,小船无知唱歌去。郡符昨下吏如虎,快桨追风摇急橹。村人露肘捉头来,背似土牛耐鞭苦。苦辞船小要何用,争执汹汹路人拥。前头船见不敢行,晓事篙师敛钱送。船户家家坏十千,官司查点侯如年。发回仍索常行费,另派门摊云雇船。君不见官舫嵬峨无用处,打彭插旗马头住。(《捉船行》)

秣陵铁骑秋风早,厩将围人索刍藁。当时碛北报烧荒,今日江南输马草。府帖传呼点行速,买草先差人打束。香刍堪秣饱骅骝,不数西凉夸苜蓿。京营将士导行钱,解户公摊数十千。长官除头吏干没,自将私价僦车船。苦差常例须应免,需索停留终不遣。百里曾行几日程,十家早破中人产。半路移文称不用,归来符取重装送。推车挽上秦淮桥,道遇将军紫骝控。辕门刍豆高如山,紫髯碧眼看奚官。黄金络颈马肥死,忍令百姓愁饥寒。回首滁阳开仆监,龙媒烙字麒麟院。天闲辔逸起黄沙,游牝三千满行殿。钟山南望猎痕烧,放牧秋原见射雕。宁堇雕胡供伏枥,不堪园寝草萧萧。(《马草行》)

中山有女娇无双,清眸皓齿垂明珰。曾因内宴直歌舞,坐中瞥见涂鸦黄。问年十六尚未嫁,知音识曲弹清商。归来女伴洗红妆,枉将绝技矜平康,如此才足当侯王。万事仓皇在南渡,大家几日能枝梧。诏书忽下选蛾眉,细马轻车不知数。中山好女光徘徊,一时粉黛无人顾。艳色知为天下传,高门愁被旁人妒。尽道当前黄屋尊,谁知转盼红颜误。南内方看起桂官,北兵早报临瓜步。(《听女道士卞玉京弹琴歌》)

吴伟业这些怨政诗集中表现清初战争灾难及施治乱象。扑面而来的是战后的满目凄凉、血腥犹存;而满清新政权在这片大地废墟上的施政,并未有所宽缓。如《郯城晓发》悲叹乡村经战乱尚未恢复元气,幸存的乡民却又面临官府的租税重压:"野戍凄凉经丧乱,残民零落困诛求。"《遣闷六首》(其一）感慨明清易代的多年战乱使乡村一片萧条，农家在官府的租税搜刮之下已经困苦到身无分文："十载乡园变萧瑟，父老诛求穷到骨。"《杂感二十一首》（其一）诉说清军所经之地，滥征粮草，留下一片哀怨："关山到处愁征调，愿赐三军所过租。"《赠学易友人吴燕余二首》（其一）怨诉官府无情搜刮，忧民之念萦绕诗人心头："人世催科逢此地，吾生忧患在先天。"《直溪吏》记述官府的旧租税尚未偿完，官府催科的新文书又下发到乡间："官逋依旧在，府帖重追起。"《江城远眺》描述江畔之地散落着累累白骨，原野的凄凉透露着战祸的惨重："江皋战鬼无人哭，横笛声声怨落花。"《捉船行》记述吏胥在征调民户船只时借机勒索钱财，对官府的公务却是作假敷衍："官差捉船为载兵，大船买脱中船行。""前头船见不敢行，晓事篙题敛钱送。"《马草行》记述官府征收马饲料的差事衍生出诸多贪贿勒索，众多农户被逼到了破产的境地；被搜刮去的粮食又被轻易糟蹋，农家却陷入了严重缺粮的境地："长官除头吏干没，自将私价僦车船。苦差常例须应免，需索停留终不遣。百里曾行几日程，十家早破中人产。半路移文称不用，归来符取重装送。推车挽上秦淮桥，道遇将军紫骝控。辕门刍豆高如山，紫髯碧眼看奚官。黄金络颈马肥死，忍令百姓愁饥寒。"《遇南厢园叟感赋八十韵》描写江南大地被清军肆虐后的种种惨痛景象。灾难曾经覆盖了大地，至今仍然伤痕累累。惊魂未定的百姓如今又在承受新政权苛政的煎熬："不知何代物，同日遭斧创。前此千百年，岂独无兴亡。""大军从北来，百姓闻惊惶。""插旗大道边，驱遣谁能当。""下路初定来，官吏逾贪狼。""诛求却到骨，皮肉俱生疮。"战祸及苛政相继，世间灾难未了。《听女道士卞玉京弹琴歌》借一女道士之口描述明清改朝换代的剧烈变迁。"诏书忽下选蛾眉，细马轻车不知数。中山好女光徘徊，一时粉黛无人顾。艳色知为天下传，高门愁被旁人妒。尽道当前黄屋尊，谁知转盼红颜误。南内方看起桂宫，北兵早报临瓜步。"生死存亡的紧要关头，南明王朝君臣仍沉湎于荒嬉生活。这样的昏败政治，连女冠都看不下去了。

钱澄之（1612—1693），字饮光，桐城（今安徽桐城）人。崇祯间诸生。南明时历漳州推官、礼部仪制司主事、知制诰等。曾起兵抗清。入清，削发为僧，后归隐故乡。

钱澄之的怨政诗记录了自己所闻知的清朝新政权建立和施治过程中的种种凶暴和蛮横。除了宣泄诗人对清朝征服者战争暴行的痛恨，更多的作品记述了满清新政权地方施政的严酷政策及恶劣吏治，留下了清初社会政治生活的宝贵实录。如：

五更未醒虔州破，闭城刘人人莫逃。马前血溅成波涛，朱颜宛转填眢井，白骨撑柱无空壕。(《虔州行》)

飘风激沙砾，曜灵惨不舒。我行升虚邑，空国无人民。颓垣穴孤兔，赤瓦夷沟渠。徘徊不能过，问此谁为欤。(《过将乐县》)

水旱频仍父老嗟，飞蝗又见际天遮。耕农去尽田难认，赋税逋多派枉加。窃恐流亡还伏莽，即令盗贼正如麻。朝廷弭乱须蠲免，终是饥寒且恋家。(《杂感》其八)

女踩碓，儿扫仓，我家今日稻登场。获稻上场打稻毕，拂还租稻叉手立。往时入仓才输官，今年只在场上看。晚禾干死田无稿，又下官符催马草。买草纳官官不收，千堆万堆城南头。风吹雨打烂欲尽，饿杀栏中子母牛。(《获稻词》)

种豆南山又苦蝗，哀哀寡妇哭三荒。劝耕已缺明年种，加派还征隔岁粮。市井揭竿争闭肆，官司传檄急通商。朝廷近日专心计，谁听悲歌云汉章。(《悯荒和韵》)

今年江南大造船，官捕工匠吏取钱。吏人下乡恶颜色，不道捕匠如捕贼。事关军务谁敢藏，搜出斧凿同贼赃。十人捕去九人死，终朝锤斫立在水。自腰以下尽生蛆，皮革乱挥不少纾。官有良心无法救，掩鼻但嫌死尸臭。昨日小匠方新婚，远出宁顾结发恩。昼被鞭挞夜上锁，早卖新妇来救我。(《捕匠行》)

水夫住在长江边，年年捉送装兵船。上水下水不计数，但见船来点夫去。十家门派一夫行，生死向前无怨声。衣中何有苦搜索，身无钱使夜当缚。遭他鞭挞无完肤，行迟还用刀箭驱。掣刀在腰箭在手，人命贱同豕与狗。射死纷纷满路尸，那敢问人死者谁。爷娘养汝才得力，送汝出门倚门泣。腐肉已充乌鸢饥，家家犹望水夫归。(《水夫谣》)

催完粮，催完粮，莫遣催粮吏下乡。吏下乡，何太急，官家刑法禁不得。新来官长亦爱民，哪信民家如此贫。朝廷考课催科重，乡里小民肌肤痛。官久渐觉民命轻，耳熟宁闻冤号声。新增有明官有限，儿女卖成早上县。君不闻村南大姓吏催粮，夜深公然上妇床。(《催粮行》)

今年有官来丈洲，千金之产充洲头。税加十倍出散户，散户逃亡洲头补。洲已崩去税在身，富卖山田贫卖女。村人讹传官如虎，洲头那当鞭挞苦。情愿破产共输金，求官勿来官不许。官通算法善开方，到洲升合无敢藏。谁者传此勾股术，使我洲头家家泣。(《丈洲行》)

乞食儿，勿求饱，如今惟有乞儿好。富人有粮贫有丁，羡尔不闻追呼声。乡里小民难到县，羡尔不见县官面。官家赋税多如麻，汝徒只税

篮中蛇。君不见富家翁，朝防吏人夜防贼，通宵有眼合不得。篮中蛇去值几钱，草堆一夜齁齁眠。(《乞儿行》)

县里今年大捉船，有船不近长江边。往时系缆闸江口，如今横舰截江守。峨峨大艑载官艖，官不放行可奈何。捉船到官候粮久，可怜无粮绕船走。男儿生计亦无穷，何苦老在波涛中。从今应与江神别，此生誓不理篙楫。闲得一夜心不休，明朝替人驾小舟。(《捉船行》)

江头来往绿林豪，弓箭在手刀在腰。门里劫商门外坐，捕捉公人当面过。杀人打货上船行，人人知是食粮兵。箭杆分明记名姓，官府朦胧不许问。君不见西家被劫报官知，合门拷掠血淋漓。(《绿林豪》)

江头舣师老长年，开帆远避东人船。东人掠船祸犹可，目睛一瞬能杀我。近来绿林计更奇，小船尽打王子旗。银铛锁颈贯两肘，上船喝人人拱手。君不见江头有盗捕入城，都是昨日打旗船上兵。(《打旗船行》)

《虔州行》描述的景象十分阴森："五更未醒虔州破，闭城刘人人莫逃。马前血溅成波涛，朱颜宛转填眢井，白骨撑柱无空壕。"披露了清朝武装集团在建立新政权过程中的嗜血滥杀。《过将乐县》描述清兵征战杀伐给江南大地留下的死寂惨象。"飘风激沙砾，曜灵惨不舒。我行升虚邑，空国无人民。颓垣穴孤兔，赤瓦夷沟渠。徘徊不能过，问此谁为欤。"这些概括描写虽缺少细节的丰富，但更具有俯瞰的全景效果，对加害者的追问更具有全局意义。钱澄之的怨政诗记述新政权的赋税徭役苛政的作品亦极具批判价值。如《杂感》(其八) 责怨官府在灾年仍然加重征收赋税，认为朝廷不蠲减赋税，战后一片残破的乡村很难恢复活力。"耕农去尽田难认，赋税遒多派枉加。窃恐流亡还伏莽，即令盗贼正如麻。朝廷弭乱须蠲免，终是饥寒且恋家。"《获稻词》怨诉官府向民间大量征收马草，却又随意抛弃不用，造成民力物力的极大浪费。"晚禾干死田无稿，又下官符催马草。买草纳官官不收，千堆万堆城南头。风吹雨打烂欲尽，饿杀栏中子母牛。"《悯荒和韵》怨责官府在灾荒之年还提前征收粮赋："劝耕已缺明年种，加派还征隔岁粮。""朝廷近日专心计，谁听悲歌云汉章。"《捕匠行》记述官府为造船征战，滥征工匠，滥派役务，酷吏敲诈工匠，虐待役夫："今年江南大造船，官捕工匠吏取钱。吏人下乡恶颜色，不道捕匠如捕贼。事关军务谁敢藏，搜出斧凿同贼赃。十人捕去九人死，终朝锤斫立在水。"《水夫谣》描写官府强征徭役，役夫遭酷吏虐待，命如猪狗："十家门派一夫行，生死向前无怨声。""擎刀在腰箭在手，人命贱同豕与狗。射死纷纷满路尸，那敢问人死者谁。"《催粮行》谴责官吏为求政绩，不恤民苦，对百姓滥用刑罚以催征赋税："朝廷考课催科重，乡里小民肌肤痛。官久渐觉民命轻，耳熟宁闻冤号声。"《丈洲行》记述贪渎官吏借丈量洲田，假公济私，加重征税，逼得民户纷纷逃亡："今年有官来丈洲，千金之产充洲头。税加十倍出散户，散户逃亡洲头补。洲已崩去税在身，富卖山田贫卖女。"《乞儿行》描写乞丐没钱没力，没什么可被榨取，反衬民众被贪吏征税派役，敲诈勒索："乞食儿，勿求饱，如今惟有乞儿好。富人有粮贫有丁，羡尔不闻追呼声。乡里小民难到县，羡尔不见县官面。官家赋税多如麻，汝徒只税篮中蛇。"《捉船行》记述官府征调民船运送粮食，却又徒然浪费船夫的劳役，船户不堪其扰："县里今年大捉船，有船不近长江边。""捉船到官候粮久，可怜无粮绕船走。""从今应与江神别，此生誓不理篙楫。"《绿林豪》记述所谓"绿林"打家劫舍，被抓捕后却发现是官兵所为。民众向官府告发，反遭毒打责罚："江头来往绿林豪，弓箭在手刀在腰。""杀人打货上船行，人人知是食粮兵。""君不见西家被劫报官知，合门拷掠血淋漓。"《打旗船行》披露，劫掠民众的"盗贼"其实往往是官军的兵卒："近来绿林计更奇，小船尽打王子旗。银铛锁颈贯两肘，上船喝人人拱手。君不见江头有盗捕入城，都是昨日打旗船上兵。"留下了官军装扮"绿林"抢劫民财的奇闻。

清初的名士中，虽有许多人在满清新贵的高压下很快变节投靠了，但坚持抗清复明的仍不乏其人，钱澄之的怨政诗就表现了坚持操守节义的正统士大夫情怀。《髯绝篇听司空耿伯良叙述诗以纪之》讽刺清初投降变节的原南明朝臣阮大铖，对他的政治人格表示强烈的鄙视。

  髯昔东奔婺，本恃同官情。婺州方举义，朱公建戎旌。要髯共整旅，遂抗同官衡。同官为隐忍，义军为不平。护之还江上，因入方帅营。马相久在幕，后至权稍轻。计邀方帅欢，二竖还相争。郁郁怀异志，遣谍潜归诚。是时越守固，降表达燕京。阴以国情输，还令虏增兵。六月虏渡江，长跪江头迎。贝勒久始信，涿州书乃呈。叩头感且泣，誓死报圣清。招降方与马，踊跃随长征。自请五十骑，先克金华城。跃马到城下，长啸飔胡缨。昔闻朱公计，城西角易倾。此来直攻瑕，炮火躏天轰。须臾城西陷，戮及怀中婴。耿君亦被系，望髯气正英。贝勒酬髯官，悬称内院荣。次第度闽峤，所过无草茎。群酋罕肉食，髯至必大烹。相顾笑且骇，每夜盘飨盈。作歌劝酋酒，群酋饮必醒。争言梨园伎，南来耳髯名。髯起顿足唱，仿佛昔家伶。有酋求学诗，唱和到五更。晨起历诸帐，每谈必纵横。一朝面目肿，群酋人人惊。托耿往语髯，且缓闽中程。髯老而过劳，即防疾病撄。髯闻大忧疑，疑有阻其行。酋官谅不欺，此意胡然萌。我年甫六十，有如铁铮铮。实无秋毫疾，愿君为我明。耿君还复命，群酋指胸盟。急邀并马走，仙霞岭峥嵘。群酋皆按辔，惟髯弃马行。健步奔犊捷，矍铄聊自鸣。上岭复下岭，顾笑群儿狞。急踞盘石坐，呼之目已瞪。马棰掣其辫，气绝不复生。群酋齐下马，环哭为失声。亟命索火炬，茶毗藏诸罂。家僮抟颡泣，请还附先茔。方马随入关，尸首委长鲸。惟髯有遭遇，所志惜不成。耿君新返正，列为行在卿。始末亲所见，记以待史评。

明清易代之际，阮大铖身居南明朝廷高位，其后很快转身投靠新政权，为满清新贵效犬马之劳。诗人历数了阮大铖变节行为的诸多细节。"六月膏渡江，长跪江头迎。""叩头感且泣，誓死报圣清。招降方与马，踊跃随长征。自请五十骑，先克金华城。"阮大铖急不可耐投靠满清新贵，且主动请缨，跟随清军攻打南明政权，不遗余力，唯恐不及。乃至身疲力竭，猝死在为新主奔走效劳的路途中："一朝面目肿，群酋人人惊。托耿往语髯，且缓闽中程。""我年甫六十，有如铁铮铮。实无秋毫疾，愿君为我明。耿君还复命，群酋指胸盟。急邀并马走，仙霞岭峥嵘。群酋皆按辔，惟髯弃马行。""急踞盘石坐，呼之目已瞪。马棰掣其辫，气绝不复生。"诗篇细细描写变节苟安者卖身求荣的种种言行，还着意强调刻写阮大铖的目的是"记以待史评"，否定了阮大铖毫无节操的政治人格。诗篇的现实针对性很强，对阮大铖的斥责，也是对当时一些士大夫文人的集体评判。钱澄之对阮大铖的政治人格评判很有代表性，但这种评判并未针对一切仕进新朝的汉族士大夫文人。改朝换代之际，王朝政治对世人和士人的影响有一个渐进的过程。急切投靠新贵、帮着新贵杀戮故国人民，与逐步顺从已经稳定了政治秩序的新政权，拥护已经完成了大一统的新王朝，在行为性质上有根本差异。钱澄之对阮大铖的评判，在道义标准和时代背景上都有其合理性。

陶澄（1616—1703），字昭万，宝应（今江苏宝应）人。明崇祯间诸生。入清，未赴科举，以遗民终。

陶澄的怨政诗主要有两类作品：一类记述河政弊端，荒政缺失，吏胥贪索，灾民艰困，如《淮水溢》《饥民谣》《潦水溢》等；一类描写赋役沉重，民力不堪，如《牵船苦》等。

川流浩无极，汤汤日东之。排决必就下，庶鲜溺与饥。后人何曲防，变迁成渺弥。积久势益壮，中流漾蛟螭。还闻渊漱底，蹯伏巫支祁。昨者忽冯怒，惊波荡寒飔。稽天正未已，仿佛尧初时。城郭苦卑湿，周遭

况如箕。涌地及三版，民命争毫厘。弭患谨未然，是诚在有司。浸淫入睥睨，仓卒乌能治。人事既阙失，蒸民尽颠隮。(《淮水溢》)

　　高原托群命，仳离无安居。三日仅一食，谁复计其余。大府方南来，宣言发仓糈。皇皇感且泣，提挈满路衢。里正仍作奸，公然杂追呼。终岁重剸肉，不得宽须臾。苍天听弥高，吞声行次且。艰难已尽骨，愿乞身为奴。(《饥民谣》)

　　吾邑两堤决，百里今无村。巨室鲜露积，贫者惟瓦盆。仓皇冯高原，仳离能几存。老弱仅一息，敢计饔与飧。粒食苦难计，先谋卖鸡豚。白日亦晦匿，阴黝徒飞翻。回忆总发时，吾曾厪此屯。岂意数十载，重见伤心魂。城郭半卑湿，急雨摧蓬门。十屋九沈灶，日仄啼儿孙。里巷既窒塞，沟洫多崩奔。东西陷溺甚，破壁连苔痕。吾庐幸未圮，萎尽草木棍。谁其披云霄，陈诉通九阍。(《潦水溢》)

　　前月驰檄来，尽说兵船回。上官号令殷如雷，舆儓驿吏纷相催。城中壮夫应入选，千钱百钱俱得免。蚩蚩只有田间氓，带索驱来似牵犬。台前点唱各应声，分曹逐队城中行。羁縻不得暂归去，待食可怜双目瞠。此时茫茫断消息，半月一月那有极。鹑衣蓬首面黧黑，耕获无人思如织。才闻鼓角临风前，城中叫呼声彻天。十人共索聚城下，计取百人牵一船。船中贵官意殊别，不事风帆事牵曳。沙胶水浅船不行，到处鞭笞背流血。迢遥百里见淮阴，明日牵船更有人。吹角插旗城下住，看尔辛勤送前去。(《牵船苦》)

　　《淮水溢》作于康熙十八年（1679），描述泗州遭遇洪水围困，洪水漫过了城墙，居民惶恐避难。"城郭苦卑湿，周遭况如箕。涌地及三版，民命争毫厘。"这种困境的出现，皆是由于此前当地官府营造的河防工程过于恶劣所致。"弭患谨未然，是诚在有司。浸淫入睥睨，仓卒乌能治。人事既阙失，烝民尽颠隮。"河政的弊端，使洪灾危害大为加重。《饥民谣》记述百姓遭遇灾荒，接近断炊，"三日仅一食，谁复计其余"。乡村小吏仍催科逼税："里正仍作奸，公然杂追呼。终岁重剸肉，不得宽须臾。"饥民陷入了绝望的境地，"艰难已尽骨，愿乞身为奴"。诗篇记录了官府荒政缺失的实情。《潦水溢》记述城乡河堤在洪灾的冲击下，损失惨重，民众生计艰难。"吾邑两堤决，百里今无村。巨室鲜露积，贫者惟瓦盆。""老弱仅一息，敢计饔与飧。粒食苦难计，先谋卖鸡豚。""城郭半卑湿，急雨摧蓬门。""里巷既窒塞，沟洫多崩奔。"官府在这样的灾难面前束手无策，诗人深感焦虑，发出了呼吁："谁其披云霄，陈诉通九阍。"希望皇帝能察知下情，改变一些地方荒政缺失的状况。《牵船苦》记述地方官府为执行上司征召役夫牵挽兵船的命令，派出吏胥四出抓夫。"前月驰檄来，尽说兵船回。上官号令殷如雷，舆儓驿吏纷相催。""蚩蚩只有田间氓，带索驱来似牵犬。"役夫抛妻别子，废弃耕耘，被吏胥驱赶着完成苦役。"鹑衣蓬首面黧黑，耕获无人思如织。""沙胶水浅船不行，到处鞭笞背流血。迢遥百里见淮阴，明日牵船更有人。"赋役繁苛，耽误农事，民力不堪承受，诗篇揭示了清初一些地方的徭役实况。

吴嘉纪（1618—1684），字宾贤，泰州（今江苏泰州）人。明崇祯间诸生。入清后隐居，绝意仕进。

作为明末清初的一个平民诗人，吴嘉纪耳闻目睹了清朝武装集团入关后残暴征服的种种血腥事实，他在怨政诗里实录清初诸多军政时事，直面惨淡的沧桑世事，描述征服者暴力改朝换代的残酷场面，为后世留下了珍稀的历史画卷。如：

> 扬州城外遗民哭，遗民一半无手足。贪延残息过十年，蔽寒始有数椽屋。官兵忽说征南去，万马驰来如疾雨。东邻踏死可怜儿，西邻掳去如花女。女泣母泣难相亲，城里城外皆飞尘。鼓角声闻魂欲死，谁能去见管兵人。令人养马二十日，官吏出谒寒栗栗。入郡沸腾曾几时，十家已烧九家室。一时草死木皆枯，骨肉与家今又无。白发归来地上坐，夜深同羡有巢鸟。（《过兵行》）

> 江头六月举烽燧，东南风吹战艘至。官长首严出城禁，娇娃艳妇缩无地。愚者争向船舱匿，覆木覆石水关出。木下石下填人肤，日蒸气塞人叫呼。舟子耳闻眼不顾，往来逻卒逢无数。短篙刺刺渐离城，岸上骨肉喜且惊。夫来挈妻父挈女，开舱十人九人死。吁嗟乎，城外天地宽如此，此身得到已为鬼。家人畏罪不敢啼，红颜乱葬青蒿里。（《难妇行》）

> 城中山白死人骨，城外水赤死人血。杀人一百四十万，新城旧城内有几人活。妻方对镜，夫已堕首。腥刀入鞘，红颜随走。西家女，东家妇，如花李家娘，亦落强梁手。手牵拽语，兜离笳吹。团团日低，归拥曼睩蛾眉。独有李家娘，不入穹庐栖。岂无利刃，断人肌肤。转嗔为悦，心念彼姝。彼姝孔多，容貌不如他。岂是贪生，夫子昨分散，未知存与亡。女伴何好，发泽衣香，甘言来劝李家娘。李家娘，肠崩摧，棰挞磨灭，珠玉成灰。愁思结衣带，千结百结解不开。李家娘，坐军中，夜深起望，不见故夫子，唯闻战马嘶悲风。又见邗沟月，清辉漾漾明心胸。令下止杀残人生，塞外人来，殊似舅声。云我故夫子，身没乱刀兵。恸

仆厚地，哀号苍旻。夫既殁，妻复何求。脑髓与壁，心肺与仇。不嫌剖腹截头，俾观者觳觫似羊牛。若羊若牛何人，东家妇，西家女。来日撤营北去，驰驱辛苦。鸿鹄飞上天，麑兔不离土。乡园回忆李家娘，明驼背上泪如雨。（《李家娘》）

《过兵行》追溯清军当年的暴虐，记述清军当下的凶酷。"扬州城外遗民哭，遗民一半无手足。贪延残息过十年，蔽寒始有数椽屋。"当年清军对扬州城军民的抵抗切齿痛恨，破城后进行了旷日持久的残虐屠杀。十年之后，扬州城依然一片死寂。"官兵忽说征南去，万马驰来如疾雨。东邻踏死可怜儿，西邻掳去如花女。女泣母泣难相亲，城里城外皆飞尘。鼓角声闻魂欲死，谁能去见管兵人。令人养马二十日，官吏出谒寒栗栗。"眼下清军再次席卷而来，虽说是往南去平定内乱，但清军的凶残蛮横不减当年本色。《难妇行》描写官军出征经过城邑，百姓畏惧官军暴虐，闻讯自行逃避。"江头六月举烽燧，东南风吹战艘至。官长首严出城禁，娇娃艳妇缩无地。愚者争向船舱匿，覆木覆石水关出。"不料因藏匿不当，大量百姓窒息死亡，"夫来挈妻父挈女，开舱十人九人死"。诗篇披露的情况虽有偶然性，但也揭示出官军凶虐，民众避之如虎，惊惶失措，以致酿成这样的惨剧。《李家娘》描述的事例更骇人听闻。在清军攻城略地、征服江南的岁月里，杀人如麻："城中山白死人骨，城外水赤死人血。杀人一百四十万，新城旧城内有几人活。"面对清朝铁蹄的践踏，民间女子"李家娘"作了自己的抗争，身死戮尸。"脑髓与壁，心肺与仇。不嫌剖腹截头，俾观者觳觫似羊牛。"被强令围观的其余女子则尽皆被劫掠："东家妇，西家女，来日撤营北去。"她们未来的屈辱命运完全可以想见。这些诗篇描述的惨景，是清初痛史的点滴实录，传达了万千冤魂的无声悲诉。

吴嘉纪的怨政诗还描写了新政权为满足庞大军需而进行的残酷搜刮，记录了清朝征服者对江南地区百姓的贪婪榨取，以及新贵们对百姓的奴役驱使。如：

飓风激潮潮怒来，高如云山声似雷。沿海人家数千里，鸡犬草木同时死。南场尸漂北场路，一半先随落潮去。产业荡尽水烟深，阴雨飒飒鬼号呼。堤边几人魂乍醒，只愁征课促残生。敛钱堕泪送总催，代往运司陈此情。总催醉饱入官舍，身作难民泣阶下。述异告灾谁见怜，体肥反遭官长骂。（《海潮叹》）

邻翁皓首出门去，恸哭悔作造船匠。伴无故旧囊无钱，此去前途欲谁傍。闻道沿江防敌兵，造船日夜声丁丁。工师困惫不得歇，张灯把炬波涛明。监使还嫌工费速，如霜刀背鞭颇肉。肉烂肠饥死无数，抛却潮边饱鱼腹。边役人稀太将嗔，远近严搜及老身。眼看同辈死亡尽，衰羸焉有生归辰。回望故乡妻与子，萧萧落木西风里。甑下连朝方断炊，柴门寂寞无邻里。常凭微技日图存，微技谁知丧一门。君不见船成荡漾难举步，千樯万棹芦滩住。增金急募驾舟人，有司又派江南赋。（《邻翁行》）

江边士卒何阗阗，防敌用船不用马。督责有司伐大木，符牍如雨朝暮下。中使严威震旧京，军令还愁不奉行。亲点猛将二三十，帅卒各向江南程。江南谁家不种木，到门先索酒与肉。主人有儿卖不暇，供给焉能餍其欲。老松古柏运忽促，精魂半夜深山哭。一一皆题上用字，树树还令运出谷。出谷到江途几千，将主骑马已先还。家资破尽费难足，众卒仍需常例钱。道路悲号不住口，槎枒乱集成山阜。一朝舟楫满沙汀，只贵数多不贵精。君不见扬州战船六百只，输尽民财乘不得。寒潮寂寞苇花闲，日暮滩头渡归客。（《江边行》）

输尽瓮中麦，税完不受责。肌肤保一朝，肠腹苦三夕。（《税完》）

《海潮叹》描写战乱中幸存的人们，并未摆脱沉重赋役的压迫："南场尸漂北场路，一半先随落潮去。产业荡尽水烟深，阴雨飒飒鬼号呼。堤边几人魂乍醒，只愁征课促残生。"《邻翁行》描写官府为打造征战所需的大量战船，牛马般驱使"船匠"赶工，以毒打虐待催赶造船进度，致使死伤累累："工师困惫不得歇，张灯把炬波涛明。监使还嫌工费速，如霜刀背鞭颇肉。肉烂肠饥死无数，抛却潮边饱鱼腹。"《江边行》记述官府为完成军需，强征苦役。"督责有司伐大木，符牍如雨朝暮下。""一一皆题上用字，树树还令运出谷。""家资破尽费难足，众卒仍需常例钱。道路悲号不住口，槎枒乱集成山阜。"庞大的军需，再加贪婪的勒索，民间承受了极大的苦难。《税完》描写百姓在缴完赋税后，忍饥挨饿的苦况。"输尽瓮中麦，税完不受责。肌肤保一朝，肠腹苦三夕。"诗篇很短，但描写清代前期一些地方税政的苛酷很有深度。

尤侗（1618—1704），字展成，长洲（今江苏苏州）人。康熙间举博学鸿儒科，年六旬授翰林院检讨。历侍讲等。

尤侗的怨政诗集中抒写了清代前期地方治理中的各种弊政，尤其是荒政、田政、漕政、税政中的种种乱象。如：

去年散米数千人，今年煮粥才数百。去年领米有完衣，今年啜粥见皮骨。去年人壮今年老，去年人众今年少。爷娘饿死葬荒郊，妻儿卖去辽阳道。小人原有数亩田,前年尽被豪强圈。身与庄头为客作,里长尚索人丁钱。庄头水涝家亦苦,驱逐佣工出门户。今朝有粥且充饥,那得年年靠官府。商量欲向异方投,携男抱女充车牛。纵然跋步经千里,恐是逃人不肯收。(《煮粥行》)

急丈田,长洲县。田几何,百余万。奉部文,一年限。朝廷丈田除浮粮,浮粮若除须补亡。下跨河水上山冈,菜畦菱荡都抵当。插旗四角周中央,男奔女走群仓惶。上官督县令,县令责里正,里正不识弓尺寸。转雇狙狯代持筹,长短方圆一手定。一手定,一手更。私田缩,官田盈。移重挪轻无不有,田主瞠眼不敢争。县家覆丈岂能遍,但取溢额可考成。急丈田,限一年。官经票,吏索钱。官田未见增什一,民钱已闻费万千。君不见一县图书七百四十一,日造黄册堆积高于山。(《民谣·急丈田》)

多打吏,少签书。真明府,古有诸。官今差票河纷如,满堂皂隶塞街衢。高门巨室肆恣睢,路逢乡民絷而驱。乡民入城粜新谷,持钱上柜苦不足。却奉牌头买酒肉,空手上堂受敲扑。反负杖钱脱衣赎,公差醉饱衙前宿,乡民下乡一家哭。(《民谣·多打吏》)

三年无奈两头荒,最苦吴田半水乡。任是水多留不住,县官白水要征粮。低田水草尽荒芜,谁料高田谷亦无。一石还租五斗债,更留何物饱妻孥。田中无水骑马过,苗叶半黄虫咬破。五月不雨至六月,农夫仰天泪交堕。去年腊尽频下雪,父老俱言水应大。如何三伏无片云,米价腾贵人饥饿。大河之壖风扬沙,桔槔无用袖手坐。林木焦杀鸟开口,鲂鱼枯干沟底卧。人人气喘面皮黑,十个热病死九个。安得昊天降灵雨,童儿欢笑父老贺。高田低田薄有收,比里稍可完国课。不然官吏猛如虎,终朝鞭扑谁能挪。(《岁暮口号》)

五日过一闸,十日过一关。问君濡滞何为尔,积水以待漕船还。漕船峨峨排空来,影摇白虹声如雷。官船逡巡不敢进,客船急向两崖开。昔年曾见漕船上,今年又遇漕船回。漕船回时犹自可,漕船上时惊杀我。会河水浅青草生,日烧三伏红于火。闸门高闭溜潺潺,篙师系缆垂头坐。坐等漕船闸始开,舳舻互塞中流舵。其船重大皆千钧,淮盐苏酒多包裹。睥睨权司不敢呵,鞭挞划工无处躲。使气便说有漕规,一呼群起无不为。茶梁木筏随汝取,米市鱼牙受汝亏。众船亦羡漕船乐,不惟醉饱且施威。默思朝廷养此物,转饷本供军国乏。今费一石致一斗,国用日虚民日竭。运弁如狐军如虎,下仓讲兑气莽卤。踢斛淋尖颐指间,立破中人千百户。县官难与伍长争,欲争反愁漕使怒。即今吴中谷价贱,意欲折干宁论估。

索钱不留鸡犬存,缺米但云鼠雀蠹。腐烂漂没亦不忧,敲扑粮长仍赔补。呜呼,小民如此困催科,一岁租入有几何。耕田输赋岂敢少,奈何此曹鱼肉多。君不见武侯治蜀屯田乎,木牛流马真良图。(《漕船行》)

披衣过东郊,倚杖问秋谷。荒草满沟涂,老农相对哭。二月响春雷,三月霖春霂。四月荷锄来,小雨如珠玉。五月旱既甚,蕴隆至三伏。万里旷无云,赤日烧茅屋。青苗元以黄,沧海变为陆。我耕数亩田,三年无私蓄。朝怜妇子啼,暮畏吏人促。今年又苦饥,且恐速我狱。为我与天言,何故欺茕独。徒空野人家,岂减县官粟。吾谓若毋声,何不食糜肉。公卿不抚脾,有司不蒿目。一夫田几何,嗷嗷愁容蹙。秦楚多大兵,盗贼空城宿。白骨半邱墟,何处问穜稑。饿死事极小,苟安心亦足。谁将云汉诗,补入流民牍。(《老农》)

一叟扶杖挂,一妪倚门伫。一夫趋檐楹,一妇隐庭柱。手中提一男,怀中褓一女。一农又一工,一商又一旅。一渔又一樵,一衲又一羽。跛者步盘跚,驼者立伛偻。喑者呼呜呜,瞽者行踽踽。尪者貌元黄,裸者身褴褛。寡妻逐鳏夫,孤儿随独父。或操箪与瓢,或携筐与筥。或以破帽盛,或以敝衣取。或挈瓶托钵,或将双手举。左去右复来,前推后还阻。丁男四千余,丁女三千数。小吏在傍立,往往识尔汝。某也田舍翁,某也市门贾。某也弓之子,某也褐之父。某裙而某钗,萧娘及吕姥。畴昔大有年,各能立门户。饥则食肉糜,寒亦被纨纻。一旦遭凶荒,死亡十去五。壮者走四方,弱者守此土。闻有发粟令,百里争趋府。可怜良家子,乃与乞丐伍。性命且不保,廉耻何足语。朝幸有米炊,暮尚无薪煮。甲哺不及乙,辰饱不待午。今日更明日,却愁空廪庾。予顾太守叹,大无岂小补。虽竭尚方租,难嘘寒谷黍。欲绘饥民图,献之上帝所。大发万千仓,散为天下雨。(《散米谣》)

《煮粥行》记述一个农户破产的经历及万千饥民的遭遇。"小人原有数亩田,前年尽被豪强圈。身与庄头为客作,里长尚索人丁钱。庄头水涝家亦苦,驱逐佣工出门户。今朝有粥且充饥,那得年年靠官府。"小户人家田亩被豪强兼并,生计无着,卖身为仆,后来连这样的生计也维持不了,只能逃亡他乡。诗篇描述的是家有薄田的农户的情况,至于更多的贫困农家,境遇更不堪说。《民谣·急丈田》记述官府派员丈量田亩,吏胥舞弊,滥权贪索,豪家大户更容易吞噬贫家的田产,贫苦小农则要承受被剥夺田产的恶果。"县家覆丈岂能遍,但取溢额可考成。急丈田,限一年。官经票,吏索钱。官田未见增什一,民钱已闻费万千。"诗篇揭示了这种田制政策实施过程中的严重弊端。《民谣·

多打吏》描述县衙吏胥敲诈欺凌交租的乡民。"乡民入城粜新谷,持钱上柜苦不足。却奉牌头买酒肉,空手上堂受敲扑。反负杖钱脱衣赎,公差醉饱衙前宿,乡民下乡一家哭。"乡民进城粜新谷、交租税,被县衙公差"敲扑",勒索钱财,乡民只有悲泣。《岁暮口号》记述水涝后严重歉收,官府仍不分差别地征收不同地势水田的赋税。"三年无奈两头荒,最苦吴田半水乡。任是水多留不住,县官白水要征粮。低田水草尽荒芜,谁料高田谷亦无。"灾荒年景,这种严苛的赋税往往将农户逼上绝路。诗人希望官府能改变赋税征收办法,使农家能有起码的生计:"高田低田薄有收,比里稍可完国课。不然官吏猛如虎,终朝鞭扑谁能挪。"《漕船行》描写漕船在河道上横行无忌,漕政差役吃拿卡要,作威作福。"漕船峨峨排空来,影摇白虹声如雷。官船逡巡不敢进,客船急向两崖开。""其船重大皆千钧,淮盐苏酒多包裹。睥睨榷司不敢呵,鞭挞划工无处躲。""使气便说有漕规,一呼群起无不为。""众船亦羡漕船乐,不惟醉饱且施威。"针对漕船的押运人员"运弁"及漕军造成的巨大靡费,漕船输粮的巨大成本,诗人对漕船在河道航运中的作用提出了很大的质疑:"默思朝廷养此物,转饷本供军国乏。今费一石致一斗,国用日虚民日竭。运弁如狐军如虎,下仓讲兑气莽卤。踢斛淋尖颐指间,立破中人千百户。县官难与伍长争,欲争反愁漕使怒。"漕使动动手脚,额外增加的漕粮负担就足以让中等民户破产。诗篇揭示漕运耗费成本过高、漕运人员贻祸民间的种种弊端,有很高的认识价值。《老农》记述赋税沉重、荒政缺失、灾民哀苦的乡村现实情况。"荒草满沟涂,老农相对哭。""万里旷无云,赤日烧茅屋。"农家虽然遭遇了大旱,但摆脱不了官府催征赋税的重压:"我耕数亩田,三年无私蓄。朝怜妇子啼,暮畏吏人促。今年又苦饥,且恐速我狱。"诗人对农家的处境深为同情,发出了宽慰的劝导:"饿死事极小,苟安心亦足。"实则隐含着对田家可能因走投无路而成为"盗贼"的担忧。《散米谣》描述了官府荒政不足的民间饥馑情况。千村百乡的饥民蜂拥而至,嗷嗷待哺,连过去的小康人家也未能幸免饥荒的厄运。"一旦遭凶荒,死亡十去五。壮者走四方,弱者守此土。闻有发粟令,百里争趋府。可怜良家子,乃与乞丐伍。"官府赈灾能力不足,荒政救济只能是杯水车薪:"朝幸有米炊,暮尚无薪煮。甲哺不及乙,辰饱不待午。今日更明日,却愁空廪庾。"诗人希望朝廷能及时察知地方荒政的实情,以真正解决散米施粥的短缺。

二 施闰章

生卒、事迹见前。

施闰章曾在顺治末年、康熙初期担任江西布政司参议,分守湖西道,为官清明,履职勤谨。他一方面要履职催科征役,一方面又真诚怜悯百姓。这种职务行为和内心情感的冲突,在诗人的怨政诗中有极为真实的描述。施闰章怨政诗描写百姓赋役痛苦的居多,其为民请命的姿态,包含着诗人因履职而增加百姓痛苦的自责,也隐含着对朝廷和官府严苛政策的怨责。如:

> 节使坐征敛,此事旧所无。军糈日夜急,安敢久踟蹰。昨日令方下,今日期已逾。揽辔驰四野,萧条少民居。荆榛蔽穷巷,原田一何芜。野老长跪言,今年水旱俱。破壁复何有,永诀惟妻孥。岁荒复难鬻,泣涕沾敝襦。肠断听此语,掩袂徒惊吁。所惭务敲扑,以荣不肖躯。国恩信宽厚,前此已蠲逋。士卒待晨炊,孰能缓须臾。行吟重呜咽,泪尽空山隅。(《湖西行》)
>
> 瘠土嗟薄获,岁丰长忍饥。戎马况叠迹,田园成路蹊。荷锄代牛力,播种良苦疲。朱火肆燎原,禾稗同一萎。民乱如恐后,况乃驱策为。徒跣呼百神,呜咽致我辞。政拙未敢苛,召灾今则谁。云汉何皎洁,箕斗正参差。心知阊阖远,侧向高天啼。明日急刍饷,吞声重涕洟。(《临江悯旱》)
>
> 丛山如剑戟,灌木蔽嵌岑。其水独南流,溪谷皆阻深。山民鸟兽居,不驯匪自今。追呼敢逆命,兵革踵相寻。未能静伏莽,火烈悲焚林。杀人税无出,迟回伤我心。茕茕亦赤子,念尔为沾襟。招手语父老,鸱枭怀好音。宿逋既累岁,敲骨力难任。民顽实吏拙,许身愧南金。何时免素餐,引疾投吾簪。(《大坑叹》)
>
> 浩浩湖南行,悄悄悲修涂。荒城时卧虎,空村无啼乌。哀我同袍子,惴栗官此都。悍俗荆蛮接,遗黎魍魉俱。白骨为瓦砾,青磷然丘墟。王师跨岭表,铠甲簇苍梧。供亿日以繁,膏血日以枯。不惜腰磬折,鞭挞销肌肤。官贪易得罪,生死争须臾。岂无一循良,七载无迁除。愁凝九嶷烟,魂游洞庭湖。长跪乞大吏,但放归田庐。直指古仁人,揽辔立踟蹰。自出橐中金,买犊开榛芜。丈夫万里志,奋臂拯艰虞。庶几绘图献,一使苍生苏。(《湖南行》)

《湖西行》作于顺治十八年(1661),诗人在江西布政司参议任上,耳闻目睹了官府向民间紧急征调军需物资的情况。"节使坐征敛,此事旧所无。军糈日夜急,安敢久踟蹰。昨日令方下,今日期已逾。揽辔驰四野,萧条少民居。荆榛蔽穷巷,原田一何芜。"经多年战乱,百姓本已贫困不堪,又添上了军需征调的逼索。诗人身负公务,心中的感受是复杂的:"所惭务敲扑,以荣不肖躯。国恩信宽厚，前此已蠲逋。士卒待晨炊，孰能缓须臾。"其中有身涉其事的自责，有宽慰百姓的劝导，对当朝政务施行情况的记述十分真实。《临江悯旱》记述临江地方在战祸、天灾肆虐之后仍未得休养生息。"瘠土嗟薄获，岁丰长忍饥。戎马况叠迹，田园成路蹊。荷锄代牛力，播种良苦疲。"诗人自我评鉴，施政尚存良知，对军需征调的严苛仍然心有不安："政拙未敢苛，召灾今则谁。""明日急刍饷，吞声重涕涟。"《大坑叹》感慨山民抗税和官府征税的对立局面："山民鸟兽居，不驯匪自今。追呼敢逆命，兵革踵相寻。"山地贫瘠，收成单薄，山民因赋税过重，对抗官府，往往引发兵戈之事。诗人身任公务，对处理此类情况颇费踌躇："杀人税无出，迟回伤我心。茧茧亦赤子，念尔为沾襟。""民顽实吏拙，许身愧南金。何时免素餐，引疾投吾簪。"诗人在自责中也透露了官府赋税苛重的事实。《湖南行》记述诗人履职面临的军供严苛、百姓悲苦的复杂格局。"王师跨岭表，铠甲簇苍梧。供亿日以繁，膏血日以枯。不惜腰磬折，鞭挞销肌肤。"诗人对自己因公务角色无法摆脱执行严苛的催科征赋深为感喟："哀我同袍子，惴栗官此都。""长跪乞大吏，但放归田庐。""庶几绘图献，一使苍生苏。"这样的请求辞职心愿，既是诗人怜悯百姓做出的选择，实际也包含着对朝廷和官府苛重税赋政策的不满。

除了描写自己身涉其中的政务事项、吐露自己纠结的心声外，施闰章的怨政诗还记述了顺治末年、康熙初期地方治理中涉及赋税、徭役、赈荒等方面的各种弊政。如：

  海波海波尔何意，为尔夺我沃野地。傍海渔樵生计多，万家内徙皆拨弃。饥人委路衢，海水转多鱼。我欲网鱼取一饱，官家捕我死须臾。君不见煌煌赤字官碑在，道傍一步即边界。(《海波行》)

  今年八月春气催，赣江桃李花乱开。仲冬蛙鸣草不死，殷殷动地闻奔雷。朝旬东南暮东北，翻盆骤雨荒城摧。乾坤户牖何不闭，颠倒八极声喧豗。江南夏旱秋雨淫，巴川汉水洪涛深。泽国鱼龙窟城市，人家烟火栖山岑。百年怪事真罕见，俭岁嗷嗷偏谷贱。催科力尽无金钱，上下相看泪如霰。(《冬雷行》)

  山城早闭中夜雨，夜闻城中嗥猛虎。十家九家声暗吞，城中人少荆棘存。城高丈五半倾裂，中贯长河无水门。盗贼哀怜不肯入，官吏仓皇征税急。鸠居雁集一何多，土人拱手客种禾。杀牛沽酒醉且歌，满眼芜田奈尔何。(《万载谣》)

  华灯白粥陈椒浆，田家女儿祀蚕娘。愿刺绣裙与娘著，使我红蚕堆

满箔。他家织缣裁罗襦,妾家卖丝充官租。余作郎衣及儿袄,家贫租重还有无。蚕时桑远行多露,好傍门前种桑树。(《祀蚕娘》)

上田下田傍山谷,三年播种一年熟。老牛乱后生黄犊,版筑将营结茅屋。催科令急畏租吏,室中卖尽牛亦弃。今年逋租还有牛,明岁田荒愁不愁。前山吹笳后击鼓,杀牛飨士如磔鼠,牛兮牛兮适何土。(《牧童谣》)

十八滩头石齿齿,百丈青绳可怜子。赤脚短衣半在腰,裹饭寒吞掬江水。北来铁骑尽乘船,滩峻船从石窟穿。鸡猪牛酒不论数,连樯动索千夫牵。县官惧罪急如火,预点民夫向江坐。拘留古庙等羁囚,兵来不来饥杀我。沿江沙石多崩峭,引臂如猿争叫啸。秋冬水涩春涨湍,渚穴蛟龙岸虎豹。伐鼓鸣铙画舰飞,阳侯起立江娥笑。不辞辛苦为君行,梃促鞭驱半死生。君看死者仆江侧,火伴何人敢哭声。自从伏波下南粤,蛮江多少人流血。绳牵不断肠断绝,流水无情亦呜咽。(《牵船夫行》)

场丁蹉贾无完屋,一握黄粱盐十斛。差科络绎相驱逐,前日路死骨未收,且缓须臾莫鞭扑。(《海东谣》)

谁谓军家儿,亲爱无父母。但为军户难,生小寄他乳。阿父既逋亡,军书摄补伍。不辞行荷戈,差科猛如虎。官编作运船,破产难撑拄。袁州数百丁,磨灭成黄土。县吏觅根株,追呼匿无所。中夜促儿逃,暗驱出门户。野火延枯桑,那得相怜取。儿啼夜安归,失足沈寒溪。朝为怀中儿,夕作沟中泥。(《军家儿》)

连帆蔽日江水黑,鹢首龙文烂五色。举樯捩舵重如山,不遇大风行不得。曳舟官给夫有余,得钱纵脱重捉夫。裸体天寒被鞭挞,荒村夜索闻哀呼。猪鸡祭赛舟人乐,白夺樵薪不为虐。有时故遣触他船,反眼嗔人横搒缚。尊严只为载龙衣,箫鼓船头黄绣旗。高架一箱衣什袭,客货深藏无是非。巨舰年来频坐兵,沿涂夫卒多吞声。船大行迟河欲冻,严秋督促伤人情。官差到处闻荼毒,怪此篙工作威福。造船苦耗水衡钱,取材伐尽江南木。侧闻圣主仁如天,再浣还衣天下传。筐筥置邮亦良速,何似重牵万斛船。(《龙衣船》)

朝逢江上翁,凿船沉水底。问君何为尔,双泪落江水。一生事舟楫,八口相依倚。妻儿死冻饿,官家有驱使。十月达黄河,惊飙西北起。举楫成坚冰,严寒堕手指。甫归复见捉,连樯守江涘。愚者怒焚舟,延烧不可弭。本为逋逃计,翻葬鱼腹里。此业能陷人,沉之祸则已。栖乌惜其巢,毁巢逝安止。请翁勿复陈,吾亦掩双耳。(《江上翁》)

田家饮泣罢为农,悔不将田全种棕。无苗高坐忍饿死,无棕榜系千家空。可怜棕毛岁一割，割剥非时棕不活。况复山家种植稀，咄嗟那可饱搜括。官家作舰频遣兵，棕麻聚敛盈空城。麻虽倍直土所出，棕非厥产从何生。羽书飞促势仓皇，用三作一不相当。谁知转自芜湖买，妇无完袴儿无粮。连岁两河需柳扫，刍粟三秦重荒耗。普天万国困军储，分在供输复谁告。语卿忍泪且勿悲，人间祸福无穷期。不见西南战地赤，杀人如草鸟不食。但令瘠土莫干戈，力尽输棕死亦得。（《棕毛行》）

客行倦修涂，流民填路隅。吞声但长跪，泪下沾衣襦。停车倾我箧，人给惭锱铢。去此未及远，接踵相号呼。谁能尽沾洒，缓死争须臾。去年民为鱼，今年麦又枯。岂无蠲租令，不得收沟渠。萧条日将夕，酸鼻空踟蹰。（《宁阳行》）

余壤犹郊圻，分域已河甸。平原黍尽枯，川流细于线。人烟四野希，井灶萧条见。偶憩逢田叟，告我泪濡面。连年苦赤地，斗粟易匹绢。赈恤沾尧天，糠秕始一咽。今秋方薄稔，饥餐未充膳。君看榆树萎，肤剥骨如练。听此语酸辛，愧我饱厨传。时事急挽输，何年罢征战。（《河南道中》）

闽海多流人，江甸多芜田。不肯自力作，拱木生田间。流人鸟兽来，野宿餐寒烟。保聚使荷未，缉茅依山原。种蔗复种苎，地利余金钱。浸寻立雄长，倡和成声援。逋租陵土著，攘臂相怒喧。百千势莫制，杀牛烧屋椽。驱除既不可，驯致酿乱源。当涂重辟土，吞声莫敢言。（《流人篇》）

山陬郁郁多白苎，问谁种者闽与楚。伐木作棚御风雨，缘冈蔽谷成俦伍。剥麻如山招估客，一金坐致十石黍。此隰尔隰原尔原，主人不种甘宴处。客子聚族恣凭陵，主人胆落不敢语。嗟彼远人来乐土，此邦之人为谁苦。（《麻棚谣》）

夜行过铜井，灯明夜未永。为闻车马喧，灭火不开门。使君且勿怒，应差有官户。官户差未归，室中存寡姥。前日骑使至，昨日逃人住。挥鞭索鸡黍，破釜出门去。语罢泪沾襦，九嶷生路衢。使者出乘传，青钱无酒沽。不见昔年夜，犹有女当垆。（《铜井行》）

《海波行》记述顺治年间的海禁令带来的后果，沿海靠打鱼为生的民户失去了谋生的手段。"傍海渔樵生计多，万家内徙皆拨弃。饥人委路衢，海水转多鱼。我欲网鱼取一饱，官家捕我死须臾。"诗篇披露了这项政策对渔民生计的极端不利影响。《冬雷行》作于康熙二年（1663），记述夏旱秋涝灾荒之后，多地官府仍不减少赋税征收。"江南夏旱秋雨淫，巴川汉水洪涛深。""百年怪事真罕见,俭岁嗷嗷偏谷贱。催科力尽无金钱,上下相看泪如霰。"农家粮食歉收,偏又谷贱少钱,赋税征收并未减额。多地发生了此类荒政缺失、税政严苛的情况。《万载谣》作于康熙初期,记述湖西道下辖的袁州万载县战后一片荒凉,官府仍旧严苛催征赋税。"十家九家声暗吞,城中人少荆棘存。""盗贼哀怜不肯入,官吏仓皇征税急。"当地也有部分民户弃耕废农,只顾眼前醉饱:"杀牛沽酒醉且歌,满眼芜田奈尔何。"杀牛弃耕,显然跟官税畸重不无关系。《祀蚕娘》描写"蚕娘"遭遇的苛重税负。"他家织缣裁罗襦,妾家卖丝充官租。余作郎衣及儿袄,家贫租重还有无。"蚕妇的辛苦劳作被剥夺一空,都充作了官家的租税。《牧童谣》描写官府赋税政策对农耕造成的伤害。"催科令急畏租吏,室中卖尽牛亦弃。今年逋租还有牛,明岁田荒愁不愁。"官府不顾农家的负担催征赋税,缺粮少钱的农家为了缴纳官府的赋税被逼得卖牛筹款,这种自断手足的做法透露着农家的无奈,也更凸显官府赋税政策对农耕的危害。《牵船夫行》记述官府为输送官军南下,征调大量役夫牵挽船只。"北来铁骑尽乘船,滩峻船从石窟穿。鸡猪牛酒不论数,连樯动索千夫牵。县官惧罪急如火,预点民夫向江坐。拘留古庙等羁囚,兵来不来饥杀我。""不辞辛苦为君行,梃促鞭驱半死生。君看死者仆江侧,火伴何人敢哭声。"万千民夫忍饥挨饿牵挽兵船,不少人死在沿江路途中,活着的继续服着苦役,甚至不敢为伙伴的惨死哭泣。诗篇描写康熙年间朝廷用兵,严苛谣役带来的民间苦难,很有时代特征。《海东谣》描写诗人亲见的吏胥抓夫派役场面。"差科络绎相驱逐,前日路死骨未收。"诗人心怀怜悯而无可奈何,只能无力地发出呼吁,"且缓须臾莫鞭扑"。《军家儿》描写康熙初期朝廷的编户军制在袁州地方施行中产生的弊端。"但为军户难,生小寄他乳。阿父既逋亡,军书摄补伍。""袁州数百丁,磨灭成黄土。县吏觅根株,追呼匿无所。中夜促儿逃,暗驱出门户。""朝为怀中儿,夕作沟中泥。"身为军户的成千上万的袁州家庭,在这种兵役重压下家破人散,甚至破家绝户。《龙衣船》记述官府滥征役夫,牵挽官船。"曳舟官给夫有余,得钱纵脱重捉夫。裸体天寒被鞭挞,荒村夜索闻哀呼。""巨舰年来频坐兵,沿涂夫卒多吞声。船大行迟河欲冻,严秋督促伤人情。官差到处闻荼毒,怪此篙工作威福。"除了役务苛重,役务派征中也有奸猾之徒趁机作弊,加重了征役之苦。《江上翁》描述官府征调过于沉重,船户不堪承受,凿沉船只,以逃避官府的滥征。"一生事舟楫,八口相依倚。妻儿死冻饿,官家有驱使。""甫归复见捉,连樯守江涘。""此业能陷人,沉之祸则已。栖乌惜其巢,毁巢逝安止。"船户被官府的滥征逼到了连自己安身立命的船只都要亲手凿沉,征船之苛重,由此可知。《棕毛行》记述官府征索"棕毛"军需物资,民众不堪其苦。"棕毛"并非当地盛产,这更增加了民众的负担。"田家饮泣罢为农,悔不将田全种棕。""可怜棕毛岁一割,割剥非时棕不活。况复山家种植稀,咄嗟那可饱搜括。官家作舰频遣兵,棕麻聚敛盈空城。麻虽倍直土所出,棕非厥产从何生。"官府催征刻不容缓,百姓为完成官府下达的征额,甚至倾家荡产。"羽书飞促势仓皇,用三作一不相当。谁知转自芜湖买,妇无完袴儿无粮。"诗人虽然知道这是军需征调,但仍质疑这样不顾民情的苛征:"普天万国困军储,分在供输复谁告。""不见西南战地赤,杀人如草鸟不食。但令瘠土莫干戈,力尽输棕死亦得。"只有战事早日结束,民众"输棕"的征调才能缓解。《宁阳行》记述宁阳地方荒政的弊端。"客行倦修涂,流民填路隅。"这是在连年的灾荒之后饥民流亡的情景。"去年民为鱼,今年麦又枯。岂无蠲租令,不得收沟渠。"朝廷下达了蠲减租税的诏令,但地方官府使之成为一纸空文。《河南道中》记述朝廷虽有赈恤,但地方官府荒政陷于失效。"连年苦赤地,斗粟易匹绢。赈恤沾尧天,糠秕始一咽。今秋方薄稔,饥餐未充膳。君看榆树菱,肤剥骨如练。""时事急挽输,何年罢征战。"显然,朝廷连年征战,加重了征役,也加重了灾民的痛苦。《流人篇》描写地方官府开垦荒地中的弊策,造成了外来"流人"和当地"土著"相互利益的严重冲突。"流人鸟兽来,野宿餐寒烟。""浸寻立雄长,倡和成声援。逋租陵土著,攘臂相怒喧。百千势莫制,杀牛烧屋橼。驱除既不可,驯致酿乱源。当涂重辟土,吞声莫敢言。"外来流民和当地土著的冲突,官府的处置畸轻畸重,造成了百姓的冤斗。《麻棚谣》记述外来"客子"与当地"主人"因种植苎麻发生的纠纷。"山陬郁郁多白苎,问谁种者闽与楚。""剥麻如山招估客,一金坐致十石黍。""客子聚族恣凭陵,主人胆落不敢语。嗟彼远人来乐土,此邦之人为谁苦。"诗人认为是袁州地方官府处理外来"客子"与当地"主人"利益关系的政策不妥当,才出现了眼下的恶果。《铜井行》记述没有人身自由的所谓"官户"的境遇。"官户差未归,室中存寡姥。前日骑使至,昨日逃人住。挥鞭索鸡黍,破釜出门去。"官府摊差派役,吏胥贪索勒逼,"官户"的悲苦日子似乎没有尽头。"官户"属于专为官府服役的特殊户籍,诗篇提供了一份认识"官户"这种特殊经济制度的佐证材料。

施闰章还有一些怨政诗记述了顺治末年、康熙前期与"盗贼"相关的地方治理情况及战乱未休的时局乱象。如:

畏涂介山海,行行何崌嵼。山行多虎豹,水宿多蛟螭。城中复何有,狐狸向我啼。贼来数蹂陷,人民皆已非。所余充军实,四邻无寡妻。富者或许赎,贫者啼路陲。天风吹海水,平野走鲸鲵。乘潮来海舶,剽掠

若风驰。村墟尽流散,南亩成蒿藜。将军急刍饷,租吏愁鞭棰。催租令如雨,不知征阿谁。(《乐清行》)

飒飒石尤风,暮送黄河雨。雨来急如箭,掩口不得语。眼看村市飞沙鸥,家家屋里垂钓钩。水深岸没阔如海,惟见青青高树头。问君桑田何日改,南亩西畴复安在。老人叹息涕沾襦,仰天顿足啼且呼。去年久旱千里赤,贼骑冲突无朝夕。今年满地皆横流,马蹄暂免蹂荒丘。为干为湿总无食,贼去还愁官骑逼。县官不敢昼开城,大户朱门皆堵塞。我行过此心忡忡,萧条满目闻哀鸿,水能归壑人归农。(《泗上行》)

杀虎防咥人,艾蔓莫留根。留根终遗患,伤心不可论。竹源数百家,今余几人存。竹外有源泉,血流泉水浑。群盗故比邻,姻娅如弟昆。反戈相啖食,收骨无儿孙。茕茕数寡妇,零落依空村。凶年嗟半菽,撮土招游魂。人亡亩税在,泪罢还声吞。(《竹源坑》)

里中有啼儿,声声呼阿母。母死血濡衣,犹衔怀中乳。(《上留田行》)

涨减水愈急,秋阴未夕昏。乱山成野戍,黄叶自江村。带雨疏星见,回风绝岸喧。经过多战舰,茅屋几家存。(《泊樵舍》)

爱爱罝中葱,强言南山虎。身毛非健儿,作使充军伍。里正倚府帖,论户不论武。东邻老寡妇,独子年十五。子母共一身,怀抱胜娇女。丁簿故添名,弱肉供吞侮。报十不报一,顾盼分去取。秋藤蔓不长,孤儿出无侣。骨肉愁生离,吞声泪如雨。(《壮丁篇》)

长夜漫漫才二更,济南城里鸡齐鸣。劳人鞅掌未眠卧,起视欃枪泪双堕。昔人闻鸡夜起舞,雄心不厌乱离苦。可怜四海今横戈,荒鸡荒鸡奈尔何。(《荒鸡行》)

斜日照荒野,乱山横白云。到家成远客,访旧指新坟。战地冤魂语,空村画角闻。相看皆堕泪,风叶自纷纷。(《乱后和刘文伯郊行》)

闻命已恸哭,相送各吞声。腰下岂无组,伫立心屏营。天子拓四海,中原犹战争。百里绝烟火,千里留空城。暮从城乌宿,朝从蒿里行。官饥不得食,国税有常征。军书日夜下,飞挽十万兵。令严甘就死,索赋无人耕。一身委疆场,哀哉骨肉情。(《边吏行》)

《乐清行》记述温州属邑乐清县"盗贼"横行、官府苛征的情况。"贼来数蹂陷,人民皆已非。所余充军实,四邻无寡妻。""乘潮来海舶,剽掠若风驰。村墟尽流散,南亩成蒿藜。将军急刍饷,租吏愁鞭棰。催租令如雨,不知征阿谁。""盗贼"多次劫掠后,乐清百姓仅存的粮食及其他物资又充了军需,但民众的劫难并没有结束。官府向民间派放了新的军供征额,然而鞭笞催征之下,民间已没有可榨取的人力和物资。《泗上行》记述旱涝成灾、兵匪为祸的复杂景况。"去年久旱千里赤,贼骑冲突无朝夕。今年满地皆横流,马蹄暂免蹂荒丘。为干为湿总无食,贼去还愁官骑逼。县官不敢昼开城,大户朱门皆堵塞。"这是天灾人祸的叠加祸害。去年今年,旱灾水灾,交替危害,当地已经缺粮少食,百姓没有得到赈济。更糟糕的是,"盗贼"和官军又交相肆虐其间,县府行政陷入了停顿。《竹源坑》记述当地几支"盗贼"劫掠民众,还自相残杀。官府治"盗"不力,百姓命如草芥。"竹源数百家,今余几人存。""群盗故比邻,姻娅如弟昆。反戈相啖食,收骨无儿孙。茕茕数寡妇,零落依空村。凶年嗟半菽,撮土招游魂。人亡亩税在,泪罢还声吞。"官府未能平弭"盗贼"之害,却在灾荒之年仍旧催征田亩税赋。《上留田行》悲慨战乱给普通民众造成的严重伤害。"里中有啼儿,声声呼阿母。母死血濡衣,犹衔怀中乳。"诗篇描述的这个场景悲凄瘆人,是对战祸殃民的强烈怨诉。《泊樵舍》描写官军沿江南下征战对所经流域百姓的祸害:"乱山成野戍,黄叶自江村。""经过多战舰,茅屋几家存。"《壮丁篇》记述贪吏舞弊,贫弱人家在官府的兵役征召中深受其害:"里正倚府帖,论户不论武。东邻老寡妇,独子年十五。子母共一身,怀抱胜娇女。丁簿故添名,弱肉供吞侮。""骨肉愁生离,吞声泪如雨。"《荒鸡行》描写北方大地兵荒马乱,世道不宁。"长夜漫漫才二更,济南城里鸡齐鸣。""可怜四海今横戈,荒鸡荒鸡奈何。"感慨战乱不休的时局迟迟得不到改观。《乱后和刘文伯郊行》描写战乱殃民,冤魂遍地。"到家成远客,访旧指新坟。战地冤魂语,空村画角闻。"这是诗人亲见的家乡战后萧条景象,透露了战乱仍未休止的信息。《边吏行》描写朝廷连年用兵,征役征赋,层层加压,地方官府惶急不安,百姓更是不堪重负。"天子拓四海,中原犹战争。百里绝烟火,千里留空城。""官饥不得食,国税有常征。军书日夜下,飞挽十万兵。令严甘就死,索赋无人耕。"这个局面是朝廷的军政决策累及广大中原地区的结果,循吏惴惴不安,小民更是生计艰难。

三 查诗继 沙张白 叶燮 杨端本 彭孙遹

查诗继(1624?—?),字二南,海盐(今浙江海盐)人。顺治间举人。曾任霍丘知县。

查诗继的怨政诗主要描写清初朝廷出兵征战给地方带来的赋役重压,不仅百姓不堪其苦,作者这样的地方办事官员也身陷困境,进退失据。如:

铁甲三千动地来,马蹄杂沓如轰雷。军有供顿马有谷,县官奔走如奴仆。刍茭比屋困诛求,府胥索钱不即收。君不见江山城头新鬼哭,招魂无人乌啄肉。(《马草行》)

四百八十炮夫行,马草十万连催征。县官怜民省民解,牌差敛费纷纵横。前年解钱塘,今年解信安。信安山多稻草少,户口流亡断飞鸟。营盘草多要折钱,解吏索钱还索草。去年湿草烂江干,草户于今杖血丹。安得马嘶息海岸,樵歌出村闻夜半。(《后马草行》)

十月王师捕山贼,县官追呼炮夫急。一六当头领雇夫,百夫押以衙兵十。此行只向乌伤去,不比骊山送徒戍。况复王官如父兄,蓑笠糇粮为尔具。恶少奸胥暗结连,一夫索钱八十千。讹言街巷声喧阗,幕府飞箭龙旗鲜。阴雨泥汙满天黑,村邻有夫招不得。素封华屋尚张皇,小户单丁躯命逼。县官见此中心哀,走谒太守申藩台。输金雇役从民愿,税户欢呼打桨回。记得前年十月半,仓前粮艘帆影乱。只今米烂未输租,又值役夫连海岸。父母咨嗟望太平,少年喜见烟尘生。衣租食税寻常事,拜将封侯无尔名。(《炮夫行》)

岁莫喧喧夜捉人,当门县尉点行频。押送江干下江舶,王牌忽下哀劳民。蒙恩欢噪声动地,得钱脱役夸亲邻。谁知羽书传旦暮,王师仓猝西兴渡。桃符竹爆空酸辛,菜饵钉盘将不去。雨雪江山烟火稀,白骨支撑满前路。行到金华呈太守,幕府无文停待久。白昼呼群掠远村,醉围解尉攒拳殴。解尉獐徨无羽翰,科钱营脱离险艰。黠徒乘机从此逝,追至兰溪半不还。县差承帖追逋目,鞭笞狼藉空劳碌。归时老幼尽欢欣,重去难将消息闻。男儿轻死贵死敌,何不弓剑学从军。(《后炮夫行》)

《马草行》描述朝廷大军出动,途经此地,向地方派征粮草,供应军需。县官诚惶诚恐,奉命奔走,一些奸猾的吏胥趁机勒索民财。"刍茭比屋困诛求,府胥索钱不即收。"在这样的催征急索下,家家户户都因不堪诛求,陷入了困境。《后马草行》描述官军向地方征派役务,诗人身任执行公务的县官,一方面要完成指令的征额,一方面怜悯百姓的负担。"四百八十炮夫行,马草十万连催征。县官怜民省民解,牌差敛费纷纵横。"钱塘、信安等多地接连承受这样的繁重役务,诗人期盼这样的战事早日结束,使百姓能够休养生息:"安得马嘶息海岸,樵歌出村闻夜半。"《炮夫行》描述官军清剿"山贼",向地方紧急征召役夫,诗人身为县官,只能履行公务。"十月王师捕山贼,县官追呼炮夫急。"然而县乡的一些贪吏借着派放役务,趁机勒索百姓:"恶少奸胥暗结连,一夫索钱八十千。""素封华屋尚张皇,小户单丁躯命逼。"面对如此恶劣混乱的征役状况，诗人忧急地向州府上司请求改变征役办法，缓解了百姓的繁难。"县官见此中心哀，走谒太守申藩台。输金雇役从民愿，税户欢呼打桨回。"对于征派役夫，诗人表示自己只是遵命履职："衣租食税寻常事，拜将封侯无尔名。"诗人要完成上司责令的征役公务，又不愿为追求禄位而滥征夫役，这种心态很纠结，也很真实。《后炮夫行》描述官军征召役夫，诗人在领命布置征役公务的同时，也深感繁重的赋役给百姓增添了痛苦。"岁莫喧喧夜捉人，当门县尉点行频。押送江干下江舶，王牌忽下哀劳民。""谁知羽书传旦暮，王师仓猝西兴渡。"诗篇披露了征役公务中的明显弊端："黠徒乘机从此逝，追至兰溪半不还。县差承帖追逋目，鞭笞狼藉空劳碎。"黠猾之徒得以逃役，吏胥更加凶酷抓捕役夫，闹得人心惶惶，民众不得安宁。这些诗篇记述清初江南一些地方因军需而大量抓夫的役务实况，既叙及百姓承受重负的痛苦，也吐露诗人身为办事官员的惶惑，有其独特的认识价值。

沙张白（1626—1691），字介远，江阴（今江苏江阴）人。顺治间诸生。沙张白的怨政诗着重描写苛重赋税徭役对农家造成的伤害。如：

四月严寒蚕信恶，三筐不敌一筐络。县官昨夜追新丝，翁婿一时同受笞。家贫祭薄蚕神嗔，洁筋再拜泪满巾。丝成只脱翁婿罪，妾衣鹄结已十岁。（《蚕妇叹》）

二月丝，五月谷，当时百姓何多福。已经仲夏阅新春，何妨剜却心头肉。两年水旱膏腴芜，今年预督来年租。可怜谷种犹在田，可怜蚕子未成蛾。官丝官谷犹自可，长官私派愁杀我。锦衣玉食冠虎肥，累累沟堑良善尸，不知长官知不知。（《二月丝》）

洛阳城内多金穴，洛阳城外多饿莩。金聚一家不厌多，莩散四方不厌少。一朝莩起裹黄巾，洛阳金穴都成尘。何如早散一家穴，苏此嗷嗷百万人。（《洛城谣》）

《蚕妇叹》描写蚕妇一家承受的赋税之苦。"县官昨夜追新丝，翁婿一时同受笞。"蚕妇只希望缴纳了新丝，家人能被官府平安放归。《二月丝》描写官府征收租税的贪婪无度。"两年水旱膏腴芜，今年预督来年租。"水旱之灾，仍免不了征收赋税，甚至连明年的租税都提前征收了。农家不仅要承担官府额定的赋税，甚至要缴纳地方长官私自加征的赋税。"官丝官谷犹自可，长官私派愁杀我。"诗人禁不住痛斥他们的贪婪冷酷："锦衣玉食冠虎肥，累累沟堑良善尸，不知长官知不知。"《洛城谣》描述社会贫富悬殊的严重不公现象。"洛阳城内多金穴，洛阳城外多饿莩。金聚一家不厌多，莩散四方不厌少。"

诗篇对此发出了强烈的警告："一朝殍起裹黄巾，洛阳金穴都成尘。"诗人希望能以这样的警告改变官府对社会贫富悬殊视若无睹、麻木不仁的态度。这样激烈的警告在历代怨政诗里也属罕见。

叶燮（1627—1703），字星期，嘉兴（今浙江嘉兴）人。康熙间进士，授宝应知县，以忤上司落职。

叶燮的怨政诗记述了诗人任职宝应知县期间感知的各类军政弊策。这些作品有怨责征调严苛、赋役繁重、民不堪命的，如《御马来》《军邮速》《西江水》等。有怨责官吏渎职、滥杀冒功的，如《湖天霜》等。

《御马来》描写官军出征，官府奉命向民间征集马匹，征召役夫。"岂徒马事急，要供护马兵。喜怒在斯须，毋轻身与名。军书请自视，视毕目徒瞠。急召县中吏，里正逮践更。如檄速储胥，扫除廊舍清。宁死委沟渎，讵敢行间撄。人死身已矣，马误全家倾。"地方官吏应承上司的紧急征调指令，诚惶诚恐。上司的指令不但紧急，且极其严苛，乃至吏胥执行之中战战兢兢，唯恐有失。办事吏员甚至宁愿身死野外，也不敢对征集马匹、征召役夫的政令稍有违忤，否则家人将遭遇不测之祸。诗篇真切描写了来自朝廷的严苛役务给地方吏民带来的压力和痛苦。《军邮速》描写朝廷用兵，军务指令紧急传递，地方吏民惶恐不宁。"县官闻马来，酒浆筐筐迎。吏役闻马来，百色苍黄青。百姓闻马来，负担望尘停。"迎送"军邮"，县官毕恭毕敬，吏胥战战兢兢，百姓惶惶不安，吏民无不忧惧祸延及身。诗篇披露了朝廷严苛军务对吏民的心理压迫。

《西江水》描写宝应县民众在治河徭役、军需徭役的重压下不堪其苦。

> 濒淮蕞尔邑，官卑井里疲。惨惨穷檐来，三五菜色黎。河工作无程，军行需挽旗。常役额有则，大役权其宜。嗟彼负戴子，痛痒敢语谁。视民实真伤，蒿目申怀悲。维彼河淮流，从天降阽危。绝远西江水，何来乘其衰。高浪驾峨艓，排空山可移。舟中何所见，高燃太乙藜。爪牙盈百千，带刀横市逵。鱼鳖役病氓，抗拂立粉齑。弹丸百室井，横决无防堤。河滨嗟抱关，嗔喝眉不低。何来滔天势，扰此犬与鸡。彼且诉天吴，繁兴谣诼辞。呵斥抱关吏，无自悔噬脐。始悟草菅民，用为足恭资。

诗人时任知县的宝应是个贫穷县，"濒淮蕞尔邑，官卑井里罢。惨惨穷檐来，三五菜色黎"。然而仍有各种赋役接踵而至，"河工作无程，军行需挽旗。常役额有则，大役权其宜"。诗人公务在身，无奈要征夫派役，更感知民众的赋役痛苦："视民实真伤，蒿目申怀悲。"河役之外，更让百姓难以承受的是高官权贵路过当地引出的"大役权其宜"。高官权贵的骄横狠戾,让百姓如履薄冰。"舟中何所见,高燃太乙藜。爪牙盈百千,带刀横市逵。鱼鳖役病氓,抗拂立粉齑。"稍有不从,即可能丧失性命。这样的凶酷役务,实在骇人听闻。

《湖天霜》讲述了一个胡乱抓人顶罪的冤案。

> 湖天湛然青,盛夏飞严霜。霜严结阴惨,白日沈荒凉。厉鬼啾啾鸣,行路闻心伤。埋怨尔为何,毅魄非国殇。生为蚩蚩民,安分柔且良。真盗失伏辜,渔人罹祸殃。杀人不抵死,袖手反代偿。有耳非不闻,有眼讵失芒。一人爱功名,片语进斧斨。邈矣三宥仁,孰察五过章。一朝四百指,骈首堆荒冈。湖水自终古,流恨徒汤汤。寄语司牧者,杀人宜慎详。

诗歌开篇用"盛夏飞严霜"形容冤案给当地民众造成的心理阴影,暗用了史书所载邹衍及戏曲人物窦娥的"六月飞雪"冤狱故事。"生为蚩蚩民,安分柔且良。"安分守己的顺民成为冤案的对象,是当地原来的县官懒政无能、渎职敷衍所致。"真盗失伏辜,渔人罹祸殃。杀人不抵死,袖手反代偿。有耳非不闻,有眼讵失芒。一人爱功名,片语进斧斨。"这个无能而狠戾的庸官,破获不了杀人凶案,为了自己的政绩,抓捕无辜民众充作案犯,无依无据胡乱判案,连《周礼》早已载录的"三宥""五过"办案戒条也不管不顾。"一人爱功名,片语进斧斨。邈矣三宥仁,孰察五过章。一朝四百指,骈首堆荒冈。"冤魂留下了无尽的控诉,诗人为之愤慨难抑:"湖水自终古,流恨徒汤汤。""寄语司牧者,杀人宜慎详。"篇末的警示也是诗人对滥杀冒功、残民以逞的恶官的谴责。

杨端本(1628—1694),字树滋,潼关(今陕西潼关)人。顺治间进士。官临淄知县。

杨端本的《岁饥行》是一组记录清代前期地方荒政弊端的作品,很有样本意义。

> 山村六百户,旱荒皆困穷。吾巷五十家,数家藜藿充。余者室县磬,朝夕绝飧饔。少壮奔楚南,糊口为人佣。丈夫捐妻孥,儿孙弃姁翁。萧条陋巷内,竟日无人踪。颠连数老妪,曝背向日红。少妇面菜色,饥饿抛女工。稚子驱野外,掘土觅菲葑。凿剥榆树皮,背负盈筠笼。日夕茅檐下,微烟动轻风。木皮杂糠秕,春捣釜中烘。吁嗟冰雪寒,冻馁当严冬。所忧难卒岁,何以盼年丰。(其一)

清晨启柴荆，眺望至日西。褴褛络绎来，流离四方走。或牵儿女行，或扶妪与叟。絮语遭旱蝗，粒颗田无有。老羸气如丝，拄杖露两肘。佼女形如鹄，垢面蓬其首。但祈须臾活，得食遑恤苟。昨传赈恤诏，皇恩殊深厚。吁嗟亿兆繁，乌能遍升斗。况乃吏胥奸，贫富昧分剖。饱肥市肆儿，惠难逮畎亩。吾闻天子圣，民瘼念星霤。奋然澄海宇，毋恣横索取。庶几岁丰登，比屋皆康阜。（其二）

　　日午临大陌，道路少行旅。滚滚陌尘飞，流亡难计数。稚孺满柴车，瘠蹇驮老姥。朔风霜雪寒，坚冰冻河浦。哭号天为昏，悲哉此凄楚。道傍一老翁，颓衰形伛偻。力竭经树歇，絮絮向我语。泣诉旱三年，高下枯穄黍。家在渭水北，土居百千户。田干失播种，逃亡十逾五。富者稍足赡，催科迫官府。赋急毒如蛇，政苛猛于虎。倏忽富亦贫，相率离乡圃。岂不念田庐，弃置摧肺腑。（其三）

（其一）描述灾荒年景乡民们断粮缺食，野草充饥，处于自生自灭的无助状态。"山村六百户，旱荒皆困穷。吾巷五十家，数家藜藿充。""木皮杂糠秕，春捣釜中烘。吁嗟冰雪寒，冻馁当严冬。所忧难卒岁，何以盼年丰。"官府荒政缺失，灾民们对获得救助也完全没有寄予期望。（其二）描述灾民为寻求活下去的一线生机，外出乞讨。"褴褛络绎来，流离四方走。""老羸气如丝，拄杖露两肘。佼女形如鹄，垢面蓬其首。但祈须臾活，得食遑恤苟。"虽然朝廷下达了赈荒诏令，但杯水车薪，并未实质缓解饥荒的压力。"昨传赈恤诏，皇恩殊深厚。吁嗟亿兆繁，乌能遍升斗。"更为糟糕的是，地方贪吏在赈荒行动中营私舞弊，真正的饥民反倒得不到救济："况乃吏胥奸，贫富昧分剖。饱肥市肆儿，惠难逮畎亩。"诗人希望朝廷能察知地方荒政弊端，惩处贪索救灾物资的奸吏："奋然澄海宇，毋恣横索取。"改变荒政救助资源被肆意贪占的状况。（其三）描述灾民逃荒路上的凄惨境况，并揭示了灾民们背井离乡的人祸原因。"滚滚陌尘飞，流亡难计数。稚孺满柴车，瘠蹇驮老姥。朔风霜雪寒，坚冰冻河浦。哭号天为昏，悲哉此凄楚。"陷入这样的流浪生活，是灾民们在家乡遭受贪吏勒索，被逼无奈之下的痛苦选择："田干失播种，逃亡十逾五。富者稍足赡，催科迫官府。赋急毒如蛇，政苛猛于虎。倏忽富亦贫，相率离乡圃。"组诗的每首作品都展示了这场荒政灾难的一个侧面，提供了关于地方荒政恶劣状态的案例。

　　彭孙遹（1631—1700），字骏孙，海盐（今浙江海盐）人。顺治间进士，授中书。康熙间历翰林院编修、礼部右侍郎。

　　彭孙遹的怨政诗描写战事频仍、赋税严苛、官军劫掠、吏胥贪索的社会状况，展示出江南各地百姓在清代前期非常岁月里艰难生存的画面。如：

> 一朝不幸值践更，县符府檄何纵横。官家税一吏税五，里胥溪壑犹难盈。忽闻征南大兵至，趣令军需仓卒备。催符如雨络绎来，此时漫说新安吏。二月新丝三月谷，卖田不给还卖屋。僮仆逃亡家计无，良人泪尽双眼枯。遮莫无由栖故里，揭来乞食走吴趋。吴趋客店聊馆粥，计食千钱过一宿。两儿三女年比肩，饥来只解牵衣哭。七口艰难仰一人，他乡况是妇人身。已知旦夕填沟壑，尚忍须臾诉苦辛。语毕还闻呜咽久，逡巡似愧红颜厚。哭声错杂未分明，说苦终时不去口。可怜天地未休兵，江南往往多横征。安能刻日销金甲，处处春风鼓腹声。（《贫妇叹》）
>
> 晓发秦邮驿，晚投界首村。炊烟寒未起，十室九闭门。道旁老翁长叹息，此地由来称乐国。大兵顷者一经过，顿令闾里无颜色。持刀投石碎门户，百物纵横恣所取。击豕刲羊事酒筵，趋迎犹恐逢其怒。此恨吞声何足道，妻子堪怜不自保。今年犹有两三家，明年漂泊成荒草。我闻此言凄恻久，自发吴阊经界首。但逢逆旅多致辞，处处烦冤如一口。老翁此语最酸辛，可知艰苦皆身受。谁言横海建奇勋，用兵不戢徒自焚。江南巨丽佳气色，须臾萧索生愁云。稻粱凫雁一朝尽，健儿跃马犹纷纭，当年空笑鱼将军。（《老翁叹》）
>
> 越来溪，公莫渡。行人隔水呼唤频，舟子掉头不肯顾。波平如掌帆不前，碧湖澄静生寒烟。县官封船供应急，经今一月还复然。公家用物有定数，民间那得知其故。日日官船进女城，依然船数不加盈。昨闻大师至，已泊南濠隈。太守亲自出，平明骑马来。官来犹自可，兵来烈如火。弓刀装小舸，人马乘大舸。越来溪，公莫渡。捉船未已还捉人，劝君漫出城西路。（《越溪行》）
>
> 嗟哉上洋农，耕田一何苦。种粳十亩余，经夏不得雨。陂池变为田，禾苗化成土。粒食不须言，官税何从补。里胥杂沓来，追呼怒如虎。抱未入市廛，聊用质子钱。子钱苦无多，仅可供酒筵。此日行已过，后日还复然。地著难永日，流亡转可怜。穮蓘虽云勤，不如逢岁年。蠲租下明诏，不若长吏贤。（《上洋农》）

《贫妇叹》描写吏胥贪索加重了农家的赋税负担，官军南征加大了官府的征调压力。"一朝不幸值践更，县符府檄何纵横。官家税一吏税五，里胥溪壑犹难盈。忽闻征南大兵至，趣令军需仓卒备。催符如雨络绎来，此时漫说新安吏。"曾是田主的"贫妇"家境变穷也是因税负过重造成了破产："二月新丝三月谷,卖田不给还卖屋。僮仆逃亡家计无,良人泪尽双眼枯。"诗人感慨,天下征战不已,江南负担奇重:"可怜天地未休兵,江南往往多横征。"诗人希望这样的局面早日改观,百姓才能安宁。"安能刻日销金甲,处处春风鼓腹声。"《老翁叹》记述从秦邮(今江苏高邮)至界首(今安徽界首)的南方各地民众遭受官军扰害的情况。"大兵顷者一经过,顿令闾里无颜色。持刀投石碎门户,百物纵横恣所取。击豕刲羊事酒筵,趋迎犹恐逢其怒。""今年犹有两三家,明年漂泊成荒草。"官军洗劫般的经行各地,侵害民众,这样的祸端年复一年,尚未结束。《越溪行》描写官府征调沉重,官军征役冷酷。"县官封船供应急,经今一月还复然。公家用物有定数,民间那得知其故。""官来犹自可,兵来烈如火。""捉船未已还捉人,劝君漫出城西路。"官军凶酷地抓夫服役,百姓惊慌恐惧,纷纷逃亡。《上洋农》描述上洋地方官税沉重,灾荒年景吏胥也照旧催科逼税。"粒食不须言,官税何从补。里胥杂沓来,追呼怒如虎。"农家卖儿卖女换钱抵税,却被官吏用来挥霍:"抱末入市廛,聊用质子钱。子钱苦无多,仅可供酒筵。"生计艰难的农家选择了更艰难的流亡生活:"地著难永日,流亡转可怜。"诗人感慨,朝廷虽有宽仁的蠲租诏令,地方缺少循吏良官:"蠲租下明诏,不若长吏贤。"吏治败坏抵消了朝廷蠲减租税的荒政效力。

四　陈恭尹　王士禛　方中发　唐孙华　田雯　邵长蘅

陈恭尹(1631—1700),字符孝,顺德(今广东顺德)人。顺治间参与抗清。康熙间涉嫌"三藩之乱"被逮。事解,隐居以终。

陈恭尹的怨政诗集中描写了清初的战事、赋役带给百姓的灾殃。如:

冥篁青枫林,戢戢归飞翼。飞鸟亦有巢,老翁行乞食。问翁何方人,挥涕答不得。良久前自言,家在东山侧。薄田五十亩,父子艺黍稷。宿昔天地平,黾勉努筋力。中妇提壶浆,小妇当机织。老妻低白头,扶孙共匍匐。冬日农事歇,斗酒呼亲识。鸡豚稻粱饭,壮我衰颜色。宁知属戎马,秋毫见取索。一岁耕且锄,不足供赋役。芸田倦未起,肢体被鞭策。贫家力已竭,公家求日益。有田以自养,反以速穷厄。欲卖与豪家,乡邻少人迹。当时富贵者,荒草生空宅。归来语孙子,流离任所适。重恐官吏至,岂能受逼迫。黄泉亦相见,何必人间客。欲呼一饭别,盎无半升麦。出门各分手,痛哭辞阡陌。哀哉竟至今,两不闻消息。老身一葛衣,朽烂委荆棘。饿死污人乡,不死长凄恻。昊天泽万物,我独罹斯极。下民日憔悴,上天安可测。(《乞食翁》)

  海滨何遥遥，遥遥三千里。一里一千家，家家生荆杞。空房乳狐兔，荒沼游蛇虺。居人去何之，散作他乡鬼。新鬼无人葬，旧鬼无人祀。相逢尽一哭，万事今如此。国家启封疆，尺地千弧矢。人民古所贵，弃之若泥滓。大风断松根，小风落松子。松根尚不惜，松子亦何有。（《感怀》）

  耕田乐，耕田苦，乐哉乐有年，苦哉不可言。春未至，先扶犁。霜华重，土气肥。春已至，农事始。鸡未鸣，耕者起。泥汩汩，水光光。二月稻芽，三月打秧。五月收花，六月垂垂黄。一熟之田，九月始得获稻。近路畏马，马食犹寡。近水畏兵，兵刈何名。上官不问熟不熟，昨日取钱今取谷。西邻典衣东卖犊，黄犊用力且勿苦，屠家明日悬尔股。（《耕田歌》）

  《乞食翁》以一老翁由小康人家转为破产贫寒，揭示了官军劫掠和赋税苛征对百姓的戕害。老翁原来的家境生计尚可，战事降临当地，官军肆行劫掠，赋税沉重加身，彻底改变了老翁的生活状况："宁知属戎马，秋毫见取索。一岁耕且锄，不足供赋役。芸田倦未起，肢体被鞭策。贫家力已竭，公家求日益。有田以自养，反以速穷厄。欲卖与豪家，乡邻少人迹。当时富贵者，荒草生空宅。归来语孙子，流离任所适。重恐官吏至，岂能受逼迫。"诛求无度逼得农家破产，赋税苛政促使百姓流亡，这样的情景在大大小小的民户身上都发生了。诗篇描述了老翁的悲凉心绪："饿死污人乡，不死长凄恻。"不愿被异乡厌憎，又活得如此卑辱，老翁的境遇折射了流民的困境。《感怀》描写清初兵火战祸之中的百姓灾苦，充满了曹操"生民百遗一，念之断人肠"式的怜悯，更有对满清新政权建立过程中肆意杀戮的谴责。"一里一千家，家家生荆杞。""居人去何之，散作他乡鬼。新鬼无人葬，旧鬼无人祀。"万户萧条，百姓流离，死寂的气息弥漫了四方大地；"国家启封疆，尺地千弧矢。人民古所贵，弃之若泥滓。"征服杀戮，民如蝼蚁，满清新贵登基是成千上万鲜活的人命踩在脚下的结果。《耕田歌》描写乡民耕田虽苦，但比起经受赋役之重、官军之扰，耕田之苦已不算烦忧。乡民们近来的忧惧是："近路畏马，马食犹寡。近水畏兵，兵刈何名。上官不问熟不熟，昨日取钱今取谷。"以往农家为了在缴税之外生计有所改善，会更加勤苦耕耘，现在则丧失了这样的前景。"西邻典衣东卖犊，黄犊用力且勿苦，屠家明日悬尔股。"农家被迫卖掉耕牛以偿还官债，断送了苦干兴家的最后希望。

  王士禛，生卒、事迹见前。

  王士禛的怨政诗描写清代前期朝廷政权渐趋巩固，但征战仍未停息，一

些地方战事仍很激烈,百姓的赋役负担极其沉重。如:

> 西亭石竹新作芽,游丝已胃樱桃花。鸣鸠乳燕春欲晚,杖藜时复话田家。田家父老对我说,谷雨久过三月节。春田龟坼苗不滋,犹赖立春三日雪。我闻此语重叹息,瘠土年年事耕织。暮闻穷巷叱牛归,晓见公家催赋入。去年旸雨幸无愆,稍稍三农获晏食。春来谷贱复伤农,不见饥鸟啄余粒。即今土亢不可耕,布谷飞飞朝暮鸣。春荸作饭藜作羹,吁嗟荆益方用兵。(《春不雨》)

> 花枝蒙蒙日将暮,飒飒凉飙起庭树。雨脚射地昼阴晦,急溜鸣檐不知数。连年左辅嗟大无,有蜚多麛仍屡书。良民重累背乡县,奸民攻剽成藿苻。天南干戈未宁息,男罢农耕女废织。长沙江中多战船,祝融峰头尚兵革。羽书日日下山东,秸秷转输动千亿。苦竹黄枫猿昼啼,舟子征人少颜色。掘冢铸币既不能,展转呼天犹力穑。今年稍稍宜雨旸,黍稷扑扑稻叶长。长官鞭扑那敢避,努力公家输酒浆。(《复雨》)

> 阳春三月时,蚕子何蠕蠕。三日出笈中,五日遍筐筥。东邻有少妇,养蚕方一坯。夜夜伴蚕眠,桑叶恐不周。朝出南陌头,猗猗望桑柔。亦不见桑柔,葚子醉鸤鸠。归来见蚕饥,徘徊当奈何。脱我耳边钗,鬻我嫁时襦。阿夫持襦去,里正持符来。汉中索军租,不得还顾私。里正且上坐,黾勉具晨炊。但缓一月余,蚕成卖新丝。新丝亦难卖,新谷亦难收。不见马上郎,雉尾红锦裘。再拜谢里正,丈人且旋归。鬻我嫁时襦,脱我耳边钗。蚕应黑瘦尽,军租持底当。痛哭视孤儿,毕命朱丝绳。阿夫还入门,不复见故妻。生既为同衾,死当携手归。(《蚕租行》)

《春不雨》记述顺治年间朝廷在湖南等地用兵,乡村面临粮荒,官府催科征赋不减。"暮闻穷巷叱牛归,晓见公家催赋入。""春荸作饭藜作羹,吁嗟荆益方用兵。"诗篇所呈现的农家忧苦,与仍在进行的战事紧相关联,背景特征十分鲜明。《复雨》描写百姓背井离乡的遭遇,透露了清初湖南境内战事和赋役造成的社会苦难。"良民重累背乡县,奸民攻剽成藿苻。天南干戈未宁息,男罢农耕女废织。长沙江中多战船,祝融峰头尚兵革。羽书日日下山东,秸秷转输动千亿。"战事不见止息,征输严苛沉重,农家耕织废止,恶徒逼良为盗,这些连带着产生的灾难链条使百姓陷入了不见尽头的悲凄境地。《蚕租行》作于顺治十四年(1657),记述一个蚕妇被严苛官税逼得自缢的惨剧。蚕妇被上门催科的里正苦苦相逼,一再哀告,无济于事:"再拜谢里正,丈人且旋归。鬻我嫁时襦,脱我耳边钗。蚕应黑瘦尽,军租持底当。痛哭视孤儿,毕命朱丝绳。"蚕妇绝望之下自缢身亡，归家的丈夫哀痛之下也随之而去："阿夫还入门，不复见故妻。生既为同衾，死当携手归。"因县乡吏胥逼索"军租"官税，夫妻双双身亡，揭示了战争军需背景下，沉重赋税逼得百姓走投无路的残酷事实。

方中发（？—？），字有怀，桐城（今安徽桐城）人。康熙间诸生。

方中发的怨政诗描写康熙时期在粮政、税政、荒政等方面的弊策和百姓遭受的苦楚。如：

渚蒲芽青山杏红，家家晓起催农功。陇上驱牛西复东，犁头逼剥春冰中。火耕水耨各尽力，栉风沐雨不遑食。四月栽禾时已亟，贷粟豪门甘倍息。火云烧天日如虎，暴背耘苗汗成雨。朝来干坼禾下土，踏踏水车兼妇女。祈神几度盼西成，腰镰获刈欢秋晴。低田苦淫高苦瘠，实颖实粟徒虚名。筑场纳稼先田主，新逋宿负争偿取。碌碡声传谷已空，终年竟为谁辛苦。卖牛夜对妻孥泣，看看乞食离乡邑。常平仓谷年年入，农夫饿死无颗粒。（《田家苦》）

负郭荒田百余亩，一半兔葵一半蕠。十年九年无升斗，日日追呼急奔走。可怜重跰手还空，输将常苦居人后。堂上怒号吼若雷，杖死不许一开口。我家贵人未没前，胥吏到门同寒蝉。如今箕踞中堂上，瞋目大叫横索钱。割鸡治酒兄事之，强拭泪痕笑相延。早知廉吏子孙贫，不如被褐还负薪。亲旧闭门小人侮，敢言苛政猛如虎。（《催科行》）

修途迫岁暮，独行嗟踽踽。绳床一夜寒，飞雪遍齐鲁。平原白茫茫，千里无寸土。阴风吼荒林，急霰簌万弩。瘦面无完肤，战栗彻心腑。百骸委土木，欲动不我主。下马藉扶持，偃卧就茅宇。齿噤语难成，不绝气如缕。岂无充肠饭，对案那能举。坚冰犹在衣，忍冻勉揩拄。未曙思朝阳，未夕盼村墅。时时忧险艰，太行扼步武。颠踣凛呼吸，失十不救五。寸肠转车轮，性命掷片羽。故山忆畴昔，风雪闭蓬户。眼开松竹青，花缀野梅古。浊醪任意倾，拥絮吟梁甫。自谓终余生，傲世守环堵。安知有今日，垂白困羁旅。频年灾祲繁，赈恤竟何补。饥寒半中原，民生几安处。客从南方来，中道诉寒苦。强车辗浊河，连樯胶淮浦。穷阴况北地，所历剧酸楚。哀哀被冻人，僵尸弃革莽。父母繄何人，有生空乳哺。九州亦已广，似此宁尽睹。恻然念苍生，一一谁噢咻。我幸免沟壑，微生焉足数。俯仰寰区中，揽辔涕如雨。（《苦寒行》）

《田家苦》记述官府营建常平仓，未能平衡实施，造成了粮食的虚耗和赈荒的缺憾。征收入库填充常平仓的粮食，本意是用以平抑粮价，赈灾救饥，但在农家真正遇到饥荒之时，却派不上用场。"常平仓谷年年入，农夫饿死无颗粒。"诗人对这样的粮政政策颇有怨言。汉代刘般评论常平仓不良运行的弊端："常平仓外有利民之名，而内实侵刻百姓。豪右因缘为奸，小民不能得其平。"[①] 这种现象历代都有发生，可知是粮政施行中的顽疾。《催科行》描写民户遭遇吏胥逼索赋税所感知的苛政冷酷。"负郭荒田百余亩，一半兔葵一半荞。十年九年无升斗，日日追呼急奔走。可怜重跗手还空，输将常苦居人后。堂上怒号吼若雷，杖死不许一开口。"民户虽有百亩薄地荒田，但收成不足以达到官府的赋额，尤其是没法应对吏胥的凶狠催科。这家主人公由官宦之家沦为小户弱民，家道衰落之后，更感知了吏治恶劣、苛政如虎的冷暖变化。《苦寒行》作于康熙三十三年（1694），记述隆冬时节诗人经行山东、河南等地的见闻。"绳床一夜寒，飞雪遍齐鲁。平原白茫茫，千里无寸土。""瘦面无完肤，战栗彻心腑。""齿噤语难成，不绝气如缕。""寸肠转车轮，性命掷片羽。"这是寒冻降临大地后，贫苦百姓无依无助的真实境况。"频年灾祲繁，赈恤竟何补。饥寒半中原，民生几安处。"诗篇在抒写悯民悲情外，更强调了政府荒政缺失的后果。

唐孙华，生卒、事迹见前。

唐孙华的怨政诗记述了康熙年间官府在荒政、粮政、河政等方面的施治缺憾及百姓承受的各种灾苦。如：

去年丁亥逢旱灾，良田坼裂成荒莱。芋羹豆饭苦不给，纷纷填壑真堪哀。圣慈蠲赈恩迈古，诏下欢涌声如雷。江南岁漕减半额，我州得留三万石。假令给散尽饥民，何难立起沟中瘠。无如鼠雀会分肥，官吏交通恣侵食。胥徒里长喜扬扬，挨户排门写饥册。青钱入手始书名，大半空名点鬼籍。官符火急催租忙，鞭笞流血尽成疮。大斛征收小斛出，强半已自归私囊。村民持票踏城阙，扶携百里支官粮。十日五日不得发，忍饥垂橐仍还乡。空使黔娄尽僵路，谁知汲黯便开仓。即有穷民沾斗粟，克减余存无好谷。官侵逾万吏累千，无限奸豪各满欲。尽夺饥民糊口馕，饱充若辈燃脐腹。可怜赈富不赈贫，官吏欢呼穷户哭。初闻恩命尽欣欣，诏书挂壁徒空文。呜呼，茕民有苦向谁诉，天门訣荡何由闻。（《发粟行》）

近得江南信，漂沉遍三吴。三月至五月，霪雨无时无。淙淙惊漏天，浩浩成江湖。夏稻既荡尽，无食嗟农夫。秋苗安可问，糜烂及菰蒲。高

---

① （南朝宋）范晔：《后汉书》卷三十九《刘般传》，中华书局2000年版，第877页。

城且浸板，平地堪乘桴。衾裯换豆米，一金买束刍。涂泥本泽国，强名财赋区。箧中无襦袴，堂上鸣笙竽。一朝大狼狈，颠踣谁相扶。府帖络绎下，火急算军需。饥寒未遑恤，何计输官租。沉沉灵琐闭，天门不可呼。（《大雨叹》）

去年淫潦岁不熟，惵惵穷民在沟渎。诏书亟下有明恩，蠲减田租兼发粟。高樯大艑载米来，胥徒里正欢相逐。先时注册报饥民，乌有虚名登记录。至竟无从辨阿谁，盈车满担归私屋。官米犹嫌饭有沙，市上公然恣贩鬻。石米七百青铜钱，贫户无钱但瞪目。得钱饮博竞歌呼，穷乡寡妇哀哀哭。官家本意活茕嫠，徒使汝曹餍酒肉。汝夺饥民口内食，燃脐应照填脂腹。（《官米行》）

今年洼土半污莱，惟有高原存粳稌。井赋常忧不足供，敢望私家余二斛。俄传府帖下征粮，税长闾氓走旁午。月令曾闻较斗甬，周官嘉量铭辞古。民间出入尚须平，何况征收自官府。斛式制自崔中丞，颁行实由元世祖。底宽口窄有成规，早禁淋尖戒多取。此式遵行四百年，一旦奸胥敢变侮。争说今年斛制新，上下均平如甑瓬。斛面高堆辄数升，悉委仓夫操量鼓。胥使仓夫如使奴，指麾总奉胥为主。民间粒米重于珠，载向官仓贱如土。早时贱价胥折干，尽剜穷民膏血补。胥富全看金谷轻，民穷甘受鞭笞苦。狼藉仓场填淤泥，谷飞眼见都成蛊。可怜小户阙晨炊，破灶无烟燎空釜。（《官仓行》）

朝开河，暮开河，要令斥卤回盘涡。朝点夫，暮点夫，里胥追捕如亡逋。当今圣主仁如天，浚河本为利农田。兴作兼存救荒计，鸠工尽发水衡钱。嗟此河夫多菜色，晨馁何能待日昃。五月官钱半未颁，尔有肉糜从尔食。千锹万锸听鼕鼓，三丈河身八尺土。不辞沾体遍涂泥，可奈淋头逢冻雨。树上愁看逐妇鸠，桑间已有催耕扈。历久河工未告成，农事匆忙渐旁午。纵得青钱给一餐，待铺不救妻孥苦。更遭官长日巡工，棰挞疲民恣诃怒。非关民力怠工程，自为皇天不肯晴。未看翠毯盈畴阔，早见红榴照眼明。尚作官身絷河上，何时陇畔得归耕。昔闻周夏两名臣，疏浚川渠决滞堙。遍从水道访曲折，轻舟屏从怕河滨。时入茅檐咨利病，村农共许话艰辛。泽被东南三百载，到今功德未全湮。呜呼大贤久不作，尔曹谁复知经纶。今日河夫尽茕独，背似土牛耐鞭扑。几回持橐请官粮，官粮早饱官胥腹。重腿方忧疫疠生，独滩水深泥又浊。自是农夫性命轻，谁能久候官仓粟。但愿功成早放归，急向田间驱黄犊。（《开河行》）

《发粟行》作于康熙四十七年（1708），反映朝廷荒政政策和地方荒政实施的脱节，尤其揭示了地方吏胥舞弊作假、侵吞赈米的各种荒政弊端。"圣慈蠲赈恩迈古，诏下欢涌声如雷。江南岁漕减半额，我州得留三万石。"虽然朝廷有明确的赈恤政策和漕粮减征，但到了地方被一些贪吏恶意敷衍，朝廷的荒政举措在地方基本落空。"无如鼠雀会分肥，官吏交通恣侵食。胥徒里长喜扬扬，挨户排门写饥册。青钱入手始书名，大半空名点鬼籍。"经过名册造假，朝廷赈米已大半流失到奸吏的囊中，饥民们获得的赈济实在是微不足道："村民持票踏城阙，扶携百里支官粮。十日五日不得发，忍饥垂橐仍还乡。空使黔娄尽僵路，谁知汲黯便开仓。即有穷民沾斗粟，克减余存无好谷。"诗人诅咒侵吞赈米的恶徒将遭到残民之贼董卓一样被诛杀燃脐的下场："官侵逾万吏累千，无限奸豪各满欲。尽夺饥民糊口馔，饱充若辈燃脐腹。"诗篇揭示了朝廷荒政失效的事实："可怜赈富不赈贫，官吏欢呼穷户哭。初闻恩命尽欣欣，诏书挂壁徒空文。呜呼，茕民有苦向谁诉，天门诀荡何由闻。"皇帝安民济世的蠲赈诏令在地方被敷衍成一纸空文，朝廷利益和灾民利益都遭到了贪官恶吏的侵害。《大雨叹》描述了地方荒政缺失、税政严苛的施政现状。"夏穑既荡尽，无食嗟农夫。""衾裯换豆米，一金买束刍。""一朝大狼狈，颠踣谁相扶。"这是灾民无依无助的荒政救助缺失情况，与之相反的是税赋催科急如星火："府帖络绎下，火急算军需。饥寒未遑恤，何计输官租。"税政苛急与荒政缺位形成了可悲的对照。《官米行》完整描写了朝廷的蠲赈诏令在地方被敷衍应付、贪吏恶胥侵吞赈米的荒政失效过程。"诏书亟下有明恩，蠲减田租兼发粟。高樯大舶载米来，胥徒里正欢相逐。先时注册报饥民，乌有虚名登记录。至竟无从辨阿谁，盈车满担归私屋。官米犹嫌饭有沙，市上公然恣贩鬻。石米七百青铜钱，贫户无钱但瞠目。得钱饮博竞歌呼，穷乡寡妇哀哀哭。"对这种在灾区一再发生的荒政方面的贪渎舞弊事端，诗人既愤怒，又无奈："官家本意活茕嫠，徒使汝曹餍酒肉。汝夺饥民口内食，燃脐应照填脂腹。"只能以诅咒来宣泄对这种状况的愤激之情。《官仓行》披露了官仓运行过程中吏胥败坏粮政的各个细节。"俄传府帖下征粮，税长间氓走旁午。""民间出入尚须平，何况征收自官府。"官仓收粮本应以公平使用量具取信于民，却被贪吏奸胥暗中操弄，将量具变成了榨取农家谷米的利器："斛面高堆辄数升，悉委仓夫操量鼓。胥使仓夫如使奴，指麾总奉胥为主。"农家不仅交粮被吏胥舞弊多占，缴纳的粮食在官仓还被随意抛撒："民间粒米重于珠，载向官仓贱如土。""狼藉仓场填淤泥，谷飞眼见都成蛊。"辛苦终年的农夫却揭不开锅，无米作炊："可怜小户阙晨炊，破灶无烟燎空釜。"诗篇揭示了粮政败坏、糟践谷米的官仓管理现状。《开河行》记述地方治理河道中的各种怪现状。"朝点夫，暮点夫，里胥追捕如亡逋。""嗟此河夫多菜色，晨馁何能待日昃。""历久河工未告成，农事匆忙渐旁午。纵得青钱给一餐，待铺不救妻孥苦。更遭官长日巡工，棰挞疲民恣诃怒。"恶吏一边侵吞民夫的赈粮，一边凶狠鞭笞催工："今日河夫尽茕独，背似土牛耐鞭扑。几回持橐请官粮，官粮早饱官胥腹。"饥饿的民夫忍受着苦役，只祈愿工程完毕能活着返乡："自是农夫性命轻，谁能久候官仓粟。但愿功成早放归，急向田间驱黄犊。"河政工程本为利民，体现皇帝"圣恩"，但在地方官府的实际施行中，被一些贪官恶吏糟践成了殃民工程。

田雯（1635—1704），字纶霞，德州（今山东德州）人。康熙间进士，历内阁中书、贵州巡抚、户部左侍郎等。

田雯的怨政诗记述供马、淘金、采砂等各种赋役带给百姓的重压和痛苦。如：

> 桑干道，滹沱野，羽箭材官南送马。太仆火印何权奇，瘴乡不产龙媒姿。一行五百匹，日驰百里。农夫锉草，妇子汲水。健儿来何方，官帖十行。鞭棰在手，戟髯怒张。刍豆供给苦不足，猎犬鞲鹰饱余肉。送马者去吏索钱，农夫鬻牛妇子哭。（《送马谣》）

> 淘金户，淘金大江侧，水深沙浅淘不得。夜闻追呼来打门，官司追课如追魂。呼童挑灯取金看，囊中只有分毫积。金少课多输不及，里胥大怒遭拘执。卖金买宽限，金尽限转急。往来坐床头，妇子相对泣。相对泣，亦徒为，输官难再迟。南庄有田尚可鬻，莫教过眼遭鞭笞。独不见西家卖金犹卖屋，户户逋金金不足。（《淘金谣》）

> 大如斗，赤如日。官府学神仙，取砂何太急。囊有砂，瓶无粟。奈何地不爱宝，产此荼毒。砂尽山空，而今乌有。皂衣夜捉人，如牵鸡狗。匍匐讼堂，堂上大呼弗已。误我学仙不长生，尔当鞭笞至死。（《采砂谣》）

《送马谣》描写农家被逼供养官马的苦楚。"一行五百匹，日驰百里。农夫锉草，妇子汲水。健儿来何方，官帖十行。鞭棰在手，戟髯怒张。刍豆供给苦不足，猎犬鞲鹰饱余肉。送马者去吏索钱，农夫鬻牛妇子哭。"不仅是供养官马的耗费农家不堪承受，吏胥的趁机勒索更增添了农家的重负，以至于卖掉耕牛以偿役务欠债。《淘金谣》记述官府对淘金户的严苛征赋。"夜闻追呼来打门，官司追课如追魂。""金少课多输不及，里胥大怒遭拘执。卖金买宽限，金尽限转急。""南庄有田尚可鬻，莫教过眼遭鞭笞。独不见西家卖金犹卖屋，户户逋金金不足。"达不到官府的征课派额，吏胥就会从鞭笞和拘执逼迫淘金户卖地卖房以偿债,所有的淘金户都陷入了这样的困境。《采砂谣》记述权贵高官为求长生向民间逼索丹砂的怪事。"官府学神仙,取砂何太急。""奈何地不爱宝,产此荼毒。""皂衣夜捉人,如牵鸡狗。""误我学仙不长生,尔当鞭笞至死。"为追求愚不可及的长生成仙,权豪势要们动用官府权力强迫民夫入山采砂,吏胥凶狠虐民以讨好上司。诗篇披露,清代前期一些地方官府派征的税赋徭役很庞杂,也包括这样的荒诞役务。

邵长蘅(1637—1704),字子湘,武进(今江苏常州)人。顺治间诸生,入太学试,得州同,未就。康熙间为宋荦幕僚。

邵长蘅的怨政诗,是一个普通文人所见闻的清代前期地方治理情况,主要描写徭役、赋税、兵事、荒政等方面的弊策劣治。如:

> 九四起盐贩,乘时窃为王。毒敛周铁星,鞭算析毫芒。刮膏唧民髓,髓竭国亦僵。明祖自天授,作法胡乃凉。租簿定税额,亩赋七斗盈。相沿三百年,吴间有重粮。吴俗喜奢淫,吴民鲜盖藏。譬如酒色夫,中干而外强。奈何吏吴者,又不悉民穷。春丝接秋谷,箠敛终岁忙。太守急县官,县官责氓农。里正亟行来,杼轴倚空墙。隶卒狞狞来,鸡狗亦仓皇。五日一榜笞,血殷布裲裆。宽大天子诏,考课大农章。铢黍不中程,斥逐及龚黄。岂不爱民命,且自念功名。吏半遭谴谪,民宁免流亡。我欲竟此辞,拔笔心慷慨。(《重赋》)

> 促织复促织,凉秋八九月。新妇扎扎当窗织,一日织丈余,两日合成匹。婆言无襦,儿言无衣,翁欲易米煮餔糜。县中租吏来,叩门声如雷。阿翁趣办饭,阿婆烹伏雌。持布送租吏,租吏含怒谯,尔物何轻微。新妇十指出血不得一缕著,房中泪下如绠縻。(《促织谣》)

> 村墟五月布谷鸣,家家驱牛向田塍。谁令我家充里正,荒田地白不得耕。昨日县卒至,驱迫入城市。官府怒我输税迟,系狱一日再论笞。肉腐虫生,垢面蓬首。亲交来相探,牵衣泣下不能止。附书与亲交,归告我妻卖儿子。(《布谷谣》)

> 大车何碌碌,小车何逐逐。牛蹄剥剥石确确,运米连连入函谷。只言秦民饥,不顾豫民哭。百金僦夫致一车,富家卖田贫卖犊。米入函谷关,仓囷高如山。不救秦民饥,只饱秦仓鼠。秦仓肥鼠大于狸,秦民羸作沟中土。(《豫民谣》)

> 句容城边古道旁,榆树千株万株白。枯干仅存皮剥尽,饥民慊慊春作屑。杂以糠粃半和土,食之喉涩肠腹结。此事传闻五十年,即今眼见增叹息。去年大水波滔空,桑麻委折洪涛风。今年大旱魃为虐,龟坼千

里生蒿蓬。告灾频遭县官怒，鞭挞不顾苍黎穷。煌煌诏书屡宽恤，上下一辙仍相蒙。十年四海风尘起，跋扈飞扬犹未已。巴蜀荆南急鼓鼙，东吴西浙成疮痏。往时民贫鬻儿女，今年儿女鬻无处。老翁路旁卧不起，乞得一钱泪如雨。高天漠漠寒云横，怆恻吞声策马去。（《榆树行》）

鸡飞翻翻狗䜣䜣，官兵来，毁我屋。夫出居藏妻为卤，官兵带刀行放火。言奉黄纸驱汝，汝啼官府杀汝。（《沙民谣》）

何处估客强，广州估客强。峨舸巨舳四角幡，珊瑚玳瑁五木香，珍珠百斛载中央。鼓隆隆，二更断，毗陵驿边鸣号箭。何来探，九少年，拔刀跳荡无前。倏欻燃炬烛天，官兵城上视城下，口噤目眙不敢前。珊瑚玳瑁五木香，珍珠百斛载中央。一一席卷去，但去莫计量。持牒诉县官，县官不为理。诉太守，太守郤案不肯视。遥呼骂蛮奴，今时太平安得有此，估客吞声泪弥弥。（《估客泣》）

山东怪魅如人长，江南火乌啄屋梁。尘沙飘瞥千余里，火蒸石烁暵气黄。野老吞声与余语，顺治年来无此苦。去年麦穗虫食尽，何意天灾复如许。故老相传明末时，赤地千里飞蝗灾。健儿劫人割肉啖，妇女空村剥树皮。三十年间重此祸，斗米千钱宁足奇。呜呼天意不可测，闻语怆凄泪沾臆。昨闻兖豫土尤赤，十城九城空荆棘。原田燔枯裂十字，蝗虫积地厚一尺。北人气竞易作逆，饥寒往往为盗贼。走马落日苍山空，弯弓便向行人射。可怜县官尚索租，诛求纵迫安从乎，夫出行乞妇哺姑。（《苦旱行》）

《重赋》描述了顺治时期吴地官府从官员到吏胥催征赋税的种种姿态。"奈何吏吴者，又不悉民穷。春丝接秋谷，箕敛终岁忙。太守急县官，县官责氓农。"征敛的指令层层下压到吏胥层面，由吏胥以刑罚相逼向农家征赋："隶卒狞狞来，鸡狗亦仓皇。五日一搒笞，血殷布裯裆。"诗人感慨，朝廷有宽恤赋税的诏令，地方也有恤民的循吏，但循吏往往遭受斥逐，结局不堪："铢黍不中程，斥逐及龚黄。岂不爱民命，且自念功名。吏半遭谴谪，民宁免流亡。"循吏遭贬，酷吏进取，这样的征敛环境对百姓当然更加严峻。《促织谣》记述织妇一家的悲苦。"新妇扎扎当窗织，一日织丈余，两日合成匹。""县中租吏来，叩门声如雷。""持布送租吏，租吏含怒谯，尔物何轻微。新妇十指出血不得一缕著，房中泪下如绠縻。"织妇辛劳织出的布匹都被催科的吏胥收光了，家人希望以新布换得多一点温饱的期盼也都落了空。《布谷谣》记述了乡村"里正"的憋屈境遇。"谁令我家充里正，荒田地白不得耕。昨日县卒至，驱迫入城市。官府怒我输税迟，系狱一日再论笞。""附书与亲交，归告我妻卖儿子。"里正要负责乡间的催征赋税,如果不能完成县衙的定额,里正则要保证垫付补足。这种乡里小胥的角色,有其自身的压力,乡间富户往往不愿担当。有些被迫充当"里正"的庄户,就陷入了向乡民催赋征税,催征不足则自己破产败家的困境。《豫民谣》揭示了官府在荒政和粮政问题上顾此失彼。"只言秦民饥,不顾豫民哭。百金傥夫致一车,富家卖田贫卖犊。米入函谷关,仓囷高如山。不救秦民饥,只饱秦仓鼠。秦仓肥鼠大于狸,秦民羸作沟中土。"诗篇叙及官府在豫地大量征粮,然后往秦地调粮,这些粮食调往秦地后却被白白抛撒浪费。豫地饥民挨饿,秦地饥民也挨饿,这样的粮政和荒政显然有很大弊端。《榆树行》记述官府回避救荒,瞒上欺下。"告灾频遭县官怒,鞭挞不顾苍黎穷。煌煌诏书屡宽恤,上下一辙仍相蒙。"朝廷蠲赈济荒的诏令被地方官员敷衍塞责,饥民只能靠树皮秕糠果腹。祸不单行的是,官军战事不断,多地都深陷战祸之中。"十年四海风尘起,跋扈飞扬犹未已。巴蜀荆南急鼓鼙,东吴西浙成疮痏。"战事加重了赋役,灾荒加重了饥馑,百姓经受着饥荒、苛税、战祸的多重摧残。《沙民谣》描述官军出行肆虐。"官兵来,毁我屋。夫出居藏妻为卤,官兵带刀行放火。"焚毁房屋,劫掠人口,公然带刀行凶,官军的行径有甚于"贼寇"。《估客泣》记述商家遭劫匪抢掠,官军袖手旁观。"何来探,九少年,拔刀跳荡无前。倏欻燃炬烛天,官兵城上视城下,口噤目眙不敢前。""珊瑚玳瑁五木香,珍珠百斛载中央,一一席卷去,但去莫计量。"官军畏畏缩缩,眼睁睁看着劫匪抢掠而去,不管不顾。商家向官府申诉反遭官员呵斥为无中生有:"遥呼骂蛮奴,今时太平安得有此,估客吞声泪弥弥。"这样的官军和官府当然不能保境安民。《苦旱行》作于顺治十八年(1661),记述了诗人途经山东、河南多地所见的大灾荒惨景。灾民无以为生,甚至流落为"盗贼":"北人气竟易作逆,饥寒往往为盗贼。"官府在大灾荒时仍不放松催科逼税:"可怜县官尚索租,诛求纵迫安从乎,夫出行乞妇哺姑。"官府荒政缺失,税政严苛,这样的施政只能加重灾荒的社会压力。

五 查慎行 赵执信 刘青藜 郑世元 沈树本 朱樟

查慎行,生卒、事迹见前。

查慎行的怨政诗描写康熙时期多地官府在军需征输、赋税征收、徭役派发、荒政赈济等方面的弊政劣治。如:

麻阳县西催转粟,人少山空闻鬼哭。一家丁壮尽从军,携稚扶幼出茅屋。朝行派米暮催船,里胥点名还索钱。辘轳转绠出井底,西望堤溪如到天。麻阳至提溪,相去三百里。一里四五滩,滩滩响流水。一滩高五尺,积势殊未已。南行之众三万余,樵曩军装必由此。小船装载才数石,船大装多行不得。百夫并力上一滩,邪许声中骨应折。前头又见波涛泻,未到先愁泪流血。脂膏已尽正输租,皮骨仅存犹应役。君不见一军坐食万民劳,民气难苏士气骄。虎符昨调思南戍,多少扬麾白日逃。(《麻阳运船行》)

客行公安界,榛莽遥刺天。百里皆战场,废灶依颓垣。岂惟人踪灭,鸦鹊俱高骞。居民八九家,其下自名村。野火烧黄茅,瘦牛皮仅存。姻亲儿女舍,相对篱无樊。朝市有推移,世业誓不迁。况闻江南北,兵荒远衮延。逋逃等天地,旅仆谁哀怜。我感此语真,欷歔泪流泉。(《白杨堤晚泊》)

昨日出龙江,今晨抵芜湖。顺风满帆幅,过关快须臾。关吏责报税,截江大声呼。舟子不敢前,挼舵转辘轳。奇货我则无,吏前不我信。倒筐倾筐芦,弃捐无一可,相顾仍睢盱。买酒例索钱,回身若责逋。有货官尽征,无货吏横诛。有无两不免,何以慰长途。(《芜湖关》)

官仓征去粒粒珠,两斛米充一斛输。官仓发来半粞谷,一石才舂五斗粟。然糠杂秕煮淖糜,役胥自饱民自饥。吁嗟乎,眼前岂无乐国与乐土,不如成群去作仓中鼠。(《赈饥谣》)

被襫相逢半压肩,刈禾争趁老晴天。蒹葭对岸遮邻屋,蚱蜢如风过别田。地瘠不知丰岁乐,民劳尤望长官贤。谁知疾苦无人问,秋税新增户口钱。(《观刈早稻有感》)

《麻阳运船行》记述湖南麻阳地方官府为官军战事抓夫征粟,百姓不堪其苦。"麻阳县西催转粟,人少山空闻鬼哭。一家丁壮尽从军,携稚扶幼出茅屋。朝行派米暮催船,里胥点名还索钱。""脂膏已尽正输租,皮骨仅存犹应役。"百姓被榨取到仅存"皮骨",可知这样的严苛征输已经劳民伤财到什么地步。《白杨堤晚泊》描写了湖北公安地界受战事影响的情况。"客行公安界,榛莽遥刺天。百里皆战场,废灶依颓垣。""居民八九家,其下自名村。野火烧黄茅,瘦牛皮仅存。"公安百里山河沦为战场,当地的百姓死伤逃亡,所存已寥寥无几,而朝廷部署的战事远不止于公安地界。"况闻江南北,兵荒远衮延。逋逃等天地,旅仆谁哀怜。"逃避战祸的百姓很难远离遍及南北的战场。《芜湖关》记述芜湖关卡官吏行政执法中滥权舞弊的情况。"买酒例索钱,回身若责逋。有货官尽征,无货吏横诛。有无两不免,何以慰长途。"官员要完成上司的征敛指令,吏胥要满足官员的勒索需求,过往的客商、民户就成了被搜刮的对象。《赈饥谣》反映官府粮政、荒政中的弊端。"官仓征去粒粒珠，两斛米充一斛输。官仓发来半粞谷，一石才舂五斗粟。"向百姓征收粮食压低数额计算，向饥民发放赈米抬高数额计算，在这一减一增的算计中，吏胥得以贪占克扣，中饱私囊。官府的粮政和荒政，败坏在这些恶吏手中。《观刈早稻有感》描写官府加重税负给农家增加的痛苦。"地瘠不知丰岁乐，民劳尤望长官贤。谁知疾苦无人问，秋税新增户口钱。"百姓期盼地方长官体恤民苦，但愿望落空。名目翻新的税赋征收，加深了农家的税负痛苦。

赵执信（1662—1744），字伸符，淄博（今山东淄博）人。康熙间进士。授翰林院编修，主持山西乡试，迁右春坊右赞善兼翰林院检讨。

赵执信的怨政诗集中表现了康熙年间一些地方吏治败坏、民怨沸腾的严峻现实，如《氓入城行》《吴民多》《两使君》《道傍碑》；及官府在治河、治盗等方面的施政劣绩，如《大堤叹》《村宿书所闻》。

> 村氓终岁不入城，入城怕逢县令行。行逢县令犹自可，莫见当衙据案坐。但闻坐处已惊魂，何事喧轰来向村。银铛杻械从青盖，狼顾狐嗥怖杀人。鞭笞榜掠惨不止，老幼家家血相视。官私计尽生路无，不如却就城中死。一呼万应齐挥拳，胥隶奔散如飞烟。可怜县令窜何处，眼望高城不敢前。城中大官临广堂，颇知县令出赈荒。门外氓声忽鼎沸，急传温语无张皇。城中酒浓博饦好，人人给钱买醉饱。醉饱争趋县令衙，撤扉毁阁如风扫。县令深宵匍匐归，奴颜囚首销凶威。诘朝氓去城中定，大官咨嗟顾县令。（《氓入城行》）

> 吴城郁嵯峨，吴民百万过。昨日城中哭，今日城中歌。歌声如沸羹，讼口如悬河。攫金搜粟恨民少，反唇投牒愁民多。昔知临吴附臭蝇，今知临吴附火蛾。逝辞吴城不反顾，呜呼奈此吴民何。（《吴民多》）

> 侬家使君已二年，班班治绩惟金钱。可怜泪与髓俱尽，万姓吞声暗望天。（《两使君》）

> 道傍碑石何累累，十里五里行相追。细观文字未磨灭，其词如出一手为。盛称长吏有惠政，遗爱想象千秋垂。就中行事极琐细，龃龉不顾识者嗤。征输早毕盗终获，黉宫既葺城堞随。先圣且为要名具，下此黎庶吁可悲。居人遇者聊借问，姓名恍惚云不知。住时于我本无恩，去后遣我如何思。去者不思来者怒，后车恐蹈前车危。深山凿石秋雨滑，耕时牛力劳挽推。里社合钱乞作记，兔园老叟颐指挥。请看碑石俱砖甓，身及妻子无完衣。但愿太行山上石，化为滹沱水中泥。不然道傍隙地正无限，那免年年常立碑。（《道傍碑》）

大堤宛宛蛟龙形，长偃通津驱不去。夜来风雨天河翻，一半随波忽东注。长淮失势常恐倾，尺土犹使残黎争。缚茅编荻学蚁聚，十里喧喧歌哭声。堤边村落由来少，况遇洪涛迹如扫。鸡豚儿女未全漂，相唤相牵此相保。秋阴茫茫昼不分，绕堤时有雷霆奔。桑田若复变沧海，天大神州无去门。年年筑堤不作力，今日堤头留一息。督河使者不烦催，来岁筑堤如筑室。（《大堤叹》）

　　昔为竹溪逸人居，今是绿林豪客穴。深秋屡出横官路，赤羽霜铤不知数。不搜钱帛但争盐，似与行商旧有嫌。近说军营议追捕，预愁侵扰遍穷檐。兵盗相寻几时了，从此行人恐难保。（《村宿书所闻》）

《氓入城行》描写贫弱乡民平时害怕进城碰见官吏，走投无路之下进城去见县衙官吏，结果引发官吏狼狈告饶。事件看似离奇，过程颇耐寻味。一个乡民，老实巴交，没过没罪，却怕见县衙的人："村氓终岁不入城，入城怕逢县令行。行逢县令犹自可，莫见当衙据案坐。但闻坐处已惊魂，何事喧轰来向村。银铛杻械从青盖，狼顾狐嗥怖杀人。鞭笞榜掠惨不止，老幼家家血相视。"诗篇交代了乡民平时怕见官吏的原因。但后来乡民主动去见官吏了，而且引发了意想不到的结果："官私计尽生路无，不如却就城中死。一呼万应齐挥拳，胥隶奔散如飞烟。可怜县令窜何处，眼望高城不敢前。城中大官临广堂，颇知县令出赈荒。门外氓声忽鼎沸，急传温语无张皇。城中酒浓博饪好，人人给钱买醉饱。醉饱争趋县令衙，撤扉毁阁如风扫。县令深宵匍匐归，奴颜囚首销凶威。"显然是官吏平时凶酷欺凌百姓，引发了乡民们的愤怒，以至于出现这样的惊悚场面。事情惊动了县衙官吏的上司，官吏受到上司的训诫："诘朝盹去城中定，大官咨嗟顾县令。"看来不是上司有什么良心发现，而是乡民们的反抗，让"大官"们心惊肉跳，所以才有此训诫。诗篇描写的百姓畏惧和痛恨官府的事件，表现出官府酷吏与民为敌的一贯作为，乡民们的反抗也透露出民意对官府的震慑。《吴民多》也写到百姓对官府的抗争使官吏的行为有所忌惮。"攫金搜粟恨民少，反唇投牒愁民多。昔知临吴附臭蝇，今知临吴附火蛾。"那些平时威风八面的官吏，只知搜刮征敛，如苍蝇逐臭；如今看到吴地民众众口一词的责难，心有忌惮，知道激发众怒会引火烧身，结果逃离了吴城。诗篇刻画了贪婪官吏欺民又畏民的两种姿态。《两使君》描写官吏的贪婪引发了民众普遍的怨恨。"侬家使君已二年，班班治绩惟金钱。可怜泪与髓俱尽，万姓吞声暗望天。"民众对在本地已任职两年的"使君"忍无可忍。"使君"为官贪婪，勒索征敛，敲骨吸髓，百姓痛苦不堪："万姓吞声暗望天。"民众期待朝廷派遣良官循吏来此治理，也间接表现出百姓对本地"使君"的强烈不满。《道傍碑》记述为政不仁的恶官欺世盗名的荒诞行径。"细观文字未磨灭,其词如出一手为。盛称长吏有惠政,遗爱想象千秋垂。就中行事极琐细,龃龉不顾识者嗤。"道旁的功德碑炫耀的是碑主"长吏"的"惠政",却不料被当地民众揭穿了其劣迹斑斑的"龌龊"行事,碑主形象的坍塌极富戏剧性。百姓感慨,碑主沽名钓誉,其实贻笑大方。"住时于我本无恩,去后遭我如何思。"诗篇对后来者发出了警示:"去者不思来者怒,后车恐蹈前车危。"如果新来官员仍像前任一样为官不仁,也将遭到百姓的鄙弃。《大堤叹》描写淮河河堤在洪水冲击下崩决,民众遭受了洪灾重创。"长淮失势常恐倾,尺土犹使残黎争。""堤边村落由来少,况遇洪涛迹如扫。""桑田若复变沧海,天大神州无去门。"诗人认为是官府治淮失策,劳民伤财而不得其要,致使堤防形同虚设。"年年筑堤不作力,今日堤头留一息。督河使者不烦催,来岁筑堤如筑室。"河政官员的不当作为加重了洪灾的危害。诗人期望官吏来年治河像营建家室一样用心,才能避免溃堤的灾难。《村宿书所闻》描写乡村闲逸之地沦为"盗贼"横行之地,当地乡民惶惶不宁,过往客商遭受劫掠。"昔为竹溪逸人居,今是绿林豪客穴。深秋屡出横官路,赤羽霜铤不知数。不搜钱帛但争盐,似与行商旧有嫌。"负有"剿盗"之责的官军没让民众感到安全,反倒感到惶恐:"近说军营议追捕,预愁侵扰遍穷檐。兵盗相寻几时了,从此行人恐难保。"在百姓的认知中,官军能不能"剿盗"尚未可知,但侵扰百姓是确定无疑的。

刘青藜(1663—1708),字太乙,襄城(今湖北襄阳)人。康熙间进士,选翰林院庶吉士。

刘青藜的怨政诗有描写康熙时期一些地方荒政缺失、灾民无助的,如《乞儿行》《稗子行》;有描写官府征输沉重、百姓不堪其苦的,如《效乐天体诗之一》;有描写官军横闯民居、劫掠民财的,如《抢柴行》。

天寒岁聿暮,风雪无时休。行迈日迟迟,举目增我愁。念彼流亡人,颠连满道周。况复挽我车,哀呼声啾啾。借问尔何乡,何为此淹留。答云家晋阳,耕桑颇自谋。频岁遭水旱,田亩少所收。忍饥宽正赋,不肯辞故丘。有司借名目,无艺日诛求。黠者依险阻,跳梁弄戈矛。软弱守穷巷,钩索反见仇。血泪洒公庭,系颈等罪囚。低声向老吏,乞归鬻儿酬。咆哮甚猛虎,索保始领头。脱身携妻子,弃家到中州。闻说南阳界,荒陂足锄耰。牛种既难办,栖身何所投。匍匐大道旁,残喘仰行辀。今日得苟延,明日信悠悠。见尔已心酸,闻语涕更流。嗟尔本良民,谁使填壑沟。羞涩客囊空,聊复遗干糇。恭闻圣天子,西顾垂殿忧。赫怒诛

贪残,中丞行部搜。租逋概蠲除,怀绥渥且优。勿作他乡鬼,努力返田畴。(《乞儿行》)

妇子纷纷携筥筐,齐向荒郊收稗子。晨出暮归收几何,一斗才舂二升米。莫嫌此物太艰难,犹胜田间把耒耜。今年五月月离毕,沧海倒翻泻不止。拍天巨浪浸层城,平原洼地可知矣。小麦湿蠹秋禾空,辛苦何曾咽糠秕。天生稗子惠子遗,残喘暂延全仗此。只愁采掇会当尽,鸿雁嗷嗷饥欲死。(《稗子行》)

驿马有常额,饲秣支天储。如何千村里,计口具青刍。一丁三十束,束必十束逾。昨有农家子,满载充官需。主者不时收,迁延日欲晡。低声前致辞,某里某甲输。委积虽满地,仅作一束余。账跄出厩门,仰天号路衢。行人来借问,自言生何辜。家无一棱田,派名日追呼。闻说官给直,何会见锱铢。老吏动咆哮,逼索如催租。屈指营办足,翻谓有余逋。劝尔且吞声,努力完须臾。明朝急符下,行行就囚拘。(《效乐天体诗之一》)

樵子日在山,耕夫日在田。众兵何所事,不耕不樵剽掠城市间。柴车辘辘来,那问谁家送。双牛雨汗拽不前,未及到门车半空。耕夫嘱语,柴已无多,主人责我奈何。老兵忽大怒,主人奈我何。主人闻之惧,摇手戒勿语。耕夫不解事,脱手鞭一举。老兵瞋目去,大声呼其曹。眼看逐队来,戟手声嗷嘈。排汝门,闯汝堂,仆汝几案,倾汝酒与浆。见者抱头窜,闻者色凄凉。家家私相嘱,我柴任彼抢。不见渠家耕夫答背主人藏。(《抢柴行》)

《乞儿行》描述了晋阳灾民遭受官府催科逼税、流离失所的艰难处境。"脱身携妻子,弃家到中州。"灾民流浪到异乡,仍然没有找到安身立命的机会。"牛种既难办,栖身何所投。匍匐大道旁,残喘仰行辀。今日得苟延,明日信悠悠。""嗟尔本良民,谁使填壑沟。"诗人吁请朝廷察知和纠改这些地方弊政,"赫怒诛贪残,中丞行部搜。租逋概蠲除,怀绥渥且优"。也规劝灾民返乡归耕,"勿作他乡鬼,努力返田畴"。诗人希望朝廷整顿吏治,实现良官廉吏的治理秩序,使流民能够返乡归耕。《稗子行》描述乡间民众在灾年拾稗子果腹的生存苦况。"妇子纷纷携筥筐,齐向荒郊收稗子。""天生稗子惠子遗,残喘暂延全仗此。只愁采掇会当尽,鸿雁嗷嗷饥欲死。"稗子虽然难以下咽,但稗子也很快就会被灾民采掇完毕,凸显出官府荒政缺失的严峻现实。《效乐天体诗之一》记述官府为粮草征输对百姓严苛逼索的情况。"驿马有常额,饲秣支天储。""昨有农家子,满载充官需。""委积虽满地,仅作一束余。"官府的催征定额既已很高，期限更是严苛，以拘役相逼迫："闻说官给直，何会见锱铢。老吏动咆哮，逼索如催租。""劝尔且吞声，努力完须臾。明朝急符下，行行就囚拘。"对百姓来说，官家征输役务的强制和强横，本来就是连在一起的。《抢柴行》记述官军扰害民众的事件。"樵子日在山，耕夫日在田。众兵何所事，不耕不樵剽掠城市间。""排汝门，闯汝堂，仆汝几案，倾汝酒与浆。"官军公然横闯民居，抢掠柴薪，掠食酒菜，已经行同盗匪，让百姓惶恐不已。"见者抱头窜，闻者色凄凉。家家私相嘱，我柴任彼抢。不见渠家耕夫答背主人藏。"官军军纪涣散，城乡民众遭受了堪比匪患的兵灾。

郑世元（1671—1728），字亦亭，余姚（今浙江余姚）人。雍正间举人。未入仕。

郑世元的怨政诗涉及官府征调、征输、征役等公务，如《捉船行》《纤夫哀》；涉及治安秩序，如《杭城钥》；涉及荒政赈济，如《卖妇行》《官赈谣》等。这些诗篇反映了康熙后期、雍正时期一些地方官府的劣政弊策。

  客行在西吴，喧呼闻捉船。云奉宪司票，取数须一千。乌程县堂晓传鼓，县官排衙点船户。东船西舫寂不行，里正如狼吏如虎。行人坐守居人困，百里官塘断商贾。罟师渔父都含愁，城南城北水断流。千艘万橹城中集，苇岸芦港风悠悠。大船竞输钱，差役幸暂免。小船无钱只一身，捉住支吾应供遣。自从名隶公家籍，日日河头坐白日。太仓合米聊入腹，谁为饔飧顾家室。可怜有船何处撑，江干万众俱吞声。（《捉船行》）

  行行重行行，但闻岸上揖揖牵船声。赭衣赤棒乱鞭走，眼穿不见杭州城。途长舟重腰骨折，日午未食饥肠鸣。唇焦口苦呼荷荷，眼见性命须臾倾。低头踯躅不敢哭，但云愿死不愿生。长官莫逞威，纤夫敢诉情。纤夫不是狌狂囚，乃是天子版内之良民，胡为性命视如鸡犬轻。鸡犹栖于埘，犬犹得主怜。司晨守夜务有候，饮啄犹自全其天。嗟哉尔纤夫，果然性命不如鸡犬轻，日暮忍饿仍驱行。（《纤夫哀》）

  杭州城门十日钥，守门将卒胄而甲。十人执兵一人稽，一人来稽十人随。城中不知城外事，城外讹言日三至。或云某日贼犯城，或云昨夜狱有兵。长官大吏急相守，骑尉都司满街走。要知此辈乃盗耳，不过市井无赖子。一才有司足以了，何至张皇急如此。忆昔三蘖忧我君，不啻大风扫浮云。庙堂圣武尔岂知，治乱一如治乱丝。安得蜀中张方平，手正欹器扶其倾。（《杭城钥》）

  结发为夫妻，本愿谐百年。兔丝附蓬麻，托根本不坚。卭卭与蟨驱，命实相倚然。讵谓同林栖,中道忽相捐。自我归君室,靡劳尝忧煎。私心恐育鞠,生理难保全。胡惜天灾行,性命如丝悬。前年五月旱,龟兆河底穿。去年六月雨,高岸淤为田。芦灰曷由止,轳轳空桑间。蛙鸣土灶侧,荇浮桑树颠。颗粒秋无收,米价高如山。糠秕等柜秬,榆根剥成斑。太仓十万粟,人给糜一箪。饥人随路死,白骨满渠填。东邻闻唧唧,卖儿缗半千。西邻哭号咷,夫死沉深渊。势既迫于此,骨肉难独完。诚知相守死,生别非所安。贱躯亦何惜,愿以备饔飧。朝辞夫出门,日暮仍独还。泣涕向行路,穿市人来观。观者虽有人,买者那得钱。还且暂时聚,何以饱我欢。可怜人命贱,不如牲与牷。此是谁家妇,令我心鼻酸。我歌卖妇行,敬告诸长官。江南百万户,民命实已殚。(《卖妇行》)

　　黄须大吏骏马肥,朱旗前导来赈饥。饥民腹未饱,城中一月扰。饥民一箪粥,吏胥两石谷。我皇圣德仁苍生,官吏慎勿张虚声。(《官赈谣》)

《捉船行》描写官府奉命征调上千民船,吏胥趁机勒索船户。"客行在西吴,喧呼闻捉船。云奉宪司票,取数须一千。乌程县堂晓传鼓,县官排衙点船户。东船西舫寂不行,里正如狼吏如虎。行人坐守居人困,百里官塘断商贾。"船户成了吏胥敲诈的对象,不同境况的船户得到吏胥不同的对待:"大船竞输钱,差役幸暂免。小船无钱只一身,捉住支吾应供遣。"官府征调民船的定额已经很高,吏胥从中勒索民财又加重了船户负担:"可怜有船何处撑,江干万众俱吞声。"不顾民力确定征调定额,执行征调中假公济私,这些做法让"万众"船户深受其苦,怨声载道。《纤夫哀》记述官府征召役夫牵挽官船,遭受官吏凶酷对待。"行行重行行,但闻岸上揹揹牵船声。""途长舟重腰骨折,日午未食饥肠鸣。唇焦口苦呼荷荷,眼见性命须臾倾。"纤夫在苦役重压下已命在旦夕,官吏仍然凶酷催逼:"长官莫逞威,纤夫敢诉情。纤夫不是狴犴囚,乃是天子版内之良民,胡为性命视如鸡犬轻。"官府徭役苛重,官吏冷酷逼迫,诗人谴责轻视纤夫性命的酷虐役务。《杭城钥》记述官府"治盗"应对失策,张皇失措。"城中不知城外事,城外讹言日三至。""长官大吏急相守,骑尉郡司满街走。"诗人对扰害民众的这群"盗贼"做出了基本判断:"要知此辈乃盗耳,不过市井无赖子。"对官府张皇失措表示不可理解:"一才有司足以了,何至张皇急如此。"地方官吏"治盗"意志薄弱,也缺乏保境安民的能力,诗人希望朝廷派来像宋代张方平那样的得力官员,扭转地方治安的严峻局面。《卖妇行》描写江南大地经过大灾荒的连续摧残,百姓在杯水车薪的微弱赈济下丧失了求生的希望。"胡惜天灾行,性命如丝悬。前年五月旱，龟兆河底穿。去年六月雨，高岸淤为田。""颗粒秋无收，米价高如山。""太仓十万粟，人给縻一箪。饥人随路死，白骨满渠填。"诗篇在万千家庭的苦难故事中，选取了一个民妇自我出卖、卖身不得的场面，揭示百姓走投无路的处境："朝辞夫出门，日暮仍独还。泣涕向行路，穿市人来观。观者虽有人，买者那得钱。还且暂时聚，何以饱我欢。可怜人命贱，不如牲与牷。"百姓流离，饿殍遍地，卖儿鬻女，人口不如牲口，诗篇呈现了江南大面积灾荒的民生困局。"我歌卖妇行，敬告诸长官。江南百万户，民命实已殚。"诗人吁请上官出策拯救危在旦夕的数百万灾民。《官赈谣》描述了官府赈灾中的一些荒诞现象。"黄须大吏骏马肥，朱旗前导来赈饥。饥民腹未饱，城中一月扰。"肥马豪车，招摇过市，高官大吏这些虚有其表的"赈饥"行动并没有给饥民带来活命的生机。更有甚者，地方上的奸猾吏胥克扣赈米，中饱私囊："饥民一箪粥，吏胥两石谷。"诗人希望官吏们改弦更张，切实救济民苦："我皇圣德仁苍生，官吏慎勿张虚声。"这样的呼吁，包含着诗人的良知，但也很难有什么实际效果。

沈树本（1671？—1743？），字厚余，归安（今浙江湖州）人。康熙间进士，历翰林院编修等。

沈树本的《大水叹》组诗作于康熙四十七年（1708），记述江南地区遭遇水旱之灾后陷入荒政失效、饥民无助的恶劣状况，而一些贪渎官吏的假公济私更加重了灾民的苦难。

米船隔江左，米价腾浙西。五斗逾千钱，长饥痛蒸黎。困空突无烟，食尽秕与稊。秋成望更绝，四顾维荒畦。东家投水死，西家弃其妻。归来仰屋叹，儿饿牵衣啼。儿慎勿再啼，今夜犹同栖。明当入城市，鬻汝如犬鸡。回顾堕血泪，寸肠若刀割。徘徊出门看，旷野愁云低。

去年旱魃虐，焦卷苗无根。今岁商羊舞，沉浸连千村。水旱适荐至，何策苏元元。吾闻上古时，备患有本原。三年则余一，仓廪常高屯。纵遇天灾至，民力堪自存。救荒于既荒，所济何足论。而况并无策，蒿目空忧烦。

吾皇仁如天，湛恩垂涣汗。旧税与新租，全蠲岂惟半。小民一岁间，县门踪迹断。奈何奉行者，天语敢轻玩。公然肆追呼，不顾人愁叹。况此遭凶荒，岂能免逋窜。长歌舂陵行，千载思浪漫。

组诗分别描述了百姓饥馑无助、官府荒政失效、官吏催科营私等荒政事务中的各种恶劣情形。"米船隔江左，米价腾浙西。五斗逾千钱，长饥痛蒸黎。囷空突无烟，食尽秕与稊。"饥荒到来之后米价飞涨，贫苦人家被断了生路，家破人散，卖儿鬻女已是寻常之事。"东家投水死，西家弃其妻。归来仰屋叹，儿饿牵衣啼。儿慎勿再啼，今夜犹同栖。明当入城市，鬻汝如犬鸡。"卖儿卖女如同卖鸡卖狗，这样的场景正是饥民自生自灭的残酷现实的记录。而官府对灾民救助无策，暴露了荒政预案的缺失："水旱适荐至，何策苏元元。""救荒于既荒，所济何足论。而况并无策，蒿目空忧烦。"没有备荒准备的救荒，实现不了实质的救助。朝廷对江南地方的灾荒有宽减租税的诏令："吾皇仁如天，湛恩垂涣汗。旧税与新租，全蠲岂惟半。"然而这样的仁德之策在地方官府变成了空文，贪墨官吏将诏令置之脑后，只顾搜刮征敛："奈何奉行者，天语敢轻玩。公然肆追呼，不顾人愁叹。"地方官府轻慢朝廷蠲减灾区租税的诏令，诗人深感震惊。诗篇所述荒政实际运行情况，很有认识价值。

朱樟（1672？—？），字亦纯，钱塘（今浙江杭州）人。康熙间举人。历四川江油知县、泽州府知府。

朱樟的怨政诗主要记述康熙后期一些地方官府在赋税征收、徭役派征等方面的苛政弊策。如：

催租吏，不出村，手持官票夜捉人。今年官粮去年欠，不待二麦田头春。衙鼓三声上堂坐，又发雷签急于火。新粮半待旧粮催，前差未去后差来。男呻女吟百无计，数钱先偿草鞋费。剜肉徒充隶蠹肥，医疮岂为农夫计。谁怜禾黍被风吹，秋粒无收官不知。官不知，谁与说，短袖贫儿仰天泣。不求按亩踹荒田，只望缓征勾县帖。春来雨水皆及时，青桑吐叶无附枝。蚕山落茧车有丝，不怕官府堆钱迟。东邻白头妪起早，黄口小儿啼不饱。无钱能买爪牙威，七十老翁拿过卯。（《催租行》）

太常亡角悲民流，巴西十室九室愁。万物吐气在兹日，大朝谁握司农筹。按册官丁什无二，林林黑丁亿万计。黑丁在田不在官，驱入豪家射其利。只今惟有单羸人，家无担石剩一身。苗疏地瘠不得力，县符羽促催租频。哮虎出林声可畏，一隶喧阗百家避。里胥横索热衣钱，排管私偿草鞋费。树皮不充口，尺布难缝衣。不惜一身瘦，愿喂官马肥。此时方知黑丁乐，日午鼾睡扃荆扉。黑丁低眉对人说，烝民一例何区别。巴西土满有间田，稗花遍野须牛力。南陌西畴到处荒，豪民负耒皆生客。主人需索缓于官，秋分概稞春偿麦。比邻转徙无一存，我则劬劳有安邑。窜身佣保复何羞，私喜姓名脱县籍。吾闻招携之政责有司，哀鸿翔集留孑遗。赤头文吏主虫孽，薙本捂击强宗谁。桃僵李代遍飞洒，无名之税科毫厘。征苗纳稆迫于火，绘图敛手徒鞭笞。官丁有苦官不知，黑丁之

乐姑言之。使君不闻一路哭，下车请数逃租屋。(《黑丁行》)

湘南逃租户，泛宅齐入川。舵楼坐男女，樵爨来江边。衣食问诸水，鸡犬各在船。竞言蜀土满，陆海行可填。团结立保社，亲串连陌阡。趾举若雷动，蚁聚如附膻。州县苦憧扰，讼牒多衺延。风俗轻去乡，弃若敝屣焉。长吏下飞檄，木榜令甲刊。图版限唇齿，盘诘同阴奸。红篆验官符，不许舴艋牵。旅食遂无所，号呼皆丧天。一停夔州口，勿计日月年。联舟贴危岸，晨朝绝炊烟。苦菜口不茹，好女裙无完。骨肉誓相舍，卖儿勿论钱。遂成中道废，忍痛甘弃捐。我见心恻恻，落泪迸流泉。圣朝重户口，乃以尺籍编。譬如十二野，卯酉判度躔。血脉不联络，手足成拘挛。何仇复何亲，视若吴越然。下情未由达，上德何以宣。烝黎尔无罪，乐土谁与迁。硕鼠食我苗，封豕侵我田。但使庐井存，何至离丘园。疾呼震聋聩，代彼流民言。秋江多怒涛，无恙掉索悬。掬水照鸟面，客死谁哀怜。(《篙船谣》)

《催租行》描写官府指派吏胥凶横征税催租，农家不堪重压，哭告无门。"催租吏，不出村，手持官票夜捉人。""衙鼓三声上堂坐，又发雷签急于火。新粮半待旧粮催，前差未去后差来。"催租吏凶戾捉人，官府令急如星火，催征新旧粮税的官差前后紧随登门，这一系列的催逼让农家惊恐万状，手足无措。农家除了要承受官府额定的重税，还要战战兢兢款待吏胥，向吏胥送上前来催租的辛苦费："男呻女吟百无计，数钱先偿草鞋费。剜肉徒充隶蠹肥，医疮岂为农夫计。"农家的劳作收获被剥夺殆尽，遇到灾荒也并未被官府宽缓收租征租的额度和期限："谁怜禾黍被风吹，秋粒无收官不知。官不知，谁与说，短袖贫儿仰天泣。不求按亩踹荒田，只望缓征勾县帖。"农家只希望交纳租税稍得宽缓，这个卑微的祈求也得不到官府应允，农夫只能仰天悲泣。《黑丁行》披露了官府赋役政策的严重弊端。诗序交代了"黑丁"的由来和由此产生的赋役不公："龙郡僻在西塞，石田多不垦。豪民各招新户，名曰黑丁，与官丁别。不税不粮，官亦不得而治之。嘻，有民如此，不为鸠聚，亦长吏之羞也。作黑丁行，悲赋役之未均焉。"当地豪户枉法私招不交官粮官税的"黑丁"，造成了"黑丁"与官府正式征用的"官丁"之间在承担赋役上的悬差。这种"黑丁"现象，在当地十分严重："按册官丁什无二，林林黑丁亿万计。黑丁在田不在官，驱入豪家射其利。"官丁少，黑丁多，官税官粮自然就被大量漏征，豪家获得了漏缴粮税的非法利益。而"官丁"辛苦耕耘，虽然田地瘠薄，但免不了官府的重税和吏胥的勒索："苗疏地瘠不得力，县符羽促催租频。哮虎出林声可畏，一隶喧謼百家避。里胥横索热衣钱，排管私偿草鞋费。"而豪家的"黑丁"却得到了超过"官丁"的一系列好处："主人需索缓于官，秋分概稑春偿麦。比邻转徙无一存，我则劬劳有安邑。审身佣保复何羞，私喜姓名脱县籍。"相较之下，"官丁"被官府催租逼税，苦不堪言："征苗纳秸迫于火，绘图敛手徒鞭笞。"诗人希望官府察知这样的弊端："官丁有苦官不知，黑丁之乐姑言之。使君不闻一路哭，下车请数逃租屋。"农家"官丁"被官府的这种赋役政策逼得纷纷逃亡，即揭示了这种弊政的恶果。《篙船谣》描写湘地民众为躲避官府苛重的租税，流落远方，到他乡挣扎求生。所谓篙船，即来自湘地凤凰县的船，因当地有篙子溪而得名。"湘南逃租户，泛宅齐入川。""州县苦憧扰，讼牒多衮延。""图版限唇齿，盘诘同阴奸。红篆验官符，不许舴艋牵。旅食遂无所，号呼皆丧天。"这些逃租的湘地农户，一路跌跌撞撞，经历无数心酸，尤其是遭到了各地官吏的刁难，还未到达想象中的落脚之地四川，已经陷入进退失据的绝望境地。无奈之下，许多人家只能卖儿鬻女以求苟延性命："骨肉誓相舍，卖儿勿论钱。遂成中道废，忍痛甘弃捐。"朝廷苛刻的户籍管理使大量流民在异地得不到谋生的机会。诗人认为这种把百姓的地域归属限制过严的政策造成了这种困境："圣朝重户口，乃以尺籍编。""血脉不联络，手足成拘挛。何仇复何亲，视若吴越然。下情未由达，上德何以宣。"追根溯源，流民因原住地的官吏施政恶劣，贪敛侵占，被迫离开故土，流落异地求生，实属无奈之举："硕鼠食我苗，封豕侵我田。但使庐井存，何至离邱园。"诗篇揭示，朝廷政策和地方治理中的一系列弊端造成了这样的牵连多省的民生困局。

第二节　清代中期怨政诗——诛求无厌　盛世疮痍

清代中期是指清世宗雍正至清仁宗嘉庆时期。清王朝在康熙时期国力得到极大增强后，国家治理在雍正时期得到有效延续，迎来了乾隆时期的社会全面繁荣。乾隆皇帝晚年宠信佞臣，导致朝政严重败坏；延及地方，各级官吏执法施政趋于随心所欲，法度失去控制。由此而来，国家治理、社会运转都出现了与盛世不相称的种种怪现状。在物质极大丰富、人口大幅度增加的情况下，寻常年景农民除了承受高额的赋税重压，还要遭受官吏勒索，日子过得心惊胆战；灾荒年景农民仍要完成朝廷及官府的赋役，除了逃荒避难，卖儿鬻女，别无出路；即使得到官府例行的赈灾救济，也免不了被赈灾官员雁过拔毛。乾隆时期积累的社会矛盾，在嘉庆年间陆续显出了恶果，连表面上的鼎盛繁荣都已经难以为继。

乾嘉时期的盛世危景构成了清代中期怨政诗的主体内容，涉及赋税、徭役、荒政、田政、粮政、河政、盐政、漕政、狱政、吏治等多项政务。还有一些怨政诗，描写官军"剿贼"的战事，除了怨责官军"剿贼不力"，也发出了对官军戕民的怨叹。清代中期的怨政诗比较准确地记录了朝廷和官府在这个时期施行的一些弊政劣策，印证和补充了史书的相关记录。乾嘉时期怨政诗关注的重点是农民在苛政下的艰难生存状况，这种道义型的怨政诗成为主流，是唐宋以来怨政诗创作的优良传统。即使在盛世背景下，也有不少诗人以儒家济世安民的态度，履行着为君为民的诗歌创作使命。这些怨政诗的题旨承传了农耕社会的一些治国理念和施政观念，如"节用而爱人，使民以时"。① "不违农时，谷不可胜食也。"② 儒家的治国思想自然地被融入怨政的作品中。这种为民请命的诗篇，悯农怜贫发自内心，刺贪刺虐昭示天理。诗人们自觉批判朝廷与官府的弊政，表现了可贵的社会良知。

清代中期参与怨政诗创作的诗人遍布士大夫文人的各个层面，从朝廷大臣，到地方官员，还有不少的布衣文人。如杨士凝、黄任、何梦瑶、姚世钰、杨锡绂、程穆衡、沈澜、胡庆豫、张映辰、郭廷翕、罗天尺、秦朝釪、蒋士铨、折遇兰、程名世、梦麟、韩梦周、毕沅、宋铣、胡承谱、吴霁、管世铭、王梦篆、金蓉、程梦湘、祝德麟、吴蔚光、李宪乔、杨伦、赵怀玉、黄景仁、释本照、赵绍祖、王惟孙、何纶锦、胡寯年、沈云尊、杨撰、赵曾、萧抡、王芑孙、陆继辂、齐彦槐、孔昭虔、张井、杨铸、刘珊、周凯等。这些诗人所关注的社会政治问题主要有以下四个方面。

1. 反映朝廷和官府赋税苛重，官吏催科凶酷，农家不堪其苦。

沈澜（1703？—？）的《举田债》描写春耕尚未开始，官府征税急苛，致使百姓以借贷来纳税，遭受商贾暴利敲诈。"布谷屋檐唤早耕，农夫惊起多叹声。瓶储无粟谁负耒，征税煎迫难逃生。商贾握钱列市肆，举债偿息什加四。且救眼前贫入手，半供县官半胥吏。"农家背负了借债偿税的重压，辛苦几个月打下的粮食全部落入了商贾的口袋："那知获罢未入屋，已被商家催纳速。"这种官税私债的双重逼迫是农家因"举田债"而招致的循环恶果。《偿租限》描写官府催征税赋和田主催收租粮使田家生计陷入极大艰困。"公家催征有程期，立冬之后雪寒时。私家收租亦开限，健仆如虎恣鞭笞。初限全完宽升斗，二限继纳免愆笞。三限乍过健仆来，全家催荡惊鸡狗。"田家在心惊胆战中熬过了"初限""二限"，还是没能熬过"三限"。凶戾的"健仆"暴虐催租，一时间田家鸡飞狗跳，甚至不得不卖儿卖女以偿租税。

---

① 程树德：《论语集释》，《学而》，中华书局1990年版，第21页。
② （清）焦循：《孟子正义》，《梁惠王上》，中华书局2009年版，第54页。

韩梦周（1729—1798）的《农夫叹》描写农夫只求得到一点平安，没有其他奢望，但贫瘠的薄田成了赋税重压的源头，频繁的徭役也是农夫不可回避的重压："石田二三亩，为累成痌瘵。粮册既有名，官役急星流。"

毕沅（1730—1797）的《打麦词》描写县吏到乡间催租逼税，趾高气扬，借机勒索，对乡民作威作福，"催科在门饥不及"。而"县吏"到乡间"催科"之际白吃白喝，"县吏下来酒醑无"，"阿爷责逋骨髓枯"，给百姓平添了额外的负担。

王惟孙（1752—1836）的《征谷谣》作于嘉庆二年（1797），详述了吏胥催科的各个环节。"昨夜县符下，火速征官谷。"手持县府官帖，吏胥气势凌人，闯入农家急征官粮，趁机勒索乡民："恶吏如虎虎拥狼，踞坐上头索酒肉。穷年辛苦奉公家，诛及鸡豚犹不足。官府愈怒吏愈横，寡妇哀哀舍南哭。"与这种对农家的冷酷催征形成对照的是吏胥们的挥霍放纵："夜深声咽四壁愁，吏醉去眠宝钗楼。"苛重的税粮，败坏的吏治，百姓承受了双重的痛苦。

赵曾（1760—1816）的《吴中田家叹》作于嘉庆十五年（1810），记述"吴中"地区赋税繁重，农家田赋交完，已经两手空空。"可怜胼胝三时劳，租税才完室已空。"遇到丰年米贱，而官府以现银收税，实质上又增加了农家的税负："县仓已开价不起，官家要钱不要米。"农家遭受繁重赋税，丰年也就失去了应有的喜悦，只剩下悲苦的况味："二斗卖得一斗钱，吴中依旧无丰年。"

陆继辂（1772—1834）的《催科》记述地方官员严厉催科，超额征税，在政绩上就有利可图："催科沿陋习，县官利赢余。"也有官员会安抚体恤百姓，百姓也乐意向这样的官员交纳租税："抚字果心勤，彼民亦乐输。"但更多的官员为了贪图政绩，主要诉诸凶酷的暴力催科征税："嗟哉大杖下，日夕闻号呼。"诗人由此提出了判定官员施政优劣的直观标准："欲识官心肠，但看民肌肤。"诗篇以民众受凌虐的轻重，判别长官施政的仁善与否，直指要害，评判锐利。

齐彦槐（1774—1841）的《税契叹》揭示官方税制中没有严格的征税定额的政策缺陷。"国家税契无定额，不比催科严考核。民间买卖况无常，百契那无一张白。"地方的一些奸猾吏胥据此弄权舞弊，勒索民户："持符蠹役恣骚扰，验印奸胥工恐吓。罚谁半价索之全，税止十金需者百。"连贫民小户都未能逃脱被奸吏随意确定征税定额的厄运："山人仅有山数亩，白契康熙远年迹。银铛系颈犯弥天，卖却青山案才息。"这样的赋税弊策造成民间正常的田地、房屋交易活动陷入惶恐混乱："等闲一纸可倾家，从此无人买田宅。"《乡收叹》诗序称："县官临乡催科曰乡收。"县官亲自下乡催科征税，吏胥更是对乡民大逞虎狼之威："狼胥虎役至百十，连村鸡犬为之惊。""银铛拖曳老翁来，痛杖才亏五分赋。倍完不过银一钱，欲脱银铛钱十千。"恶吏滥用刑罚催征赋税，如有迟延则施以刑杖、镣铐相威逼。民户除了缴税，还要为这种凶酷的催征额外付出大量钱财。在这样的税赋苛政下，经营田产的民户往往被迫放弃田地："逍遥那及乞丐好，家家贱卖完粮田。"税制政策的缺陷，尤其是恶吏执法逞凶，对农户经营田地造成了沉重的打击。"捕蛇者说非虚托，蛇果不如胥役恶。"诗人引用唐人柳宗元怨责苛政甚于毒蛇的典例，揭示当代赋税征收的苛重严酷。

2. 反映朝廷和官府荒政劣绩，赈荒救助缺失，灾民自生自灭，官吏舞弊贪渎。

杨士凝（1692？—？）的《饥民谣》记述雍正年间江南地方荒政中的贪渎情况。诗篇交代了灾年米价飞涨的民生艰困程度："江南今年星在罿，青钱二百米一斗。"虽然朝廷诏令赈济江南饥荒，百姓渴盼朝廷赈米救命，但奸猾吏胥借机弄权舞弊，勒索饥民："诏令减价更赈荒，里老奉行开户口。县令踏勘初入村，万户尽望天家恩。饥民无钱吏胥怒，有名不上官家簿。"奸吏玩弄权术，饥民不行贿，就不能被录入饥荒救济名册。吏胥公然把发放赈米当成了敛财之道。

何梦瑶（1693？—1765？）的《丁未纪事》作于雍正五年（1727），记述诗人亲见的灾荒年饥民奄奄待毙的惨状。一个"饥妇"舍弃饥饿的孩子，希冀有人拾捡，让孩子觅得活路。"饥妇弃儿去，从朝以至夕。呱呱丛薄中，半日声渐寂。"但在"荒岁命难存，十室九乏食"的环境里，这个愿望很难实现。孩子被送回了"饥妇"家，等待"饥妇"母子的前景仍然十分暗淡："终当抱儿死，忍再相抛掷。母哭儿更啼，四邻尽悲恻。"诗人讲述这个故事，意在告诉官府有司应当勉力促成荒政赈济，开仓救民。

姚世钰（1730—1757）的《籴官米》描写贪吏猾胥舞弊滥权，将朝廷的荒政赈济之策扭曲为中饱私囊的个人生财之道。官府将从远方调运来的粮食进行平粜，以期平抑粮价，但对平粜的环节缺少监督约束，造成一些奸猾吏胥利用职权趁机贱买贵卖，捞取差价。"官家许平粜，升斗争相先。持筹县小吏，工数青铜钱。十十与五五，先取肥腰缠。"少许真正平粜的米粮又被吏胥掺杂使假，官员对这些引发众怒的吏胥也只是轻描淡写予以"惩戒"："仍将沙参粒，得米声暗吞。颇闻官长怒，示辱加蒲鞭。"官府的这种纵容态度致使吏胥将官府平抑粮价的平粜之策变成囤积居奇的暴利之术："指挥市儿辈，转运如循环。谷贱即腾粜，白粲惟红鲜。余粮到赊贷，子母生绵绵。少已变丹砂，富将铸铜山。问渠那敢尔，乃吏虱其间。平时雀鼠耗，一朝豺狼蟠。""朝廷沛德泽，赈恤哀穷鳏。忍教绝人命，资汝生财源。"这些贪吏是吞噬民众财富的豺狼之辈，他们败坏朝廷的荒政之策，以饥民性命换取个人的不义之财。

程穆衡（1702—1794）的《哀饥民》描述乾隆盛世江淮洪灾地区荒政缺失的情况。洪水横扫江淮，百姓遭遇了灭顶之灾："淮流泛溢鱼龙奔，尺椽片瓦荡如焚。"千村百乡的灾民，幸存下来也陷入了自生自灭的无助境地："东家卖儿女，价贱同鸡豚。西家死父母，随地埋荆榛。哀哀此赤子，谁非圣代民。""九重恩诏昨日下，绘图不必烦监门。"诗人一方面肯定朝廷对灾区赈济的仁德之策，一方面感慨地方官府荒政救助的缺失。怨叹当今没有像宋代郑侠那样的良官关怀民瘼，绘制流民图以向朝廷及时报告灾情。

胡庆豫（？—？）的《临江道中》描写临江府官吏在荒政上玩忽职守，赋税征收不恤民苦；瞒报灾讯，致使下情不能上达。"去年两不濡，无禾又无麦。今年夏徂秋，井枯田尽坼。粮莠既弗除，良田亦为石。"灾情如此严重，官府未予实质赈济，反而不顾饥民困境，急于执行上官催征租税的政令："上官急兵需，岂念民肥瘠。府帖日三下，追呼一何迫。县吏夜敲门，眠卧不贴席。"各村乡上报的灾情被阻隔在"县州"，造成朝廷对临江灾情的隔膜："报灾徒纷纷，乃为州县格。天子诚爱民，九阁万里隔。"地方官府在赈荒和税务上的施政目标，出现了严重不平衡。

罗天尺（1711？—？）的《巢仓谷行》描写"粤东"地区荒政救济敷衍灾民，欺瞒灾情。"粤东连年遭亢旱，斗米高昂价百钱。""一丁日许一升籴，饥民羸弱争无力。携男挈女泣江干，谷满仓廒不得食。""闻道官仓巢千石，穷民依旧无朝炊。"官仓米粮充足，却只给出少量的平粜，饥民的大面积缺粮得不到实质的缓解。与此形成对照的是，来年春天秧苗生长时节，官员忙不迭地向上官呈报本地粮食将得丰产："喜见新苗绿渐多，大官飞章报丰熟。"饥荒的灾难完全不在官员的行政考量之中，灾民的苦况在向上呈报的公文中也不见了踪影。

蒋士铨（1725—1784）的《鸡毛房》描写穷困失所的流浪者在冰天雪地的时节无衣无被，最后被活活冻死，而官府的赈济却姗姗来迟地降临了。"明日官来布恩德，柳木棺中长寝息。"这个场景是官府荒政赈济缺乏实效的真实写照，讽意很凄冷，也很锐利。

梦麟（1728—1758）的《触目行》描写朝廷赈灾钱粮被虚耗等荒政弊端，以及朝廷难以赈济所有灾民的荒政困境。"宿迁""淮阳"一带遭遇洪灾肆虐："宿迁桃源土不毛，清河而下皆洪涛。""淮阳所属作薮泽，一任河伯恣贪饕。"朝廷对灾区进行大规模赈济："前已截漕四十万，川湖米石来轻舠。皇仁忧恻念蓬户，庙堂擘画心焦劳。"虽然已有减少漕粮征调、施行赈粮发放的举措，但与需要赈济的灾民相比，赈粮的短缺仍很明显，诗人对此赈灾困境给予了劝导式的解释："天灾原非力可塞，人事须慰哀鸿嘈。仁恩如海民弗及，费而不惠空嗷嗷。岂必官吏肆吞噉，偏全极次分纤毫。"这里既有对朝廷荒政仁德之策的歌赞，也有对地方荒政虚耗钱粮的怨责，也有对贪渎官员侵吞赈款的谴责，还有对赈灾济困很难做到十全十美的宽解。诗人对朝廷和官府施行荒政所做的多个角度的考察，所作的褒贬交织的评判，在反映荒政弊端的怨政诗中并不多见。

韩梦周的《剐石粉》描述乾隆盛世时一些地方灾荒饥馑的严峻状况。百姓无粮缺米，无奈之下，以"石粉"充饥，却被这样的"石粉"最终送掉了性命。"道旁过者泪如麻，可怜石粉满家家。"诗人悲慨"家家"吞咽"石粉"，可知当地灾民普遍以"石粉"果腹。

胡承谱（1732—1805）的《总甲爷》描写恶吏借赈灾勒索民财。灾民想要得到官府一点可怜的救济，须向前来造册的胥吏"总甲爷"塞钱行贿。饥民无钱行贿，只得苦苦乞求登记上赈济名册："上复总甲爷，除我饥口名，今冬何以活残生。"但即便下跪哀诉，也无济于事，只能徒然惹得贪吏奸胥凶蛮相对，"总甲爷爷，大怒而起"。这种贪吏舞弊的行径，在历代荒政中多有发生。宋人董煟《救荒活民书》言："赈济之弊如麻。抄札之时，里老乞览，强梁者得之，善弱者不得也；附近者得之，远僻者不得也；胥吏里正之所厚者得之，鳏寡孤独疾病无告者未必得也。"① 《总甲爷》描述这种荒政弊端的场景，很有样本意义。

管世铭（1738—1798）的《畿南行》描述了诗人观察到的"畿南"地区荒政低效运行情况。"畿南积旱今尤酷，乞食车前常满目。我来寂不见一人，身冻魂僵难出屋。"诗人提出了改进这种状况的建议："一语还当告宪司，不须查滥只查遗。官粮有放毋迟放，如此天寒最畏饥。"诗人忧虑地方荒政的这种懈怠状况会将等待救助的饥民推向死亡的边缘。

金蓉（？—？）的《催租行》描述"东邻野老"在灾荒年景遭遇官府催科逼税。"上官连章报有秋，县官征租苦谁诉。"官员为了个人私利，将当地遭灾歉收向上司呈报为年景丰收，灾民有苦无处诉说。在这个遭灾后的冬天，官员仍然没停止欢宴享乐，吏胥仍然下乡催征粮税。"君不见官衙对雪张高宴，里胥持帖下乡县。"诗篇对照着写出官吏的渎职冷漠和灾民的悲苦无助。

黄景仁（1749—1783）的《邓家坟写望》记述蝗灾、旱灾肆虐后的灾区

---

① 李文海等：《中国荒政全书》第一辑，北京古籍出版社2003年版，第92页。

民生苦况。"频年苦蝗旱,此患匪所云。但见途路旁,野哭多流民。"官府赈灾无所作为,饥民只得四处流浪求生。《涡水舟夜》描写流民遍地的社会惨景。"但见流民满淮北,更无余笑落阳城。"满眼都是流民的身影,这些身影交织着哀愁、迷茫、无助、忧伤,唯独缺少官府荒政救助的身影。

释本照(?—?)的《买米谣》作于嘉庆六年(1801),记述湖南一些地方官府粮政及荒政失策,饥民未得赈济,奸商囤积居奇,引发攘夺盗抢,形成了恶性连环反应。"盖缘仓储空,军饷方掣肘。富户利盖藏,红朽苦积守。商贾操牢盆,大力负之走。争籴价遂昂,居奇日益厚。"官府在仓储虚空的情况下,对粮政上可能出现的乱象没有有效的应对之策,任由富户、商贾操纵粮市,平民小户遭受了断粮的威胁,嗷嗷待哺,及至奄奄欲毙。"负贩及庸工,经营不糊口。辛苦得微值,千文买升斗。沿途如乞丐,腼颜向豪右。""婴娲及老翁,枯瘠似衰柳。秋熟望尚遥,欲活焉能久。"在这样的恐慌背景下,当有人领头到城里粮仓强买粮食之时,引发了大规模的哄抢。"纠众索强籴,开仓发罂瓿。遂成抢攘风,盗贼如林薮。"官府采取严厉手段进行压制,作者对此极表赞同:"官吏伸法严,差拘不胜数。里魁及博徒,一一加械杻。嗟尔蚩蚩顽,作孽实自受。贫富各有命,岂可妄劫掊。"但作者也不得不承认官府的粮政弊策酿成了这场连环灾难:"牧养实有徒,谁当执其咎。"显然,作为牧民之官的州县官员是难辞其咎的。

赵绍祖(1752—1833)的《宿田家书所见》描写作者亲闻亲睹的地方官府瞒荒不报、催逼赋税的恶劣施政情景。诗人投宿田家,从田翁口中知道了当地遭荒之后官府的荒唐行事:"县令不报荒,催科似火速。追呼已难当,加之以鞭扑。"故意瞒荒不报,使当地百姓得不到来自朝廷的赈粮救济;加紧催科逼税,使当地百姓加重了灾后生计的艰难。

陆坊(1764—?)的《报灾谣》描写官府派吏胥办理赈济饥民的"灾册"登记,贪渎的吏胥公然滥用职权,在甄别、登记灾民身份时索取钱财。"府檄如闻委吏胥,被灾分别登灾册。县前接迹疲氓来,三百钱报一亩灾,无钱痛哭仍空回。"真正遭灾缺粮的饥民无钱行贿,只得失望离去。贪吏从弄权勒索中捞取了好处,甚至幸灾乐祸,盼望当地连年受灾:"君不见农日瘠,吏日饱,是灾非灾恣颠倒,更望来年旱尤好。"这种荒诞的愿望折射出贪吏勒民以逞的恶劣心态。

王芑孙(1764?—?)的《乞米妇》记述民众在连年的水旱之灾后得不到有效的荒政救助。"两年水灾荡庐屋,三年旱荒断食谷。""生儿四岁良独苦,长食树皮少食乳。可怜不曾识米味,安得香粳洗其胃。官今与米归作汤,不与饱食聊与尝。"无数的饥民像"乞米妇"一样,处于自生自灭的无助状态，而当地官府的赈灾仅仅是做个样子而已。

杨铸（1778—1847）的《流民叹》描写黄淮洪灾地区的民众流落到江南后的困境。"黄河倒灌淮河流，下河千里无平畴。子负母兮父曳女，呼号震动青天愁。""昼夜无他求，惟恐水相逐。耕田不识路，枵腹仰天哭。道旁借问何处行，行人但指扬州城。"灾民在洪水的死亡威胁下惶恐逃亡，在途经"邗沟"时被当地官府集中起来，遣往江南。"邗沟一夕万人聚，大吏议赈多经营。沿河捉船户，再点巡河兵。给钱逐一列名册，迫之使进江南程。"灾民被打发到江南之后，陷入了进退两难的境地："江南顷刻居人扰，视汝流亡似秋草。""晓发丹阳暮无锡，浒关不许流民通。"流民在江南不被接纳，生存无依，回乡无望："吞声回向江头泣，天灾尔民亦何极。十人逃难几人存，家园犹报洪涛溢。"诗篇呈现了多地官府赈灾救荒面临的困境和灾民在荒政赈济失效后的绝望处境，认识价值颇高。

刘珊（1779—1824）的《赈饥谣》描述地方荒政施治的恶劣情况。"商赈饥，县官肥。官米粜，胥吏饱。"贪墨官吏串通奸猾商贾，在施行荒政的环节利用赈粮粜售的差价，大发不义之财。嗷嗷待赈的饥民，只有少数能拼死获得一点薄粥，更多的饥民则在争抢赈粮时自相践踏，死伤惨重。"男妇逶迤各襁负，侵晨拥挤直至西。垂死始得粥一箪，踏毙老稚十二三。"面对这样的救荒不足的局面，当地官员向上司谎报灾情："吁嗟饥民犹菜色，县官乃报时雨得。"县官一方面勾结商贾，从商贾囤积居奇中分得利益；另一方面则敷衍救荒，瞒上欺下，造成当地灾民无法获得有效的赈济。

3. 反映地方官府在漕政、田政、粮政、驿政、盐政、治安等各项事务中的施政劣绩，官员滥权舞弊，吏胥勒索百姓，吏治败坏不堪。

杨锡绂（1701—1769）的《盘粮行》描写"东南"漕运环节的滥权舞弊行为。诗人身为漕运高官，对"东南"漕运在国家军政事务中的地位有清晰的认识："国家一统车书全，万年之鼎定幽燕。根本重地先储峙，岁支不下百万千。挽运东南资军力，分设卫屯相辖联。枢密重臣出专阃，控制七省淮最便。"但在实际的漕政运行中，从掌管押运的漕军，到地方官府的吏胥，各种贪婪奸猾之徒彼此勾连，形成了潜在的舞弊网络，甚至将漕政的一些实质权力转移到手中，欺上瞒下，监守自盗。"军门动辄守成例，百弊乃起相拘牵。不然耳目成偏寄，威福往往移中权。牙爪狰狞胥吏蠹，兼以鬼蜮相因缘。"这些漕政蠹虫还勒索担负漕运役务的船户，克扣担任屯守军务的漕军军粮。"倾囊称贷免鞭扑，膏血已尽犹垂涎。百万军旗咸坐困，有口未敢鸣烦冤。"诗人对漕运中的这些弊端洞察分明，却又对根深蒂固的贪渎痼疾感到无能为力："年深岁久相沿习，弱肉恣啖谁其怜。"诗人希冀朝廷强力整治漕运中的这些滥权舞弊行径,还漕政一个有序有效运转的良好环境:"使者衔命任转输,九重德意先传宣。""庶几一切繁苛捐,元气培养何时还。"诗人以自己漕运官员的身份表达了革弊兴利的强烈意愿。

沈澜(1703?—?)的《输官仓》记述官府漕政管理的败坏,糟蹋了农家血汗换来的粮食。"官仓周围编作号,按户配廒输正耗。县帖昨日火急催,纳足官仓送运漕。农家惜米计升釜,仓吏践踏成粪土。"农家倍加珍惜的米粮,就这样被仓吏随意践踏了。

郭廷翕(1711?—?)的《警捕人之虐》描写官员和吏胥相互勾连,官员暗中放纵吏胥劫掠民众,借捕"贼"之名牟取不义之财。"捕人"即捕盗的吏胥,本应去捕"贼",却自己在暗中掠民劫财,真正成为害民之"贼";而被追捕的"贼",实则多是生计无着的流民,虽然也有劫掠行为,但为祸显然不如这些凶戾的"捕人"。"捕人养贼如养鼠,县官养捕如养虎。虎掠食人官不识,知而故纵虎而翼。鼠兮鼠兮何足道,有虎有虎当道立。"官员并不急于扑灭流民之"贼",以便给"捕人"留下劫民掠财的借口。

罗天尺(1711?—?)的《县总行》描写县府派员测量田亩,吏胥弄权受贿,侵夺民产。"乡落传来有新政,清丈严行奉宪令。县总都总大似天,沿门日索公食钱。腰牌在身恣吞剥,岁暮犹自催量田。弓步手,书算手,量寡量多尔何有。晓事还应出例钱,腴田尚可填荒数。"有白吃白喝,有勒索受贿,贪吏的这些弄权徇私行径,使田政的施行出现了严重的不公。行贿的民户,家有肥田被统计为荒田;不行贿的民户,田亩等级则被高估。田亩的多少、优劣,全凭吏胥个人评定处置,由此产生的粮税定额也就随之出现严重不公。

秦朝釪(1722?—?)的《京军谣》描写一个地方官员骑马进京,遭官军羞辱的场景。"使君城东来,幨帷露犹湿。京军三五辈,瞋目当衢立。使君从骑尪如猴,京军有马肥如牛。""大呼问官岂此州,胡不下车与我谋。"诗人怨讽"京军"治理涣散,这群高贵闲人养尊处优,无功于国:"国家养尔百年恩已极,咆哮勇气且敛戢,长弓硬箭去杀贼。"诗篇披露了京城官军骄横自纵的恶态。

程名世(1726—1779)的《纵贼行》记述村乡吏胥怠惰胆怯,敷衍塞责,宽纵"盗贼"。"里正持钱来慰语,吓人慎勿到官府。""贼"没来时吏胥虚张声势,"贼"来犯时吏胥逃窜藏匿,"贼"离开后隐瞒"贼"讯,遮掩治安不靖的实情。

吴霁(1733?—?)的《祷雨叹》描写官府为解旱"祷雨",实行"禁屠"。但这个煞有介事的公务安排,被猾黠的奸胥变成了满足个人贪欲的绝佳机会。他们闯入集市，攫取民户鱼肉等货品："點隶受约晨入市，攘鱼攫肉纷未已。"等到官员"祷雨"完毕，奸胥们便开始享用他们抢夺来的违禁物品："大官去，點吏聚，饱啖鱼肉醉清醑。""醉归且宿倡妇楼，明日还探禁屠不。"酒足饭饱，醉欢娼楼，"點吏"又在等待着下一次的"禁屠"公务。

折遇兰（1735？—？）的《诬赌行》记述官府吏胥抓捉赌博，看似执法治赌，实则枉法贪赃。诗篇以一"老翁"为例，叙及百姓莫名陷入赌博的陷阱："健吏瞋目向老翁，袖中出票朱圈红。忽闻诬赌有名字，蝼蚁命在须臾中。农家世世事耕织，挎蒲局戏都不识。"被抓的"老翁"甚至不知因何事忽然遭此厄运。真正的赌博豪客，吏胥不去追查，却煞有介事地滥抓小民塞责："并州豪猾多金银，一掷百万那足论。何不执向官府去，徒尔横行惊小民。"这场误抓看似简单粗暴，其实是刻意为之："君不见东家兄弟遭株连，鬻田无主不得旋。又不见西家父子遭逮累，徒有皮骨无金钱。"滥抓的背后，是吏胥勒索民众钱财的冲动。县官对此枉法行径，不予追究，反而放纵其恣意胡为。"一人被诬十人仆，薄言往诉县官怒。官怒鞭棰尚可支，吏怒手足将安措。""木有蠹兮粟有秕，千人指之无病死。下民易虐天难欺，煌煌圣言犹在耳。"官员和吏胥上下其手，冤害百姓，诗人诅咒他们必遭天谴。

管世铭（1738—1798）的《乘驿谣》描述了作者见闻的驿站公务接待情况。"肥驿富盘餐，瘠驿窘刍豆。肥瘠虽不同，情状归一辙。"作者所经历的各个驿站物资供应条件不一样，但在对待来往的官务客人的态度上却有内在的一致性。"轩车自北来，侦骑却先回。头衔甚赫奕，牙爪何鞳鞺。索增夫与马，应声连者者。供顿少或迟，棰楚辄交下。县吏自门东，磬折进红封。区区为寿意，愿得资先容。前驱闻此言，始觉有颜色。下逮圉与庖，琐屑各有得。"对于高官大吏，驿站唯恐接待不周，就连照应其手下随从都恭敬有加。对颐指气使的高官大吏，驿站奉为上宾，接待极尽奢华；而对谦和本分、不事奢华的官员，驿站在接待上则视若无睹，懈怠敷衍："亦有贤士夫，守分不敢逾。从人只四五，俭薄如寒儒。心言此下客，草草具杯炙。授舍不扫除，给马惟骨骼。""邮亭一老戍，漫应还徐步。问求缊火薪，答言无买处。"这种随意打发的轻视态度，与接待"头衔甚赫奕，牙爪何鞳鞺"的高官大吏形成了强烈对照，展示了一些地方驿政运行的内幕场景，很有认识价值。

王梦篆（1738—1819）的《粜官米》描写官府施行平价粜米过程中出现的不公平现象。贫民购米不多，粮商大肆抢购。粮商利用平价粜米没有严格限量的政策，囤积居奇："官价平，市米藏。官米尽，估价昂。"真正需要得到平价官粮救济的贫民，到头来却无钱购买"大户私仓"囤积的高价米。"赤脚赪肩日力穷，副茅作羹无粒食。"官府的平价米政策使奸商得利，贫民失望。

祝德麟（1742—1798）的《关吏行》记述"临清关"关吏滥用职权，媚官欺民，勒索百姓。各路船只汇集到关口，过关时的遭际各不相同。"未几两翼启中流，先放达官兼大贾。"关吏不敢招惹达官大吏，唯恐巴结不及，对小民百姓则极尽刁难："其余各各排樯守，要检筐箱搜釜缶。""亦不索钱刀，亦不需脯酒。清晨停压到曛黄，不怕钱刀不入手。"表面看，关吏似乎并未敲诈勒索，但故意耽搁，刻意压船，让船户苦不堪言，只得拿钱打点，得以放行。

吴蔚光（1743—1803）的《上仓谣》记述地方官府征收漕米过程中发生的渎职舞弊行为。作者在诗序里交代："征漕米有定额，而浮收者藐例禁，包揽者渔私利，无所控诉者此小民耳。"诗篇对应描写了诗序所概括的情况。官仓仓吏在收纳漕米时贪贿舞弊，纵容大户，欺诈小户："大户包揽先入廒，囤中二米低且潮。小户米纵干圆洁，筛之扇之八九折。"小户心有怨言，向官员和吏胥申告，遭到敷衍和叱骂："莫呼官，官不闻。闭衙召伎罗芳樽，宾从奔走如儿孙。莫呼吏，吏反嗔。漕承记书豺虎群，开口直可将人吞。"官员和吏胥欺诈压制小户，受贿纵容大户，将征收漕米的事务搅得乌烟瘴气。

赵怀玉（1747—1823）的《过关行》描写关吏利用批准放行的权力，勒索过往船户，贪占挥霍关银。"长年畏津吏，携货私纳钱。"对于没有行贿的船户，关吏刁难拖延："关前挂帆日暮候，关上开筵酒肉臭。"关吏不仅酒肉挥霍关银，还将关银揽入私囊："司农岁入十之一，余者尽归若曹室。"诗人认为，关吏如此放肆弄权贪索，不是官府的规章科条不周全，而是督查、整顿吏治的上官懈怠职守，关吏这种肥缺位子也就成为枉法作恶的渊薮。《德政碑》记述一些地方官员政绩乏善可陈，政德为人诟病，却给自己树立功德碑，欺世盗名。"鱼目混珠玑，嘉苗杂稂莠。"树碑所需的人力、物力、财力耗费，尽都摊到当地百姓头上："资皆剥民生，力或藉僚友。遂磨十丈碑，役使千夫负。"诗人讽刺这种官德卑污的贪吏，虚假的功德美誉挡不住百姓对他们的鄙弃，石碑未朽坏，脏名已载道。

沈云尊（1755？—？）的《栽柳谣》描写胥吏下乡狐假虎威勒索农家。"下乡索钱如索逋，十株之值不得买一株。""枯死不汝贷，敲扑责补偿。""伍伯"借着栽植柳树的由头，敲诈欺凌乡民。《捕蝗谣》描写官员在治蝗事务中谎报灾情，胥吏在督办捕蝗中威福自用。"急捕蝗，令如火，事关官黜陟。"胥吏奉令下乡催办捕蝗，急如星火。虽然事关县府官员仕途升降，但吏胥并未勉力把治蝗之事办成利民之事。百姓未受其利，反受其害："东村西村办酒浆，胥隶杂沓来捕蝗。蝗兮蝗兮驱不去，禾稼转受蹂躏伤。"更让百姓受伤的是，县府官员对当地的蝗灾隐瞒不报，以致上司将此地荐举为治理良善之地："官今报蝗不为害，大府交章荐治最。"官员的这种欺瞒，毁掉了百姓得到官府救助的最后一线希望。

萧抡（？—1818?）的《捉船行》记述官府征调民船运送兵丁，征调本已足额，吏胥为捞取私利，借机滥征。"捉船云载兵出征，一兵一船亦已足。吏胥乘势横索钱，要令尽数充兵船。"在吏胥假公济私的征调勒索下，有的船家被迫向吏胥行贿以躲避征调，更多的船家无钱行贿，结果不堪使用的"蚱蜢船"都被强行征用。"大船中船私买脱，小船捉得还遭鞭。"蚱蜢小舟不能承载运兵事务，农家诚惶诚恐，忧心难以摆脱官府追究，不得不借钱向吏胥行贿，请求免征船只："船小如何供应官，教侬操舟事更难。不如输钱求免捉，典衣卖犊真须拼。""往时捉船困船户，今日农家亦良苦。"吏胥擅自扩大征船范围，让当地农家背负了额外的沉重负担。

胡寯年（？—？）的《谷贵叹》记述"东吴"地区官府粮政运行中的弊策劣绩。当地并未遭受大灾，但出现了粮价腾贵、小民恐慌的情况："何为谷价日腾涌，一斗五百青铜钱。""少壮奔趋觅升斗，老羸踯躅无由前。"表面来看，官府开仓平价粜米，不该出现恐慌抢购，但实际上正是官府减价更减供的粜米之策造成了这种惶恐："大开社仓粜官谷，谓济涸鲋游巨川。岂知价减量亦减，贾利乃复同市廛。"尤为严重的是，奸猾吏胥趁机侵吞官府的平价粜米，假公济私，中饱私囊："余粮尽饱硕鼠腹，胥吏日肥民日脧。"诗人感慨"东吴"地区本为鱼米之乡却陷入百姓温饱难求的境地："吴郡昔称富饶地，外强中干剧可怜。"诗篇希望朝廷使臣能察知当地的粮政弊端，拯救沦为流民的贫穷百姓："辎轩过此应下泪，江头尚有流民船。"

刘珊（17779—1824）的《坐关谣》描写关吏贪赃枉法，勒索客商民户。"酒气咆哮声似雷，楼上咤叱走胥役。一木阻同万里城，虎豹当关肆毒螫。翻筐倒箧任挦扯，商额取什汝取百。"这些把关收税的"胥役"，在过往客商民户面前不仅态度凶蛮，更滥用职权公然勒索。代表官府行使权力的关卡被这些如虎豹毒虫的蠹吏把持，客商民户只能忍气吞声承受他们的勒索榨取。

周凯（1779—1837）的《青盐叹》记述襄阳地方出现的官盐、私盐无序售卖的盐政乱象。襄阳地方百姓所食盐巴有官盐和私盐，两类食盐在价格上很悬殊，在输送方式上差异也很大："襄阳盐分青与白，青盐食一白食百。青盐自淮来，白盐自潞至。地既殊远近，价亦判贱贵。青盐出官商，逆流挽运苦不易。白盐出私贩，肩挑背负殊便利。"百姓当然愿意选择既便宜、又送货上门的"潞"地私盐。官府虽然禁令售卖私盐，无奈官盐在价格及运输上的劣势，始终难以遏制私盐销售旺盛的势头。诗人认为，朝廷在食盐的管理法例上并未阻止利民利商的销售行为："我朝立法尤周详，以之利民兼利商。转输天下无食淡,胡为所异独襄阳。"诗篇由此提出了解决襄阳地方食盐销售困局的办法:"何如改淮食潞两便之,民食不缺课不亏。于时变通为最宜,不然减价敌私亦可为。"要么允许销售来自近处的较便宜的"潞"地私盐,要么将来自远处的"淮"地官盐降价销售。这些办法的要义就在于"于时变通为最宜",能达到官民两便,利民利商。

4. 反映朝廷和官府徭役征调中的苛政弊端,地方官员假公济私,贪求政绩加重派役,吏胥借机勒索民财,百姓不堪役务烦苦。

黄任(1683—1768)的《筑基行》记述地方官府征夫派役修筑河堤,因役务苛重及派役不均,本为护农固本的河政工程反倒成为耗财伤农的殃民之举。筑堤护田工程成了让当地百姓剜肉补疮的弊政,农家被逼得卖田来应承官府的派役:"筑基本护田,卖田为筑基。哀此眼前疮,却剜心肉医。"但这样的筑基并未产生预期的护田效果:"堤防一以溃,千顷皆污池。今年困淫潦,冲决势不支。"官府仍强力继续推行这项得不偿失的工程:"县帖昨催筑,先相度土宜。"官府在派役中,也有根据田亩数量决定派役多寡的考量,但在实际施行中却常有舞弊和怠惰造成的派役不均:"多寡等有差,遂令计税亩。疆界争毫胜,仍有不均怨,弱肉强食之。亦有游惰民,而舍锄以嬉。"而大多数厚朴的乡民就承担了沉重的河政役务:"里正来下状,喋喋相謷謷。""上官有严限,羽檄催纷驰。劳汝乃活汝,未可生怨咨。基长冬日短,促迫忧稽迟。"官府工期的急迫催促都压在了农家的身上,以致有的民户为雇工应差而倾家荡产:"夜役以逾晷,及老羸妻儿。或有募壮夫,佣赁倾家赀。"官府推行这样不恤民力的苛重河政工程,得到了上官的夸奖:"绵亘百千丈,官夸如京坻。岂知一丸泥,千万人膏脂。筑基复筑基,筑完亦伤悲。"诗人质疑,官府不顾实效、只图虚名的河政派役,名为护田,实为伤农:"今年筋力竭,岁修无了期。田园斥卖尽,安用筑基为。"虽然卖田以应役造成民怨沸腾,诗人担忧这样的河政弊策仍然得不到改变。

张映辰(1712—1762)的《捉骡行》记述地方"大吏"下令县官征调骡马及役夫,吏胥趁机勒索,此项征调成为危害民间的一大祸殃。"大吏"的一纸公文让县府官吏大张旗鼓抓捉民夫和骡马,一方面是唯恐执行不力开罪上官,一方面是假公济私勒索百姓:"军行装载须马驮,大吏檄下征官骡。县官捉人更捉骡,惟恐濡滞遭谴诃。"赶着骡马行路的民众,遭遇了县府吏胥的拦路征调和勒索钱财:"道旁忽然遭捉骡,鞭之令下遑问他。箠属货物都弃置,径牵骡去无谁何。囊金搜取意未厌,但饱吾欲还汝骡。"上官"大吏"和县里官吏的滥权掠民,与朝廷仁厚爱民之策背道而驰。在"大吏"和县官的纵容下,吏胥狐假虎威滥捉骡马,欺上瞒下勒索民财:"东邻有骡不敢畜,西家纳钱骡亦捉。""县官打鼓催骡足,吏人告言骡难捉。骡难捉,钱已足。"这样的征骡役务已是纵恶殃民的败政之举。

朱一蜚(1712?—?)的《河夫谣》记述官府给民夫派发的役务定额很重,超出了民力的承受限度。"朝开河,暮开河。朝开一尺深,暮开一丈多。一丈无奖劝,一尺有鞭呵,嗟哉民力能几何。"官吏养尊处优,对待在饥寒中服役的民夫却冷酷无情:"官作有程限,河夫岂敢误。长官裘马不知寒,可怜河夫衣服单。力役本是小人分,冻死河头不敢恨。"诗篇揭示了地方河政役务的冷酷严苛。

宋铣(1730?—?)的《敝车行》描写地方官吏派役不公,欺贫媚富,滥权舞弊。乡民邻里的"致词",透露了当地官吏在征役中弄权欺民的严重不公。向贫弱农家摊派重役,而对富家豪户则漏征漏派,予以庇护。"邻里前致词,公事敢辞役。村民有苦情,长官当俯烛。前街多富豪,后巷住宦族。连群畜肥骡,结队聘长毂。胡勿向彼言,而来穷户督。"长官闻听村民的怨言,勃然大怒,向村民发出了威胁:"长官乃大呼,小人敢尔渎。官今坐堂上,网罗休自触。有车而车当,无车而身赎。"贪吏不仅滥征车马,滥派徭役,还在村民家中白吃白喝,索要钱财:"烹我埘上鸡,舂我囷中粟。吞声且强笑,伛偻相款曲。临行更醵钱,多少随典鬻。"农家对这样的勒索敢怒不敢言。村民自带"瘦马""敝车"服役,食不果腹,役务苛重,乃至于性命难保:"自从到官来,晓夜穷奔逐。人日麦一升,马日藁一束。人饥骨零丁,马饥尾秃速。两全势所难,生还愿已足。"诗篇留下了乾隆时期一些地方官府施行徭役政务中贪吏欺贫媚富的真实记录,很有认识价值。

程梦湘(1740?—?)的《采蕈歌》怨责当地官员为了满足自己的口腹之欲,滥派徭役采摘山菌。当地官府向瑶民派征"香蕈税",强迫瑶民上山采摘当地出产稀少的"香蕈"。"土税维何茶与蕈,地瘠山荒争采尽。采茶犹自可,采蕈愁杀我。今年春雨何其多,瑶民采采山之阿,蕈少雨多将奈何。"多雨的天气,更难采到"香蕈",而吏胥的催逼没有一点放松。"有吏征租到瑶户,瑶民畏之猛如虎。"诗人呼吁取消这项刁苛的役务:"宰官何忍以口腹之细故,竟使吾民受烦苦。"

李宪乔(1746?—1799?)的《修堠谣》描写边地官府征调民夫出料出力修造烽火台,役务沉重,耽误农事。"烽堠设何为,使我连村困。前夜吏到舍,叱喝府帖下。一丁出百砖,十户供万瓦。典尽儿女衣,稍具甑瓦资。"官府的征调不仅让农家付出极大的物力人力,还严重影响到农家自己的耕耘。农时被耽误,农事被荒废,农家忧心如焚:"更驱自转运,营造不待时。嗟我生为农,舍业从墁工。田秧虽得插,废弃如枯荺。秧枯即绝食,饿死行可必。"农夫生计已受到了威胁,对这样的征役当然十分不满:"谁言兵卫民,我死彼却逸。"诗人感知到百姓的怨苦,对边郡官府超出民力的滥征徭役发出了警示:"愿告守土吏,勿使民恨兵。"这样的呼吁,是士大夫官员忧心国事而发出的郑重忠告。"为治之本,务在宁民。宁民之本,在于足用。足用之本,在于勿夺时。"① 由于耽搁农时直接影响到耕作,对繁苛徭役耽搁农事的怨责,在中国农耕社会里就有特殊的政治批判意味。

杨伦(1747—1803)的《裕州吏》记述作者亲见的官府催征兵役的实况。胥吏凶狠打门闯宅,"狼藉收不得,翻倒兼瓶盆"。打家劫舍般闯入民宅,不由分说抓丁充役,这个场景引发了诗人对官军横暴征役的感慨。《捉船行》记述官府下符催征民船,吏胥趁机勒索。"县符昨下急如火,达官当来用船伙。大船放走小船留,三百行舟尽无舵。"当地官府紧急征调大量民船,被征者又主要是小户船家,征调的重压使这些小户船家不堪承受:"篷底数日断炊烟,里正犹来横索钱。妻孥蹙颇共叹息,卖船始得过残年。"县乡吏胥借催征期限紧急,贪索船家钱财,更加重了船家的负担。船家被迫卖船以应对官府役务,生计也将陷入困境。

杨揆(1760—1804)的《运粮谣》描写役夫战战兢兢服役运粮,不敢稍有懈怠。"有山不能牵车,有水不能泛舟。一夫负五斗,昼夜往复无停留。艰哉巍巍,山路坱圠。"役夫不分昼夜地赶运军粮,仍受到严苛的催迫:"但闻将军令,敢惜役夫命。长途喘呼力已疲,视其后者从鞭之。""宁作征人死锋镝,莫作粮夫死驱迫。"诗篇感慨,运粮的役夫遭受这样的驱役,命运比战场的兵丁还险危艰难。《病兵吟》描写一个老兵的遭遇。"自言十五二十时,滇南蜀北屡出师。长年未及脱兵籍,点行复遣征乌斯。"这个从少年时代就从军的老兵,在九死一生的沙场上幸存下来,落得一身伤病,仍未脱离兵籍的羁绊,仍未结束艰辛险危的兵役生涯:"朝不得食,荷戈拓戟。暮不得息,践更行汲。"

孔昭虔(1775—1836)的《瘦马行》披露官府强征民户马匹,贫户没有马匹的,只能卖儿买马,以充官役。"儿女情轻官法重,卖儿买马充官用。官用不可稽,簿尉嗔嫌迟。""苦应官里役,舍却心头肉。"民夫虽卖子买马,恶吏仍以马瘦无力为由,鞭笞民夫,敲诈马料钱。"马瘦更求刍牧钱,枯尻猎猎鸣秋鞭。"民夫在严酷的马政逼迫下服役,卖子荡产,家破人散,痛苦不堪却不敢申言:"不怨肌肤裂,但痛骨肉别。肌肤有时完,骨肉难重圆。"

张井(1776—1835)的《担夫叹》记述民夫遭受的徭役之苦。"沙石刺足如刀劙,痛哭谁敢为延俄。"押运的吏胥只顾挥鞭狠命催促民夫,丝毫不怜

---

① 何宁:《淮南子集释》,《泰族训》,中华书局1998年版,第1413页。

悯民夫的痛苦："督役官人青油靴，马上摇鞭生怒诃。"吏胥甚至将民夫与路上的骡马进行比较，责怪民夫不能快速赶路："不见北来双行骡，估客捆载高峨峨。蹈泥驮走疾如梭，汝今濡滞意则那。"民夫悲凄地回应："垂泣告官莫太促，担夫生来止两足。"民夫的哭泣中，隐含着对吏胥严酷督役的怨愤。《道旁叹》记述一个"老妪"被驱使参加修整官道的遭遇。"道旁有老妪，伛偻发似雪。""手持长柄镵，十步九蹩蹙。"孱弱的老妪之所以像丁夫一样效力于苦役，只因官府要奉迎途经此地的"达官"。"县吏昨下乡，气象何猛烈。云是达官过，除道要整洁。比户弃锄犁，千丁攻洼垤。""腹空臂无力，土块坚如铁。数亩尚未耕，但恐程期迫。"官府严苛派遣役务，不恤民苦，延误农事，施政劣迹斑斑在目。

杨铸（1778—1847）的《舆人哀》描述了高官大吏途经当地时的威福场面。"大府舆儓气如虎，呵斥县官视如鼠。县官惴惴供应忙，舆夫三百肩衣箱。"连"大府"的随员都这般趾高气扬，"大府"的威福就不言而喻了。县官在"大府"随员的呵斥下战战兢兢，奔前走后，而真正被征来为"大府"服役的"舆夫"才是痛苦的最大承受者："驿程二百钱五十，足蹀泥泞餐冰浆。酸风搅雪龙潭黑，舆夫僵踣行欹侧。"不少"舆夫"冻死在为"大府"肩扛衣箱的苦役中，其亲人也失去了家中的顶梁柱："东邻同伴昨到家，五人冻死埋江涯。儿啼母哭县门诉，县官沉醉难排衙。"徭役苛酷与官吏威福对比极为强烈。

除了上述清代中期诗人的这四类怨政诗，清代中期怨政诗创作实绩尤为突出的诗人有沈德潜、郑燮、李化楠、袁枚、孙士毅、张云璈、赵翼、谢启昆、洪亮吉、吴锡麟、彭淑、石韫玉、孙原湘、张问陶、陆玉书、乐钧、彭兆荪、吴慈鹤、潘际云、陈沆等。此将其怨政诗的创作情况分述如下。

一　沈德潜　郑燮　李化楠　袁枚

沈德潜，生卒、事迹见前。

沈德潜的怨政诗大多作于雍正时期及乾隆前期，涉及地方治理中的赋税、徭役、荒政、治安、吏治等多个政务领域。诗人身为朝廷官员，作诗又秉持"温柔敦厚"的诗教法则，因此其作品对社会政治的批评角度和立场态度，包含了许多别具深意的政治文化信息。如：

> 丁粮盛苏松，难与他郡较。供赋民力疲，况复增火耗。每两五六分，七八渐稍稍。近者加一余，官长任所好。捉轻兼捉青，官夺吏乃剽。争先植其私，百私并尤效。赢余囊橐充，正供逋欠告。缅昔康熙初，大臣

秉钧要。政简民力肥，黍苗阴雨膏。云何四十年，万室困陵暴。充腹尚不给，焉能顾庸调。天家阙财赋，浚削竟何效。官司惧失职，加耗议谨噪。救焚用膏脂，炎炎看原燎。善政利渐复，积弊期迅扫。阊阖一何高，排云谁听叫。(《论苏松丁粮》)

天旱河流干，粮船难运行。官府日捉船，挽漕输神京。虎吏奉符帖，远近皆震惊。商船敛钱送，放之匿郊坰。民船空两手，点之充官丁。大船几百斛，中船百斛盈。江干集万艘，一一标旗旌。五月发京口，六月停淮城。七月下黄流，八月指济宁。口粮半中饱，枵腹难支撑。黠者盗粮粒，愚者时呼庚。太仓急转输，王事有期程。运官肆榜笞，牛羊役穷氓。夜月照黄芦，白浪闻哭声。愿汝停哭声，努力事远征。大农有贤者，惠汝如孩婴。(《民船运》)

县符纷然下，役夫出民田。十亩雇一夫，十夫挽一船。挽船劳力声邪许，赶船之吏猛于虎。例钱缓送即嗔喝，似役牛羊肆鞭楚。昨宵闻说江之滨，役夫中有横死人。里正点查收藁葬，同行掩泪伤心魂。即今水深泥滑行不得，身遭挞辱潜悲辛。不知谁人归吾骨，拼将躯命随埃尘。茫茫前路从此去，泊船今夜在何处。(《挽船夫》)

晓经平江路，相遇逃亡民。非人亦非鬼，匍匐泥涂间。老翁拄竹杖，老妻相牵攀。病妇布裹头，双足亦不缠。儿女盛竹筐，其父担道边。行李芦叶席，坐卧无冬春。十十与五五，邻里兼姻亲。问从何方来，云是衢州人。比年遭大水，畎亩连通津。秋成乏籽粒，正课不得完。天高官长酷，已令骨髓干。苟能免征求，岂辞行路难。去住总一死，宁作他乡魂。闻之黯然悲，此邦亦无年。昨者雁水灾，蔀屋少炊烟。强梁肆攫夺，礼让徒云云。今岁滋多雨，复恐伤平田。公门贵仁恕，扑挟岂所先。勿使怀乡民，胥效轻转迁。此意竟谁陈，气结不能言。(《晓经平江路》)

吾吴礼让俗，胡然逞凶暴。无食诉长官，面缚乞平籴。长官怒赫然，敲扑如贼盗。愚民忘分义，乌鸦乱叫噪。千百为一群，厥势同聚啸。大吏捕曹恶，草疏上陈告。若辈当诛夷，迅疾不待教。至今茧茧魂，昏昧永无觉。追诉无食由，此事足悲悼。吴民百万家，待食在商椟。转粟楚蜀间，屯积遍涯陬。商利权奇赢，民利实釜灶。彼此两相须，歉岁补凋耗。不知何人斯，建议与众拗。常平博虚名，商屯竟一扫。譬如水无源，立涸看流潦。三吴既纷争，两浙亦召闹。腹枵轻国法，燕雀化鹰鹞。谁非斯人徒，而忍乂蓬蒿。方今筹东南，民食此最要。安民在通商，利倍商远到。粟多价自平，赈荒有成效。今皇拯敝急，因势利以导。霜雪回春温，下土阴雨膏。请看无知民，回心慕忠孝。(《哀愚民效白太傅

体》)

　　日出未出如血红，火云烧天蒸毒风。下田亦作十字坼，上田禾苗等枯蓬。去年荒旱苦乏食，县令喈血鞭耕农。愚民可憎亦可闵，仁者终愿全哀鸿。今年旱魃复为虐，天高难问真梦梦。传闻金坛溧水间，蝗螟过处田俱空。义兴百里染沴气，老者憔悴连儿童。往者湛恩下南国，截漕十万防灾凶。出陈易新有良法，要令江左无疲癃。吏饱死，穷檐饿，官长何必皆喑声。仰首穹苍诵云汉，忍令雕敝丁吾躬。(《旱》)

　　食为民所天，重谷本王政。吴民下下田，况处繁华境。年来旱涝余，十室九悬罄。而何奸牙徒，手握贵贱柄。一石一两奇，价直市中平。出洋四倍之，囤户互相竞。海洋纷寇贼，毒恶类枭獍。有天无地处，劫掠逞剽轻。金多阙粮粒，孽芽未敢横。一朝通内地，种类交手庆。奸牙尔何心，豢寇夺民命。官司无如何，伍伯空伺侦。此辈本么么，凤秉贪饕性。同为版籍民，岂不畏甲令。敢为民食蠹，根柢那可问。如壅匿肺肠，讵识毒气盛。久久终溃决，躯体受其病。斯意当语谁，令我忧心怲。(《百一诗·食为民所天》)

　　南方多暴客，杀夺为耕耘。靴刀裹红帕，行劫无昏晨。事主诉县官，县官不欲闻。朱符遣悍吏，按户拘四邻。保甲及里正，锒铛入公门。鞠讯恣挞辱，需索空鸡豚。盗贼实远扬，株累及众人。纵魍虐鰕鲐，主者何不仁。前年中丞公，志欲穷其根。峻法缉湖寇，远虑防海氛。一从弹劾归，若辈弥纷纶。遂令湖海间，屯聚如飞蚊。吾思牧民术，先威而后恩。治弊用重典，古人之所云。霜雪既已加，相济在春温。锄诛岂常用，盗贼亦平民。(《百一诗·南方多暴客》)

　　乌哑哑，狗觟觟，狐狸跳踉坐高屋。讹言一夜传满城，城中居人半号哭。鸡声角角，鼓声断绝，扶男携女出城阙。县官来，太守来，榜示弹压不肯止，荒村深处依蒿莱。讹言煽惑犯王法，唐虞盛世何为哉。探丸恶少纷成群，带刀放火行劫人。平沙古岸荻芦渚，白日往往沈冤魂。告县官，县官谓，唐虞盛世安有此。告太守，太守谓，讹言煽惑当诛汝。汝曹奔窜自送死，愚民吞声泪如渑。(《讹言行》)

　　制府来，怒炎赫。上者罪监司，下者罪二千石。属吏驱使如牛羊，千里辇重来奔忙，鞠跽上寿登公堂。制府赐颜色，属吏贴席眠。破得万家户，博得制府欢，制府之乐千万年。扬旗旌，麾三军。制府航海靖海氛，声名所到步步生风云。居者阖户，行者侧足。但称制府来，小儿不敢哭。军中队队唱凯还，内实百货装楼船。文武迎郊，次且不得近前，制府之乐千万年。制府第，神仙宅。夜光锦，披墙壁。明月珠，饰履舄。

猫儿睛，鸦鹘石，儿童戏弄当路掷。平头奴子珊瑚鞭，妖姬日夕舞绮筵。赏赐百万黄金钱，天长地久雨露偏，制府之乐千万年。太阳照，冰山倾。黄纸收制府，片刻不得暂停。轺车一辆，千里无人送迎。妇女戢手詈，童稚呼其名。爰书定，在旦夕。求为厮养，厮养不可得。盘水加剑请室间，从前荣盛如云烟，制府之乐千万年。（《制府来》）

《论苏松丁粮》披露乾隆时期苏松地方官府在赋税征收方面的"火耗"弊端。"火耗者，加于钱粮正额之外。盖因本色折银，镕销不无折耗，而解送往返，在在需费，州县征收，不得不稍取盈以补折耗之数，重者数钱，轻者钱余。行之既久，州县重敛于民，上司苛索州县，一遇公事，加派私征，名色繁多，又不止于重耗而已。"① 丁粮即是按人头征收的税粮。诗篇直接呈露了地方官府在"丁粮"征收中肆意增加"火耗"的构成比例，极大加重了民众的赋税负担："供赋民力疲，况复增火耗。每两五六分，七八渐稍稍。近者加一余，官长任所好。"这些贪墨官吏竞相侵夺这些肆意加征的赋税，吞噬百姓的活命粮食，将正式的税额挤到一边，将"火耗"揽入自己腰包。"捉轻兼捉青，官夺吏乃剽。争先植其私，百私并尤效。赢余囊橐充，正供逋欠告。"诗篇对比了康熙时期与现今税政的差异，对"火耗"政策带来的弊端深为忧虑："缅昔康熙初，大臣秉钧要。政简民力肥，黍苗阴雨膏。云何四十年，万室困陵暴。""天家阙财赋，浚削竟何效。官司惧失职，加耗议谨噪。救焚用膏脂，炎炎看原燎。"诗人认为，用"火耗"政策去弥补财政的不足，只会加重朝廷财政收入的短缺，只会助长贪婪官吏的侵吞。诗篇呼吁朝廷革除这样的弊政，"善政利渐复，积弊期迅扫。阊阖一何高，排云谁听叫"。但对地方积弊深重、朝廷纠弊不力更多流露的是失望和无奈。《民船运》记述官府征调民船完成漕运的种种冷酷事实。"官府日捉船，挽漕输神京。虎吏奉符帖，远近皆震惊。商船敛钱送，放之匿郊坰。民船空两手，点之充官丁。"官府吏胥奉命强征民船，对不同民船处理方式有很大差别。有钱向官吏行贿的商船往往躲过了征调，没有使钱打点贪吏的民船就承担了几乎全部的漕运役务。"大船几百斛，中船百斛盈。江干集万艘，一一标旗旌。"漕船一路行来，船夫、役者在饥饿中牵挽前行，还要遭受督运官的鞭笞催促。"口粮半中饱，枵腹难支撑。黠者盗粮粒，愚者时呼庚。太仓急转输，王事有期程。运官肆搒笞，牛羊役穷氓。"督运官吏要赶在朝廷规定的期限内完成漕运，像驱赶牛羊一样冷酷役使船夫、民工。诗人对船夫、民工进行了劝慰："愿汝停哭声，努力事远征。大农有贤者，惠汝如孩婴。"这种劝慰包含着诗人的良善，但改变不了

---

① 赵尔巽等：《清史稿》卷一百二十一《食货志二》，中华书局1977年版，第3532页。

船户、役夫的现实处境。《挽船夫》记述官府征召役夫牵挽官船，吏胥凶戾，役务严酷。"县符纷然下，役夫出民田。十亩雇一夫，十夫挽一船。"官府按田亩数量派征役夫，役夫在吏胥鞭笞催督下拉船服役，"例钱缓送即嗔喝，似役牛羊肆鞭楚"。繁重的苦役时时威胁着役夫的性命："昨宵闻说江之滨，役夫中有横死人。""不知谁人归吾骨，拼将躯命随埃尘。"役夫们对严酷役务充满了恐惧和怨愤。《晓经平江路》描写乾隆年间地方官府向灾区百姓苛重征赋的税政现实。诗人路经"平江路"地区，亲眼看见了逃荒灾民的苦况，从灾民口中得知了他们逃亡的缘由及逃难来此地后的遭遇："比年遭大水，畎亩连通津。秋成乏籽粒，正课不得完。天高官长酷，已令骨髓干。苟能免征求，岂辞行路难。去住总一死，宁作他乡魂。"正是由于遭灾歉收，百姓实在无法承受官府敲骨吸髓的征敛，才踏上了悲苦的逃难路途。诗人规劝官吏们对百姓不要以鞭笞相逼迫，要以悯民之心行政，不要使百姓走投无路，流落他乡。"公门贵仁恕，扑挟岂所先。勿使怀乡民，胥吏轻转迁。"这样的规劝，连诗人自己都感到没有什么实效，"此意竟谁陈，气结不能言"。《哀愚民效白太傅体》描写吴地官府荒政失策，导致赈荒和民生的双重困境。吴地许多百姓被官府吏胥抓捕、惩罚，其原因是他们参加了来往于"楚蜀"与吴地之间的粮食运输、粮食买卖："长官怒赫然，敲扑如贼盗。""若辈当诛夷，迅疾不待教。"诗篇交代吴地的民情和灾情实况，认为官府的应对之策违背了当地的实际，损害了民众的普遍利益："吴民百万家，待食在商棹。转粟楚蜀间，屯积遍涯澳。商利权奇赢，民利实釜灶。彼此两相须，歉岁补凋耗。不知何人斯，建议与众拗。常平博虚名，商屯竟一扫。"官府不顾吴地人多地少的实际情况，强行禁止商民在多地之间转运、买卖粮食，既未达到赈济饥民的目的，也不利于平抑粮价。"方今筹东南，民食此最要。安民在通商，利倍商远到。粟多价自平，赈荒有成效。"诗人一方面对地方官府的弊策表示失望，一方面对朝廷因地制宜、因势利导的政策表示了期待："今皇拯敝急，因势利以导。"这也间接透露吴地官府限制商民"转粟"，只顾博取常平仓济荒的虚名，这样的迂执政策使当地陷入了粮食短缺和民生艰难的困局。《旱》记述江南金坛、溧水等地遭遇旱灾、蝗灾，官府仍未减缓催科，荒政救济也未能展开。"去年荒旱苦乏食，县令唶血鞭耕农。""今年旱魃复为虐，天高难问真梦梦。""传闻金坛溧水间，蝗蝻过处田俱空。义兴百里染沴气，老耆憔悴连儿童。"这些地方的百姓遭受旱灾、蝗灾、疫病的多重灾难，却不见官府荒政救济的踪影，只见官吏凶戾地鞭笞耕农，催科逼税。诗篇回顾，过去朝廷曾经给遭灾的江南大幅减少漕运定额，用省下的粮食赈济当地灾民："往者湛恩下南国，截漕十万防灾凶。出陈易新有良法，要令江左无疲癃。"诗人希望恢复当年的朝廷赈荒良策,给江南灾民生存之机。《百一诗·食为民所天》记述官府粮政弊策造成商户囤积居奇,引发海盗劫掠高价的外运粮,形成了粮食问题的恶性循环。"食为民所天,重谷本王政。"粮政是举足轻重的朝廷政务,但在一些地方官府的粮政管理中,却不顾当地灾情、民情、商情的实际情况,制定了引发囤积居奇的粮食政策:"年来旱涝余,十室九悬罄。而何奸牙徒,手握贵贱柄。一石一两奇,价直市中平。出洋四倍之,囤户互相竞。"海盗闻知商户将平价购得的粮食外运以牟取暴利,纷纷在海上拦截劫掠:"海洋纷寇贼,毒恶类枭獍。有天无地处,劫掠逞剽轻。"诗篇对官府粮政弊策纵容了奸商牟取暴利、引发海盗劫掠外运粮的连环恶果感到痛心:"奸牙尔何心,豢寇夺民命。""同为版籍民,岂不畏甲令。敢为民食蠹,根柢那可问。"诗人认为只有改变这种只图虚名、不切实际的粮食政策,才能消除这些弊端,否则将继续危害民众的粮食供应。《百一诗·南方多暴客》描写一些地方"盗贼"肆虐,官府无能应对,滥捕平民以敷衍塞责。"南方多暴客,杀夺为耕耘。靴刀裹红帕,行劫无昏晨。"当民众向官府申报受害情况后,官府在"治盗"措施上既不作深入查询,更没有精确清剿,而是简单胡乱进行处置:"事主诉县官,县官不欲闻。朱符遣悍吏,按户拘四邻。保甲及里正,银铛入公门。鞫谳恣挞辱,需索空鸡豚。"官府的"悍吏"将无辜的平民及乡里小吏抓来充抵"盗贼",而真正的"盗贼"早已远走高飞。"盗贼实远扬,株累及众人。"当地官员"治盗"懒惰,导致伤及无辜,"纵魃虐鰕鲐,主者何不仁"。诗人认为,"治盗"既要治标,更要治本:"吾思牧民术,先威而后恩。治弊用重典,古人之所云。霜雪既已加,相济在春温。锄诛岂常用,盗贼亦平民。"既然"盗贼"中不少人是被逼无奈铤而走险,官府就应该恩威并施,让"盗贼"中原来的"平民"看到希望,洗心革面,回归农耕。《讹言行》描写官府"治盗"不力,造成讹言乱传,人心惶惶。"讹言一夜传满城,城中居人半号哭。鸡声角角,鼓声断绝,扶男携女出城阙。"官府没有采取适当措施消除民众惶惑,而是采取简单手段进行压制,使事态变得更加糟糕。"县官来,太守来,榜示弹压不肯止,荒村深处依蒿莱。"百姓惶恐地躲入芦苇深处,却被恶徒杀掠,"探丸恶少纷成群,带刀放火行劫人"。官府对百姓的报案不屑一顾,斥责受害民众是自寻死路,"告太守,太守谓,讹言煽惑当诛汝。汝曹奔窜自送死,愚民吞声泪如泚"。官吏"治盗"无术,民众无所取信,才出现了民众惊恐不安的乱象。《制府来》披露了乾隆盛世高官公务出行的奢靡恶行。"制府"即总督。身为高官的总督巡视地方,威势赫赫,不可一世。"属吏驱使如牛羊,千里辇重来奔忙,鞠跽上寿登公堂。制府赐颜色,属吏贴席眠。破得万家户,博得制府欢,制府之乐千万年。"地方官府为讨"制府"欢心,征敛民财以营造排场。"居者阖户，行者侧足。但称制府来，小儿不敢哭。""文武迎郊，次且不得近前，制府之乐千万年。""制府"前来巡视，所到之处百姓惊恐回避，官吏战战兢兢，"制府"巡行之事已成扰世之祸。"制府第，神仙宅。夜光锦，披墙壁。明月珠，饰履舄。猫儿睛，鸦鹘石，儿童戏弄当路掷。平头奴子珊瑚鞭，妖姬日夕舞绮筵。赏赐百万黄金钱，天长地久雨露偏，制府之乐千万年。""制府"的官邸，堆积的奇珍异宝已成寻常之物，挥洒的金银钱财犹如雨水淌地，奢靡挥霍世所罕见。诗篇也交代了"制府"的下场："黄纸收制府，片刻不得暂停。辎车一辆，千里无人送迎。妇女戟手詈，童稚呼其名。""盘水加剑请室间，从前荣盛如云烟，制府之乐千万年。"诗篇没有提及"制府"犯了什么事被朝廷整治，只描述了"制府"被押往京城的路途场景，无人迎送，众人唾弃。诗人在篇末第四次呼出了"制府之乐千万年"，递进措辞，讽意十足，对"制府"的招摇祸世、身败名裂表示了极大憎恶。

郑燮（1693—1765），字克柔，号板桥居士，兴化（今江苏兴化）人。乾隆间进士，历任范县、潍县知县。因违忤上官，罢职归乡。

郑燮的怨政诗是对眼见耳闻的社会现实的概括和提炼，是对乾隆时期地方官府荒政、狱政、吏治等方面弊政的记录和评判。观察颇有深度，批判颇具锋芒。如：

> 山东遇荒岁，牛马先受殃。人食十之三，畜食何可量。杀畜食其肉，畜尽人亦亡。帝心轸念念，布德回穹苍。东转辽海粟，西截湘汉粮。云帆下天津，艨艟竭太仓。金钱数百万，便宜为赈方。何以未赈前，不能为周防。何以既赈后，不能使乐康。何以方赈时，冒滥兼遗忘。臣也实不材，吾君非不良。臣幼读书史，散漫无玄张。如收败贯钱，如撑断港航。所以遇烦剧，束手徒周章。臣家江淮间，虾螺鱼藕乡。破书犹在架，破毡犹在床。待罪已十年，素餐何久长。秋云雁为伴，春雨鹤谋梁。去去好藏拙，满湖莼菜香。（《思归行》）

> 官刑不敌私刑恶，掾吏搏人如豕搏。斩筋抉髓剔毛发，督盗搜赃例苛虐。吼声突地无人色，忽漫无声四肢直。游魂荡漾不得死，宛转回苏天地黑。本因冻馁迫为非，又值奸刁取自肥。一丝一粒尽搜索，但凭皮骨当严威。累累妻女小儿童，拘囚系械网一空。牵累无辜十七八，夜来锁得邻家翁。邻家老翁年七十，白梃长锥敲更急。雷霆收声怯吏威，云昏雨黑苍天泣。（《私刑恶》）

> 县官编丁著图甲，悍吏入村捉鹅鸭。县官养老赐帛肉，悍吏沿村括稻谷。豺狼到处无虚过，不断人喉抉人目。长官好善民已愁，况以不善

司民牧。山田苦旱生草菅,水田浪阔声潺潺。圣主深仁发天庾,悍吏贪勒为刁奸。索逋汹汹虎而翼,叫呼楚挞无宁刻。村中杀鸡忙作食,前村后村已屏息。呜呼长吏定不知,知而故纵非人为。(《悍吏》)

《思归行》记述"山东"大旱之年朝廷和地方荒政赈济出现了严重弊端,灾民陷入自生自灭的境地。"山东遇荒岁,牛马先受殃。人食十之三,畜食何可量。杀畜食其肉,畜尽人亦亡。"灾民没有了粮食,连最珍惜的耕牛都杀来吃掉了,最后还是摆脱不了饿死的命运。诗人知道朝廷对众多灾区进行了大规模赈济:"帝心轸念念,布德回穹苍。东转辽海粟,西截湘汉粮。云帆下天津,朦朣竭太仓。金钱数百万,便宜为赈方。"但对朝廷大量运粮、巨额拨款的荒政举措在地方没有取得相应的赈济效果,诗人感到十分困惑:"何以未赈前,不能为周防。何以既赈后,不能使乐康。何以方赈时,冒滥兼遗忘。"朝廷忽视对地方荒政的督查,地方荒政存在贪渎怠惰,才出现了这种赈而未济的情况。《私刑恶》记述地方官府中的胥吏对民间犯禁者动用酷虐私刑,揭示了地方狱政中的阴惨内幕。"官刑不敌私刑恶,掾吏搏人如豕搏。斩筋抉髓剔毛发,督盗搜赃例苛虐。吼声突地无人色,忽漫无声四肢直。游魂荡漾不得死,宛转回苏天地黑。"行刑的过程极其残虐,这是"掾吏"对抓捕到的偷盗者实施的"私刑"。诗篇专门交代,被"掾吏"肆意凌虐的偷盗者是因为官府过分搜刮,走投无路而犯科作案,"本因冻馁迫为非","一丝一粒尽搜索",并非罪大恶极。"掾吏"不但对这些原本良民的饥寒为盗者施以酷刑,还滥权株连其亲属近邻,"累累妻女小儿童,拘囚系械网一空。牵累无辜十七八,夜来锁得邻家翁"。对于"掾吏"如此大动私刑虐害犯禁者,诗人在诗序里指出:"胥吏以惨掠取钱,官长或不知也。"吏胥为了捞取钱财,居然可以在官长眼皮底下以私刑虐害犯禁者,甚至肆意扩大凌虐对象。诗篇对乾隆年间一些地方官府狱政乱象的披露冷峻深刻,很有认识价值。《悍吏》描述县府吏胥狐假虎威,滥权舞弊,勒索乡民。"县官编丁著图甲,悍吏入村捉鹅鸭。县官养老赐帛肉,悍吏沿村括稻谷。豺狼到处无虚过,不断人喉抉人目。"诗篇对比了"县官"与"悍吏"的"静"与"动":"县官"怠惰职守,养尊处优,懒于理政;"悍吏"走村串户,捉鹅抓鸭,抢掠稻谷。"悍吏"的行为已经形同盗匪,全是由于"县官"的怠政渎职:"长官好善民已愁,况以不善司民牧。"所谓"好善"的"长官"施政都让乡民感到发愁,"不善"的牧民者更是让百姓难以度日。诗人认为皇帝对待百姓是圣恩仁惠的,遇到饥馑会诏令开仓济荒。但"悍吏"作恶一方,作奸犯科,勒索民众,又在官府名义下假公济私,更是狐假虎威,鞭挞叫嚣,乡民杀鸡款待唯恐不及。"圣主深仁发天庾,悍吏贪勒为刁奸。索逋汹汹虎而翼,叫呼楚挞无宁刻。村中杀鸡忙作食,前村后村已屏息。"诗篇最后不无深意地推断,也是充满厌憎地斥责:"呜呼长吏定不知,知而故纵非人为。"诗篇感慨,长官要是明知手下的吏胥如此掠民勒索而不加管束,那就是纵容"悍吏"作奸犯科,这种"非人为"的渎职行径那就禽兽不如了。

李化楠(1713—1769),字廷节,罗江(今四川德阳)人。乾隆间进士,历余姚知县、顺天府北路同知。

李化楠的怨政诗围绕不同案例,记述了乾隆年间一些地方官府在法政、狱政、田政施治中的枉法乱象。如:

> 种田户,业良苦。叱犊扶犁耕瘠土,春忙力尽几支拄,又届骄阳少膏雨。艰难幸得值有年,那得仓箱盈万千。烹羔酹醴招邻里,解囊橐谷输官钱。官钱不欠侬心乐,免教催科受敲扑。那知世情多变态,正供虽完官事在。东家犯罪我为邻,西家争讼我中人。为中为邻累无已,差传票唤何能嗔。一到官署迟未理,门前守候动经旬。官坐高衙方饮醇,司阍如虎宁堪亲。一腔愤懑向谁诉,不敢言兮焉敢怒。旅店晨昏度凄凉,回首田园春色暮。春深未得劝耕作,眼见蒿莱田卒污。又况讼师胸有矛,顷刻海市与蜃楼。清白良民受冤枉,签拿械系陷法网。安得贤侯视我如赤子,事事入人心曲里。听尔言,尔勿哀。我亦身自力田来,固知不靳稂莠良苗灾。(《种田户》)

> 一入圜扉绝可怜,求生何计死徒然。谅难三宥全开网,空有千愁孰解悬。吏卒无情呼黑狱,妻孥有泪滴黄泉。伤心久罢团栾梦,况是饥寒疾病连。

> 蓬头垢面死为邻,风雨凄其十二辰。棘树阴森连鬼国,残灯明灭伴愁人。存亡就里机关巧,倚伏从中仔细论。莫使伯仁由我死,霜台即此是阳春。

> 治狱非难断狱难,罪人生死寄毫端。死如有恨冤何已,生果能求寝亦安。望断家山音信杳,威尊狱吏骨毛寒。绪长绪短均成泪,忍作从旁冷眼看。

> 切骨严刑痛莫支,况逢暑湿并蒸时。言多不尽凭谁说,病到垂危只自知。狱系十年灰已死,怨成一字案终疑。叮咛此际须详慎,头上青天那可欺。(《恤囚吟四首》)

> 欠粮民,县差捉来催比频。一一喝令伏阶下,衣襟露肘皮肉皴。或老或少相扶拽,堂上长官询缘因。去年牒下今几月,粒米无输何逡巡。

别户完纳皆最早,独尔拖欠真可嗤。县官呵咄言未绝,中有老翁向前说。长官可容声诉乎,题起源头泪呜咽。田必有粮何容讳,我粮虽有田则未。田在元明间,曾有祖产傍海陬。当年颇称膏腴地,岁岁每有千箱收。为苦潮汐不时至,年深久刷成沙洲。至今已作鳅鳝窟,荒荒一片泥淤浮。后世无田艰糊口,为人作佣乞升斗。少壮犹能力经营,今已衰疲成老叟。我闻此言心为悲,抚之不暇安忍答。为民请命牧民事,莫似春陵俏咏诗。(《欠粮民》)

《种田户》记述了乡间被迫担任"中人"官差的小康民户遭遇的司法怨烦事。诗中的"种田户",有少许田地,遇到好年景本也可以过上温饱有余的日子:"艰难幸得值有年,那得仓箱盈万千。烹羔酌醴招邻里,解囊橐谷输官钱。官钱不欠侬心乐,免教催科受敲扑。"但地方官府摊派的官差让"种田户"从此烦忧之事缠绕于心:"那知世情多变态,正供虽完官事在。东家犯罪我为邻,西家争讼我中人。为中为邻累无已,差传票唤何能嗔。"担任这种官差之所以烦忧,不仅在于耽搁了"种田户"的农事:"一到官署迟未理,门前守候劳经旬。""春深未得劝耕作,眼见蒿莱田卒污。"更在于要和凶戾的吏胥和奸猾的讼师打交道,被吏胥和讼师欺凌勒索,甚至被拖带着陷害良民:"官坐高衙方饮醇,司阍如虎宁堪亲。一腔愤懑向谁诉,不敢言兮焉敢怒。""又况讼师胸有矛,顷刻海市与蜃楼。清白良民受冤枉,签拿械系陷法网。"诗篇披露官府及讼师陷"种田户"于不义的枉法之举,也揭示了官差制度本身的缺陷。《恤囚吟四首》披露"姚邑"(今浙江余姚)狱卒虐害拘囚的狱政内幕。作者在诗序里交代了拘囚往往死于非命的原因和过程:"囚应死于法,不应死于吏。吏非必有死囚之心,而约束不严,体察未周,以致饥寒无可告诉,疾病莫与医疗,化作青磷者众矣。姚邑监狱,数十年来未加修葺,墙宇倾颓,屋舍低小,众犯共居一处,湿气熏蒸,疾疫间作。囚之屦者,往往莫救。呜呼,囚不以罪死,是谁之过欤。爰请上官发帑,鸠工改旧,识数言自警,亦以告后之典狱者。"组诗对应描写了诗序交代的拘囚受虐的情况。"一入圜扉绝可怜,求生何计死徒然。""吏卒无情呼黑狱,妻孥有泪滴黄泉。"直接将官府监狱称为"黑狱",不仅是指房间昏暗,更是指狱卒肆意虐害拘囚的监狱黑幕。"存亡就里机关巧,倚伏从中仔细论。"拘囚要想侥幸逃出这种陷阱,就得绞尽脑汁琢磨躲避狱卒的加害。"治狱非难断狱难,罪人生死寄毫端。死如有恨冤何已,生果能求寝亦安。"诗篇告诫办案判狱的官员,不要造成冤案让平民无辜送命。"切骨严刑痛莫支,况逢暑湿并蒸时。言多不尽凭谁说,病到垂危只自知。"拘囚在"黑狱"里受尽各种凌虐,拘囚的性命操控在狱卒手中。诗人描述了"黑狱"的内幕后,再次发出警告:"叮咛此际须详慎,头上青天那可欺。"诗篇提供了清代中期一些地方狱政情况的实例,有一定的样本意义。《欠粮民》描写家道中落的农户所遭遇的田制弊政之苦。"欠粮民,县差捉来催比频。一一喝令伏阶下,衣襟露肘皮肉皴。"欠粮的农户像囚犯一样被吏胥凌虐,只因未能按官府规定的期限缴纳税粮。"去年牒下今几月,粒米无输何逡巡。别户完纳皆最早,独尔拖欠真可嗔。"但"欠粮户"深感冤屈,因为官府额定税粮的田地情况完全不是"欠粮户"祖上田地的状况:"田必有粮何容讳,我粮虽有田则未。""当年颇称膏腴地,岁岁每有千箱收。""为苦潮汐不时至,年深久刷成沙洲。至今已作鳅鳝窟,荒荒一片泥淤浮。""欠粮户"实际已是无田可种的无地之民,但官府仍然按照多年前的田地登记情况征收税粮。这样的田制弊政让"欠粮户"无力应对官府的苛征。

袁枚(1716—1797),字子才,钱塘(今浙江杭州)人。乾隆间进士,选庶吉士,历溧水、江宁、江浦、沭阳知县。

袁枚的怨政诗涉及的社会政治事务较为多样。有怨叹漕政弊端的,如《征漕叹》《南漕叹》;有感慨荒政不足的,如《苦灾行》;有记录治蝗失策的,如《捕蝗歌》;有描写权贵威福的,如《贵人出巡歌》。

> 沭阳漕无仓,水次在宿阜。去县百余里,官民两奔走。富者车马驮,贫者簋笐负。展转稍愆期,鞭笞随其后。北风万里来,腊雪三尺厚。泥涂行不前,老幼足相踩。今岁旱魃炎,产谷半稂莠。粟圆而薄糠,零星他郡购。未来苦无谷,有谷苦难受。检谷如检珠,重迭须春白。粒碎眵相喧,色杂咙知诟。嗟哉我穷民,历历数卯酉。来时一石余,簸完盈一斗。携来行李货,不足糊其口。官怒呼吏来,命杖挞吏首。收谷尔太苛,尔命胡能寿。诸吏跪且言,公毋罪某某。旗丁古门匠,习沿久相狃。米色稍不齐,叱吏如畜狗。太府命监收,所来亦蒙瞍。委阿无定词,调停两掣肘。此时收太宽,临时安所咎。县官笑且言,尔毋强分剖。我从通州来,斛粮万万数。糠砂半相和,俱已蒙上取。我食翰林俸,陈陈尽红朽。何得此旗丁,需索为利薮。言毕旗丁至,狰狞貌粗丑。视米嗫无言,仰面夔欲嗾。我因思吏言,此事诚然有。更有持斛者,有意与苦手。播弄作浮萍,扫除恃箕帚。长官察吏严,嬖人二五耦。披羊裘而钓,谁不识严叟。众吏迎以入,劳金兼酹酒。此金此酒来,毋乃非民苦。县官自语心,尔已为民母。宁受旗丁嗔,毋使民守久。宁失逞者心,毋使丧所守。持此征漕叹,愿以告我后。(《征漕叹》)

握粟锄粟十月征,大车小车轧轧鸣。云连万舶两递运,李斯如鼠仓中行。仓氏庾氏声嘈嘈,搜粟都尉意气豪。利之所在天亦忌,大官防县如防妖。牵驴磨麦矐其目,憎乌窃脂蘩其足。黄纸朝来刮升斗,朱符夕下封官斛。待暴日击重门柝,不管龚黄与鲁卓。水流汾浍其道壅,万弊杂出仍无穷。或需精凿强扬播,两三釜作十回舂。或借一哄分先后,富者收早贫磨耷。或书官符讹多寡,涂鸦难辨斗检封。傔人别奏来重重,伍符尺籍生蟻蠓。共饮仓中一勺水,顷刻白粲成青铜。可怜乡氓半朴鲁,小人容易为沙虫。明征法钱人所见,暗教折帛何所终。物不揣本齐其末,事方在北求诸东。我欲大声呼大吏,胡不早辨贤与忠。古人信人不信法,将欲治彼先治躬。捐除文网道以德,如水沃雪草偃风。持其大体去已甚,官和民乐声雍雍。吁嗟乎,君不见人肝代米古所记,察察为明安得刘宏十女塔。(《南漕叹》)

沭阳八年灾,往岁尤为酷。我适莅此邦,一望徒陵谷。田庐化为沼,春燕巢林木。泛滥有鱼头,彭亨无豕腹。百死犹可忍,饿死苦不速。野狗衔髑髅,骨瘦亦无肉。自恨作父母,不愿生耳目。赖有皇帝仁,施粮更煮粥。饥口三十万,鸿恩无不沐。望此一月赈,早作千回卜。携筐及老幼,守候合宗族。恩爱如夫妻,争粮相搏逐。夺取未到怀,担起还愁覆。有赈尚如此,无赈作何局。为一校算之,恍然眉欲蹙。小口米七升,大口斗三六。将度期月余,日食无一掬。国帑已千万,再加苦不足。纾国更纾民,束手难营度。宁死不为寇,犹赖皇恩渥。岂无冒滥讥,终为百姓福。只期今岁麦,得雨早成熟。千疮百孔间,元气稍周续。旱魃竟为灾,秋阳永相暴。春禾山下焦,夏麦土中缩。闻雷妒彼县,望云生我屋。水去旱又来,阴阳太惨毒。父母杀子孙,胡不悔生育。万物本天地,胡为穷杀戮。人心尚悔祸,天道应剥复。下吏或当诛,百姓有何恶。取我办香来,朝夕向天祝。上念尧舜仁,下念父老哭。急命行雨龙,及早施霡霂。虽已无麦禾,犹可救穜稑。贫家何所言,雨水即雨谷。富家何所言,得雨如得玉。永志喜雨亭,稽首谢天禄。(《苦灾行》)

蜩氏烧牡鞠,本属衰周文。螟螣付炎火,诸氓自祈神。岂有为后稷,一手一足勤。刘兰不捕蝗,其岁乃大穰。刘澄剪虫秽,民乃呼灾殃。如何姚元之,作俑为官常。当时犹可,今日杀我。虫子如烟,符急如火。监司节镇浩呼汹,文武攘臂趋如风。顷刻赤地三十里,小民畏官胜畏虫。东之丁男调向西,丁男不足佐以妻。古从三军六十免,今搏羽孽全家啼。旧麦未敛秭,新秧栽未齐。舍己而芸人,墨翟犹嗟咨。民若此,官何如,但见酒浆厨传纷追呼。东阿大夫通苞苴,不然何以全名誉。捕盗不善波及邻,捕虫不善殃全村。为儿理发加以髡,心岂不爱终非恩。捕蝗问蝗

果灭否,蝗言不雨捕更有。君不见萧曹孳孳得民和,柳州大书郭橐驼,督邮来往蝗更多,香山早有捕蝗歌。(《捕蝗歌》)

一龙上天百蛟舞,狐假虎威威胜虎。龙虎无心欲害人,此辈狞狞争攫取。婢下有婢号重僮,奴外有奴难悉数。投鼠忌器隐忍多,积习成风人世苦。君不见霍家奴,欲蹋御史门,御史跪奴乞奴恩。又不见尔朱仆,主人敝衣仆华服。舆夫两臂金钏双,身坐高车人侧目。蜀中男子张君嗣,受人送迎疲欲死。人自敬丞相,与张无与耳。赵俨偶然问服散,顷刻药物堆如山。方知言语正不易,捕风捉影生波澜。古来豪贵皆如此,此弊于今尤甚矣。门外已费千黄金,门内未饮一杯水。我戒贵人慎出巡,重门洞开休养尊。先能察下才安民,不然悬鱼瘗鹿徒作伪,一琴一鹤能污人。(《贵人出巡歌》)

《征漕叹》记述作者在沭阳担任知县时亲见的漕军刁苛逞威、吏胥弄权舞弊、百姓遭受欺诈的漕政弊端。"沭阳漕无仓,水次在宿阜。去县百余里,官民两奔走。富者车马驮,贫者箬笆负。展转稍愆期,鞭笞随其后。"诗人从知县的角度,描述了本县官民输运漕粮遭到漕军的严苛对待。当然,承受漕运重负、遭遇吏胥榨取的主要是农夫。"未来苦无谷,有谷苦难受。检谷如检珠,重迭须春臼。""嗟哉我穷民,历历数卯酉。来时一石余,簸完盈一斗。"经过刁苛的验收,农家交纳的漕粮被打了很大折扣,血汗换来的稻谷被吏胥吞噬了。知县察知后,向吏胥发出了训诫:"官怒呼吏来,命杖挞吏首。收谷尔太苛,尔命胡能寿。"吏胥辩解称,是"旗丁"(即漕军)的验粮惯例造成的这种情况。"诸吏跪且言,公毋罪某某。旗丁古门匠,习沿久相狃。米色稍不齐,叱吏如畜狗。""此时收太宽,临时安所咎。"后来县官果然亲历了"旗丁"的刁横对待:"言毕旗丁至,狰狞貌粗丑。视米噤无言,仰面欷欲嗾。我因思吏言,此事诚然有。"一方面是漕军刁苛收粮,另一方面是吏胥趁机舞弊,"更有持斛者,有意与苦手。播弄作浮萍,扫除恃箕帚"。农家缴纳漕粮的负担因而大大加重。诗人只能告诫自己尽职恤民:"县官自语心,尔已为民母。宁受旗丁嗔,毋使民守久。""持此征漕叹,愿以告我后。"诗人披露漕运中的这些弊端,既表示坚守自己的为官之道,更期待能改变这种严重伤害农家利益的漕政现状。《南漕叹》记述漕粮存储、转运过程中吏胥舞弊、百姓受欺、高官怠职的现象。"云连万舻两递运,李斯如鼠仓中行。仓氏庾氏声嘈嘈,搜粟都尉意气豪。"诗人对达官"大吏"像防贼一样对待县官,心里也有怨言:"利之所在天亦忌,大官防县如防妖。牵驴磨麦矐其目,憎乌窃脂縶其足。"当然,诗人更大的怨言不是针对个人任职感受,而是针对漕政弊策及吏胥欺民的各种乱象。"水流汾浍其道壅,万弊杂出仍无穷。或需精凿强扬播,两三釜作十回舂。或借一哄分先后,富者收早贫磨舂。或书官符讹多寡,涂鸦难辨斗检封。"这些弊端,有的是吏胥刁难苛求粮户,有的是吏胥在交粮程序上歧视贫穷粮户,有的是吏胥借文书登记对漕粮数额弄虚作假。诗人认为达官大吏掌控地方漕政很不得当,监管对象太过偏差:"物不揣本齐其末,事方在北求诸东。我欲大声呼大吏,胡不早辨贤与忠。"诗篇提出了改进漕政管理的想法,即加强对漕政人员的监管,允许对漕政事务的批评,提高漕政人员的自律:"古人信人不信法,将欲治彼先治躬。捐除文网道以德,如水沃雪草偃风。"诗人相信这些举措能改变眼下的漕政弊端,使漕政运行井然有序。《苦灾行》记述沭阳地方灾情,朝廷和地方荒政虽有赈济,但杯水车薪,难解重灾,揭示出朝廷荒政救助的真实困局。"沭阳八年灾,往岁尤为酷。我适莅此邦,一望徒陵谷。田庐化为沼,春燕巢林木。泛滥有鱼头,彭亨无豕腹。百死犹可忍,饿死苦不速。野狗衔髑髅,骨瘦亦无肉。"诗人甚至悲慨自己作为沭阳父母官,不得不面对这样的惨状,对自己是一种莫大的折磨:"自恨作父母,不愿生耳目。"诗篇一方面赞颂朝廷赈济地方灾害的荒政施救:"赖有皇帝仁,施粮更煮粥。饥口三十万,鸿恩无不沐。"另一方面也提及这样的赈济远远不能填补巨大的缺口:"望此一月赈,早作千回卜。携筐及老幼,守候合宗族。恩爱如夫妻,争粮相搏逐。夺取未到怀,担起还愁覆。有赈尚如此,无赈作何局。""将度期月余,日食无一掬。"诗篇揭示了赈灾的一个严重困局:朝廷的荒政之举确为良政,但巨大的赈粮消耗却难持久支撑:"国帑已千万,再加苦不足。纾国更纾民,束手难营度。"像这种对荒政格局的剖析,在古代怨政诗里并不多见,显示了作者对荒政的忧思深度。诗人在展望赈济前景时,对饥民不铤而走险表示期待,也感到了彻底实现荒政目标的难度:"宁死不为寇,犹赖皇恩渥。岂无冒滥讥,终为百姓福。""下吏或当诛,百姓有何恶。"因此诗人将消除旱灾危害的希望也寄托在气象条件的改变上:"贫家何所言,雨水即雨谷。富家何所言,得雨如得玉。"诗篇并未完全将解困的因素归到荒政赈济上,表现出诗人思考赈荒问题的平衡和客观。《捕蝗歌》记述地方官府治理蝗灾中的役务征派不当,未能减缓蝗灾,反而增添了民苦。诗篇引述古人治蝗成败的对比事例:"刘兰不捕蝗,其岁乃大穰。刘澄剪虫秧,民乃呼灾殃。"说明治蝗措施的是否适当,决定了治蝗效果的优劣。诗人对地方官府眼下的治蝗举措表示了很大的质疑:"虫子如烟,符急如火。""顷刻赤地三十里,小民畏官胜畏虫。东之丁男调向西,丁男不足佐以妻。古从三军六十免,今搏羽孽全家啼。旧麦未敛秭,新秧栽未齐。"不顾效果征调大量民众进行异地扑蝗,不仅未取得灭蝗的实质成效,反而耽误了无数农家的耕耘。

诗人对民众到异乡扑蝗兴致不高表示理解,并以官员在治蝗中的行动加以对比:"舍己而芸人,墨翟犹嗟咨。民若此,官何如,但见酒浆厨传纷追呼。"一方面是民众心里有怨气,行动有懈怠;另一方面是官员在此艰难时刻还耽于酒肉享乐,显然都影响到了治蝗进展。"捕盗不善波及邻,捕虫不善殃全村。""捕蝗问蝗果灭否,蝗言不雨捕更有。"官府治蝗失策导致蝗灾危害更加严重。《贵人出巡歌》描述"贵人"达官出巡时排场奢靡,上行下效,扰世扰民。"一龙上天百蛟舞,狐假虎威威胜虎。龙虎无心欲害人,此辈狞狞争攫取。"世人尤为怨恨的是"贵人"对其手下的纵容,"投鼠忌器隐忍多,积习成风人世苦"。诗人列举了历朝历代这类仆仗主势、狐假虎威的种种事例,告诫"贵人"要以此为戒,不要只顾自己作威作福,徒然耗费民脂民膏:"古来豪贵皆如此,此弊于今尤甚矣。门外已费千黄金,门内未饮一杯水。我戒贵人慎出巡,重门洞开休养尊。"诗篇不无讽意地劝导"贵人":"先能察下才安民,不然悬鱼瘗鹿徒作伪,一琴一鹤能污人。"将矫饰风雅、不恤民苦的"贵人"还原为滥用公权、民怨载道的俗物蠢人。诗人直斥"此弊于今尤甚矣",尤其凸显了乾隆时期官场奢靡习气的严重程度。

二 孙士毅 张云璈 赵翼 谢启昆

孙士毅(1720—1796),字智治,仁和(今浙江杭州)人。乾隆间进士,历内阁中书、户部郎中、广西及山东布政使、四川及两广总督、兵部尚书等。

孙士毅的怨政诗记述乾隆时期一些地方政府在征调、治盗等方面的弊政劣绩。诗篇描述的场景反映了一位士大夫高官对社会政治现实的认知,很有样本意义。如:

> 骡车行,何局促,县官签牌吏夜捉。吏下村,里社哭,鸡鸭惊飞多上屋。骡论头,车论辐。五家一骡草十束,十家一车车不足,以骡偿车还带犊。草多折官钱,车多折酒肉。里长城中归,强邀县吏宿。社鼠恣城狐,公然擅祸福。吏言追呼严,长言户口熟。骡肥吏索钱,骡瘦官怒扑,里长中间手翻覆。一骡派丁夫,一车雇村仆,丁少还向别家鬻。不知何官长,朝暮空驰逐。危坐车箱中,无言怒以目,尔怒以目我以腹。车郎当,骡独漉。一官过,一路哭。(《骡车行》)
>
> 短檠滴雨憯无豫,曲录床中正拥絮。𠱰如街鼓声乍停,探丸暴客来何遽。重垣立毁更打门,蜂簇蚁屯不知数。列炬俨张太乙军,吐气便喷蚩尤雾。幪巾裹首足妖芒,櫑具横腰森武库。自言五步能杀人,京兆闻名不敢捕。主人缩伏如冻鹫,目眙口噤足僵踞。子敬空留座上毡,仲容

并乏竿头袴。戍卒仓皇却不前，一任群呼整暇去。逸者渐远追者骄，故作虚声惊里姁。当途错愕立限程，从事迁延终负固。维虎有伥雉有媒，毋乃奸胥实调护。鼎湖万灶坼通都，吁嗟村落那可住。侧闻西北方治兵，光禄塞边稽首附。遐荒之寇尽扫除，却怪门庭滋隐蠹。捷书旦夕报神州，草泽岂容仍啸聚。星星之火涓涓泉，不忧一家忧一路。拟排阊阖叫九阍，转喉恐触长官怒。（《纪盗》）

《骡车行》记述县府吏胥到村社催征役务，抓夫征骡，勒索民户。"骡车行，何局促，县官签牌吏夜捉。吏下村，里社哭，鸡鸭惊飞多上屋。"吏胥带着官令到乡间征调骡车，征收草料，所到之处人心惶惶，鸡飞狗跳。县吏和乡胥相互勾连，共掠民财。"里长城中归，强邀县吏宿。社鼠恣城狐，公然擅祸福。"在征骡派役中，县乡吏胥弄权敛财，县府长官贪图政绩，所有的负担都压向了乡民头上："骡肥吏索钱，骡瘦官怒扑，里长中间手翻覆。""一官过，一路哭。"长官经过的村社，乡民的苦难更重，悲怨的哭声更多。《纪盗》记述官府"治盗"环节弊端重重。"重垣立毁更打门，蜂簇蚁屯不知数。""自言五步能杀人，京兆闻名不敢捕。主人缩伏如冻鹭，目眙口噤足僵踣。""盗贼"横行，民众惊恐，官府派出"戍卒"乡丁去"剿贼"，却只敢在"贼"退后虚张声势，叫呼乡里："戍卒仓皇却不前，一任群呼整暇去。逸者渐远追者骄，故作虚声惊里姁。""盗贼"之所以能够纵横城乡，不仅是"戍卒"乡丁怯战畏缩，更在于奸猾吏胥与"盗贼"互通声息，暗中庇护，纵盗劫掠："维虎有伥雉有媒，毋乃奸胥实调护。"诗篇对边患外寇都能清除，而内地"盗贼"却声势浩大、势焰嚣张的局面感到困惑："遐荒之寇尽扫除，却怪门庭滋隐蠹。捷书旦夕报神州，草泽岂容仍啸聚。"诗人希望朝廷察知地方的"治盗"实情，整肃吏治，才能改变这样的荒诞局面。诗人对"盗贼"及"治盗"的评判，是士大夫正统立场的自然表达。

张云璈（1722—1804），字仲雅，钱塘（今浙江杭州）人。乾隆间举人，历安福、湘潭知县等。

张云璈的怨政诗主要记述乾隆时期朝廷及地方官府在荒政、河政、驿政、粮政、治"盗"、官员接待等方面的施政劣绩。诗人剖析这些弊策劣治的现象和原因，提出纠弊改良的建言献策，很有深度和主见。如：

淮黄岁岁涨，动以邻为壑。山清高宝水中央，十户九家叹漂泊。去年水来田始耕，今年水来田未成。终年种田无一粒，万目悬悬水上泣。西家无田散四方，东家有田亦水荒，有田无田皆逃亡。夫担簦，妇携筐，零丁踽踽来他乡。他乡不比故乡苦,便到他乡谁是主。去年施粥在扬州,但道扬州为乐土。朝亦不得栖,暮亦不得栖,黄昏空巷风露凄。富家大屋牢双扉,暂从檐下相为依。无端猛雨深溅泥,男方呻吟女又啼。怅怅满街面如墨,官来议赈心孔亟。朝廷日费百万钱,供尔流民才一食。君不见安澜之庆诚为多,若要治民先治河,不尔其奈哀鸿何。横流谁使年年甚,此咎须知水不任。呜呼,水不任咎竟谁任。(《淮上流民叹》)

一日更一驿,驿更夫亦更。赖此茕茕辈,送我赴前程。此辈本乌合,无由问姓名。避役先避重,取值必取盈。其性既狡狯,其状似愚狞。有时得钱足,遂复奸计萌。中途遽逃匿,鬼蜮无由侦。倍值重雇募,敢惜缗钱轻。古时驿有卒,此法已难行。有夫犹有长,庶可专责成。踪迹得其实,往来毋敢营。大府遽裁撤,自谓弊可清。遂贻行旅累,弊乃百倍生。有举莫或废,颇觉斯言诚。所以贤大吏,贵在通下情。(《人夫谣》)

仓储所积谷,本为不虞设。有敛必有散,取盈不取缺。推陈而出新,其理自可澈。遂有不肖吏,以此肆饕餮。假公济其私,直以市道揭。欲将此赢余,用盖彼折阅。大吏惧其扰,弹章事遽列。出纳毋许擅,宁俾久扃鐍。从兹任红腐,谨守以自洁。无复转环计,但事补苴说。偶一思变通,肘已从后掣。民力未云纾,官力实已竭。有用化无用,废食竟为噎。(《咏仓储》)

贼人多,官兵少。贼杀人,如刈草。初时贼畏官,官来贼退事即完。后来官畏贼,贼来官退贼愈逼。星星之火能燎原,涓涓之滴成巨渊。本期扑灭在旦夕,岂料毒流经岁年。百姓流离几曾惯,生长承平不知乱。无端忽入鬼门关,贼杀一半官一半。贼杀一半官不知,官杀一半当贼算。有如驱猛虎,但敢噪逐不敢迋。又如捕飞蝗,死者无几生者翔。兵死百人以一报,贼死一人以百告。一片沙场肝脑涂,战功还被他人冒。巍巍大府居上游,牙旗玉帐千貔貅。穷追既少斫足马,冲突更无烧尾牛。扬兵难为子仪计,灌刍岂有睢阳谋。公然纵贼使之去,滋蔓一任邻封忧。若教按以失律罪,其罪当比舆尸浮。呜呼,乌合之势何时止,岂必武臣不惜死。君不闻列镇尽如周将军,此辈那能飞至此。(《杀贼篇》)

大府肃肃行兼程,百僚皇皇争送迎。送迎宜远不宜近,远则抒敬近匪诚。此近彼不近,晨发宵征敢不谨。此远彼更远,百里虽逾安可返。望中车马尘且嚣,未见颜色先旌旄。大府车帻绿葡萄,侍中之貂元戎袍。扶舆而趋兵卫骄,长戈耀日森前茅。文吏长裾玉束腰,猛将宝剑盘花绦。车中謦欬车外应,左右奢伏寒生毛。道旁首下尻益高,领之而已无汝曹。

逢迎百计冀一当，岂识十日驰驱劳。陆亦迎，水亦迎，画船骆驿波浪生。
水迎更比陆迎苦，探刺不定心怦怦。去亦送，来亦送，送尽天涯竟何用。
华筵一路换红氍，侍从分行骑白凤。县官奔走不得宁，百姓待判环讼庭。
讼庭万事且阁束，但向前途问迟速。(《水陆送迎曲》)

《淮上流民叹》记述黄淮地区连年水灾，灾民流离失所。诗人从荒政救济的难度引申提出了救荒须治本的思路。"淮黄岁岁涨，动以邻为壑。""终年种田无一粒，万目悬悬水上泣。西家无田散四方，东家有田亦水荒，有田无田皆逃亡。"黄淮水灾使成千上万饥民漂泊他乡，忍饥挨饿，朝不保夕，"朝亦不得栖，暮亦不得栖，黄昏空巷风露凄"。朝廷虽然也耗资巨大施行赈济，但远远供不应求，"朝廷日费百万钱，供尔流民才一食"。诗人提到了一个很严峻的荒政问题，即灾民数量极其庞大，朝廷的赈济负担不堪其重。诗人没有简单指责朝廷赈灾不足，而是从防治水灾的角度提出了治本的建言，即治理好河患，才是解决荒政压力的根本之道："若要治民先治河，不尔其奈哀鸿何。"诗篇对河政建设的缺失表示了很大的忧虑："横流谁使年年甚，此咎须知水不任。呜呼，水不任咎竟谁任。"揭示了朝廷及地方官府在河政和荒政两方面的施治不足。这种分析弊政和建言良政的怨政诗，发挥了积极用世的诗歌功能。《人夫谣》记述官府为纠改驿站的弊端，制定出应对之策，却又引出了新的弊端。现在驿站的差役"人夫"，都是临时征召，其中多有不良之徒："此辈本乌合，无由问姓名。避役先避重，取值必取盈。其性既狡狯，其状似愚狞。有时得钱足，遂复奸计萌。中途遽逃匿，鬼蜮无由侦。"这种"乌合"之辈偷奸耍滑，欺诈成习，过往官吏人等苦不堪言。诗篇对比了过去驿站有固定的驿卒，这些驿卒隶属于专门的驿站官员，在驿站的公务行动得到专任官员的约束："有夫犹有长，庶可专责成。踪迹得其实，往来毋敢营。"在规制的约束下，这些驿卒有所怵惕，尚不敢胡为。后来的"大吏"自以为是，裁撤了驿卒，以临时征召的"人夫"代行驿卒之职，却失去了对"人夫"的管束，酿成驿站新的弊端。"大府遽裁撤，自谓弊可清。遂贻行旅累，弊乃百倍生。"诗人感慨，自从"裁撤"之后，驿务落空，猾徒得利，虚耗公财，新的弊端比原有的弊端严重百倍。由此，诗篇郑重地诫示权要人物："所以贤大吏，贵在通下情。"制定和实施政策要从实际的"下情"出发，否则会事与愿违，得不偿失。《咏仓储》对官府粮政仓储管理中的矫枉过正表示了忧虑。诗人提出了自己对粮政仓储中粮食流动的理解："仓储所积谷，本为不虞设。有敛必有散，取盈不取缺。推陈而出新，其理自可澈。"诗人认为仓储粮食有进有出，有旧有新，需要适当的流动。当然，在过去的仓储粮食流动中，产生过奸吏借机牟利的贪渎行为:"遂有不肖吏,以此肆饕餮。假公济其私,直以市道揭。"后来"大吏"为了纠弊,制定了谨严的对策防止粮食外流:"大吏惧其扰,弹章事遝列。出纳毋许擅,宁俾久扃镝。从兹任红腐,谨守以自洁。"这种对策看来是遏制了监守自盗的贪渎靡费,但又使仓储粮食不能流动更新,造成粮食陈腐浪费,威胁到仓储备荒的功能,影响到官府赈灾的粮食储备:"民力未云纾,官力实已竭。有用化无用,废食竟为噎。"诗人对这种矫枉过正、因噎废食的做法不以为然。《杀贼篇》披露了官军在"剿贼"中的种种荒唐事。"贼人多,官兵少。贼杀人,如刈草。初时贼畏官,官来贼退事即完。后来官畏贼,贼来官退贼愈逼。"官军在"贼人"面前畏缩怯战,尽显了官军的无能和低效。在这样的"杀贼"行动中,百姓遭受了"贼人"和官兵的双重戕害:"百姓流离几曾惯,生长承平不知乱。无端忽入鬼门关,贼杀一半官一半。贼杀一半官不知,官杀一半当贼算。"诗篇尤其突出了官军畏"贼"避战、虚冒军功的恶行:"有如驱猛虎,但敢噪逐不敢莅。又如捕飞蝗,死者无几生者翔。兵死百人以一报,贼死一人以百告。一片沙场肝脑涂,战功还被他人冒。"这些荒唐事件的发生,与调遣、指挥这些官军的"大府"将军直接相关,"公然纵贼使之去,滋蔓一任邻封忧。""乌合之势何时止,岂必武臣不惜死。"诗篇怨叹官军遇到"贼人"如绵羊,遇到百姓如猛虎。官军的这种状态,根源在"大府""武臣"的失职怠惰。《水陆送迎曲》是一首别开生面的怨政诗,活画了"大府"高官出巡、地方官员奉迎的种种官场奇景。"大府肃肃行兼程,百僚皇皇争送迎。送迎宜远不宜近,远则抒敬近匪诚。此近彼不近,晨发宵征敢不谨。此远彼更远,百里虽逾安可返。"地方官员向"大府"竞相展示自己的姿态,殚精竭虑、毕恭毕敬逢迎上官,而上官的回馈则是高高在上,威势逼人。"扶舆而趋兵卫骄,长戈耀日森前茅。文吏长裾玉束腰,猛将宝剑盘花绦。车中謦欬车外应,左右詟伏寒生毛。""逢迎百计冀一当,岂识十日驰驱劳。"地方官员徒劳的逢迎,"大府"高官轻蔑的骄矜,表面都只是官场接待的程序之事,似乎无关大局,实际更大的危害还在官场之外。地方官员倾力投入逢迎事务,因此而懈怠了正常的政事,敷衍了百姓的正事:"去亦送,来亦送,送尽天涯竟何用。华筵一路换红氍,侍从分行骑白凤。县官奔走不得宁,百姓待判环讼庭。"诗篇最后点明了这场官场闹剧的实质:"讼庭万事且阁束,但向前途问迟速。"百姓诉讼的事可以耽搁,个人升迁的事不可耽搁,当然也就有了一冷一热的强烈对比。除了《水陆送迎曲》,诗人还写有《朝迎客》《侯门深》《使者来》等篇章,描写高官出巡、官场迎送的场景,渲染了上官作威、滋扰世间、豪奢挥霍;更揭示了这种陈规陋习耽搁政事、败坏政风的恶劣后果,表达了诗人对乾隆时期官场奢靡习气的忧愤。

赵翼（1729—1814），字云松，阳湖（今江苏常州）人。乾隆间进士，授编修。历方略馆纂修官、广州府知府等。

赵翼的怨政诗有论及荒政弊策、赈荒困境的，如《逃荒叹》；有论及粮政弊端、吏胥坑农的，如《秤谷叹》。这些诗篇揭示荒政、粮政事务中的复杂社会矛盾，观察和思考都有独到之处。

下河流民如飞蝗，过江阵阵来逃荒。此荒不是天降割，请为泽国缕述详。淮黄交汇济漕运，关楗专在杨家庄。上游洪湖潴淮水，向藉淮清刷浊黄。黄之尾闾不畅泄，乃反倒灌湖中央。湖积河沙渐淤浅，岂能兼受二水强。高堰长堤惧涨裂，旧有石坝救急方。何当五坝悉放溜，保堤弗顾民命伤。下游虽有氾光及，甓社建瓴势下何能当。稽天浴日涌白浪，南关车逻尽溃防。遂令下河十州县，尺田寸宅皆重洋。灾民即在此中住，大半已葬鱼腹僵。幸得脱者始到此，焦皮裹骨赪尾鲂。其来渐多胆渐壮，十百结队担箩筐。就中岂无良家子，亦复相逐为披猖。索米不劳书帖乞，求钱似责左券偿。居人被扰竟罢市，大街可射箭穿杨。有司不敢下令逐，稍给资斧遣出疆。问官使我何处去，纥干山雀空憔翔。我闻青州富彦国，流民来辄大发仓。兼行劝分各出粟，五十万命尽起僵。呜呼此事难再见，徒夸邻壑策较长。虽然此事即再见，亦只可暂不可常。青州赈荒数月耳，明年麦熟各返乡。下河今无乡可返，陆沉家已入混茫。明年高堰恐复泻，万手莫障狂澜狂。他乡故乡总无路，惟有待毙祈早亡。河干露坐默无语，岸土尽湿涕泗滂。（《逃荒叹》）

男拖棒，女挈筐，过江南下逃灾荒。云是淮扬稽天浸，幸脱鱼腹余羸尪。百十为群踵相接，暮宿野寺朝城坊。初犹倚门可怜色，结队渐众势渐强。麾之不去似吠犬，取非其有或攘羊。死法死饥等死耳，垂死宁复顾禁防。遂今市阛白昼闭，饿气翻作凶焰张。黔敖纵欲具路食，口众我寡恐召殃。侧闻有司下令逐，具舟押送归故乡。却望故乡在何所，洪流降割方汤汤。（《逃荒叹》）

边民怕官鱼见獭，十月涤场齐纳秸。斛不可量须秤称，猾吏乃得施其猾。持衡高下总在手，手握锤绳系不撒。求益岂但卖菜争，贪多直欲助苗揠。头会箕敛尚有数，此则无虑十加八。可怜穷黎不敢言，张目熟视讵真瞎。蘩余实忝守此土，忍睹民膏尽被刮。下令禁之未必止，按法诛之不胜杀。特从秤背穿一穴，贯以长縆挂锤碣。如索锁骨未易开，如孔入须猝难拔。免使移星错昴参，省教瞥眼眩卣戹。平准听民自权度，奸胥在旁眼空黯。从此铢黍分低昂，一秤贤于百番札。诸葛秤心敢诩同，姚崇秤诚聊可察。虽减墨吏囷积高，且纾耕农釜声戛。(《秤谷叹》)

《逃荒叹》描述了黄淮地区洪灾及其后果，尤其是灾民逃荒到异地后引发的新的治安困局。"上游洪湖潴淮水，向藉淮清刷浊黄。黄之尾闾不畅泄，乃反倒灌湖中央。湖积河沙渐淤浅，岂能兼受二水强。""遂令下河十州县，尺田寸宅皆重洋。灾民即在此中住，大半已葬鱼腹僵。"上游河堤濒临险情后，泄洪放水保堤，造成下游洪灾灭顶。幸存者流落到异地，在当地会集成难民潮，对当地秩序形成了极大的冲击："幸得脱者始此，焦皮裹骨赪尾鲂。其来渐多胆渐壮，十百结队担笭筐。就中岂无良家子，亦复相逐为披猖。索米不劳书帖乞，求钱似责左券偿。居人被扰竟罢市，大街可射箭穿杨。"灾民这种反客为主、逼索硬求的强势行为，让当地居民惶恐躲避，也让当地官府在应对之举上乱了方寸，举措失当："有司不敢下令逐，稍给资斧遣出疆。"官府这种一推了之的对策，实际是以邻为壑，饥民到青州也未得到有效的赈济，生路渺茫、无乡可返的恐惧使饥民陷入了绝望境地："青州赈荒数月耳，明年麦熟各返乡。下河今无乡可返，陆沉家已入混茫。""明年高堰恐复泻，万手莫障狂澜狂。他乡故乡总无路，惟有待毙祈早亡。"诗人极不认同地方官府施行的引发了严重后果的河政及荒政对策。另一首《逃荒叹》也是描述"淮扬"地区饥民从灾区流落到异乡后引发的双重困境。"男拖棒，女挈筐，过江南下逃灾荒。""初犹倚门可怜色，结队渐众势渐强。麾之不去似吠犬，取非其有或攘羊。死法死饥等死耳，垂死宁复顾禁防。"饥民成群结队，人多势众，强行索取，对所到之地居民构成了直接的威胁："遂令市阛白昼闭，饿气翻作凶焰张。黔敖纵欲具路食，口众我寡恐召殃。"居民畏惧跟流落此地的饥民打交道，官府则采取了驱逐饥民的行动："侧闻有司下令逐，具舟押送归故乡。"饥民群体在"死法死饥等死耳"心理驱使下的行为，使自身遭遇了流落地吏民的排斥；想回返"洪流降割方汤汤"的故乡，又看不到活下去的希望。诗人对饥民被驱逐、荒政救助失效发出了复杂的感喟。这类诗篇对于认识中国古代荒政事务的复杂性，提供了很有文献价值的宝贵信息。《秤谷叹》描写"边民"缴纳税粮时遭遇"猾吏"欺诈勒索的情况。"边民怕官鱼见獭，十月涤场齐纳秸。斛不可量须秤称，猾吏乃得施其猾。持衡高下总在手，手握锤绳系不撒。""可怜穷黎不敢言，张目熟视诓真瞎。""猾吏"收粮时在秤上做手脚，使出种种伎俩，长期榨取民膏。作者到当地任职后，力图改变这种陋规："絜余实忝守此土，忍睹民膏尽被刮。"从秤具上作了改良，防止"猾吏"作弊："平准听民自权度，奸胥在旁眼空黯。从此铢黍分低昂，一秤贤于百番札。"但以秤作弊是各地普遍存在而又难以纠改的现象,"下令禁之未必止,按法诛之不胜杀"。诗人对吏治败坏给民众带来的伤害深感不安。

谢启昆(1737—1802),字蕴山,南康(今江西星子)人。乾隆间进士,选庶吉士,授编修。历镇江知府、浙江按察使等。

谢启昆的《庄保吟》记述一个民户当"地保"官差的悲苦故事。

> 我行御儿乡,父老诉荼苦。云曾充地保,不得安乐土。本非在官人,终日赴官府。朝纳上头钱,夕为东道主。吏胥下乡来,面赪怒如虎。催科惟我贷,酒食惟我取。不敢籍富豪,大都点愚鲁。中人十家产,殷户变贫户。浙东曰庄长,名异实则同。佥名及隽秀,流祸尤无穷。青衿弟子员,不得居黉官。县令来勘事,应役听晨钟。兴徒筑水利,蘗鼓催冬冬。春夏废弦诵,岂但荒耕农。聆汝言娓娓,感我心恻恻。我自田间来,每岁防蟊贼。蟊贼偶一逢,此患何时息。由单用滚催,且不烦追迫。何况有业民,安能走阡陌。府史胥徒外,伊谁创此役。俗吏狃因循,孰肯破成格。申章告大吏,同心赖同德。中丞曰尽哉,是宜永禁革。牧马去其害,养木除其棘。春风吹万屋,如病祛肝膈。蠹吏闻之惧,令下复藏匿。良民喜且忧,官迁恐变易。治术著成规,悬象登简册。作诗告后来,大书镌乐石。

诗篇详述了故事中的"父老"经历的一件件苦差事。"本非在官人,终日赴官府。朝纳上头钱,夕为东道主。吏胥下乡来,面赪怒如虎。催科惟我贷,酒食惟我取。""父老"被强令担当"地保",替官府催收税款,接待县府吏胥;催款不足额,须用自己私财填补。担当这种苦差的民众不乏中产人家,经过这些差事的折腾,往往败家破产:"不敢籍富豪,大都点愚鲁。中人十家产,殷户变贫户。""地保"疲于应付各种差事,自家的生业完全得不到打理:"县令来勘事,应役听晨钟。兴徒筑水利,蘗鼓催冬冬。春夏废弦诵,岂但荒耕农。"这种不合理的例规,贻祸民间,也出现了纠改的呼声:"府史胥徒外,伊谁创此役。俗吏狃因循,孰肯破成格。"后来,这种陋规在"大吏"的申令下得到了革除:"申章告大吏,同心赖同德。中丞曰尽哉,是宜永禁革。"过去从这种陋规中得利的奸胥闻讯暂作收敛,过去遭受坑害的民众却担忧"大吏"离任后这种陋规死灰复燃:"蠹吏闻之惧,令下复藏匿。良民喜且忧,官迁恐变易。"诗篇披露了乾隆后期一些地方实行"地保"制度中的坑民陋规,希望对这种陋规的治理能够持续有效地进行下去。

三　洪亮吉　吴锡麟　彭淑　石韫玉　孙原湘　张问陶

洪亮吉，生卒、事迹见前。

洪亮吉的《升平四章》组诗对乾隆盛世"升平"景象作了负面的剖析，揭示了"升平"背后积弊深重的时代危机：人口暴涨，吏胥妨政，农田流失，僧多为患。诗篇视角独特，政治忧患意识十分强烈。

  升平一百载，众庶多于虱。山侵豹虎居，水夺蛟龙窟。蛟龙犹有海，豹虎何所逸。御之不以理，势必转奔突。强梁或逃窜，老弱遭噬啮。不知六合内，御物固有术。欲人妥厥居，先使兽有穴。物物安其天，人禽庶堪别。

  升平一百载，胥吏多于民。小县至数百，大县逾千人。此曹何所长，攒弊及侮文。豪强尚相亢，朴鄙冤莫申。揣彼瘠与肥，破家或亡身。长官有迁移，吏则长子孙。嗟嗟肺石旁，人鬼皆含冤。我愿仁者心，除恶务去根。庶几狱讼衰，风俗或可淳。

  升平一百载，坟垄多于田。至今城郭旁，渐少陌与阡。百载已如此，何能暨千年。况复富贵人，风水说愈坚。一垄占十亩，垄百亩已千。青腴日以荒，庐舍日以迁。遂令阛阓中，白昼飞纸钱。不见高高峰，白杨欲参天。

  升平一百载，僧释多于农。经翻四十章，至比六籍崇。人传大丛林，富必千万钟。十农养一释，食力苦不供。游食尚细事，其徒况汹汹。凡兹名胜区，咸化梵释宫。一衣必募缘，一食必击钟。有法限制之，患庶不养痈。

"升平一百载"是个略数，应是指康雍乾以来长达百余年的治世。诗人一方面认可这百年升平的蒸腾国运，一方面忧虑"升平"景象下的诸多盛世危机。"升平一百载，众庶多于虱。"诗人看到了人口太多引发的人与自然环境的不和谐，太多的人口挤占了其他生类的生存空间，猛兽们失去了栖身之所，反过来下山威胁到人的生存。"御之不以理，势必转奔突。强梁或逃窜，老弱遭噬啮。"诗人提出朝廷统御天下，应该将兽类的生存予以考虑："不知六合内，御物固有术。欲人妥厥居，先使兽有穴。物物安其天，人禽庶堪别。"人和其他生类各有自己的生存空间，也就彼此相安了。诗篇将盛世人口太多视为一大危机，并从人与其他生类的关系、人与自然环境的关系加以评判，在怨政诗中前所未有，眼光独到。"升平一百载，胥吏多于民。"诗人对各地官府中吏胥数量太多很是忧虑，因为这些吏胥多擅长利用科条规制的缺漏假公济私，贫民小户更是受其欺诈："此曹何所长，攒弊及侮文。豪强尚相亢，朴鄙冤莫申。"与官员不同的是，吏胥以其某一方面的特长，操办专门化的事务，规章上也允许吏胥子承父业，就造成吏胥的世袭化，也加重了吏胥作恶的有恃无恐，以至于官衙之旁"肺石"（冤鼓）常鸣，民怨载道："长官有迁移，吏则长子孙。嗟嗟肺石旁，人鬼皆含冤。"诗人希望朝廷彻底纠改地方官府使用吏胥的规制，除去吏治败坏的重灾之隅。"升平一百载，坟垄多于田。"诗篇写出了各地土葬面临的困境。家家户户都有坟茔占地，豪门富户更是广占田亩用作坟地："至今城郭旁，渐少陌与阡。""况复富贵人，风水说愈坚。一垄占十亩，垄百亩已千。膏腴日以荒，庐舍日以迁。"良田沃土被坟茔占用，越来越多的民众被坟茔挤出了自己的家园。这种局面的蔓延，对各地百姓安身立命无疑是极大的威胁。"升平一百载，僧释多于农。"诗篇列举了世间过于尊崇佛事、过多供养僧人的弊害："十农养一释，食力苦不供。""凡兹名胜区，咸化梵释宫。"诗人认为僧人及佛寺耗费了太多的人力、物资、土地，朝廷应以法令予以限制。组诗揭示，人居环境在恶化，吏胥陋规在延续，可耕田地在减少，僧伽闲人在增多，使以田夫织妇为主的农耕社会承受了越来越大的压力，显示出朝廷和官府在制策施治中存重大弊端。

吴锡麟（1746—1818），字圣征，钱塘（今浙江杭州）人。乾隆间进士，授翰林院编修。历国子监祭酒。

吴锡麟的《棚民谣》记述乾隆后期多地官府在赋税征收及流民治理方面的弊政。民众流落到他乡深山，成为篾席搭棚栖身的"棚民"，并给多地带来难以应对和承受的治理困境。

> 古人受百亩，死徙无出乡。食德服先畴，爱土心自臧。棚民独何为，远适天一方。短衣不掩骭，泥涂走彷徨。乱发垂两肩，蓬葆吹飞扬。侏离多闽产，荒忽杂楚伧。冰霜陶穴墐，风雨篾席挡。盘据山一角，苦瘠不苦荒。东冈莳小麦，西谷种杂粮。所幸赋税逃，所恃膂力刚。其居如鹿豕，其人即牛羊。筋骨耐辛苦，性情实强梁。颇闻黔荆交，来往羁苗疆。占籍号客户，随身赍空囊。淫淫毒雾间，惨惨深箐傍。显托结纳诚，潜探肺腑藏。亲密似兄弟，叛免倏鬼伥。作奸党胥吏，挟诈欺公堂。哓哓讼牍兴，巧言听如簧。官府持三尺，颠倒朱墨场。政未除害马，风乃行贪狼。从来经济术，宽赖以猛匡。治苗弗去莠，厥疾藏膏肓。小则忧斗狠，大且患寇攘。属为民父母，岂不乐太康。焦头悔已晚，曲突谋毋忘。

诗篇描述了"棚民"在异乡深山艰难的生存状况,也交代了"棚民"问题形成的原因:"古人受百亩,死徙无出乡。""棚民独何为,远适天一方。""冰霜陶穴墡,风雨篦席挡。盘据山一角,苦瘠不苦荒。东冈莳小麦,西谷种杂粮。所幸赋税逃,所恃膂力刚。"这些来自"闽""楚"等地的乡民,在故乡被官府的赋税催科逼得无法生存,才远走他乡过起这种凄风苦雨的生活。棚民在深山里虽然劳作艰辛、栖居恶劣,但逃脱了赋税的重压,获得了新的生活希望。诗篇也介绍了棚民问题给一些地方带来的困扰:"颇闻黔荆交,来往羁苗疆。占籍号客户,随身赍空囊。淫淫毒雾间,惨惨深箐傍。显托结纳诚,潜探肺腑藏。亲密似兄弟,叛奂倏鬼怅。"棚民之中,鱼龙混杂,其中的奸猾之徒成为流落地的恶势力。官府中的奸吏与之勾连,乱兴讼事,欺民霸产,"作奸党胥吏,挟诈欺公堂。哓哓讼牍兴,巧言听如簧"。而昏庸官员胡乱判案,颠倒黑白,更是助长了奸猾之徒的欺诈作恶,"官府持三尺,颠倒朱墨场。政未除害马,风乃行贪狼"。诗人认为官府处置棚民中的作奸犯科之事宽严失度,错失良机:"小则忧斗狠,大且患寇攘。属为民父母,岂不乐太康。焦头悔已晚,曲突谋毋忘。"诗人一方面承认棚民问题错综复杂,治理艰难;另一方面也怨责官员懈怠应对,处置失当,酿成了难以治愈的大患。

彭淑(1747—1807),字谷修,长阳(今湖北长阳)人。乾隆间举人,大挑一等,历崇仁等地知县。

彭淑的《沔阳道中夜闻邻船语》详述了诗人见闻的沔阳地方官府在施行荒政过程中的种种劣绩:甄别受赈户极尽刁难,发放赈粮极为苛刻,赈荒官吏奢侈享乐,赈济效果几近落空。

夜闻邻船语,使我中心悲。去年岁大旱,十室九家饥。恫瘝廑宵旰,哀此万疮痍。金钱百余万,县县有赈施。府帖连夜至,州官下乡来。里正察烟户,胥吏造册书。民户分上下,下者得给支。阑牢有牛豕,瓮盎有秔米。堂下有几案,室中有帘帷。不得为下户,违者罪当笞。十室九吞声,咨嗟涕涟洏。逾月下教令,布告放赈期。穷民大欢喜,忍待铺糜时。至日纷络绎,流离色惨凄。皆鸠形鹄面,杂残疾癃疲。颠倒扶翁妪,蓝缕裹婴儿。远近数百里,孤独耄与鲵。呻吟满衢巷,延颈相盱睢。州官又下令,不得滥施为。户惟准一口,放钱二百余。于中杂铁沙,其人索例规。成钱不满百,可作一顿糜。其时数万人,仰天哭声哀。已是枵腹来,仍教空手归。有力或逃散,无命死路逵。散者为云烟,死者为涂泥。州官方宴乐,百戏供豪嬉。奴隶侍俊迈,犬马餍甘肥。能声遂特起,奖借共提携。昨已擢五马,前程无时衰。谁知一挥霍,血肉皆烝黎。畴能警官邪，尚其采口碑。

诗篇描写朝廷赈灾粮款到达地方后，官府制定和施行了相应的发赈办法。"金钱百余万，县县有赈施。府帖连夜至，州官下乡来。里正察烟户，胥吏造册书。"在这些施赈办法中，紧要的是甄别需要受赈的"下户"。官府颁布了"下户"的标准，受到限制的灾民比例很高："堂下有几案，室中有帘帷。不得为下户，违者罪当笞。十室九吞声，咨嗟涕涟洏。"在刁难甄别"下户"后，官府开始发放赈粮，嗷嗷待哺的饥民似乎看到了活命的希望："逾月下教令，布告放赈期。穷民大欢喜，忍待铺糜时。"然而，面对潮涌般的灾民，官府又下达了新的政令，严禁滥施赈济，严控施赈数量："州官又下令，不得滥施为。户惟准一口，放钱二百余。于中杂铁沙，其人索例规。成钱不满百，可作一顿糜。"这种苛刻的施放办法，将原本祈求得到赈粮活命的灾民推向了死亡的边缘："其时数万人，仰天哭声哀。已是枵腹来，仍教空手归。有力或逃散，无命死路逵。散者为云烟，死者为涂泥。"在万千灾民沦为饿殍的同时，州县官吏们没有放弃他们的欢宴奢乐，以庆贺施行荒政有绩，得到上官奖掖："州官方宴乐，百戏供豪嬉。奴隶侍俊迈，犬马餍甘肥。能声遂特起，奖借共提携。"诗人谴责这群损民自肥的恶吏："谁知一挥霍，血肉皆烝黎。"显然，"沔阳"地方赈济效果几近落空的原因跟这些官吏无视民瘼的施赈态度直接相关。

石韫玉（1756—1837），字执如，吴县（今江苏苏州）人。乾隆间进士，授翰林院修撰，历重庆知府、山东按察使等。

石韫玉的《双旌谣》记述一个权臣索贿贪贿、滥权枉法的仕宦历程，也交代了这个恶贯满盈者身败名裂的最后结局。

双旌摇摇辟路人，白面少年乘朱轮。道旁观者屏气立，云是中朝执法臣。去年治狱河南道，太守郊迎先进宝。河堤使者礼貌轻，一纸封章达天表。财入县官身戍边，草索牵连及褴褛。今年星轺临济北，守令闻声齿先击。但愿使君勿作威，不惜兼金万千镒。城西车马喧如雷，骑卒传呼使节来。肥甘充庖马盈厩，百官旦夕趋行台。守令入门望尘拜，小大之狱评价卖。大狱论万小论千，听者遵依不敢懈。执法之臣善弄法，睚眦必报心始快。济上人家阀阅门，仙李千年子姓繁。富者守则贫者怨，讼牍到台达九阍。米盐凌杂家人事，曲直亦烦使者论。使者巡方访风俗，心知此家颇饶足。弟兄通籍在金闺，库有金银仓有粟。事权在手令便行，两造银铛同坐狱。膏粱子弟习宴安，谁料一朝遭僇辱。人道使君折狱明，使君狱凭金重轻。匹夫无罪怀璧罪，至此须令溪壑盈。溪壑虽深填尚易，使君大欲殊难遂。十万不足五万余，方保两家各无事。两家无事各无言，使者归朝报至尊。封疆大吏多阘茸，微臣所谳民无冤。天子临轩赐颜色，举朝若个如卿直。官中府中积弊多，百事皆资卿整饬。从古强梁有尽时，高高上天听则卑。谮人在位千夫指，中外藉藉多微词。祸机一发不可避，霹雷无私待时至。时至回天技亦穷，百口流离五刑备。缇骑到门妻子散，狼藉金缯堆满地。内而臧获外田园，一物以上皆入官。造物称是不待言，天子临轩亲决问。问汝诗张实可恨，平时历诋众公卿。汝身何自干国宪，褫去朝衣赴东市。朝士咨嗟国人喜，乃兄乃父皆贤良，何缘出此不才子。十载君恩忍负心，家破身亡竟如此。

诗篇叙写朝廷"执法臣"招摇各地，威福自用，劣迹斑斑。这个位高权重的"使节"，将索贿受贿视为寻常之事，而将地方官员行贿迟缓、贿金轻微视为冒犯之举，必予报复。"去年治狱河南道，太守郊迎先进宝。河堤使者礼貌轻，一纸封章达天表。财入县官身戍边，草索牵连及襁褓。""使臣"的这种恶意惩戒促成了贿赂公行的恶劣吏风："今年星轺临济北，守令闻声齿先击。但愿使君勿作威，不惜兼金万千镒。"使臣不仅索贿受贿，还操纵讼事，枉法舞弊，勒索钱财："大狱论万小论千，听者遵依不敢懈。执法之臣善弄法，睚眦必报心始快。"使臣一旦瞄准了可榨取的富户，更会罗织罪名，陷人于囹圄，"使者巡方访风俗，心知此家颇饶足。弟兄通籍在金闺，库有金银仓有粟。事权在手令便行，两造银铛同坐狱"。受害者尽力满足了使臣的贪婪勒索，才能得以脱身。"溪壑虽深填尚易，使君大欲殊难遂。十万不足五万余，方保两家各无事。"使臣执法犯法，作恶多端，终于落得了死刑之路，"祸机一发不可避，霹雷无私待时至。时至回天技亦穷，百口流离五刑备"。"汝身何自干国宪，褫去朝衣赴东市。"诗人对"使臣"负罪被惩深为感慨："十载君恩忍负心，家破身亡竟如此。"以不应背负君恩的价值尺度批判"使臣"的贪贿罪行，显示作者政治观念的鲜明正统性。

孙原湘（1760—1829），字子潇，昭文（今江苏常熟）人。嘉庆间进士，选庶吉士，历武英殿协修官等。

孙原湘的怨政诗有描写地方官府粮政坑农的，如《开仓谣》《太守来》；有描写地方官府税赋苛重的，如《牧歌》《养蚕曲》。

仲冬望日官开仓，大户小户争完粮。老者幼者蹩躠者，或载或担或负囊。朝报完，不得斛。夕报完，不得斛。饥肠雷鸣寒起粟。急折饼金赇吏胥，一石愿加三斗输。吏胥瞋目语，今年官府清廉焉用此羡余。城头冬冬两更鼓，黑夜喧传叫粮户。官来前，黠如鼠。吏恃旁，怒如虎。大家动斛用力举，狼藉不辨泥与土。尖如山，落如雨。一石米斛五斗五。微闻旁人稍稍语，今年官斛大于釜。少一升，百钱补。少一石，脱布缕。天明归家见妻子，犹幸存得儿与女。（《开仓谣》）

太守来，来苏我民。我民共仰太守仁，冤苦不得上诉公堂闻。昨日完粮到仓口，一石多携三四斗。县官谩骂道不足，耗羡今年外加六。不盈此数粮不收，黑夜担归双泪流。明朝破衣入质库，不足还须脱布袴。道逢儒巾人，攘臂为不平。与其饱官宁饱绅，尽寄乡户归绅名。彼虽为利非好义，犹胜官吏多欺凌。我舍我利图我宁，惟望仁者为澄清。昨闻太守来，夹道欢呼迎。太守为民殛贪吏，太守为民治漕弊。呵驺遥遥下仓门，有吏持签夜捉人。微闻旁人道名姓，执缚都是儒衣巾。吁嗟，太守来来苏我民，我粮依然我自完，加六不止加七完。但见儒衣银铛跪堂下，太守下堂霁颜迎县官。（《太守来》）

上牛坐，伏牛卧，牧童光阴牛背过。牛尾秃速牛角弯，牛肥牛瘠心先关。母呼儿饭儿不饭，人饿须知饲牛晚。放之平泉，以宽牛劳。浴之清浅，以息牛喘。牛能养人识人意，一牛全家命所寄。阿牛牵牛去输租，劝爷卖牛宁卖吾。（《牧歌》）

蚕喜静，密室帘栊生客屏。蚕喜暖，深窗无风日华满。清晨采桑珠露滴，叶叶玉纤亲拂拭。不梳不沐一月忙，红蚕满箔茧白黄。丝成许儿作布袴，卖丝不够充租赋。贵家女儿不识蚕，裁纨剪绮终朝憨。养蚕人家无寸帛，七十老翁冻折骨。（《养蚕曲》）

《开仓谣》记述民众向官府缴纳税粮时遭遇官吏以"羡余"名目进行勒索。"仲冬望日官开仓，大户小户争完粮。"吏胥对民户正常缴纳官粮视而不见，逼使民户向他们行贿，"急折饼金赇吏胥，一石愿加三斗输"。吏胥既要受贿，也要装模作样拒收"羡余"，"吏胥瞋目语，今年官府清廉焉用此羡余"。所谓"羡余"，指朝廷默许地方官府在征收粮食时在常额之外加收的损耗，可以归当地官府支配。吏胥向民户勒索毫无怜悯，"一石米斛五斗五。微闻旁人稍稍语，今年官斛大于釜。少一升，百钱补。少一石，脱布缕"。官仓吏胥在斗斛上作弊，坑害民户，尽显贪渎的娴熟和放肆。《太守来》记述"太守"（知府）与县官在"羡余"的名目下贪索漕粮。"昨日完粮到仓口，一石多携三四斗。县官谩骂道不足，耗羡今年外加六。不盈此数粮不收，黑夜担归双泪流。"农家承受不了每石额外加收六斗的"羡余"勒索，转而向乡绅求助，以将自己依附于乡绅为代价，试图逃过官吏的敲诈："与其饱官宁饱绅，尽寄乡户归绅名。彼虽为利非好义，犹胜官吏多欺凌。"民户们后来闻知"太守"（知府）前来县里治办漕务，希望"太守"能够纠改弊政："太守为民殛贪吏，太守为民治漕弊。"谁知"太守"前来整治的仅是违忤漕政的乡绅，对县官则不予追究，而民户上交的"羡余"份额比此前更大："太守来来苏我民，我粮依然我自完，加六不止加七完。""太守"与县官沆瀣一气，使地方漕粮征收的弊政更为严重了。《牧歌》描写一个牧童哀怜自己放牧的耕牛被牵走抵偿官府租税。"母呼儿饭儿不饭，人饿须知饲牛晚。""牛能养人识人意，一牛全家命所寄。"牧童一家对耕牛的爱惜和依赖，在官府租税重压下毁灭了。牧童哀求不要卖掉耕牛，宁愿自己被卖掉以偿官租，"阿牛牵牛去输租，劝爷卖牛宁卖吾"。牧童与耕牛的故事，折射了官府苛重租税对农户的伤害。《养蚕曲》记述农家辛苦养蚕，蚕茧丰收后，所获蚕丝不够缴纳官税。"丝成许儿作布袴，卖丝不够充租赋。"家人不得温饱的状况也未得到一点改善，"养蚕人家无寸帛，七十老翁冻折骨"。诗篇揭示了赋税沉重、丝贱伤农的税政现实。

张问陶（1764—1814），字仲冶，遂宁（今四川遂宁）人。乾隆间进士，授翰林院检讨。历吏部验封司郎中、莱州知府等。

张问陶的《戊午二月九日出栈宿宝鸡县题壁》组诗作于嘉庆三年（1798），记述诗人在秦地（陕西）亲闻亲睹官军与白莲教"盗贼"之间的战事。清军与白莲教"教匪"的战事在正史中亦有记载："（嘉庆元年十一月）湖北教匪偷渡滚河入秦。"①"（嘉庆三年二月）柯藩、乌尔图纳逊坐纵陕贼渡汉入楚，褫职。"②组诗描述了这些年官军作战不力、谋划失策、怠惰冒功的颓丧气象。

轻装休问办装钱，短堠长亭望悄然。磷火飞残新战垒，枯髅吹断旧人烟。此中托命惟奔马，何处招魂不杜鹃。大帅连兵甘纵贼，生灵涂炭已三年。

穷山避乱敞军门，威望遥遥万马屯。不战岂能收杀运，无功先已负君恩。只闻怨毒归诸将，可有心肝奉至尊。一样沙场征戍死，模糊敢信是忠魂。

功罪朦胧令自宽，苞苴馈赠且偷安。民穷转觉军中好，寇过惟从壁上观。俗吏飞腾推挽易，妖氛飘瞥送迎难。逍遥无暇谈攻守，不及乡农

---

① 赵尔巽等：《清史稿》卷十六《仁宗本纪》，中华书局1977年版，第569页。
② 同上书，第572页。

早议团。

故事虚张谕蜀文，悬军赡养募新军。山中城破官仍在，阃外兵哗将不闻。大贾随营缘我富，连村无寇是谁焚。烽烟未扫偏流毒，万鬼含冤指阵云。

连城闭后万山荒，忍弃郊原作战场。贼有先声如唤鹤，官无奇策任亡羊。飘摇鸿雁飞难缓，潦车弓旌气不扬。犹胜骄淫诸将吏，移营终岁避锋芒。

莫道重关护益州，时危曾困武乡侯。谁看鸿鹄犹扶未，人佩刀鞬早卖牛。战斗心疲千帐冷，惊呼声乱一城秋。老师縻饷成何事，宵旰空贻圣主忧。

组诗从不同侧面记录了诗人对战事的各种见闻。"磷火飞残新战垒，枯骷吹断旧人烟。"战事留下的祸乱遗迹是明显的，其间的尸骸白骨更是刺人眼目。官军将领率军接战不力，甚至避战纵"贼"，致使这场三年来辗转多地的战事造成了无数民众死于非命："大帅连兵甘纵贼，生灵涂炭已三年。"诗篇揭开了这些各怀私心的将军怠惰"剿贼"的真面目。他们丧失了基本的为臣之道，没有履行起码的职分："不战岂能收杀运，无功先已负君恩。只闻怨毒归诸将，可有心肝奉至尊。一样沙场征戍死，模糊敢信是忠魂。"官军懈怠避战，竟然心安理得。官军治军松懈，生计困窘的贫民可以随意混入当兵，借以糊口苟活："功罪朦胧令自宽，苞苴馈赠且偷安。民穷转觉军中好，寇过惟从壁上观"。官军懈怠涣散，战斗力还不如乡民为求自保而组织的民团："逍遥无暇谈攻守，不及乡农早议团。"官员及将领未尽力"剿贼"，却仍旧享受俸禄，而官军对乡民的劫掠烧杀，在山村留下了无数的冤魂，"山中城破官仍在，阃外兵哗将不闻。""烽烟未扫偏流毒，万鬼含冤指阵云。"经过"教匪"和官军的交替劫掠，许多城邑沦为废墟："连城闭后万山荒，忍弃郊原作战场。"官军对"教匪"风声鹤唳的畏惧，加重了战祸的绵延："贼有先声如唤鹤，官无奇策任亡羊。"诗人一路见闻诸多场景，对官军疲无斗志、徒耗军饷的状况极其不满，怨责他们辜负了朝廷和君主的重托："老师縻饷成何事，宵旰空贻圣主忧。"组诗反映了嘉庆初年国内"盗贼"蜂起、官军涣散无能的严峻时政，表达了希望朝廷整治官军，早日平定乱局，使社会重新回归正常秩序的政治心愿。组诗对这场影响全国的征剿"教匪"的战事做了多角度的描写，留下了一份清代士大夫官员基于正统立场对这场战争所做的记录和评价，有其独特的时代内涵和文献价值。

四　陆玉书　乐钧　彭兆荪　吴慈鹤　潘际云　陈沆

陆玉书（1767？—？），字筱田，六合（今江苏六合）人。乾隆间举人，历钱塘知县、处州同知。

陆玉书的《谕讼师》描述讼师操弄科条、刻意兴讼、枉法殃民的法政乱象。

> 四民之中士为首，品行文章贵兼有。今之学者吾不知，不为经师为讼师。讼则终凶岂不闻，强颜借口因家贫。贫也非病何足耻，胡为务此丧行止。莫谓小节何所妨，须知孽积天为殃。文人之心狱吏笔，机巧变诈那可当。愚民雀角逞小忿，辄复从旁授以刃。百计诱之骑虎背，欲下不能惟我听。遂令亲戚成仇仇，甚于同室操戈矛。户婚田土细小故，经年累月犹不休。始犹暗中作长城，继而出面争威名。讼者厌讼求息事，于中犹欲争输赢。可怜家业已倾败，讼牒句稽还未艾。讼师偏作壁上观，心在局中身局外。忽来长官勤案牍，惟日不足继以烛。每事必欲究主使，按名查拘签不宿。黠者兔脱免此身，愚者逡巡系以绳。轻则戒饬重羞辱，重则牒学褫青衿。吁嗟十载寒窗苦，甘蹈刑章遭夏楚。区区蝇头利几何，斯文扫地实自取。我见此事辄怆神，此身同是胶庠人。胡勿廉隅知自伤，束躬圭璧为儒珍。自古禄在学之中，悔尤能寡岂终凶。幸毋陷溺不知返，苦口两耳仍如充。

诗篇将文人出身的讼师与一般文人士大夫做了比较，鄙夷地将讼师的谋财之道视为卑劣下流之举："讼则终凶岂不闻，强颜借口因家贫。贫也非病何足耻，胡为务此丧行止。"诗人鄙视讼师行当，认为讼师将文人本该守身克己的道德文章踩在脚下，不惜昧心丧良，只顾机诈权变，操弄科条，将求讼者玩弄于鼓掌之间，挑拨是非，生事牟利："文人之心狱吏笔，机巧变诈那可当。愚民雀角逞小忿，辄复从旁授以刃。百计诱之骑虎背，欲下不能惟我听。遂令亲戚成仇仇，甚于同室操戈矛。"这些无良讼师唯恐讼者息事宁人，变化种种手段兴讼滋事："讼者厌讼求息事，于中犹欲争输赢。可怜家业已倾败，讼牒句稽还未艾。讼师偏作壁上观，心在局中身局外。"这样的恶意兴讼，使官府的司法陷入混乱，滋扰世间不得安宁。讼师胡作非为终致事极必反，最后自己落得锒铛入狱："吁嗟十载寒窗苦，甘蹈刑章遭夏楚。区区蝇头利几何，斯文扫地实自取。"诗篇不仅斥责讼师恶意兴讼，也怨责府衙官员懈怠职守，纵容无良讼师的欺诈行径，败坏了法政的基本秩序。

乐钧（1768？—？），字符淑，临川（今江西抚州）人。嘉庆间举人。

乐钧的怨政诗有描写地方司法不公、治安不靖的，如《岭南乐府》组诗中的《买凶》《海盗》；有描写地方荒政败坏、税政严苛的，如《铲草行》《观音土行》等。

富儿杀人走亡命，贫儿受赂顶名姓。甘心性命轻鸿毛，虽有于张讼难听。头颅卖却值几钱，价高不过三百缗。妻孥得此暂温饱，餐刀伏锧无冤言。东市云寒日色薄，临刑犹自念余橐。北邙山下纸钱飞，何处青蚨贯朽索。富儿生益富，贫儿死终贫。贪夫徇财宁杀身，钱能使鬼还通神。（《岭南乐府·买凶》）

山盗如狐狸，海盗如鲸鲵。巢穴逋逃易焚扫，波浪出没难擒围。此徒半出安南国，闽粤亡命亦从贼。白艚狂趁西南风，五月商船行不得。颇闻西路豪富民，妇女儿童多盗群。买船借盗权子母，一家晏坐收金银。渔人捕鱼出外洋，暗中往往赍盗粮。此皆盗源盗羽翼，兵汛懈弛官难防。镇将终年驾樯橹，时捉海盗送大府。东市悬首方累累，又报商船被抢掳。洪涛万里连番夷，蛟宫鼍窟云迷离。塞海口有佛郎机，发声如雷盗不知。（《岭南乐府·海盗》）

晴沙扬空日皓皓，沙上停舟见野老。肌消如腊骨如柴，手柄长镵铲枯草。试问野老何辛勤，凄然向我诉怀抱。水滨地狭田土硗，岁丰才得半年饱。河水易涨仍易干，三年两年苦旱潦。早禾已遭霖雨烂，晚稼将逐秋阳槁。僻壤偏灾官不知，统报收成十分早。昨闻县胥领官帖，遍征租赋下乡堡。到门恫喝鸡犬惊，官粮那能略减少。君看破屋余半间，风吹拉拉欲倾倒。亦无男女堪卖钱，只有乞食白头媪。西家稚子如饥鼠，东邻老父似冻鸟。夜来聚语相酸辛，生死谁能复自保。终拼一身听吏捉，县宰贤明可诉祷。凶荒如此宜见怜，弗怜亦甘受搒拷。铲草且作烧畬计，不死更望来岁好。（《铲草行》）

丰年无钱人食苦，凶年无钱人食土。和糠作饼菜作羹，充肠不及官仓鼠。此土寻常曾不生，饥人竟以观音名。云是菩萨所潜赐，杨枝洒地甘如饧。吁嗟乎，富家有土连郊坰，富家有米如抵京。米价日昂不肯粜，坐视饿殍填沟塍。此土幸出观音力，不费一钱能饱食。救荒已赖佛慈悲，莫向富翁苦啾唧。（《观音土行》）

《买凶》诗序称："杀人者购一人代为抵罪，名曰买凶。虽茹刑亦不吐实。"诗篇记述岭南地区有富豪杀人，花钱买通穷人顶罪，自己潜逃江湖，逍遥法外:"富儿杀人走亡命,贫儿受赂顶名姓。甘心性命轻鸿毛,虽有于张讼难听。头颅卖却值几钱,价高不过三百缗。妻孥得此暂温饱,餐刀伏锧无冤言。"穷人为了家人活命,贱卖自己的性命,这是穷人的悲哀。但更大的悲哀在于,官府胡乱判案,让真凶轻易逃脱了杀人抵命的惩罚。官府执法的混乱和轻率,使法度丧失了公正。诗篇提供了一份揭示清代中期地方司法败坏的典型案例。《海盗》诗序称:"粤东海面分东西中三路,并有舟师防御。南风盛时,盗从安南大洋连樯而至,西路商舶最先受害。洪涛出没,甚难捕获。"诗篇记述来自"安南国"(今越南)的海盗横行"粤东海面",又得到粤东渔民私卖粮食的资助,更逞凶狂。"此徒半出安南国,闽粤亡命亦从贼。""渔人捕鱼出外洋,暗中往往赉盗粮。"官府虽然派军剿盗,却难见实效:"镇将终年驾樯橹,时捉海盗送大府。东市悬首方累累,又报商船被抢掳。"诗篇分析了治盗无效的原因:"塞海口有佛郎机,发声如雷盗不知。"海盗快捷窜行作案,官军虽在岸上定点架设火炮,却无法有效打击流动的海盗,造成粤东海面长期不得安宁。《铲草行》描写地方官府在灾年不着力赈济饥民,反倒谎报年成,照旧征税催租。"水滨地狭田土硗,岁丰才得半年饱。河水易涨仍易干,三年两年苦旱潦。""僻壤偏灾官不知,统报收成十分早。""到门恫喝鸡犬惊,官粮那能略减少。"灾年催科,在一些地方成了常态。《观音土行》记述大灾之年,富家囤积居奇,穷民无米可籴,官府束手无策。"丰年无钱人食苦,凶年无钱人食土。"饥民以观音土果腹,濒临死亡,富商只顾屯米牟取暴利:"米价日昂不肯粜,坐视饿殍填沟塍。"官府对此严峻局面不予强力干预,致使饥荒吞噬灾民,富豪却屯米腐朽。

彭兆荪(1768—1821),字甘亭,镇洋(今江苏太仓)人。乾隆间举人。彭兆荪的怨政诗描写地方官府税政、荒政、吏治等方面的弊端乱象。如:

输租乐,农人不乐士人乐。二顷不须田负郭,却向太仓充鼠雀。杳矣均田图,茫然手实法。某乙租庸移某甲,势与长吏相倾压。长吏无如何,逋布累累多。公私各有利,遑复相谯诃。独不见农夫担负官仓口,颗粒何能角升斗,多寡一任量人手。遗秉滞穗皆入官,鸠形妇子吞声还。(《输租乐》)

偏灾属旱非潦蝗,近水得收远水荒。荒田果荒荒有数,有田不荒荒可作。朝廷恩意官长法,却使奸胥饱筐篚。申荒谁,里正口。注荒谁,吏人手。荒田无钱田不荒,作荒有钱免办粮。勘荒纵有神明宰,一一安能免欺绐。偏灾由来降自天,谁知偏中复有偏。偏灾人乃分天权,偏灾赈灾弊益多,呜呼全灾更若何。(《偏灾行》)

长官寿，长官不自寿，僚吏相为寿。酒不必东海珍，脯不必西方麟。添筹有物在囊橐，安用祝予千万春。门前贺客会，堂上笙歌沸。百爵醉不辞，三更歌犹未。是时岁阑天雨雪，乡亭屡报沟中瘠。（《长官寿》）

《输租乐》感慨，"均田制""手实法"那样的合理负担税粮的古法已经废止，一些民户的"租庸"粮税被私下互换，与官府常规征收税粮的政策相抵触，官府对这些奸猾之徒无可奈何。"杳矣均田图，茫然手实法。某乙租庸移某甲，势与长吏相倾压。长吏无如何，逋布累累多。"而对老实守法的田家，吏胥则使用欺诈手段多收税粮，贪婪榨取："独不见农夫担食官仓口，颗粒何能角升斗，多寡一任量人手。"诗篇披露官仓吏胥在收纳税粮时弄权舞弊，欺诈乡民。《偏灾行》记述官府吏胥滥用职权，在勘定荒情时瞒上欺下，败坏荒政。偏灾，即大灾。当地遭遇旱灾后，按朝廷诏令及官府法度，需勘定灾情以便施赈，但旱灾的情况在不同地势的田亩之间差异很大，使勘定灾情有了上下其手的可能，贪吏趁机舞弊，索贿受贿。"偏灾属旱非潦蝗，近水得收远水荒。荒田果荒荒有数，有田不荒荒可作。朝廷恩意官长法，却使奸胥饱筐篚。"在登记田家受灾与否、受灾轻重时，贪吏完全依据农户是否给自己使钱行贿来加以定夺："申荒谁，里正口。注荒谁，吏人手。荒田无钱田不荒，作荒有钱免办粮。勘荒纵有神明宰，一一安能免欺绐。"诗人认为相关法度对"偏灾"的认定办法有缺陷，使贪吏有作弊的可乘之机："偏灾由来降自天，谁知偏中复有偏。偏灾人乃分天权，偏灾赈灾弊益多，呜呼全灾更若何。"诗人希望朝廷和官府改进对"偏灾"的勘定和赈济办法，以真正达到荒政济民的目的。《长官寿》描述"长官"寿辰庆典奢靡挥霍，官吏竞相趋奉。"长官寿，长官不自寿，僚吏相为寿。""门前贺客会，堂上笙歌沸。百爵醉不辞，三更歌犹未。"诗篇对举写出了世间饥荒景象："是时岁阑天雨雪，乡亭屡报沟中瘠。"就在"长官"欢宴达旦的时候，饥民成为饿殍的消息一个接一个传到官府。迥然对立的画面场景，包含了明显的谴责意味。

吴慈鹤，生卒、事迹见前。

吴慈鹤的怨政诗记述嘉庆时期一些地方官府在盐政、徭役、治盗、荒政等方面的施治劣绩。如：

官盐如泥直四十，私盐二十翻雪粒。官盐在城不在村，村人买盐还入城。私盐远近随所至，夜半为市常喧争。锥刀之末愚者趋，买贵卖贱愚所愚。公家科条固严急，茧氓性命轻锱铢。我谓不如弛其禁，贸迁往来置问询。但使关津出榷缗，何须淮粤分商运。谁叹采风献至尊，此事

亦足苏疲民。(《官盐行》)

　　大车焞焞,晓行不见日,夜行犹见星。云送薪料赴河北,公使迫促无留停。大车三牛两牝马,爱惜鞭笞不肯下。农家辛苦畜养来,今日蹄穿血流踝。传闻大工需料二万垛,垛各五万运以五十车。近者百里远者数百里,严急不可晷刻逾。岂无帑金发自少府,所费太巨仍资里间。可怜薪尽无以炊爨犹自可,只恐牛马尽死来岁谁畜畜。(《大车谣》)

　　孤城抱青山,萧萧百余家。昔为神仙居,今有虺与蛇。民贫性命轻,地大耳目遐。作奸犯科事,何由达官衙。颇闻探丸起,散乱如惊麛。杀人亦耰锄,食肉无爪牙。大府拥万兵,未肯一矢加。杀贼相公怒,我民死如麻。潺潺石龙江,清水为赤沙。肉既饱豺虎,血犹醉鱼虾。弹丸虽未破,四野无犬豭。嗟尔人何苦,不如苌楚花。(《博罗县》)

　　晚过派尾墟,一老倚僵树。似经丧乱深,呜咽向我语。贼去兵始来,贼来兵已去。兹村山谷间,兵贼偶一遇。其时秋八月,白昼响刀锯。民屠骨肉腥,贼饱飞扬遽。幕府遣诸将,将来惟空村。稍稍剩钱绢,往往逢鸡豚。贪卒竞攫取,贼起忽如云。仓卒不相救,勇夫变秋魂。幕府甚宽大,厥罪不复论。兵败由自取,民死一何冤。遗我穷独叟,恸哭收子孙。(《派尾墟》)

　　山行尽日何所见,妇叹儿啼泪洗面。小车鸦轧千百转,乞食焉能守乡县。车上何有一束藁,破缶长罂亦家宝。腹中久无麦与菽,何怪形容尽枯槁。行千百里将安从,壮者但恃能为佣。为佣妻子亦奴隶,受人唾骂不敢耻。只愁老稚无筋力,辗转沟中仍已矣。问子来何自,答云东郡东。吾乡去秋苦无雨,今春白日频黑风。十家种麦只五家,一寸二寸如乱麻。偶然得雨种禾黍,几日又已埋风沙。前村卖屋拆屋尽,后村卖驴不留牝。质库闭门富闭橐,性命穷黎等蒿莱。甘心远去求乐土,鸡亦无家犬无主。县官虽已免催科,流民无食将奈何。(《流民谣》)

　　《官盐行》开篇即介绍了"官盐"和"私盐"在质量和价格上的差异:"官盐如泥直四十,私盐二十翻雪粒。"官盐质次价高,私盐价廉物美,加之私盐买卖方便,私盐贩子甚至送货上门,这就造成了民间对私盐消费趋之若鹜,官府虽然屡有禁令亦无济于事:"公家科条固严急,蚩氓性命轻锱铢"。诗人认为官府与其禁而不止,不如改进盐政关税征收,既保证盐税足额征收,又促成商贩村民买卖如意:"我谓不如弛其禁。贸迁往来置勿问。但使关津出榷缗,何须淮粤分商运。"怨政的同时也提出了改善盐政的建言。《大车谣》描写官府征调农家牲畜转运"薪料",滥用民力,役重伤农。"云送薪料赴河北,公使迫促无留停。大车三牛两牝马,爱惜鞭笞不肯下。农家辛苦畜养来,今日蹄穿血流踝。"农家把自己都舍不得使唤的牲畜用来应付官差,无奈官府的役务太过繁重,农家的畜力实在不堪承受:"传闻大工需料二万垛,垛各五万运以五十车。近者百里远者数百里,严急不可晷刻逾。""可怜薪尽无以炊爨犹自可,只恐牛马尽死来岁谁菑畬。"官府滥征徭役,过度使用农户耕耘田地的畜力,威胁到了农家的基本生计。《博罗县》描述博罗县城"贼"患严重、官军避"贼"不战的荒诞场面。"孤城抱青山,萧萧百余家。昔为神仙居,今有虺与蛇。""大府拥万兵,未肯一矢加。杀贼相公怒,我民死如麻。"上万官军按兵不动,坐视"盗贼"杀人戕民。《派尾墟》讲述官军剿"贼",却回避"盗贼",致使百姓遭受劫掠、冤杀。"贼去兵始来,贼来兵已去。兹村山谷间,兵贼偶一遇。""民屠骨肉腥,贼饱飞扬遽。"官军剿"贼"不力,侵扰百姓却很凶蛮:"幕府遣诸将,将来惟空村。稍稍剩钱绢,往往逢鸡豚"。在攫取民财之际,官军忽然遭遇"盗贼",不敢接战,竞相奔逃,反倒死于"盗贼"之手:"贪卒竞攫取,贼起忽如云。仓卒不相救,勇夫变秋魂。"官军怯于剿"贼",勇于掠民,"幕府"宽纵了官军的殃民行径。《流民谣》记述东平(在今山东)地方遭遇风灾,饥荒严重,乡民纷纷逃亡异地,官府赈灾未见实效。"行千百里将安从,壮者但恃能为佣。为佣妻子亦奴隶,受人唾骂不敢耻。只愁老稚无筋力,辗转沟中仍已矣。"饥民流亡他乡,只因灾荒太重,倾家荡产也难以换来糊口的米粮。官家粮仓和富户商家闭门不粜,见死不救:"前村卖屋拆屋尽,后村卖驴不留牝。质库闭门富闭粜,性命穷黎等蒿鼓。甘心远去求乐土,鸡亦无家犬无主。"然而饥民流落异乡,仍然没看到解脱困境的希望:"县官虽已免催科,流民无食将奈何。"官府虽然没有催逼粮税,但在荒政救助方面却完全无所作为,怠惰职守。

潘际云(?—?),字里不详。嘉庆间进士,任霍山知县。

潘际云的怨政诗记述嘉庆年间地方官府在荒政、税政、法政方面的弊端。如:

田中焦,河底坼,南风长吹烈日赤。老农望天惟白云,不种黄秧种荞麦。麦种何所有,典衣买一斗。用力如耕青石巅,急图已落黄梅后。三日下麦种,十日望麦苗。愿把农夫千万泪,变成微雨洒平皋。泪亦不能洒,雨亦偶然下。入土才深半寸余,两瓣青青已残夏。县官来勘荒,仆从纷舆马。山坡麦只一尺长,境内灾称五分下。父老长跪言,糠秕朝夕缺。盼得荞麦花如雪,多少农氓眼流血。(《荞麦歌》)

追呼不可废,废则国课迟。追呼不可迫,迫则民难支。岂惟民难支,胥吏侵蚀之。我有催科法，不在征收时。每当鞫庶狱，恺切询乡耆。频年沛膏泽，尔民岂不知。及兹大有年，庶几报恩慈。乡老劝如法，劳以酒一卮。欲免小民累，勿徒胥隶笞。

我从田间来，颇识田间苦。乡民怕入城，畏吏如畏虎。讼事一牵系，动辄一年许。所嗟久羁留，衣食贷无所。黄绸一被眠，朱票百弊舞。吾欲劝同僚，讼狱结为主。（《治邑》）

《荞麦歌》作于嘉庆十二年（1807），记述农家种麦遭遇旱灾，官员勘荒却谎报灾情。"麦种何所有，典衣买一斗。"农夫把衣服都典当了，换来宝贵的麦种，撒到地里，却遭遇大旱，近乎绝收。"入土才深半寸余，两瓣青青已残夏。"官员下乡勘灾，将严重的灾情向上司呈报为小灾："县官来勘荒，仆从纷舆马。山坡麦只一尺长，境内灾称五分下。"官吏谎瞒灾情，直接断送了当地百姓受到朝廷赈济的希望。《治邑》评述了地方吏胥在执法过程中的滥权舞弊现象，提出了革除弊端的思路："追呼不可废，废则国课迟。追呼不可迫，迫则民难支。岂惟民难支，胥吏侵蚀之。"诗人认为，地方官府在征税中的"催科法"有其存在的必要，但催科征税也不能将百姓逼迫太紧。作者的这种观点较为平衡。诗篇提出了改进催科征税的思路："我有催科法，不在征收时。每当鞫庶狱，恺切询乡耆。频年沛膏泽，尔民岂不知。及兹大有年，庶几报恩慈。"这个思路，是以政策的恩德感化百姓，使百姓在丰收年景乐意向官府多多缴纳税粮。相反，对简单蛮横的催科行为，表示了否定："欲免小民累，勿徒胥隶笞。"诗人还对"治邑"施政中的讼事予以特别的关注："我从田间来，颇识田间苦。乡民怕入城，畏吏如畏虎。"乡民畏惧吏胥，当然是由于吏胥欺凌乡民所致。尤其是涉及讼事，乡民被贪吏敲诈勒索的情形更为严重："讼事一牵系，动辄一年许。所嗟久羁留，衣食贷无所。黄绸一被眠，朱票百弊舞。"诗人对县吏借讼事舞弊贪利提出慎重告诫："吾欲劝同僚，讼狱结为主。"这种告诫，强调讼务的应有目标，切中了地方吏胥热衷兴讼的法政弊端。

陈沆（1785—1826），字太初，蕲水（今湖北浠水）人。嘉庆间进士。历翰林院编修等。

陈沆的怨政组诗《河南道上乐府四章》描述灾荒年的人间惨景，反映嘉庆时期河南一些地方官府荒政施治的缺失。如：

汝南人瘦万狗肥，前有饥者狗后随。忽然坠落沟中泥，狗来食人咋人衣。顷刻血肉无留遗，残魂化作风与灰。狗饱狗去摇尾嬉，余者尚充鸦雀饥。我行见之心骨悲，徒有恻怆无能为。大家北来何光辉，清道翼以双绣旗。从者飞语里卒知，为我亟去道旁尸，毋使不祥触公威。（《狗食人》）

怪底春光二月好，踏青千里无青草。草根当作麦粮餐，草色都如人面槁。家家妇女驱出门，手靸脚软声暗吞。乐岁欢歌苤苢子，凶年苦劚苴蒉根。毕竟天心仁爱汝，枯田尚有萌芽吐。谁云小草是虚生，功在饥荒非小补。夕阳归去一肩挑，饱食居然腹不枵。此时长吏方沉醉，可惜不曾知此味。（《吃草根》）

救荒古有良有司，今者逃荒官不知。一路嗷嗷男挈女，纷纷避荒如避虎。饿腹况兼行路苦，清晨冲风夜戴雨。只知四方口可糊，谁料饥荒无处无。官府捉人牛马驱，慎莫乞食门前呼。家乡腊前见三白，且可归来食新麦。（《逃饥荒》）

《狗食人》刻写饥民饿死之后葬身野狗之腹的残酷事实。"汝南人瘦万狗肥，前有饥者狗后随。忽然坠落沟中泥，狗来食人啮人衣。顷刻血肉无留遗，残魂化作风与灰。"饥民已成饿莩，其死后的归宿又如此惨淡，而这时竟然出现了这样的一幕："大家北来何光辉，清道翼以双绣旗。从者飞语里卒知，为我亟去道旁尸，毋使不祥触公威。"所谓"大家"，即高官大吏。大吏率领的绚烂光鲜的车队途经灾区，饥民尸体被野狗抢食的惨景虽然近在咫尺，大吏的随从传令当地吏胥赶快清除道旁的饿莩，以免这样的情景冒犯了大吏的威仪形象。《吃草根》描述春荒之时，农家饥饿难耐，只得四出采摘草根为食。"草根当作麦粮餐，草色都如人面槁。家家妇女驱出门，手靸脚软声暗吞。"诗篇比较了饥民和"长吏"两种人在这个时节的不同境遇："夕阳归去一肩挑，饱食居然腹不枵。此时长吏方沉醉，可惜不曾知此味。"草根为食和酒醉饭饱，这个对比的情景凸显了"长吏"在饥荒年景无视民苦、不思赈民、自顾酒肉享乐的行为。《逃饥荒》感慨："救荒古有良有司，今者逃荒官不知。"官府在荒政上无所作为，反而让差役抓捉饥民，驱使饥民去服苦役："只知四方口可糊，谁料饥荒无处无。官府捉人牛马驱，慎莫乞食门前呼。"诗人因此奉劝饥民不要靠近官衙乞食，以免遭受吏胥的毒手。组诗的这些荒政信息，是清代中期后段的嘉庆年间地方治理状况的一个侧面，有一定样本意义。

第三节　清代后期怨政诗——内外战祸　全局危殆

清代后期是指清宣宗道光至末代皇帝溥仪宣统时期。清王朝在经历了顺治、康熙、雍正、乾隆、嘉庆几朝的一百多年的上升、隆盛，到嘉庆时期已经越过由盛转衰的拐点。英国商人向中国倾销鸦片，英国政府为保护贩毒自由对中国发动战争。清朝政府时战时和，首鼠两端，清军在与英军的战事中一再落败，将国家推向了宁为瓦全而不得"全"的巨大困境。从道光往后，内忧外患的国家政治危局使清王朝陷入了不可逆转的衰落。面对陌生的西方强国突然蛮横打乱自己的统治秩序，清皇室当局以旧招应新变，刻舟求剑，张皇失措。清代后期近百年的王朝统治，经历了内外战争、洋务运动、维新变法等历史大变局，奋力挣扎而又势所难免地走向了中国古代王朝政治的终点。

清代后期怨政诗的时代痕迹十分鲜明，许多作品打上了国势衰败、国将不国的惨痛烙印。清代后期国力急剧衰退，直接导因于道光年间英国的对华鸦片战争，其后还有咸丰年间太平天国的巨大战乱，光绪年间中日甲午战争的严重冲击。连续的外来侵凌和内部动乱引发了诗人们对国难危局的深切忧愤，一些重大的战争事件及其他时政事件在他们的怨政诗里得到了深度的描写。如陆嵩的《闻和议有成夷船将出江去感而有作》，作于道光二十二年（1842），记述中英签订《南京条约》："伊节相来争郊迎，谓今和议必有成。船如何坚炮如何利，东南半壁势将倾。"感慨朝廷在英军船坚炮利的强横面前被迫达成和议。诗篇留下了同时代士大夫对这个重大变局的同步认知和评判，足可与史载相参证。丘逢甲的《春愁》，作于光绪二十二年（1896），悲慨甲午战争后清廷割让台湾给日本的历史灾难。"四百万人同一哭，去年今日割台湾"的悲怨，已超出诗人对时局的个人感受，也超出了台湾"四百万人"的伤痛之情，是在更大时空里宣泄了无数中国人对国家政治军事失败招致民族大灾难的深哀剧痛。诗篇虽短，指标意义很强。陈三立的《十月十四日夜饮秦淮酒楼闻陈梅生侍御袁叔舆户部述出都遇乱事感赋》，记述光绪二十六年（1900）八国联军在北京横暴作恶的情况。村落城镇被践踏，男女老幼被虐杀，"狼嗥豕突哭千门，溅血车茵处处村"。诗人感慨友人逃难幸存，唏嘘山河遭践狼藉，"九州人物灯前泪，一舸风波劫外魂"。惊魂难定的伤叹，是清末外患战乱在士大夫文人心里的真实投影，时代特征十分显著。

清代后期，除了这些关注重大战争时政的作品，记述朝廷和官府各项施政弊策和劣治的诗篇，仍然是怨政诗的主流作品，涉及赋税、徭役、荒政、河政、田政、漕政、狱政、盐政、吏治等多方面政务。清代后期的怨政诗，记录了诗人眼中的国家治理衰败状况，保持了对朝廷和地方官府各项弊政劣策的锐利批判态势，表达了对剧烈变迁的时代政治的复杂痛苦感受，是中国古代怨政诗强力而悲怆的最后乐章。

清代后期创作怨政诗的诗人，主要是各级士大夫官员，也有一些布衣文人。如顾莼、陈文述、郭仪霄、张维屏、顾翰、陆费瑔、谢元淮、黄培芳、姚椿之、张朝桂、柳树芳、袁翼、朱绶、张应昌、林寿春、钱泰吉、胡贞干、陶誉相、龚自珍、吴振棫、冯询、王嘉福、蒋坦、夏尚志、于源、黄燮清、铭岳、王拯、何栻、胡琨、李长霞、张景祁、高望曾、鲁贲、刘铭传、周馥等。这些怨政诗人记述和感发的清代后期的社会政治问题，主要包括以下六个方面。

1. 记述鸦片战争前前后后的各种恶劣状况。鸦片烟毒泛滥，官府整治无效，贪官助推烟毒，权臣空谈误国，官军怯懦畏敌，将帅指挥失败，百姓深受荼毒。

张维屏（1780—1859）的《三元里歌》，记述道光二十一年（1841）广州三元里民众打击前来滋扰的英军，被大小官员横加阻挠。"三元里前声若雷，千众万众同时来。因义生愤愤生勇，乡民合力强徒摧。家室田庐须保卫，不待鼓声群作气。妇女齐心亦健儿，犁锄在手皆兵器。"三元里乡民自发组织起来，以农具为兵器，合力打击滋事戕民的英夷"强徒"："众夷相视忽变色，黑旗死仗难生还。""一戈已掊长狄喉，十日犹悬郅支首。"英夷"强徒"被三元里乡民打得难以招架，退缩待援。这些本来已成瓮中之鳖的"强徒"，接下来居然全身而退了："纷然欲遁奸渠易，忽开巨网攸然逝。""强徒"之所以能在乡民的痛击和围堵下脱身，全仗当地官府受命为之解围。史载："乡民于义律未退时，困之三元里，余保纯趋救始得出。"① 广州知府余保纯奉朝廷大臣奕山之命，促成了帮助"强徒"逃脱的"和戎"之举。

顾翰（1782—1860）的《俞家庄歌》作于道光二十二年（1842），描写浙江沿海一小渔村村民自发袭击前来劫掠的英国兵船。诗序称："俞家庄者，浙江一小村落也。道光壬寅，英夷寇宁波，官兵莫能御，乡民切齿欲甘心焉。一日捕鱼海上，见有夷船停泊，突入其船，夺其兵仗，杀夷人过半，拆毁其船，取其货物以归。意夷人必来报复，乃操小舟十余只，载稻草菅索，捕鱼海上如故。不数日，果见火轮船二，扬帆来。乡民俟其近，各怀利刃跃入水中，密以所携稻筐系两轮旁，船不得动。夷人方愕然，乡民已蹑火轮上，出利刃击刺夷人，尽歼焉。取其货物，防守益固。夷人因不敢入嵊县境，而一邑无恙。"诗篇详述了俞家庄村民两次袭击英军的经过。"英夷声势不可当，到处焚掠恣披猖。闻风畏惧争逃亡，挫衂乃在嵊县乡。嵊县乡民有何长，终年力田获稻粱，入水捕鱼以为常。侧闻夷人纷劫攘，胸怀义愤志激昂，恨不割刃屠其肠。""乘势突入夷人舱，举手夺得刀与枪。夷人多半被杀伤，仅有

---

① 赵尔巽等：《清史稿》卷三百七十三《奕山传》，中华书局1977年版，第11538页。

一二得远扬。""夷人犹然蜂缀房，乡民猝至殊仓皇。斫落夷首如刲羊，但见鲜血流滂滂。遗有货贝数百箱，遂令窭俗成丰穰。夷人自此心怯惴，不敢扰害来兹方。"诗篇在称赞村民果断出手痛击英军之后，用几组排比句对举写出号称国家栋梁的将帅、官军、官员在英军面前的畏缩、怯懦、退避："我思将帅身堂堂，天戈所指天威扬，讵无弧矢射天狼。我思材官羽林郎，冠飘孔翠乘飞黄，讵无勇气赴敌场。我思节钺专封疆，高牙大纛何辉煌，讵无伟略筹边防。我思牧令称循良，平时惠泽流甘棠，讵无众志成金汤。我思宰辅居岩廊，出入帷幄资赞襄，讵无硕画恢宏纲。我思侍御依天闾，手执白简排风霜，讵无上策呈封章。"这些"我思""讵无"的感慨，表面上是不愿相信将帅、官军、官员会在外寇侵凌前如此不堪一击，实际上恰是指责朝廷、官军和地方各级官员在凶蛮外寇面前张皇失措、无能应对的窘态。"君不见小可敌大弱敌强，静能制动柔制刚。保护宅里如苞桑，小小乃有俞家庄。"诗人的指责虽然委婉，但以俞家庄村民尚能惩击英军，反衬出朝廷和官军、官员丧失抗敌意志，无勇无谋，狼狈不堪。

袁翼（1789—1863）的《鬼子街》描述道光年间鸦片烟毒泛滥的社会恶果。外国鸦片烟贩公然开店，大肆销售"相思膏"，"坐令中域银山弃""刳骨剔髓不用刀"，中国国库白银大量流失，万千民众生命遭受戕害。这种动摇国基、谋财害命的的毒品竟然行销于世，没有得到官府的有效遏制。

林寿春（？—？）的《罂粟花》组诗分别描述了鸦片为祸之烈和官府禁烟失效的情况。"种花不贪囊结子，但取囊汁煎为膏。煎膏私卖官民食，一食此膏抛不得。白银一两膏五钱，种花胜种米与麦。花田种花花日多，食者何异投网罗。"这是鸦片传入中国后开始走向泛滥的情形，其后这样的危害开始祸及各个阶层："贫人失业富荡产，面目枯槁魂魄散。""味如嚼蜡毒如蛊，杀人不异剑与刀。"朝廷和官府在察知这样的普遍危害后，也采取了一些措施想要遏制鸦片，无奈这些禁毒之举遭到贪渎官吏的抵制、扭曲。这些贪渎官吏不仅不强力执法，反而趁机勒索小民，受贿富户，执法畸轻畸重，致使富户无视法禁，放肆吸毒："近年土贵因官禁，日日吏胥挨户捉。东邻子弟多黄金，里正不言饱需索。可怜贫户囊无钱，捉向公庭受鞭扑。小民犯罪无可逃，同罪如何异苦乐。君不见侯门朱户翠栊帘，煎膏日夜烟熏天。明知官吏不敢促，何畏法令森且严。"贪渎官吏不仅执法犯法、营私舞弊，自己也沉迷毒瘾，带头犯禁："外堂听讼内堂眠，谁信职官亦私食。"诗人呼吁朝廷及官府的"大吏"严峻执法，不能对吸食鸦片的权豪富户网开一面："我愿大吏心，化作铁与石。先褫官绅富豪魄，勿使网罗幸漏脱。"这样的呼吁折射出咸丰年间一些地方官府对鸦片烟毒的法禁举措趋于瓦解的可悲现实。

胡琨（？—？）的《哀鸦片》记述了鸦片在中国泛滥的由来，烟毒在社会各阶层的危害，以及官府禁烟不力的后果。诗篇完全没有叙及清朝与英国因鸦片贸易发生的战争冲突，当作于道光二十年（1840）中英鸦片战争之前。"鸦片入中国，于明季滥觞。云自暹罗来，厥名为乌香。又名阿芙蓉，价共兼金昂。""最甚闽粤境，因地通外洋。"明末以来，鸦片从外洋经闽粤流入，流毒之势极为迅猛。除吸食者众多，栽种者也趋之若鹜，"即如浙温台，花竞栽米囊。制成名土烟，利远胜稻粱"。鸦片种植和贩运，明里暗里在各地成为一大行当："任投时俗好，忍令田畴荒。他省种亦然，民敝官聋盲。我闻鸦片贩，捆载盈筐箱。来源在番舶，转市遍远乡。贿赂之所通，关隘兼津梁。"官府对鸦片也有查禁举措，无奈这方面的行动太过软弱。更为致命的是，官府及官军中的一些人，深度介入贩卖鸦片的勾当，成为鸦片泛滥的重要推手："国家设庶僚，均宜守官常。奈何参佐辈，结习成膏肓。居然开烟盘，腼面临公堂。为官尚如此，何况役与臧。国家设武备，本倚为干将。奈何营卒辈，逐臭逾蜣螂。""为兵尚如此，何况优与倡。"诗篇强烈质问，酿成这场国家祸患的罪责该由谁来承担："涓滴成江河，累块成山冈。因循致贻患，此咎应谁当。"实际上，描述官府和官军一些人的所为，已经部分地揭示了罪魁祸首。诗篇概述全社会鸦片泛滥，公权人员参与贩毒吸毒，描写真切，见解独特，是那个鸦片泛滥年代一份难得的社会记录。

夏尚志（？—？）的《宁波东乡枭民作乱因追慨辛丑年事》（其一）追述道光二十一年（1841）鸦片战争期间英军攻占宁波城，一些猾徒为外寇充当奸细，一些乡兵临阵倒戈。"颇闻间谍多汪直，不见干城有任环。士卒甫看严阵出，乡兵先已倒戈还。"奸猾之徒像明代汪直为倭寇效劳一样为英夷奔走，却不见像明代任环一样以抗敌为己任的卫国志士。为防止对外战争期间再有类似情况发生，诗人向朝廷和官府发出吁求，惩治那些甘为外寇帮凶的内奸："从来治本须求末，戡乱尤宜慎止奸。"（其二）反思清廷对英军作战致败的一大原因是，当权的大臣只会纸上谈兵，并无真实韬略。"碌碌庸庸列鼎台，只应仗马共徘徊。片言妄博中朝誉，百万空糜内库财。""可知兴革关邦计，窃位何堪逞辩才。"这样的庸碌权臣夸夸其谈，实则误国误军。

高望曾（1829？—1878？）的《鸦片厘》记述地方官府漠视朝廷颁布的严禁鸦片的法令，将鸦片买卖当作市间茶酒买卖进行征税，带头败坏官禁。"煌煌法令下都市，食此者徒卖者死。""关津偷漏且不容，胡为厘捐竟及此。况乎盐有贾，茶有商，国家税课岁有常。例所不载莫敢昉。"诗人质问，即使把鸦片买卖也作为征税来源，也远远不足弥补征收军粮的税额差距，征收鸦片税实际只能让猾胥奸吏捞取私利："纵然江浙连年荒，劝捐筹饷日不遑。区区何足充军粮，或者猾胥藉此充私囊。"官府征收鸦片税，除了贪吏趁机中饱私囊，更大的危害是促使鸦片严重泛滥："猾胥贪赂不足怪，独怪有司不知戒。漠然忍视王章坏，正供几同盐与茶，试看列肆当官卖。"诗篇强调，地方官府征收鸦片税的政策将贻祸无穷。

2. 记述太平天国的种种乱象与祸端。官吏逼良为盗，"粤匪"攻城略地；官军畏缩避战，祸世甚于"匪患"。

张应昌（1790—1874）的《纪庚申二月粤匪陷武林事》，记述咸丰十年（1860）二月，太平军李秀成部攻破杭州城，太平军"粤匪"攻势凶猛，大张杀伐，官军无能退缩，弃城败退。"雨声淋浪贼至郭，横刀跃马无人觉。彼虏初来百骑耳，四郊弛防无一垒。""大吏战兢急闭城，城外予贼无屯营。"官军准备既不足，又不能统筹行动，致使有限的兵卒成了乌合之众；可用的民团被废弃不用，进退不得，反成累赘。"城内尽纳乌合兵，兵不杀贼戕吾氓。岂无义团愿敌忾，官禁其逃叱之退。"相对于官军的畏缩怯战，诗篇对举写出了太平军"粤匪"的凶悍和狠戾："坊衢火举城垣倾，守卒奔逃枭勇迎。可怜临安十万户，半剩空房半焦土。掠财焚屋更杀掳，荼毒甚于金陵苦。""杀人如麻刀矛攒，血流如河骸如山。""六日横尸十余万，漏网逃生亦鱼烂。"后来战局虽然得到改观，官军重新占领杭城，但杭城的劫难已经难以挽回。"援军幸来师子吼，夺门拔帜贼惊走。保此遗黎坚壁守，然已蹂躏什八九。"痛定思痛，诗人将官军战事失利的原因归为将帅无能，运筹失策，尤其是文臣武将无心国事，争谋私利，致使一败涂地，城破民亡。"帷幄无筹将退缩，一死难酬亿兆哭。""捐输亿万民膏竭，十载养兵都作贼。""武臣惜死文拥财，军中韩范安在哉。"官军耗费朝廷巨额军费，却成了战无不败的乌合之众；官军将领渎职怠战，贻误军机，贻祸国家。至于诗篇历数"粤匪"的杀戮劫掠之罪，是作者站在士大夫官员立场所做的评判，符合其秉持的正统政治观念。

王拯（1815—1876）的《拟古》（其二）描写太平军兴起于边鄙之地，彼时彼地的官吏贪渎横索，征敛繁苛，逼得良民依附"盗贼"，铤而走险。"东南厌兵革，厥衅肇边鄙。鄙人昔椎朴，官至缩如猬。骪法自贪夫，贪缘墨胥起。交征驯攘夺，盗贼遂圜视。"当"盗贼"兴军一路攻城略地，官军抵挡不住"盗贼"的威势，丢城失地，节节败退。"年来数强支，蹴踏万蜂蚁。象邑十余城，城城尽如毁。"地方官府面对"盗贼"的攻势，畏缩退避，越发助长了"贼势"。"可怜彼官司，畏匿面如纸。由来坐此辈，养恶致兴瘠。不然金田村，贼胆何由肆。"诗篇将从"金田村"起事的洪秀全太平军崛起的重要缘由归结为官府的怯弱应对，致使"贼寇"壮大，不可收拾。诗篇对"贪夫""墨胥"的痛恨，对"盗贼"的仇视，对官军作战不力的怨愤，是作者基于士大夫维护政权秩序正统立场做出的正常评判。《拟古》（其三）描写官军在与太平军的交战中，官军各部之间拥兵自保，缺乏互援，致使官军溃败连连。"如何师徒出，望援空裂眦。平时拥牙纛，谁欤彼疆帅。危亡众所属，望望全军逝。"将帅平素居高位，享厚禄，却临阵脱逃，辜负了朝廷的"付寄"。

张景祁（1827—1900?）的《武林新乐府记庚申辛酉两次失陷事》组诗共十首，记述咸丰十年（1860）、十一年（1861）太平军两次攻占武林（今浙江杭州）战事，其间揭示官军的种种无能、懈怠与祸世。诗序称："杭城再陷于贼，余皆在围城中，见闻最确。乱定后追思往事，疾首痛心，因编为新乐府十章。"组诗每首有小序介绍所咏之事。《水上萍》诗序称："辛酉（咸丰十一年）九月，贼大队薄杭。相持两月，城中粮尽，至刳苎根煮萍叶食之，死亡过半。军士以搜粮为名，破户穿墉，恣行劫掠，大吏知之而不能禁也。"诗篇描述了太平军包围杭州后，城内粮食耗尽，官军四处抢劫百姓，"哀哉百万民，忍死各无语。但闻鬼夜哭，那得天雨粟。军民谅同情，何以穿我屋"。大敌当前的时刻，官军还在戕害城内百姓。《大将幢》诗序称："水师副将贵廷芳驻师汀上，征歌斗舞，孤城危急，尚与将弁燕饮妓船，城陷不知所之。"诗篇描述担任守城重任的将军，将危在旦夕的破城压力置之脑后，追歌逐舞，纵情声色，"大将幢，横江浦。画船战舰纷歌舞，乐复乐，弦管声。惨复惨，风鹤兵。江波忽红满城火，载得西施同一舸"。一边是轻歌曼舞，一边是战火焚城。诗人对官军将领如此荒嬉军职感到不可思议。《通江路》诗序称："城外尽为贼寨，议开江路以通粮食。方伯林福祥驻师望江门外，与贼酋邓光明约和，许以白金四万两通江路，贼佯诺之。及使者赍金往，而贼以刀仗出迎，我军大挫。"诗篇描述守城将领在事关生死的大决策上草率行事，轻信"盗贼"放开粮食通道的约定，向城内民众极度勒索后，将大量的金银交给"盗贼"，"万黄金，通江路，搜刮脂膏喂豺虎"。结果上当受骗，损兵折将，战局受到重挫。"朝遣一使来，夕报一使去。使者未返和约成，铁骑突出刀枪鸣，四鼓急点城上兵。"诗人站在正统立场评判太平天国战事，"追思往事，疾首痛心"。这样的反应符合士大夫官员正常的情感倾向。

3. 记述朝廷和官府荒政事务的各种弊端。官吏懈怠渎职，欺诈瞒荒；吏胥舞弊勒索，侵吞赈粮；荒政救助缺失，灾民自生自灭。

顾莼（1765—1832）的《杂吟》组诗记述道光二年（1822）桑干河（永定河上游）流域发生洪灾，朝廷和地方官府在荒政施治中出现的种种怪现状。洪灾覆盖了广大的流域，无数灾民葬身波涛，幸存者惊惶无助，"数万愁魂聚于此，二十余日雨不止"。这场灾难的降临并非偶然。当地吏胥为了贪利，纵容乡民在河堤上乱种庄稼，导致河堤土质疏松，直接威胁了河堤安全："河边筑堤高数丈，芦苇缪辖相依傍。迩种高粱兼杂蔬，胥吏导民民乐往。""租不入官利可攘，土脉日疏水冲荡。民遭冲荡民自愚，昔饱胥吏今饱鱼。"正是河堤治理出现的这些混乱情况，才大大加重了后来洪灾的危害程度。皇帝顾念灾情，特遣大臣巡视灾区，"九重日念民疾苦，急遣重臣视三辅"。但身负君命的钦差大臣只是装模作样到灾区转悠了一下，就向皇帝呈报了与灾情完全相反的景况。"鲜衣怒马从天来，四望茫茫去何所。扑人况是风兼雨，回首归来报圣主。如天之福民不残，陈陈麦廪安如山。"灾民死亡和饥困的惨状被谎报成了生活安泰、粮食充足的福景。组诗还描写了地方官府在施粥赈济中的弊端。"设厂煮粥府拨银，宁滥勿隘言如纶。"表面上官府宁愿多施粥，不让对饥民的赈济有缺漏，但实际上饥民要向吏胥行贿才能得到领粥的赈票，"官赈给民凭纸易，一纸吏索小钱百"。奸猾小吏的舞弊，败坏了朝廷的荒政大事。

陈文述（1771—1843）的《粥厂》描写官府赈荒施粥中，吏胥欺上瞒下，坑害灾民。"灾区集饥民，县官设粥厂。"施粥的"粥厂"，本是为挣扎求生的饥民开设的，却成为官府吏胥掺杂使假、侵吞赈粮的渠道。"道殣厄赖哺，沟瘠瘵待养。惟闻当事愦，颇任胥役罔。锻石充楚糜，屑榆冒葛饷。""当事"昏聩，"胥役"欺蒙，被掺入杂物的赈粥就成了害命之物。"滞腹列肝胃，涩口扼咽吭。定致酿疫疠，行见毙尘坱"。诗人除了谴责，也提出了改进赈济的建言："实政颇有人，良法近可仿。秣陵吏治贤，京口士气慷。道在均贫富，事先周里党。户籍既罗胸，姓氏咸指掌。平粜贷釜钟，散钱俵缯褓。既可避寒冻，兼亦息劳攘。"诗篇对举"秣陵"荒政良绩的成功之道，认为官吏对当地户籍等详情了然于胸，施放赈济粮款时就能准确有效，真正救助到灾民，也能避免灾民的纷争。与之相反，当地赈荒失效，根源在于官员懈怠渎职："如何谋不臧，致令民无仰。纤啬始巨室，谬误由官长。"当地豪家大户本就吝于救灾，官府的怠惰更让他们心安理得。"煌煌名公卿，历历豪侩驵。只解较锱铢，遑复念草莽。"公卿豪族计较小利的得失，不管民间的苦难，官长也漠然处之，无所作为。

郭仪霄（1775—1855）的《哀鸿叹》组诗作于道光十一年（1831），记述数十万灾民流亡他乡，挣扎求生。"九江关外愁云低，二十亿万灾黎栖。炊无粒米寒无衣，黄瘦老弱挟女妻。"多地官府靡费朝廷巨额赈资，却赈灾无力，"青钱至宝人沙泥，天子轸念恩沛施，帑金浩费饱无时"。朝廷从国库下拨了赈银，但饥民并未得到有效的救济。吏胥舞弊坑民，花招百出，赈粮被克扣贪占，库银被无端耗费，造成了城乡赈济的严重短缺。"冲风卧雨暴雾露，长官倡劝赈粥米。恶胥浇粥添白水，今日饱餐明日死。城中得粥犹可全，穷乡僻壤安得前。"诗人还亲见了多地荒政缺失、饥民沦为饿殍的惨景:"江西灾黎可痛惜,楚南楚北尤堪恻。我舟经过岳阳城,饥民枕藉日数百。"灾荒蔓延的乱况中,又出现了奸猾之徒趁火打劫的恶事,"饥民逃荒求苟活,奸民乘机肆劫夺。不杀奸民将焉出,江湖伙盗日猖狂"。"救荒自古无长策,请自崔苻清盗贼。"组诗描述的种种恶现状,折射出多地官府荒政施治的低效和失策。

陆费瑔(1784—1857)的《灾农谣》记述咸丰六年(1856)大旱,地方官府仍征敛无度。"田父敢怨咨,搔首向天泣。榜皮屑作糜,长藿恣采食。羸弱转沟渠,存者面鳖黑。忽惊台符下,军储催孔亟。有司急奉行,征敛事驱逼。"诗人尤为痛恨的是吏胥在催科中的作威作福,凶横勒民。"里胥夜打门,叫怒入人室。持鞭索酒浆,瞋目肆呼叱。搜括及盆盎,皮肉任扑挟。"诗篇也提到了朝廷的宽厚赈济之策:"恭闻宽大诏,蠲缓务存恤。""所嗟凋瘵余,补救恐无术。"地方官府在实际的施政中不恤民苦,朝廷的荒政德策也就成为空文。

朱绶(1789—1840)的《道殣谣》描述荒年饥民无从得到赈济,以至饿殍遍地。"腹中无饭昏复晨,巷南巷北多死人。篷篨一肩弃荒野,啄肉乌鸢飞欲下。"

林寿春(? —?)的《饥民》描写饥民四处漂泊、生死无依的惨状。"昨从邗江来,饥民遍徐州。咸云黄河泄,田园荡洪流。骨肉饱鱼鳖,尸骸渺难收。死者诚已矣,生者将安投。忍饥已三日,一饭不可谋。呻吟卧草间,行与鬼卒俦。谁能庇大厦,俾无冻馁忧。"诗人对荒政缺失、饥民遍地的现实深感无奈。

陶誉相(? —?)的《逃荒行》描写"淮徐"等地遭受严重灾荒,饥民外逃,悲苦无助。"淮徐大水凤颍旱,千人万人争逃荒。""无钱旅店不肯歇,且向山凹宿明月。背风敲火支破锅,汲水和泥炊落叶。"路途的艰辛自不待言,饥民更大的惶恐痛苦是,逃荒的预期目的地传来的尽是悲讯:"报说江南逃荒多,斗米换儿人不顾。闻言半响泪欲吞,前途如此愁难存。"与饥民进退维谷的艰危处境形成对照的是,权豪富家置身事外,奢乐享受:"进固维艰退不易,全家环泣天黄昏。天黄昏,更断魂,强颜乞食投豪门。豪门箫管多车马,一曲缠头珠盈把。"诗篇披露了多地官府在荒政救助上的无所作为和社会贫富极度悬殊的现实状况。

王嘉福(? —?)的《官米谣》描写官府施行荒政中吏胥弄权舞弊,贪占侵吞。"昨日籴官米,市估吞声吏胥喜。今朝官米粜,饥民垂泪吏胥笑。"在赈米买卖的一进一出环节中,吏胥低价买入,高价卖出,从商家和饥民两方面都赚取了差价，吏胥的"喜""笑"包含了太多的奸诈和得意。奸吏不仅在粮价上舞弊，更在施放赈米后伪造赈粮发放册，谎报数字，盗取赈粮。"一升米入饥民手，册上开除报一斗。""日午官归吏分粟，运取公然论釜斛。"吏胥在荒政的各个环节假公济私，舞弊牟利，尝到了甜头，未受到惩处，竟至欣然盼望灾年的到来："年丰那得身家肥，但愿来年再赈饥。"这样的荒谬心态，折射出官府荒政弊端的严重。《粥厂谣》描写官府开设粥场赈灾，贫弱的饥民得不到有效的赈济，奸吏却借机贪占赈粮，挥霍享乐。"赈饥民，官煮粥。半勺石灰一勺粥，熬作泥浆果人腹。北风森寒肌起粟，胥吏重裘饱酒肉。"施放给饥民的是掺杂使假的劣质赈粥，胥吏则泰然享受华衣美食。施放赈粥的过程也混乱不堪。老弱的饥民遭受排斥，强横的饥民则可得到足够的赈粥，"弱者趑趄遭詈辱，强者提筐往而复"。比灾民之间恃强凌弱更严重的是，吏胥利用给饥民登名造册，勒索钱财。"昨朝里正点村屋，老翁无钱名不录。今晨横被官刑酷，忍饥归医杖疮毒。"老弱的贫穷饥民无钱行贿，吏胥不予登记；饥饿难耐到粥厂讨饭，却被当作欺诈，遭到毒打。

于源（1802？—1851？）的《坐饭谣》描写灾荒年景富家屯米不放，官府无所作为，致使饥民哄抢。"富家有米陈仓烂，富家有财岂肯散。饥民更比饥鸿多，结队成群来不断。""黠者就中肆抢夺，一哄便足倾一家。"而官府施放赈款时又混乱无序，造成饥民互相踩踏，死伤惨重，"昨朝给钱巷棚里，百十七人践踏死"。官吏胡乱作为，加重了灾民的痛苦，这样的现象在中国历代荒政事务中并不罕见。元人马端临曾描述北宋发生的施粥踩踏事件："救灾者皆聚民城郭中，煮粥食之。饥民聚为饥疫，又相踏藉死。或待次数日不食，得粥皆僵仆。名为救人，而实杀之。"①《坐饭谣》记述的就是这类一再发生的荒政惨剧。

黄燮清（1805—1864）的《灾民叹》记述兖州、徐州等地官府施行荒政的严重弊端。"苦言草具恶，一水三年荒。不见冻馁骨，累累弃道旁。"这是灾民得不到救助，冻饿而死的惨状。诗篇交代，朝廷划拨了赈灾款项，这样的冻馁惨况本可以得到相当的缓解："皇心悯饥溺，日月照流亡。不惜内府金，艰难恤夷伤。圣人覆帱恩，原期民物康。"地方贪渎官员对朝廷的宽仁德策弃之不顾，肆意侵吞赈灾款项，饥民怨声载道也难以被朝廷知晓："百万轻一掷，岂意雪沃汤。弥缝及干没，何由知其详。烦冤满道路，谁能达九阊。"诗篇还连带提及了战乱的时局："西南方用兵，膏血饱虎狼"。此地荒政败坏，彼地战乱正凶，呈现了多地天灾人祸交相肆虐的情状。

高望曾（1829？—1878？）的《蝗灾行》记述地方官府治灾失策，反添民

---

① （宋）马端临：《文献通考》卷二十六《国用考四》，中华书局2011年版，第769页。

累。"蝗飞蔽天日,衔尾群相接。千头万头如雨集,鸣钲击炮众争逐。"蝗灾严重,但官府的治蝗举措不切实用,劳民伤财,更给贪墨官吏勒索民财提供了借口:"官符捕蝗下村落,捕蝗之人胜蝗毒。蝗食民田民无谷,官食民膏民日蹙。"这样的治灾行动没有消除虫灾,反倒加重了灾害。

4. 记述地方官府的多项施政劣绩。涉及吏治、漕政、粮政、河政、徭役、盐政、法政、狱政、币制等政务,官员舞弊贪渎,吏胥催逼勒索,层层搜刮掠民。

郭仪霄(1775—1855)的《老太公》描述了一个很有代表性的现象,即地方官府的吏胥差役多是凶戾之徒,职位虽卑贱,职权很威赫,往往成为地方之害。"一差徒侣百人从,差头群称老太公。"在官府当差的衙役,被一帮人尊为"老太公",前呼后拥,威风八面。这场面看似离奇,其实正是衙役吏胥平时威福生活的写照。官府处置各类来自民间的事务时,常常是由吏胥具体操办,其中可以舞弊弄权的机会很多,吏胥往往借机欺民牟利,也就产生了民众怕见吏胥的情况。"士民见官如见父,州人见差如见虎。虎伥虎子何牙牙,事未到官已破家。"百姓诉求官府办理事务,在没有得到州县官员处置前,往往已被熟悉办事环节的不良吏胥恐吓敲诈,甚至被害得倾家荡产。

谢元淮(1784—1867?)的《蹉言》组诗披露地方官府在执行朝廷盐政法令过程中的诸多弊端。"朝廷定令甲,一皆本人情。盐律法独重,霸术难持平。"朝廷盐政法令本来严厉狠重,但在地方官府实际执行中却网开一面,盐枭能顺利犯科走私,"嗟彼私枭子,岂非蚩蚩氓。贪利瞒赋税,触法应戕生"。"奈何恣夹带,百弊求奇赢。穷鳞挂密网,漏此吞舟鲸。"盐枭恣意夹带私盐,当然是官员的舞弊纵容。比盐枭走私偷税漏税更侵害盐政秩序的,是盐吏狷獗侵吞盐款:"巨蠹侵库藏,厥谋乃更恶。巧借务本堂,附库司锁钥。遂使度支金,累累归私橐。"这些管库的盐吏监守自盗,虚冒支领,以致官盐流失殆尽,即使有人知情也不敢举报,否则惹祸上身。"运库空如洗,清查多伪托。中立岂无人,春蚕反自缚。"组诗对清代后期一些地方盐政敝坏情况的披露很有深度。

张朝桂(1786—1860)的《伤夫头》描写"夫头"、胥吏竞相在河政工程中贪利捞钱。"夫头贪利竞相逐,共道河泥可充腹。""夫头"即管夫役的头目。夫头已经先在河政工程中捞取钱财,官府的吏胥又从夫头身上进行勒索,"谁知胥吏贪更甚,安坐欲食夫头肉。土丈加二钱折七,夫头再扣十存六"。经过这些环节的搜刮,河政款项严重短缺,不能雇用足够的役夫,胥吏回头来又鞭笞夫头,逼迫催督。"钱少雇夫夫不来,掊向泥中受鞭扑。"夫头无奈之下,卖田卖房筹措治河款项,不少夫头最终落得了牢狱之灾:"胥吏腰粗夫误工，东家卖田西卖屋。""卖田卖屋偿不足，夫头纷纷入牢狱。"诗篇冷峻描述了河政工程中的这些贪渎行为及吏治乱象。《海塘谣》记述整治海塘工程产生的弊政。诗序称："道光十四年七月，飓风溃塘，大吏议以民钱筑之。二年塘成，较前加高阔，然民力亦殆尽矣。"诗篇记述了"大吏议以民钱筑之""民力亦殆尽矣"的过程。"胡侯创建石作塘，百万生灵全一壁。""天子不忍弃斯民，帑藏何曾肯悭惜。"朝廷拨付款项修整塘堤，本来是一项德政善举，却被一些庸官贪吏办成了劳民伤财的弊政。"疆吏代帑议蠲修，大户输银小户役。差役如狼吏如虎，剜肉医疮遍搜索。""疆吏"制定的民户出钱出力的修塘之策，本已违背朝廷拨款治塘的意旨，更让当地贪吏得到了榨取民财的机会，海塘虽然得到了整治，但民众已经伤财破家。

朱绶（1789—1840）的《捉船行》描写"丹徒"地方官府派吏胥强捉民船转运漕粮，民户苦不堪言。"官符仓卒捉船来，民船商船齐束手。""官中火急催捉船，船船并集长江边。"民船被征调来转运漕粮，船户客商的货物被抛弃，"船中百货岸旁弃，篙师估客心烦煎。大船装米数百石，虎须豪吏相驱迫"。即使小船不敷使用，船户也须向吏胥行贿才得以逃脱，"小船捉得无所用，献钱始向江村匿"。吏胥滥征民船，败坏了漕政的运行秩序。

陶誉相（？—？）的《捉鱼行》记述一个承担官府差役的普通人家的遭遇。"三旬天不雨，山塘涸见底。老役持符来，奉命索金鲤。"这个"老役"被征派差役，替长官搜寻"金鲤"，无奈当地天旱塘干，搜寻不到稀罕的"金鲤"，"老役"陷入了困境。"老役不敢归，抱泣空潭里。一限青竹红，再限肉脱髀。三限实难堪，出境觅邻市。"无可奈何之下，"老役"花高价到邻县买来"金鲤"交差，却还遭到验收的刁难，"官价既径庭，官秤复倍蓰"。"老役"交完苦差，已落得家破人散："空室已磬悬，鬵彼呱呱子。入夜不见儿，闭户涕不已。"在官员欢宴上飘扬的笙歌中，夹杂着夸赞鱼味鲜美的啧啧声，"斯时华堂上，笙歌绕朱紫。珍羞罗金盘，微闻赞鱼美"。笙歌和赞叹，强烈映衬了官府杂役给民间带来的痛苦。

吴振棫（1792—1870）的《华笋行》记述华州官员贪图口腹之欲，诱民盗笋，招致百姓冤死。"华人护筍不鬻钱，欲养竹竿青上天。贵人朵颐辄来乞，官募贫儿使偷掘。"官员只顾满足自己的奢靡享受，招募穷人冒险去盗笋，引发了命案，官员毫不介怀，坦然享用穷人用命换来的鲜笋，"祸机一发身被创，生者幸矣死莫偿。孤儿寡妇自啼哭，筵上但夸春笋香"。"吁嗟赏盗盗乃多，馋舌杀人将奈何。"诗篇揭示了一些地方官员政德恶劣，吏治败坏。《麦贱》描写麦农在丰年的忧虑。"今年麦大熟，雨雪无愆期。""贫家得饱啖，妇子聚而嬉。"在农家享受丰收的短暂喜悦后，老农流露了对官府粮政政策的担忧:"邻翁起太息,太息前致词。年运有往复,丰歉有转移。官仓鲜实贮,贮者或成灰。旱潦一不登,赈赡无所施。"老翁忧心官府不能在丰年完善仓廪储备,荒年到来之时百姓将难以得到赈济。诗人建言,丰年尤其要戒除奢靡,不然将重蹈几年前遭荒的悲凄场景:"务禁丰岁奢,稍疗凶年饥。不见三年前,榆柳皆无皮。"由于粮食政策事关民众生存,历来是国家政治的重要内容:"八政:一曰食,二曰货,三曰祀,四曰司空,五曰司徒,六曰司寇,七曰宾,八曰师。"①"食者民之本也,民者国之本也,国者君之本也。"②"王者以民为天,而民以食为天。"③粮政虽然重要,但实际运行却弊端丛生,吴振棫的《麦贱》描写的就是这种粮政劣绩。

冯询(1796—1871)的《村锣叹》描写乡民们在官府繁苛役务下的怨苦心情。"东村打锣西村惊,破锣皇皇作饥声。饥无宿粮官催征,娇儿夜啼爷早兴。"乡民们本已缺粮挨饿,催征徭役的声声"破锣"更加重了他们的痛苦感受。"安得碎锣锣可嫌,碎以为锄为钩镰。地无锣声是乐土,春社酾钱奏箫鼓。"乡民们看似怨烦"破锣",实际怨责的是官府繁苛的役务。

黄燮清(1805—1864)的《兵船行》描写官军征调民船横蛮无忌。"兵来促船谁敢争,兵来捉船慎勿争。君不闻东浙传烽星火迫,明日官兵要杀贼。"官兵要"剿贼"征战,急如星火征用民船,这种野蛮征调让民户惶恐不已。

铭岳(?—1861)的《领朱签》描写吏胥在刑政中滥权舞弊,勒索民户。吏胥拿着官符拘捕犯人,犹如获得了一件大喜过望的肥美差事,"签上名多饿隶喜,指名大索喧闾里"。拘捕对象如果是蒙冤被拘捕,很难得到辩白洗冤的机会,"望望青天号复哭,官衙如海官如木"。个中原因,除了官员怠惰,更在于吏胥勒索:"辨冤容易见官难,老饕不饱无传单。"贪吏滥权作梗,认钱不认理,造成这种民情不能上达、民怨难以纾解的恶劣状况。《押班房》描写狱吏滥施刑罚,虐待犯人,披露了狱政管理的内幕实相。"押班房,班房不可押。兔罹罗,鸱入枒,不畏官法畏私法。"班房里的囚犯对吏胥施行的私刑深怀恐惧,许多人在吏胥滥施刑罚的虐害下含冤死去,"堂上久忘点鬼簿,屋中已筑望乡台,招魂人去声哀哀"。这些冤死的囚犯,已被官府遗忘,冤屈被深埋在阴暗的班房中。

何栻(1816—1872)的《河决中牟纪事》描述了道光二十三年(1843)河南中牟黄河决堤的灾难。河政工程投入巨额银两,被贪渎官员吞噬,"隤竹

---

① (清)阮元:《十三经注疏·尚书正义·洪范》,中华书局2009年版,第401页。
② 何宁:《淮南子集释·主术训》,中华书局1998年版,第685页。
③ (汉)班固:《汉书》卷四十三《郦食其传》,中华书局2000年版,第1627页。

捷石数不售，公帑早入私囊收"。遇到暴雨洪灾之时，一切都败露了。河堤决口，百万黎民被洪水吞没，葬身鱼腹。而无数百姓的冤死，并没有唤醒贪渎官员的良知，一个新的恶性循环又开始了。"生灵百万其鱼矣，河上官僚笑相视。鲜车怒马迎新使，六百万金大工起。"新旧官员们只为已经到手和将要到手的银两弹冠相庆。这幅河政图，揭开了清代后期一些河政官员侵吞河政专款、无视百姓生命的冷酷内幕。

鲁贲（1831—1879）的《岁晏行》记述战事不休，加重了官府银两短缺，为应付军需而滥铸钱币，造成币制混乱。"自从师兴官帑虚，公私坐困枯鱼泣。"为应对钱币流通短缺的问题，官府改变了规范的铸币标准和流程，粗制滥造出大量的劣币流通世间："法权轻重递减半，重者当百轻当十。一当百十官与民，民转输官官怒嗔。通风哑板目色新，官局沙汰何其频。"官府强制民众使用这种劣币，却不准民众用这种劣币与官府交易货物，又不断严苛淘汰流通到百姓手中的劣币，致使百姓财富严重受损。"乌乎四海愁风尘，朝法暮制徒纷纷。"恶意的自乱货币标准的做法伤害了官铸货币的信用。

5. 记述朝廷和官府税政事务的恶劣状况。税负苛重繁多，官员无视民瘼，吏胥勒索敲诈，百姓不堪其苦。

朱绶（1789—1840）的《里胥苦》描写地方官府催科逼税的情景很特别，叫苦不迭的是一向催督乡民纳粮的"里胥"。"往时里胥猛于虎，官仓开日拘花户，杀鸡屠豕意犹怒。今时里胥弱于鼠，官仓闭日杖在股。"里胥前后判若两人的原因在于，县官要完成上司责求的赋税定额，将压力下移，催促里胥务必办妥。但因乡民被榨取殆尽，缺额仍然很大，县官对里胥的威逼升级了。"往无民欠今有之，县官不肯见花户。里胥皮肉供鞭笞，官中与限限三日。""口不能言杖交下，总知微命尽须臾。"里胥的这种痛苦处境，与里胥平素的作威作福都是真实的，凸显了地方税赋征收的严峻现状。

钱泰吉（1791—1863）的《村农叹》感慨租税沉重，吏胥舞弊。农家在丰年也感受到了租税的沉重压力，"今年幸有秋，催租一何怒。小儿向母啼，状若畏猛虎"。尤其是征税的吏胥借机受贿舞弊，赋税的压力更多落在贫苦农家身上："东邻租早完，报赛击士鼓。西邻贿里胥，负租亦安堵。而我何以偿，身上无完缕。输将困敲榜，贱与犬羊伍。"农家税负痛苦很大程度上来自贪吏催科舞弊。

胡贞干（1791？—?）的《催租谣》描写农家在吏胥催科逼税时的惶恐。"呼农尔来前，尔胡不知律。县官新政催科急，百里官粮限三日。"官府赋税的重负通过吏胥传给了诚惶诚恐的农家。

龚自珍（1792—1841）的《己亥杂诗》（不论盐铁不筹河）斥责朝廷畸

形的税赋政策。"不论盐铁不筹河,独倚东南涕泪多。"朝廷不把精力用在经营盐铁、治理黄河等实业上,却一味仰赖向东南富庶地区过度搜刮财富来维持国家运行,这样的畸形税政让东南大地百姓不堪重负,伤心落泪。"国赋三升民一斗,屠牛那不胜栽禾。"加之地方府县衙门的擅自加税,农民本被规定每亩上缴"国赋"三升,实际变为每亩上交一斗。这样的苛刻税赋,让农民没法维持耕耘,只得杀掉耕牛,不干这徒劳无益的种地的事了。诗篇触及了朝廷税政对东南地区竭泽而渔的实质,显示出诗人对国事的判断力。

冯询(1796—1871)的《北新关》描写北新关吏胥弄权舞弊,贪占关税。"北新关吏大于虎,咆哮生风爪牙舞。北新关吏小于蚁,腥膻未附心先喜。"这些关吏对过往客商态度凶悍,气势如虎;对需要贪索的货物则嗅觉灵敏,如蚂蚁逐腥。诗人对北新关吏肆无忌惮勒索客商感到困惑:"当关司榷赋有则,嗟尔关吏何披猖。""岂有居奇饱吏饕,求疵向客穷吹毛。羁留三日恣大索,指挥群役如搜牢。本为营私借征赋,发箧无私转生怒。"关吏滥权逞威,故意找茬挑刺,故意拖延时间,都是为了逼使客商行贿。如贪索未得逞,则怒形于色。这些贪吏精于算计,精于征课,但征敛的税款却未缴纳府库,"算缗亦复计锱铢,筹课何曾充府库"。对于关税能否征收入库,关吏并不上心,但对客商是否向自己行贿,关吏一点也不含糊:"呜呼关禁惩奸商,奸商度关如康庄。"行贿使钱的奸商,不缴关税仍然可以畅通无阻。关吏私人腰包充实了,该入府库的关税则白白流失了。

蒋坦(1820?—?)的《催租吏》描述县吏拿着"官票"催缴税银的情景。"催租吏,夜捉人,手持官票目怒瞋。今年不用折钱例,县官要纳投封银。"征税的催租吏态度凶酷,对民户已是很大的压力。征收的税款由实物改为银两,又给民户增添了新的烦忧。如果不能按这样的要求缴纳税银,等待民户的是刑罚处置的威胁。"堂下冬冬响衙鼓,堂上铮铮拖铁锁。传呼暖阁声若雷,怒掷红签疾于火。"民户在县吏的威逼下战战兢兢,不敢声辩,不敢得罪,乃至借米招待,唯恐不周。"前差去,后差来。旧粮纳,新粮催。""邻家借米米色糙,小儿怕看红缨帽。"但吏胥催租的凶态并不会因此改变,"明朝计费无一钱,过卯任捉老翁到"。税赋本已苛繁,吏胥的凶酷催科加重了百姓的痛苦。

铭岳(?—1861)的《打比较》描写官府派吏催征钱粮,责以期限,逾期未完成则受处罚,即所谓"打比较"。吏胥由此更凶酷地向百姓催科。"皂隶骑人如骑马,皂隶打人如打牛。明朝奉票又下乡,但闻乡里鸣银铛。"吏胥一方面确有逾期受责罚的担心,另一方面却借着上司派差催科的由头贪婪榨取农家税粮,"官催完粮民不少,民已完粮官不晓"。民众没有少交税粮,完成了官府的征税定额，但官府并未完全掌握税粮的交纳情况，吏胥得以继续向乡民超额催征，"者番钱米且下腰，下卯上堂听比较"。诗篇披露了"打比较"引发的滥征税粮的恶性循环。

周馥（1837—1921）的《悯农》（其一）记述麦农辛劳耕作，承受着官私租税的重压。"人家麦熟忙上仓，侬家麦熟已断粮。半纳田租半偿债，枷板未停检衣卖。"麦农收获时节已经断粮，打下的麦子尽都拿去缴纳租税，乃至需要典衣卖物才能了结官私租税负担。

6. 记述内地及沿海"治盗"的种种怪现状。"盗贼"四处作乱，劫持勒索客户；官军畏缩避战，"剿贼"敷衍塞责，掠民甚于"盗贼"。

张维屏（1780—1859）的《新造墟》描写"海贼"侵扰，乡民抵抗，官军无能。"昨日新造墟，破晓海贼入。乡人早料此，各自备矛戟。"然而乡民毕竟敌不过亡命徒般的"海贼"，"民心本非怯，贼实恃死力"。在"盗贼"猖獗，亟须官军打击的时候，不见官军的踪影；"盗贼"离去后，官军才姗姗来迟。"豺狼诚披猖，得饱愿少息。兵来贼已去，药缓病太急。"当地乡民已经不是第一次经历这样的无奈场面了，只能选择先行逃离。"纷纷居民逃，鉴此若前辙。"乡民惶恐逃亡，尽显官军"剿贼"无能。

黄培芳（1780？—？）的《赎人行》记述"海贼"横行掠民，官军畏缩避战。"海贼"劫持过往商船，绑架船户及商户："海上盗船动盈百，东南西北候过客。""尽掠财物兼捉人，捉人上船佯怒嗔。""大呼纸笔作细字，索取百物限浃旬。逾时不赎剖肠腹，速寄家书归至亲。""老父留赎儿放回，速卖耕牛数亏半。""人亡财尽四壁空，不死凶残死困穷。"海贼成群结队，纵横肆虐，绑票撕票，民船时常遭受洗劫，附近海域的正常航行秩序荡然无存。背负靖安海疆责任的官军，却成了不合时宜的看客和逃兵："君不见兵船西，盗船东。兵船候潮，盗船乘风。兵懦或退避，盗众还相攻。"官军与海贼，一退一进，态势分明，凸显了官军的畏缩自保，弃民不顾。

姚柬之（1786—1847）的《河北民》描写"盗贼"和官军交相害民。"盗贼"闯入村庄劫掠行凶，"前村纷纷呼贼急，后村攘攘呼贼入"。"老者难逃壮者匿，贼入村门呼酒食。""村空贼去壮者归，青磷白骨神魂飞。"百姓遭受劫难，期盼官军进剿"盗贼"，"道路欢传官军下，罗拜马前献燔炙"。村民盼来的官军非但没有清剿"盗贼"，反倒劫掠戕民甚于"盗贼"："不虞官军复抄掠，啴啴势比贼军虐。贼斫不死官军攫，驱我老弱转沟壑，掳我妻孥恣宴乐。"官军逞凶作恶，官军与"盗贼"交相祸民，正是地方治安恶劣状况长期不得好转的根源。

柳树芳（1787—1850）的《患盗》作于道光二十四年（1844），描述

"盗贼"为患、效尤蜂起的社会现状。一些地方的民众乐于投身为"盗","今之为盗者,饱暖事宴安。锦衣而肉食,入市长游盘。有时乐为盗,性命全于官"。小偷小摸处罚严苛,投身为"盗",反而性命无忧,忘形享乐。"不然窃钩诛,吏胥不我宽。此风效尤众,党结河之干。"官府在治盗举措上的轻重倒置,使"盗贼"之患愈演愈烈,也成为地方治安和政权秩序的重大威胁。

于源(1802？—1851？)的《守更谣》怨责官军无能,致使"盗贼"猖獗。"官军畏寇民畏盗,夜夜梆声满街闹,杂以胡笳发哀叫。"官军畏惧"贼寇",不能消除"贼寇"对百姓的威胁,因而百姓更加畏惧"贼寇"。"山东溃兵绿林客,久滞此间岂长策,中宵愁看城头月。"官军不能驱除"溃兵""绿林",这些"贼寇"留滞此地,使百姓惶恐不安。

李长霞(1825—1879)的《赴潍县》描写自己亲闻目睹的战乱兵灾给民间带来的苦难。诗人对民间苦难的体察感知,对官民命运的观察评判,都有独特的识见和表达。"少壮为贼役,老弱死道周。有魂不可招,无骨将安收。""盗贼"纵横乡间,将乡民裹挟为伍,乡民被"盗贼"所驱使,生命贱如草芥,死无葬身之地。诗人在悲悯乡民命运的同时,观察和比较了乡民和官员、官军的悬殊境遇:"官死有余荣,令名垂千秋。兵死有厚恤,皇恩一何优。惟此农民死,灭若浮水沤。"诗人的认知和感慨,触及了国家机构对待社会成员生死待遇呈现巨大差别的现实问题。"业失未能复,官赋未能休。死者长已矣,生者恒殷忧。"战乱之后创伤未愈,百业萧条,官家的税赋重压却仍然未予减轻。诗人同情无数冤死的乡民,担忧幸存乡民的未来命运,战乱和苛政的残酷现实给这位关怀社会的女性作者以极大的心灵冲击。

刘铭传(1836—1896)的《郊行》描写自己所亲闻的官军劫掠百姓的场景。"今夏贼去后,大兵过此乡。贼至俱先备,兵来未及防。村内搂衣物,村外牵牛羊。人多不敢阻,势凶如虎狼。"官军本为"剿贼"出行作战,所经之地却给民众带来比"盗贼"更大的危害,以致百姓在不知防备的情况下坐以待掠。老农家的遭遇即为其例。"老妻受惊死,一子复斫伤。骨断不能起,至今犹在床。暮年寡生计,空室无斗粮。所幸此身健,勉力事农桑。近凡见兵马,畏怯故走藏。"官军纪律败坏,肆意掠民,根源在统军将领的骄纵:"问彼统兵者,曾否有肝肠。灭贼自为贼,何颜答上苍。"官军不能保民,反为民害;不能保卫政权秩序,反而构成了对政权秩序的极大威胁。这些诗篇对"盗贼"及"治盗"的评判,符合士大夫文人抱持的正统政治观念,符合那个时代的政治逻辑;对官军戕民的怨责、对百姓境遇的同情,符合士大夫文人评判这类事件所依据的德型政治标准,样本价值很高。

除了上述清代后期诗人的这六类怨政诗,清代后期怨政诗创作实绩尤为突出的诗人有王省山、陆嵩、魏源、吴世涵、王槐、张际亮、王柏心、朱琦、姚燮、郑珍、赵函、叶兰、贝青乔、陈春晓、孙鼎臣、金和、吴仰贤、王闿运、黄遵宪、唐烜等。此将其怨政诗的创作情况分述如下。

一　王省山　魏源　吴世涵　王槐

王省山（1787—1855），字仲巡，沁州（今山西沁县）人。嘉庆间进士，历云南元谋、江苏昆山等地知县。

王省山的怨政诗描写咸丰年间兵荒马乱、社会失序的时政险局，尤其集中表现了作者主观感知的太平军"祸害"江南，官军无能"剿贼"、戕民甚于"盗贼"等。诗人强调记述来自"事皆亲阅历"，加强了作品的时代感和震撼力。

秣陵遭变乱，仓猝未设备。忽惊粤匪来，杂众拥千骑。四野张黄旗，熏天烽火炽。大喊入关来，豺狼任吞噬。杀人纷如麻，凶残无不至。壮者被迫胁，露刃瞋目视。顺之或可生，逆之登时毙。强逼随之行，从逆岂其意。俯首入贼巢，呼为新兄弟。驱之当先锋，有死更无二。哀哉白下民，闻风争逃避。累累满道旁，谁复能禁制。扶老更携幼，踉跄走田际。但求全躯命，何暇顾家计。努力向前行，十步九颠踬。复有闺中人，㢲离泪如渍。伶仃走荒郊，飞蓬乱双鬓。怀抱小婴儿，兢兢恐失坠。后顾追者急，前奔少力气。自度难两全，割慈中道弃。白日暗无光，青山烟尘蔽。陟然罹祸殃，是谁阶之厉。逆贼踞善桥，闰七月初四。沿江数十里，连营高垒砌。附近各村镇，蹂躏同一致。既无兵驻守，而又无火器。飞书频告急，耳塞两目闭。东南本要隘，主帅甘弃置。仅恃乡团练，强寇焉能御。遂令无辜民，肝脑悉涂地。自从陷金陵，小丑遂肆志。妖氛日蔓延，江湖如鼎沸。岂无兵与将，纷纷等儿戏。黑衣遍体著，红罗腰间系。闪尸怪形状，与贼了无异。前徒方临阵，后队忽已逝。靡费数千万，奢淫日纵恣。谁肯奋戈矛，扑灭此丑类。巍巍大将营，军门列鼓吹。决胜无奇策，终日惟酣醉。三城未克复，万姓早疲敝。师老久无功，转饷安能继。宵旰日忧劳，宸衷何时慰。我居危乱邦，痛哭陈时事。愤恨不能平，挑灯随笔记。事皆亲阅历，岂采众人议。庶激将士心，感愧知奋励。扫荡海宇清，重游太平世。（《秣陵纪事》）

时危遭丧乱，处处人皆惊。十室九逃亡，姑苏但空城。贫民俱失业，何处可营生。老幼面如土，饥肠作雷鸣。有亲不能养，扶持乞食行。尔腹尚不饱，犹恋怀中婴。累累拥道旁，号咷闻哭声。天地何惨淡，白日无光晶。我目不忍睹,俯首心怦怦。小民亦何辜,流离如飘萍。兵革既未息,寇盗方纵横。哀此穷黎苦,感叹泪沾缨。(《橄调赴军营途中杂书》其一)

难民逃出城,经过铁心桥。官军断其路,搜索无一毫。金银既攫去,赤身伏荒郊。严冬十二月,雨雪时飘飘。饥寒相逼迫,痛哭声号咷。昔时兵卫民,今日兵为妖。畏兵甚畏贼,有足难奔逃。主帅昧军法,约束无科条。与为从逆生,谁肯作饿殍。是以犷悍徒,甘心附贼巢。哀哉吴中民,进退心忉忉。难中更遭难,骨肉相弃抛。累累沟壑中,横尸委蓬蒿。含冤何处诉,万里君门遥。(《橄调赴军营途中杂书》其二)

官兵不杀贼,惟知逞私斗。连营自操戈,烽烟暗白昼。问其何以然,各各开利窦。到处掳金帛,淫凶掠闺秀。彼此互争夺,宿怨从此构。主将不能禁,任其擐甲胄。乡勇乃效尤,何曾解御寇。见利亦垂涎,豪夺谁能究。纷纷肆剽盗,争先惟恐后。小民畏兵勇,甚于畏猛兽。世乱无法纪,凭谁告我后。(《橄调赴军营途中杂书》其三)

兵勇无纪律,处处肆剽掠。土匪更效尤,乘机争窃发。或则冒官军,旗帜纷昭灼。或则假乡勇,什伯相联络。截路据要隘,恃强欺懦弱。持刀屹相向,谁能不骇愕。嗟哉难中民,性命安所托。我心愤不平,急令拘党恶。鼠辈到官来,严刑事鞭扑。今日才理冤,明日还如昨。世乱多奸宄,焉能尽束缚。何时海宇清,振救苏民瘼。(《橄调赴军营途中杂书》其四)

《秣陵纪事》描写咸丰三年(1853)太平军进击江南、占领南京后的战事。秣陵在今南京地区,作者描写太平军在这一带的杀伐,渲染了作者眼中太平军的"凶残"。"秣陵遭变乱,仓猝未设备。忽惊粤匪来,杂众拥千骑。四野张黄旗,熏天烽火炽。大喊入关来,豺狼任吞噬。杀人纷如麻,凶残无不至。""哀哉白下民,闻风争逃避。累累满道旁,谁复能禁制。"官军畏缩避战,酿成大祸,"陟然罹祸殃,是谁阶之厉"。"附近各村镇,蹂躏同一致。既无兵驻守,而又无火器。"先期的营垒防御既已缺失,即时的临阵指挥更是张皇失措,将帅失职,"飞书频告急,耳塞两目闭。东南本要隘,主帅甘弃置"。上阵与太平军对垒的居然是乡勇团练,未免一败涂地,民众遭殃。"仅恃乡团练,强寇焉能御。遂令无辜民,肝脑悉涂地。"官军与太平军的交战,不谋策略,怠惰骄奢,完全是一支涣散无能的失败之师:"岂无兵与将,纷纷等儿戏。""前徒方临阵,后队忽已逝。靡费数千万,奢淫日纵恣。""巍巍大将营,军门列鼓吹。决胜无奇策,终日惟酣醉。三城未克复,万姓早疲敝。"诗人对官军与太平军的作战状态深感失望。《檄调赴军营途中杂书》记述战乱之中百姓逃难觅生，遭遇官军劫掠。官军不事"剿贼"，只顾争利内斗。"盗贼"冒充官军，欺世祸民。"时危遭丧乱，处处人皆惊。十室九逃亡，姑苏但空城。贫民俱失业，何处可营生。""小民亦何辜，流离如飘萍。兵革既未息，寇盗方纵横。"百姓惊恐万状，不知所归。而百姓逃难途中遭遇官军，成为他们新的劫难："难民逃出城，经过铁心桥。官军断其路，搜索无一毫。金银既攫去，赤身伏荒郊。""昔时兵卫民，今日兵为妖。畏兵甚畏贼，有足难奔逃。主帅昧军法，约束无科条。"官军成为比"盗贼"更祸世殃民的恶势力，百姓避之唯恐不及。官军不敢与"盗贼"交战，却为了私利大肆内讧，自相残杀："官兵不杀贼，惟知逞私斗。连营自操戈，烽烟暗白昼。问其何以然，各各开利窦。"官军劫掠民财，奸淫民女，肆意祸害百姓："到处掳金帛，淫凶掠闺秀。""小民畏兵勇，甚于畏猛兽。"诗人痛感天下秩序已乱到不可收拾，官军祸民助长了这种难以遏止的乱势，"盗贼"趁机冒充官军恣意掠民："兵勇无纪律，处处肆剽掠。土匪更效尤，乘机争窃发。或则冒官军，旗帜纷昭灼。或则假乡勇，什伯相联络。截路据要隘，恃强欺懦弱。"诗篇交叉描写"盗贼"和官军在乱世的行凶作恶，凸显了咸丰年间江南地区社会秩序陷入崩溃的严重政治危局。对"粤匪""盗贼"活动和官军行为的评判，是诗人士大夫正统政治观念的表达，符合其所抱持的价值标准。

王省山还有怨政诗记述了江南一些地方漕政、驿政方面的劣治状况。如：

吴郡东南雄，自古财赋地。漕粮百万余，岁岁军粮备。连年遭荒歉，水旱迭为厉。民困犹未苏，取盈谈何易。圣人治天下，权衡本经济。上重天庚供，下为民生计。二者不偏废，义尽仁亦至。持筹者何人，搜刮无遗利。况复存私心，强为分轩轾。同是灾区民，苦乐乃互异。追呼日烦扰，间阎更凋敝。谁肯忍饥寒，束手以待毙。民穷盗斯起，有法竟难治。问其所由来，正坐科征弊。草野困诛求，海内纷多事。惟宜亟反本，劳心勤抚字。民饱国自安，太平可坐致。老眼望时雍，共游唐虞世。（《吴中吟》）

早行太安驿，有吏如虎狼。拦路捉行车，努目爪牙张。往来数十乘，羁绊盈山庄。得钱纵之去，无钱空彷徨。我来逢鼠辈，愤恨结中肠。安能倾旅橐，以饱蠹役囊。征输不得前，且复饮一觞。国家设守令，百弊宜周防。奸宄苟克除，乃以安善良。政成及商旅，行者歌道旁。吾思古循吏，仁风远播扬。（《寿阳太安驿书事》）

《吴中吟》诗序感慨："吴民困于重赋久矣,持计者既多取之,又以私意为盈缩,苦乐不均,民生凋敝,有足悲者。"诗篇交代了吴地对国家漕粮贡献之大及朝廷漕政大策的统筹兼顾："吴郡东南雄,自古财赋地。漕粮百万余,岁岁军粮备。""圣人治天下,权衡本经济。上重天庾供,下为民生计。二者不偏废,义尽仁亦至。"然而这种平衡局面被打破了,决策官员出于私利考虑,对"吴郡"不同地方征收漕粮采取了畸轻畸重的分派办法:"持筹者何人,搜刮无遗利。况复存私心,强为分轩轾。同是灾区民,苦乐乃互异。追呼日烦扰,闾阎更凋敝。"诗人认为,当权的"持筹者"随心所欲地征收漕粮,将会逼良为盗,把遭受天灾和漕粮负担双重压力的民众推向绝路:"谁肯忍饥寒,束手以待毙。民穷盗斯起,有法竟难治。问其所由来,正坐科征弊。"当权大吏擅作主张,自逞私欲,败坏了漕政,也催生了民变。《寿阳太安驿书事》记述驿站吏胥滥权勒索的行径。"早行太安驿,有吏如虎狼。拦路捉行车,努目爪牙张。往来数十乘,羁绊盈山庄。得钱纵之去,无钱空彷徨。"驿吏的这些行径,已经形同匪徒拦路行劫。诗人感慨,朝廷设立这些驿站,本为方便过往公务人员,却为驿吏枉法敛财所用:"国家设守令,百弊宜周防。奸宄苟克除,乃以安善良。"诗人期望驿站这种奸吏舞弊的现象能够得到遏止。

魏源,生卒、事迹见前。

魏源的怨政诗有大量作品描写鸦片战争时事,记录朝廷涉外政策施行过程引发的一系列反应,感慨全社会未从鸦片战争失败的教训中觉醒,如《寰海十章》《寰海后十章》等。魏源还有大量的怨政诗描写道光、咸丰时期内政的弊坏,对朝廷弊策和地方劣政的种种乱象都有冷峻记录,如《江南吟十章》《都中吟十三章》等。这些记述道光、咸丰时期内政外事的怨政诗表现了诗人对时政的洞察力和判断力。

《寰海十章》《寰海后十章》借古喻今,叙议纵横,记录了朝廷主持战事的权臣将帅无能御敌、误军祸国,在外寇凶狂进逼下张皇失措、苟安求和。如:

  揭竿俄报郅支围,呼市同仇数万师。几获雄狐来庆郑,谁开兕柙祸周遗。七擒七纵谈何易,三复三翻局愈奇。愁绝钓鳌沧海客,墨池冻卧黑蛟螭。(《寰海十章》其一)

  谁奏中宵秘密章,不成荣虢不汪黄。已闻狐鼠神丛托,那望鲸鲵瀚渤攘。功罪三朝云变幻,战和两议镂冰汤。安邦只是诸刘事,绛灌何能赞塞防。(《寰海十章》其四)

第九章　清代怨政诗　861

　　城上战旗城下盟，怒潮已作落潮声。阴疑阳战玄黄血，电挟雷攻水火并。鼓角岂真天上降，琛珠合向海王倾。全凭宝气销兵气，此夕蛟宫万丈明。（《寰海十章》其九）

　　争战争和各党魁，忽盟忽叛若棋枚。浪攻浪款何如守，筹饷筹兵贵用才。惊笑天公频闪电，群飞海水怒闻雷。漫言孤注投壶易，万古澶渊几寇莱。（《寰海后十章》其一）

　　倭寇前朝偏海氛，张谭俞戚尚宣勤。鸳鸯阵压常蛇阵，貔虎军成风鹤军。肯借款盟修塞备，犹贤岁币作边勋。受降城外三更月，善后空从羽檄闻。（《寰海后十章》其七）

　　曾闻兵革话承平，几见承平话战争。鹤尽羽书风尽檄，儿谈海国婢谈兵。梦中疏草苍生泪，诗里莺花稗史情。官匪拾遗休学杜，徒惊绛灌汉公卿。（《寰海后十章》其九）

　　《寰海十章》《寰海后十章》作于道光二十年（1840）至道光二十二年（1842），直接描写诗人对鸦片战争的感知。《寰海十章》（揭竿俄报郄支围）描写了一场自动放弃胜果的窝囊战事。"揭竿俄报郄支围，呼市同仇数万师。""几获雄狐来庆郑，谁开咒枏祸周遗。"对入侵的外敌已经形成了包围，却又莫名其妙地放掉敌酋，贻祸于国，这样的庸劣指挥招致了不应有的败果。《寰海十章》（谁奏中宵秘密章）痛斥朝廷权臣的主和降敌政策。"谁奏中宵秘密章，不成荣虢不汪黄。"主和派依顺外敌强横要求，密奏朝廷，与外敌签约媾和。"已闻狐鼠神丛托，那望鲸鲵瀚渤攘。"主和派"狐鼠"得到皇帝信任，要指望他们驱逐外敌"鲸鲵"也就自然会落空。"功罪三朝云变幻，战和两议镬冰汤。"皇帝在战与和之间举棋不定，错失良机。"安邦只是诸刘事，绛灌何能赞塞防。"一些将领被皇帝委以重任，却是成事不足败事有余，实为败军祸国的庸劣之才。《寰海十章》（城上战旗城下盟）记述清军将领战败签订城下之盟，赔款求和。"城上战旗城下盟，怒潮已作落潮声。"战事停止，战声沉寂，败军之将卑躬屈膝签下了和约。"鼓角岂真天上降，琛珠合向海王倾。全凭宝气销兵气，此夕蛟宫万丈明。"外寇的贪欲暂时得到了满足，强盗的凶焰暂时得到了平息，数以亿计的真金白银换来了屈辱的苟安。《寰海后十章》（争战争和各党魁）怨责朝策混乱，应敌失策。"争战争和各党魁，忽盟忽叛若棋枚。浪攻浪款何如守，筹饷筹兵贵用才。"朝廷上主战主和的大臣此消彼长，与外寇交涉也变化莫测。至于与外寇开战的攻守决策，显得过于轻率，筹措军费兵员也没有干练之才予以保障。诗人认为主事的权臣将帅不能齐心协力，不能深思熟虑，酿成了战局的被动和溃败。《寰海后十章》（倭寇前朝偏海氛）感慨朝廷没有明代抗倭勇将一样的得力干将，为国消除劫难。"倭寇前朝偏海氛，张谭俞戚尚宣勤。鸳鸯阵压常蛇阵，貔虎军成风鹤军。"有前朝戚继光诸辈的智勇善战，凶焰万丈的倭寇也变得风声鹤唳。这样的前朝故事，反衬出当今将帅的无能。当今的朝廷将帅不能奋勇作战，反而把屈膝苟安达成赔款求和当成勋业来自夸。诗人对朝廷和清军应对英军的基本策略和战略战术、斗志士气予以了强烈否定。

《江南吟十章》《都中吟十三章》等篇章记述道光年间朝廷及地方官府在河政、漕政、盐政、兵政、铨选、吏治等政务方面的劣绩，并提出了针对弊政的改进之策。如：

  防伏汛，防秋汛，与水争堤若争命，霜降安澜万人庆。两河岁修五百万，纵不溃堤度支病。试问东汉至唐亦漕汴，何以千岁无河患。试问乾隆以前亦治河，何以岁费不闻百万过。沙昏昏，波浩浩，河伯娶妇，河宗献宝。桃花浪至鲤鱼好，酒地花天不知老。板筑许许，鼛鼓逢逢。隆堤如天，束水如墉。不闻治河策，但奏防河功，合向羽渊师黄熊。（《江南吟十章》其二）

  漕船来，漕船来，如山如屋如风雷，千船辟易何雄哉。入闸闸为阻，千夫万夫挽邪许。入运运为胶，微蜀湖田泽雁号。我闻漕船丈，尺有成规受。五百石，无差池。水力船力胜米力，何事礌砢穹窿为。私货愈多费愈重，徒供仓吏闸夫用。病漕病河兼病民，何如改小一帆送。乌乎，战舰苦瘦，粮船苦胖，战舰苦窳，粮船苦滥。曷移战舰作粮船，更改粮船修战舰。（《江南吟十章》其四）

  缉私盐，改捆先治场私源。七斤豫章八斤楚，不改恐致官私嫌。改捆愈多私愈众，即挖官包作私用。岸费愈增本愈稠，川粤潞私四面周，何况银价日高抵岑楼。乌乎，场私如山积，邻私如川灌。曷运场私敌邻私，倍盐贱销两获算。君不见，温州郡守师票盐，商民歌咏官府嫌。弹章早上秋霜严，利民利国徒奚廉，奈何尽夺中饱餍。（《江南吟十章》其五）

  小楷书，八韵诗，青紫拾芥惊童儿。书小楷，诗八韵，将相文武此中进。八扇天门诀荡开，玉皇亲手策群材。胪唱喧传云五色，董鼍花样毛锥来。从此掌丝纶，从此驰鏊铎。官不翰林不谥文，官不翰林不入阁。从此考枢密，从此列谏官，尽凭针管绣鸳鸾。借问枢密职何事，佐上运筹议国计。借问谏臣职何秉，上规主缺下民隐。雕虫竟可屠龙共，谁道所养非所用。屠龙技竟雕虫仿，谁道所用非所养。君不见前朝待诏翰林院，书画琴棋艺原贱。工执艺事可进谏，差胜手搏可方面。差胜琵琶可封王,斗鸡可乘传。铨部竹签且得材,润色承平况文绚。昨日大河决金堤,遣使合工桃浪诗。昨日楼船防海口,推毂先推写檄手。(《都中吟十三章》其一)

吏兵例,户工例,茧丝牛毛工会计。全恃舞文刀笔吏,河漕奏销尤巨利。一准一驳百万费,缺可补,可不补。级可去,可不去。翻手覆手敢予侮,能令公喜令公怒。何况捐房与库吏,宝玉大弓频睥睨。府史胥徒非世业,谁道尽握六官法。若言部胥不可捐,何故刑部胥无权。任法任人孰操券,请看汲黯张汤传。(《都中吟十三章》其二)

数开科,数开捐。开科遴材为得士,开捐输粟为助边。借问开科得何士,项槁盐车悲骓骊。宋代得一张斋贤,一榜赐第方能尔。借问开捐何所润,中外度支财益罄。漕盐河兵四大计,漏卮孰塞源孰盛。开科开捐两无益,何不大开直言之科筹国计。再开边材之科练边事,市骨招骏人才出,纵不拔十得五终得一。(《都中吟十三章》其三)

筹善后,筹善后。炮台防江防海口,造械造船造火攻,未敢议攻且议守。船炮何不师夷技,惟恐工费须倍蓰。江海何不严烟禁,惟恐禁严激边衅。为问海夷何自航,或云葱岭可通大西洋,或云廓尔喀印度可窥乌斯藏。或云弥夷佛夷鄂夷辈思效回纥之助唐,或云诸国狼狈叵测可不防,使我议款议战议守无一臧。乌乎,岛夷通市二百载,茫茫昧昧竟安在。题本如山译国书,何不别开海夷译馆筹边谟。夷情夷技及夷图,万里指掌米沙如。知己知彼兵家策,何人职司典属国。(《都中吟十三章》其四)

《江南吟十章》(其二)记述一些地方官府河政工程管理中的弊端。"两河岁修五百万,纵不溃堤度支病。""试问乾隆以前亦治河,何以岁费不闻百万过。"诗篇对官府河政的巨大耗资提出了质疑,这种质疑是诗人从闻知的河政官员奢靡挥霍行为做出的推断:"桃花浪至鲤鱼好,酒地花天不知老。"诗人的质疑依据充分,并非妄断。《江南吟十章》(其四)描写漕政运行中的明显弊端。"漕船来,漕船来,如山如屋如风雷,千船辟易何雄哉。"漕船承担着运输漕粮的功能,其庞大的船体在漕运中暴露了运行不便的弱点,兼之从业的吏胥挟私舞弊,庞大的船体也大大提高了漕运的成本。"私货愈多费愈重,徒供仓吏闸夫用。"诗人提出了改变漕运弊端的建议:"病漕病河兼病民,何如改小一帆送。"诗人认为漕运的弊端是没有解决好船体过于庞大和漕吏借机舞弊的问题,以致造成了累及多方的痼疾。《江南吟十章》(其五)记述盐政官员应对失策,私盐制售泛滥。"缉私盐,改捆先治场私源。""改捆愈多私愈众,即挖官包作私用。岸费愈增本愈稠,川粤潞私四面周,何况银价日高抵岑楼。""场私如山积,邻私如川灌。"一些官盐场地被私盐商贩化为私用,其余官盐的成本更是居高不下,而相邻省份的私盐源源不断涌入也加重了官盐的制售困境。虽有个别官员因时制宜提出了利民利国的举措,无奈这些举措与固有规章不符,且触犯了众多官员的利益,因而遭到章奏劾举。"温州郡守师票盐,商民歌咏官府嫌。弹章早上秋霜严,利民利国徒奚廉,奈何尽夺中饱餍。"弊端丛生而不思革弊,诗篇揭示了盐政痼疾产生和延续的原因。《都中吟十三章》(其一)描写朝廷选才任官机制存在的弊端。"小楷书,八韵诗,青紫拾芥惊童儿。书小楷,诗八韵,将相文武此中进。八扇天门诀荡开,玉皇亲手策群材。"朝廷选录、任用的这些书生,书法娟秀,吟诗作赋,但对治国任事毕竟一无所知,居然一步进入了要职显位,乃至将来要出将入相。"从此掌丝纶,从此驰鼗铎。""从此考枢密,从此列谏官。"诗人质疑这些才非所用的书生能否担任国之重任:"借问枢密职何事,佐上运筹议国计。借问谏臣职何秉,上规主缺下民隐。雕虫竟可屠龙共,谁道所养非所用。屠龙技竟雕虫仿,谁道所用非所养。"诗人更质疑这些一步登天的书生徒有文采,不堪实用:"昨日大河决金堤,遣使合工桃浪诗。昨日楼船防海口,推毂先推写檄手。"决堤溃坝的危急大事需要做出决断,驱寇逐盗的海防大事需要拿出决策,这些用非其才的书生只能献上华而不实的诗文。诗人对这种将雕虫小技与屠龙雄才混淆颠倒的选才任官机制十分不以为然。《都中吟十三章》(其二)记述朝廷各部很多紧要的事务被吏胥把持,其中的奸猾之徒枉法舞弊,以职逞私。"吏兵例,户工例,茧丝牛毛工会计。"诗篇介绍朝廷吏兵户工等部都有繁杂的专项事务,这些专项事务往往都被一些吏胥实际把持着,尤其是涉及巨额开支的事项被这些吏胥操弄,其中的枉法舞弊现象就随之而起了。"全恃舞文刀笔吏,河漕奏销尤巨利。一准一驳百万费,缺可补,可不补。级可去,可不去。"奸猾吏胥在这些外人难以涉足的事务中玩弄手脚,甚至大吏要员对他们也无可奈何,"翻手覆手敢予侮,能令公喜令公怒"。诗人提出应该起用像汉代汲黯、张汤那样的能干威严的官员来管控这些弄权逞私的吏胥,"任法任人孰操券,请看汲黯张汤传"。诗篇披露的朝廷部吏位卑权大、枉法作奸的弊端,很有认识价值。《都中吟十三章》(其三)感慨朝廷开科取士、开捐授官的弊策。"数开科,数开捐。开科遴材为得士,开捐输粟为助边。""借问开科得何士,项槁盐车悲骍骊。""借问开捐何所润,中外度支财益罄。"开科取士的初衷是为国选才,结果选才错谬,真正的俊才被埋没民间,像为盐车驾辕的骏马已形容枯槁;开捐授官的初衷是为国增财,结果财政失控,朝廷的用度开支愈加吃紧。"开科开捐两无益,何不大开直言之科筹国计。再开边材之科练边事,市骨招骏人才出,纵不拔十得五终得一。"诗人针对开科、开捐的固有弊端提出了改进之策，希望能为国选拔出有实际才干的担当之士。《都中吟十三章》（其四）描写朝廷在与外敌交战失败后不知所措，谋划应对混乱无章。"船炮何不师夷技，惟恐工费须倍蓰。江海何不严烟禁，惟恐禁严激边衅。"朝廷权臣不知如何应对敌寇的坚船利炮，想出资购置新式舰船大炮，财政又捉襟见肘；想严禁鸦片，阻止白银外流，又唯恐得罪外夷。权臣们不知己不知彼，以致议定对策时浑浑噩噩，左支右绌，"使我议款议战议守无一臧。乌乎，岛夷通市二百载，茫茫昧昧竟安在"。针对朝臣们对外部世界茫然无知，诗人提出了改变这一可怕局面的建议："题本如山译国书，何不别开海夷译馆筹边谟，夷情夷技及夷图，万里指掌米沙如。"希望朝廷掌管外事的官员能为国家打开了解世界的窗口："知己知彼兵家策，何人职司典属国。"开译馆，筹边策，深入了解外部世界，在知己知彼中才能走向自强。"在鸦片战争中，清统治者和士大夫阶层不明世界形势是可以原谅的。但是在战败后，仍旧虚骄自大，不愿睁眼看世界，不愿改革图强，那就无可救药，难以令人原谅。"①魏源诗篇描写的这类情景，反映了当时统治阶层对外部世界变化及外来冲击茫然不知所对的状态，文献价值很高。

吴世涵（1798—1855），字渊若，遂昌（今浙江遂昌）人。道光间进士。历云南通海、太和、会泽知县。

吴世涵的怨政诗主要记述地方官府荒政环节出现的乱象和弊端，剖析很有深度。如《闹荒》《报灾》《平粜》《流丐》等。也有篇目描写吏治中的顽疾，如《杂诗》等。

  闭粜乃恶富，闹荒亦奸民。奸民何为者，一二无赖人。平时既横恣，睚眦在乡邻。一旦遇岁歉，乘势煽诸贫。号召百十辈，徒侣来俦俦。武断市上价，搜索人家囷。既以泄其忿，兼可肥厥身。众人米未籴，奸人已千缗。众人腹未饱，奸民酒肴陈。事势偶相激，抢夺遂纷纭。救荒在安众，贫富情皆均。闭粜贫民惧，禁闭令宜申。闹荒富民恐，止闹非无因。此辈弗惩创，酿祸岂为仁。（《闹荒》）

  遇灾虽无异，所报有不同。大郡常报歉，小郡常报丰。大郡歉不报，荐绅不肯从。小郡若报歉，官长不相容。连年天降灾，旱暵遍浙东。今岁旱尤甚，烈日焦种穜。昨闻邻邑人，报灾县庭中。并遭官长骂，谓汝何欺蒙。此郡数十年，不曾报灾凶。今年虽小旱，未必害耕农。高田或稍歉，低田仍芃芃。自可相衷益，岂遂原野空。汝辈还乡里，可告诸老翁。救荒吾有术，报灾甚无庸。明旦官下乡，驺从何雍雍。非为勘灾至，

---

① 李志茗：《大变局下的晚清政治》，上海古籍出版社2009年版，第8页。

催科惊耄童。(《报灾》)

往年秋既获,米贱农不伤。今年秋既获,米价益以昂。农田既无得,谷贵殊非常。乡民请平粜,百十登公堂。县官从其请,方谓此法良。讵知四邻邑,今岁尽凶荒。处处米腾贵,平价策非长。富民既不乐,闭粜匿糇粮。用威强出之,又以利奸商。籴贱入私橐,贩贵向他方。不及数月间,家家空仓箱。噫嘻粜尽后,饥黎复何望。独荒粜可平,众荒不同量。寄语贤牧令,平粜且勿忙。(《平粜》)

居民已嗷嗷,流丐复四集。百十成其群,布满乡与邑。借问从何来,滁凤与宣歙。连年遭水旱,少壮俱失业。逃荒遂至此,冀得赈穷乏。其中有良家,逢人掩面泣。自云不愿来,无奈众迫胁。流离诚可悯,男女何冗杂。尤多黠猾徒,犷悍不知法。藉兹逃荒众,遂以逞奸侠。荒野及穷村,往往肆行刦。吾邑久被灾,民食百不给。那堪此辈至,取求日纷沓。寄语长民者,勤心善抚辑。速为遣之去,留我烝民粒。(《流丐》)

先圣制久湮,法令滋流弊。世无封建官,独有封建吏。官长如过客,去来无定地。吏职如家业,传及子孙世。坐是吏益奸,舞文习故智。官长日忽忽,无从究情伪。欲令官称职,久任著威德。一职可终身,吏易官不易。欲使吏无欺,科条删繁辞。有如三章约,吏知官亦知。(《杂诗》)

《闹荒》描述荒政赈济面临的一个困境,"奸民"挟私搅扰,粜米贵贱都难以周全。"闭粜乃恶富,闹荒亦奸民。"存米丰厚的富商完全不拿出米来出售,当然不为善行;但乡民中的奸猾之徒借荒年饥民众多之势,群集于商家,强压米价,随后将贱价米粮席卷一空,捞取暴利:"奸民何为者,一二无赖人。平时既横恣,睚眦在乡邻。一旦遇岁歉,乘势煽诸贫。号召百十辈,徒侣来伈伈。武断市上价,搜索人家困。既以泄其忿,兼可肥厥身。"少数"奸民"裹挟众人,趁机大捞钱财,大多数真正的饥民则一无所获,仍旧无钱籴米,嗷嗷待哺:"众人米未籴,奸人已千缗。众人腹未饱,奸民酒肴陈。"诗人认为,救荒之策要切合贫富实情,既要使富人适当承担粜米,又要防止"奸民"裹挟饥民扰乱粜米秩序。"救荒在安众,贫富情皆均。闭粜贫民惧,禁闭令宜申。闹荒富民恐,止闹非无因。"而放任"奸民"猾徒搅扰粜米秩序,将断送荒政济困的仁义之举。"此辈弗惩创,酿祸岂为仁。"诗篇陈述的"奸民"闹荒现象,披露了荒政运行中的一个真实的弊端,即官府如果没有切合实际的应对之策,"奸民"的欺行霸市将使赈荒秩序荡然无存,饥民也将失去得到赈济的基本保证。《报灾》描写一些地方官府在向上司呈报灾情时造假欺瞒,只图私利,无视民苦。"大郡常报歉,小郡常报丰。大郡歉不报,荐绅不肯从。小郡若报歉，官长不相容。"遇到灾荒，报灾与不报灾，不是根据实际灾情，而是根据是否从中得利，才出现了这种怪诞的故意谎报灾情的情况。诗篇叙及一个县官对报灾的事进行训示："昨闻邻邑人，报灾县庭中。并遭官长骂，谓汝何欺蒙。此郡数十年，不曾报灾凶。"对遭受灾荒不予呈报，县官振振有词解释了原因："今年虽小旱，未必害耕农。高田或稍歉，低田仍芃芃。自可相衰益，岂遂原野空。汝辈还乡里，可告诸老翁。救荒吾有术，报灾甚无庸。"表面看是灾情不重没必要上报，实质是报灾之后会影响到征税催科的定额，不利于官员从中牟利。《平粜》描写官府不顾米源实情，强制推行平价售米。"乡民请平粜，百十登公堂。县官从其请，方谓此法良。"受灾的邻邑纷纷涌来抢购，一下即抬升了米价，冲垮了"平粜"的效果。"讵知四邻邑，今岁尽凶荒。处处米腾贵，平价策非长。"更严重的是，这样不加区分地"平粜"，奸商趁机抢购囤积，贱买贵卖"平粜"获得的米粮。"富民既不乐，闭粜匿糇粮。用威强出之，又以利奸商。籴贱入私囊，贩贵向他方。"这样的状况必然使饥民深受伤害，"不及数月间，家家空仓箱。噫嘻粜尽后，饥黎复何望"。诗人认为平粜一定要在可承受的范围内进行，才能保证平抑米价，缓解粮荒："独荒粜可平，众荒不同量。寄语贤牧令，平粜且勿忙。"诗人不赞同官府顾此失彼的"平粜"政策。《流丐》描述灾民大量涌来造成的扰民困境。"居民已嗷嗷，流丐复四集。百十成其群，布满乡与邑。""逃荒遂至此，冀得赈穷乏。"各地的灾民涌至一地，良莠不齐，其中的奸猾之徒生出许多事端。"流离诚可悯，男女何冗杂。尤多黠猾徒，犷悍不知法。藉兹逃荒众，遂以逞奸侠。"官府缺乏稳妥的应对之策，致使地方秩序受到极大扰害。诗篇最后建议，救济和驱遣外来灾民应双管齐下："寄语长民者，勤心善抚辑。速为遣之去，留我烝民粒。"这种提议兼顾了当地民众利益和外来灾民困苦，遵从了救灾的实际困境，并未一味拔高道义境界。《杂诗》披露了吏治中的痼疾，即吏胥利用任职上的缺少限制和履职上的熟悉科条，有隙可乘便会弄权舞弊，危害行政秩序。"先圣制久湮，法令滋流弊。世无封建官，独有封建吏。官长如过客，去来无定地。吏职如家业，传及子孙世。"诗篇比较了官员和吏员任职性质的差异，官员流动任职，职不传世，而吏员固定当地，职务世袭，这样的制度安排使吏员任职、履职的弊端根深蒂固。吏胥熟悉科条，官员茫然无知；吏员弄巧舞弊，官员无从知晓。"坐是吏益奸，舞文习故智。官长日忽忽，无从究情伪。"诗篇从官员、吏员任职的久暂和科条的繁简问题切入，提出了革弊的建议："欲令官称职，久任著威德。一职可终身，吏易官不易。欲使吏无欺，科条删繁辞。有如三章约，吏知官亦知。"诗人的这些建议是针对吏治沉疴而发，意在加强官员的行政介入，减少吏员的职权范围，使猾吏弄权欺诈的痼疾得到根治。诗篇的建言表现了政治诗积极用世的社会功能,很有样本意义。

王槐(？—？),字茂阶,钱塘(今浙江杭州)人。道光间监生。

王槐的《转漕行》记述道光、咸丰年间漕政运行事倍功半,费高效低;漕政决策顾此失彼,不知变通。

> 挽输军国计,建策宜万全。有明自成祖,迁都定幽燕。东南财赋入,转漕惟艰难。入海畏漂溺,陆走苦役繁。壹志理河运,南北愁亘延。传有老学究,定议疏源泉。抑汶入南旺,中流分沂沿。置闸累数十,水旱期无愆。舳舻衔尾来,叶叶风帆悬。成效三百载,我朝复因焉。岂知太平虑,未可垂不刊。转运会一河,如人有喉咽。一日不下咽,其祸不可言。河身况浅狭,两舟不并前。一夫苟大呼,万橹为叶捐。一舟苟触损,千樯坐迍邅。虽云省民力,得失难兼权。总卫置百十,旗军籍万千。建造每雷动,疏凿恒经年。行粮坐有食,科索通夤缘。阴雨愁湿漏,浅涩劳推牵。一石供天庾,已费三石钱。近闻黄河水,上决下苦干。每于扼隘处,淤塞成壖田。云屯集畚锸,日作夜不眠。无功但有罪,手足空胝胼。下策决河灌,计利不计患。颇闻数郡民,一夕沦深渊。医疮剜心肉,苟且旦夕安。所费又巨万,元气何由还。害十当变法,此理须推研。海运有故道,岛屿分湾澴。胶莱已垂成,相度功宜专。利五害则一,发论闻先贤。造舟自有法,停泊亦有川。占候苟无失,那畏波连天。三春风力柔,往返轻而便。数旬已毕事,繁费半可蠲。次复理河运,疏通无梗湮。近海海可渡,近河河则先。坐收河海利,弗使困一偏。岂惟便转输,兼可清盗源。上纾宵旰忧,下息民力殚。漕储国根本,作诗俟辒轩。

诗篇从明朝以来的漕运转输困境叙起。"东南财赋入,转漕惟艰难。入海畏漂溺,陆走苦役繁。"从东南向北方输送漕粮的过程,需海路、陆路进行转输,才能连接起漕运的完整环节。但其中的海路和陆路转输受风浪、成本影响,都有很大的缺陷。后来在漕运线路上做了改动,主要依靠河运:"抑汶入南旺,中流分沂沿。置闸累数十,水旱期无愆。舳舻衔尾来,叶叶风帆悬。成效三百载,我朝复因焉。"似乎解决了原来的困境,但运行既久之后,新产生的问题更为严重:"岂知太平虑,未可垂不刊。转运会一河,如人有喉咽。一日不下咽,其祸不可言。河身况浅狭,两舟不并前。一夫苟大呼,万橹为叶捐。一舟苟触损,千樯坐迍邅。"这种完全依靠河运的漕运,建造船只、疏浚河道费用十分高昂,且漕船容易遭受狭窄河段的梗阻,造成漕运的中断;

这种完全依靠河道的漕运，虽然比起以前部分的海路、陆路转输连接要节省费用，但由于役夫众多而耗费巨大，官吏贪占而损耗严重，实际的漕运总成本仍然居高不下："虽云省民力，得失难兼权。""建造每雷动，疏凿恒经年。行粮坐有食，科索通贪缘。阴雨愁湿漏，浅涩劳推牵。一石供天庾，已费三石钱。"漕运一石粮到京都，实际要耗费三石粮的款项，成本难以为继。遇到上游河段洪水决堤，下游河段又缺水淤塞，这种漕运的弊端更为严重。"近闻黄河水，上决下苦干。每于扼隘处，淤塞成墥田。云屯集畚锸，日作夜不眠。无功但有罪，手足空胝胼。下策决河灌，计利不计患。颇闻数郡民，一夕沦深渊。"为了保漕运，开决河堤冲刷淤塞河道，又淹没众多村庄，殃及无数百姓。诗人认为，面对顾此失彼、劳民伤财的困境，不应墨守成规，应该整合变通，改变沿用多年、弊端重重的漕运政策："医疮剜心肉，苟且旦夕安。所费又巨万，元气何由还。害十当变法，此理须推研。"革除旧弊的出路在于将各种有利因素加以整合，因地制宜，该海运则海运，该河运则河运："海运有故道，岛屿分湾澳。胶莱已垂成，相度功宜专。""次复理河运，疏通无梗湮。近海海可渡，近河河则先。坐收河海利，弗使困一偏。"诗人展望了如此改革漕运的前景："岂惟便转输，兼可清盗源。上纾宵旰忧，下息民力殚。"诗篇提出的充分利用河运和海运各自优势的变革思路，传达了作者除弊兴利的怨政动机，表现出怨政诗建言献策的谏政功能。

二　陆嵩

陆嵩（1791—1860），字希孙，吴县（今江苏苏州）人。道光间拔贡生。游历各地作幕客。受林则徐命据实勘灾报赈。后选授镇江府学训导。英军陷镇江，募乡勇抗敌。

陆嵩的怨政诗数量较多，广泛记述道光、咸丰年间内乱外患的危局，荒政、漕政、税政的弊政劣绩，展示出一幅幅天下变乱、朝政败坏的灰暗的时代政治图景，主要包括以下四类作品。

1. 记述鸦片流毒对国家和社会的危害，描写鸦片战争战败的各种场景，怨责朝廷应对失当，愤慨官军抗敌无能，谴责朝臣戎辱国。

种棉寒可衣，种稻饥可食。毒草乃遍栽，岂救饥寒迫。九州无闲田，其来自鬼国。煎熬聚浓膏，吹烟作青黑。熏蒸腐肠胃，嘘吸荡魂魄。彼昏嗜不知，甘以性命易。始但盛东南，久且及西北。问价抵黄金，争购讵论值。奸商因其利，脂膏竭寰域。在昔嘉庆中，此祸未为极。我思物所名，其理要可格。彼哉炮与枪，毋乃兆凶逆。今皇悯黎元，赫欲扫群感。皇皇尧舜朝，岂无契与稷。何难作新民，旧染尽除涤。胡然谗孱徒，交煽恣鬼蜮。可怜久承平，民不睹兵革。一朝起仓皇，骨肉痛狼藉。祸始自粤东，蠢动日叵测。暂避疆臣威，未敢肆残贼。遂使浙东郡，烽火照连驿。通市各前朝，弊政贵早革。怀柔圣人心，庸庸彼焉识。因循廿年来，交易互海舶。财赋富中原，膻趋久夷貊。折阅已番银，淫巧况充斥。奸术堕不悟，漏卮叹谁塞。魏绛论和戎，此岂足口实。深恩被五朝，将帅自努力。愿得赋同仇，宵旰至尊释。（《禁烟叹》）

奉檄趋江洲，慰勉感父老。父老为我言，贼情颇了了。白者乃真鬼，语音类禽鸟。胫长面多毛，眼绿疾顾瞭。胁从半丐流，肌肉黑如枣。见人辄摇手，牲畜需一饱。所志但剽掠，奸淫杂丑狡。谁云力过人，摧拉亦易倒。初来各惊惶，疾走弃孩抱。啼哭满路衢，颠蹶或沟潦。久知不足畏，家室谋各保。因之聚邻里，鸣锣约驱讨。父老言未终，我泪已擗摽。止止勿复谈，一语尔当晓。深仁念我朝，养育遍苍皓。经历二百年，覆载比大造。何容蠢尔夷，深入肆残扰。如何专阃谋，独恨抚不早。我欲有所言，未言先懊恼。畴非食毛臣，敢忘恩浩浩。父老听我语，感激指苍昊。鼙鼓倘见征，逆贼誓同扫。呜呼田野徒，何尝习戈铰。踊跃且如此，纷纷愧羽葆。（《江州述感》）

日日江头说防堵，又报夷船入乍浦。乍浦近与吴淞连，江南恃此作门户。闾阎闻信哪弗惊，纷然捆载谋逃生。城门乍出便遭劫，兵虽未被已哭声。我思大兵久云集，重镇何由贼竟入。昨有逃人来贼中，细诉令我生呜唈。御敌但用青皮军，倒戈忽出乌烟谍。驻防营中烈火焚，光焰直逼吴淞滨。督师参赞驻何所，谁能使贼不犯江南寸土，安我江南民。呜呼，谁能使贼不杀江南民，我方筮易恐震邻。（《夷船入乍浦烟贩闽奸杀青皮军以应》）

防御纷海疆，征调遍南北。郡县所经过，骚驿苦供亿。贼来竞奔逃，贼去肆剽磔。呼号惨间阎，血肉路狼藉。幸彼豕突夷，所志但财帛。不然东南隅，长驱势谁敌。天远问谁告，官兵撤宜亟。

官兵调不足，下令团乡民。乡民习耰锄，哪解刃杀人。应募但游手，本皆椎埋伦。卒闻贼船至，四散奔郊村。因之恣淫掠，荼毒耳忍闻。其中狡黠徒，更利奸夷银。倒戈或前导，溃乱先官军。诛之不胜诛，痛矣将谁论。（《感事》）

道光辛丑夏四月，抚议有成粤防撤。是何狡狯帆忽扬，鼓浪屿头肆豕突。回兵直进攻厦门，厦门重镇藩七闽。官吏恃和不设备，踉跄贼至争逃奔。何人拒贼誓死战，金门总镇江继芸。从而起者副将凌，都司王公勇绝伦,水师把总李杨纪。或鲸腹葬或刀飨,浩然正气留乾坤,天阴月黑来忠魂。呜呼,是役死事何其烈,宿将材官尽此殁。粤中大帅又议和,徒使英雄眦愤裂。(《听闻客谈厦门死事诸公本末纪之以诗》)

督臣朝返朱雀桁,夷船夜达金陵城。金陵城中人大惊,烽火照耀日不明。伊节相来争郊迎,谓今和议必有成。船如何坚炮如何利,东南半壁势将倾。吾皇所念惟苍生,张皇入告皇自听。将军参赞各各面有喜色形,朱提二千一百万,所利甚溥岂独欢夷情。请加国玺申此丹书盟,不谓侮慢乃以尊我共主名。夷船三月江头停行大飨礼,正觉古寺挥旗旌,袞衣赤舄觞自行。卑卑县丞胡独心不平,耳语制府此可劫以兵。制府惊起怒叱汝肉足食汝当烹,县丞叩头请死不敢更有声。今日奏上阙,明日议下廷。夷船出江去,中外欢声腾,海内从此歌太平。呜呼,愤愤独有此县丞。呜呼,愤愤乃有此县丞。(《闻和议有成夷船将出江去感而有作》)

江南莽莽犹风尘,夷氛又报腾津门。船坚炮利久传说,驱剿何敢轻挥军。所求毋乃太辱国,主议仍是前疆臣。纷纷廷争动黼座,得予自尽犹全恩。所嗟中华尚礼域,已悲荼毒遭黄巾。堪更近畿许通市,衣冠错杂且休论。百货交易务淫巧,钱刀习较忘尊亲。势将尽驱入禽兽,谁教稼穑明人伦。呜呼先圣去今远,大道岂得常澌沦。贞元自古有起复,数穷必变终乾坤。请看前明盛倭寇,横行岂必真无因。不然重洋数万里,焉敢深入轻其身。(《津门叹》)

《禁烟叹》揭示来自海外"鬼国"的鸦片祸害民众,奸徒为谋暴利肆意贩毒,烟民钱财被榨尽,性命被戕害:"毒草乃遍栽,岂救饥寒迫。九州无闲田,其来自鬼国。""彼昏嗜不知,甘以性命易。""问价抵黄金,争购讵论值。奸商因其利,脂膏竭寰域。"祸害既已如此深重,朝廷决计清除烟毒,但战端一开,战事陷入了不利:"今皇悯黎元,赫欲扫群惑。""可怜久承平,民不睹兵革。一朝起仓皇,骨肉痛狼藉。"诗人痛心于民众受戕害、国家受重挫,追溯起祸端的兴起:"通市咎前朝,弊政贵早革。""奸术堕不悟,漏卮叹谁塞。"诗人对嘉庆以来朝廷未能及时强力遏止鸦片交易,致使举国遭受荼毒深为痛心;更对当今朝廷众多将帅抗击外敌不力深为忧愤,希望将帅重振意志,为君解忧:"深恩被五朝,将帅自努力。愿得赋同仇,宵旰至尊释。"《江州述感》借百姓之口描述外寇肆虐沿海,民众奋起自卫。"父老为我言,贼情颇了了。白者乃真鬼,语音类禽鸟。""所志但剽掠,奸淫杂丑狡。"民众熟悉外寇情况后,自发组织起来打击这些外来的侵凌者:"久知不足畏,家室谋各保。因之聚邻里,鸣锣约驱讨。"诗人感慨承平日久,朝廷大臣未能深谋远虑,坐视"蠢尔夷"贩毒酿成深灾大祸:"深仁念我朝,养育遍苍皓。经历二百年,覆载比大造。何容蠢尔夷,深入肆残扰。如何专阃谋,独恨抚不早。"诗人再次借百姓之口,表达了民众愿意参与打击英夷,反衬出官军在外敌入侵面前的怯懦和无能:"父老听我语,感激指苍昊。馨鼓倘见征,逆贼誓同扫。呜呼田野徒,何尝习戈铰。踊跃且如此,纷纷愧羽葆。"篇末直言,民众的抗敌意愿应该让朝廷感到羞愧。《夷船入乍浦烟贩闽奸杀青皮军以应》描写英军舰船侵入乍浦,清军防备松懈。"日日江头说防堵,又报夷船入乍浦。乍浦近与吴淞连,江南恃此作门户。""我思大兵久云集,重镇何繇贼竟入。"官军防御部署出现了严重缺陷:"御敌但用青皮军,倒戈忽出乌烟谍。驻防营中烈火焚,光焰直逼吴淞滨。"御敌的"青皮军"战斗力不堪一击,英夷内应"乌烟谍"暗中助敌,防备外寇的重要门户就这样被轻易打开了。官军的无能和内奸的无耻共同促成了英夷入侵乍浦的得逞。《感事》感慨官军耗资颇巨,却不能担当御敌重任,百姓遭受了英夷外寇的荼毒。"防御纷海疆,征调遍南北。郡县所经过,骚驿苦供亿。贼来竞奔逃,贼去肆剽磔。呼号惨间阎,血肉路狼藉。"官军自己不能抵挡外寇的侵凌,临时组建的民团也成了乌合之众,其中的奸猾之徒甚至成为通敌的内应:"官兵调不足,下令团乡民。""卒闻贼船至,四散奔郊村。""其中狡黠徒,更利奸夷银。"官军涣散到如此不堪地步,成事不足败事有余。《听闽客谈厦门死事诸公本末纪之以诗》描写道光二十一年(1841)英军进攻厦门的战事。"道光辛丑夏四月,抚议有成粤防撤。是何狡狯帆忽扬,鼓浪屿头肆豕突。"英军狡黠骗过清军,进攻厦门,守御的清军各部做出了不同反应。有忠勇之士坚守拒敌,有怯懦之将弃军逃窜:"官吏恃和不设备,踉跄贼至争逃奔。何人拒贼誓死战,金门总镇江继芸。"江继芸、王世俊、凌志、李启明、杨肇基、纪国庆诸将,奋身抗敌,死于战事:"是役死事何其烈,宿将材官尽此殁。"与之对照,上司高官畏缩避战,求和为上:"粤中大帅又议和,徒使英雄眦愤裂。""粤中大帅"只知"议和",畏缩之态招致"英雄"人士的鄙弃。《闻和议有成夷船将出江去感而有作》作于道光二十二年(1842),记述朝廷大臣和地方大员在外寇威逼下被迫和议,签订屈辱的中英《南京条约》。"督臣朝返朱雀桁,夷船夜达金陵城。金陵城中人大惊,烽火照耀日不明。伊节相来争郊迎,谓今和议必有成。船如何坚炮如何利,东南半壁势将倾。"朝廷在英夷坚船利炮的武力强横压迫下,无奈屈服:"吾皇所念惟苍生,张皇入告皇自听。"诗人对力主抵抗的皇帝在此处境下同意签订和约的态度有所回护,而对答应赔偿二千一百万银元巨款痛心疾首,对朝廷大臣为达成条约额手相庆极为鄙夷:"将军参赞各各面有喜色形,朱提二千一百万,所利甚溥岂独欢夷情。请加国玺申此丹书盟,不谓侮慢乃以尊我共主名。"诗篇叙及朝廷大员急于屈敌求和,仍然有热血的"县丞"建言寻机抵制,但被朝廷大员严厉呵斥:"卑卑县丞胡独心不平,耳语制府此可劫以兵。制府惊起怒叱汝肉足食汝当烹,县丞叩头请死不敢更有声。"两相对比,这种主张抵抗的声音被屈敌求和的声音压倒和淹没了:"今日奏上阙,明日议下廷。夷船出江去,中外欢声腾,海内从此歌太平。"诗人讥讽主和的大臣,以为满足了侵凌者的强横要求,从此就可以天下太平。诗篇描述这一重大历史事件,包含了一些鲜被提及的细节,包含了当时朝野、官民的各种反应,极有认识价值和文献价值。《津门叹》当作于咸丰八年(1858),记述清廷被迫与英法等国签订了系列屈辱条约中的《天津条约》。诗人抒写了自己对此事件的感愤:"江南莽莽犹风尘,夷氛又报腾津门。船坚炮利久传说,驱剿何敢轻挥军。所求毋乃太辱国,主议仍是前疆臣。"外寇列强凭借强大武力威逼清廷就范,答应其得寸进尺的勒索宰割。朝廷的权臣武将在外敌强横威压下,丧失了抵抗的意志,放弃了抵抗的决心,甘心屈服于西洋强寇的讹诈。诗人对朝廷当政者以退让换苟安的做法十分不以为然,引用历史事实说明一味忍让退缩只能引发更大的祸端:"请看前明盛倭寇,横行岂必真无因。不然重洋数万里,焉敢深入轻其身。"显然,诗人认为外寇之所以成群结队远涉重洋前来侵害,就在于朝廷权臣们奉行的苟安政策助长了列强的贪欲和气焰。

2. 记述太平天国战事,怨责官军"剿贼"无能,披露兵"匪"交相为患。

  朝闻鼙鼓江头来,暮看楼阁成飞灰。城中居民冒锋镝,扶老携幼奔哀哀。可怜驻防二千甲,流血倾刻盈衢街。江中战舰仅六七,众寡不敌帆争回。金陵陷贼未半月,何遽铁瓮城连摧。武昌重兵数十万,奔窜谁令疏重围。联樯东驶况千里,扼险岂少干城材。奈何江南赋财地,轻弃直欲同荒陲。陶侃哪闻石头次,房琯得免陈涛悲。庙堂宵旰念方亟,斯民水火拯知临。金山北固盛千古,伤心竟作阿房灾。腐儒痛哭亦何益,紫气终望回三台。(《二月二十二日镇江失守书此志哀》)

  君不见京口驻防蒙古营,府开都护辉旗旌。长江天险赖保障,训练岂必忘承平。寇来仓卒势莫扞,烈火光中自惊奔。血膏贼斧知何由,搜杀还教遍里闾。残军收集缪甸屯,誓欲灭此愤各伸。昨朝遇贼北门外,挥刀奋杀肯顾身。强兵坐拥欲谁咎,死者何堪更八九。早知杀贼本不难,悔不孤城共死守。吁嗟乎,到处孤城肯死守,哭声何得来京口。(《哀驻防》)

润州六月尚贼据，扬州亦未罢官戍。江南江北通片帆，来往公然任朝暮。寇援宜绝岂不闻，谁握兵权倘早悟。便应先挥江上军，直取瓜州断贼路。奈何楚汉比画疆，不敢鸿沟过一步。君不见凌烟图画古所争，裹尸马革心知轻。貔貅坐拥识何意，岂真不爱千秋名。(《瓜州叹》)

王师数十万，不能剿一贼。助威望乡民，彼岂习锋镝。大义姑相喻，同仇幸能识。二杨尚士流，一陈本力穑。奔走两月余，慷慨弃耕殖。鸣锣聚冈陵，载旆耀阡陌。贼闻胆惊落，迹稍敛凶逆。淫掠乃官军，强暴纵朝夕。反若与民仇，贼势愈充斥。耕凿幸久安，出入念帝力。散归岂本心，毋乃有逼迫。近闻府县官，征募奉军檄。不吝爵赏贰，兼欲盗贼激。罔顾国体伤，哪更后患测。传闻六合民，贼船快沈击。何尝建奇功，不在彼草泽。且莫感时泪，暗向深宵滴。作诗自激昂，耿耿望北极。(《悲乡民为陈明皆作兼怀二杨子》)

惊传陷郴永，贼势愈蔓延。道州最贫苦，亦不蒙贼怜。督师驻何所，持重不敢前。州民被淫掠，惨毒知难言。贼来争赴死，贼去岂自全。谅无元刺史，哀痛传诗篇。剿抚两无策，念此空涕涟。我朝正全盛，非比天宝年。世岂少李郭，威望传诸边。爵赏况不惜，感激宜争先。削平望朝夕，耕凿安尧天。(《闻贼连陷郴永复据道州忧而成此》)

西南门外两日火，夜半光腾到卓午。自从贼船来江头，北固金山尽焦土。雕墙峻宇且勿论，伤心蒿目尤蓬门。幸免杀戮窜荒谷，余生知几声酸吞。远望官军一水隔，旌旗不动哀何人。(《西南门行》)

德将军走无江浦，贼骑长驱势莫阻。六合孤城守独坚，可怜今亦成焦土。消息传来或未真，齿寒无哪先亡唇。沿江郡县尽震动，溧水复陷非无因。朝廷命将十余辈，几见临危不身爱。独一张帅誓报国，奔命谁能论成败。昨日江北今江南，我劳彼逸嗟何堪。白日黯黯惨行路，黄沙莽莽飞寒潭。悲我今犹归未得，日向空庭望北极。安得旄头一夕倾，凯歌遍唱还乡国。(《惊闻六合失守已十余日而未见军报忽得溧水复陷之信书此以纪忧愤》)

《二月二十二日镇江失守书此志哀》记述咸丰三年 (1853) 太平军罗大纲部攻占镇江事。"金陵陷贼未半月，何遽铁瓮城连摧。武昌重兵数十万，奔窜谁令疏重围。"太平军攻势如潮，接连占领南京、镇江等军事重地。官军在与太平军的作战中，本可用于解围的数十万人马，风声鹤唳各自逃散了；本来优势明显的防守态势，被官军轻易放弃了。"联樯东驶况千里，扼险岂少干城材。奈何江南赋财地，轻弃直欲同荒陬。"官军一些将领自顾私利，不顾大局，酿成了败局。《哀驻防》描写官军在"盗贼"攻势面前一击即溃，不能"剿贼"，反为"盗贼"所灭。"长江天险赖保障，训练岂必忘承平。寇来仓卒势莫扞，烈火光中自惊窜。血膏贼斧知何由，搜杀还教遍里闾。"官军致败的原因，除了治军怠惰，备战匮乏，更在于将领之间彼此掣肘，拥兵自重，弃城竞逃。"强兵坐拥欲谁咎，死者何堪更八九。早知杀贼本不难，悔不孤城共死守。"诗人认为这是官军屡战屡败的痼疾所在。《瓜州叹》感慨官军将领怠惰敷衍，延误军机。"寇援宜绝岂不闻，谁握兵权倘早悟。便应先挥江上军，直取瓜州断贼路。"官军在瓜州等地与"盗贼"作战，错失军机，招致失守，败因就在将领只顾自保。"奈何楚汉比画疆，不敢鸿沟过一步。"诗人质疑将帅如此怠惰自保的目的："貔貅坐拥识何意，岂真不爱千秋名。"这种质疑实际上也是一种怨责。明知故问，怨在其中。《悲乡民为陈明皆作兼怀二杨子》记述官军蠹腐无能，以乡民组团参与"剿贼"。"王师数十万，不能剿一贼。助威望乡民，彼岂习锋镝。"这些民团武装居然比官军还能征善战："鸣锣聚冈陵，载旆耀阡陌。贼闻胆惊落，迹稍敛凶逆。"而官军既不能有效"剿贼"，反倒成为侵害民众、助长"贼"势的祸源。"淫掠乃官军，强暴纵朝夕。反若与民仇，贼势愈充斥。"民团和官军两相对比，诗人对官军的失望和怨责是显然的。《闻贼连陷郴永复据道州忧而成此》记述太平军接连攻下郴州、永州等地多个州县，官军将领只知自保，任由"盗贼"掠害民众。"惊传陷郴永，贼势愈蔓延。道州最贫苦，亦不蒙贼怜。督师驻何所，持重不敢前。州民被淫掠，惨毒知难言。"官军"剿贼"和招抚，两头都落空："剿抚两无策，念此空涕涟。"《西南门行》记述太平军攻占镇江的战事。"自从贼船来江头，北固金山尽焦土。""远望官军一水隔，旌旗不动哀何人。"诗人认为，镇江失守的原因在于邻近官军将领按兵不动，畏缩自保。《惊闻六合失守已十余日而未见军报忽得溧水复陷之信书此以纪忧愤》记述咸丰八年（1858）太平军攻陷六合、溧水等县城的战事。"德将军走无江浦，贼骑长驱势莫阻。六合孤城守独坚，可怜今亦成焦土。"诗篇揭示了六合、溧水等城邑失守的败因及其后果："沿江郡县尽震动，溧水复陷非无因。朝廷命将十余辈，几见临危不身爱。"在多数官军将领只顾自保的情况下，孤军奋战的将领就成了牺牲品。诗人指斥"朝廷命将"自私怯懦，致使城池丢失，全局皆输。在这些诗篇中，诗人站在士大夫正统政治立场评判官军的表现，对官军未能强力打击太平军"盗贼"，未能有效扭转政治危局，感到悲哀和无奈。

3. 记述税负沉重，怨叹各种弊策伤民，披露官吏贪渎枉法。

步出东郭门，阡陌正过雨。荷杖逢老农，切切为我语。此乡皆低田，四望近湖渚。偶然淫潦逢,尺寸少干土。有秋岂易期,荒歉十常五。拮据积终年,不足纳官府。民哀已如鸿,吏猛尚如虎。太息东家邻,田多号上户。肌肤无有完,未解追呼苦。西家幸无田,免受胥役侮。我闻恤然忧,食已少三餔。况余未卖田,那得望安处。(《东郭叹》)

军门日夜商劝捐,殷勤咨访惟乡官。乡官居本市廛近,持筹握算心能专。大户已空小户尽,藏匿难防孰能信。别有上策名抽厘,设局钩稽得容隐。纷纷盘诘劳关河,铢分黍取原非苛。纾难底须家自毁,谋身还道功偏多。可怜剽掠满行路,愁苦闾阎已莫诉。堪更盘查关栅连,来往何人敢朝暮。君不见巨桥发粟周以昌,临安搜括宋乃亡。尽除苛政望当事,欢声岂独腾金阊。(《抽厘行》)

善后劝捐苦不足,筹防又报开官局。日给薪水供委员,穷民哪得邀饘粥。腥膻所集群蚁趋,献谀贡媚纷驰驱。黑旗争插号团练,长官高坐心欢娱。君不见前者仪扬闻告警,相对无言气交屏。谁见登陴有一夫,徒令捐户增悲哽。(《筹防叹》)

连天蔽野飞蝗虫,县官督捕来郊东。酒浆厨传望络绎,旌旗落日相麾红。朝祈炎官暮田祖,牡鞠焚烧法稽古。依然跳跃遍陌阡,蓻扑谁知小民苦。小民苦,欲何言,今年虫患殊往年。往年食苗今食草,蝗不为害蒙天怜。但愿官令免捕蝗,得勤耕作无荒田。呜呼此意官岂识,政怒捕蝗民不力。可怜蝗多捕难尽,已经十日耰锄释。骄阳如火暑未徂,蝗不食苗苗欲枯。苗欲枯,蝗虽捕尽奚为乎。君不见蝗入青州坠地死,鱼虾曾化武陵水。赵嘉马援皆称贤,美政何尝捕蝗始。(《捕蝗歌》)

黄河之水西域来,东行入海经大伾。自夺汴济日南徙,横决时为居民灾。百余年来险屡薄,奋筑旋看堤成围。奈何客秋溃丰北,腊尽不得狂澜回。经春历夏复百日,运料堆垛千夫催。合龙指顾忽风雨,塞口冲突惊重开。桃花新涨正弥漫,盛夏势愈喧腾雷。治河使者少长策,金钱百万成飞埃。(《河复决》)

田册稽鱼鳞,遭乱悲散佚。县官询主书,下令遍蓬荜。按亩输百钱,丈量免耕耤。似亦便民事,民力奈已竭。在昔元道州,贼退务矜恤。表陈征敛苛,不惮语激切。岂今州县长,尽由货贿出。刻剥素习闻,仁慈哪可说。上苟廉洁持,下自贪污绝。烽烟况未销,道路多白骨。流亡归何时,富庶正无日。俯仰今古间,寸心自忧愒。(《造册叹》)

官注荒册田,吏劝民出钱。荒田一亩钱一千,有钱注荒租准蠲,无钱注荒租催完。租吏到门呼声喧,官租不完捉见官。官曰尔田荒是实,胡弗注荒减租额。(《注荒谣》)

鼓声冬冬官坐堂，门开呼喝分两旁。堂下跪者心惊惶，欲诉未诉语半忘。曲直哪得口自张，供词钞录何周详。官怒忽尔谁能防，得钱行杖肤不伤，无钱流血满两裆。官退得意方洋洋，明朝依旧官坐堂，何患酒债无人偿。（《坐堂词》）

髯参军，短主簿，能令公喜令公怒。昔日幕官今日客，窃弄威权遍当路。钩稽钱谷不失锱与铢，熟谙三章何用令甲布。官之考成系其手，谁敢一言或相迕。任尔颠倒黑与素，腥膻所集蚁争赴，闾阎之苦岂独吏胥蠹。（《幕府词》）

《东郭叹》描述了农家在官府赋税压力下的艰难处境。"有秋岂易期，荒歉十常五。拮据积终年，不足纳官府。民哀已如鸿，吏猛尚如虎。"官府不管农家田亩丰收还是歉收，赋税征收没有一点宽减，相逼十分凶狠。诗篇还描述了农家税负的偏轻偏重："太息东家邻，田多号上户。肌肤无有完，未解追呼苦。西家幸无田，免受胥役侮。"诗人对官府勒索有田亩的民户的做法十分不以为然。《抽厘行》描写官府巧立名目滥征捐税，层层设卡盘查搜刮，将能够设想到的民户捐税余力榨取殆尽。"大户已空小户尽，藏匿难防孰能信。别有上策名抽厘，设局钩稽得容隐。"民户不堪其苦，犹如遭受盗匪拦路打劫，"可怜剽掠满行路，愁苦闾阎已莫诉"。对这样的滥征苛捐杂税，诗人引述周代和宋代的历史事实发出了告诫："君不见巨桥发粟周以昌，临安搜括宋乃亡。"并向当道的大吏高官提出了革弊的期望："尽除苛政望当事，欢声岂独腾金阊。"《筹防叹》感慨官府设立的杂捐名目繁多，征额苛重。"筹防捐"是打着保卫城防的旗号向百姓收取捐银，"善后劝捐苦不足，筹防又报开官局。日给薪水供委员，穷民哪得邀馈粥"。涉事的官员越多，搜刮的捐额就越重，好事之徒、贪婪之吏更是趋之若鹜。"黑旗争插号团练，长官高坐心欢娱。""谁见登陴有一夫，徒令捐户增悲噎。"耗费了巨大的民资民力后，城防设施并未真正开建。"筹防捐"劳民伤财，被证明是一项恶劣的苛捐杂税。《捕蝗歌》描写官府治蝗对策徒劳无功，空耗民财。"连天蔽野飞蝗虫，县官督捕来郊东。酒浆厨传望络绎，旌旗落日相麾红。"县官看似亲自下乡督促灭蝗，实则排场十足，只顾享乐。官员们不仅靡费民财，不合实情的政令更是耽误农事，成为蝗灾之外的人祸。"但愿官令免捕蝗，得勤耕作无荒田。呜呼此意官岂识，政怒捕蝗民不力。可怜蝗多捕难尽，已经十日耰锄释。"诗人认为，这样的治蝗劣政得不偿失，反为民害。《河复决》描写治河工程虚耗民财民力。"自夺汴济日南徙，横决时为居民灾。"黄河决堤泛滥，酿成大灾，然而官府的治河对策耗费巨大物力人力却不见成效。"经春历夏复百日，运料堆埭千夫催。合龙指顾忽风雨,塞口冲突惊重开。"河政官员筹划失策,劳民伤财,治而无功:"治河使者少长策,金钱百万成飞埃。"《造册叹》感慨官府丈量农家田亩中出现的营私舞弊现象。"田册稽鱼鳞,遭乱悲散佚。县官询主书,下令遍蓬荜。"战乱之后重新丈量田亩,制定田策,这本是正常的田政管理,但在贪墨官吏的手中被办成了滥权舞弊的劣政。"按亩输百钱,丈量免耕辍。似亦便民事,民力奈已竭。""岂今州县长,尽由货贿出。刻剥素习闻,仁慈哪可说。上苟廉洁持,下自贪污绝。"诗人看到了田制运行中的现实弊端,尤其是州县的官场陋规,所发出的革弊呼求也充满了苦涩。《注荒谣》描述的是官府登记荒田所发生的弄权舞弊。"官注荒册田,吏劝民出钱,荒田一亩钱一千。有钱注荒租准蠲,无钱注荒租催完。"交不交钱行贿,成了农家田亩登不登记为荒田的依据,结果当然是严重舞弊,官租官税的征收全然失去了公正:"租吏到门呼声喧,官租不完捉见官。官曰尔田荒是实,胡弗注荒减租额。"诗篇披露了吏胥弄权舞弊的田政真实现状。《坐堂词》描述地方官府办案过程中的贪赃枉法乱象。"鼓声冬冬官坐堂,门开呼喝分两旁。堂下跪者心惊惶,欲诉未诉语半忘。"府衙的官吏刻意制造了这样的畏怖气氛,涉案人根本没来得及申辩是非曲直,就已经被定案判罪:"曲直哪得口自张,供词钞录何周详。"办案官吏公然颠倒黑白,贪赃枉法,认钱不认人:"官怒忽尔谁能防,得钱行杖肤不伤,无钱流血满两裆。"这样的司法断案,显然已沦为贪渎官吏的敛财之道。《幕府词》描述官府幕客弄奸使诈,操纵政绩考核,摆布官员命运。"昔日幕官今日客,窃弄威权遍当路。钩稽钱谷不失锱与铢,熟谙三章何用令甲布。官之考成系其手,谁敢一言或相迕。"幕客利用自己熟谙典章程序的一技之长,介入官府对官员考核政绩的程序,颠倒黑白考评官员,诈使官员对自己行贿,擅定考绩优劣。"任尔颠倒黑与素,腥膻所集蚁争赴,闾阎之苦岂独吏胥蠹。"这样的吏治弊端,搞乱了官员的行事准则,加重了官场的邪浊风气,最终贻祸世间百姓。

4. 描写天灾背后的荒政弊端,展示荒政失效后的百姓苦难,斥责贪墨官吏的趁灾打劫。

家无半亩田,水旱颇心切。况经兵戈后,民力已俱竭。稔岁幸屡逢,粗粝得无缺。何堪六月来,愁霖正不绝。江涨复夜半,呼号起仓卒。圩岸尽决冲,田庐半漂没。壮者攀树逃,存亡未可必。老弱救无人,转眼化鱼鳖。毋怪市中米,腾价不终日。有司急征敛,尚谓麦早实。官租督仍亟,民困睋更恤。灾黎数万人,江头日行乞。睹此心独忧,耿耿与谁说。请看齐鲁间,盗贼尚联结。岂非乏食民,救死此相率。弭乱贵未形,

旁皇自一室。(《水灾叹》)

　　朝来饥民船，暮来饥民船。饥民来何所，审音半淮安。老者面无色，少者肤不完。不食已三日，问之心悲酸。非无常平仓，仓谷久没官。官府意惶遽，亟亟议劝捐。此间数商富，幸尚家储宽。十万青铜钱，踊跃输江干。饥肠虽无济，已得饱一餐。所嗟瓜州口，来者仍源源。

　　一船十数人，十船数逾百。岂皆无业民，赧颜此求食。共指一翁言，此本富田宅。仓廪堆重重，余者换布帛。水至不及防，全家痛离析。老翁急摇手，泪已纷暗滴。有妇抱一儿，屡欲江心溺。云本士人妻，忍死此朝夕。其他更安论，沟壑填充塞。存者尚无算，面目少人色。诸公虽乐施，尽救岂可得。归从官粥厂，念此徒叹息。

　　饥民虽可怜，岂无不逞徒。传闻苏常间，官道成畏途。有船便争夺，不顾啼与呼。居人尽惊恐，老幼各自扶。相戒早闭门，毋待日已晡。幸尚畏王法，一饱无他图。不然恣强悍，所至成雀苻。要赖贤司牧，绥定先通都。毋使失巢雁，哀嗷遍江湖。

　　濒江大寺院，尽改栖流所。留养已万人，来者更安处。后船去京口，前船下阳武。就食诚何心，岂忘流离苦。分插苟得宜，所过自安堵。如何飞檄来，驱之还故土。故土倘可还，谁肯弃门户。彼岂走险鹿，视如出柙虎。群虑知纷纷，上告幸大府。关心念吾乡，夜梦警樯橹。(《饥民船》)

　　朝朝望米船，暮暮望米船。米船来何所，上自两湖接两川。今年水灾遍七省，安得湖与川，独有余米来源源。朝朝暮暮望米船，米船不来，踯躅江干。穷民食尽，官亦不自安。招徕商贩，得免关税皇仁宽。我更有一言，欲告我大官。河南山东麦大熟，何不并免麦税使。麦满市廛，民即无米亦足饱一餐，焉用朝朝暮暮望米船。心知大官然不然，西风独立使我心悲酸。(《米船谣》)

　　朝廷万万钱，饥民万万口。小口一月米几升，大口一月米几斗，饥民依旧满街走。官能一一查户否，官不能查赈何有，官钱哪入饥民手。此意问官官不知，官不知，民仍饥。民虽饥，吏则肥。(《散赈谣》)

《水灾叹》描写天灾战乱后百姓处于自生自灭状态，官府荒政不见踪影。"家无半亩田，水旱颇心切。况经兵戈后，民力已俱竭。""壮者攀树逃，存亡未可必。老弱救无人，转眼化鱼鳖。毋怪市中米，腾价不终日。"官府不仅没有有效实施荒政赈济，连原来的赋税征收都未予减免："有司急征敛，尚谓麦早实。官租督仍完，民困暇更恤。"诗人对灾民缺乏救助后的生存前景十分忧虑，提出了警示："请看齐鲁间，盗贼尚联结。岂非乏食民，救死此相率。"

诗人认为，百姓无助，为饥荒所迫，沦为"盗贼"，是地方官府荒政失败所致。《饥民船》组诗记述地方官府荒政缺乏实效，酿成了比天灾危害更大的社会危机。"朝来饥民船，暮来饥民船。""不食已三日，问之心悲酸。"饥民面临的死亡威胁是现实的，但官府缺乏事前的备荒措施，事到眼前自然无法施行有效的赈济："非无常平仓，仓谷久没官。"虽然也动员了富商捐赈，但比之灾民的需求，仍然是杯水车薪，缺口巨大："十万青铜钱，踊跃输江干。饥肠虽无济，已得饱一餐。所嗟瓜州口，来者仍源源。""存者尚无算，面目少人色。诸公虽乐施，尽救岂可得。归从官粥厂，念此徒叹息。"灾荒背景下，一些奸猾之徒犯科扰民，"传闻苏常间，官道成畏途。有船便争夺，不顾啼与呼。居人尽惊恐，老幼各自扶"。"幸尚畏王法，一饱无他图。不然恣强悍，所至成萑苻。"荒政赈济严重匮乏，将逼良为盗，使灾民沦为"萑苻"之寇。上官为了避免饥民在流落地酿成祸端，下令各流落地官府驱赶饥民回返家乡，完全不顾饥民在家乡生计无着才外出流浪的实情："如何飞檄来，驱之还故土。故土倘可还，谁肯弃门户。"官府这种驱赶饥民的做法并未解决危机，反而在制造更多的危机："彼岂走险鹿，视如出柙虎。"饥民走投无路，将会从被驱赶的惊惶的"鹿"变成威胁城乡的"虎"。诗人的立场是双重的，既同情饥民的悲凄命运，也关心政权的秩序，所以苦口婆心告诫官员切记要改进荒政的措施，不要欺诈饥民，以免驱民为盗。《米船谣》记述地方官府荒政运粮的弊策，耗财费力而未解民困。"米船来何所，上自两湖接两川。""朝朝暮暮望米船，米船不来，踯躅江干。穷民食尽，官亦不自安。招徕商贩，得免关税皇仁宽。"赈粮运输远从两湖两川而来，耗费巨大，供不应求，且远水不解近渴。诗人由此提出了改进的建议："我更有一言，欲告我大官。河南山东麦大熟，何不并免麦税使。麦满市廛，民即无米亦足饱一餐，焉用朝朝暮暮望米船。"认为就近取粮，省力省时。但又忧虑上官大吏根本无心赈民，"心知大官然不然，西风独立使我心悲酸"。官府的荒政措施不切实际，难以解决灾民的饥困。《散赈谣》描述了一些地方施行荒政面临的困境，并揭示是官吏贪渎造成了这样的困境。"朝廷万万钱，饥民万万口。小口一月米几升，大口一月米几斗，饥民依旧满街走。"朝廷划拨的荒政赈款虽多，但饥民待赈的缺口更大，供需之间有很大悬差。造成这种"饥民依旧满街走"现象的原因，一是官府准确调查登记饥民情况很难："官能一一查户否，官不能查赈何有，官钱哪入饥民手。"二是贪吏暗中贪占赈灾粮款："此意问官官不知，官不知，民仍饥。民虽饥，吏则肥。"所谓"官不知"，说明官员行政怠惰，对吏胥在荒政环节的行为缺乏有效的监管，给吏胥侵吞赈款提供了机会，朝廷的赈灾资源变成了贪吏的摇钱树。

三 张际亮 王柏心 朱琦 姚燮

张际亮,生卒、事迹见前。

张际亮的怨政诗记述了自己对鸦片战争的见闻和感受,其中感知尤为强烈的是清军部分将领临阵脱逃,英军攻占城邑淫掠烧杀。言之凿凿,痛切愤激,足可与史载相参证。如:

> 十日寇不攻,一攻弃城走。金鸡山险莫能守,飞弹扑城大如斗。四千甲兵同日逃,淫掠可怜遍童妇。乌乎,置之死地而后生,避实击虚兵家情。孙吴之法夷虏明,嗟汝大帅徒专城。(《镇海哀》)

> 定海破,走镇海。镇海破,宁波在。宁波城中兵数百,寇未来时已无色。寇来弃甲杂民奔,长官先不知何适。传闻大臣酖,又闻将军逃。我皇之仁如天高,嗟汝士民曷不忍死凭城壕。主客众寡势所操,巷战犹足歼其曹。(《宁波哀》)

> 哀宁波,宁波吁可哀。逃兵五六十,气色若死灰。倒拖斧与刀,喧言红毛来。居者闻此言,仓皇弃楼台。行者闻此言,奔走起尘埃。妇孺闻此言,哭泣沿江涯。舟子闻此言,故向中流开。千钱至万钱,百唤始一回。船中男女杂,项背相挤排。箱箧任倒置,啼笑纷婴孩。我乘小破舟,呼者声如雷。不敢附之载,逃兵方眈眈。侧顾岸边人,肩摩何累累。疾趋屡昂首,视日心悲摧。悲摧不识路,痴立号同侪。旁有水村农,咨嗟对疑猜。可怜白日落,照见江如揩。照见海天云,血惨寒涛堆。我舟泊芦荡,急橹惊宵催。举头压乱星,低头竟谁偕。伶俜瘦仆弱,始思故里佳。故里虽苦饥,骨肉情低徊。异乡一失计,或饱狼与豺。皇天鉴下民,福为祸所胎。粤闽及此乡,航海萃货财。鬼神恶淫佚,烽火成昏霾。吾欲竟此诗,此诗伤我怀。聊比监门图,以告投艰才。(《后宁波哀》)

> 我昨至奉化,惟见负贩人。今朝宁波返,逃兵一何纷。怒气索饮食,乍笑旋吟呻。怪其痛楚意,视无伤损痕。不敢与久坐,窃听何所云。共言主帅刻,买酒方无钱。又言红毛巧,炮火必着身。先走或不死,不死由鬼神。旁有本营将,曳履欹冠巾。仰视故咄咤,侧睨皆逡巡。佩刀割大肉,醉饱卧向天。乌乎用此辈,安能张我军。吾闻帝王世,计里出征轮。寓兵于农亩,仓卒犹戴君。进固不避敌,退亦顾所亲。少年谓迂阔,古道安足陈。及兹睹败卒,始叹政术淳。其时我困极,患难兼苦贫。幸遇避兵客,其家在罗源。慰藉叙同乡,谓昔诵我文。贷钱余一万,乃各谋所奔。夜闻人语急,大半流离民。起视月无光,山气暗溪濆。晨朝百

物贵，县役已在门。捉船复捉夫，云将备赴援。主人运筐筥，亦复移深村。对之骤悲叹，举目非故园。前行数十里，老妇携幼孙。借问将何往，答言逃烽尘。去去莫复道，秋烟晦城闉。（《奉化县》）

荒涂苦雨风，夕就城中宿。客从宁波来，为言堪痛哭。八月廿九日，夷船大于屋。直抵宁波城，云梯走城角。官兵各逃亡，市井杂忧辱。请陈一二事，流涕已满目。孀妇近八十，处女未十六。妇行扶拄杖，女病卧床褥。夷来捉凶淫，十数辈未足。不知今死生，当时气仅属。日落夷归船，日出夷成族。笑歌街市中，饱掠牛羊肉。库中百万钱，搜取昼以烛。驱民负之去，行迟鞭挞速。啾啾雀鼠语，听者怒相逐。百钱即强夺，千室尽窜伏。九月月初三，我逃幸未觉。传闻同逃者，白刃已加腹。可怜繁华土，流血满沟滨。吾闻起按剑，悲愤肠断续。姜姜篱菊黄，枝叶自交簇。民苦不如花，离散背乡曲。中宵吁向天，彼苍一何酷。哀歌戒诸将，戍鼓动朝旭。（《东阳县》）

《镇海哀》描写道光二十一年（1841）八月英军攻陷镇海的战事，感慨清军将领弃城脱逃。史载："（道光二十一年八月）越数日，敌由蛟门岛进犯镇海，招宝山为要冲，余步云守之，别遣总兵谢朝恩守金鸡岭为犄角。""敌登招宝山，步云不战而退。敌复分兵攻金鸡岭，谢朝恩中炮殒，两山同陷，镇海守兵望风而溃。"① 在此前的定海之战中，有葛云飞、王锡朋等将领殉职，此次镇海之战有裕谦、谢朝恩等将领阵亡。与忠勇之士形成对照的是，余步云等人畏敌脱逃，以致阵势瓦解，溃不成军。"十日寇不攻，一攻弃城走。金鸡山险莫能守，飞弹扑城大如斗。四千甲兵同日逃，淫掠可怜遍童妇。"清军临阵逃脱，英军才得以占领镇海，劫掠城池，凌辱百姓。《宁波哀》描写道光二十一年（1841）八月英军攻陷宁波的战事，怨责清军弃城脱逃，将宁波拱手相让于敌。史载："步云退宁波，敌掩至，坠马伤足，仅免，府城遂陷。"② 余步云从镇海逃到宁波后，在英军进攻宁波时再次临阵脱逃。文武官员带头溃逃，致使宁波未战而陷入敌手。"定海破，走镇海。镇海破，宁波在。宁波城中兵数百，寇未来时已无色。寇来弃甲杂民奔，长官先不知何适。传闻大臣酖，又闻将军逃。"清军将领、地方官员将本应守卫的城池拱手相让于敌寇。"主客众寡势所操，巷战犹足歼其曹。"诗人认为，清军只要坚决抵抗，即使是巷战，也足可以歼敌灭寇，守城不失。《后宁波哀》描写清军在英军进攻前即闻风而逃，将宁波城丢弃给外寇。"哀宁波，宁波吁可哀。逃兵五六

---

① 赵尔巽等：《清史稿》卷三百七十二《裕谦传》，中华书局1977年版，第11525页。
② 赵尔巽等：《清史稿》卷三百七十三《余步云传》，中华书局1977年版，第11544页。

十,气色若死灰。倒拖斧与刀,喧言红毛来。居者闻此言,仓皇弃楼台。行者闻此言,奔走起尘埃。妇孺闻此言,哭泣沿江涯。""鬼神恶淫佚,烽火成昏霾。""侧顾岸边人,肩摩何累累。疾趋屡昂首,视日心悲摧。悲摧不识路,痴立号同侪。"清军溃逃,百姓陷入了无边的惶恐。《奉化县》描写作者亲见英军攻下定海、镇海、宁波后,清军溃兵散布奉化等地的纷乱场景;也披露了从溃兵口中得知的清军惊惶溃逃的内情。"我昨至奉化,惟见负贩人。今朝宁波返,逃兵一何纷。"溃逃来奉化的乱兵,不但无所顾忌地扰民欺民,也无意间吐露了畏敌溃败的真相:"又言红毛巧,炮火必着身。先走或不死,不死由鬼神。"清军士兵畏惧英军炮火精准猛烈,加之将领率先脱逃,酿成清军未战而溃。诗人对清军官兵在遭遇外寇时表现的畏敌退缩极为失望:"乌乎用此辈,安能张我军。吾闻帝王世,计里出征轮。寓兵于农亩,仓卒犹戴君。进固不避敌,退亦顾所亲。""及兹睹败卒,始叹政术渟。"这些无能之辈无力担负卫国保民的重责,百姓在外寇的威胁下只能四散逃亡:"前行数十里,老妇携幼孙。借问将何往,答言逃烽尘。"《东阳县》记述作者亲闻的清军不战而逃,英军肆虐宁波城的情况。"客从宁波来,为言堪痛哭。八月廿九日,夷船大于屋。直抵宁波城,云梯走城角。官兵各逃亡,市井杂忧辱。"清军官兵在英军进逼城下之时,匆匆逃散,将宁波城丢弃给英军,其后英军在宁波肆意淫虐烧杀:"孀妇近八十,处女未十六。妇行扶拄杖,女病卧床褥。夷来捉凶淫,十数辈未足。""笑歌街市中,饱掠牛羊肉。库中百万钱,搜取昼以烛。""可怜繁华土,流血满沟滨。"清军畏惧英军巨舰大炮的攻击,弃城而逃,英军占领宁波,恣意作恶。这些暴虐的画面,真实记录了英军的战争罪行,是清代后期那段惨痛历史难以磨灭的组成部分。

王柏心(1799—1873),字子寿,监利(今湖北监利)人。道光间进士,授刑部主事。咸丰、同治间在多地为幕僚。

王柏心的怨政诗描写咸丰年间官军"剿贼"无能和军纪涣散。如:

岳阳山川用武国,太息丸泥塞不得。五千戍卒望风逃,贼骑纵横才二百。哥舒战败关始开,今者不战雄城摧。鄂州西门捍不早,恨无老黑起当道。(《粤贼陷岳州》)

巨猾煽岭峤,全楚为战场。鼓行下江汉,悍犷恣猖狂。浮桥跨天堑,肉薄不可当。乘闉冒苦雾,蚁附缘池隍。居人化白骨,守臣殉封疆。自从巴丘陷,失我西南防。仓卒战场地,未阵先奔亡。连兵二十万,不能固金汤。天意纵妖乱,人谋亦岂臧。勃苏卒复楚,跣穿何慨慷。痛哭怀义士,侃我心感伤。(《悲鄂州失守》)

沿江舟子窃相语，闻道南军捉船户。健儿应募充长征，东下雷池更鹊浦。船头跃立先拔刀，手持军帖气势高。红旗掷出插船首，语汝船户安敢逃。船户跪垂涕，风波恐留滞。津渚多未谙，生理忧不继。军人怒莫当，我往无宿粮。主将示恤士，掠赀佐行粮。大船小船犒缗钱，横搜豪攫盈腰缠。军人醉饱买歌舞，船户跟跄哭向天。我闻军兴未阙饷，舟车榷算道相望。师行纪律何为哉，此曹横掠最无状。沿江今见捉船勇，入阵谁知见贼恐。贪赀仍复惜头颅，增军百万徒成冗。谁其言诸骠骑营，灭贼不须多募兵。兵多更苦劫贼多，日毒生民将奈何。（《捉船行》）

《粤贼陷岳州》记述咸丰三年（1853）官军和太平军作战，官军败逃，岳州失陷于"粤贼"。"五千戍卒望风逃，贼骑纵横才二百。哥舒战败关始开，今者不战雄城摧。"官军人数众多却不敌兵力薄弱的太平军，怯于应战，望风而逃。展示了官军与太平军交战的一种奇特状态。《悲鄂州失守》描写太平军进攻鄂州，官军兵败如山倒。"仓卒战场地，未阵先奔亡。连兵二十万，不能固金汤。"作者站在士大夫正统立场，痛恨太平军"妖贼"，而对官军不能有效"剿贼"，反被太平军打得溃不成军，数十万人马不能守住设施坚固的城防，显然觉得不可思议，深为痛心。《捉船行》描写官军以征战需要为由，凶悍派遣役务，大肆强征役夫，为祸甚于"盗贼"。"船头跃立先拔刀，手持军帖气势高。红旗掷出插船首，语汝船户安敢逃。"官军仗恃征役的"军帖"在手，肆意勒索船户，贪婪强取民财："大船小船犒缗钱，横搜豪攫盈腰缠。军人醉饱买歌舞，船户跟跄哭向天。"这些"军人"将强索来的民财用于挥霍享乐。官家滥征兵丁，滥派役务，这些兵丁、役夫并没有增强官军的实力，反而成为徒然消耗巨额军费的累赘："师行纪律何为哉，此曹横掠最无状。沿江今见捉船勇，入阵谁知见贼恐。贪赀仍复惜头颅，增军百万徒成冗。"这些凶悍抓捉丁夫的官军，上阵"剿贼"却胆怯畏缩，殃民甚于"盗贼"："兵多更苦劫贼多，日毒生民将奈何。"诗人不满官军"剿贼"无能、戕民逞凶，这些怨愤之辞表达了对当前军政乱象的忧急之情。

朱琦，生卒、事迹见前。

朱琦的怨政诗记述鸦片战争的见闻。清军作战不利，勇将无援，懦帅畏缩。交战的结局是屈辱议和，割地赔款。诗篇留下了士大夫馆员对这场重大时政危局的认知和感慨，很有样本意义。

鸦烟入中国，尔来百余岁。粤人竞啖吸，流毒被远迩。通参轸民害，说言进封匦。吏议为条目，罪以大辟拟。粤东地濒海，番商萃奸宄。天使布威德,陈兵肃幢棨。宣言我大邦,此物永禁止。献者给茶币,一炬付烈毁。积蠹快顿革,狡谋竟潜启。飞帆扰闽越,百口腾谤毁。致衅诚有由,功罪要足抵。直督时入觐,便喋伺微指。节钺遽更代,蛮疆重责委。岂料坚主和,无复识国体。擅割香港地,要盟受欺绐。况闻浙以东,凶烽陷定海。焚掠为一空,腥臊未湔洗。虎鹿复逼近,销钥失坚垒。总戎关天培,只身捍贼死。开门盗谁揿,一误那可悔。五管嗟绎骚,征调无暇晷。至尊劳旰食,军书勤黼扆。机幄时咨对,震慑但诺唯。天讨终必伸,整旅奋尺棰。冠军伊何人,躯干颇杰伟。骁锐五千骑,索伦十万矢。庶往麾天戈,一举荡溟澥。义律何能为,勾结饵群匪。所恃惟巨炮,以外无长技。常侯昔决战,摧锋气披靡。艅艎坐饥困,如鱼游釜底。阻隘断其归,彼虏无完理。惜哉失此机,奔突纵犬豕。大帅殊畏懦,高牙拥嵌巇。兵骄或食人,传闻何诙诡。哀哀老尚书,遗奏殊嘘唏。上言海氛恶,下言病积痞。针砭辄乖谬,戾戾入肌髓。艰难正须才,孤愤亦徒尔。犹忆二月初,番舶据沙嘴。黑夜突凭城,举火纵葭苇。楼堞幸少完,室庐剩荆杞。附郭尤惨凄,蹂躏其余几。可怜宝玉乡,瓦砾积硊磈。回思承平时,海南夸丽侈。巨舶通重洋,珍货聚宝赇。笙歌彻夜喧,红灯照江水。岂知雁烽燹,园宅倏迁徙。窜身榛莽丛,流离迫冻馁。盛衰有循环,天道讵终否。比闻夷务辑,橐弓仡旋凯。虏骄愁反复,私忧切桑梓。昨览檄夷书,疾声恣丑诋。忠义固在民,苟禄亦可耻。古人重召募,乡团良足倚。剿抚苟协宜,猖獗胡至此。我朝况全盛,幅员二万里。岛夷至么么,沧海渺稊米。庙堂肯用兵,终当扫糠秕。微臣愤所切,陈义愧青史。苍茫望岭峤,抚剑独流涕。(《感事》)

吴淞江口环列屯,吴淞老将勇绝伦。连日鏖战几大捷,沙背忽走水上军。援军隔江仅尺咫,眼见陈侯新战死。大府拥兵救不得,金缯日夜输鬼国。(《吴淞老将歌》)

吴淞破,逼镇江,镇江小吏来约降。约降持何物,比户括缯玉。鬼奴拍手笑,小吏相向哭。米粟既尽供,纵啖牛羊肉。小吏低首持牒归,沿江杉板来如飞。官家和戎非得已,明年及早修战垒。(《镇江小吏》)

《感事》总括评述了鸦片战争的前因后果,文臣武将的功过是非,内忧外患的大局形势。"鸦烟入中国,尔来百余岁。粤人竞啖吸,流毒被远迩。"鸦片烟毒从广东蔓延至各地,朝廷诉诸严刑峻法,试图控制烟毒泛滥的态势。"吏议为条目,罪以大辟拟。"然而严厉的杀头之罪都没有震慑住奸商为牟取暴利挺身试法。朝廷以军队为后盾大规模禁烟:"天使布威德,陈兵肃幢棨。

宣言我大邦，此物永禁止。"但清廷的禁烟行动遭到了英军的横蛮阻挠："积蠹快顿革，狡谋竟潜启。飞帆扰闽越，百口腾谤毁。致衅诚有由，功罪要足抵。"在清军与英军交战不利的情景下，权臣琦善等人不惜伤害国家利益，擅自与英国全权代表义律签订条约（《穿鼻条约》），割地赔款以求息事宁人。"岂料坚主和，无复识国体。擅割香港地，要盟受欺绐。"但这样的畏缩妥协并没有阻止英军侵凌的脚步："况闻浙以东，凶烽陷定海。焚掠为一空，腥臊未湔洗。"诗人认为，义律率领的英军之所以能够纵横肆虐，所仗恃的除了坚船利炮，还包括得到中国国内的叛逆势力的助力，也抓住了清军各部彼此缺少联合的弱点，因而占了上风："义律何能为，勾结饵群匪。所恃惟巨炮，以外无长技。常侯昔决战，摧锋气披靡。艅艎坐饥困，如鱼游釜底。阻隘断其归，彼虏无完理。惜哉失此机，奔突纵犬豕。""大帅殊畏懦，高牙拥欹嶬。兵骄或食人，传闻何诙诡。"诗人虽然对此前清军的战败和畏缩深感沮丧痛愤，但又对清朝与英国交战的前景表达了终将取胜的信心："我朝况全盛，幅员二万里。岛夷至么么，沧海渺稊米。庙堂肯用兵，终当扫糠秕。"诗人对英国"岛夷"的轻蔑，不全是出于痛愤，显然还在于从根本上藐视英国这样的"稊米"小国，自信"天朝上国"的雄厚国力。诗人的这种盲目自信，显然囿于对外部世界的茫然无知，完全未能做到知己知彼。《吴淞老将歌》记述道光二十二年（1842）鸦片战争的吴淞口之战，江南提督陈化成奋力作战，清军其余各部拥兵自保，酿成败局。"吴淞江口环列屯，吴淞老将勇绝伦。连日鏖战几大捷，沙背忽走水上军。"本来可以形成合力、占据主动的清军作战态势，被两江总督牛鉴、徐州镇总兵王志元等人的拥兵不救、退缩避战葬送了战机："援军隔江仅尺咫，眼见陈侯新战死。大府拥兵救不得，金缯日夜输鬼国。"诗人鄙视清军将领拥兵自保、朝廷权臣向"鬼国"妥协的行径。《镇江小吏》记述道光二十二年（1842）吴淞口之战后，英军步步紧逼，清朝一些地方官府畏敌求降。"吴淞破，逼镇江，镇江小吏来约降。约降持何物，比户括缯玉。鬼奴拍手笑，小吏相向哭。米粟既尽供，纵啖牛羊肉。""镇江小吏"向破城的英军屈辱约降，英军得意扬扬笑纳了"镇江小吏"的请降礼物。在朝廷层面，也是对敌妥协的声音占了上风："官家和戎非得已，明年及早修战垒。"诗人既对朝廷的被迫求和表示理解，又对未来休整备战怀有期待，心态很复杂。诗篇描写的细节场面，补充和丰富了鸦片战争的历史记录，文献价值较高。

姚燮（1805—1864），字梅伯，镇海（今浙江宁波）人。道光间举人。以誊录例选候补知县。

姚燮的怨政诗有的描写鸦片战争期间的个人见闻和感受，如《闻定海城陷》《惊风行》《兵巡街》；有的描写一些地方官府在荒政、漕政、吏治等方面的劣绩，如《粮船行》《哀鸿篇》《迎大官》。

　　转战六昼夜，飞檄索援兵。重海岂真远，孤军亦已勚。难言无善策，谁实坏长城。大帅方屯涘，恬然树羽旌。(《闻定海城陷》)

　　将吏无守心，眷属夜先遁。馁气由上萌，何从禁民乱。举郡为一空，白昼绝烟爨。弃饭荒城根，饿狗逐鸡窜。巡城虽有兵，逸者已过半。意谓军律疏，当无诛罚患。仰看日薄西，行人稍得闲。遂脱虎口危，未嫌牛后殿。出郭眐野垌，愁鸿岂徒万。争坐不择地，转似获安尊。甚至丛塚旁，投隙设蒲荐。颇闻粮饷移，官食不保晏。况尔茧茧氓，本来草苴贱。在目洵可悲，自顾益危惮。于势难再穷，何由得权变。且从西市庐，坐憩片时倦。(《惊风行》)

　　猾竖携鞭作前导，群厮肩钱逐后笑。铁矛三棱金鞴韎，鬼兵率队来巡街。东街穿市门，西街入民户。穿门为狼入为虎，索钱一千充酒资。尔家有妻保尔妻，尔家有儿保尔儿。尔无妻与儿，尔身随我敲梆执火，使尔朝朝饱饼粿。尔不随我还无钱，尔不见邻儿背受三百鞭，血肉狼藉城根眠。(《兵巡街》)

　　粮船汹如虎，估船避如鼠。粮船水夫缠青巾，上滩下滩挽长绳。十十五五无留停，估船不敢鸣锣声。催粮吏官坐当渡，皂隶挥鞭趱行路，趱尔今朝入关去。估船偶触粮船旁，旗丁一怒估船慌，蛮拳如斗乌能当。愿输烛酒鸡鸭羊，庙中罚祭金龙王。(《粮船行》)

　　圣泽浩无外，流溥经八埏。陈书告凶祲，补恤周以全。流民尔奚辜，集泽遭沛颠。讵不念家室，且昧行路艰。耄稚苦扶襁，壮者肢拘挛。血茧遍肤髌，碎袷不蔽肩。枯瘠绝人形，蒙垢无丑妍。东家粱肉香，西市庖羊鲜。欲乞愧呼蹴，望气空流涎。豺犬满郊野，匝月几转迁。昨自吾邑来，蹒跚盈百千。遗矢杂腥秽，白昼闭闬廛。逡巡冀苟活，过者无一怜。问曷罹极祸，欲语频呜咽。自谓托王土，聚族江淮间。淮江控上游，垦辟多腴田。奇劫起呼吸，比户遭迍邅。四月积霪雨，河涨高陌阡。横流千里泻，黄浊杂滩涟。余波溢徐凤，堤闸倾无权。仓挽尚漂荡，家室复何言。惨惨万村落，莽莽荒人烟。死亡半鱼腹，流胔少善完。蚁命非望获，讵暇谋橐饘。伥伥失居止，曷由告颠连。有司聚筹策，调置偏缓间。亦知尸位禄，民隐非其患。代吉界蓄虏，烽警方戢奸。济充苦流决，吏且议赈蠲。即如郑卫境，崩裂膺毒愆。南来见淳俗，喜极还涕涟。重归弗复望，残喘或苟延。霾日杂星斗，野色含凄酸。暮行厕磷鬼，朝行随饿莩。父母共妻子,痛哭呼后先。中道多病丧,弃与荒草缘。万难达一境,哀词鸣上官。偏遘里胥叱,拦道索路钱。含泪不敢怒,狼狈向市阛。十缗卖一男,一女金百锾。肝肠忍离割,争如沟壑填。道旁纨袴儿,裘马挤翩翩。论值减什佰,眈眈择好娟。亦是清门子,此意胡可宣。大府忽亲恤,俸养劳广捐。平均造丁册,下檄州邑员。崩角感益泣,躯命差少安。伊民语未尽,我悲欲汍澜。尧舜居深宫,旰夕勤恫众。庶类亦被化,欣忭于直专。天胡降大戾,忍此相摧残。还田信有待,百补终掣牵。孰向黼扆侧,陈我哀鸿篇。悲风喧海隅,四望空漫漫。(《哀鸿篇》)

江南一榜飞轻摽,侦使来传大官到。属僚只驾开驿门,从马如云肃嚻叫。楼船八字冲烟道,十二艒舽两行导。平头奴子影绛缨,巨字官衔绣黄纛。手版答刺杂行卷,腰鼓冬隆促鸣炮。大官升衢来,珊冠豸服靴重台,鞭声呵叱骄舆儓。大官上轿去,风旌日盖错森布,手戟腰弓六营护。大官何所居,巍巍邸宅陵上都。灯屏桃李千花敷,烂然金彩生庭铺。大官何所食,九江之豚洞庭鲫。纵横方丈高一尺,奇气芬昷盎春液。大官喜怒不可凭,明日大官还弗行。(《迎大官》)

《闻定海城陷》记述道光二十一年(1841)九月英军进攻定海,定海守将葛云飞、王锡朋、郑国鸿率领数千士卒孤军奋战,清军其余将领袖手旁观。"转战六昼夜,飞檄索援兵。重海岂真远,孤军亦已勍。"清军"大帅"虽然谋划有策而不予施行,率军很多却不予施援:"难言无善策,谁实坏长城。大帅方屯渼,恬然树羽旌。"两军激战相持之际,正是因为"大帅"泰然旁观,定海守军未得清军其余各部援兵相助,才致使战事失败。《惊风行》记述道光二十一年(1841)十月英军进攻宁波,清军守将带头逃跑,不战而将宁波拱手让给外寇。"将吏无守心,眷属夜先逋。馁气由上萌,何从禁民乱。举郡为一空,白昼绝烟爨。"余步云等守将弃城逃跑,将失败沮丧之气带给了守城军民,宁波的防备也就随之崩溃。"巡城虽有兵,逸者已过半。意谓军律疏,当无诛罚患。"守军无心,居民惶恐,外逃的势头一发而不可收。《兵巡街》描写英军攻占县城后裹挟当地奸徒行凶作恶。"猾竖携鞭作前导,群厮肩钱逐后笑。铁矛三棱金鞘鞍,鬼兵率队来巡街。"当地的一些猾徒地痞狐假虎威跟着外寇劫掠街市,"穿门为狼入为虎,索钱一千充酒资"。这些助纣为虐的恶徒,原来也是当地的平民,被胁迫着充当了戕害民众的帮凶:"尔无妻与儿,尔身随我敲椰执火,使尔朝朝饱饼粿。"诗篇描述的地痞充当英军帮凶的情况,可以补充正史记载的不足。《粮船行》记述漕政运行中的一些恶态。"粮船汹如虎,估船避如鼠。"漕丁和漕官对商船、民船气势汹汹,显示了漕政官吏在河道航运中的强势地位。"催粮吏官坐当渡,皂隶挥鞭趱行路,趱尔今朝入关去。估船偶触粮船旁,旗丁一怒估船慌,蛮拳如斗乌能当。"诗篇披露了漕运"粮船"在河道上的凶蛮霸道。《哀鸿篇》记述多地官府在荒政事务中怠惰敷衍,吏胥趁火打劫勒索民众,饥民流离失所,命如草芥。诗歌开篇颂赞了朝廷的荒政德策:"圣泽浩无外,流溥经八埏。陈书告凶祲,补恤周以全。"然而这样的德政未能在遭灾的地方得以实现,灾区的饥民流落他乡,自生自灭:"流民尔奚辜,集泽遭沛颠。讵不念家室,且昧行路艰。""惨惨万村落,莽莽荒人烟。死亡半鱼腹,流瘠少善完。蚁命非望获,讵眴谋橐饘。怅怅失居止,曷由告颠连。"灾民悲苦的处境,被流落地官员冷漠对待,饥民的伤痛不足挂怀,尸位素餐也可高枕无忧:"有司聚筹策,调置偏缓间。亦知尸位禄,民隐非其患。"更有甚者,官府的吏员趁灾打劫,居然有吏胥在路途勒索饥民:"万难达一境,哀词鸣上官。偏遭里胥叱,拦道索路钱。"流落异乡的灾民被恶胥敲诈,被逼无奈只得卖儿鬻女,又遭受富户的欺凌。"含泪不敢怒,狼狈向市阓。十缗卖一男,一女金百锾。肝肠忍离割,争如沟壑填。道旁纨绔儿,裘马挤翩翩。论值减什佰,眈眈择好姢。"多地官府赈灾不实,敷衍塞责,灾民受尽了屈辱。《迎大官》描述"大官"巡视地方,威福自用。"大官升衢来,珊冠豸服靴重台,鞭声呵叱骄舆儓。大官上轿去,风旌日盖错森布,手戟腰弓六营护。大官何所居,巍巍邸宅陵上都。灯屏桃李千花敷,烂然金彩生庭铺。大官何所食,九江之豚洞庭鲫。""大官"巡行地方作威作福,不履行此程应尽的职分,却大摆排场,穷奢极欲。诗人极为憎恶这样的骄奢官风。

四 郑珍 赵函 叶兰 陈春晓

郑珍(1806—1864),字子尹,遵义(今贵州遵义)人。道光间举人,任镇远县训导。咸丰间任荔波县教谕。

郑珍的怨政诗记述了咸丰年间贵州一些地方征税繁苛的情况。如:

> 东门牛截角,西门来便著。南门生吃人,北门大张橐。官格高悬字如掌,物物抽厘助军饷。不论儓㒟十取一,大贾盛商断来往。一叟担菜茹,一叟负樵苏。一妪提鸡子,一儿携鲤鱼。东行西行总抽取,未及卖时已空手。主者烹鱼还瀹鸡,坐看老弱街心啼。(《抽厘哀》)

> 提军驻省科军粮,县令鼓行下南乡。两营虎贲二千士,迫胁富民莫摇指。计口留谷余助官,计赀纳金三日完。汝敢我违发尔屋,汝敢我叛灭尔族。旬日坐致银五万,秤计钗钿斗量钏。呜呼,南乡之民哭诉天,

提军但闻得七千。(《南乡哀》)

　　虎卒未去虎隶来,催纳捐欠声如雷。雷声不住哭声起,走报其翁已经死。长官切齿目怒瞋,吾不要命只要银。若图作鬼即宽减,恐此一县无生人。促呼捉子来,且与杖一百。陷父不义罪何极,欲解父悬速足陌。呜呼,北城卖屋虫出户,西城又报缢三五。(《经死哀》)

　　禹门寺内排桁杨,彼何人斯坐斋堂。举人秀才附耳语,捐户捉至如牵羊。喝尔当捐若干石,火速折送亲汪籍。叩头乞减语未终,捆嘴答臀已流血。十十五五银铛联,限尔纳毕纵尔旋。守佛悲号佛无说,金刚弩睛菩萨怜。君不见,前年此寺亦劝捐,乐安一里银九千。当时谓我备贼祸,贼来用之否还我。去冬贼入烧诸村,村人自结葫芦军。向者金钱落谁手,何曾此日沾毫分。连日裹粮自为战,战捷功赏皆他人。自从去冬来,贼退事防守。一家起一人,轮直诸隘口。团头团总皆豪绅,不舍升勺科团民。出防又遣自供食,不知底用谁敢云。六月贼仍寇吾里,倒村杀贼各携米。可怜十九无粒粟,怀中旋摘新苞谷。时时犹闻催军需,速送城中总捐局。即今贼走湄龙间,官吏耽耽来抑捐。国帑虚时固宜尔,岂必乐安方有钱。不论家有无,十户养一练。纳谷官雇之,一举灭贼焰。豪绅其赞官能兵,速输尔输观太平。家家竭作始如此,不谓一练当十丁。今年差喜岁不恶,嗷嗷待收免沟壑。贼来掠去官来捐,所有终为他人获。噫吁嚱,吾闻湄潭诸县贼初至,任民拒贼贼亦畏。后来搜括民不堪,力尽心离乃群溃。利害在民非在官,有庐墓者将无然。割肉愈疮岂不愿,但恐此捐仍旧年。(《禹门哀》)

《抽厘哀》描写官府为筹集剿灭太平军的军饷,向民众抽取厘金,客商运销的每件货物都要强迫征收"十取一"的厘金。"官格高悬字如掌,物物抽厘助军饷。"打着筹军饷的旗号,这种抽厘已经形同抢劫,商家吓得不敢运销,小民的些微买卖也被雁过拔毛:"不论傔纵十取一,大贾盛商断来往。一叟担菜茹,一叟负樵苏。一妪提鸡子,一儿携鲤鱼。东行西行总抽取,未及卖时已空手。"这样的抽厘行动,已经大大超过了朝廷规定的百取一的征额,严重伤害了商户和民众的利益。《南乡哀》描写官军强征军粮,征额及征期十分严苛。"提军驻省科军粮,县令鼓行下南乡。两营虎贲二千士,迫胁富民莫摇指。计口留谷余助官,计赀纳金三日完。"这样严苛的催征是以凶暴的威胁来推动的:"汝敢我违发尔屋,汝敢我叛灭尔族。旬日坐致银五万,秤计钗钿斗量钏。"然而这样搜刮来的民脂民膏,大多落入了大吏高官的腰包。"南乡之民哭诉天,提军但闻得七千。"诗篇披露了军粮征调中的贪腐现象。《经死哀》

描写官府催科严酷，百姓不堪承受，接连发生自缢事件。"虎卒未去虎隶来，催纳捐欠声如雷。雷声不住哭声起，走报其翁已经死。"催科已经逼出了人命，长官仍继续冷酷无情地征索粮款，并横蛮苛责走投无路的自缢者。"长官切齿目怒瞋，吾不要命只要银。若图作鬼即宽减，恐此一县无生人。"官府甚至继续向已经自缢者的家人催征税粮："促呼捉子来，且与杖一百。陷父不义罪何极，欲解父悬速足陌。"如此冷酷的逼税，引发了更多的自缢，"北城卖屋虫出户，西城又报缢三五"。自缢者的家人被逼税抓走，以致自缢者的尸体都腐烂出虫。这样的事件接二连三发生，反映的是咸丰年间一些地方官府税政运行的实况。情节阴森，骇人听闻。《禹门哀》记述官府强行"劝捐"的种种恶行。"喝尔当捐若干石，火速折送亲汪籍。叩头乞减语未终，捆嘴笞臀已流血。十十五五银铛联，限尔纳毕纵尔旋。"官府借寺庙场所和途径多次"劝捐"。这种所谓的"劝捐"，实则是一种凶狠的强征。这种强征打的旗号是为防备"贼祸"筹款，数额巨大，但用途混乱。"盗贼"一旦扰害村庄，"劝捐"的巨款根本没有发挥作用，村民只能另行组团自保。"前年此寺亦劝捐，乐安一里银九千。当时谓我备贼祸，贼来用之否还我。去冬贼入烧诸村，村人自结葫芦军。向者金钱落谁手，何曾此日沾毫分。"村民自带粮食，作战以自保，事后的战功竟然被官员豪绅归为己有，冒功领赏。"连日裹粮自为战，战捷功赏皆他人。"向村民勒索捐款，又让村民自行防寇，这种借防寇为名进行的"劝捐"征敛，成为延续的规则："自从去冬来，贼退事防守。一家起一人，轮直诸隘口。团头团总皆豪绅，不舍升勺科团民。出防又遭自供食，不知底用谁敢云。六月贼仍寇吾里，倒村杀贼各携米。可怜十九无粒粟，怀中旋摘新苞谷。时时犹闻催军需，速送城中总捐局。"如此形同劫掠的"劝捐"，与"盗贼"进村劫掠相比，并无二致。"今年差喜岁不恶，嗷嗷待收免沟壑。贼来掠去官来捐，所有终为他人获。"诗人对比了"劝捐"与"拒贼"之间的关系，认为村民自行"拒贼"成效显著，"劝捐"防寇适得其反："吾闻湄潭诸县贼初至，任民拒贼贼亦畏。后来搜括民不堪，力尽心离乃群溃。"乡民被强征捐款防"寇"，最终却又只能自行防"寇"。乡民被无度搜刮，却未得保护，以致民愤强烈，怨声载道。诗篇留下了咸丰年间百姓在所谓防寇事务中遭受苛捐杂税戕害的真实记录，颇有样本意义。

赵函（？—？），字符止，震泽（今江苏苏州）人。嘉庆间诸生。

赵函的《十哀诗》组诗是一曲完整的鸦片战争的悲歌，记述自道光二十一年（1841）中英鸦片战争的广州虎门之战，至道光二十二年（1842）中英签订《南京条约》。组诗包括《哀虎门》《哀厦门》《哀舟山》《哀蛟门》《哀甬东》《哀乍浦》《哀吴淞》《哀沪渎》《哀京口》《哀金陵》，分别记述了战争期间各个战事的悲哀情景，在赞佩一些忠勇将士奋战捐躯的同时，也对朝廷一些权臣武将畏缩脱逃、辱国自保等行径表达了强烈的怨憎。组诗印证了正史的相关记载，是普通人士视角关于鸦片战争的珍贵记录。如：

> 沙角已毁大角摧，陈安父子同飞灰。红彝大炮破浪来，师子洋外声如雷。虎门将军壮缪裔，报国丹心指天誓。兵单乞援援不至，南八男儿空洒涕。贼来蚝镜窥虎门，海水腾沸焚飙轮。挥刀赴敌惟亲军，一死无地招忠魂。贼势鸱张楚兵哭，乌涌东西等破竹。吁嗟乎，督师议和和不成，召寇亲至莲花城。（《哀虎门》）
> 夷人拥兵作商贾，饥则飞来饱飏去。五月甫退零丁洋，七月复来鼓浪屿。泉南要隘首厦门，屹然雄镇清海氛。一朝楼船不设备，遭此豕突兼狼奔。炮台拒贼江继芸，落水甘被蛟龙吞。王都司偕凌协镇，大炮一震身同焚。吁嗟乎，神将材官气何劲，披发叫天同授命。高牙大纛何所之，传令内渡先班师。（《哀厦门》）
> 招宝山前挂红旆，山顶飞来炮子大。小船已塞蟹岭边，大船仍泊蛟门外。节使督战东城楼，指挥将士无时休。金鸡岭颓一将死，招宝兵散难重收。援师只待提军至，提军引骑先他避。麾下已无敢死军，阵前短尽英雄气。仓黄殉节泮水旁，县民救出行伥伥。一宿入郡城，再宿渡曹江。舆中毕命还钱唐，九重恤谥书旗常，祖孙双忠图紫光。吁嗟乎，丧师失地臣死罪，一死乌能收覆水。浮言既雪功罪分，欧刀乃戮余提军。（《哀蛟门》）
> 嘻嗜宿将陈提军，杀贼胆大能包身。手燃一炮击夷艇，高桅粉碎同漂梗。夷人衄挫仍进兵，樯竿运炮风霆声。下窥我军发洞中，土牛塌倒土堡平。部下将士吞声泣，提军屹然海塘立。我炮不焠身当糜，官兵鸟散贼大集。贼锋猖獗不可当，斩关直入吴淞江。吁嗟乎，今日破沪渎，沪渎城早空。明日战三泖，三泖烽火红。驿路羽书听传箭，督军退驻昆山县。（《哀吴淞》）
> 夷船入江来，先截瓜洲渡。真州城外生烟雾，一炬盐艘不知数。天堑飞过蛟龙惊，扬帆直抵金陵城。金陵城中军势涣，大府主和不主战。伊相国来操胜算，欲以慈悲弥宿怨。夷情贪狠惟爱钱，红旗白旗持两端。忽然异炮钟山顶，俯瞰石城如瞰井。阖城恸哭潜出城，一半流亡入鱼艇。秋风戒寒和议成，庙谟柔远思休兵。华夷抗礼静海寺，俨然白犬丹鸡盟。吁嗟乎，城中歌舞庆太平，城外盗贼仍纵横。夷人中流鼓掌去，三月长江断行旅。（《哀金陵》）

《哀虎门》诗序交代了虎门战事的始末:"道光庚子冬,粤中和议将成,督部遽撤戍守。逆夷乘不备,攻破沙角、大角二炮台,三江副将陈连升及子举鹏死之。父子杀贼多,贼剒割其尸。明年二月,贼驱火轮船入虎门。守兵仅数百人,提督关天培请援兵,督部坚不发。提督力战不支,自刎死。水师游击秦廷章亦殉焉。同时镇筸总兵祥福,率楚兵守乌涌,战殁岩山。游击沈占鳌、守备洪连科同拒贼死。"道光庚子年即道光二十年(1840),两广总督琦善与英国签订条约,割地赔款,以为可以息事宁人,但英国人粉碎了这种幻想,继续以优势兵器挺进他们的战争目标。诗篇描写了陈连升、关天培诸将领的忠勇奋战,也披露了上司"督部"拥兵不援的恶劣指挥:"兵单乞援援不至,南八男儿空洒涕。""挥刀赴敌惟亲军,一死无地招忠魂。贼势鸱张楚兵哭,乌涌东西等破竹。""督部"琦善等人畏敌怯战,议和苟安,"督师议和和不成,召寇亲至莲花城"。在清朝的"莲花城"军事据点,琦善与英国代表义律签订了《穿鼻条约》。《哀厦门》诗序交代了厦门战事的始末:"辛丑四月,粤省和议成,夷船退出虎门。各海口方议撤兵,夷人复易领事头目,再扰广州。七月,犯福建泉州之鼓浪屿,直攻厦门、金门。总兵江继芸以救护炮台,落水死。护延平副将凌志署、淮口都司王世俊、水师把总纪国庆、杨肇基、季启明皆力战死。厦门陷,总督率道将以下,退保同安。"诗篇描写的是这场发生在道光二十一年七月初十(1841年8月26日)的中英厦门之战。"炮台拒贼江继芸,落水甘被蛟龙吞。王都司偕凌协镇,大炮一震身同焚。"江继芸等勇将孤军奋战,得不到有效支援,主帅颜伯焘等人率军撤离,厦门终于失陷。"裨将材官气何劲,披发叫天同授命。高牙大纛何所之,传令内渡先班师。"主帅率军退避,部将忠勇奋战,危难时刻显现了各自本色。《哀蛟门》诗序介绍了蛟门战事的始末:"逆夷既陷定海,游奕蛟门,窥视镇海。钦使两江总督裕谦督兵驻镇。八月二十六日,贼船分泊沙蟹岭、招宝山后及镇海北门。先由沙蟹岭登陆,攻占金鸡岭。狼山总兵谢朝恩拒贼死,提督余步云自招宝山遁回拦江埠,贼遂占招宝山,举炮攻城。裕督待提督之援不至,贼陷北门,遂自沉于泮水。县民救送郡城,又送至绍兴,薨于途。裕公为班将军第之后,朝廷以祖孙殉难,优恤,赐谥靖节。逮余步云入都,伏法。"诗篇记述的是道光二十一年八月二十六日(1841年10月10日)的中英镇海之战。谢朝恩、裕谦等守将忠勇抵抗,效命阵地。提督余步云则见危不救,临阵脱逃。"援师只待提军至,提军引骑先他避。麾下已无敢死军,阵前短尽英雄气。"余步云在镇海之战的逃跑引发清军溃败,朝廷事后对他进行了严厉处置,"丧师失地臣死罪,一死乌能收覆水。浮言既雪功罪分,欧刀乃戮余提军"。余步云身为统领,战场逃逸,瓦解军心,留下了永远的罪名。

《哀吴淞》诗序介绍了吴淞战事的始末:"壬寅五月,夷船数十艘犯宝山。两江总督某、提督陈化成分兵防守。贼船近海塘,提督登塘督战,炮毁夷船三,又击断大夷船一桅,毙夷数百。贼少却,既复连樯进,缚大炮于桅颠下击,提督中炮死,宝山陷。死事者守备韦印福等七人,士卒八十一人。总督退驻昆山。贼遂长驱入上海,且抵松江城下。"诗篇描写的是道光二十二年五月初八(1842年6月16日)的中英吴淞之战。"嘻嗻宿将陈提军,杀贼胆大能包身。手燃一炮击夷艇,高桅粉碎同漂梗。""部下将士吞声泣,提军屹然海塘立。"与陈化成舍身为国形成对照的是,两江总督牛鉴贪生脱逃,引发守军溃败逃跑,致使防守体系崩塌:"驿路羽书听传箭,督军退驻昆山县。"《哀金陵》诗序交代了道光二十二年七月(1842年8月)中英签订《江宁条约》(即《南京条约》)的前后情形:"夷入大江,封洲之渡,焚仪征之船,疾驱二百里,抵观音门。时总督已回省城,伊节相、耆将军相继至,通使议和。夷人要挟百端,忽战忽和。当事受其颠倒,忽诡言架炮钟山之顶,官民胆落,悉从其所欲而后已。八月,和议成,三节使宴夷酋于静海寺,夷人亦整队伍相送,然夷船久泊江干,城外居民大受荼毒。且纵三板船游奕江甫六合之境,所至村落一空。"诗篇记录了诗人见闻的国家耻辱。英国军舰驶入南京长江江面,兵临城下,清廷委派一贯主和的耆英、伊里布担任钦差大臣,与英国代表璞鼎查谈判议和:"天堑飞过蛟龙惊,扬帆直抵金陵城。金陵城中军势涣,大府主和不主战。伊相国来操胜算,欲以慈悲弥宿怨。"清军与英军时战时和,最终由清廷主和派签下了割地赔款的《江宁条约》:"秋风戒寒和议成,庙谟柔远思休兵。华夷抗礼静海寺,俨然白犬丹鸡盟。"清廷宁为瓦全而不得瓦全,接受了这份割地赔款的条约,英国人心满意足,从南京长江水面撤走了。"城中歌舞庆太平,城外盗贼仍纵横。夷人中流鼓掌去,三月长江断行旅。"以耆英、伊里布为首的议和派歌舞相庆这一结果,强权得逞的入侵者大喜过望欢庆这一结果。长江水面留下了"夷人"的幢幢魅影,数月之间,正常航运、正常行旅都未得恢复。《十哀诗》每首诗的描述提供了真实的历史画面,每首诗的诗序更是难得的历史档案,值得珍视。

叶兰(?—?),字佩之,娄县(今上海松江)人。道光间诸生。

叶兰的《纪事新乐府》组诗记述一个县府小吏的作恶发迹、草菅人命的案例,揭示地方吏治的恶劣现状。如:

  仓城冬月仓廒开,纷纷粮户担粮来。总书高踞众役侍,米千百袋如山堆。费足丑米佳,费缺佳米丑。吁嗟米不会张口,挑剔还经记书手。方深大斛四役扛,样盘另掣斗许强。部颁铁斛弃墙侧,备而不用犹氕羊。

君不见十石卸成五石五,粮户吞声暗叫苦。(《五五斛》)

五五米卸斛挂筹,斛已足额添加头。加头之数不一定,四三五六惟所命。不须斛米但准钱,每一数加九百正。苟不承命即詈诃,前斛之米委逝波。更喽豪差把人捉,不顾绅衿恣殴辱。松人善懦任荼毒,并米重完再加足。再加足,休延迟,通盘计算犹便宜。若使干包尽折色,钱十千余抵一石。(《买加头》)

圣恩宽大赦赋缯,布告天下咸使闻。省颁誊黄逮州县,嗟尔乡民未经见。乡民未见犹可言,可怜追比逾繁喧。雄鸭雌鸡短头布,不满豪差一人赂。扛签四出催完输,鬻儿卖屋纷无数。比及誊黄遍乡贴,小民无肉但存骨。(《匿誊黄》)

偏灾流行无岁无,奈何据此为利图。买荒变易荒与熟,权总恶书任翻覆。问渠荒价夫如何,石赋卖钱两贯多。呜呼,昔日之荒委天数,今日之荒只须做。彼真荒者无余钱,敲扑追呼向谁诉。荒赀所得非入官,私囊满购田盈千。田虽盈千赋不完,书田乐得逢荒年。(《卖荒谣》)

七宝区,尽荒瘠。不完粮,只完白。地少禾稻多木棉,雪朵盈枝幸堪摘。书言既免粮,其白价宜益。白银每钱钱五百,小民竭蹶勉供亿。去年风雨嗟漂摇,花萁不满一寸高。已慨年荒忍寒冱,怎奈恶书更加赋。就令五百犹难供,况复益以一百铜。欲纳无赀但观望,罪以抗逋大惩创。悍役声嚣鸡犬愁,飞牌火急神魂丧。幸闻县主心慈仁,曷不匍匐往乞恩。(《横加白》)

香烟缭绕霏长途,鸠形鹄面同争趋。趋入县衙尽蒲伏,手持炷香踞地哭。是时县主西赴仓,肩舆亟返坐大堂。恶书闻之急呼众,各各持械潜周防。官问乡民尔何泣,诉言白价昂难纳。但求谕总减其半,三百一钱愿供给。县主闻诉心恻然,云当晓示安穷氓。书伺案旁兀无语,两目棱棱怒如虎。(《一炷香》)

县主退,扁担来。恶书喝打声如雷,挑粮夫集如狼豺。白扁担长六七尺,上书挑夫姓名识。横捎直砍尽辟易,或折其胫或断脊。是时雨急天暗昏,县门坚闭难逃奔。一人洞垣首甫出,击脑浆迸身翻蹲。县主喝止喊声破,已见血流满堂涴。平明复报东门中,一尸碎膝仰街卧。(《白扁担》)

公堂公堂,今成北邙,积尸累累如群羊。一尸项肿色青紫,双眼睁睁喋牙齿。一尸瘦削微有须,腰围血渍红模糊。折臂一尸枕其股,只拳犹握断香炷。门侧一堆横八尸,盖以芦席形未知。阶下六尸亦盖席,席开略见妇人舄。呜呼,昨日堂下跪,今日堂下僵,瞥睹此状心摧伤。其

余逃窜虽还乡，近日颇传多死亡。(《公堂尸》)

县场日暮风悲酸，吹人懔懔毛骨寒。昏黄月黑讼庭悄，墙角时闻鬼声啸。嘘嘘呷呷西复东，嘘嘘者雌呷呷雄。左右居人骇相警，行客闻之辄归病。冤氛惨结成阴霾，解禳特请城隍来。城隍之神正而直，肯享牲牷听驱斥。明灵不受奸奴诬，再拜稽首无乃愚。为民则欺为鬼恐，恶书此时神亦悚。(《城隍来》)

初为猾吏后蠹书，庸奴蕴利人不如。钱漕钩稽诸弊作，白镪累累入囊橐。食餍粱肉衣绫缯，居然族谱通簪缨。堂前宾客日满座，不是希颜即承唾。一朝骤富忘昔穷，只嗟不逮娱乃翁。乃翁往日饥寒急，一贯替人打三十。(《一朝发》)

富则思贵人常情，其如例格不可行。娼优隶卒有明禁，若辈登仕羞冠缨。恶书自是好身手，接木移花掩先丑。入赀竟窃一命荣，贰尹头衔颇自负。起而攻者群纷纷，谓名与器难假人。郡庭学署有呈递，侧闻有客中调停。君不见，灶下养，中郎将。烂羊头，关内侯。汉时流品已难别，而况夫夫会要结。(《窃名器》)

朝传省垣提总书，郡人或恐风闻虚。暮传省垣提总书，群言此孽应芟除。乃公自觉罪难逭，默数恶端早盈贯。且凭智计工弥缝，惟冀上台免提勘。书愁无贿难千情，我知有贿无路行。方今乌台明镜彻，讵容魑魅潜其形。呜呼，古人有一言，其理深且旨。千夫所指不病死，尔乎胡为不闻此。(《且弥缝》)

《纪事新乐府》诗序交代了这个恶吏发迹的梗概："娄县漕书赵静甫奸猾用事，善蔽官长，邑民田赋，阴受其害。父充县快甚贫，静甫暴横致富。已退卯，朦捐县佐，犹贪其利，阴为把持，致有七宝区之事，击毙十七人。实静甫一人主之，而优游事外，众愤焉。"组诗分别记述了赵静甫在收粮征赋、登造荒册、收棉征税等环节滥权舞弊，征敛勒索，并对不如意的民户滥施刑罚，乃至逼死人命，以逞其威。《五五斛》描写赵静甫在官仓收粮时故意混淆谷米优劣等级："总书高踞众役侍，米千百袋如山堆。费足丑米佳，费缺佳米丑。吁嗟米不会张口，挑剔还经记书手。"吏员随意核定谷米等级，借以勒索粮户钱财，粮户忍气吞声不敢申辩："君不见十石卸成五石五，粮户吞声暗叫苦。"粮户辛辛苦苦交来的粮食，被小吏恶意降低等级，合格的数量也就大大减少了。《买加头》描写粮户在交纳谷米时被恶吏凭空要求增添"加头"，实际就是增加收米的总额；如果不添"加头"，则必须另外交钱才能过关。"五五米卸斛挂筹，斛已足额添加头。加头之数不一定，四三五六惟所命。不须斛米但准钱，每一数加九百正。"既不愿增添"加头"，又不愿额外交钱，则前面已称量过的谷米将被没收："苟不承命即訾诃，前斛之米委逝波。"粮户通常在这个环节又被恶吏狠狠敲诈了一番。《匿誊黄》描写吏胥胆大妄为，欺上瞒下，贪敛民户粮款。"圣恩宽大赦赋缗，布告天下咸使闻。省颁誊黄逮州县，嗟尔乡民未经见。"蠲免粮税的"誊黄"诏书到了遭灾的州县，被吏胥刻意隐匿，仍旧按照常年的税额催科逼税。"乡民未见犹可言，可怜追比逾繁喧。"奸吏从中贪索乡民的财贿，乃至逼得有的乡民卖儿卖女，"扛签四出催完输，鬻儿卖屋纷无数"。吏胥勒索乡民，直到没有油水可榨取了，才将"誊黄"广为张贴，以示履行了宣布蠲免税赋诏令的公务。《卖荒谣》描写吏胥在报灾造册的事务中弄虚作假，索贿作弊。"偏灾流行无岁无，奈何据此为利图。买荒变易荒与熟，权总恶书任翻覆。"吏胥随手翻覆，裁定民户遭灾与否，无钱行贿的遭灾户就仍被催科逼税。"昔日之荒委天数，今日之荒只须做。彼真荒者无余钱，敲扑追呼向谁诉。"如此枉法舞弊，吏胥从中大肆捞取贿赂，以至将荒政事务视为敛财之道。《横加白》描写吏胥恶意给棉农平添税额，严厉催科。"七宝区，尽荒瘠。不完粮，只完白。"在棉区只征收棉花税，本来也属正常。但恶吏在棉花遭灾严重的情况下，仍给棉农追加赋税，"已慨年荒忍沍寒，怎奈恶书更加赋"。这种恶意滥加税额的用意在于向棉农勒索钱财，因此向无钱的棉农用刑威逼就是必然的了："欲纳无赀但观望，罪以抗逋大惩创。悍役声嚣鸡犬愁，飞牌火急神魂丧。"《一炷香》描写棉农向县官申告棉花加价交税的苦处，吏胥闻讯横加阻挠。"是时县主西赴仓，肩舆亟返坐大堂。恶书闻之急呼众，各各持械潜周防。"棉农祈求不要加价太高，县官心怀恻隐，"但求谕总减其半，三百一钱愿供给。县主闻诉心恻然，云当晓示安穷廛"。书吏对棉农怒目相向，威胁之意溢于形色，"书伺案旁兀无语，两目棱棱怒如虎"。《白扁担》描写恶吏赵静甫逞威欺民，对敢于向官府申告的乡民下毒手。"横捎直砍尽辟易，或折其胫或断脊。是时雨急天暗昏，县门坚闭难逃奔。""平明复报东门中，一尸碎膝仰街卧。"恶吏向百姓报复行凶，毒辣凶酷，肆无忌惮。《公堂尸》描写书吏为了震慑民众不服勒索的抗争意愿，公堂私用，滥施刑罚，造成众多有申告行为的民众的惨死。"公堂公堂，今成北邙，积尸累累如群羊。""昨日堂下跪，今日堂下僵，瞥睹此状心摧伤。其余逃窜虽还乡，近日颇传多死亡。"赵静甫欺民谋财，草菅人命，手段极为狠戾凶残。《一朝发》描写赵静甫一路作恶，大发不义之财，泰然作威作福。"初为猾吏后蠹书，庸奴蕴利人不如。钱漕钩稽诸弊作，白镪累累入囊橐。食餍粱肉衣绫缯，居然族谱通簪缨。"赵静甫做书吏发迹后，骄奢逞欲，自作威福，俨然一副达官贵人的派头。《窃名器》描写书吏赵静甫残民以逞完成财富积累后，作弊买官，急于改换身份，由吏摇身变为官。"富则思贵人常情，其如例格不可行。娼优隶卒有明禁，若辈登仕羞冠缨。恶书自是好身手，接木移花掩先丑。"然而恶吏的这份贪图遭到了阻力，"起而攻者群纷纷，谓名与器难假人"。诗篇预示了赵静甫的可悲下场。《且弥缝》描写书吏赵静甫在作案多端、恶名昭彰之后，终将踏上覆灭之途。"乃公自觉罪难逭，默数恶端早盈贯。""书愁无贿难千情，我知有贿无路行。方今乌台明镜彻，讵容魑魅潜其形。"诗人寄希望于御史台长官秉公执法，也诅咒了书吏赵静甫的恶有恶报："古人有一言，其理深且旨。千夫所指不病死，尔乎胡为不闻此。"组诗原跋称："浮收加赋，县主何以任其暴横若是。以初履任，弗能洞悉其弊。彼善蔽官长，则谓率由旧章耳。所谓清官难逃猾吏也。"原跋所言"所谓清官难逃猾吏也"，对吏治现实的总结很有概括性。组诗反映恶吏枉法、官为吏困的情形，对于认识清代官员与吏员的关系，认识吏胥制度的运行状况，很有参考价值。

陈春晓（？—？），字杏田，钱塘（今浙江杭州）人。道光间贡生。

陈春晓的怨政诗记述了道光、咸丰年间的外患内乱，涉及鸦片祸害及太平天国等事件，其中描写官军戕民祸世的作品尤为突出。如：

> 南风熏，夷船来，皇恩浩荡海门开。海不扬波捧红日，中国圣人知首出。许尔夷船输货实，奇技淫巧悉罢黜。天朝柔远始通商，不贵异物诏诰详。岂知尔土产最恶，阿芙蓉乃腐肠药。制成鸦片俑谁作，吸食家家一灯灼，勤者偷惰强者弱。尔国厉禁再三约，流毒中华以为壑。宰官素称贤，衙斋晏尚眠。健儿好身手，弓刀忽却走。妆阁漫漫长夜长，禅房寂寂香复香。下至厮隶工伎役，不能一日无烟吸。人海迷茫齐溺沈，包藏谁识夷心黑。天朝藏富本在民，贯钱朽腐山铸银。以彼泥沙易我宝，捆载而去来尤频。数十年来亿万计，欲壑无穷贩成例。高牙大纛职海疆，文臣不言武臣弊。鸿胪谔谔心朴忠，万言入告陈九重。奸夷化外只图利，严刑乃可除浇风。吸食者斩罪无赦，庶几不堕彼术中。（《夷船来》）

> 杭关吏，踞守关南北。南北设两关，榷使有专职。两关之设为通商，往来行人何威威。过关莫如杭关难，道路有言齐叹息。国家税入能几何，薄敛于民赋有式。富商巨贾法必征，捆载而来津渡塞。帑藏所关听自输，百仅科一圣恩溢。其余仆仆山程负担劳，熙熙水驿轻舫集。讴歌一任出于涂，科条宽大明刊勒。杭关何不然，搜剔众口传。皇仁无远迩，榷使皆循贤。其奈当关仆从积习侮，酒肉沉酣罔知商旅苦。胥吏群狐假虎威，纷纷鬼蜮恣攫取。高睨扁舟一叶来，大声疾呼亟停橹。一胥奋上船，众

胥爪牙舞。攘臂入仓中，大索横搜庋。纤悉零星一网收，罚以偷漏客烦忧。积少成多十倍求，天涯逆旅苦垂头。(《杭关吏》)

兵去问兵从何去，横戈入市殊骄倨。兵来问兵从何来，弃甲沿途亦可哀。国家养兵兵不用，承平日久咸嬉弄。醉饱街衢半执冰，老羸糜饷堪深痛。昨宵火急军符惊，夜半传呼要点兵。点兵令下登程速，耶娘相送牵衣哭。欲前且却蹙棘行，行行未与虎狼迎。望风胆落铤而走，兜鍪抛弃盈江城。军法逃兵罪应死，军门执法何太弛。诛之其奈不胜诛，士卒无良已如此。君不见开府巍峨号范韩。三江作督何桓桓，胸无兵甲辱高位。况值时艰报称难，小姑山屹中流立。天然地险真奇绝，一夫当关万夫折。大旗日落屯营密，将军据此可杀贼。功成堪与燕然勒，奈何更比逃兵劣。暮报戈船下鄂州，不思破敌急回舟。风利连宵转石头，贼亦从之江水流。石头城本金汤固，崇墉百雉难飞渡。但使将军保障严，健儿用命众志坚。任他狂寇滔天势，六代江山克保全。可叹将军倏尔不知处，甲士踉跄散如雨。重门洞开谁为主，长驱直入莫敢侮。杀人如草无完土，士女何辜属强虏。噫吁嘻，官欤兵欤，等是受恩人。战陈原当各致身，逃兵无赦法始伸，罪首先诛臣不臣。(《逃兵行》)

兵莫来，兵莫来。无兵吾民能自守，兵来吾民惊且走。兵不杀贼专杀民，助寇杀民太不仁。横行村落众怒瞋，义旗号召千万人。杀兵杀贼民气伸，先除兵患后除贼，兵既被杀贼孤立。国家设兵兵本重，百年养之一日用。承平日久训练疏，罪有攸归任骄纵。民敢杀兵民无良，民不杀兵民先亡。兵民相杀殊惨伤，我欲告大府，勿轻举牙璋。东调西遣徒彷徨，曷勿使民自为兵各自强。家出丁男户出粮，比闾族党皆金汤。(《兵莫来》)

楚兵前，蜀兵后。官兵之来本为民，民畏官兵甚于寇。役民之力鞭棰加，攫民之食街衢走。岂徒排闼逞黄昏，更敢持刀骄白昼。官兵官兵尔诚强，昨夜将军下沙场。尔果效命历戎行，定当一鼓歼贪狼，用张杀伐武维扬。乃闻炮火轰天起，巨寇犹违数十里。魂飞弃甲争渡河，纷纷可掬舟中指。官兵官兵太不仁，不能杀贼只杀民。逃卒军中罪罔赦，官不汝杀乃戎汝身，自今愿尔咸安驯。誓扫东南海上尘，永销金甲同乐春台春。(《官兵行》)

《夷船来》当作于道光二十一年（1841）之前，中英鸦片战争尚未开始，英国对中国的鸦片贩售已经为祸深远，鸦片烟毒在中国社会各阶层泛滥成灾，清廷及官府应对这一严峻社会局面却软弱而低效。"南风熏，夷船来，皇恩浩荡海门开。海不扬波捧红日,中国圣人知首出。许尔夷船输货实,奇技淫巧悉罢黜。"清廷对海外贸易持宽容态度,展现出修德抚远的高尚姿态,但这种宽仁政策遭遇了英国倾销鸦片毒品的险恶现实:"天朝柔远始通商,不贵异物诏诰详。岂知尔土产最恶,阿芙蓉乃腐肠药。"英国人在自己国内禁止鸦片,却向中国倾销鸦片,贩毒牟利,这是一种谋财害命的邪恶政策:"尔国厉禁再三约,流毒中华以为壑。"诗篇痛陈了几十年间鸦片泛滥给中国的深广祸害:"宰官素称贤,衙斋晏尚眠。""下至厮隶工伎役,不能一日无烟吸。人海迷茫齐溺沈,包藏谁识夷心黑。天朝藏富本在民,贯钱朽腐山铸银。"社会各阶层已被鸦片烟毒戕害得几近瘫痪,国家财富被鸦片贸易吸走了巨量的真金白银,而对这一祸国殃民的邪恶贸易,当权的文臣武将却未能坚决遏阻:"高牙大纛职海疆,文臣不言武臣弊。"诗人痛心疾首地呼吁,必须在国家层面制止"奸夷"的这种邪恶贸易,严刑遏制吸食鸦片行为:"奸夷化外只图利,严刑乃可除浇风。吸食者斩罪无赦,庶几不堕彼术中。"诗篇表达了对鸦片泛滥已经严重威胁国家政权秩序的焦虑和怨愤。《杭关吏》描述杭州地方吏治败坏,关吏肆意勒索通关行人的财物。"两关之设为通商,往来行人何戚戚。过关莫如杭关难,道路有言齐叹息。"通行杭关已经成为来往行人的畏途,显然这不是杭关运行的应有状态。诗篇交代了朝廷税政并不严苛:"国家税入能几何,薄敛于民赋有式。富商巨贾法必征,捆载而来津渡塞。帑藏所关听自输,百仅科一圣恩溢。"这种"百仅科一"的征税政策在杭关没有得到执行,杭关关吏把放关通行当成了生财之道,公然勒索通关行人:"胥吏群狐假虎威,纷纷鬼蜮恣攫取。""一胥奋上船,众胥爪牙舞。攘臂入仓中,大索横搜虏。纤悉零星一网收,罚以偷漏客烦忧。"借查验货物、征收关税之机勒索行人,中饱私囊,关吏的滥权舞弊行为已甚于盗匪拦路行劫。《逃兵行》记述咸丰三年(1853)太平军攻克金陵(今江苏南京),官军丢盔弃甲,四散溃逃。"兵去问兵从何去,横戈入市殊骄倨。兵来问兵从何来,弃甲沿途亦可哀。国家养兵兵不用,承平日久咸嬉弄。醉饱街衢半执冰,老羸縻饷堪深痛。"诗篇描述金陵守军平素的懒散嬉游状态,揭示了太平军攻城之时官军不堪一击的败因所在。官军在太平军进攻面前,瞬间就成了望风而逃的乌合之众,"望风胆落铤而走,兜鍪抛弃盈江城。"守城将领不执行军法,放任士卒溃逃,"军法逃兵罪应死,军门执法何太弛。诛之其奈不胜诛,士卒无良已如此"。将军带头逃逸,是守军溃败的罪魁祸首:"石头城本金汤固,崇墉百雉难飞渡。但使将军保障严,健儿用命众志坚。任他狂寇滔天势,六代江山克保全。可叹将军倏尔不知处,甲士踉跄散如雨。重门洞开谁为主,长驱直入莫敢侮。"官军将士轻易败于"狂寇"太平军之手,诗人极为失望,基于士大夫正统立场对政权秩序即将崩溃表达了焦虑和痛心。《兵莫来》描述内乱之中官军对百姓的扰害。"兵莫来，兵莫来。无兵吾民能自守，兵来吾民惊且走。兵不杀贼专杀民，助寇杀民太不仁。"官军不单不能"剿贼"保民，反而掠杀民众，助"贼"杀民，激起了民众的愤怒，民众把官军和"盗贼"当作共同的敌人加以对付，杀兵又杀"贼"："横行村落众怒瞋，义旗号召千万人。杀兵杀贼民气伸，先除兵患后除贼，兵既被杀贼孤立。"官军和民众的关系成了敌对关系，根源在于将领对官军的骄纵放任，治军失败。"国家设兵兵本重，百年养之一日用。承平日久训练疏，罪有攸归任骄纵。民敢杀兵民无良，民不杀兵民先亡。"诗人一再提及国家养兵的目的，对咸丰年间兵"匪"交相祸民的现状深感忧愤，认为这是国家治理失序的结果，必须加以扭转。《官兵行》描写内乱"剿贼"战事，官军掠民杀戮。"官兵之来本为民，民畏官兵甚于寇。役民之力鞭棰加，攫民之食街衢走。岂徒排闼逞黄昏，更敢持刀骄白昼。"官兵公然白昼抢掠行凶，比"贼寇"更为难防。但这些凶悍掠民的官军，在"贼寇"的进攻面前却望风而逃，慌不择路，溃不成军。"乃闻炮火轰天起，巨寇犹违数十里。魂飞弃甲争渡河，纷纷可掬舟中指。"官军这种欺民畏"寇"的恶态，已经成了威胁政权秩序的政治祸源。

五 贝青乔

贝青乔（1810—1863）字子木，吴县（今江苏苏州）人。道光间诸生。屡试不第，先后于林则徐官署、奕经军幕等谋事寄食。

贝青乔的怨政诗记述道光、咸丰年间外患内乱的见闻，对战争、荒政、税政、吏治等方面的时事都有描写，其中战争题材的作品涉及中英鸦片战争、太平天国战争等重大事件。其他题材的作品对社会政治问题的记录也都很有深度，如对赈灾济荒政策的公平性提出质疑，观察思考独有见地。

1. 反映鸦片战争清军作战中的咄咄怪事，揭示朝廷和地方应对外寇侵凌时举措失当，进退失据。如《咄咄吟》：

瘾到材官定若僧，当前一任泰川崩。铅丸如雨烟如墨，尸卧穹庐吸一灯。（其四七）

铁错何堪铸六州，哗传新令下江头。早知杀贼翻加罪，误抱雄心赴国仇。（其六三）

天魔群舞骇心魂，儿戏从来笑棘门。漫说狄家铜面具，良宵飞骑夺昆仑。（其七七）

宸翰红题券一章，东南五路约通商。群公更有安边策，尽括军储补

寇粮。(其九二)

鸩媒流毒起边烽，海国三年费折冲。叹息漏卮今已破，不堪重问阿芙蓉。(其九六)

同病怜他守土官，濒危可奈送迎难。何人替觅长生药，一剂神医壮胆丸。(其一百四)

《咄咄吟》是一组描写鸦片战争见闻的诗歌，共一百二十首。作者曾经在扬威将军奕经幕府谋事，亲见亲闻鸦片战争的一些战事，痛愤一些清军将领畏敌退缩，临阵脱逃，冒功请赏，将这些败军误国之举呼为咄咄怪事，作诗讽刺。《咄咄吟》的每首诗，都有作者的自注，交代事件背景和事件经过，这些自注和诗篇相配合，描述鸦片战争的各个侧面，与史载相呼应，也补充了史载的不足，极有认识价值。《咄咄吟》(瘾到材官定若僧)描写奕经将军的下属武官张应云在作战中仍沉迷毒瘾，耽误军机。诗篇自注称："骆驼桥距镇宁二城约二十里，故张应云屯兵于此，以为两路后应。廿八日夜半瞭见二城火光烛天，胜负莫决，继闻炮声四起，或请于应云曰，我兵不带枪炮而今炮声大作，恐或失利，急宜运赴前队以助战，而应云素吸鸦片烟，时方烟瘾至，不能视事。""夷旋从樟市来犯，先焚我所弃火攻船以助声，继闻发枪炮豕突而至，我兵望风股栗，不敢接战，咸向溪城退避，而应云犹卧吸鸦片烟，半时许，始踉跄升舆而走。"诗篇描述道光二十一年(1841)中英宁波之战，战事紧急之时，张应云鸦片烟瘾发作，成为僵尸般的废物，任由敌情发展而置若罔闻："瘾到材官定若僧，当前一任泰川崩。铅丸如雨烟如墨，尸卧穹庐吸一灯。"即使性命将丧失，也任由毒瘾支配身体，军机大事已被张应云弃之不顾。诗篇所写的这类荒唐事，看似不可思议，其实也是鸦片泛滥祸国败军的真实记录。《咄咄吟》(铁错何堪铸六州)描写中英鸦片战争宁波之战后，闽浙总督刘韵珂摇摆不定，言而无信，辜负军民抗敌意愿。诗篇自注："初将军进兵时悬赏格于军门，有能生擒夷酋喳等者赏银一万两，其余无名白夷二百两，黑夷一百两。乡勇贪得赏银，往往设法缚致之，而韵珂恐多费赏银将来无以为贿和之资，遂勒令乡勇呈缴器械，逐回原籍，并欲修好于夷。"诗篇用典讽刺刘韵珂刚愎自用，固执和议，铸成大错而仍然自以为是："铁错何堪铸六州，哗传新令下江头。"刘韵珂犯下的更荒唐的错谬是，向军民许诺擒获英军即获重赏，然而当擒获英军的事接二连三发生时，刘韵珂反悔了，"早知杀贼翻加罪，误抱雄心赴国仇"。刘韵珂唯恐没有足够的银两留着贿赂外敌以求自保，肆意废弃先前的奖赏军民擒获英军的承诺，军民打击英军不得嘉赏，反被收缴兵器，严重挫伤了军民抗敌的意愿。《咄咄吟》(天魔群舞骇心魂)

描写道光二十二年（1842）在扬威将军奕经组织的反攻英军行动中，杭嘉湖道宋国经企图以纸糊面具恐吓英军以取胜。诗篇自注介绍了事件始末："初，杭嘉湖道宋国经欲以奇兵制胜，特向市中购买纸糊面具数百个，募乡勇三百四十二人，装作鬼怪，私于内署昼夜演习之。及夷陷乍浦，国经派都司罗建业、千总李金鳌帅往应援。时方白昼，跳舞而前，夷以枪炮来击，我兵耳目为面具所蔽，不能格斗，遂溃散。"诗篇描述了宋国经异想天开用纸糊面具作为震慑敌军的利器："天魔群舞骇心魂，儿戏从来笑棘门。"这种儿戏般的低级手段最终只能使清军在英军的凶猛炮火面前自取灭亡，沦为自欺欺人的笑柄。诗篇反用宋代狄青以假面具装备部下、成功奇袭西夏军的故事，讽刺宋国经依样画葫芦，以此手法对付洋枪洋炮的英军，落得兵败遭辱的下场。《咄咄吟》（宸翰红题券一章）描写了清廷在英国强横的武装侵凌面前落败后，无奈接受卑辱的和约。朝廷权臣应对严重危机的手段就是向外寇强徒奉上真金白银以息事宁人，求得苟安。诗篇概括了这场国家悲剧的主要情节："宸翰红题券一章，东南五路约通商。群公更有安边策，尽括军储补寇粮。"诗篇后面的自注详尽列示了英国向清廷勒索巨额白银、强迫开通商埠的细目："英夷要求八事，其中最重者有三：一欲于和券之上钤以国玺，一欲于广东香港、福建福州厦门、浙江宁波、江苏上海五处设立码头，以为通商之地，一欲赔偿前任两广总督林则徐所烧鸦片烟价银六百万元，谓洋钱也，每一元合银七钱，及其犯顺以来所费兵饷银一千二百万元，并广东历年商欠银三百万元。耆英伊里布婉转集议，夷终以直犯天津相胁，相恳久之，始许不用国玺改为御笔朱批，依议二字又减去银一百万元，其余均须如约。耆伊二人不得已，设词入奏，幸蒙俞允，惟所需二千万元一时无从措此巨饷，长随张禧及商人伍义和颜崇礼等乃为介绍，与夷商定，先付银六百万元，余则按年在广东给发，并以福建厦门厅之鼓浪屿、浙江之定海县为质，暂归夷管理，俟全数交清始退还中国云。"自注列举了清廷被迫支付的各项赔款数额及其付款期限、付款方式，以及清廷在和约上签章的方式，与诗篇所概括的割地赔款梗概形成呼应，充满屈辱悲愤之感。《咄咄吟》（鸩媒流毒起边烽）概述了鸦片战争始末，对朝廷和地方官府没能有效制止民间"烟匪"勾结英夷贩卖鸦片深为忧虑。诗篇的自注详细陈述了英夷勾结"烟匪"贩售鸦片引发英国与清廷的战争及贩售鸦片引发白银外流现象的久治不愈："夷之所谓通商也，志在消售鸦片烟也。初，烟银偷漏出洋，岁且数十万。鸿胪寺少黄爵滋详言其弊，以漏卮为喻，奏请严禁之。上问诸内外阁，部督抚科道官会议咸同，乃命两湖总督林则徐为钦差大臣，至粤东严办烟匪。则徐设法令夷酋义律缴出烟土二万一千箱，奏请烧毁之，并令西洋各国出具甘结，嗣后不准带烟土入内地。烟匪由是绝望,煽动夷结党犯顺,此兵事之所由起也。则徐能用兵,夷畏服之,不敢于粤东启衅。驶至浙江,攻陷定海,据之。旋赴天津,向大学士直隶总督琦善诡称冤抑,琦善误中其计,讳言贩烟,而以来求通商入奏,此又和议之所由起也。三载以来,夷见烟禁不少弛,益与烟匪相结,而狂悖愈甚。五月初一日,上重申禁烟之令,着各直省刊刻誊黄,晓示中外,耆英伊里布等接奉上谕,谓语过激切,恐投夷所忌,遂中寝之,不使外人知也。今既通商矣,烟匪亦解散矣,独烟银之偷漏,将何术以止之哉。"诗篇概述由鸦片流毒引发战争给沿海地区带来的冲击:"鸩媒流毒起边烽,海国三年费折冲。"虽然经过了起起伏伏的战事与和议,但过去存在的民间"烟匪"勾结外寇贩售鸦片的问题并未彻底解决,鸦片贩售引发的白银外流仍未彻底制止。"叹息漏卮今已破,不堪重问阿芙蓉。"诗人对这样的治理结果感到忧愤。《咄咄吟》(同病怜他守土官)记述鸦片战争中一些地方官员欺上瞒下,冒功骗赏。诗篇的自注逐例披露了这类奸猾官员在战争期间的这类欺诈行为:"凡州县失陷城池,将军及督抚皆凭该县禀报入奏,如浙江之奉化、江苏之宝山上海,夷一到即去,而知县金秀堃、周恭寿、刘光斗等皆以禀报在先,故终得遣戍之罪。慈溪一城曾陷二次,而知县王武曾,夷至则屏息出城,夷退则复腼颜入城,并不申报,故独无罪。至若余姚,夷实盘踞五日,而寇退之后,典史林朝聘禀称亲上夷船,责以大义,声色俱厉,夷乃遁去。浙抚刘韵珂据之入奏,旋奉旨赏戴蓝翎,超升余姚县知县。此又巧于得功者也。"依照朝廷规定据实禀报城池陷落情况的被惩处流放,矫饰造伪的禀报者却升官提拔,诗篇概述了这些鲜廉寡耻之徒欺君罔上的咄咄怪事,"同病怜他守土官,濒危可奈送迎难"。诗篇概述的情形,透露出鸦片战争时期一些朝廷大臣和地方官员履职行为的麻木不仁和投机取巧,也提供了研究鸦片战争失败诸多原因的宝贵资料。

贝青乔的《杂歌九章》也是描写鸦片战争时事的组诗。记述清军作战不力,丧城失地;朝廷战和摇摆,安邦乏谋;志士孤单,抗敌无门;烟毒难消,鸦片泛滥等。呈现了所见闻的这场战争的多个侧面。如:

  朝风吹决黄河口,汴梁城外荡如蔾。又惊闻浙军书来,厦门甬江两不守。是时吾苏乐有余,彼忧天者人谓愚。八月同庆圣寿节,笙歌夜夜喧街衢。(《杂歌》其一)
  有客有客议团练,肝胆照人人不见。或言避城或避山,皇皇径欲弃乡县。壮夫有血吹不凉,酌酒谁与歌同裳。三更起拔长剑舞,雄鸡喔喔天雨霜。(《杂歌》其三)
  朝见兵船海上去,浙东议战要防御。暮见兵船海上来,粤东议和仍

撤回。兵船来往日如织，官符捉船船户匿。商旅坐愁行路难，江湖满地生荆棘。(《杂歌》其五)

吸烟者绞贩烟杀，禁绝烟匪有严法。爰书三载下县官，县官奉行编保甲。黄流滚滚源不澄，闾阎积嗜终莫惩。兵尘日近烟日贱，白昼尸卧开帷灯。(《杂歌》其七)

《杂歌》(朔风吹决黄河口)描写道光二十一年(1841)中英鸦片战争厦门宁波之战后的危局。"又惊闽浙军书来，厦门甬江两不守。"福建、浙江两地的战事失利，本来应该引起各地震动，充分警戒，预防外寇的进一步侵凌，邻近的江苏却依旧耽于丰年安乐，忙于给皇帝庆寿："是时吾苏乐有余，彼忧天者人谓愚。八月同庆圣寿节，笙歌夜夜喧街衢。"诗人对朝廷及江苏地方官府居危境而享安乐的做派十分不以为然。《杂歌》(有客有客议团练)描写地方义士"壮夫"自发参加抗击外寇，却遭遇官府的冷落："有客有客议团练，肝胆照人人不见。或言避城或避山，皇皇径欲弃乡县。"志士忠肝义胆，意欲效命卫国，没有得到有效的呼应，官民各色人等竞相奔逃。《杂歌》(朝见兵船海上去)描写清军和地方官府在迎战与议和之间摇摆不定。"朝见兵船海上去，浙东议战要防御。暮见兵船海上来，粤东议和仍撤回。"各自为战，各自为政，彼此掣肘，相互抵消，这样的纷乱局面显然是清廷、清军及地方官府之间缺乏统筹协调、没有统一指挥造成的。《杂歌》(吸烟者绞贩烟杀)描写鸦片烟毒危害至深，甚至因之而起的兵灾战祸也未能改变烟毒泛滥的局面。"吸烟者绞贩烟杀，禁绝烟匪有严法。"朝廷制定的禁烟法令不可谓不严厉，但鸦片流毒既深，已积重难返，乃至出现无视战火烧身的威胁，都要沉溺吸毒的颓丧现象："黄流滚滚源不澄，闾阎积嗜终莫惩。兵尘日近烟日贱，白昼尸卧开帷灯。"诗人对朝廷和官府没能有效扭转烟毒泛滥的状况感到深深的失望。

2. 反映官军"剿贼"无能，劫掠民财，危害世间。

都城雄踞屹若盘，下邑城小如弹丸。环攻直捣两不下，壕堑中结妖巢安。间一合围夸战克，振旅入城无一贼。多少残区弃不收，黔黎发渐长盈尺。君不闻，兵打城，坚如铁。贼扑城，脆如雪。一城未复一城亡，阃司莩舍多彷徨。起视金汤日割据，狗脚有朕称天王。(《感时述事·收复》)

义旗结连村，战鼓震盈野。江湖大有誓师者，何物搢绅称先生。手捧诏版心怔营，哄堂传令杂市侩。官私两部蛙乱鸣，问伊军国知甚事。渔猎闾阎势熏炽，纷拿乌众嬉满城。醉梦万家衽席寄，白昼征逐宵游巡。灞棘儿戏非其伦，迎降借口保乡里，更有倾家款敌人。(《感时述事·团练》)

纾难捐兵饷，免祸捐贼粮。借端百法广恫喝，奴辈利财各肺肠。铜山金穴厚封殖，焚身当逐灰飞扬。算及穷氓抑何苦，称提估籍恣搜掳。刮尽脂膏遍地疮，供养舆儓纵歌舞。军储日以竭，寇氛日以嚣。征求符牒纷如毛，捉钱令史摸金尉，分肥买贵方嘈嘈。（《感时述事·捐输》）

戡乱知难望时彦，诏许册功亟登荐。鼓舞人心草泽中，倘有英奇起寒贱。那教口惠虚市恩，复启贪缘路一线。志士同仇沥肝腑，健儿渴赏奋干橹。礼罗义激两无闻，漫说生才不如古。君不见，辕门啍沓交蝇营，琐琐姻娅首窜名。告身百道到臧获，獐头鼠脑影长缨。（《感时述事·保举》）

烛天烽起乱山址，生劫丁男半兵死。初闻碎胆莫敢前，息燧三朝遽来此。焚林哑哑号归鸦，弥望井里无完家。骑卒成群拾余烬，寇退始听军鼓挝。（《杂谣》其一）

炎腥墟落暑不收，怕有时疫行新秋。蛟雨连晨发山涨，尽洗战血归溪流。几家残骴径蒿掩，尸虫出墙无人敛。夜深黑橄窥野狸，一星寒吐青磷焰。（《杂谣》其二）

椎牛酾酒歌乌乌，辕门大飨三日酺。拾橡空岩艰一饱，创残野殍抛烟芜。存者偷生亦良苦，愕见官军匿无所。沉沉辎重凯唱归，夜捉担夫到村坞。（《杂谣》其四）

铜山当殉财，首阳自守志。饿死亦有名，今我抱何义。杭州鲜廪储，就食殊非计。疆臣负凤望，聊受一麈庇。何期御寇略，惟知城一闭。仰屋呼有天，乘埵出无地。凄寒万瓦霜，炊断缕烟翳。夜半起沈思，痛绝并无涕。将军不出战，茧蛾坐自毙。幸贼不来攻，贪天且窃冀。无如豢狗肥，骨尽遭反噬。负国与殃民，同一误疆事。苟非张许流，无宁城早弃。已矣复何言，残喘遑作气。区区杀贼心，厉鬼吾其誓。（《十一月二十七日夜起书愤》）

《感时述事》九首主要记述咸丰年间官军征剿太平军的低劣表现。《收复》描写官军与太平军作战尽显无能，攻守俱失。"环攻直捣两不下，濠堑中结妖巢安。间一合围夸战克，振旅入城无一贼。"官军进攻"盗贼"据守的大都小邑都劳而无功，好不容易合围了一个城邑，攻入城内却是空无一人。诗篇对比了官军和"盗贼"互为攻守时的颓势败象："君不闻，兵打城，坚如铁。贼扑城，脆如雪。一城未复一城亡，阃司芟舍多彷徨。"攻不克，守不固，眼睁睁看着太平军占地称王。《团练》描写地方官府组织团练围剿太平军，劳民伤财却只凑成了乌合之众。"手捧诏版心怔营，哄堂传令杂市侩。官私两部蛙乱鸣,问伊军国知甚事。"这些嬉游懒散的团练武装,毫无军事技能和战斗意志,名义上参加"剿贼",却是成事不足败事有余的累赘:"渔猎间阎势熏炽,纷拿乌众嬉满城。醉梦万家衽席寄,白昼征逐宵游巡。""迎降借口保乡里,更有倾家款敌人。"诗人认为地方官府以团练抵挡"贼寇"的做法纯属失败之举。《捐输》描写地方官府借征剿"盗贼"之名,以恐吓威胁向民户滥征捐税:"纾难捐兵饷,免祸捐贼粮。借端百法广恫喝,奴辈利财各肺肠。"搜刮来的民财,并未用于"剿贼",而是用于享乐挥霍:"算及穷眍抑何苦,称提估籍恣搜掳。刮尽脂膏遍地疮,供养舆儓纵歌舞。"官府以筹款剿贼为名,对民间的征索实际已蜕变为官员敛财之道:"征求符牒纷如毛,捉钱令史摸金尉,分肥买贵方嘈嘈。"诗篇披露了地方官府在所谓捐输中贪占民财的阴暗实情。《保举》描写官府在"剿贼"事务中征求人才,却舞弊操弄,以致庸劣之徒充塞其间。"戡乱知难望时彦,诏许册功亟登荐。鼓舞人心草泽中,倘有英奇起寒贱。那教口惠虚市恩,复启夤缘路一线。"虽然朝廷下诏要求以德才功绩荐举民间人才,一些地方官员在操办过程中却趁机舞弊牟利,使朝廷求才诏令成了口惠虚文,而蝇营狗苟之徒得以占有其位:"辕门噂沓交蝇营,琐琐姻娅首窜名。告身百道到臧获,獐头鼠脑髟长缨。"地方官员滥用公务人员编制,利用职权安插亲旧私属,徒然耗费了朝廷的"剿贼"资源。《杂谣》组诗记述官军在"剿贼"中的劣行。《杂谣》(其一)描写官军滥征丁壮,却无能保民。"烛天烽起乱山址,生劫丁男半兵死。"名义上抓捉众多壮丁为的是增加"剿贼"的力量,实际上官军滥征兵丁后并没有实施对"贼寇"的有效作战,"骑卒成群拾余烬,寇退始听军鼓挝"。官军在"盗贼"退走后,才装模作样擂鼓进攻。《杂谣》(其二)描写内乱给世间留下的惨状。"蛟雨连晨发山涨,尽洗战血归溪流。几家残骴径蒿掩,尸虫出墙无人敛。"血腥杀戮的遗迹仍然散发着残忍气息,"剿贼"战乱的景象震人心魄。《杂谣》(其四)描写官军在内乱杀戮的背景下牛酒歌舞,乡民却在饥饿和征役的痛苦中煎熬。"椎牛酾酒歌乌乌,辕门大飨三日酺。拾橡空岩艰一饱,创残野殍抛烟芜。"官军杀牛大餐,村民拾橡充饥。官军不能保民,适足祸世扰民。《十一月二十七日夜起书愤》描写官军御"寇"乏策,将领畏"贼"退缩。"疆臣负凤望,聊受一廛庇。何期御寇略,惟知城一闭。仰屋呼有天,乘埋出无地。""将军不出战,茧蛾坐自毙。幸贼不来攻,贪天且窃冀。"官军这种坐以待毙的被动姿态,与朝廷的托付相距太大:"负国与殃民,同一误疆事。"诗篇揭示官军将领无心杀"贼",怠惰国事。贝青乔描写太平天国战争的这些怨政诗,列举官军在"剿贼"中的各种恶劣行径,表现出希望朝廷革除官军积弊的强烈意愿。

3. 反映荒政运行的诸多弊端，描写赋税徭役的种种乱象。

吾苏佳丽地，百族充市廛。攘攘游食徒，竞聚如附膻。不农亦不末，积懒成自然。樗蒲昼为业，暮夜酣洋烟。侪辈互征逐，骨肉皆弃捐。乐岁不自保，遇歉斯倒悬。活之亦无用，可愍仍可怜。终以在垫溺，忍心难舍旃。困极或生悟，冀其惩前愆。羸病饮之药，冻皱披以棉。恩怨两不任，要在全其天。明春土脉动，去去畎尔田。(《悲厂民》其一)

愁霖恣涸潦，惟农实受之。三时筋力尽，收获乃若斯。输纳罄其室，追比还遭笞。赈城不赈野，何以补疮痍。农民罹其困，惰民蒙其施。窃恐畎亩间，游惰日以滋。区区设厂心，耿耿良在兹。愿奢力弗继，坐卧成叹咨。从容遍抚恤，是在良有司。巨室竞捐助，胥吏皆仁慈。分彼饱者饱，惠此饥者饥。嗷嗷千万户，沾被庶无遗。(《悲厂民》其四)

江北荒，江南扰。流民来，居民恼。前者担，后者提，老者哭，少者啼。爷娘兄弟子女妻，填街塞巷号寒饥。饥肠辘辘鸣，鸣急无停声。昨日丹阳路，今日金阊城。城中煌煌宪谕出，禁止流民不许入。(《流民船》)

饥户一箪粥，蠲户百石谷。朝闻饥户啼，暮闻蠲户哭。城中派蠲何扰扰，城外发赈何草草。堂皇坐者顾而嘻，尽瘁民依心可表。心可表，情弗矜，蠲户含咽卖田产，饥户糜骨填沟塍。明年荒政叙劳绩，拜章入奏官高升。(《蠲赈谣》)

县堂冬冬擂大鼓，县官朝衙谕屠户。尔设屠肆利万千，宜有赢余献官府。朝献生彘肩，暮献烂羊头。此是公膳有常例，今当日献银一流。犬惊嚎，牛觳觫，日炙县堂风肃肃。屠户夜起四脱逃，县官亲自操屠刀。县门快大嚼，县署盈大庖，买肉勿嫌官价高。尔民三月不知味，尝及一脔恩已叨。我过山城偶驻马，闻此堂堂肉食者。是时四野方啼饥，草根掘尽土如赭。(《官肉谣》)

官中一粒谷，民间一块肉。官中一把蔬，民间一女奴。嗟尔菜佣甚矣惫，何堪官帖遭苛派。闻说秋科已迫期，急携幼女街头卖。尔不闻，卜式输财千万缗，居然手板腰拖绅。儒酸入试矮檐底，尧舜僻典无能陈。槐忙杏闹复何事，老圃西风愁杀人。(《鬻女谣》)

异我两舆夫，同姓相伯仲。少者性尤黠，出语每微中。自云有薄田，豪夺莫由讼。讼之官弗听，一纸杳如梦。吾侪是小人，朝夕愁饥冻。官尔饫粱肉，心力为谁用。昨忽迁官去，沿途捉人送。行囊置何物，沉沉压肩痛。官初莅边郡，攒眉叹屡空。何以去时装，辄比来时重。听此舆夫言，宛似诗人讽。呼之就村垆，酹饮宵一哄。(《舆夫叹》)

咫尺望闾门,归心如火速。奈隔浒墅关,淹此一宵宿。我装薄可怜,关吏犹注目。呼仆送青钱,挥手遭叱辱。谓我蜀中回,应携米多斛。呶呶来勘舱,穷搜若推鞫。风闻救水灾,免税招贩鬻。自当源源来,汛舟踵相续。何以米价高,邻籴犹畏缩。道旁逢巨商,含愤为我告。免税沐皇仁,私税苦吏毒。曾激内谏官,慷慨陈奏牍。毕竟弊难除,笞榷倍残酷。所以岁荐饥,莫敢输之粟。我听此言悲,仰天频踯躅。发粜赈急需,征商课严督。时事我何知,还家歠齑粥。(《浒墅关》)

《悲厂民》组诗作于道光十三年(1833),记述荒政救济中的诸多弊端。《悲厂民》(其一)提到了荒政救济中的一个棘手问题,即是否应该赈济游手好闲者。"吾苏佳丽地,百族充市廛。攘攘游食徒,竞聚如附膻。""侪辈互征逐,骨肉皆弃捐。乐岁不自保,遇歉斯倒悬。"仰赖江南物产丰饶,城乡寄生了大量游食之民。风调雨顺时倒还勉强无事,遇到灾荒年景,粮食短缺的问题就跟游食者众多的现实形成了不可回避的冲突。对这些嬉游之徒在灾年进行救济,诗人颇为不平:"活之亦无用,可忿仍可怜。终以在垫溺,忍心难舍旃。"诗人认为把荒政救济的资源用于这些游食之徒,就减少了对勤劳农耕的那些灾民的救济,是荒政运行应予改良的地方。《悲厂民》(其四)记述荒政政策在对待城乡赈济问题上的不公。"愁霖恣凋瘵,惟农实受之。三时筋力尽,收获乃若斯。输纳罄其室,追比还遭笞。"农家勤劳耕耘,承担税负重压,但在灾荒年景却得不到像城市一样的赈济:"赈城不赈野,何以补疮痍。农民罹其困,惰民蒙其施。"城市游惰者都得到了荒政救济,乡村农民却未予施赈,诗人担忧这样的荒政政策只能催生更多的游食之徒:"窃恐畎亩间,游惰日以滋。"诗人希望官府调整荒政政策,组织有效的捐济:"从容遍抚恤,是在良有司。巨室竞捐助,胥吏皆仁慈。分彼饱者饱,惠此饥者饥。"《流民船》叙及饥荒引发的流民与居民的冲突。"江北荒,江南扰。流民来,居民恼。"江北的饥民流落到江南,给江南居民带来了极大的困扰,饥民没得到有效的赈济,居民也是人心惶惶。江南各地的纷扰中,有的官府发出了阻止饥民流入的禁令:"昨日丹阳路,今日金阊城。城中煌煌宪谕出,禁止流民不许入。"饥民的发生地和流落地都没能实现对饥民的有效赈济,诗篇揭示了这样的荒政困境。《蠲赈谣》记述地方官员在荒政运行中不顾实情、只图政绩的做法。官府规定地方上的部分民户作赈灾的蠲户,让蠲户无偿捐出米粮救济灾民,不管蠲户有无承受能力。"饥户一箪粥,蠲户百石谷。朝闻饥户啼,暮闻蠲户哭。城中派蠲何扰扰,城外发赈何事草。"饥民数量庞大,蠲户不堪承受,而官员对这样的实情不予理睬,只顾推行显示荒政业绩的行动,使饥民和鬻户都陷入了灾难。"堂皇坐者顾而嘻，尽瘵民依心可表。心可表，情弗矜，鬻户含咽卖田产，饥户糜骨填勾塍。""明年荒政叙劳绩，拜章入奏官高升。"鬻户倾家荡产，饥民成了饿殍，然而官员靠谎报荒政业绩得以升迁。诗篇揭示了官员造成这种结局的行为动机。《官肉谣》描写地方官员对辖内屠户的勒索搜刮。"县堂冬冬擂大鼓，县官朝衙谕屠户。尔设屠肆利万千，宜有赢余献官府。朝献生羲肩，暮献烂羊头。此是公膳有常例，今当日献银一流。"县官告谕众多屠户，开店获利就必须向官府上缴"赢余"，实际这是在正常赋税之外的额外征敛。这种陋规已经成为常例，以致屠户无奈之下只能弃业而逃，于是出现了县官操刀卖肉，官吏大肆吃喝享乐，而居民无肉可食的怪事。"屠户夜起四脱逃，县官亲自操屠刀。县门快大嚼，县署盈大庖，买肉勿嫌官价高。尔民三月不知味，尝及一胾恩已叨。"至于更多的饥民陷于草根充饥的处境，也不见县官县吏为之劳神费力，奔走施救。《鬻女谣》描写地方官府借科考为名，征敛民财。诗序讲述："程生买婢贵筑，有杨姓携女至，貌若甚戚者。问之曰，今遇科场，细民皆有徭役，即担粪奴亦不免。吾业种菜，例输十余金。家贫，无以应，故鬻女也。"官府借科考向百姓征敛钱物，杨家被迫卖女以偿官府的催征。"官中一粒谷，民间一块肉。官中一把蔬，民间一女奴。嗟尔菜佣甚矣急，何堪官帖遭苛派。"官府的"苛派"滥征，逼得百姓家破人散。诗篇揭示了清代后期一些地方捐税的"苛"与"杂"。《舆夫叹》记述民夫的亲历，愤慨贪渎官员的敛财和怠惰。"昨忽迁官去，沿途捉人送。行囊置何物，沉沉压肩痛。"离任官员征用众多民夫为其运载货物，这些沉甸甸的行装与官员刚来任职时形成了对照："官初莅边郡，攒眉叹屡空。何以去时装，辄比来时重。"为官一任，搜刮颇丰，满载而去。其在任期间却怠惰职守，无所作为："自云有薄田，豪夺莫由讼。讼之官弗听，一纸杳如梦。"农家田地被夺，向官员投诉，官员听若无闻，诉状如沉梦境。民夫口中所述经历，就是对这个离任官员的履职评价。《浒墅关》记述了作者亲历的关吏贪索事件。"呼仆送青钱，挥手遭叱辱。谓我蜀中回，应携米多斛。"官吏认为是远道而来的行客，非要勒索出钱财才甘心。作者从身旁客商口中也闻知了关吏擅自额外征敛的实情："夙闻救水灾，免税招贩鬻。自当源源来，汛舟踵相续。何以米价高，邻籴犹畏缩。道旁逢巨商，含愤为我告。免税沐皇仁，私税苦吏毒。"所谓"私税"，正是关吏滥权强征的额外税赋。这种滥权勒索的结果，造成客商畏惧躲避，外地的粮食无法输入："毕竟弊难除，筦榷倍残酷。所以岁荐饥，莫敢输之粟。"朝廷的仁政德策，在地方关卡被扭曲得民怨载道。诗篇揭示，所谓苛政，往往就是这么形成的。

六 金和

金和（1818—1885），字弓叔，上元（今江苏南京）人。道光间增生。咸丰间游历各地，坐馆谋食，寄幕为生。

金和的怨政诗描写道光年间鸦片战争的外患，咸丰年间太平天国的内乱，留下了一个普通士人眼观耳闻时政危局的独特记录。诗人处江湖之远，而怀庙堂之忧，以正统立场感时怨政，情感倾向和价值尺度很有代表性。

1. 感慨清军官兵未战先怯，自乱阵脚；怨愤权臣签订城下之盟，割地赔款。

> 将军突遣追风骑，九城之门一时闭。道有讹言江上传，今夜三更夷大至。此时行者犹未知，须臾闻说皆惊疑。入城出城两不得，道旁颇有露宿儿。平明驰箭许暂开，沸如蝇集轰如雷。土囊万个左右堆，羊肠小道通车才。老翁腰间被劫财，脚下蹴死几幼孩。村妇往往踣堕胎，柳棺摧拉遗尸骸。摩肩拥背步方跛，关吏一呼门又锁。绕郭声声痛哭归，头上时飞洗炮火。（《守陴》）

> 城中旧兵不如额，分守城头尚无策。何论城下诘暴客，市儿反侧颇接迹。一旦招之入军籍，朝来首裹青布帻。堂下群鸦立无隙，或舞大刀或碌石。取其壮健汰老瘠，九城累累保卫册。昼坐当门怒眼赤，大声能作老枭吓。恶丐往往暗襫魄，夜出走巡街巷栅。火光烛天月不白，木梃竹鞭在肘腋。吠犬无声都辟易，一人日与钱一百，勤则有犒惰则革。借问谁司鼓与钲，居然高坐来谈兵，百夫长是迂书生。（《募兵》）

> 西北诸山火星堕，都说城中有夷伙，中夜能为夷放火。大吏责成县令拿，县令责成里长查。何人野宿蹲如蛙，搜身偏落铁药沙。逻者见之喜且哗，侵晨缚送县令衙。县令大怒棒乱挝，根追欲泛河源槎。叩头妄指仇人家，一时冤狱延蔓瓜。从此里巷纷如麻，人人切齿瞋朝鸦。平日但有微疵瑕，比来尽作虺与蛇。往往当路横要遮，道旁三老私叹嗟。平原独无董事耻，昨日亦获瘦男子，大抵窃鸡者贼是。（《警奸》）

> 城头野风吹白旗，十丈大书中堂伊。天潢官保飞马至，奉旨金陵句当事。总督太牢瘖不鸣，吴淞车偾原余生。九拜夷舟十不耻，黄侯自分己身死。十万居民空献芹，香花迎跽诸将军。将军掩泪默无语，周自请盟郑不许。声言架炮钟山巅，严城倾刻灰飞烟。不则尽决后湖水，灌入青溪六十里。最后许以七马头，浙江更有羁縻州。白金二千一百万，三年分偿先削券。券书首请帝玺丹，大臣同署全权官。冒死入奏得帝命，

江水汪汪和议定。(《盟夷》)

《守陴》描写中英鸦片战争镇江之战期间，清军守城的纷乱场面。清军将领海龄在闻讯英夷将攻城后，在防备安排上限制居民进出城门："将军突遣追风骑，九城之门一时闭。道有讹言江上传，今夜三更夷大至。"官军对城门管制的开合不定，引发了更大的人心恐慌。"入城出城两不得，道旁颇有露宿儿。平明驰箭许暂开，沸如蝇集轰如雷。""老翁腰间被劫财，脚下蹴死几幼孩。""摩肩拥背步方跛，关吏一呼门又锁。"防备安排失序后，军民人等全都陷入惊慌失措的混乱状态。《募兵》描写清军在组织兵丁守城时暴露的兵员孱弱、官长空谈的衰颓态势。临时召集的兵丁仅仅能作滥竽充数之用："一旦招之入军籍，朝来首裹青布帻。堂下群鸦立无隙，或舞大刀或礧石。取其壮健汰老瘠，九城累累保卫册。"不仅这样的兵员属于聊可充数，实无战力，连指挥他们的军官也多是只会空谈的无用之辈："借问谁司鼓与钲，居然高坐来谈兵，百夫长是迂书生。"作者在诗篇的自注中称："时乡兵不登城，兵器皆以竹木为之，取足卫身而已。主其事者大都吾辈而已。"披露兵器简陋，军官幼稚，与诗篇对清军兵力孱弱的担忧十分吻合。《警奸》描写中英鸦片战争期间，清军和官府风声鹤唳，枉杀民众，自乱阵脚。"西北诸山火星堕，都说城中有夷伙，中夜能为夷放火。"传言有奸细为英夷纵火作内应，于是官府责令层层清查，而被一些奸猾之徒趁机公报私仇，胡乱检举，造成冤案连连，人人自危。"大吏责成县令拿，县令责成里长查。""县令大怒棒乱挝，根追欲泛河源槎。叩头妄指仇人家，一时冤狱延蔓瓜。从此里巷纷如麻，人人切齿瞋朝鸦。平日但有微疵瑕，比来尽作虺与蛇。往往当路横要遮，道旁三老私叹嗟。"肆意定罪，枉害无辜，一时间引发了无数人的恐慌。《盟夷》记述朝廷权臣与英军订立和约，赔上了巨额的真金白银，奉上了若干口岸要津。"城头野风吹白旗，十丈大书中堂伊。天潢宫保飞马至，奉旨金陵句当事。"清廷大臣伊里布等人奉旨与英军在金陵（今江苏南京）签订和约，白旗招展，屈服于敌，金陵笼罩在痛苦无奈的悲凄气氛中："九拜夷舟十不耻，黄侯自分已身死。十万居民空献芹，香花迎跽诸将军。将军掩泪默无语，周自请盟郑不许。"这种卑曲的姿态、悲哀的屈服，是在英军强横的压力下出现的，英军以炮火灭城的威胁迫使清廷签订了城下之盟："声言架炮钟山巅，严城倾刻灰飞烟。不则尽决后湖水，灌入青溪六十里。最后许以七马头，浙江更有羁縻州。白金二千一百万，三年分偿先削券。"一些清廷权臣为促成和约签订奔走效力，"冒死入奏得帝命，江水汪汪和议定"。显然，这份和约的沉重条款给世人的冲击是巨大的，以至于作者这样的普通文人也禁不住悲从中来，发出了

"江水汪汪"如泪奔的悲咽之声。诗篇提供了同时代士人记述和感慨鸦片战争的实例，很有认识价值。

2. 不满官军应对"盗贼"作战不力，怨责官军畏惧"贼势"丢城失地。

  正月二十七，居人走相报。谓有奔马来，江警今在告。负郭千万家，入城附堂奥。如牛得火惊，似蟹在糖躁。明夜城外喧，次第贼果到。九城先已闭，守陴各安灶。我亦登城看，始见贼花帽。是时贼尚稀，城下肆舞蹈。轰然鸟机发，郤作厉鬼倒。晦日朔日间，环城树大纛。红衣而黄裳，遂集如毛盗。城中鲜劲旅，况贼攻之暴。乃招市儿兵，徒手助鼓噪。从此盼外援，北望费祈祷。天皆低欲颓，十日云不扫。惟余炮火明，万鸟避而噪。夜夜城中民，煮粥上城犒。(《痛定篇十三日》其一)

  二月初九夜，炮急不容瞬。迟明绕城呼，贼自北城进。北城地临江，隧道贼暗浚。城根失凭依，一角炮自震。辇然若陁隤，险步贼乃趁。是时守城者，尚欲衅其衅。囊米积如薪，畚土实诸楗。所崩恃补苴，功颇奏之迅。入城贼数百，大半亦饮刃。谁知他城兵，得贼入城信。一唱百和逃，夺命自蹂躏。西曰清凉门，羌蔓略不润。近南有矮城，其差将及仞。万贼攻方环，忽见解严阵。遂以云梯登，诸山斗合烬。督师来自东，巷战以身殉。其余数十官，先后死其印。狼虎从咆哮，街市渐充物。刀枪极天鸣，走避骇觥觓。吾邻屋太华，必受贼问讯。奉母急移居，蓬茅各牵引。闭户不敢眠，夜听鼓角振。(《痛定篇十三日》其二)

  夜听鼓角振，借问在何所。八旗驻防兵，只今称劲旅。防者防此邦，本藉固江圉。地重兵恐单，所贵侮同御。满汉久一家，在国皆心膂。帝惟无分民，守土故用汝。圣泽二百年，斯民和饮醑。何期邠歧人，终欲外齐楚。当贼初来时，意已略龃龉。四城筹守陴，仅以什五与。谓此外城事，自居谋越俎。及闻北城摧，第一气消沮。西南弃城走，孰先曳戈杵。猥云保内城，内城大几许。如树之有巢，如水之有渚。水溃树既颠，巢渚岂可处。纵令独瓦全，孤寄等雀鼠。碎壁执其组，于国讵有补。况万无此理，譬蠡早失驽。徒令贼致力，面面合锋炬。户万口五万，裹创及妇女。岂不奋臂呼，各以死战拒。一隅果难支，贼如毛羽举。试听今夜声，痛哭遍郊墅。何不昨者晨，仍结外城侣。固知寇已深，南人劫方巨。要之秦越视，吾终疑其语。(《痛定篇十三日》其三)

  二月二十三，传闻大兵至。贼魁似皇皇，日或警三四。南民私相庆，始有再生意。桓桓向将军，仰若天神贵。一闻贼吹角，即候将军骑。香欲将军迎，酒欲将军馈。食念将军食，睡说将军睡。老母命近前，推枕手弹泪。谓有将军来,死亦甘下地。纵遭玉石焚,犹胜虎狼寄。七岁儿何知,门外偶嬉戏。公然对路人,说出将军字。阿姊面死灰,挞之大怒詈。从此望将军,十日九憔悴。更有健者徒,夜半誓忠义。愿遥应将军,画策万全利。分隶贼麾下,使贼不猜忌。寻常行坐处,短刃缚在臂。但期兵入城,各各猝举燧。得见将军面,命即将军赐。谁料将军忙,未及理此事。(《痛定篇十三日》其六)

《痛定篇十三日》组诗记述咸丰三年(1853)太平军攻陷金陵(今江苏南京)的战事,以痛定思痛的感受回溯了官军在金陵失落过程中的种种败端。作者站在士大夫的正统立场评判这些事象,对官军的颓败表达了痛惜和怨责,对太平军"盗贼"的得势表达了仇视和诅咒。《痛定篇十三日》(其一)描写太平军"盗贼"攻城势头猛烈,守城士卒缺乏训练,战力孱弱。"晦日朔日间,环城树大纛。红衣而黄裳,遂集如毛盗。城中鲜劲旅,况贼攻之暴。乃招市儿兵,徒手助鼓噪。"在这样的攻强守弱情况下,守城士卒期盼的援军久等不至,"从此盼外援,北望费祈祷"。诗篇揭示了官军战力孱弱的窘况。《痛定篇十三日》(其二)描写太平军攻城时遭遇官军各部相差悬殊的应对。"北城地临江,隧道贼暗浚。城根失凭依,一角炮自震。""是时守城者,尚欲衅其衅。囊米积如薪,畚土实诸橼。所崩恃补苴,功颇奏之迅。入城贼数百,大半亦饮刃。"太平军在北城的进攻遭遇重创,但凶悍的厮杀引发了其余各城官军风声鹤唳的恐慌反应:"谁知他城兵,得贼入城信。一唱百和逃,夺命自蹂躏。"各部官军大都竞相脱逃,但也有坚决履职与"盗贼"死战到底的军官:"督师来自东,巷战以身殉。其余数十官,先后死其印。"《痛定篇十三日》(其三)描写官军各部指挥失去协调,自乱阵脚。"何期邺歧人,终欲外齐楚。当贼初来时,意已略龃龉。四城筹守陴,仅以什五与。谓此外城事,自居谋越俎。及闻北城摧,第一气消沮。西南弃城走,孰先曳戈杵。"守城官军各部在防御对策上各执己见,各自为战,互相掣肘,已经处于风声鹤唳状态,乃至北城抵抗"盗贼"的激烈战况震慑和压垮了其余各城的抵抗意志,引发了兵败如山倒的连锁反应。"盗贼"协力猛攻,官军四散溃逃:"徒令贼致力,面面合锋炬。""何不昨者晨,仍结外城侣。"诗人认为官军各部各自为战,导致了最终的各自溃败。《痛定篇十三日》(其六)描写金陵被太平军攻克后,官军企图夺回,迟迟不见行动,居民期待落空。"二月二十三,传闻大兵至。贼魁似皇皇,日或警三四。南民私相庆,始有再生意。桓桓向将军,仰若天神贵。"城中居民闻知官军反攻夺城的传言,对官军回归抱有极高的期待:"谓有将军来,死亦甘下地。纵遭玉石焚,犹胜虎狼寄。""从此望将军,十日九憔悴。更有健者徒，夜半誓忠义。愿遥应将军，画策万全利。"居民苦苦期盼，然而迟迟不见官军攻城的身影。诗人描写他所认知的居民的失落情绪，表达的是作者对官军的失望，折射出正统士大夫文人期待朝廷恢复政权秩序的政治愿望。

3. 怨责官军怠惰涣散，不满官军掠民祸世。

  长揖军门暗断肠，贼威都仗我兵扬。四年不信七经略，万里从无一战场。人拜马头如岁望，公输鼠胆欲宵藏。大名枉说来西蜀，那有闲心对太阳。（《南师九首》其二）

  画灰商略捷书穷，狂语欺天任捕风。道殣无言充虏获，军储有计报亏空。家肥自感君恩厚，师老仍夸士气雄。几辈得官蒙上赏，臣身犹在梦魂中。（《南师九首》其七）

  一片刀光惨黑埃，千村万落半成灰。军威却有吾民畏，贼过何曾似此来。绣野经时行路断，冤禽随处哭声哀。只应报道红巾至，魑魅犹能暂吓回。（《南师九首》其八）

  黄金贵，贵何似。一两旧值银一斤，如今一斤有半矣。借问军兴时，黄金又何用。路人笑且瞋，军中买者众。大帅积钱塞破屋，老兵积钱压折轴。县官钱尚如泥沙，各买黄金私寄家，黄金著翅飞天涯。自从二月官军来，督战未暇先理财。所缝黄金囊，可筑黄金台。军中黄金多，市上黄金少。朝市黄金贵，暮市黄金了。吾侪觅得金锱铢，尚博全家十日饱。书生闻之笑口喑，昨来悔不谈黄金。一言或动将军心，将军努力入城去，贼是黄金如土处。（《军前新乐府四首》其一）

  接难民，善桥东。接难民，善桥西。善桥东西路易迷，难民出城必到此，贼或追至身烂糜。文者官，武者将。跪启将军语甚壮，愿分一军善桥上。遥为难民援，能使贼胆丧。将军诺，诸军乐。善桥东，喧鼓角。善桥西，旗帜卓。老鸦噪，晓日出，军士提刀纷走开。或隐山之阿，或伺水之涯。束缚难民横索财，残魂惊落面死灰。岂无碎金与珠玉，搜身逼脱袜袴鞋。亦有钝物稍倔强，即谓贼谍城中来，杀之冤骨无人埋。难民过尽军士集，诸君帐下蚁环立。若官若将十四三，军士瓜分十六七。所接难民凡几人，黄昏几处沙头泣。有时真有贼追至，诸君按甲似无事。（《军前新乐府四首》其三）

  我何言，问诸将。诸将之来自天上，帝视公等何如人，专阃半是熊罴臣。相期并力歼黄巾，他年一阁图麒麟。公等伴贼八千里，于古步步绥当死。军兴于今四年矣，神州之兵死亿万，以罪以病不以战。大官之钱费无算,公半私半贼得半。奏捷难为睡后心,筹粮几夺民家孽。今春自楚东下时,贼船如马江头驰。顿军何事来偏迟,坐今严城入贼手。五月不能攻下之,公等尚学饮醇相。白头老尽连营师,天语勿谓督责宽。雷霆只是骈诛难,谓当补过桑榆晚。酬恩不负登时坛,昨闻北去贼,中原数郡犯。及今无寸功,罪状谁未减。君不见,百战百胜新息侯,征蛮到死讥逗留。(《将问》)

兵来前,吾问汝,汝今从军几年所。且不责汝无事年,年年用国如山钱。亦不责汝近年事,事事弓刀尽儿戏。只汝出门时,汝家复有谁。若父若母若汝妻,若兄若弟若汝儿。骨肉哭路歧,不能亲相随。旁观代衔悲,祝汝归无迟。自从送汝后,竟无见汝期。古人亦有言,生死半信疑。何知汝身在,身在心死久。烟床鸩毒甘,博局枭采负。帐下畜村童,路上佻村妇。村民米与衣,结队恶声取。纵免将军诛,可告汝家否。汝家倘闻知,念汝罪难赦。老者愁可死,少者悔可嫁。壮者欲汝囚,幼者亦汝骂。汝或犹有心,不泪当汗下。计汝惟一战,功罪在反掌。岂但慰汝家,报国受上赏。君不见,中兴第一韩良臣,本是军门舞槊人。(《兵问》)

此贼江南守城贼,江南欲战战不得。料无人夺江南城,分走中原到天北。迁延竟作至尊忧,此日羽书驰帝州。此日江南寒渐甚,诸公无事正轻裘。(《北警有作》)

《南师九首》记述官军与"盗贼"作战中的懈怠敷衍、冒功骗赏、掠民甚匪等种种恶行劣态。《南师九首》(其二)怨责官军不敢与"盗贼"接战,"盗贼"得寸进尺,势头大涨。"长揖军门暗断肠,贼威都仗我兵扬。"诗人认为官军怯懦畏缩的原因在于军官不谋实战,士卒久离沙场,官兵既无胆略,也无战力:"四年不信七经略,万里从无一战场。"《南师九首》(其七)描写官军虽然作战不力,懈怠敷衍,但冒功骗赏却花样翻新,不遗余力。"画灰商略捷书穷,狂语欺天任捕风。"官军一些人暗自策划,谎报战绩,凭空捏造,欺上瞒下:"道殣无言充虏获,军储有计报亏空。家肥自感君恩厚,师老仍夸士气雄。"造伪的手法和途径五花八门,乱抓路边饥馑冒充俘虏,胡编仓储存量侵吞军粮,浮夸军中士气遮掩颓丧。《南师九首》(其八)描写官军烧杀劫掠,百姓对官军的畏惧已经超过对"盗贼"的畏惧。"一片刀光惨黑埃,千村万落半成灰。军威却有吾民畏,贼过何曾似此来。"如此戕民的官军行径,使百姓心生怨恨,乃至期待"盗贼"到来的消息能够吓退作恶的官军:"只应报道红巾至,魑魅犹能暂吓回。"这种看似荒诞的民间情绪,表现的是民众对官军怯于"剿匪"、悍然戕民的强烈怨愤。《军前新乐府四首》组诗记述官军

"剿匪"无策，勒民有方。《军前新乐府四首》（其一）描写官军从上至下无心"剿匪"，只顾捞取钱财。"借问军兴时，黄金又何用。路人笑且瞋，军中买者众。"时逢兵荒马乱，官军将士抢购积攒黄金，世人似有不解，事实却又如此显著："大帅积钱塞破屋，老兵积钱压折轴。县官钱尚如泥沙，各买黄金私寄家，黄金着翅飞天涯。自从二月官军来，督战未暇先理财。"将军带头参与这场竞相捞取钱财的纷乱行动，已将履职"剿匪"的本分置之脑后。将军把捞取黄金视为至高无上的大事，乃至攻打"盗贼"占据的城邑也就成为另一条生财之道："一言或动将军心，将军努力入城去，贼是黄金如土处。"将军如或领军攻城，心思不在为朝廷收复城邑，动机旨在夺取"盗贼"拥有的黄金。《军前新乐府四首》（其三）描写官军名为保护难民、实则勒索难民。"善桥东西路易迷，难民出城必到此，贼或追至身烂糜。"战乱之中，难民被"盗贼"追害，向官军求助，得到了官军的应诺："跪启将军语甚壮，愿分一军善桥上。遥为难民援，能使贼胆丧。将军诺，诸军乐。"然而官军出动之后，实际却由难民的保护者变成了难民的加害者："老鸦噪，晓日出，军士提刀纷走开。或隐山之阿，或伺水之涯。束缚难民横索财，残魂惊落面死灰。岂无碎金与珠玉，搜身逼脱袜袴鞋。亦有钝物稍倔强，即谓贼谍城中来，杀之冤骨无人埋。"这些军士在城外设伏，劫掠过往难民，甚至劫财害命，完全成为戕民祸世之徒。而以"剿贼"名义出现的官军，遇到"盗贼"真的追害难民时，却袖手旁观，置身事外："有时真有贼追至，诸君按甲似无事。"《将问》向官军将军发出了责问，怨责他们享受朝廷厚遇，却无心也无能为朝廷出力，畏缩避战，致使"贼"势浩大。"我何言，问诸将。诸将之来自天上，帝视公等何如人，专阃半是熊罴臣。相期并力歼黄巾，他年一阁图麒麟。"朝廷寄予厚望、托以重任的众将军，在应对"盗贼"时却懈怠敷衍，"军兴于今四年矣，神州之兵死亿万，以罪以病不以战"。朝廷兴兵"剿贼"已经四年之久，士卒伤亡惨重，将军却以各种借口躲避出战。朝廷军费耗银无数，这些银两却徒然流入将军私囊和"盗贼"手中："大官之钱费无算，公半私半贼得半。"将军在对"贼"作战上无所作为，却巧于谎报战绩骗取军功，也长于借口筹粮掠夺民财："奏捷难为睡后心，筹粮几夺民家爨。"将军"剿贼"怠惰，致使"盗贼"攻城略地一路得手。"今春自楚东下时，贼船如马江头驰。顿军何事来偏迟，坐今严城入贼手。"诗篇发出遣责，"贼"浩大，威逼中原，这样的严重后果该由这些怠惰敷衍的将军来担责："昨闻北去贼，中原数郡犯。及今无寸功，罪状谁未减。"《兵问》向士卒发出了质问，怨责他们徒耗军费，无用于国，乃至自甘堕落，戕害百姓。"兵来前，吾问汝，汝今从军几年所。且不责汝无事年，年年用国如山钱。亦不责汝近年事，事事弓刀尽儿戏。"诗篇指斥这些士卒在平时和战时游戏国事的怠惰状态,并将这些士卒亲属对他们的期望与他们在军中的恶劣行径进行对比:"何知汝身在,身在心死久。烟床鸩毒甘,博局枭采负。帐下畜村童,路上佻村妇。村民米与衣,结队恶声取。纵免将军诛,可告汝家否。"这些士卒军纪涣散,吸毒赌博,蓄养娈童,调戏妇女,劫掠百姓,已成为世人公害,也成为其家人的耻辱。诗人对这些庸劣士卒发出了忠告:"汝或犹有心,不泪当汗下。计汝惟一战,功罪在反掌。岂但慰汝家,报国受上赏。"《将问》和《兵问》在形式上和内容上都构成了姊妹篇,对清军在"剿贼"上的失败作了寻根究底的追问,从体制、机制上,也从道德和人格上进行了探究,比通常这类题材怨政诗的一般谴责更有深度。《北警有作》怨责官军畏缩,致使"贼"势浩大,竟成国忧。"此贼江南守城贼,江南欲战战不得。料无人夺江南城,分走中原到天北。"太平军已占据大量城邑,官军处于劣势,太平军在江南无强敌之虞,无丧城之忧,于是举兵北上,直接威胁到了皇朝京都,而当权的朝臣和将帅却若无其事,安然养尊:"迁延竟作至尊忧,此日羽书驰帝州。此日江南寒渐甚,诸公无事正轻裘。"太平军"盗贼"势力已经壮大到威胁社稷存亡,朝廷文臣武将却无心也无能为国解危。诗人在这些诗篇中所表达的担忧和怨愤,是诗人秉持士大夫正统立场对当时的军政危局的认知和评判,有一定的认识价值。

七 孙鼎臣 吴仰贤 王闿运 黄遵宪 沈汝瑾 唐烜

孙鼎臣(1819—1859),字芝房,善化(今湖南长沙)人。道光间进士,授翰林院编修。咸丰间历翰林院侍讲等。

孙鼎臣的怨政诗,是鸦片战争期间的个人纪闻,反映清军的颓败之势及其殃民后果。如:

> 宁波城中夜叫乌,绍兴城中昼见狐。家家逃兵挈妻孥,纷纷涕泣满路隅。病者委弃无人扶,十队五队来姑苏。姑苏今年复大水,田中高低长芦苇。君不见,苏州民,一斗米值钱千文。(《君不见》其一)

> 北风萧萧杀气横,番禺城头日演兵。戈矛铦利铠甲明,沿海百里舟为营。壮士踊跃誓不生,意欲杀贼争先鸣。楼船夜月沧海曲,夷人歌舞粤人哭。君不见,制府林,单骑北走行骎骎。(《君不见》其四)

> 北风萧萧腥满衢,广州城中人迹无。家家闭户如逃逋,官兵横行来叫呼。官兵杀人食人肉,挺刃莫敢相枝梧。短领窄袖大布襦,三三五五遍里闾。宰割鸡犬牛羊猪,突入酒肆悬双弧。搜索盆盎及罂盂,饮食醉饱惟所须。八十老翁泣路隅,去年夷人到番禺,十家五家被贼俘。今年

官兵望讨贼，贼未及讨民被屠。彼贼杀人兵得诛，官兵杀人胡为乎。黄昏吹角声呜呜，辕门半掩人吏疏。双双银烛红氍毹，大将夜坐治军书。老翁欲归无室庐，夜半却立长欷歔。（《官兵行》）

《君不见》组诗记述了作者闻知的中英鸦片战争清军颓败、英军得势、志士受挫的一系列场景。《君不见》（其一）描写道光二十一年（1841）八月，宁波之战清军溃败后的纷乱场面："宁波城中夜叫乌，绍兴城中昼见狐。家家逃兵挈妻孥，纷纷涕泣满路隅。病者委弃无人扶，十队五队来姑苏。"诗人对清军败给外寇后的颓丧状态极为失望。《君不见》（其四）描写道光二十一年（1841）四月，虎门广州之战清军失败后，英军得势猖獗，坚决抗敌的清朝大臣受惩失意。诗篇展示清军中的热血将士有强烈的报国意愿，期盼奋身杀敌，"壮士踊跃誓不生，意欲杀贼争先鸣"。但英军依仗坚船利炮，更依仗清廷中主和派占上风的有利态势，在广州之战中取胜。诗篇对比描写了英夷的歌舞狂欢及广东民众的悲伤痛哭："楼船夜月沧海曲，夷人歌舞粤人哭。"在这样的苦涩背景下，诗篇着意交代了主张抗英御敌的大臣林则徐的悲凄结局，"君不见，制府林，单骑北走行骎骎"。林则徐被革职后"单骑北走"的孤独背影，映射出朝廷妥协政策对抗敌大臣的压制。就道光皇帝的行为而言，在中英鸦片战争期间的主导思想是主战抵抗，但在一连串的失败打击下，也有犹疑和摇摆，尤其是对主战派林则徐加以申饬和革职，突出表现了道光皇帝禁绝鸦片的态度发生过很大的起伏变化。诗篇对林则徐遭遇的描述，透露出这个事件当时在士大夫文人层面引发的对朝廷政策的忧愤。《官兵行》描写道光二十一年（1841）广州之战后，英军撤离，官军再次入城，扰民滋事，横行街市。"北风萧萧腥满衢，广州城中人迹无。家家闭户如逃遁，官兵横行来叫呼。官兵杀人食人肉，挺刃莫敢相枝梧。"官军的这些凶悍行径，针对的是广州城乡的百姓，与此前英夷在附近番禺一带横行肆虐一样，戕民祸世。然而官军滥杀无辜的行为，更让百姓感到怨苦："去年夷人到番禺，十家五家被贼俘。今年官兵望讨贼，贼未及讨民被屠。彼贼杀人兵得诛，官兵杀人胡为乎。"诗篇对比英夷、官军、"盗贼"的行径，引申出的质疑和批判是深刻的，这种质疑和批判已经沉淀在对这段国家耻辱的历史记录中。

吴仰贤（1821？—1887？），字牧驺，嘉兴（今浙江嘉兴）人。咸丰间进士。历罗次、昆明知县，武定知州，云南迤东兵备道。

吴仰贤的怨政诗，记述同治年间江浙及云南一些地方官府在太平天国战乱之后的施政恶劣状况，包括税负沉重、征调繁苛、征役严酷、吏胥贪渎等等。如：

宁值深山魅,莫逢厘卡吏。卡吏见贾船,叫呵杂骂詈。船中百货堆纵横,斤求两算多余赢。匿多报少律非轻,军需所关官无情,罚缗十倍方放行。前行十里又有局,眈眈待尔砧上肉。(《厘卡吏》)

募兵易,遣兵难。增兵易,养兵难。度支苟足赡客兵,亦可安呼兵上船。船头坎坎鼓声作,践更仍唱从军乐。所惜岁费朱提银,炮船护卡不护民。君不见贼盗劫邻船,但坐视盗去,轰轰炮不止。(《炮船来》)

去年科荒田,按亩征粮七升额。今年责大户,大户输银累千百。问君何所需,乃为海塘役。海水掀天浪花白,五载无人储木石。东南财赋冠群省,急宜捍海筹万全。所嗟帑藏竭转饷,三吴蹂躏民倒悬。以工代赈贫者乐,以钱助工富者愕。安得铸铁为铁塘,六州之铁亦易索,海上家家出一镬。(《修海塘》)

县符飞下催捉船,捉船载兵莫迁延。城中捉尽到乡里,乡里有船不敢前。小吏捉船但捉钱,得钱入橐不问船。有钱大船驶帆去,无钱小船羁埠边。兵愁船少又苦小,谁知吏腹已先饱。日午船去无一兵,城外捉船尚扰扰。(《捉船符》)

恶木岂无荫,久倚刺裳衣。恶少岂无力,久用多是非。昨夜府帖来,兵少急召募。应募亦何多,荷戈沓来赴。计口授之粮,所期战与戍。明知游手徒,反用善言谕。缮具偶不全,诛求及细故。明旦戒启行,行行日已昃。五里一徘徊,十里一偃息。暮宿占村居,捷足争先得。欺人肆大言,为尔去杀贼。尔命我全之,据坐呼餐食。酒浆先前罗,鸡豚孰敢匿。苟其吝不与,老拳咄相逼。前舍煮香稻,后舍锉生刍。频发换徒马,执役同奚奴。枵腹远走送,困苦不得呼。但愿壮士去,一胜清萑苻。东家有少妇,西邻有小姑。觳觫惧强暴,走避泣路隅。见人不敢诉,相对鼓咙胡。(《募练丁》)

貂缨皂帽何官吏,谨索纤夫怒攘臂。黄昏县帖催捉人,鸠形鹄面多疲民。十十五五听征调,不挽高艑挽大轿。前山复后山,山上几重关。石齿嶙峋啮艰屦,忍饥邪许腰环环。白日西沉驿过半,不许夫归急羁绊。明朝驱尔复向前,马棰乱下无人怜。(《纤夫行》)

四郊屯戍齐负戈,炊烟滃起万灶多。官仓粟匮起摊派,坐此城野穷搜罗。滇中山国乏转漕,惟恃肩负兼马驮。小市争米相讥诃,米价涌似澜沧波。去年斗米钱三百,今年斗米千钱过。贫家麦饭无一箩,秕糠拉杂山蓣和。今夏五月雨滂沱,洼田已没青青禾。岁之丰俭难揣摩,万夫指口呼荷荷,一朝缓急当奈何。(《籴米谣》)

《厘卡吏》记述同治年间地方官府设立征收厘金（货物过往税）的关卡，"卡吏"借机勒索客商，侵吞厘金。"宁值深山魅，莫逢厘卡吏。卡吏见贾船，叫呵杂骂詈。"贪吏对客商的搜查和征捐极其严苛，"匿多报少律非轻，军需所关官无情，罚缗十倍方放行"。这样的搜刮沿途皆是，客商沦为被贪吏任意宰割的鱼肉。《炮船来》描写同治年间地方官府为保证强力征收厘金，增募兵丁，增派炮船。"募兵易，遣兵难。增兵易，养兵难。""所惜岁费朱提银，炮船护卡不护民。"这些炮船上的兵丁无所事事，遇到"盗贼"劫掠民船，坐视不管，只放空炮，成为徒縻军费的乌合之众。《修海塘》描写江浙一些地方官府在派征整治海塘的役务时畸轻畸重，民户承负不公。"今年责大户，大户输银累千百。问君何所需，乃为海塘役。"作者站在士绅大户的立场，对官府派征政策颇有怨言："所嗟帑藏竭转饷，三吴蹂躏民倒悬。以工代赈贫者乐，以钱助工富者愕。"作者认为官府派役征捐对"大户"摊派过重，民户有不堪承受的"倒悬"之苦。像本篇这样抱怨官府政策伤富济贫的怨政诗并不多见，有其独特的认识价值。《捉船符》诗序交代了官府征调民船过程中发生的滥权舞弊行为："乱后郡城，船户无多，每遇兵差，县役承票捉船索钱。不饱其橐，则穷搜四乡，虽支河僻港，无得免者。"诗篇描写县吏拿着催征民船的官票四出"捉船"，并非尽力执行公务，而是假公济私勒索民财："小吏捉船但捉钱，得钱入橐不问船。有钱大船驶帆去，无钱小船羁埠边。"如此舞弊之下，征船公务落了空，贪吏却已捞满了腰包。《募练丁》描写地方官府征募兵丁，弊端频现。奸猾之徒滥竽充数，扰民滋事，成为地方之害。"昨夜府帖来，兵少急召募。应募亦何多，荷戈沓来赴。计口授之粮，所期战与戍。明知游手徒，反用善言谕。"官府征募了大量游手好闲、巧言令色之徒，未加基本的规训和约束，却放任他们出行征战。这些庸劣奸诈之辈进村入户，吃拿卡要，向民众伸出了贪婪的黑手："欺人肆大言，为尔去杀贼。尔命我全之，据坐呼餐食。酒浆先前罗，鸡豚孰敢匿。苟其吝不与，老拳咄相逼。""东家有少妇，西邻有小姑。縠觫惧强暴，走避泣路隅。"诗篇揭示了地方官府募练兵丁疏于规训和整治所造成的恶果。《纤夫行》描写云南一些地方官府征役沉重，役务严酷。"黄昏县帖催捉人，鸠形鹄面多疲民。十十五五听征调，不挽高艑挽大轿。"这些疲弱的穷困民众被征召入役，所任役事十分繁苛。役夫被驱来遣去，从事着拉官船、抬官轿等各种苦役，山路崎岖，食不果腹，还要遭受吏胥的凶酷催促："白日西沉驿过半，不许夫归急羁绊。明朝驱尔复向前，马棰乱下无人怜。"战乱之后官府仍然没有宽恤疲弱民众，仍然征派繁苛役务。《籴米谣》描写云南一些地方官府向民间大量征调粮食以供军需，造成城乡百姓生计艰困。"四郊屯戍齐负戈，炊烟滃起万灶多。官仓粟匮起摊派，坐此城野穷搜罗。"官军和官府的搜刮，使民间出现了极大的粮食恐慌："小市争米相讥诃，米价涌似澜沧波。去年斗米钱三百，今年斗米千钱过。贫家麦饭无一箩，秕糠拉杂山蘋和。"官府过度收购和搜刮民间粮食以备官储，百姓却不得不忍受这样的强征，"万夫指口呼荷荷，一朝缓急当奈何"。诗篇揭示了清代后期云南边地百姓在粮食苛征压力下的生存困境。

王闿运（1833—1916），字壬秋，湘潭（今湖南湘潭）人。咸丰间举人。游历各地作幕客。光绪间讲学多地书院。历翰林院检讨、礼学馆顾问等。

王闿运的《独行谣》组诗描写道光、咸丰年间的险难政局。外有英军及英法联军的前后两次鸦片战争，内有太平军、捻军等"盗贼"的"逆反"战争，外患与内乱交相并作，国事严峻，国运危殆。如：

> 君时直阁门，余在傅浅湖。始闻易帅诏，乃用鹿邑徐。西夷约践庚，大舶向番禺。和戎我所讳，撑拄不入郚。以兹得封爵，名字溢寰区。时议尽虚仑，陈生对唏嘘。果然噉画饼，不能补羊牢。（其四）
> 守城未论功，怵惕夕至朝。朝廷务宽大，张向并有褒。疆臣失郡县，自此改例条。向非戮青麟，军法无所加。臣有为法死，主有纵与操。洞庭散渔筏，汉口聚商艘。自坏汉阳府，藉寇长虹桥。浮桥连江汉，群盗始翔翱。行台坐倾亡，十万殉干戈。徒惊忠贞盛，洒血江汉波。缙也待雷霆，印畀陆尚书。人皆坐疲软，公独早自夸。伏波久据鞍，卫伯果执殳。全众五十万，疾以千人驱。前锋未交旗，后舫忽转头。蒂庆死灰色，宿厚反风议。不知冶父囚，但恨莫敖骄。庸奴卒并命，如貉在一丘。竟符金桂谶，共唱耶稣妖。（其六）
> 吾生信多忧，南望感尘焱。君又故乡来，蹑履相迎遭。青春饮酒楼，刘莫共欢釂。郁郁不久此，行行思鲦鲈。丹阳败书至，吴中如乱麻。征途恨苦短，官程恨苦奢。匡肃始谋帅，关防落东流。屯难相纠结，蛾贼扇捻苗。苗回外倾动，英法内吹嘘。道穷世运极，将弱藩镇粗。余东窜祁门，建策击长蛇。收吴既鞭长，争徽又唇焦。古来无请援，王邵谬奉书。君无申胥诚，久作仲连居。艰难得九死，几与祥兴诛。左生阶下囚，拔用赐军铁。彭湖遇我舟，精卒气果殊。支吾衢饶内，犄角灉皖途。安庆得瓦解，胡公暝黄垆。恨无勤王用，掩涕昆明湖。肩舆入人国，谈笑已乱华。诸臣不羞耻，死谓兵燹遭。余生块土余，闭户每畏挡。（其十六）

《独行谣》（其四）描写道光年间中英鸦片战争期间，清廷向"西夷"卑辱求和，将帅以主持和议受赏晋爵。"始闻易帅诏，乃用鹿邑徐。西夷约践庚，大舶向番禺。和戎我所讳，撑拄不入郢。"清廷将主战的大臣撤下，换用主和的大臣，在英军巨舰威胁番禺、强横进逼广州的压力下，和议大臣奉旨签约，居然加官晋爵，大受褒奖。"果然噉画饼，不能补羊牢。"然而清廷的让步并未阻挡英国人的步步进逼，清廷后来继续步步退让，画饼充饥，自我欺骗，招致更大的损害。《独行谣》（其六）描写咸丰年间官军与太平军在湖北等地的战事，揭示官军奖惩不公，军法宽纵。"守城未论功，怵惕夕至朝。朝廷务宽大，张向并有褒。疆臣失郡县，自此改例條。向非戮青麟，军法无所加。臣有为法死，主有纵与操。"官军青麟诸将领在武昌等处丢城失地，清廷予以军法论处，但朝廷偏于宽纵的军法处置酿成了官军将领普遍的遇"贼"退缩、临阵脱逃的态势。"自坏汉阳府，藉寇长虹桥。浮桥连江汉，群盗始翔翱。行台坐倾亡，十万殉干戈。""全众五十万，疾以千人驱。前锋未交旗，后舫忽转头。"官军这种溃败如山倒的颓势造就了太平军的得势，"竟符金桂谶，共唱耶稣妖"。诗人对官军不堪应对太平军劲敌的颓败态势深为失望，以士大夫的正统立场诅咒太平军，也悲叹官军军法不严，难阻厄运，屡战屡败。《独行谣》（其十六）记述内有苗回之乱、外有英法之患的时局困境。"丹阳败书至，吴中如乱麻。"官军与太平军等"盗贼"作战不利，连连失地，"苗回"势力与捻军等部又在多地酿成新的大乱，英法联军也在兴风作浪："屯难相纠结，蛾贼扇捻苗。苗回外倾动，英法内吹嘘。道穷世运极，将弱藩镇粗。"诗人感慨时局恶劣到不可收拾。"肩舆入人国，谈笑已乱华。诸臣不羞耻，死谓兵燹遭。"入侵的英法外寇如乘轿而行，谈笑间就攻取了城邑，而清廷一众大臣只知推诿失败之责，丧失了起码的廉耻之心。组诗描述这些惨痛时事，深刻揭示了道光、咸丰、同治时期的政权危机。

黄遵宪，生卒、事迹见前。

黄遵宪的一系列怨政诗记述甲午中日战争的重大战事，呈现了诗人见闻和思考的这段铭心刻骨的痛史。如：

> 黑云萆山山突兀，俯瞰一城炮齐发。火光所到雷轰隆，肉雨腾飞飞血红。翠翎鹤顶城头坠，一将仓皇马革裹。天跳地踔哭声悲，南城早已悬降旗。三十六计莫如走，人马奔腾相践踩。驱之驱之速出城，尾追翻闻饿鸱声。大东喜舞小东怨，每每倒戈飞暗箭。长矛短剑磨铁枪，不堪狼藉委道旁。一夕狂驰三百里，敌军便渡鸭绿水。一将囚拘一将诛，万五千人作降奴。（《悲平壤》）

> 蒙蒙北来黑烟起，将台传令敌来矣。神龙分行尾衔尾，倭来倭来渐趋前。绵绵翼翼一字连，倏忽旋转成浑圆。我军瞭敌遽飞炮，一弹轰雷

百人扫。一弹星流药不爆,敌军四围来环攻。使船如马旋如风,万弹如锥争凿空。地炉煮海海波涌,海鸟绝飞伏蛟恐。人声鼓声噤不动,漫漫昏黑飞劫灰。两军各挟攻船雷,模糊不辨莫敢来。此船桅折彼釜破,万亿金钱纷雨坠。入水化水火化火,火光激水水能飞。红日西斜无还时,两军各唱铙歌归,从此华船匿不出。人言船坚不如疾,有器无人终委敌。(《东沟行》)

海水一泓烟九点,壮哉此地实天险。炮台屹立如虎阚,红衣大将威望俨。下有深池列巨舰,晴天雷轰夜电闪。最高峰头纵远览,龙旗百丈迎风飐。长城万里此为堑,鲸鹏相摩图一噉。昂头侧睨视眈眈,伸手欲攫终不敢。谓海可填山易撼,万鬼聚谋无此胆。一朝瓦解成劫灰,闻道敌军蹈背来。(《哀旅顺》)

冲围一舸来如飞,众军瞩目停鼓鼙。船头立者持降旗,都护遣我来致词。我军力竭势不支,零丁绝岛危乎危。龟鳖小竖何能为,岛中残卒皆疮痍。其余鬼妻兵家儿,锅底无饭枷无衣。纥干冻雀寒复饥,六千人命悬如丝。我今死战彼安归,此岛如城海如池。横排各舰珠累累,有炮百尊枪千枝。亦有弹药如山齐,全军旗鼓我所司。本愿两军争雄雌,化为沙虫为肉糜。与船存亡死不辞,今日悉索供指麾。乃为生命求恩慈,指天为正天鉴之。中将许诺信不欺,诘朝便为受降期。两军雷动欢声驰,磷青月黑阴风吹。鬼伯催促不得迟,浓熏芙蓉倾深卮。前者阇棺后舆尸,一将两翼三参随。两军雨泣咸惊疑,已降复死死为谁。可怜将军归骨时,白幡飘扬丹旐垂。中一丁字悬高桅,回视龙旗无孑遗。海波索索悲风悲,悲复悲,噫噫噫。(《降将军歌》)

闻鸡夜半投袂起,檄告东人我来矣。此行领取万户侯,岂谓区区不余畀。将军慷慨来度辽,挥鞭跃马夸人豪。平时搜集得汉印,今作将印悬在腰。将军乡者曾乘传,高下句骊踪迹遍。铜柱铭功白马盟,邻国传闻犹胆颤。自从弭节驻鸡林,所部精兵皆百炼。人言骨相应封侯,恨不遇时逢一战。雄关巍峨高插天,雪花如掌春风颠。岁朝大会召诸将,铜炉银烛围红毡。酒酣举白再行酒,拔刀亲割生麑肩。自言平生习枪法,炼目炼臂十五年。目光紫电闪不动,袒臂示客如铁坚。淮河将帅巾帼耳,萧娘吕姥殊可怜。看余上马快杀贼,左盘右辟谁当前。鸭绿之江碧蹄馆,坐令万里销烽烟。坐中黄曾大手笔,为我勒碑铭燕然。么么鼠子乃敢尔,是何鸡狗何虫豸。会逢天幸遽贪功,它它籍籍来赴死。能降免死跪此牌,敢抗颜行聊一试。待彼三战三北余,试我七纵七擒计。两军相接战甫交,纷纷鸟散空营逃。弃官脱剑无人惜,只幸腰间印未失。将军终是察吏才,湘中一官复归来。八千子弟半摧折，白衣迎拜悲风哀。幕僚步卒皆云散，将军归来犹善饭。平章古玉图鼎钟，搜箧价犹值千万。闻道铜山东向倾，愿以区区当芹献。借充岁币少补偿，毁家报国臣所愿。燕云北望忧愤多，时出汉印三摩沙。忽忆辽东浪死歌，印兮印兮奈尔何。（《度辽将军歌》）

《悲平壤》记述光绪二十年八月十六日（1894 年 9 月 15 日）甲午之战平壤战役清军败北的悲剧。"翠翎鹤顶城头坠，一将仓皇马革裹。"在日军猛攻平壤城头的激战中，清军将领左宝贵登城指挥，以身殉职。然而主帅叶志超在战事相持不下之时向日军竖起白旗，率领大队人马仓促撤退，形成不可收拾的溃逃之势："天跳地踔哭声悲，南城早已悬降旗。三十六计莫如走，人马奔腾相践蹂。"清军的溃逃又遭遇了日军的伏击，伤亡惨重："大东喜舞小东怨，每每倒戈飞暗箭。长矛短剑磨铁枪，不堪狼藉委道旁。"叶志超带着剩余的清军一气奔逃至鸭绿江彼岸的中国境内，"一夕狂驰三百里，敌军便渡鸭绿水"。叶志超率部脱逃，致使平壤战役惨败，拉开了甲午之战清军系列失败的序幕。《东沟行》记述甲午之战最惨烈的黄海战役清军北洋舰队遭受重创的悲剧。"一弹星流药不爆，敌军四围来环攻。使船如马旋如风，万弹如锥争凿空。""此船桅折彼釜破，万亿金钱纷雨坠。"北洋舰队战舰在海战中出现的"一弹星流药不爆"等场景，透露北洋舰队军舰相对于日军战舰已显老旧，在实战中遭遇了惨痛的结局。诗篇描述的这个重要细节，披露了清廷放松军备、整军以嬉的恶果，文献价值颇高。这场战事结束后，清军退缩威海卫军港以避战，"两军各唱铙歌归，从此华船匿不出"。这种姿态实际是将威海卫以外黄海海面的控制权拱手让给了日军，丧失了继续交战、反败为胜的意志。诗篇感慨清军在军备上的落伍和练军习武的空疏："人言船坚不如疾，有器无人终委敌。"清军在这场激战中失利的重大原因，既是器不如人，也是技不如人。诗人认为，清军多年疏于军备更新，缺乏从实训练，军事思想、军事素质也不如敌人，因而招致失败。《哀旅顺》记述光绪二十年（1894）甲午之战旅顺口战役清军料敌失算、痛失要地的悲剧。诗篇用主要篇幅渲染旅顺口炮台威势赫赫，固若金汤。这番渲染后，诗篇急转直下，交代了旅顺口炮台防卫在日军的背后偷袭下土崩瓦解，"一朝瓦解成劫灰，闻道敌军蹈背来"。前后强烈反差的描写，意在凸显清军防备措施的严重错谬。清军将帅在战略要地设防问题上谋划失当，致使敌军轻易攻破了巨资打造的军事要塞。《降将军歌》记述光绪二十一年（1895）甲午之战威海卫战役刘公岛陷落、北洋舰队全军覆没的悲剧。"我军力竭势不支，零丁绝岛危乎危。"日军在占领威海卫后，北洋舰队海军基地刘公岛被日军重重包围陷入困境，清军统帅丁汝昌坚意与日军决战到底："我今死战彼安归，此岛如城海如池。横排各舰珠累累，有炮百尊枪千枝。亦有弹药如山齐，全军旗鼓我所司。本愿两军争雄雌，化为沙虫为肉麖。与船存亡死不辞，今日悉索供指麾。"无奈威海营务处提调牛昶晒等主降将领强力阻挠，向日军主动请降："中将许诺信不欺，诘朝便为受降期。"丁汝昌拒绝投降，自杀殉志："中一丁字悬高桅，回视龙旗无孑遗。海波索索悲风悲，悲复悲，嘻嘻嘻。"丁汝昌悲壮自尽，牛昶晒等人将刘公岛拱手相让给日军，刘公岛上的清军海军龙旗黯然降落。诗篇对比写出了刘公岛守军将领截然不同的抵抗意志和姿态，透露出在刘公岛清军尚有军备和兵力抵挡日军的情况下，是主降诸将的签约降敌葬送了这一重要军港，酿成了北洋舰队在悲风中消失的历史罪过。《度辽将军歌》记述光绪二十一年（1895）甲午之战辽东战役清军试图收复海城等地遭遇惨败的悲剧。诗篇大部篇幅渲染了清军主帅吴大澂的浮夸不实和自命不凡："此行领取万户侯，岂谓区区不余畀。将军慷慨来度辽，挥鞭跃马夸人豪。""人言骨相应封侯，恨不遇时逢一战。""看余上马快杀贼，左盘右辟谁当前。""待彼三战三北余，试我七纵七擒计。"志得意满的吴大澂很快就遭到当头一击，清军一触即溃的败逃与诗篇前面渲染的轻敌浮躁对比极为强烈："两军相接战甫交，纷纷鸟散空营逃。弃官脱剑无人惜，只幸腰间印未失。""八千子弟半摧折，白衣迎拜悲风哀。"诗人对吴大澂志大才疏、轻敌致败极为不满，篇末再次叙及吴大澂收集古印珍玩的癖好，"幕僚步卒皆云散，将军归来犹善饭。平章古玉图鼎钟，搜箧价犹值千万"。"忽忆辽东浪死歌，印兮印兮奈尔何。"诗篇前后照应写出吴大澂酷爱古玩珍宝的嗜好，凸显了吴大澂在这次战役中玩忽职守、误军误国的罪愆。黄遵宪的这一系列怨政诗，记述甲午之战清军屡战屡败的历史悲剧，尤其强调了清军一些将帅在战争意志、战事决策等方面的严重缺陷和失误，以及在战略战术上谋划失当，在军备兵器上未予更新，在军事素质上落后于人，在军事训练上荒疏懈怠等，都是战争致败的重要原因。作为同时代人对这场战争的观察和记录，作品的文献价值和史学价值不可忽视。

沈汝瑾（1858—1917），字公周，常熟（今江苏常熟）人。光绪间诸生。

沈汝瑾的怨政诗记述光绪后期日俄军队在中国东北混战，清朝的国家主权危机尽显于世人面前。

闻道东三省，强夷兵苦鏖。黄金填海尽，白骨蔽城高。粮绝军宵遁，山空鬼昼号。庙堂守中立，民命等鸿毛。（《闻道》）

朝议怯中立，外夷强构兵。凿冰船出海，飞火炮穿营。风雪边城戍，

疮痍痛哭声。深宫正开宴,歌舞乐升平。(《朝议》)

《闻道》和《朝议》直接描写光绪三十年（1904）日俄两军在旅顺口交战、争夺中国东北的荒诞战争。《闻道》描写日俄两军在旅顺口血腥厮杀,死伤惨重,城市尽毁。"闻道东三省,强夷兵苦鏖。黄金填海尽,白骨蔽城高。粮绝军宵遁,山空鬼昼号。"清廷在这场严重践踏中国主权的列强战争面前竟然宣布中立:"庙堂守中立,民命等鸿毛。"清廷放弃国家主权,漠视本国百姓生命,这种对外政策荒唐怯懦,匪夷所思,诗人予以了痛斥。《朝议》表达了诗人对清廷软弱龟缩外交的不满。"朝议怯中立,外夷强构兵。"清廷对在自己享有主权的领土上发生列强争权夺利的血腥战争装聋作哑,怯懦宣布中立,结果并未减轻列强对中国主权的严重侵害,并未避免列强对中国百姓的冷酷虐杀。"凿冰船出海,飞火炮穿营。风雪边城戍,疮痍痛哭声。"清廷当政者在深重的主权危机面前已经麻木不仁,弃权不顾,醉心于歌舞享乐,不管旦夕祸福近在身旁,"深宫正开宴,歌舞乐升平"。诗篇将列强血腥战争和清廷歌舞升平这两种对比悬殊的场景放在一起,揭示清廷在几十年的列强侵凌面前已经自甘堕落到不可救药的地步。这种对清廷对外政策的强烈怨责,是那个悲惨年代仍然怀有深厚家国情怀的普通士人的心声流露,是一份极其珍贵的时事政治记录。

唐烜（1859?—1919?）,字照青,盐山（今河北盐山）人。光绪间进士,授刑部主事,历大理院推事。

唐烜的《戊戌纪事八十韵》记述作者亲见亲闻的光绪二十四年（1898）九月的"戊戌政变"始末,抒写了自己对这一重大事变的感慨。

皇帝廿四年,戊戌秋八月。其旬有三日,国乃有大罚。我时官西曹,滥膺折狱职。日抱城旦书,上取司寇谳。是日天向午,旅进缀班列。济济白云亭,冠盖正窸窣。突来高车客,并肩趋上谒。密语人不闻,掉头即揖别。众僚先屏退,行迟独居末。似传中旨至,满堂气惨栗。处分要异常,举动何仓卒。私心妄惴惴,口语互藉藉。或言事虑囚,或言行伏阙。事在三日前,圣主下天绖。归政东朝廷,新进官悉夺。东海大鳗鱼,早惊金钩脱。深宫含盛怒,钩党穷诛灭。罪甚八司马,一一付缧绁。众论方快心,有识甘卷舌。外间喧噪声,禁旅杂街卒。传呼丞相来,肩舆两飘忽。入门坐堂皇,须张面凛铁。趣召主者至,连缚六人出。敕旨星火催,决不待时毕。狱吏走且僵,伍伯整巾袜。峨峨四新参,入朝三旬劣。辄思大厦扶,竟触天柱折。其一职监察,抗疏气郁勃。同官侧目久,飞语相诋讦。更有粤布衣，未膺簪与绂。壮志不一伸，连坐太突兀。我时迫近前，木立若朽质。故人乃面之，颜怩心忉怛。传诏官人来，天宪口为述。尔等悉逆党，左右皆曰杀。跪听宣读毕，臣当伏斧锧。林君最年少，含笑口微映。谭子气未降，余怒冲冠发。二杨默无言，俯仰但蹙额。刘子木讷人，忽发大声诘。何时定爰书，何人为告密。朝无来俊臣，安得反是实。抗辩语未终，群隶竞牵捽。但闻官人言，汝去不得活。相将赴西市，生死此决绝。扬扬如平常，目送肠内热。步骑夹道拥，阛阓车填咽。丞相亲莅刑，事与往昔别。并有覆巢惧，妻孥不敢诀。引领就白刃，夏侯色可匹。携手入黄泉，夕阳照碧血。今日身横尸，前朝语造膝。幸赖乔公贤，为收无家骨。吏人讫事返，流涕向我说。役卒呈数纸，云是狱中笔。我时但悯默，反复难终阅。人生遂至此，顷刻化异物。仰见天上月，照人倍萧瑟。徒步归寓庐，入门忘饥渴。家人怪我状，疑是感疯疾。约撮告之知，相对亦气噎。夜半魂梦惊，不觉自嗟叱。国事方艰虞，时政有愆失。徒闻縻好爵，谁肯念王室。养士二百年，辛苦数才杰。贡自九州来，帝皆予惟殙。求治或太急，论事或过烈。庶几鼓朝气，一洗宇宙曈。贾生昔痛哭，绛灌颇不悦。出为长沙傅，谪宦犹称屈。况我祖宗朝，钦哉惟刑恤。未闻禁近臣，中道遭黥刖。不待奏当成，一朝饱屠割。举朝孰营救，到处肆媒孽。罪状在疑似，性命快谗嫉。逝者傥有知，叫阍天听彻。人世无是非，恨难万古雪。我作纪事言，觏缕话畴昔。匪以悼其私，实为愤所切。

作者在戊戌政变发生时，正担任刑部主事，对所闻见的事件始末有自己独到的观察视角和评判立场。诗篇以史事亲历者的口吻切入叙事："皇帝廿四年，戊戌秋八月。""我时官西曹，滥膺折狱职。""是日天向午，旅进缀班列。"诗篇列述了作者所见事变过程中的一些重要节点："似传中旨至，满堂气惨栗。处分要异常，举动何仓卒。私心妄惴惴，口语互藉藉。"气氛神秘紧张，预示着宫廷将有大事发生。所谓"似传中旨至，满堂气惨栗"，即指慈禧太后下旨缉拿"帝党"谭嗣同等人的行动造成的震动和惊恐。"事在三日前，圣主下天绋。归政东朝廷，新进官悉夺。东海大鳗鱼，早惊金钩脱。深宫含盛怒，钩党穷诛灭。罪甚八司马，一一付缧绁。""趣召主者至，连缚六人出。赦旨星火催，决不待时毕。"诗篇准确记录了慈禧太后囚禁光绪皇帝，重新独揽大权，罢免维新官员，康有为梁启超等人逃亡，谭嗣同六君子被捕等一系列政变情节。"峨峨四新参，入朝三旬劣。辄思大厦扶，竟触天柱折。其一职监察，抗疏气郁勃。同官侧目久，飞语相诋讦。更有粤布衣，未膺簪与绂。

壮志不一伸,连坐太突兀。""帝党"成员参与维新,遭遇了突变逆转:谭嗣同、刘光第、杨锐、林旭等四人担任军机章京为国奔走,思谋救国,未料竟然引发皇帝被囚;杨深秀曾任监察御史,上疏极言变革,遭到流言构陷;来自粤地的"布衣"康广仁拳拳为国,连坐蒙冤。诗篇还记录了六君子在庭审中的神态举止:"林君最年少,含笑口微哂。谭子气未降,余怒冲冠发。二杨默无言,俯仰但蹙额。刘子木讷人,忽发大声诘。何时定爰书,何人为告密。"林旭的坦然,谭嗣同的激昂,杨锐、杨深秀的沉默,刘光第的反诘,都历历在目;其中"何人为告密"的诘问,直接触及了后世才被揭秘的袁世凯告密引发事件突变的历史真相。诗人在详述了六君子就刑赴死的场面后,不由得悲切概括了维新变法的成败始末:"养士二百年,辛苦数才杰。贡自九州来,帝曰予惟弼。求治或太急,论事或过烈。庶几鼓朝气,一洗宇宙瞕。贾生昔痛哭,绛灌颇不悦。出为长沙傅,谪宦犹称屈。况我祖宗朝,钦哉惟刑恤。未闻禁近臣,中道遭黥刖。不待奏当成,一朝饱屠割。举朝孰营救,到处肆媒孽。罪状在疑似,性命快逸嫉。"诗人对维新"才杰"成为皇帝的辅佐显然深为赞同,但对后来君臣维新行动的仓促草率却不以为然;对以慈禧为首的朝廷当政者严酷处置"近臣"、火急"屠割"才杰、放纵构陷忠信表示了极大的怨愤。诗人亲见亲闻了这场事变的一些场景,除了写出这场事变中的众生相,写出自己对这场事变的痛楚感受,还对这场事变的是非曲直做出了自己的基本评判:"逝者倘有知,叫阍天听彻。人世无是非,恨难万古雪。"显然,诗人对以光绪皇帝为首的帝党集团维新变法遭遇的悲惨结局深为同情,对以慈禧太后为首的后党当权集团扼杀维新变法深为怨愤。诗人在篇末特别申明了作诗记述这场事变的动因:"匪以悼其私,实为愤所切。"公开声言自己对戊戌政变的愤切,也即是表明了自己基于道义立场对维新变法的支持,对阻断维新"求治"的谴责。戊戌政变的发生和挫败,有其必然性:"单从军事建设、技术建设上讲求富国强兵、讲求'安内攘外'的大理想,由于中日战争暴露出一切腐败无能现象而归于幻灭了。于是,在这以前已经有所酝酿的政治改革活动便找到了一个大做文章的机会。经士兼政论家康有为、梁启超一派人物的维新运动应时产生了。他们的基本政治运动纲领是依开明的君主立宪政体的理想展开的。当时战胜国日本的明治天皇是他们想藉以模造光绪皇帝的样本。""实在谈不到什么激烈的改革,却马上激起了西太后及整个满族官员的不满,而汉族的守旧人物更怕'维新'不能维持他们的禄位,也都拼命反对。""排斥西太后势力的计谋尚在酝酿,西太后对维新人物一网打尽的布置却已经安排好了。"① 史家慨叹这场事变:"戊戌变法,德宗发愤图

---

① 王亚南:《中国官僚政治研究》,商务印书馆 2010 年版,第 168 页。

强,用端棻等言,召用新进。百日维新,中外震仰,党争遽起,激成政变。锐、光第、嗣同、旭及深秀、广仁同日被祸,世称'六君子'。""此亦清代兴衰一大关键也。"① 虽然诗人对这场事变的评判未必准确把握了历史大势的实质,但诗人对戊戌政变所做的观察和思考,有其作为亲历者难得的历史感。诗篇折射出中国古代王朝政治走向最后一段历程必然出现的重大变故带给世人和士人的冲击;也折射出清王朝在经历了前所未有的外来侵凌和内部动乱后,世道人心期待变革的情势和趋向。作者既是朝廷普通官员,也是戊戌政变的亲见亲历者,所作的第一手记述有其独特文献价值。诗篇包含了"清代兴衰一大关键"的诸多政治文化信息,值得深入探究。

---

① 赵尔巽等:《清史稿》卷四百六十四《谭嗣同 林旭 康广仁列传》,中华书局1977年版,第12748页。

主要引用书目

经籍

(宋)朱熹:《四书章句集注》,中华书局1983年版。
(清)焦循:《孟子正义》,中华书局1987年版。
(清)阮元:《十三经注疏》,中华书局2009年版。
程树德:《论语集释》,中华书局1990年版。
杨伯峻:《春秋左传注》,中华书局2009年版。

史籍

(汉)班固:《汉书》,中华书局2000年版。
(汉)司马迁:《史记》,中华书局2000年版。
(晋)常璩:《华阳国志》,上海古籍出版社1987年版。
(晋)陈寿:《三国志》,中华书局2000年版。
(后晋)刘昫等:《旧唐书》,中华书局2000年版。
(南朝宋)范晔:《后汉书》,中华书局2000年版。
(南朝梁)沈约:《宋书》,中华书局2000年版。
(唐)房玄龄等:《晋书》,中华书局2000年版。
(唐)李延寿:《北史》,中华书局2000年版。
(唐)李延寿:《南史》,中华书局2000年版。
(唐)姚思廉:《梁书》,中华书局2000年版。
(宋)马端临:《文献通考》,中华书局2011年版。
(宋)欧阳修等:《新唐书》,中华书局2000年版。
(宋)司马光:《资治通鉴》,中华书局2011年版。
(元)脱脱等:《宋史》,中华书局2000年版。

（明）宋濂等：《元史》，中华书局 2000 年版。

（清）毕沅：《续资治通鉴》，中华书局 1957 年版。

（清）永瑢等：《四库全书总目提要》，中华书局 1965 年版。

（清）张廷玉等：《明史》，中华书局 2000 年版。

赵尔巽等：《清史稿》，中华书局 1977 年版。

柯劭忞：《新元史》，上海古籍出版社 2018 年版。

子籍

（清）王夫之：《宋论》，中华书局 1964 年版。

何宁：《淮南子集释》，中华书局 1998 年版。

黄敦兵：《潜书校释》，岳麓书社 2011 年版。

蒋礼鸿：《商君书锥指》，中华书局 1986 年版。

彭铎：《潜夫论笺校正》，中华书局 1985 年版。

苏兴：《春秋繁露义证》，中华书局 1992 年版。

孙启治：《政论校注》，中华书局 2012 年版。

王利器：《盐铁论校注》，中华书局 1992 年版。

吴毓江：《墨子校注》，中华书局 2006 年版。

许维遹：《吕氏春秋集释》，中华书局 2009 年版。

杨丙安：《十一家注孙子校理》，中华书局 1999 年版。

总集

（明）陈子龙：《皇明诗选》，华东师范大学出版社 1991 年版。

（清）陈田：《明诗纪事》，上海古籍出版社 1993 年版。

（清）彭定求等：《全唐诗》，中华书局 1960 年版。

（清）钱谦益：《列朝诗集》，中华书局 2007 年版。

（清）沈德潜：《清诗别裁集》，上海古籍出版社 1984 年版。

（清）张应昌：《清诗铎》，中华书局 1960 年版。

（清）朱彝尊：《明诗综》，中华书局 2007 年版。

（清）卓尔堪：《遗民诗》，华东师范大学出版社 2013 年版。

北京大学古文献研究所：《全宋诗》，北京大学出版社 1998 年版。

程俊英等：《诗经注析》，中华书局 2017 年版。

邓之诚：《清诗纪事初编》，上海古籍出版社2012年版。

逯钦立：《先秦汉魏晋南北朝诗》，中华书局1983年版。

钱仲联：《清诗纪事》，凤凰出版社2004年版。

汤炳正等：《楚辞今注》，上海古籍出版社2012年版。

徐世昌：《晚晴簃诗汇》，中华书店1989年版。

杨镰：《全元诗》，中华书局2013年版。

别集

（明）陈子龙：《陈子龙诗集》，上海古籍出版社1983年版。

（明）高启：《高青丘诗》，上海古籍出版社1985年版。

（明）顾璘：《顾华玉集》，上海古籍出版社1993年版。

（明）何景明：《大复集》，台湾商务印书馆，影印文渊阁四库全书本，1983年版。

（明）黄淳耀：《陶庵全集》，台湾商务印书馆，影印文渊阁四库全书本，1983年版。

（明）解缙：《文毅集》，台湾商务印书馆，影印文渊阁四库全书本，1983年版。

（明）李东阳：《李东阳集》，岳麓书社1983年版。

（明）李梦阳：《空同集》，台湾商务印书馆，影印文渊阁四库全书本，1983年版。

（明）刘基：《诚意伯文集》，台湾商务印书馆，影印文渊阁四库全书本，1983年版。

（明）刘崧：《槎翁诗集》，台湾商务印书馆，影印文渊阁四库全书本，1983年版。

（明）王世贞：《弇州山人四部稿》，台湾商务印书馆，影印文渊阁四库全书本，1983年版。

（明）谢榛：《四溟集》，台湾商务印书馆，影印文渊阁四库全书本，1983年版。

（明）杨爵：《杨忠介集》，台湾商务印书馆，影印文渊阁四库全书本，1983年版。

（明）杨荣：《文敏集》，台湾商务印书馆，影印文渊阁四库全书本，1983年版。

（明）杨慎：《升庵集》，台湾商务印书馆，影印文渊阁四库全书本，1983年版。

（明）杨士奇：《东里全集》，台湾商务印书馆，影印文渊阁四库全书本，1983年版。

（明）杨一清：《石淙诗钞》，台湾商务印书馆，影印文渊阁四库全书本，1983年版。

（明）于谦：《忠肃集》，中华书局2002年版。

（明）袁宏道：《珂雪斋集》，上海古籍出版社1989年版。

（明）郑善夫：《郑少谷集》，台湾商务印书馆，影印文渊阁四库全书本，1983年版。

（明）祝允明：《怀星堂集》，台湾商务印书馆，影印文渊阁四库全书本，1983年版。

（清）查慎行：《敬业堂诗集》，上海古籍出版社2015年版。

（清）陈恭尹：《独漉堂集》，中山大学出版社1988年版。

（清）陈维崧：《陈维崧诗集》，广陵书社2006年版。

（清）龚鼎孳：《龚鼎孳诗集》，广陵书社2006年版。

（清）龚自珍：《龚自珍全集》，上海古籍出版社2007年版。

（清）洪亮吉：《洪北江诗文集》，世界书局1983年版。

（清）黄遵宪：《人境庐诗草》，上海古籍出版社2007年版。

（清）蒋士铨：《忠雅堂集》，上海古籍出版社1993年版。

（清）金和：《秋蟪吟馆诗钞》，上海古籍出版社2009年版。

（清）彭兆荪：《小谟觞馆诗文集》，中国书店2009年版。

（清）钱澄之：《田间诗集》，黄山书社1998年版。

（清）施闰章：《施闰章诗集》，广陵书社2006年版。

（清）宋琬：《安雅堂诗集》，台湾商务印书馆，影印文渊阁四库全书本，1983年版。

（清）孙枝蔚：《溉堂集》，上海古籍出版社1979年版。

（清）唐孙华：《东江诗钞》，上海古籍出版社1979年版。

（清）魏源：《魏源集》，中华书局2009年版。

（清）吴嘉纪：《吴嘉纪诗集》，上海古籍出版社1980年版。

（清）吴伟业：《吴梅村全集》，上海古籍出版社1990年版。

（清）阎尔梅：《白耷山人诗集》，中国文联出版社2002年版。

（清）叶燮：《己畦集》，台湾商务印书馆，影印文渊阁四库全书本，1983年版。

（清）袁枚：《小仓山房诗文集》，上海古籍出版社1988年版。

（清）张问陶：《船山诗草》，中华书局1986年版。

（清）赵翼：《瓯北集》，上海古籍出版社1997年版。

（清）赵执信：《赵执信诗集》，黄河出版社2002年版。

（清）郑燮：《郑板桥集》，上海古籍出版社1986年版。

（清）郑珍：《巢经巢集》，中央民族大学出版社2013年版。

专著

[美] 艾伦·C.艾萨克：《政治学：范围和方法》，郑永年等译，浙江人民出版社1987年版。

白钢等：《中国政治制度通史》，社会科学文献出版社2011年版。

白寿彝等：《中国通史》，上海人民出版社2013年版。

曹强新：《清代监狱研究》，湖北人民出版社2011年版。

陈长琦：《六朝政治》，南京出版社2010年版。

[美] 戴维·伊斯顿：《政治体系：政治学状况研究》，马清槐译，商务印书馆1993年版。

邓云特：《中国救荒史》，商务印书馆2011年版。

丁易：《明代特务政治》，上海书店出版社2011年版。

樊树志：《权与血：明帝国官场政治》，中华书局2004年版。

甘怀真：《皇权、礼仪与经典阐释：中国古代政治史研究》，华东师范大学出版社2008年版。

葛剑雄：《统一与分裂》，商务印书馆2013年版。

葛剑雄等：《中国人口史》，复旦大学出版社2005年版。

郭卫东：《倾覆与再建：明中叶至辛亥革命的政治文明》，北京大学出版社 2009 年版。

何朝晖：《明代县政研究》，北京大学出版社 2007 年版。

赫治清等：《中国古代灾害史研究》，中国社会科学出版社 2007 年版。

侯外庐等：《中国思想通史》，人民出版社 2011 年版。

胡可先：《唐代重大历史事件与文学研究》，浙江大学出版社 2007 年版。

黄惠贤等：《中国俸禄制度史》，武汉大学出版社 2012 年版。

黄冕堂：《中国历代物价问题考述》，齐鲁书社 2008 年版。

黄仁宇：《十六世纪明代中国之财政与税收》，生活·读书·新知三联书店 2007 年版。

黄永年：《六至九世纪中国政治史》，上海书店出版社 2004 年版。

金开诚等：《历代诗文要籍详解》，北京出版社 1988 年版。

金耀基：《中国民本思想史》，法律出版社 2008 年版。

景蜀慧：《魏晋诗人与政治》，中华书局 2007 年版。

[德] 卡尔·冯·克劳塞维茨：《战争论》，张蕾芳译，译林出版社 2010 年版。

李峰：《西周的政体：中国早期的官僚制度和国家》，生活·读书·新知三联书店 2010 年版。

李文海等：《中国荒政全书》，北京古籍出版社 2003 年版。

李志茗：《大变局下的晚清政治》，上海古籍出版社 2009 年版。梁方仲：《明代赋役制度》，中华书局 2008 年版。

吕宗力：《汉代的谣言》，浙江大学出版社 2011 年版。

茅海建：《天朝的崩溃：鸦片战争再研究》，生活·读书·新知三联书店 2014 年版。

钱穆：《中国历代政治得失》，生活·读书·新知三联书店 2005 年版。

瞿同祖：《清代地方政府》，法律出版社 2011 年版。

[英] 塞缪尔·E. 芬纳：《统治史》，王震等译，华东师范大学出版社 2014 年版。

尚永亮：《唐五代逐臣与贬谪文学研究》，武汉大学出版社 2007 年版。

沈松勤：《南宋文人与党争》，人民出版社 2005 年版。

沈松勤：《宋代政治与文学研究》，商务印书馆 2010 年版。

万国鼎：《中国田制史》，商务印书馆 2011 年版。

王曾瑜：《宋朝阶级结构》，中国人民大学出版社 2010 年版。

王春瑜等：《明朝宦官》，陕西人民出版社 2007 年版。

王沪宁等：《政治的逻辑：马克思主义政治学原理》，上海人民出版社 2004 年版。

王学泰：《中国古典诗歌要籍丛谈》，天津古籍出版社 2004 年版。

王亚南：《中国官僚政治研究》，商务印书馆 2010 年版。

王业键：《清代田赋刍论》，人民出版社 2008 年版。

肖庆伟：《北宋新旧党争与文学》，人民文学出版社 2001 年版。

肖瑞峰等：《晚唐政治与文学》，中国社会科学出版社 2011 年版。

萧公权：《中国政治思想史》，商务印书馆 2011 年版。

徐茂明：《江南士绅与江南社会（1368—1911）》，商务印书馆 2006 年版。

杨国荣：《善的历程：儒家价值体系研究》，华东师范大学出版社 2009 年版。

姚大力：《蒙元制度与政治文化》，北京大学出版社 2011 年版。

张分田：《民本思想与中国古代统治思想》，南开大学出版社 2009 年版。

张国骥：《清嘉庆道光时期政治危机研究》，岳麓书社 2012 年版。

张守军：《中国古代的赋税与劳役》，商务印书馆 1998 年版。

张显清等：《明代政治史》，广西师范大学出版社 2003 年版。

赵昆生：《三国政治与社会》，中国社会科学出版社 2011 年版。

周桂钿：《中国传统政治哲学》，河北人民出版社 2007 年版。

周秋光等：《中国慈善简史》，人民出版社 2006 年版。

周自强等：《中国经济通史》，经济日报出版社 2007 年版。

朱耀廷：《蒙元帝国》，人民出版社 2010 年版。

朱子彦：《多维视角下的皇权政治》，上海人民出版社 2007 年版。

后　记

依循惯例，写个后记。交代一下此书的来龙去脉。

回想起来，从初涉相关研究，到全书最后定型，前后经历了十三年的漫长过程。2006年到2007年，我相继完成了西华师范大学校级项目《论晚唐咏史诗》、四川省教育厅项目《中国古代怨政诗研究》。在此基础上，将此研究材料申报省级社科项目。2008年，经由西华师范大学西部区域文化研究中心向四川省哲学社会科学规划办公室申报，获批了《中国古代怨政诗史》研究项目。此项目主要通过对历代批判国家治理状况的诗歌文本解读分析，反映历代诗人笔下的中国古代国家治理兴衰成败的概况。2012年，《中国古代怨政诗史》通过了结项，等级评定为良。同年，将此书稿申报国家社会科学基金后期资助项目，经由中国社会科学出版社向全国哲学社会科学规划办公室提交了国家社会科学基金后期资助项目《中国古代怨政诗史》申报材料。

2012年7月，所申报的项目得到了批准。项目评审专家认为："该成果对怨政诗的思想意义及文学发展史上意义的归纳，显出一定的理论水平，在中国古代诗歌的研究方面开拓出一个很重要的方面。"我在欣喜之余，又陡生烦恼。原因是，原来申报的《中国古代怨政诗史》，经项目评审专家审定，改成了《中国古代政治诗史》。这样的改动，对于原书稿的框架，是一个根本性的改变，意味着研究对象（诗歌文本）的范围需要大大扩展；也意味着对诗歌文本所反映的中国历代国家治理的趋势和规律的探究，也必须更具全局性、整体性、贯通性。为此，我电话和书面向全国哲学社会科学规划办公室的工作人员进行了专门咨询，得到书面回复，确认这个题目的改变是专家慎重研究决定的。带着出乎意料的压力，我开始了另一个长达七年的工作历程。

什么是政治诗？中国古代政治诗的基本内涵和具体外延是什么？从中国古代政治诗的各类文本能够发现中国历代诗人所揭示的国家治理和朝代兴亡的哪些特征和规律？等等。这一连串问题与全部研究工作始终相关联，并没有现成答案，题目的挑战性是显而易见的。其实，中国古代政治诗这个概念本身，就具有从社会政治角度对中国古代专类诗歌加以整体贯通研究的性质，使这个项目的研究带有强烈的探索意味。由于这个题目的研究结果可能出现结题鉴定合格与不合格的极大不确定性，本着文责自负的想法，我决定像此前独立完成前述项目研究工作一样，独立完成这个项目所有环节的研究工作，承担研究工作的全部责任。

虽有精神准备，但独自进行这个战斗仍然备感艰难。首先，全面收集和甄别政治诗歌文本，就是一项极其耗神费心的琐碎和精细相结合的长期事务。仅仅是在早期书稿基础上扩大收集历代怨政诗歌文本，以及全新收集历代颂政诗歌文本，就足足耗费了我两年时间。文本采集对象极其浩繁，包括先秦至清代的历代总集，如《诗经》《楚辞》《先秦汉魏晋南北朝诗》（逯钦立），《全唐诗》《全宋诗》《全元诗》《列朝诗集》《明诗综》《清诗汇》《清诗铎》等。也包括明清的几百种别集，如《槎翁诗集》（刘崧）、《高青丘集》（高启）、《怀星堂集》（祝允明）、《空同集》（李梦阳）、《大复集》（何景明）、《杨忠介集》（杨爵）、《文忠集》（范景文）、《石臼集》（邢昉）、《楼山堂集》（吴应箕）、《四思堂文集》（傅维鳞）、《梅村家藏稿》（吴伟业）、《田间诗集》（钱澄之）、《陋轩诗集》（吴嘉纪）、《西堂诗集》（尤侗）、《学余堂集》（施闰章）、《翁山诗外》（屈大均）、《松桂堂集》（彭孙遹）、《独漉堂集》（陈恭尹）、《白鹿山房诗集》（方中发）、《东江诗钞》（唐孙华）、《邵子湘全集》（邵长蘅）、《敬业堂诗集》（查慎行）、《饴山诗集》（赵执信）、《耕余居士诗集》（郑世元）、《归愚诗钞》（沈德潜）、《小仓山房集》（袁枚）、《瓯北集》（赵翼）、《更生斋集》（洪亮吉）、《天真阁集》（孙原湘）、《青芝山馆诗集》（乐钧）、《小漠觞馆诗文集》（彭兆荪）、《意苕山馆诗集》（陆嵩）、《古微堂诗集》（魏源）、《平昌诗草》（吴世涵）、《思伯子堂诗集》（张际亮）、《怡志堂诗初编》（朱琦）、《复庄诗问》（姚燮）、《巢经巢诗集》（郑珍）、《乐潜堂诗集》（赵函）、《半行庵诗存稿》（贝青乔）、《秋蟪吟馆诗钞》（金和）、《小匏庵诗存》（吴仰贤）、《人境庐诗草》（黄遵宪）……纸质的，电子的，一页页快速翻阅、甄别收录，日复一日，眼花缭乱。两年过去，已是原定的后期资助项目的最后完成限期，项目却只进展在文本基本收齐的阶段，后续的整理、分析还未展开。无奈，我只能向全国哲学社会科学规划办公室申请延期两年，继续完成项目。好在申请获得了批准，又开始了下一阶段的研究工作。

接下来，我对所甄别、收集的数千首诗歌进行排序，将它们每一篇划归到各个朝代不同时期，并准确查证和简要介绍每位作者。作品浩繁，作者很多，不能稍有疏忽，必须慎重对待。就这样一路细细地做了下来。然后，更大量的工作，是对所有文本进行评析，归纳这些文本所反映的社会政治事务的内在特点和规律。关于文本，我的理解和做法是：立足文本，不离文本，让文本说话，以文本为据，以客观的文本归纳观点，从大量的文本提炼结论。通过文本，呈现中国古代政治诗歌的基本面貌，认识诗人笔下的中国古代社会政治演变规律，揭示文本所反映的中国历代国家治理兴衰成败的共同趋向，发掘文本固有的中国古代政治文化价值取向。这是本书最为切实努力的方向。因此，本书尽可能多地保留了历代大量政治诗歌文本，以最大限度真实呈现历代政治诗在历史上的本来面目。（文本的来源和使用，"绪论"有专门说明）

数千首历代政治诗歌，构成了气象万千的中国古代历史政治画廊。研读这些诗歌文本，感受到历朝历代各色人等、各种人群如何受到政治事务的直接影响，感受到历代朝廷和官府的各项政务带给人间怎样的兴盛衰亡、功过成败、生死安危、是非曲直、穷通顺逆、贫富贵贱、喜怒哀乐，尤其感受到历代怨政诗人忧国忧民之情真诚深厚，天地可鉴。感性地阅读文本，理性地把握文本，贯通地阐释文本，经过四年的艰苦工作，对西周初年至清朝末年的三千年政治诗歌做了较为完整的梳理和较为客观的阐释。

2016 年 11 月，我向全国哲学社会科学规划办公室提交了《中国古代政治诗史》鉴定结项材料。忐忑半年之后，收到了规划办送达的匿名评审专家的鉴定意见。专家对书稿给予了总体的肯定。如："在全面细致地掌握材料的基础上，作者对中国古代政治诗的总体特征、发展演变过程、独特价值等进行了较深入的思考和概括，得出了一系列重要结论。""这些观点都来自于对历代政治诗歌历史事实的认真考察，因此确凿可靠，对我们认识中国诗歌特别是政治诗歌的特点，颇有裨益。""本课题对政治诗进行题材史的梳理，力求全面系统地呈现出中国古代政治诗的创作面貌，无疑具有重要的学术价值和现实意义。""所涉资料丰富，基本呈现了中国古代政治诗的创作面貌。""作为第一部系统研究中国古代政治诗的成果，本书稿值得出版。"专家还针对书稿存在的问题提出了具体修改意见。如："各章前增加一节概论，对本时期的政治、社会、文学创作面貌介绍更细致，指出它们与本时期政治诗创作的内在联系。""对于重要诗人应重点介绍，做到'点、面'结合。""建议以问题为聚焦点，对罗列性内容作适当删减压缩。"等等。

按照匿名评审专家提出的修改意见，我又花了两年多时间对全书作了相应的仔细调整。从篇章结构到文本分析，及至观点归纳、内容删减、格式统一、字句斟酌，都有逐项的修订、反复的校改，完成了全部环节的工作。

这些年间，无数个日日夜夜，为此项目枯坐桌前，研读文本，查证资料，思考撰写，已是常态。个中甘苦，难以详述。

完成了一项延续十三年的工作，如释重负。

感谢恩师杨世明先生长期的教诲及对本书的关心。

感谢刘玉平教授、周晓琳教授、陈树生教授多年的帮助及对本书的关心。

感谢傅宗洪博士、王胜明博士、傅学敏博士对本项目的帮助和建议。

感谢亲人、朋友、同事对本书的关心。

感谢郭晓鸿博士对书稿的修订意见。

梳事留忆，是为后记。

文航生，于四川南充，西华师范大学

2019 年 11 月 15 日